国家社科基金
后期资助项目

高质量发展视阈下中国制造业价值链攀升机理、路径及对策研究

（上册）

Research on the Mechanism, Path, and Countermeasures of Value Chain Climb in China's Manufacturing Industry under the Perspective of High Quality Development

李秋香 著

四川大学出版社
SICHUAN UNIVERSITY PRESS

图书在版编目（CIP）数据

高质量发展视阈下中国制造业价值链攀升机理、路径及对策研究 / 李秋香著． — 成都：四川大学出版社，2024.5

ISBN 978-7-5690-5798-0

Ⅰ．①高… Ⅱ．①李… Ⅲ．①制造工业－工业发展－研究－中国 Ⅳ．① F426.4

中国版本图书馆CIP数据核字（2022）第225261号

书　　名：	高质量发展视阈下中国制造业价值链攀升机理、路径及对策研究
	Gaozhiliang Fazhan Shiyu xia Zhongguo Zhizaoye Jiazhilian Pansheng Jili、Lujing ji Duice Yanjiu
著　　者：	李秋香

选题策划：	徐丹红　李思莹
责任编辑：	徐丹红
责任校对：	王　锋
装帧设计：	墨创文化
责任印制：	王　炜

出版发行：	四川大学出版社有限责任公司
地　　址：	成都市一环路南一段24号（610065）
电　　话：	（028）85408311（发行部）、85400276（总编室）
电子邮箱：	scupress@vip.163.com
网　　址：	https://press.scu.edu.cn
印前制作：	四川胜翔数码印务设计有限公司
印刷装订：	四川五洲彩印有限责任公司

成品尺寸：	165mm×238mm
印　　张：	48
字　　数：	860千字

版　　次：	2024年5月　第1版
印　　次：	2024年5月　第1次印刷
定　　价：	198.00元（上、下册）

本社图书如有印装质量问题，请联系发行部调换

版权所有 ◆ **侵权必究**

扫码获取数字资源

四川大学出版社
微信公众号

国家社科基金后期资助项目
出版说明

　　后期资助项目是国家社科基金设立的一类重要项目，旨在鼓励广大社科研究者潜心治学，支持基础研究多出优秀成果。它是经过严格评审，从接近完成的科研成果中遴选立项的。为扩大后期资助项目的影响，更好地推动学术发展，促进成果转化，全国哲学社会科学工作办公室按照"统一设计、统一标识、统一版式、形成系列"的总体要求，组织出版国家社科基金后期资助项目成果。

全国哲学社会科学工作办公室

前　言

近年来，中国制造业取得了举世瞩目的成就，中国被冠以"制造大国"的称号，却迟迟没能跨入"制造强国"的行列。本书研究发现价值链地位是制约中国制造业高质量发展的关键因素，那么中国制造业价值链地位如何测算？制造业价值链攀升机理如何？如何借力数字化、信息化、"互联网＋"、大数据及智能制造实现中国制造业价值链攀升？中国制造业价值链攀升的战略重点及突破口在哪里？中国制造业价值链攀升的出路在何处？上述问题是中国制造业高质量发展，尤其是价值链攀升亟待解决的关键科学问题，也是本书的出发点。

本书笔者认为：①中国制造业价值链攀升应借力新一代科技革命，诸如数字化、信息化、"互联网＋"、大数据及智能制造等技术实现。②中国制造业在错失第一、第二次工业革命的情况下，参与了第三次工业革命；虽然取得了举世瞩目的成就，然而前三次工业革命科技成果实践累积不到位[①]；应该在借力新一代科技革命成果的同时，倒逼前三次工业革命成果的高质量实践，继续夯实前三次工业革命的成果，通过制造企业"基础能力重构"，助推制造业价值链攀升。③中国制造业价值链攀升，应借力创新驱动这一硬核力量。④中国区域广袤、发展不均衡、产业众多，是全球唯一全产业链制造大国，其价值链攀升机理研究应在"系统思想"[②] 的基础上展开，结论才更有意义和实践价值。⑤中国制造业价值链攀升是一个

---

① 中国制造业是在错失第一、第二次工业革命的情况下，参与了第三次工业革命，发展过程中三次工业革命同步进行，出现累积不够的现象。见项目组成员前期研究成果（黄毅敏，齐二石. 工业工程视角下中国制造业发展困境与路径［J］. 科学学与科学技术管理，2015，36（4）：85－94. 他引 102 次）。

② 本书认为，当研究一个系统时，仅仅研究系统本身，结论容易偏颇；往往将其放入一个更大的系统中或者分解为更多的子系统展开研究，结论更贴近实际。在研究制造业价值链攀升时，将中国分为六大区域，将制造业细分为劳动密集型、技术密集型和资本密集型，减少实证分析中数据的冲突，使结论更合理、更科学。

复杂的系统工程，制约与影响因素错综复杂，找到其战略重点及突破口是关键，也是制定相关政策的出发点。⑥经济高质量发展，基础在制造业，重点在价值链，出路在实现价值链攀升。中国制造业价值链攀升的支撑点为高质量创新，突破口为积极参与并引领新一代科技革命，着力点为通过新一代科技成果的植入，倒逼前三次工业革命成果实践上的进一步深化、融合与完善。

本书提供了一整套适合中国制造业价值链攀升的思路、机理、路径及对策，丰富并拓展了制造业高质量发展理论、价值链攀升理论，为高质量发展视阈下的中国制造业价值链攀升提供方向和智力支持，为制定相应的宏观、中观及微观政策提供必要的参考与启示。

感谢参与本书编写的学生，其中张淑格参与撰写第一章、第二章及第三章等（共计7万余字）；马草原参与撰写第十一章、第十二章等（共计6万余字）。感谢丁帅彪、贾涵格、刘鑫钰、张苗苗、徐沛翔、周林莹等学生在数据处理、资料收集等方面的努力和贡献。

鉴于编写时间紧、相互协调难度大等原因，书中难免有疏漏之处，殷切希望同行、专家和读者批评指正。我们期望以书结友，与同道研究者互相切磋，共同为中国制造业的高质量发展建言献策！

李秋香

2023年10月

目　录

第一篇　评述与追问：中国制造业高质量发展时代背景与研究动态

第一章　绪论……………………………………………………… 3
  第一节　研究背景：高质量发展视阈下中国制造业价值链攀升的
　　　　　时代新脉搏…………………………………………… 3
  第二节　研究设计：主要研究方法、框架与技术路线………… 21
第二章　制造业价值链攀升理论溯源…………………………… 24
  第一节　基础理论………………………………………………… 24
  第二节　研究动态………………………………………………… 33

第二篇　态势与诊断：制约中国制造业高质量发展的瓶颈

第三章　中国制造业发展态势与困境…………………………… 59
  第一节　中国制造业发展态势…………………………………… 59
  第二节　中国制造业高质量发展基础、优势与困境…………… 61
第四章　中国制造业区域高质量创新研究……………………… 89
  第一节　中国制造业区域创新力研究…………………………… 89
  第二节　中国制造业区域创新效率研究………………………… 105
  第三节　中国制造业高质量创新研究…………………………… 110
第五章　价值链地位制约中国制造业高质量发展……………… 117
  第一节　制约中国制造业高质量发展的关键因素分析………… 117
  第二节　制约中国制造业高质量发展关键问题的实证研究…… 120

第三节　研究结论与启示……………………………………… 171

第三篇　测度与研判：中国制造业（全球、区域、产业视角）价值链地位

第六章　全球视角：中国制造业价值链态势研判……………… 179
　第一节　中国制造业参与全球价值链情况………………………… 179
　第二节　中国制造业全球价值链地位测度及其影响因素
　　　　　计量分析………………………………………………… 183

第七章　区域视角：中国制造业价值链测度与研判…………… 196
　第一节　区域尺度中国价值链地位评价方法研究………………… 196
　第二节　基于改进生态位模型的中国制造业区域尺度价值链测度
　　　　　……………………………………………………………… 201
　第三节　中国制造业价值链态势研判……………………………… 230

第八章　产业视角：中国制造业价值链地位测度与研判……… 233
　第一节　基于道格拉斯生产函数的中国制造业行业细分……… 233
　第二节　中国制造业行业价值链评价方法研究………………… 237
　第三节　中国制造业细分行业价值链地位研究………………… 243
　第四节　研究结论与启示………………………………………… 247

第九章　产业视角：中国制造业价值链"微笑曲线"刻画与研判…… 249
　第一节　基于Banach不动点原理的制造业价值链"微笑曲线"刻画
　　　　　……………………………………………………………… 249
　第二节　中国制造业细分行业价值链"微笑曲线"比较研究…… 295
　第三节　研究结论与启示………………………………………… 297

第四篇　计量与解析：中国制造业价值链攀升机理

第十章　中国制造业价值链攀升动力系统分析………………… 303
　第一节　价值链攀升动力因素的系统分析………………………… 303
　第二节　价值链攀升内、外部动力分析…………………………… 305
　第三节　中国制造业价值链攀升关键动力因素…………………… 315

第十一章　中国制造业价值链攀升机理的计量解析…………… 321

第一节	研究热点与趋势	321
第二节	中国制造业价值链攀升机理计量模型	322
第三节	情景Ⅰ：（系统视角）中国制造业价值链攀升机理	327
第四节	情景Ⅱ：（子系统视角）中国制造业八大子系统价值链攀升机理	340
第五节	情景Ⅲ：系统视角中国制造业价值链攀升动力系统调节机理	353
第六节	情景Ⅳ：子系统视角中国制造业八大子系统价值链攀升调节机理	383
第七节	研究结论与管理启示	415
第十二章	**中国制造业价值链攀升机理的系统动力学解析**	**423**
第一节	中国制造业价值链攀升子系统动力学模型	423
第二节	中国制造业价值链攀升系统动力学模型	463

第五篇　定位与选择：中国制造业价值链攀升战略重点与突破口

第十三章	**区域视角：中国制造业价值链攀升战略重点及突破口选择**	**479**
第一节	价值链攀升战略重点及突破口选择方法	479
第二节	中国区域制造业价值链攀升战略重点及突破口	498
第三节	研究结论与分析	515
第十四章	**产业视角：中国制造业价值链攀升战略重点及突破口**	**522**
第一节	中国制造业细分行业价值链攀升战略重点及突破口建模与分析	522
第二节	中国制造业细分行业价值链攀升战略重点分类研究	563
第三节	中国制造业细分行业价值链攀升突破口分类研究	572
第四节	研究结论与启示	582

第六篇　探究与设计：中国制造业价值链攀升路径

第十五章　"智能＋"赋能"弯道超车"路径 ······ 585
　第一节　"智能＋"赋能中国制造业价值链攀升 ······ 585

第十六章　服务型制造路径 ······ 606
　第一节　中国服务型制造业概述 ······ 606
　第二节　服务型制造业转型路径影响因素计量研究 ······ 611
　第三节　服务型制造助推中国制造业价值链攀升 ······ 631

第十七章　（微观、中观、宏观视角）制造业与物流业协同发展路径 ······ 633
　第一节　微观视角：制造业与物流业协同发展路径（Ⅰ） ······ 633
　第二节　中观视角：制造业与物流业协同发展路径（Ⅱ） ······ 659
　第三节　宏观视角：制造业与物流业协同发展路径（Ⅲ） ······ 679
　第四节　研究结论与启示 ······ 690

第十八章　中国制造业价值链攀升精益路径研究 ······ 692
　第一节　中国制造业价值链攀升精益思路研究 ······ 692
　第二节　精益管理创新方法分类研究与实践调研 ······ 702
　第三节　中国制造业精益管理创新方法实证分析 ······ 705
　第四节　高质量发展视阈下中国制造业价值链攀升精益路径 ······ 711

第七篇　对策与建议：中国制造业价值链攀升对策与建议

第十九章　高质量发展视阈下中国制造业价值链攀升对策 ······ 715
　第一节　挖掘"全工业门类优势"，夯实中国制造大国地位，打造中国制造亮丽名片，助推价值链攀升 ······ 715
　第二节　"高质量创新"驱动，实现中国制造业价值链"梯度"攀升，打造"中国创造"亮丽名片 ······ 717
　第三节　"智能"赋能中国制造业"弯道超车"，助推价值链攀升 ······ 720
　第四节　注重制造业与物流业的协同发展，助推价值链攀升 ······ 723

第五节 精益管理创新方法助推中国制造业夯实基础，提升企业
　　　　基础运营能力，实现价值链攀升……………………………… 730
第六节 强化教育，"智慧"奠基中国制造业价值链攀升 ………… 732
参考文献 …………………………………………………………………… 736

第一篇
评述与追问：中国制造业高质量发展时代背景与研究动态

第一章 绪 论

第一节 研究背景：高质量发展视阈下中国制造业价值链攀升的时代新脉搏

制造业发展水平体现了国家综合实力，决定着国家在经济全球化格局中的国际分工地位。制造业高质量发展促进新旧动能转换，增强发展内生动力。中国于 2009 年[①]跃升为全球最大出口国，于 2010 年跃升为全球最大制造国。相关数据显示（联合国工业发展组织发布），中国 22 个制造业大类的产业增加值均排在国际前列，是全球唯一制造业门类齐全的国家；世界 500 种主要工业品种产量中，中国位于榜首的约有 230 种。截至 2018 年年末，中国制造业增加值高达 40027.5 亿美元，创造了 29.4% 的中国 GDP 总额，28.7% 的全球制造业份额。

近年来，中国制造业取得了举世瞩目的成就，中国被冠以"制造大国"的称号，却迟迟没能跨入"制造强国"的行列。本书研究发现价值链地位是制约中国制造业高质量发展的关键因素，那么中国制造业价值链地位如何测算？中国制造业价值链攀升机理如何？如何借力数字化、信息化、互联网、大数据及智能制造实现中国制造业价值链攀升？中国制造业价值链攀升的战略重点及突破口在哪里？中国制造业价值链攀升的出路在何处？上述问题是促进中国制造业高质量发展，尤其是中国制造价值链攀升亟待解决的关键科学问题。

[①] 本书中数据、表格及图像均由项目组整理、计算、绘制。原始数据主要来源于《中国统计年鉴》《中国工业经济统计年鉴》《中国科技统计年鉴》《中国劳动统计年鉴》《中国人口和就业统计年鉴》《中国各省（自治区/直辖市）统计年鉴》《NYU Database》《OECD-WTO Trade in Value Added（TiVA）》《World Bank Database》等数据库。

一、中国制造业高质量发展站在新起点

（一）高质量发展是制造业发展到一定阶段的必然产物

经济理论来自社会实践并指导社会实践，违背经济发展规律的经济实践必然会受阻。经济发展是一个螺旋式上升的过程，量变是质变的前提和必要准备，量变导致质变，与此同时，质变又为量变提供新的方向与路径。这是唯物辩证法的基本原理，也是经济发展的规律。中国经济发展已经积累了全方位的量变，即将面临质变。实现高质量发展是确定发展思路、制定经济政策、实施宏观调控的根本要求。

改革开放给中国经济发展带来了新的机遇，成果斐然，中国制造业规模不断扩大。工信部数据显示，截至2018年5月，在制造业大类、中类和小类中，对外资全面开放的中国产业分别占71.0%、93.3%和96.1%[1]。中国制造业的发展速度和企业数量都已经达到历史新高度，然而，中国制造业大而不强是制约其发展的关键问题。中国制造业需要高质量发展以求在国际竞争中占据主要席位，从而使中国变成制造业强国。

（二）制造业高质量发展是促进新旧动能转换的内在需要

促进新旧动能转换，增强发展内生动力，中国开始由制造业大国向"智造业"大国转型。随着经济环境的不断变化，投资拉动经济增长的空间明显不足，制造业扩张幅度急剧缩小[2]。从全球角度出发，本书认为中国传统的以要素投入为驱动力的经济增长动力机制已不再适应新时代背景下高质量发展的要求，须通过培育新动能为中国制造业高质量发展注入新血液。

（三）高质量发展是解决制造业主要矛盾的内在需要

现有制造业供求关系存在一定的结构性矛盾，主要集中在供给侧。经测算，中国制造业部分产业存在产能过剩，供需结构性矛盾比较突出，高质量发展是解决这一矛盾的内在需要。

---

[1] https://www.360kuai.com/pc/9a5397e14775eb0ec?cota=3&kuai_so=1&sign=360_57c3bbd1&refer_scene=so_1.

[2] 王一鸣. 中国经济新一轮动力转换与路径选择[J]. 管理世界，2017（2）：1—14.

（四）高质量发展是促进制造业结构优化的内在需要

制造业结构是指制造业劳动密集型产业、资本密集型产业、技术密集型产业所占的比重，可用来衡量制造业产业布局是否均衡，反映制造业结构发展演变的程度。经测算，中国制造业结构优度偏低，发展不平衡，技术密集型产业比重较低，劳动密集型产业比重过高。因此，制造业产业结构急需调整，应注重三种产业类型的比重分配，扶持技术密集型产业发展，缩减劳动密集型产业比重，实现制造业产业结构优化，通过高质量发展来提升制造业结构优度，优化产业发展。

（五）制造业高质量发展是经济、社会、环境和谐发展的内在需要

高质量发展是创新、协调、绿色、开放、共享的新发展理念。进入新时代，中国面临着一系列与低收入阶段不同的新的重大发展问题，比如传统发展模式动力不足、资源过度消耗、环境承载能力达到极限、经济增长减缓、经济发展方式转变、收入差距明显、人民群众需求转变和区域发展的不充分、不平衡等。作为实体经济核心的制造业，在今后的发展中必须遵循高质量发展理念，不断解决和消化当前面临的和前期积累下来的一系列发展问题，进而推动经济、社会和环境的和谐发展。因此，制造业高质量发展是体现新理念的发展，能够满足人民群众日益增长的美好生活需要[1]。

二、价值链攀升是中国制造业高质量发展的内在需要

（一）中国制造业需要高质量发展

毫无疑问，改革开放以来的市场体制改革极大地提高了人民的收入水平和物质生活水平，经济大国形象尚然建立，产业体系更加完善，对外交流随着国际价值链分工更加紧密融合，世界经济离不开中国。但同时也暴露了诸多发展质量问题，尤其突出的是经济和产业发展动力与模式问题。中国制造业应依靠创新驱动产业转型升级，转变经济模式，实现制造业高质量发展。

投资、消费、出口是拉动中国经济增长的"三驾马车"，主要依靠的

---

[1] 代表委员主题访谈：如何推动高质量发展[J]. 中国经济周刊, 2018 (11)：26—27.

是国家改革开放与一系列对外贸易的战略决策、出口型经济、加工性贸易、政府加大的基础设施投资等措施的实践。中国制造业作为中国经济的"主动脉",更需要转型升级。世界形势使中国经济整体以及中国制造业出现了更多的不确定性,新全球化将带来新贸易格局。同时,随着新一代科技革命的兴起,美国、德国、日本以及中国等世界工业大国开始出现"再工业化""工业4.0"等新的战略政策,这些都说明工业必须实现相应的变革。中国制造业的背景与其他工业大国不同,经济的内在变化规律使中国在已高速发展几十年的此刻面临"中等收入陷阱"、实体经济困境的挑战。与其说经济形势下行,不如说中国经济走入新阶段,对经济提出更高诉求。中国制造业正面临着发达经济体在其发展过程中几乎都曾面临过的问题,如资源消耗性生产带来的资源枯竭,粗放式工业生产带来的环境危机,产业转型政策执行效果不佳等问题。

(二)价值链攀升是中国制造业发展的内在需要

中国经济增长目前正处于拐点,由高速增长转向中高速增长,由经济加速转向经济减速。从欧美发达国家的经济增长过程来看,工业化下经济快速增长,劳动力充分涌入高效率工业部门,推进城市化进入成熟期,经济发展重心转移,社会分工结构由第一、二产业转向第三产业,第三产业生产率低于工业,导致经济发展增速下降。这是发达国家经济发展的普遍路径。中国经济发展可划分为两个阶段:阶段一是以高出口和高投资拉动为主,政府干预为辅。阶段二是以城市化和服务业作为经济发展的助推器(张平等,2012)。两个阶段中的转型期即是所谓的拐点,需要解决前一阶段发展中出现的结构问题,才能推动经济迈入下一阶段,促使制造业价值链突破低端锁定实现攀升,实现经济可持续的高质量发展。

1. 价值链攀升是实现中国制造业高质量发展的必由之路

(1)价值链攀升是有效解决新主要矛盾[①]问题的有效手段。产业发展必然是在经济发展的大背景下,符合经济发展的规律而展开的。经济发展是一个螺旋上升的过程,应由量变引起质变,长期的高速增长或导致主要矛盾转变。中国制造业的发展速度与企业数量都在旧有价值链模式中迅速

---

① 新主要矛盾是人民日益增长的美好生活需要和不平衡、不充分的发展之间的矛盾(见党的十九大报告)。

达到历史新高度,大、中、小各门类不断扩展,然而中国制造业依靠低成本要素投入与投资融入全球价值链的模式充分暴露了已有缺陷。价值链攀升是在经济规律下中国制造业适时从内部主动寻求转变,对原有发展模式进行重构,摒弃对资源要素等的粗放利用,加强精细化运作,投入高端要素,以实现产业的绿色可持续发展。

(2)制造业结构失衡制约制造业持续性发展,价值链攀升是提高结构优度的方法。中国制造业结构优度偏低,产业发展不平衡。究其本质是由产业价值链发展模式惯性导致的,产品的质量、技术档次、卫生安全等性能无法满足要求,从而无法形成有效供给。因此,制造业产业结构急需调整,应随着全球价值链的新格局进行变革,注重三种产业类型的比重分配,尽快实现制造业产业结构优化。

(3)内需拉动价值链攀升,构建本土价值链新链条。一方面,高端需求与低端供给之间的供需结构失衡,可通过价值链攀升实现价值链上资源的整合配置,通过改善产业结构的方式促进制造业升级与发展。另一方面,国际供给与需求也面临对应失衡,中国长期出口导向型的加工经济显然已经乏力,需要通过价值链攀升构建本土价值链新链条的方式,转向由内需拉动经济发展。虽然近年来中国对世界经济的依存度相对减弱,世界对中国经济的依存度相对增强,但是,随着国际环境的变化,全球经济下行导致国外需求不稳定。国内经济发展进入新阶段,中国对外贸易不再具备传统低成本优势,同时国际市场需求低迷,严重影响低端出口。内需是由企业与市场经济驱动的,而在其背后需要完善、健全的金融体系,以及政府服务型的非行政手段的市场运行体制。而更多的经济增长将由国民收入提高、金融体系健全下顾客多样化需求和独特定制产品需求的增加拉动,国民的消费观念正在转变。

2. 价值链攀升是中国制造业动能转化的内涵要义

(1)旧有要素动力衰退,难以高附加值输出。全球价值链中的大部分发展中国家的制造业会受到不利于其持续发展因素的影响,如劳动力短缺、工资高、土地价格昂贵、进出口管制等。中国制造业承担了定点生产

(OEM①) 业务较长时间后,原有优势逐步丧失,同时新兴发展中国家② "步步紧逼",经济发展面临巨大考验,制造业高质量发展"腹背受敌"。要素成本全面上升,国际新贸易保护主义逐步加剧,制造业 OEM 模式的出路日趋狭窄。

当低端加工制造环节以低成本要素比较优势融入价值链分工时,随着经济增长带来改善民生的初衷实现,工资水平上涨,劳动力成本优势不可逆地消失;随着进口外来资源再消耗,环境无法承受资源枯竭与能源枯竭式污染;随着经济的发展,中国却并未拥有更多自主知识产权、版权、品牌,长期处于价值链中低端。

因此,当中国劳动力等要素成本优势丧失,资本结构出现不平衡时,中国制造业显然已不适应原有价值链分工地位,原有竞争优势丧失将会导致经济出现进一步的减速。随着要素优势减弱,资源条件弱化,更多的产业限制,无疑需要从内部寻找变革道路。因为低成本劳动力虽是过去的优势,但在某种程度上说明劳动力具有低附加值、低创造性以及低的服务能力,并不具有可持续性;同时资源问题凸显,继续依靠资源带动将会给中国未来以及全人类带来危害。中国经济新常态下产业升级要考虑新的要素禀赋格局,进而寻求高质量发展下的产业升级方向和动力。

(2) 旧有资本动力衰竭,边际收益持续降低。产业转型升级影响了经济增长规模和方式。"人口红利"主要来源于人口由农业向非农业转移、农村向城市转移,而后依靠政府通过行政手段进行的基础设施建设投资以及改革开放后逐步增多的外商直接投资构成经济的高速发展。中国资本产出比自 2008 年后上涨意味着资本回报率下降,随着劳动力供给有限,资本边际收益递减,资本投资率持续升高也并未使经济增速维持住,可见资本产出比增长过快是不合理现象。另外,在需求侧,净出口率在 2007 年前一度上升,消费率水平持续下降,投资率水平仍然在持续上升,消费增长长期落后于投资是中国经济近年来最显著的失衡现象,将导致资本的作用减弱,陷入"凯恩斯陷阱",增加经济不确定性。因此资本动力衰竭已

---

① Original Equipment Manufacture 的首字母缩写,俗称代工(生产),基本含义为品牌生产者不直接生产产品,而是利用自己掌握的关键核心技术负责设计和开发新产品,控制销售渠道。

② 新兴大市场(墨西哥、巴西、阿根廷、印度、印度尼西亚、南非、韩国、波兰和土耳其)已成为新兴经济体中增长最快、最具活力的群体。详见文献:FRANCISCO K. The world development report. The world bank,Washington,D. C. ,2006.

可见，显然不足以拉动制造业持续性发展。

价值链攀升是将已有的资源作为基础，以促进内生增长，通过投资等已有发展模式产生的技术溢出效应、学习与竞争效应等，进行自身技术等创新变革，在动态环境下内生性地寻求新动力。

（3）新旧动能转换，助推价值链攀升。在经济新常态下，中国开始加速由制造大国向制造强国转型，自主创新与技术进步将拉动制造业劳动生产率增长。原因是尽管要素投入与资本投入在相应时期发挥了拉动制造业发展的动力作用，但随着经济环境的改变，投资促进经济增长的潜力明显下降，制造业大规模扩张的阶段基本结束，数量与规模产生的利润已不能满足新一轮经济增长的需要。自主创新与技术进步可不受资源、投资环境等因素的限制。结合全球价值链的规律，发达国家的自主创新意识与能力是其价值链地位的决定性因素，随着战略性新兴产业的诞生与发展，中国制造业数量与规模竞争力已逐步与发达国家制造业价值链发展模式趋同。中国制造业曾经高度受制于购买者提供的技术以及市场限制（Hobday，1994），自主创新缺乏且不允许拥有自主品牌，购买者逐渐撤离或转移，不得不转型为 ODM 或 OBM 的全球价值链攀升模式。因此，"中国制造"向"中国创造"转型的关键在于企业的可持续化转型（何佳佳，2008）。

3. 价值链攀升是中国制造业高质量发展的重要举措

（1）增加价值链附加值，制造业日趋服务化。从产业结构来看，中国三次产业比例关系不断改善，符合经济增长过程中三次产业演进规律，然而总体上中国三次产业结构处于低端水平，亟待升级完善。在价值链的分工环节，由于前端研发设计和后端营销与服务均属于高附加值环节，进一步专业化催生出新型的产业形态。任何制造业都是服务业，技术、创新能力、人才与组织都是其竞争力。制造业升级必然需将重心由提高生产过程的生产效率逐步延伸至企业外，通过比竞争对手更高效的研发，不断提高企业的生产标准，从而提升自己的价值链地位，然后再进一步对外扩张，将低端价值活动外包，自身向中高端地位移动，最终技术发展将推动全链条转型升级，整条微笑曲线实现攀升，进入全过程附加值更高的高新技术产业。服务化趋势将推动制造业提供更具有独特性与服务意识的产品，实现产品升级，而制造业的价值链攀升将实现创新驱动产业发展、多产业融合推动高质量发展。

（2）价值链攀升倒逼机制，制造业逐步智能化。智能制造体现在设计、生产、管理与服务的各环节，可以推动形成新的生产方式、产业形态和商业模式。通过信息互联打造智能工厂进行柔性制造，可视化实现全面质量管理，提高能源利用率，实现制造业逐步智能化。

经济增长的根本动力是技术创新和制度变革。消费端技术变革提供营销渠道必然会支持实体经济发展，同时消费端技术必然会改变生产方式，即以消费互联网带动产业互联网发展，其中的技术变革将带动中国"制造"走向中国"智造"，实现制造业价值链攀升，最终实现自主创新这一内核动力带动的、可持续的制造业高质量发展。

（3）中国制造业价值链攀升，新一代科技革命崭露头角。前三次工业革命促成了英国、美国等超级大国的产生，不仅实现了制造业的登峰造极，还促使引领革命的各国经济空前绝盛。同样作为老牌制造业大国，德国提出"工业4.0"以运用物联网等信息技术对工业生产进行重组，实现智能制造。凭借制造业规模、人工智能、5G、新型材料等先进技术研发运用，中国以主导国身份参与第四次信息技术工业革命。与发达国家相比，中国制造业将面对更多的问题。前期的资源问题、要素瓶颈能否快速突破，动能转换能否迅速推进，都与中国制造业是否能冲出价值链中低端的重围，改善运用现有技术环境，在洞悉区域价值链机理后采取稳健有效的举措等相关。智能制造是现有命题，而价值链攀升是先决条件。

三、中国制造业价值链攀升势在必行

（一）中国制造业需要高质量发展

全球500强中中国制造企业的利润率为4.37%，远低于其他企业6.57%的利润率。虽然中国近些年一直是世界第一制造大国，但从整体来看，中国制造业国际竞争力略显不足，目前，"大而不强"是中国制造业的主要发展特征。

（二）制造业价值链攀升是高质量发展的内在要求

在经济全球化背景下，推动制造业高质量发展的关键是中国制造业在全球价值链中地位的攀升。对制造业资源重新进行分配，对制造业结构进行优化，从供给侧实现去产能、去库存、去杠杆、补短板与降成本，以满足未来多变的消费需求，引导制造业向价值链两端延伸，实现高质量发展。提高中国制造业价值链地位是在原有发展模式基础上进行升级重构以及对价值链各个环节的再造，减少对各项资源的粗放利用，加强精细化运

作，提高效率，实现产业的可持续发展。制造业在全球价值链中地位的提升，可以优化中国制造业进出口结构，开拓中国贸易新格局，增强中国制造业综合竞争力，逐步向制造强国迈进。

众多学者针对制造业如何高质量发展进行了研究分析，余东华（2020）指出，推动产业链整合是价值链走向中高端的有效路径，针对中国装备制造业高质量发展分析时，把产业升级与价值链攀升相关联，探索高质量发展与产业升级之间的关系。蒋兴明（2014）认为，产业转型升级是产业价值链、产业链等各个方面的整体转型升级，进一步说明了中国制造业高质量发展下制造业价值链攀升迫在眉睫。

四、新一代科技革命[①]赋能中国制造业价值链攀升

中国产品的附加值仍然较低，员工创造力不足，导致产品和服务的价值低。因此，中国制造业亟须实现价值链攀升，提高附加值，掌握更大的话语权。近年来，实体经济发展失衡，需要大力发展实体经济，尤其是发展制造业。随着能源危机的出现和环境被破坏，过去偏粗偏重的制造业发展越来越困难，结构性矛盾仍很突出。新一代科技革命成果助力中国制造业价值链攀升，加快发展智能制造，是培养中国经济增长新动能的关键，对促进制造业向中高端迈进，实现制造强国梦想具有重要战略意义。

（一）数字化助力中国制造业价值链攀升实现"弯道超车"

1. 中国制造业数字化发展现状

新一代科技革命和产业变革如火如荼，数字经济成为促进国家经济增长和维护金融安全的重要手段，越来越多的国家充分重视数字化发展。在此背景下，各国普遍采取主动积极的措施，大力促使产业数字化与数字产业化。

中国为促进制造业转型升级发布了一系列政策措施，明确了制造业数字化转型发展的具体目标和重点任务，从基础研发创新、关键核心领域突破、成果有效转化和数据安全、专业技术人才等方面提出了针对性鼓励措施，以期推动中国制造业高质量发展。2010年至今，中国制造业的数字

---

① 新一代科技革命的成果很多，项目组主要从五个方面展开研究：数字化、信息化、"互联网+"、大数据和智能制造。

化、网络化融合成果初步显现,很大程度上提升中国产业的发展水平(齐亚磊和罗文春,2019)。信息技术从研发、生产、经营到管理等各个环节的应用逐步深入。对从两化融合评估诊断获取的 13 万家企业的数据进行统计分析,截至 2018 年年底,全国 20% 以上的企业进入了创新突破阶段,数字化设施的普及更是达到了 70% 以上,极大地推动了企业精准制造和敏捷制造水平的持续提高(周剑,2019)。

2. 中国制造业数字化发展问题

在数字化转型升级过程中,尽管中国制造业已经取得了较大进步,但客观来说,大部分制造企业在全球产业链中位置依然较低,发展优势依然不大,行业发展的难点问题依然存在。中国制造业规模大、体系全,然而"大而不强"已成为社会和学界公认的突出问题之一,其中以传统制造业为典型行业进行分析发现,传统制造行业的生产管理能力不强,自主创新水平较低,投入产出效率不高,以低成本获取发展的优势逐步消失等已成为其转型升级的重要阻碍。

(1)行业标准未完全统一,数据共享与安全难以保证。制造企业的特性决定其自身应具有较强的生产能力和较高的技术水平及含量,这决定了制造企业每天需要利用大量数据,再产生大量数据,如内部运营数据、外部市场数据、机器设备运行数据等。这些数据如果能够得到科学的储存和运用必将产生巨大的价值。但目前中国的现实情况是,由于工业机器类型较多、设备应用环境复杂多变,不同的行业或企业采用的数据标准不统一、不兼容,格式差异较大,无法转化为有效资源。一是中国虽然已成立了专门负责相关工业标准研发的组织,发布了与行业标准相关的文件,但由于标准研发和普及工作目前尚处于初始阶段,市场接受度普遍较低,行业标准现阶段未能实现统一。二是工业数据的安全问题是行业健康可持续发展的重要要求之一。设备、运营、产品、用户等从生产到消费者使用的各个环节都会产生数量庞大的工业数据,这些数据一旦流失、泄露或被篡改,就可能造成企业生产环节的混乱,威胁整个行业发展,甚至对消费者人身安全、国家社会安全造成危害,给消费者、企业、行业和国家造成难以预估的损失。然而,随着科技的进步,社会上窃取、篡改信息的方法众多,单纯依靠技术无法完全保证数据的安全,但目前中国相关惩治措施针对性不强、惩罚不够严厉、威慑力不足,因此数据安全等问题尚未彻底解决。三是数字经济已经成为社会发展的必然趋势,企业对外部相关数据的需求不断上升,如全产业链相关信息、制度监管信息等,但是目前政府、事业单位等公共部门、银行、证券等金融机构的数据均供内部使用，不与社会其他经济主体共享，导致这些数据不能够被获得，数据资源无法得到有效利用、有效整合，价值无法最大化，因此数据共享程度不高的问题仍需得到妥善解决。

（2）设备设施全面数字化程度低，联网难度大。工业设施联网率低是阻碍全球各国制造业数字化发展的共同问题。其原因主要有两方面：一是从事工业设备机器制造的生产企业的主要利润是由产品交易和线下的市场服务组成，而传统工业的特点包括价值壁垒较高和技术体系十分封闭等方面，因此其无须改造升级仍然能够盈利，造成工业设备制造商缺乏对设备进行网络化改造和提供相关线上服务的动力。二是当前的工业企业普遍存在商业运营模式模糊、线上服务能力低的问题，经营销售水平不足，再加上设备改造入网短期内成本较高、收益不确定，造成其普遍缺乏设备联网的动力。目前，中国工业企业运用互联网等数字化平台发掘客户、拓展市场的巨大需求，与工业设施数字化、网络化基础薄弱，不能支撑工业数字化转型升级的矛盾异常突出且难以解决有关。截至2018年年底，中国45.9%的企业实现了生产机器设备的数字化，但仅有39.4%的企业实现了数字化设备联网运行。因此，虽然中国数字化设备设施不断改善，但客观来说数字化联网能力和水平有待提升。

（3）执行力及组织管理能力有待提高。数字化转型升级与智能制造的重要性已经得到越来越多企业的认可和重视，很多企业致力于实现数字化转型升级，但通过实地调研和问卷调查发现，能够真正进行数字化转型升级与智能制造等创新性较强的实践活动的企业却是寥寥无几（黄昌夏，2019），究其原因主要有三点：一是少数企业存在严重的形式主义问题，具体表现为只将数字化发展这一方向写进规划中而没有实际行动。二是部分企业由于缺乏专业化人才和有经验的团队，组织管理水平有限，不具备数字化转型的能力与水平，没有掌握发展的方法与途径，发展受到限制。三是在制造业数字化转型这一目标背景下，行业发展需要行业内各个企业联合，形成目标一致、互惠互利的利益共同体，绝大多数企业很难单凭自身力量制定出全面、系统且兼具操作性和实践性的战略规划，并有效执行落实。因此，加强企业自身组织管理能力和执行力，建立专业化行业联盟机构，促进行业整体数字化转型等问题需要进一步探索。

（二）信息化助力中国制造业价值链攀升实现"弯道超车"

1. 中国信息化与制造业的发展现状

（1）信息化发展现状。"信息化"概念的提出是将信息视作一种重要的经济因素，认为信息化是社会由传统的物质资源要素转变为知识和信息要素的过程。20世纪80年代开始，中国出台了一系列政策在国内推行电子信息技术，具有中国特色的信息化正方兴未艾。中国一直很重视信息化建设，坚持推动信息化与工业化融合，致力走出一条新型的工业化道路。中国的区域信息化发展水平整体得到提升，未来中国将朝着区域发展平衡和发展环境完善的方向前进。

（2）制造业发展现状。随着5G、大数据、云计算的出现，世界将迈入由中国发起的新一代科技革命，这与2010年中国开始成为世界制造业第一，几乎占据世界制造业的三分之一份额的现实密不可分。整体而言，现在的中国正处于工业中期向后期发展的阶段，在继续完成第二次工业革命的同时遭受着第三次和新一代科技革命的冲击。

（3）中国制造业信息化转型升级。为了加快实现中国制造业的"弯道超车"，信息化建设受到了中国政府与中国制造业企业的广泛重视。从1998年开始经过"八五计划""九五计划"的实践，汽车、手机、电子通信、船舶等产业的产品创新速度十分迅速，进而对钢铁、模具以及机床等原材料的需求量大幅增加，带动制造业产业链及上、下游供应链的发展。中国的众多优秀制造企业开始走出国门，把目光放向远处，与国外一些企业合作来扩大企业规模，机床、汽车等行业的中国大型制造企业也打开大门，进行一系列国际并购活动。信息化为中国制造业高质量发展实现"弯道超车"带来了新机遇，然而不同制造企业的信息化建设发展不均衡。从地区差别来看，东南沿海地区的制造企业信息化程度较高，西北地区较低。从企业规模来看，国有大中型制造企业的信息化程度较高，中小制造企业较低。

2. 中国制造业信息化存在的问题

（1）同发达国家相比，整体水平较为落后。与发达国家相比，中国制造业信息化发展时间比较短，从事制造业的企业信息化建设更多是被动的，是由当地政府与软件供应商去推动而不是自发去寻求技术的突破。但国外制造企业的信息化多是自发建设的，更为主动，自然更容易占据先机。因此，尚不了解信息技术的中国制造企业不敢大刀阔斧地进行改革，不能及时参与到制造业信息化建设之中。

（2）信息化人才的缺乏。随着信息技术的发展，信息化在中国企业内部不可或缺，因而制造业的信息化就需要一批既了解管理策略，又懂信息化技术的专业人才，我们把这类人才称为信息化人才。制造业管理者除需要足够了解管理知识外，还需要掌握足够的信息化技术才能更好地与软件供应厂商交流信息。当缺乏对信息化技术与管理知识的了解时，企业与供应商就会出现信息不对称，软件供应厂商就不能根据企业的要求设计开发相应的软件，难以从制造企业的立场与视角去获取准确的制造业信息化需求，建立的信息化系统不能高度契合制造企业的真实需要。

（3）"穿新鞋走老路"与"削足适履"同时存在。从企业内部来看，不仅是制造业，大多数企业的信息化建设缺少科学的规划，中国制造企业的信息程度参差不齐，信息化系统的构建需要深入接触制造业，才能对信息化系统进行指导与帮助，实现制造业所需的功能。因为缺乏对制造企业既客观又极具针对性的认识，制造企业很容易"穿新鞋走老路"，也就是信息化成为企业的摆设，没有在企业发展中发挥重大作用。同时，"削足适履"也是中国制造业信息化过程中容易出现的一大弊病。

（三）"互联网＋"助力中国制造业价值链攀升实现"弯道超车"

改革开放以来，中国制造业快速发展，2010年中国的制造业已经位列世界第一。中国的制造业为世界经济的增长做出了突出的贡献，成为世界经济增长的动力源泉。到目前为止，中国制造业的产业体系较为完善，但还比不上日本、美国等制造业强国。中国要加强制造业产业之间的紧密协作，把信息技术融入制造业各环节，促进柔性、智能、精细化的生产方式。

1. "互联网＋"与制造业转型升级

在"互联网＋"背景下，中国制造业面临技术革新与市场的调整、产业转型升级等多方面的压力。中国制造业要顺应时代的变化，以谋求更加长远稳定的发展。与此同时，"互联网＋"给中国制造业带来了新的发展机遇：一是互联网作为传播媒介，使得制造企业的学习成本大幅度下降，新技术的传播途径更加广泛，传播速度大大提升，企业接触新技术的时间缩短和学习新技术成本大大降低。二是互联网能够进一步促进企业间的合作，不仅有效加强国内企业间的合作，更有利于跨国企业的合作，使得制造业利用外部资源的能力大大提升。三是中国制造业可以借助互联网进一步扩大市场，扩大消费者的范围，刺激制造业技术提升和产品升级（蔡银寅，2016）。

"互联网+"有助于制造业转型升级集中表现在两个方面：一是从企业层面看，互联网扩大了企业接触知识的范围，有利于提升企业创新效率，缩短企业创新周期，研发设计更加全面和高质量的产品。二是从产业层面看，互联网提升了系统结构，使得中国制造业产业结构更加生态化、高级化。

在互联网时代，企业间获取信息更加快捷，信息趋于扁平化。互联网打破了信息壁垒，企业间的信息交流更加透明，企业间的合作进一步优化，这在一定程度上消除了信息孤岛效应。互联网对市场结构也存在巨大的影响，它打破了市场固有的壁垒，扩大了市场的范围，拉近了制造企业与消费者之间的距离，消费者的需求更加清晰地反馈给制造企业，产品的价格信息暴露更加充分，降低了制造企业和消费者之间信息不对称的风险。互联网还使企业的研发与设计不再孤立，产品研发部分不再成为制造企业的必需，制造企业可以通过互联网与研发企业合作，充分发挥自己的优势，使企业间实现互利共赢，为企业提供了更大的生存空间。

2. "互联网+"对制造业转型升级的影响

"互联网+"对制造业发展质量的基本影响机制表现在三个方面：一是生产效率提升效应；二是制造业服务化效应；三是高端生产要素融入效应（李琳和周一成，2019）。

（1）制造企业生产和组织模式改变。互联网的出现引起了中国制造业生产方式和制造企业组织管理模式的巨大变革，制造企业的生产效率大幅度提升。传统制造企业强调管理标准化与生产规模化。然而在互联网时代，产品交易场所发生变化，产品的交易时间与以往不同，产品种类大大增加，交易速度大幅度提升，消费者获取信息的能力提高。随着时代的发展，个性化需求越来越显著。互联网使得制造思维更加开放。消费者需求直接反馈给制造企业，创新和价值成为制造业新的驱动力。

（2）制造业服务化。因为全球经济结构逐步由传统的工业型转向服务化，所以制造业服务化可以促进制造业转型升级。作为重要的资源配置工具，"互联网+"通过对信息、劳动力等资源的重新配置，促进制造业高质量发展。中国传统制造企业通过"互联网+"引入新技术、搭建现代信息化平台，刺激制造业部门向服务端延伸，从而不断提高制造企业的核心竞争力，市场需求随之发生改变，向制造企业的中间性服务延伸。

(3) 高端生产要素融入。中国制造业的粗放型增长模式已经无法适应经济的高质量发展，中国制造业扩张式发展战略即将终结。这就使得政府部门和制造企业寻求新的发展要素。"互联网＋"带来了数字信息化、计算能力不断提升和通信技术的不断发展，这三个要素成了制造业转型升级和长久发展的重要支撑。"互联网＋"使得企业创新效率不断提高，企业的创新质量也不断提升。借助互联网的信息化平台，客户的需求信息可以直接传递到制造企业，传统的生产和销售模式发生了革命性的变化。制造企业上、下游分散的生产销售模式开始向集约化、信息化经营转变，制造企业的传统组织方式焕然一新，管理制度不断完善，有助于培育制造企业创新能力，实现制造业转型升级。

(四) 智能制造助力中国制造业价值链攀升实现"弯道超车"

1. 中国制造业智能制造转型现状

(1) 中国制造业大而不强，转型发展迫在眉睫。从总体来看，高技术含量仍然偏低，自主创新能力薄弱（罗序斌，2019）。从根源上看，中国制造业长久以来都是以人力、资源等投入为主，这种追求量产的传统经济模式短时间内促进了中国经济的发展，但也制约了企业的创新精神。随着中国对发展质量的逐步重视，要素资源价格持续增长，低价格竞争优势荡然无存。目前，中国制造业最突出的问题主要表现在三个方面：一是产品质量低下。产品不合格造成了极大的浪费。二是资源利用率不高。能源利用效率远低于世界平均水平。三是产业结构不均衡。相关企业数量不足，比例不平衡，无法在国际上立足，国际影响力弱。

(2) 智能技术逐渐成熟，智能发展型企业不断涌现。智能技术与传统行业的融合发展逐步紧密，信息技术专利不断涌现。为推动先进技术发展，国家出台了一系列指导性文件，如《中国制造2025》《"互联网＋"人工智能三年行动实施方案》等。2017年中国机器人产值超过62亿美元，预估到2020年将达到100亿美元。

(3) 中国制造业智能化转型规模较小，处于初级阶段。尽管中国智能化具有良好的发展潜力，但从整体来看，工业智能化发展起步较晚，至今仍处于摸索发展阶段。目前中国只有16%的企业开始应用智能制造，并且还存在着智能化发展水平参差不齐等问题。尽管一些企业智能化发展较快，但是无法掌握核心技术，缺乏高精尖技术成果产出，关键设备、核心零部件和元器件、先进材料等对外依存度较高。并且，在中国制造业中有超过90％的企业属于中小企业（李博方，2017），这类企业缺乏技术创新能力和资金实力，信息不透明，合作意识薄弱，在智能化转型中面临着诸多挑战。

2. 中国制造业智能制造转型升级

（1）产品市场需求与制造业智能制造转型升级。需求决定产品价值。产品市场需求在某种程度上体现着产品价值的来源，基于产品市场需求的产品价值决定了企业的竞争优势。产品市场需求主要体现在用户需求和市场需求两个方面。产品市场需求对智能化转型升级的影响体现在两个方面：一是基于用户需求设计的智能产品能够在满足用户基本需求时，针对用户的喜好与情感，有效地提供个性化产品或服务体验。这就要求在研发设计之前深入市场，搜集分析用户需求，使得设计出来的智能产品体现更多用户价值，也就是通过用户需求驱动企业的智能化创新行为，创造价值。二是基于市场需求进行智能化活动，以市场为导向，使得企业抢占市场先机，并提高自身的市场份额。以市场需求为导向在一定程度上也能够刺激用户潜在的需求，进而增强企业的竞争优势，提升企业自主研发的积极性。

（2）智能技术创新与制造业智能化转型升级。智能技术创新主要体现在两个方面：一是智能制造技术开发；二是智能制造技术应用。智能制造技术推动着企业实施智能化改造，产生新的智能产品或者智能生产活动，智能技术创新从本质上决定了智能化升级。具体表现在四个方面：一是产品研发设计阶段开发新的智能技术或者使用成熟的智能制造技术能够提高产品设计的智能化水平。比如运用建模与仿真技术、网络系统设计技术、大数据系统等能够有效地缩短目标产品研发周期，提高研发效率和成功率。在产品研发设计阶段的智能技术创新活动有利于企业有效识别用户需求，提高企业产品设计的数字化和模块化水平。二是智能技术创新促进制造过程智能化。企业的生产制造过程中采用新型的智能制造技术能够有效地改变现有制造过程活动，比如机器人技术、识别技术、先进控制与优化技术等能够有效地提升企业生产效率、缩减生产成本、缩短生产工期，同时也能够减少由于人工操作不当等所导致的安全生产事故。三是智能技术创新促进技术服务智能化。通过应用智能技术延长的产品链条，使得产品移交至用户手中时，也能及时地获得产品数据，根据在线提供的产品数据进行服务。比如新型传感技术、定位技术等提高了获取产品的运行状态以及感知环境的能力，能够根据实时记录反馈的数据信息主动提供在线服务，提升了企业的技术服务能力与质量。四是智能技术创新促进管理智能化，体现在大数据技术、系统协同技术等的应用可以有效集成企业各个业务系统，有效管理各个业务系统产生的数据信息，减少冗余管理活动，从而提高企业经营绩效水平，实现管理智能化。

（3）智能装备资源与制造业智能化转型升级。智能装备资源可以有效地改造现有的产品生产线及生产工艺，比如智能机器人、智能执行器等设备。智能制造装备作为基础的智能化改造方式，能够有效地提高产品的生产效率和生产质量，优化产品生产工艺流程，降低产品生产过程中的资源、能源消耗水平，这体现了智能化升级所产生的效益。同时，智能化的生产装备具有实时监控、感知与反馈的功能，整个生产制造活动的实时动态感知也是实现在线优化功能的前提，这体现了智能化升级所产生的效率。同时，由于降低了生产线上的人员配备，通过智能化设备取代不必要的人力劳动，通过网络将企业内部的机器与人员连接起来，实施相较于人工操作更为精准的操作。

（4）智能交互能力与制造业智能化转型升级。通过机器、人与服务的相互融合发展，实现智能化转型升级。人员能够实时接收设备运行数据，设备也能够及时地获取人员指令或需求，主动提供服务，增加了人员与设备之间的交互黏性；设备与设备之间的智能交互体现在通过智能技术将设备系统联系起来，通过设备互联实施记录与掌握生产活动所产生的数据信息，高效精准地控制生产活动运行；设备与管理平台的智能交互本质上表现为企业内部各个管理系统与生产设备之间的有效连接。比如产品数据管理系统、企业物流系统、企业供应链系统等能够及时地获取生产信息，指导企业业务的规划与实施，同时设备与管理系统之间的互联互通也保证了管理系统对生产活动的及时控制，使得企业的各个经营活动实现系统性、灵活性。

五、价值链攀升让中国制造业高质量发展面临新挑战

20世纪中后期以来，人员、资本、技术等要素在全球范围内加速流动，跨国公司产品及生产流程中各环节和工序在全球激烈的市场竞争中重新配置，形成链条上各环节层面的全球价值链分工。随着全球分工的深入，世界经济高速发展，涌现"亚洲四小龙""N+11""金砖五国"等高速发展的经济体，出现大批新兴市场国家，成功突破"贫困陷阱"。

2021年"十四五"大数据产业发展规划中将工业互联网提上日程，指明中国的主要目标为借此建设制造强国和网络强国。中国品牌企业如华为、联想、格力等，以自身价格与技术优势进入全球竞争视野。可见随着中国与世界愈加紧密交融，中国更加坚定了成为制造强国的伟大目标，逐步占据高位乃至成为主导，给中国甚至世界的发展提供了新机遇。然而，高速增长的中国经济尚未和世界经济实现全方位融合，自身快速发展背后的供需结构、产业结构与国际地位等问题正逐步凸显。经济快速发展积累的矛盾来源于多个方面：国际收支失衡，高储蓄率，过度投资，低工资率，收入不平等，环境污染，等。从国际经验来看，中国正面临经济缺乏新动力的"中等收入陷阱"的挑战；于世界格局而言，经济全球化与经济民族主义并存，虽然中国经济体量位于全球第二，但"大而不强"和价值链低端锁定的局面亟待改进以巩固地位。

长期以来，中国制造业凭廉价劳动力进入价值链全球化分工，国际资源通过外商直接投资（FDI）和自由贸易重新配置后融入全球价值链，制造规模逐渐扩大。虽然中国制造业不重视通过创新和技术提高效率的情况有所改进，但目前仍处在全球价值链分工地位的中低端。

然而中国制造业内在核心动力——创新过程受阻，长期处于价值链中低端，依靠劳动密集型产业实现发展，导致未充分积累物质和人力资本，并未形成国家创新系统。全球价值链中制造业升级的四种模式常按照顺序进行相应阶段的工艺、产品、功能升级，最后到价值链攀升，而由跃升进入高收入行列的十几个经济体，其关键是利用既有的生产能力，不断探索新的能力和技术，发展与既有产品空间距离"接近"的产品和行业，提高产品的多元化水平和技术复杂度，实现一国产品结构升级到产业结构升级，而中国制造业的自主创新推动尚且不足，面临"中等收入陷阱"下的"中低产品陷阱"风险。

面对中国经济的发展模式累积固有的问题，为攻破"中等收入陷阱"，冲破曾困扰发达国家的经济囹圄，秉承"创新、协调、绿色、开放、共享"理念，实现经济长期可持续发展，首先研究国民经济根基——制造业，必须深入产业升级的本质，充分联系全球国际分工新动态。加强精益管理，从而实现了工业化道路的变革，进而使其所在国实现了经济价值的跃迁。从企业角度例证，苹果在最初几代 iPhone 上使用具有竞争力的三星生产制造的芯片，随着三星在智能手机领域的崛起，苹果果断转而使用自己研发的芯片，掌握价值链核心环节。可见，解决经济问题的根本途径是解决制造业的价值链问题，而中国制造业面对"内忧外患"和多方位竞争的动态环境，为实现中国"制造"向"智造"转变，如何使得中国制造业价值链地位得到提升已经成为中国制造业急需解决的问题。

第二节 研究设计：主要研究方法、框架与技术路线

按照评述与追问、态势与诊断、测度与研判、计量与解析、定位与选择、探究与设计、对策与建议的逻辑展开，采用实证分析与规范分析相结合、静态分析与动态分析相结合、定量分析与定性分析相结合的研究方法。主要有计量分析、数学建模、仿真及软系统思维等方法，具体体现在七个方面：第一，在评述与追问阶段。采用文献研究法梳理制造业价值链及高质量发展的研究动态，重点探究价值链研究脉络、前沿、争鸣与盲区。第二，在态势与诊断阶段。①采用柯布－道格拉斯（C-D）生产函数估算中国制造业产能是否过剩。②采用基于松弛变量的非径向非角度的改进 DEA 模型，测度中国制造业创新效率。③采用熵权法研究制造业高质量创新。④采用帕累托、核密度理论对中国制造业区域高质量创新指数及其驱动因素、创新效率和创新力的空间分布特征、贡献率等进行深度挖掘。⑤采用计量分析法，即 Hausman 检验、组内自相关、组间同截面相关、组内异方差及调节效应检验，构建固定效应回归模型，运用面板数据实证制约中国制造业高质量发展的关键问题（结论为价值链地位）。第三，在测度与研判阶段。①改良并设计出口复杂度指数，对中国部分省市全球价值链地位进行测度并研判。②通过回归分析实证影响中国制造业全球价值链地位的关键因素。③通过改进生态位模型，测度中国制造业区域价值链地位。④提出基于不动点原理和微笑曲线的价值链态势研判方法，刻画并研判中国制造业细分行业价值链态势。第四，在计量与解析阶段。①构建空间灰色关联度模型，用面板数据筛选影响中国制造业价值链攀升的关键动力因素。②采用计量回归方法，设置 24 种情境对中国制造业价值链攀升机理进行逐层剖析。③采用系统动力学理论，设置 25 种情境，研究中国制造业价值链攀升系统内部结构与机理。第五，在定位与选择阶段。构建数学模型（灰色优势模型），定量分析区域和细分行业制造业价值链攀升战略重点及突破口。第六，在探究与设计阶段。①采用软系统思维方

法，探究中国制造业价值链攀升的路径。②构建数学模型分析并设计创新驱动路径；采用计量（单位根检验、协整检验、格兰杰因果检验和 VAR 脉冲响应）实证并设计服务型制造路径；构建三维灰色关联度模型，探索价值链攀升的精益路径。第七，在对策与建议阶段。①通过归纳法综述德国、美国、日本的制造业发展经验与教训。②采用软系统思维方法提出适合中国制造业价值链攀升的对策与建议。

研究思路、框架与技术路线如图 1.1 所示。

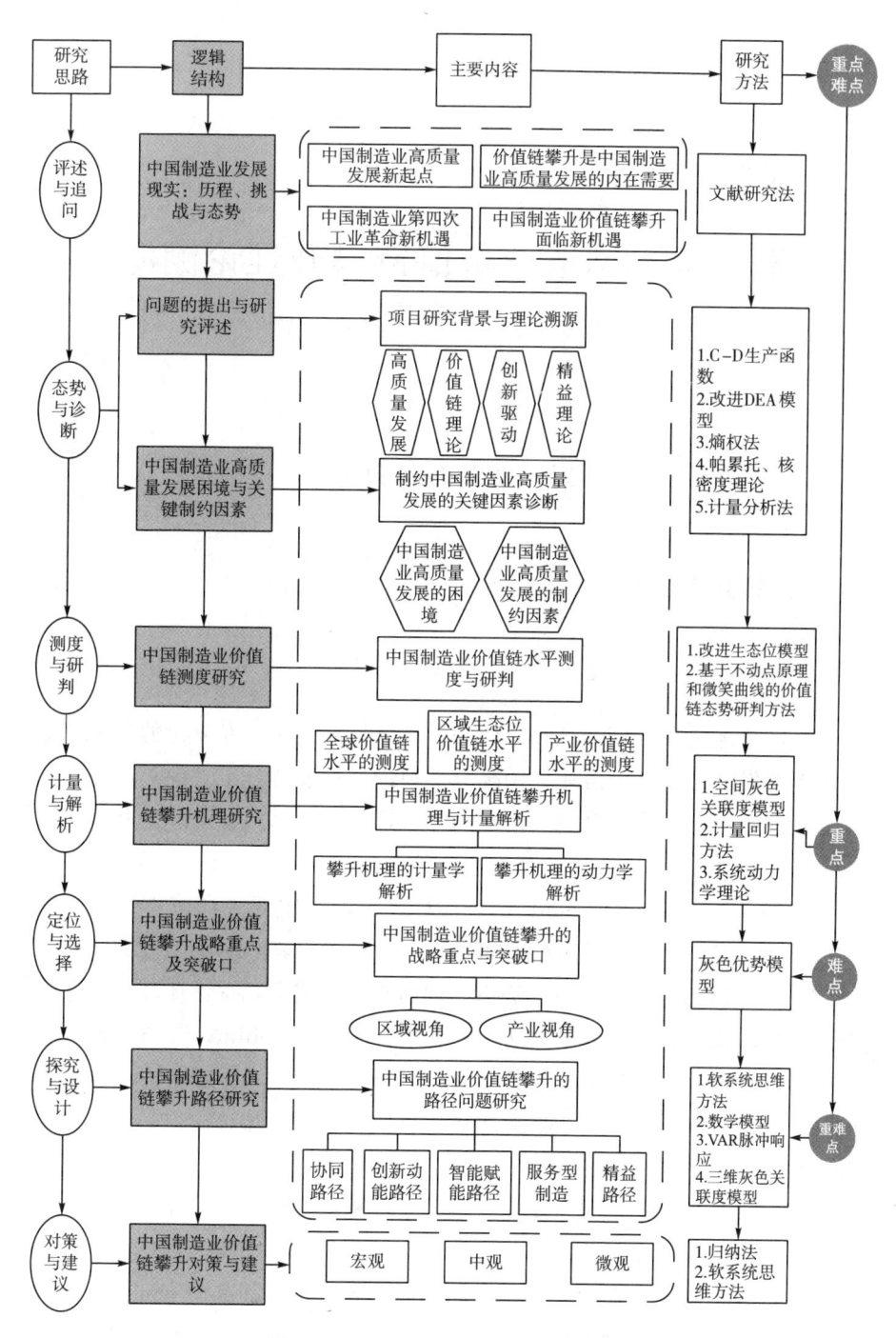

图 1.1 研究思路、框架与技术路线

第二章 制造业价值链攀升理论溯源

第一节 基础理论

一、价值链理论

（一）价值链分工理论

经济全球化和区域经济一体化的背景下，独立化、专业化的分工理论呈现多元发展形态，由区域、国际分工理论到价值链分工理论等。主流分工理论包括产业间分工理论、产业内分工理论、产品内分工理论和价值链分工理论等。

亚当·斯密（Adam Smith，1776）提出因为绝对生产成本不同而应积极开展全球贸易的绝对优势理论；大卫·李嘉图（David Ricardo，1817）认为动态情况下绝对优势不合理而应进行权衡，提出比较优势原则分工与比较优势理论；赫克歇尔-俄林（Heckscher-Ohlin，1933）则进一步融合并发展绝对优势和比较优势理论（H-O理论），要素结构和数量不同，尽管生产同一产品，成本差异产生比较利益，优势理论也是竞争力来源的最核心理论。

产业内分工因信息技术革命产生，生产更加与终端差异化、多元化需求相适应，信息技术的便捷高效、专业化差异的扩大使生产朝产业部门内部分工演变。由于产业内分工是各品类而不局限于中间品与零部件、产成品，按同一产业不同种类最终产品的分工分布，形成按质量和价格差异形成的垂直型分工和同质产品在不同国家或地区的水平型分工。

20世纪90年代以来，全球价值链（global value chains，GVC）分工

模式已成为国际分工格局普遍现状（Mattoo et al., 2013）。产品内分工理论是在全球化和产品生产专业化进一步深化的基础上，同一产品各阶段或零部件生产在全球投资和贸易的背景下发展起来的。从概念与内涵上看，产品的价值增值环节随着分工不断细化与专业化，被不断分解，并按照产品具备的要素密集度特征，自发逐利地流动至相应要素禀赋的国家和地区，国家与国家之间、国家与地区之间的分工更多地体现在价值链上某一或某些特定环节和阶段上。因此，从理论发展上看价值链分工作用于不同国家或地区，也催生了发展中国家、发达国家等多种投资生产方式与形态，全球采购与外包成为常态，链条逐步被拉长，各国家和地区发挥比较优势、促进专业化分工、利用内部规模经济来提高生产效率和改善双方福利。

（二）全球价值链

从"微笑曲线"可以看出，抛物线的中间部分代表制造企业在经营过程中利润最少的环节，一般为生产加工制造环节，抛物线的左、右两端表示企业可以创造更多附加值，向左、右两侧移动意味着制造企业可以通过自主研发、打造自主品牌等经营模式，提升自己的利润和竞争力。

刘志彪（2011）指出，加速提升全球价值链各个环节的附加值，是解除全球价值链低端锁定风险的重要战略。基于庞大的国内市场需求，中国制造业应掌握价值链核心环节，然后进入全球价值链分工体系。全球价值链的产生是由于产品从设计开发到最终销售的全球分销，全球价值链分布具有一定的内在逻辑。发展中国家在推动企业价值链攀升时应注意其内在逻辑。此外，还应根据自身要素禀赋在本地区形成具有自身发展特色的升级路径。对外经济贸易大学全球价值链研究所执行所长武雅斌指出，中国制造业的价值链出现在全球价值链分工的中低层，核心技术高度依赖国外。全球价值链的嵌入性一方面给中国带来了巨大的发展机遇，另一方面也向中国提出了如何向价值链高端攀升的问题。如果中国传统制造企业只追求全球价值链内的价值链攀升，就会成为其他价值链的被动模仿，无法有机结合自身优势实现跨越式升级。只有跳出全球价值链的范围进行思考，结合企业自身的发展模式，选择适合企业价值链结构特点和空间组织变化的潜在模式，才能真正实现价值链的升级。

(三) 价值链攀升

什么是攀升？攀升起源于国际贸易理论，后来逐渐扩展到商业和经济领域。它通常用于讨论集群、价值链、核心竞争力和动态能力，攀升的初衷是指国家在产业部门内部的专业分工中逐步向高附加值产品推进。近年来，价值链攀升是企业直接面对市场竞争的重要手段，核心是提升价值（Giuliani et al., 2005）。价值链攀升针对的是进入全球价值链进行生产活动升级的后续企业（刘仕国，2015）。价值链攀升的研究日益丰富，引导制造企业提高竞争力。高敬峰（2013）计算了按部门划分的中国出口价值链，认为制造业在全球价值链中的相对地位有利于出口贸易效益的提高。然而许多学者认为，首先，价值链攀升并非静止的，而是一个渐进攀升的动态过程，在生产过程中从最低端的生产粗加工环节到进行品牌研发设计、自主创新、市场营销等高附加值环节攀升，由此促进企业整体升级。其次，企业在具有自身优势的基础上推动企业从价值链的低端向高端转型，以获取更高的价值。

价值链攀升是全球价值链分析框架的一部分。Humphrey指出，全球价值链分工下的产业升级包括链条内部和链条外部两类，价值链攀升路径具体分为工艺升级、产品升级、功能升级和链条升级四个阶段。四种价值链攀升的具体升级形式详见表2.1。

表 2.1 价值链攀升的四种类型

升级类型	升级形式
工艺升级	采用新的生产方式，对工艺流程进行改善，使生产过程更加流畅，提升产能，降低成本
产品升级	一种是对已有的产品进行深加工，提升产品附加值；另一种是开发新产品和挖掘新功能
功能升级	在产业价值链内实现从低附加值环节向高附加值环节的攀升
链条升级	可以在原有的价值链条上进行延伸，也可以通过技术水平的提升开拓新的价值链，获取更大的市场份额

二、协同理论

协同理论研究系统从无序到有序演变的规律。系统从有无序到有序变化的关键是各子系统之间的竞争与合作关系。这个复合系统并不是一个封闭的系统，而只有当系统处于开放状态时，系统在外界参量变化的影响下才会经历一个从无序到有序的演变过程。协同理论现在被广泛应用于很多学科和行业。所以自然界一些系统从无序到有序的演变过程可以很好地被协同理论解释。在此基础上，人们还可以运用数学方法得出定量的结果，比如说信息论、控制论以及概率论。

（一）基本概念

1. 竞争

在系统从无序状态演变成有序状态的过程中存在着两种作用力，一种是协同，另一种是竞争。协同和竞争是共存的，竞争是协同的前提和条件，是促进系统演化的动力。

2. 自组织

自组织是系统本身具有的一种能力。具有自组织能力的系统在开放的状态下，各子系统能够自发地向有序的状态运动和演化。

3. 序参量

系统协同运动过程中逐渐变为有序，序参量也会从零不断增大。

4. 涨落

系统内部有多个子系统，这些子系统在独立运动的过程中可能会受到外界环境的影响，导致系统的宏观参量偏离均值并且出现不断的起伏，这种现象称为涨落。哈肯认为涨落现象是非常常见的。涨落分为两种。第一，微涨落是指涨落现象得不到系统的响应或者在系统的自动调节作用下逐渐平复。第二，巨涨落是指涨落现象得到了系统的响应或者能够支持涨落的要素不断地扩张直至影响到整个宏观系统。

（二）协同理论的主要内容

1. 支配原理

支配原理（slaving principle）又称为伺服原理，是协同理论的核心。这个原理的基本思想是，在系统从无序状态向有序状态演变的过程中，每个序参量的变化速度各不相同，有些是快弛豫参量，也称为快变量，有些是慢弛豫变量，也称为慢变量。一般情况下，绝大多数变量是快变量，只有极少数的变量是慢变量。两种变量对系统演变过程的作用不相同，慢变量会促进系统的变化，使旧的系统结构向新的系统结构变化，而快变量则起到稳定的作用，让新的系统结构趋于稳定。一般是慢变量支配快变量，这种以慢变量为主导的原理称为支配原理。在不同的阶段，快、慢变量对系统的影响也不同。在自组织过程中，当系统处于不稳定状态时，快变量发挥作用，推动系统稳态的形成，当达到稳态临界点时，少数慢变量占据支配位置，其他快变量被伺服。

2. 自组织原理

在协同理论中有两种组织方式，一种是自组织，另一种是他组织。他组织是在外界环境的干扰或者指令下完成的，如果一个开放系统的控制变量达到阈值，系统发生改变，但是外界环境并没有发生变化。也就是说，一个系统内部各子系统在没有受到外界影响的情况下获得时空及功能上有序的系统结构，则认为该系统是自组织的，描述这种结构状态的理论就是自组织原理。

3. 绝热消去原理

快变量在短时间内起作用，对系统的结构演变过程没有明显的作用；慢变量虽然数量少，但是能够得到多数子系统的响应，起到支配作用。为了得到系统变化过程中起主导作用的慢变量，刻意忽略快变量对系统的影响，可以得到简化后的序参量方程。绝热消去法就是消除快变量，寻找慢变量。经过绝热消去法得到的序参量方程就可以找到起支配作用的一个或者几个序参量，也就是慢变量。

(三) 区域协同

20世纪70年代，作为物理学家的哈肯在专著中指出，协同理论研究不同质的如电子、原子、细胞、力学、器官乃至人类系统如何竞合产生时空或功能结构。哈肯认为，狭义的协同是指与竞争相对的合作，广义的协同是指合作和竞争不分离。现在协同这一概念应用在更多的行业和更广的研究中。协同是指在共同的目标下，即使没有明确的指示和要求，各利益主体依靠自觉、主动、自发地完成目标，各方以最终的目标为导向确定各自的行动计划，高度默契地配合互助。

与单纯的协同相比，区域协同有更强的指向性。一般来说，从狭义的方面来讲，区域协同就是在区域总系统的内部，区域子系统之间的合作竞争，而且在区域内，各子系统内的协同主体，如科研机构、高校、企业、地方政府之间实现的协同合作都是深层次的合作。从广义的角度来讲，区域协同指区域协调发展的高级阶段。具体来说，在大范围内，比如不同国家之间、国家内部以及大区域范围内，各主体在人口、经济、社会和环境等方面，在结构、规模、发展质量和发展速度上的协同，缩小区域差距、加快区域协同发展、最大化共同利益，这就是广义层面的区域协同。

（四）产业协同模型

1. 模型理论基础和构建思路

由协同理论可知，促进复合系统发生质变的内部变量可以分为快变量与慢变量两种，其中慢变量是根本变量，用以决定系统质变进程，即决定系统演变的方向和有序状态，其受系统协同度的影响，又可通过影响各子系统的有序度来影响整体协同。要使符合系统序参量的协同关系得以保持，需首先计算复合系统协同度的序参量。系统协同度越靠近零，序参量也会越接近零；系统协同度呈现出向上发展的态势，序参量会随着它的上升而不断变大；当系统协同度靠近临界值时，各个序参量的增速会越来越快，并实现从无序发展向有序发展的转变。

由此，该模型构建的基本思路为：第一步确定各个子系统发展有序度的序参量，第二步组合计算序参量数值。

2. 产业有序度模型

（1）物流产业子系统有序度模型。设物流业子系统的序参量 $d_1 = (d_{11}, d_{12}, d_{13}, \cdots, d_{1i})$；$\beta_{1i} \leq d_{1i} \leq \alpha_{1i}$，$i \in [1, n]$，其中，$\beta_{1i}$ 和 α_{1i} 分别为第 i 个序参量的下限和上限，则物流产业子系统序参量指标的有序度由函数式（2.1）表示：

$$EC(d_{1i}) = \begin{cases} \dfrac{d_{1i} - \beta_{1i}}{\alpha_{1i} - \beta_{1i}}, & i = [1, j] \\ \dfrac{\alpha_{1i} - d_{1i}}{\alpha_{1i} - \beta_{1i}}, & i = [j+1, n] \end{cases} \quad (2.1)$$

其中，α_{1i}，β_{1i} 分别为指标 d_{1i} 变量临界点的上、下限。系统的总体效度由各序参量的指标大小和序参量之间的组合方式共同决定，所以用线性加权法求序参量对系统的贡献度：

$$EC_1(d_1) = \sum_{i=1}^{n} \omega_i EC(d_{1i}), \quad (\omega_i \geq 0, \sum_{i=1}^{n} \omega_i = 1) \quad (2.2)$$

其中，w_i 为第 i 个序参量的权重。

(2) 制造业有序度模型。同上所述，制造业子系统的序参量 $d_2 = (d_{21}, d_{22}, d_{23}, \cdots, d_{2i})$，制造业序参量的贡献率为 $EC_2(d_2)$。

3. 复合系统的协同度模型

假设在初始时段 t_0，物流业子系统的有序度为 $EC_1^0(d_1)$，制造业子系统的有序度为 $EC_2^0(d_2)$，经过某个时间段的演变达到 t_1 时刻，两个子系统的有序度分别为 $EC_1^1(d_1)$，$EC_2^1(d_2)$，则复合系统的协同度模型为

$$EC(U) = \theta \sqrt{\left|EC_1^1(d_1) - EC_1^0(d_1)\right| \left|EC_2^1(d_2) - EC_2^0(d_2)\right|} \quad (2.3)$$

其中，$\theta = \begin{cases} 1, & EC_k^1(d_k) - EC_k^0(d_k) \geqslant 0 \\ -1, & EC_k^1(d_k) - EC_k^0(d_k) < 0 \end{cases}$，$(k=1, 2)$。

三、生态位理论

（一）概念解释

1. 企业生态位

企业生态位是企业在特定环境中的相对位置和功能，通过物质循环、能量转换和与外部的信息交流，提升经济效益和竞争力，公司自身状况和所处环境共同影响企业生态位。企业甚至产业在企业生态环境中的地位很明显，行业中的企业生态位是行业中的企业内部竞争力的标志。生态位理论是现代生态学的重要部分，也是其重要的理论工具。作为生态学理论既抽象又有着丰富内涵的概念，从不同的研究角度和出发点，会得到不同的生态位定义。

随着生态位研究的深入，在国外学者的研究基础上，国内学者关于生态位提出了自己的见解，并扩大了相应的概念。从国内和国外学者对生态位的定义和扩展得出，生态位不仅描述了物种与其环境之间的关系，而且还包括物种与其他物种之间的相互作用以及所处地点的功能状态。生态位的计算如下：

$$N_i = \frac{S_i + A_i P_i}{\sum_{i=j-1}^{n}(S_j + A_j P_j)} \quad (2.4)$$

其中，$j = 1, 2, \cdots, n$；N_i 为第 i 个物种的生态位；S_i 为第 i 个物种的生态位的态；P_i 为第 i 个物种的生态位的势；$S_i + A_i P_i$ 为第 i 个物种的绝对生态位；S_j 为第 j 个物种的态；P_j 为第 j 个物种的势；A_i，A_j 为转换系数。

2. 制造业与物流业生态位协同

学者们普遍认为生态位是生态单元"状态"和"潜力"两个方面的结合。"状态"是长期积累的，尤其是在独自生长过程中，消化吸收现有资源以及适应新环境的能力。物流业的生态位指物流业在具体规模和生态环境中的功能地位。物流业在经济生态系统的价值流、物料循环和信息传递也由梯度位置反映。科学定位功能、产品、空间、确定产业地位和结构、经营行为等都是物流业生态的基础。

制造业的生态位包括两个方面：态势和动量。制造业的利基状态是指过去制造业的增长和发展以及与环境的相互作用的结果，即环境的生存能力，例如劳动生产率、市场份额、工业总产值和各种制造业的新产品产值率等。制造业的利基潜力是指制造业对环境的影响或支配地位，反映了制造业的发展变化，即劳动生产率和市场占有率等工业发展动力、工业产值和新产品产值率。制造业利基市场是各种制造业的状态和趋势的结合。

（二）理论基础

1. 共生理论

George T. Renner 用产业共生（Industrial Symbiosis）描述不同产业间的有机关系。后来学者 Lifset 将产业共生从企业间副产品的交换扩展到全面合作，比如知识、信息、组织能力、技术创新等其他无形资源在企业间的交换。产业共生的成因有很多，如环境保护、政策引导等，最主要的还是经济方面的因素。

产业共生的内涵有狭义和广义之分。狭义的产业共生是为了实现长期利益目标，企业在实物资源、经验、技术、知识、组织结构等全方面的合作。广义的产业共生有两类：差异性的共生即不同产业或者同类产业的不同价值板块，同质性的共生即相似产业或者不同产业的相似价值板块。无论是差异性的共生还是同质性的共生，实质都是共生单元产生了融合、互动和协调的发展状态。

随着学者对共生理论的探索，对共生的研究也拓展到了各行各业。这意味着根据特定的物质将不同的类型绑定在一起，以形成共存和共同发展的关系。共生意味着组织的所有成员都通过互利的机制有机结合起来，以求生存和发展。这些共生系统中的个体都在该系统中获取了与之前相比更多的利益，即合作大于个体的结果。简而言之，共生不能简单地理解为一个普遍的系统，而是某种存在或不同存在在一定条件下达到的一种平衡，这种系统是密不可分的。

共生理论主要包括单元、模式和环境三个要素。共生单元是共生系统产生和交换能量的基本单位，一般由两个或者许多个独立的单元组成。作为共生单元形成和发展的重要动力和基础，共生单元的内部特征与外部特征有着相当重要的作用。在共生模式发生变化时，共生关系随之发生相应的变化。同时，共生模式也是各单元间交互的载体。

2. 生态位宽度理论

生态位宽度是指作为生物单元，其在生态系统中可以使用或获得的所有资源。通常，如果一个物种可以按连续的资源顺序使用多种资源，则其生态位相对较宽；如果一个物种实际使用的资源仅占整个资源的一小部分，则生态位相对较窄。物种范围反映了生态系统中物种的状态以及对环境的适应程度。

最常用的生态位宽度的测算公式为

$$B_i = \frac{1}{n \cdot \sum_{j=1}^{n} P_{ij}^2} \tag{2.5}$$

其中，B_i 为物种 i 的生态位宽度，表示第 i 个物种利用资源 j 的总量占总数的比例；n 是可利用资源的总数。P_{ij} 为物种 i 利用资源状态 j 的个体数占该种个体总数的比例，$P_{ij} = N_{ij}/N_i$，N_{ij} 为种群 i 利用资源状态 j 的数量，N_i 为种群 i 的总数量。

3. 生态位态势理论

生态位态势理论包括生物单位的态和势两个方面。态是当前状态，是过去增长和发展、学习、社会和经济发展以及许多因素相互作用和累积的结果；势是生物单位影响环境或实际控制环境的能力。在自然界中，每个生物单元都以某种方式与其他生物单元相互作用，并且对生物和非生物环境产生特定影响。在这种环境中，相互作用会影响生物单元在生态系统中的位置和作用。态的变化曲线可以用公式（2.6）表示：

$$\frac{\mathrm{d}N}{\mathrm{d}t} = r \frac{K-N}{K} N \tag{2.6}$$

其中，K 为周围的环境容量；N 为生物单元态的衡量指标，可以用生物量来表示；r 为内禀增长率；t 为时间指标。公式（2.6）的一阶导数表示态的增长速率，即为势。生物单元的态和势时时刻刻都在变化，对于特定的物种来说，K 和 r 是固定的，势的大小由 N 决定，即态决定着势，也可以说态是势的基础。

第二节　研究动态

一、制造业高质量发展研究动态

高质量发展要从质量的社会属性出发，判断产品、产业的优劣程度，衡量价值量的增加；从创新、开放、绿色、协调、共享这五个维度发展理念出发，坚持更高效率和更好效益的发展。然而，进入经济高质量发展阶段的中国，在高质量发展视角下其制造业价值链地位到底如何是值得研究的问题。

基于中国知网（CNKI）数据库，梳理 2018 年 1 月 1 日至 2020 年 1 月 1 日期间各领域学者对高质量发展的 1498 篇 CSSCI 研究成果，运用 VOSviewer 图谱量化软件进行可视化分析，以期对推进高质量发展的研究提供理论参考。

（一）高质量发展的内涵

马克思认为，物质属性存在于任何形式的经济发展，社会财富总量增加是经济增长的实质，且财富的物质内容由使用价值构成（卡尔·马克思，2004）。高质量发展的本质就是产品附加值的增加。科技创新是高质量发展的关键，也是推动实现"中国制造 2025"的源动力（吕守军和代政，2019）。

高质量发展的内涵，第一要义在于发展，保证社会发展时空的继起和并存。发展是解决中国一切问题的基础和关键（赵剑波等，2019）。第二要义在于高质量。首先，表现为更高效率、更好效益，即以最小的资源投入获得最大的生产产出，同时产业与产品结构能够与人民需要相适应，并能够根据需求结构动态调整。新时代技术、管理、制度等的创新可以增加经济、社会、环境效益，实现创新发展。其次，更加持续与公平是其重要表现，即强调经济发展的连续性、稳定性、协调性，要求与自然的和谐，保护不可再生资源，增加知识、技术、信息、人力等可再生资源的使用，推进生态文明绿色发展；同时要实现经济社会内部各经济主体的均衡分配、结构优化，完善市场经济下的社会保障，增加个体发展的"自由时间"，实现协调与共享（张宪昌，2018）。

本书认为，高质量发展要从质量的社会属性出发，判断产品、产业的优劣程度，衡量价值量的增加。基于新发展理念，着力解决发展的不平衡不充分问题，以供给侧结构性改革为主线，重构产业、产品、企业、要素等的供给体系，以匹配需求。以创新推动生产，提升全要素生产率，坚持更高效率和更好效益的发展。因此，本书从高质量发展的视角出发，测度中国制造业省域尺度价值链地位，有利于解决区域发展的不平衡不充分问题。

（二）高质量发展的研究综述

1. 五大发展理念

新发展理念与数字经济相吻合，数字经济将助力中国经济的高质量发展。李子联和王爱民（2019）基于五大发展理念构建评价体系，以此显示江苏"六个高质量"发展现状，并将其与其他省市进行比较，提出要推进江苏高质量发展以使其走在全国前列，应发挥已有优势，并不断弥补协调发展和绿色发展中的"短板"。

2. 创新和供给侧结构性改革

程俊杰（2019）指出，创新是实现高质量发展的第一动力，而中国面临着创新能力、创新转化能力不足等问题，据此提出从模仿到创新、构建优化空间和政策双重机制的建议。王喜成（2018）提出破除旧思想观念和工作导向，构建现代化经济体系，实现经济循环、投入产出、配置和供需等的高质量，推动经济在新的层次和高度上持续健康发展。

3. 不平衡不充分发展

李金昌等（2019）将当前社会主要矛盾作为切入点，提出经济活力、创新效率、绿色发展、人民生活、社会和谐5个部分共27项指标的高质量发展评价体系。

4. 区域环境

王群勇和陆凤芝（2018）认为中国经济受到了环境规制的显著影响。钞小静和任保平（2011）通过构建指标测度模型，研究发现30年经济转型提升了中国总体和区域的经济增长水平，但区域差异较大。

5. 高质量发展的研究方法

（1）计量模型：回归模型、空间模型、结构方程。李元旭和曾铖（2019）从经济运行的全局视角，引用中国式分权和知识溢出创业等理论，提出中国经济高质量发展的路径。

（2）指标评价体系：基于全面性、科学性和可持续性原则，从技术创新、资产配置、人才供给、产出结构、绿色发展、两化融合六个方面构建了装备制造业产业升级评价指标，发现创新能力弱，产业政策亟待优化和落实。

（3）灰色关联分析和因子分析法：华坚和胡金昕（2019）用灰色关联分析构建区域科创系统与经济高质量发展系统耦合调度评价模型，并评价30个省级地区，发现区域科创与经济高质量发展总体上与优质协调发展仍有差距。

6. 文献评述

在研究内容方面，通过对高质量发展的文献搜集和整理，发现大多数文献都从五大发展理念、创新、不平衡不充分发展的视角出发，注重经济效率与效益，兼顾环境，研究区域经济高质量发展，鲜少文献研究制造业的高质量发展。关于制造业的高质量发展，学者们基于创新、资产配置、人才、产出结构、绿色发展、两化融合、产品质量等角度构建评价体系，核心思想与经济高质量发展一致，都体现了创新、协调、绿色、开放和共享。

在研究方法方面，通过搜集整理相关文献，发现多种高质量发展的研究方法，但大多集中于计量模型（多元回归、空间计量、结构方程等）和指标评价体系，结合因子分析等方法。也有一些文献用了灰色关联分析、规范研究或对比分析法等。

本书基于高质量发展，力图构建其内涵的制造业评价体系，以期丰富相关理论研究，并为中国制造业高质量发展提供一定的参考。

二、制造业价值链攀升研究动态：脉络、前沿、争鸣与盲区

为提升中国制造业全球价值链地位，促进产业转型升级，通过梳理价值链理论、制造业全球价值链地位和测度方法、价值链攀升的影响因素及路径的相关文献，发现相关研究仍有争鸣与盲区：一是不同学者发现制造业服务业和生产性服务业对中国制造业价值链的影响不同，且存在行业异

质性；二是对细分行业价值链的研究较少，对区域价值链的研究甚少。对中国制造业价值链的研究应针对研究盲区，挖掘未来研究机会。

中国经济发展已经由高速增长阶段转入高质量发展阶段，阶段的转换要求产业在全球价值链中由中低端向中高端攀升。实体经济是中国经济发展、在国际竞争中赢得主动的根基，制造业做大做强的关键在于提升其全球价值链地位，进而稳抓新一轮科技革命和产业变革，实现经济高质量发展。制造业价值链的研究已经引起了学者们的广泛关注，这必将包含丰富的研究机会。本书梳理价值链理论的脉络，从价值链地位、影响因素、研究方法和攀升路径回顾相关研究，找到研究争鸣与盲区。

（一）中国制造业处于全球价值链（GVC）中低端

近年来，关于中国制造业在全球价值链中地位的研究比较多。大多数文献提出中国制造业位于全球价值链的中低端。除了研究制造业整体，还有较多文献研究装备制造业，可以发现，中国装备制造业亟待升级。

中国制造业整体处于全球价值链中低端。中国在资本、资源密集产品全球价值链的分工地位明显提升，位于中端，其 GH 指数略大于 1；劳动密集型产品全球价值链 GH 指数在 0.9 和 1 之间，分工地位升高，但位于中低端；技术密集型产品则位于中低端，分工地位提升微弱（聂聆和李三妹，2016）。1995—2005 年，中国制造业整体在全球价值链中的地位显示出先下降而后升高的"V"形演化趋势，而 2005—2011 年显示出倒"L"形的发展态势；同时，中国制造业在全球价值链的参与程度显示出了逐渐提升的变化趋势，但仍旧位于全球价值链的中低端（王涛等，2017）。把分工环节及附加值创造的双重影响纳入考虑范围，评估中国价值链分工地位，结果显示，减掉 9 个中国不出口的行业，余下有 47 个行业，其中 25 个行业中国都大于全球的平均值，整体行业上游度超过了全球的平均值，可以验证中国全球价值链分工的确位于中低端。但在综合附加值创造方面，测度结果显示，中国全球价值链分工地位有所改善，然而服务业的分工地位依然不乐观（张为付和戴翔，2017）。中国制造业在全球价值链分工体系中面临"低端锁定"的困境，但分工地位呈攀升趋势，制造业行业间差异显著。中国低技术制造业相较于高技术制造业分工地位较高，技术含量越高，20 年来国际地位上升越显著，技术进步促使其在全球价值链中攀升势头更强劲（黄光灿等，2019）。

中国制造业各分部门处于全球价值链中低端。1995—2009 年，中国制造业整体和各分部在全球价值链中的分工地位依旧偏低,大多数位于第20名上下;中国装备制造业的全球价值链地位指数不断提升,2011年的地位指数比2002年提高43%左右(林桂军和何武,2015)。2007—2014年期间中国、美国、日本、德国四国中,德国地位指数最高,均值达0.66,峰值达0.7479,绝对优势显著;日本和美国均值也分别达到0.46和0.23,中国装备制造业地位指数低于0.07,差距显著,但仍呈上升趋势(刘会政和朱光,2018)。

学者们从不同角度验证了中国装备制造业位于全球价值链末端,制造业从总体上位于全球价值链中低端,但具体的行业以及产品略微不同。虽然制造业在全球价值链中的分工地位仍旧较低,但相较于以前,已经有了提升的趋势。

(二)中国制造业全球价值链地位测度方法

产业或产品升级或降级的定义详见表2.2。

表2.2 Kaplinsky和Readman对产业或产品升级或降级的定义

	当期"相对出口份额"除以上期"相对出口份额"上升	当期"相对出口份额"除以上期"相对出口份额"下降
当期"相对出口单价"除以上期"相对出口单价"上升	升级	不确定
当期"相对出口单价"除以上期"相对出口单价"下跌	不确定	降级

用 RX_t^{ni} 表示 t 时期国家 n 的第 i 种商品出口占世界的比重,用 X_t^{ni} 表示 t 时期国家 n 的第 i 种商品的出口额,用 X_t^{wi} 表示 t 时期全世界第 i 种商品的出口额,则 $RX_t^{ni} = \dfrac{X_t^{ni}}{X_t^{wi}}$。

那么国家 n 第 i 种商品 t 时期"相对出口份额"除以 $t-1$ 时期"相对出口份额"可表示为

$$RRX_{t,t-1}^{ni} = \frac{RX_t^{ni}}{RX_{t-1}^{ni}} \qquad (2.7)$$

用 RP_t^{ni} 表示 t 时期国家 n 的第 i 种商品"相对出口单价",用 Q_t^{ni} 表示 t 时期国家 n 的第 i 种商品的出口数量,用 Q_t^{wi} 表示 t 时期全世界第 i 种商品的出口总额,则

$$RP_t^{ni} = \frac{X_t^{ni} / Q_t^{ni}}{X_t^{wi} / Q_t^{wi}} \quad (2.8)$$

那么国家 n 第 i 种商品 t 时期"相对出口单价"除以 $t-1$ 时期"相对出口单价"可表示为

$$RRP_{t,t-1}^{ni} = \frac{RP_t^{ni}}{RP_{t-1}^{ni}} \quad (2.9)$$

假定国家或产业 n 共有 K 种商品，则从 $t-1$ 时期到 t 时期，该国或该产业出口的 Kaplinsky 升级指数为

$$Kaplinsky\_Upgrade\_Index_{t,t-1}^n = \frac{\sum_{i=1}^{k} X_t^{ni} \mid RRX_{t,t-1}^{ni} > 1 \cap RRP_{t,t-1}^{ni} > 1}{\sum_{i=1}^{k} X_t^{ni}} \quad (2.10)$$

其中，Kaplinsky 升级指数 $Kaplinsky\_Upgrade\_Index_{t,t-1}^n$ 取值范围为 $[0,1]$，数值越大表示越多商品处于升级的过程中，数值为 0 表示 t 时期国家或产业 n 中没有商品实现升级，数值为 1 表示 t 时期国家或产业 n 中全部商品实现了升级。

同理，国家或产业 n 从 $t-1$ 时期到 t 时期的 Kaplinsky 降级指数为

$$Kaplinsky\_Downgrade\_Index_{t,t-1}^n = \frac{\sum_{i=1}^{k} X_t^{ni} \mid RRX_{t,t-1}^{ni} < 1 \cap RRP_{t,t-1}^{ni} < 1}{\sum_{i=1}^{k} X_t^{ni}} \quad (2.11)$$

Kaplinsky 降级指数区间为 $[0,1]$，数值越大即降级商品越多，没有商品降级时数值为 0，全部商品降级时数值为 1。

企业参与全球价值链整体水平可用中间品单价衡量。t 时期国家或产业 n 的全球价值链地位指数为

$$GVC\_Position_t^n = \sum_{i=1}^{k} \left\{ \frac{(X_t^{ni} / Q_t^{ni})}{(X_t^{wi} / Q_t^{wi})} \frac{X_t^{ni}}{X_t^{wi}} \right\} \quad (2.12)$$

测算各具体细分行业的产业内贸易类型指数，其计算公式为

$$RUV = \frac{\sum_i \frac{UV_i^X}{UV_i^M} \times VT_i}{\sum_i VT_i} \quad (2.13)$$

式（2.13）中，RUV 指产业内贸易类型指数，UV_i^X 指第 i 种商品的出口单位，UV_i^M 指第 i 种商品的进口单价，VT_i 指第 i 种商品的贸易值，

$\sum_i VT_i$ 指该产业所有商品的贸易总值。

水平型产业内贸易为 $1-\alpha \leqslant RUV \leqslant 1+\alpha$；上垂直型产业内贸易为 $RUV \geqslant 1+\alpha$；下垂直型产业内贸易为 $RUV \leqslant 1+\alpha$。根据通行做法，此处 α 设为 0.25。

基于贸易增加值的全球价值链地位分析，计算公式分别为

$$GVC\_Position = \ln\left(1+\frac{IV}{EX}\right) - \ln\left(1+\frac{FV}{EX}\right) \quad (2.14)$$

$$GVC\_Participation = \frac{IV}{EX} + \frac{FV}{EX} \quad (2.15)$$

式（2.14）和式（2.15）分别表示 GVC 位置和 GVC 参与率。IV 表示间接增加值出口，指其他国家从本国进口的出口品用作投入品再对第三国的出口中包含的本国中间产品增加值，EX 表示本国出口，FV 表示外国增加值，指一国总出口中包含的那些在他国生产的投入品。

式（2.14）表示某行业所处全球价值链的位置，数值越大，表示该行业越是处于全球价值链的上游；反之，数值越小表示该行业越是处于全球价值链的下游。

装备制造业产品维度的出口技术复杂度的计算公式为

$$PRODY_k^s = \sum_s \frac{x_k^s/X^s}{\sum_s (x_k^s/X^s)} Y^s \quad (2.16)$$

$PRODY_k^s$ 表示 s 国 k 产品的出口技术复杂度，X^s 表示 s 国的总出口额，X_k^s 代表 s 国 k 产品的出口额，Y^s 代表 s 国的人均 GDP。

装备制造业部门维度的出口技术复杂度的计算公式为

$$EXPY_i^s = \sum_k \frac{x_k^s}{X_i^s} PRODY_i^s \quad (2.17)$$

其中，$EXPY_i^s$ 为 s 国 i 产业的出口技术复杂度，用 i 产业所有出口产品技术复杂度的加权平均表示，权重为各个出口产品占该部门总出口额的比重；X_i^s 为 s 国 i 产业的出口额。

对不同部门间的出口技术复杂度分别进行标准化处理，使得所有的出口技术复杂度指标处于区间 [0, 1] 内，如式（2.18）所示：

$$EXPY_i^s = \frac{EXPY_i^s - (EXPY_i)_{\min}}{(EXPY_i)_{\max} - (EXPY_i)_{\min}} \quad (2.18)$$

VAX_F^{sr} 是 s 国对 r 国的出口中基于产业前向联系的增加值出口：

$$VAX\_F^{sr} = \hat{V}^s B^{ss} Y^{sr} + \hat{V}^s B^{sr} Y^{rr} + \hat{V}^s B^{st} Y^{tr} \quad (2.19)$$

其中，目标 s、r、t 分别为 s 国、r 国和 t 国三个不同国家。V^s 代表 s 国的增加值系数；$\hat{V^s}$ 是以 V^s 为对角元的对角矩阵；$[B^{ss}B^{sr}B^{st};B^{rs}B^{rr}B^{rt};B^{ts}B^{tr}B^{tt}]$ 为里昂惕夫逆矩阵；Y^{sr} 代表 s 国对 r 国总出口中的最终产品，Y^{rr} 为 r 国对 r 国总出口中的最终产品，Y^{tr} 为 t 国对 r 国总出口中的最终产品。VAX_F^{sr} 为 56×1 的矩阵，是分部门基于产业前向联系的增加值出口。

$$VAER\_F_i^s = \frac{VAX\_F_i^s}{VA_i^s} = \frac{\sum_{r \neq s} VAX\_F_i^{sr}}{VA_i^s} \quad (2.20)$$

其中，$VAER\_F_i^s$ 为基于产业前向联系的增加值出口比率，计算的是 s 国 i 产业实际出口增加值与总增加值之比。$VAX\_F_i^s$ 为 s 国 i 产业基于部门前向联系的增加值出口，VA_i^s 为 s 国 i 产业的总增加值。

新型国际分工地位指标的计算：

$$GVC\_P_i^s = VAER\_F_i^s \times EXPY_i^s \quad (2.21)$$

周升起等（2014）[①] 根据 OECD-WTO 发布的 TiVA 统计数据和 Koopman 等提出的"GVC 地位指数"，测度了 1995—2009 年中国制造业及各分部在全球价值链中的分工地位和演化状况。测算模型为

$$GVC\_Position_{ir} = \ln\left(1 + \frac{IV_{ir}}{E_{ir}}\right) - \ln\left(1 + \frac{FV_{ir}}{E_{ir}}\right) \quad (2.22)$$

其中，IV_{ir} 为 r 国 i 产业间接增加值出口，FV_{ir} 为 r 国 i 产业出口最终产品中包含的国外增加值，E_{ir} 为 r 国 i 产业以"增加值"统计的出口额。

王涛等（2017）根据 WTO 及 OECD 联合发布的附加值贸易数据，测度并探究 1995—2011 年中国的制造业整体及各分部全球价值链地位以及全球价值链参与度指数。

Koopman 等对一国出口贸易的价值增值部分进行了分解，详见表 2.3。

[①] 周升起，兰珍先，付华. 中国制造业在全球价值链国际分工地位再考察——基于 Koopman 等的"GVC 地位指数"[J]. 国际贸易问题，2014（2）：3-12.

表 2.3 出口贸易的附加值分解结果①

附加值	总出口
国内附加值	作为最终产品和服务出口（Ⅰ）
	作为中间品用于进口国生产国内所需产品（Ⅱ）
国外附加值（Ⅴ）	作为中间品用于进口国加工后出口给第三国（Ⅲ）
	作为中间品用于进口国加工后再出口回母国（Ⅳ）

基于上述对总出口贸易附加值的分解，Koopman 等构建了 $GVC\_Position_{ir}$ 和 $GVC\_Participation_{ir}$ 指标来反映一国在国际分工中的地位以及在全球价值链的参与程度。

当然，即使两国全球价值链的地位指数测算值相同，也可能会有不同的参与程度，还需考察不同行业在全球价值链的参与程度，即全球价值链参与指数（$GVC\_Participation_{ir}$）。全球价值链参与指数计算公式为

$$GVC\_Participation_{ir} = \frac{IV_{ir}}{E_{ir}} + \frac{FV_{ir}}{E_{ir}} \qquad (2.23)$$

张为付和戴翔（2017）把分工环节及附加值创造的双重影响纳入考虑范围，依据 WIOD 数据测度行业以及出口的上游度，融入了出口国内附加值率，评估了中国价值链分工地位。i 行业上游度的计算公式为

$$U_i = 1 + \sum_{i=1}^{N} \frac{e_{ij}Y_j}{Y_i} U_j \qquad (2.24)$$

其中，Y_i 为行业 i 的总产值，e_{ij} 为中间投入产出系数。

其基本思想是，行业 i 的总产出被更高上游度的行业使用的比例越高，则行业 i 越处于更加上游的位置。显然，$U_i \geqslant 1$。

此时，计算行业上游度的 $N \times 1$ 矩阵 $[I-\Delta]^{-1}I$ 中，I 是元素为 1 的列向量，$[I-\Delta]^{-1}I$ 中只有矩阵 Δ 会发生变化。矩阵 Δ 的第 i 行第 j 列的元素可表示为

$$w_{ij} = \frac{e_{ij}Y_j + X_{ij} - D_{ij}}{Y_i} \qquad (2.25)$$

其中，X_{ij} 为外国产业 j 生产时使用了多少本国行业 i 的产值；D_{ij} 为本国行业 j 生产时使用了多少行业 i 的产值；e_{ij} 为生产 1 单位行业 j 的产值需要投入行业 i 的总产值（国内和国外）。

---

① KOOPMAN R，POWERS W，WANG Z，et al. Give credit where credit is due：tracing value added in global production chains [J]. NBER Working Paper，2010（2）：92-93.

X_i 表示行业 i 的出口总量，D_i 表示行业 i 的进口总量，得出：

$$w_{ij} = \frac{e_{ij}Y_j}{Y_i - X_i + D_i} \quad (2.26)$$

出口上游度的计算公式为

$$U = \sum_{i=1}^{N} \frac{X_i}{X} U_i \quad (2.27)$$

其中，X 为一个经济体的总出口。下面对该方面进行介绍。

世界投入产出系数矩阵为

$$\boldsymbol{A} = \begin{bmatrix} A_{11} & \cdots & A_{1H} \\ \vdots & & \vdots \\ A_{H1} & \cdots & A_{HH} \end{bmatrix} \quad (2.28)$$

由式（2.28）推算出里昂惕夫逆矩阵如下：

$$\boldsymbol{B} = [1-\boldsymbol{A}]^{-1} = \begin{bmatrix} B_{11} & \cdots & B_{1H} \\ \vdots & & \vdots \\ B_{H1} & \cdots & B_{HH} \end{bmatrix} \quad (2.29)$$

根据式（2.29）计算增加值出口矩阵：

$$\boldsymbol{E} = \begin{bmatrix} E_{11} & \cdots & E_{1H} \\ \vdots & & \vdots \\ E_{H1} & \cdots & E_{HH} \end{bmatrix}$$

$$= \begin{bmatrix} V_1 & \cdots & 0 \\ \vdots & & \vdots \\ 0 & \cdots & V_H \end{bmatrix} \begin{bmatrix} B_{11} & \cdots & B_{1H} \\ \vdots & & \vdots \\ B_{H1} & \cdots & B_{HH} \end{bmatrix} \begin{bmatrix} Y_{11} & \cdots & Y_{1H} \\ \vdots & & \vdots \\ Y_{H1} & \cdots & Y_{HH} \end{bmatrix}$$

$$(2.30)$$

经过推导可以得出：$\boldsymbol{E}_{ab} = \sum_{h=1}^{H} V_a B_{ac} Y_{cb}$，其表示经济体 b 吸收经济体 a 的行业增加值列向量。经济体 a 的增加值出口向量可以表示为

$$\boldsymbol{E}_a = \sum_{b \neq a, b=1}^{H} \boldsymbol{E}_{ab} \quad (2.31)$$

此时，只需将经济体 a 各行业的增加值出口相加即可得到增加值总出口。学者们测度价值链地位，大多是基于 Koopman 方法，再根据研究主题进行调整。

（三）高质量发展视角的制造业价值链测度方法

对区域尺度价值链地位的测度，用当期"相对出口份额"除以上期

"相对出口份额"的上升或下降等公式来表示产业或产品的升级或降级，用商品出口占世界的比重、中间品的出口单价高低判断企业参与全球价值链的水平，都无法体现增值，与价值链定义不符。基于产品增加值建立价值链地位指数的方法中，以知识密集型部门的增加值建立高度指数，该指数只能反映知识密集带来的增加值，只是增加值的一部分，也不全面（聂聆和李三妹，2016）。增加值贸易统计法可以反映一国出口的增值能力和竞争水平，在一定程度上衡量了一国在全球价值链中的地位状况（刘佳斌和王厚双，2018），但与价值链的内涵仍有较大差距。

通过梳理高质量发展的内涵和价值链，发现高质量发展视角的价值链包含增值能力、影响能力、创新能力、基本营运能力、基本市场能力、辅助能力、绿色发展和协调共享。因此，从八个维度构建高质量发展视角的中国制造业价值链评价指标体系。

已有文献构建区域高质量发展的评价体系（马茹等，2019），采用熵权法和多目标线性加权函数法（辛岭和安晓宁，2019）、灰色关联度分析（华坚和胡金昕，2019）、主成分分析法（李子联和王爱民，2019）等探究区域高质量发展水平，但缺少动态分析方法。因此，可以借鉴生态位模型，通过评价指标测度高质量发展视角下区域尺度制造业价值链生态位。生态位方法充分体现了发展的动态过程。本研究使用熵权法这一客观赋值方法计算指标权重，依据生态位模型，充分考虑高质量发展视角下中国制造业价值链的动态变化。

（四）中国制造业全球价值链攀升的影响因素

大量研究从不同角度分析中国制造业全球价值链攀升的影响因素，下面基于不同因素和不同细分行业进行文献梳理。

1. 创新能力、FDI 等因素促进中国制造业价值链攀升

创新可以为企业产品带来较高的附加值，提高产品增值能力，是影响价值链攀升的关键因素；FDI 为价值链发展提供资金，是制造业发展的重要因素。研发投入、FDI、资本与劳动比、制造业对生产性服务业的依赖程度和良好的市场环境，将增加中国制造业全球价值链的增值赋能。根据中国 2002—2011 年的制造业面板数据，依据 3SLS 法，探析制度质量改进和研发创新能否提升全球价值链的分工地位，然后依据行业技术水平所具有的差异性对子样本进行回归分析，发现研发创新可以明显有助于全球价值链分工地位的提高；改进制度质量可以间接对全球价值链分工地位的

提高起到加速作用，方法是依靠激励及确保研发创新投入（张玉和胡昭玲，2016）。随着智能时代的到来，自动化、智能化受到了广泛关注。基于面板数据及固定效应模型，探究影响发展中国家全球价值链分工地位的因素，然而其对不同价值链分工地位和阶段行业的作用不同，中端行业的全球价值链明显提升，且比处于价值链低端和高端行业的提升作用明显（戴翔等，2018）。

2. 制造业服务化影响制造业价值链攀升

制造业在全球价值链中地位的提升受到了制造业服务化的影响。制造业投入服务化从整体上讲对中国制造业在全球价值链中地位的提升有促进作用，而且中国制造业在全球价值链中地位的提升也受到行业的开放度增加、利润提高、稳定合适的融资规模和资本的密集度提高的积极作用。但是中国制造业在全球价值链中地位的提升受到行业的过度竞争和过高的国有化程度的不利影响。针对不同行业，制造业投入服务化对中国制造业在全球价值链中地位的影响不同，其积极作用于零部件贸易价值链地位的提高，且程度高于以半成品贸易为主的行业；对低技术型行业全球价值链地位提升的边际效应高于中高技术行业（陈秀英，2016）。虽然服务化转型可提升制造业全球价值链地位，并且是以资源配置以及成本降低的服务化，是贸易自由化、生产性服务业发挥作用的服务化，但是门槛效应不可忽视，且这种提升会因为制造业要素密集度不同而不同（罗军，2018）。有研究显示，江苏制造业因为嵌入了全球价值链从而改善了服务化进程，然而价值链攀升并没有明显受到制造业服务化的影响（崔鹏歌和尤宏兵，2015）。

3. 生产性服务业影响中国制造业在全球价值链中的地位

根据贸易增加值和全球价值链地位指数，中国制造业各行业仍然位于全球价值链的较低地位，演化趋势为：先大幅度降低，再小幅度提高。马野青等（2017）依据1999—2011年中国制造业的细分行业面板数据，分析中国制造业全球价值链地位的影响因素，得出全球价值链技术的提升对资本密集型以及劳动密集型行业的作用较大。生产性服务进口成本增加效应高于技术创新效应，有利于产品升级，但会抑制制造企业在全球价值链的功能升级（罗军，2019）。

袁志刚和饶璨（2014）指出，以往对制造业服务化的研究并未体现全球化特征，使用结构分解方法阐述全球化下的服务业投入产出。学者认为服务业外部化、专业化是提升产业关联与价值链的关键，而林玲和宋宪萍

(2018)补充认为生产性服务业是制造业外包分离产生，但需要重新嵌入制造业价值链的过程，才能引入高级生产要素，具备高端环节的竞争优势。齐逸云（2018）采用空间地理常用的Krugman空间基尼系数来测度长三角地区的生产性服务业转移与集聚，其区域分化显著，集聚趋势有差异。

4. 产业协同发展和产业集聚有利于中国制造业在全球价值链中地位的提升

发达国家占据全球价值链高端源于其技术创新、贸易和金融等服务产业的先进性。产业的协同发展促进了上海市产业间资源配置效率，为中国先进制造业和生产性服务业的升级提供建议（王如忠和郭澄澄，2018）。杨仁发和李娜娜（2018）构建交互项回归模型，进而进行实证分析，得出不同FDI水平引起产业集聚对制造业全球价值链地位作用不同。实证研究结果显示：产业聚集促使制造业全球价值链地位的提升，引入FDI约束后，产业聚集对制造业全球价值链地位影响表现出"U"形趋势。

5. 其他因素

还有一些学者认为政府补贴、要素价格扭曲、服务业开放和价格需求弹性等也影响到了中国制造业在全球价值链中地位的攀升。探究结果显示：内需不足及制度障碍内生约束为全球价值链低端锁定的内因。此外，地方政府对外资来说，因其超国民态度而利于国外跨国公司抢占中国市场空间，这使得全球价值链的低端地位更加稳固。孙湘湘和周小亮（2018）建立超效率DEA模型评价区域制造业价值链攀升的效率，分析了制造业价值链攀升效率受到服务业开放的影响。分析结果显示：服务业开放有利于提升价值链攀升效率。

6. 研究评述

综合以上文献，中国制造业全球价值链攀升的影响因素详见表2.4。

中国制造业在全球价值链中地位提升的有利因素可以大致分为以下几类：创新能力、对外直接投资总体、产业协同发展和产业集聚。也有人提出服务业开放有助于制造业价值链攀升效率的提高。制造业服务化和生产性服务业影响制造业全球价值链地位的提高，大部分学者提出制造业服务化整体上可以帮助中国制造业提高在全球价值链中的地位，但不同具体行业情况不同。在影响因素中，研究创新能力的文献较多。不利因素有以下几类：内需缺乏与制度障碍的内生阻碍、政府对中国本土企业出口的"隐形"补贴、地方政府提供超国民待遇给外资和要素价格扭曲等。

表 2.4 中国制造业全球价值链攀升的影响因素

影响因素		学者	文献
创新能力和 FDI		邵青	中国制造业价值链增值影响因素实证分析
		张玉 胡昭玲	制度质量、研发创新与价值链分工地位——基于中国制造业面板数据的经验研究
		黄灿 林桂军	全球价值链分工地位的影响因素研究：基于发展中国家的视角
		戴翔 徐柳 张为付	"走出去"如何影响中国制造业攀升全球价值链
		刘胜 陈秀英	"机器换人"能否成为全球价值链攀升新动力
制造业服务化		崔鹏歌 尤宏兵	江苏制造业服务化与全球价值链互动影响——基于联立方程的实证分析
		陈秀英	制造业投入服务化对制造业价值链攀升影响的实证研究
		罗军	服务化发展与制造业全球价值链地位——影响机制与门槛效应
生产性服务业		马野青 张梦 巫强	什么决定了中国制造业在全球价值链中的地位？——基于贸易增加值的视角
		罗军	生产性服务进口与制造业全球价值链攀升模式——影响机制与调节效应
产业协同发展和产业集聚		王如忠 郭澄澄	全球价值链上先进制造业与生产性服务业协同发展机制：以上海市为例
		杨仁发 李娜娜	产业集聚、FDI 与制造业全球价值链地位
其他因素	政府补贴	任保全 刘志彪 任优生	全球价值链低端锁定的内生原因及机理——基于企业链条抉择机制的视角
		许家云 徐莹莹	政府补贴是否影响了企业全球价值链攀升？——基于出口国内附加值的视角
	要素价格扭曲	薛平平	要素价格扭曲对中国制造业攀升全球价值链的影响研究
	服务业开放	孙湘湘 周小亮	服务业开放对制造业价值链攀升效率的影响研究——基于门槛回归的实证分析

（五）中国制造业全球价值链攀升的路径

中国制造业位于全球价值链中低端，研究热点集中于如何突破全球价值链低端锁定。

1. 提高创新能力，发挥产业集群优势

技术创新和标准化协同与中国制造业全球价值链升级有单向因果关系，其快速促进作用明显优于产业产值规模、技术创新和标准化的单一作用。建议加强标准专利融入，使专利和标准更密切，帮助中国制造业全球价值链加速升级（陶忠元等，2016）。通过对比其他国家的数据及分析，得出制造企业自主创新能力十分重要，制造业和信息技术融合，加速对外直接投资和中国主导全球价值链格局的建成（聂名华，2017）。数字化、智能化对价值链、商业模式变革等有重塑作用，可以提高生产管理效率，为生产研发提供技术、销售等综合协同服务（邵婧婷，2019）。装备制造业也应根据实际情况，选择合适的产业升级路径，利用比较优势向全球价值链的中高端迈进。还要加强对技术升级空间较大的行业的关注力度，完成国内价值链与全球价值链的高效率对接，促进"两化"的深度结合，提高中国装备制造业全球价值链地位（夏友富和何宁，2018）。

2. 合理加大生产性服务投入

促进产业结构持续向"软化"改进，摆脱以前对低端环节的依靠，向全球价值链高端环节迈进。提高了分工地位之后，控制战略环节及资源，力争收获丰厚的分工利益，最后提高中国制造业在全球价值链中的地位（于明远和范爱军，2016）。由于生产性服务投入对制造业全球价值链地位的提升具有显著行业异质性，并且对高技术行业全球价值链地位的提升具有明显正向作用，对中低技术行业的正向作用较弱（杨仁发和刘勤玮，2019）。因此，要加大对高技术行业的生产性服务投入。

3. 升级要素结构，培育技术优势

王岚和李宏艳（2015）构建全球价值链布局模型，结果显示，提高国际分工的关键在于要素结构的完善和技术优势的加强。刘会政和朱光（2018）分析中国与美国、日本、德国装备制造业整体和分部门的国际分工地位，以SDA法分析不同国家国际分工地位差距的来源。本书作者发现，主要原因在于技术。中国应重点研发技术含量较高的产品，推动通用机械、专用机械制造部门"走出去"，提升中国装备制造业整体的国际分工地位。

4. 发挥政府和产业互联网的作用

李晓琳(2018)研究了重点行业国际市场占有率,并且对比美国、德国、日本三个国家的制造业发展,建议政府充分发挥其支持引导的作用,明晰政府与市场之间的边界,加大支持对外性强的环节,不断优化外部环境,加大政策的普惠性,以激发企业活力,提高产业发展水平。王海杰和宋姗姗(2018)基于对产业互联网内涵的整理和解构,分析产业互联网对中国制造业全球价值链的重构与升级,给出中国制造业全球价值链重构与升级的方法。

(六)研究热点、争鸣与盲区

1. 研究热点

在知网上以价值链、制造业为关键词进行搜索,找到价值链的研究热点,发现与全球价值链相关的研究最多。全球价值链是学者们研究的焦点,且常常与产业升级、制造业、中国制造业、低端锁定和参与度一同出现。价值链是研究的重点,且与出口复杂度、服务化和制造业、增加值贸易和跨国公司等联系起来。

通过对全球价值链理论的认识与近年文献的整理,可以发现,中国制造业位于全球价值链中低端,装备制造业位于末端,虽然较之前已有提升趋势,但在国际分工中仍有很大进步空间。研究影响因素的文献较多,主要集中于创新能力、制造业服务化及生产性服务业,但其他影响因素也需要关注(见表2.5)。关于提升路径,主要集中于提高自主创新能力及促进生产性服务业。纵观文献研究,发现研究视角、研究对象和研究方法多样,文献十分丰富。

表2.5　中国制造业价值链研究的主要影响因素及其作用

影响因素	促进	抑制或不明显
制造业服务化影响制造业价值链攀升	制造业服务化从整体上促进中国制造业全球价值链地位的提升。针对不同具体行业,这种影响不同,其积极作用于零部件贸易价值链的提升,且程度高于以半成品贸易为主的行业;对低技术型行业全球价值链提升的边际效应高于中高技术行业(陈秀英,2016)。虽然制造业可以经过服务化转型来提高其全球价值链地位,但这种生产性服务业效率存在着门槛效应,且这种提升会因为制造业要素密集度不同而不同(罗军,2018)	江苏制造业因为嵌入了全球价值链,从而改善了服务化进程,然而价值链攀升并没有明显受到制造业服务化的影响(崔鹏歌和尤宏兵,2015)

续表2.5

影响因素	促进	抑制或不明显
生产性服务业影响中国制造业在全球价值链中的地位	对河南省来说,生产性服务业很大程度上影响其制造业,其中,人才服务明显影响制造业,有较强的关联关系,然后是商务、信息、科技和流通服务,金融服务对制造业的影响最小;在产业链方面,制造业受到处于上游及中游的生产性服务业的作用,它们之间存在较强的关联关系,制造业受到下游生产性服务业的积极影响程度较低,其有较弱的促进作用(赵丽炯,2015)	生产性服务进口成本增加效应超过技术创新效应,有利于产品升级,但抑制了制造企业在全球价值链中的功能升级(罗军,2019)

2. 研究争鸣

中国制造业价值链影响因素有口径不一致的地方,即制造业服务化和生产性服务业:①制造业服务化有利于制造业在全球价值链中地位的提升,但有的学者否认这一观点;②中国制造业在全球价值链中地位行业异质性受生产性服务业影响。

3. 研究盲区

对于中国制造业全球价值链攀升,研究焦点在于学者们用不同方法研究制造业整体,然后分行业再研究,其中,研究最多的是装备制造业。也有一些是对某省份进行研究,大多是江苏省。但也反映出了研究不足:①细分行业的研究较少。对于研究行业,除了中国制造业整体,也可以多关注其细分行业,这样不仅能丰富理论研究,也为具体行业的实践提供参考,尽量减少行业异质性的影响。②区域价值链的研究很少。对于研究区域,可以多一些对区域省份的研究,因为各个省份和地区的实际情况不一样,这样便于为不同地方制造业的发展提供一些理论依据,从而利于整个制造业在全球价值链中地位的提升。③高质量发展视角的相关研究极少。中国已经进入经济高质量发展时代,对制造业价值链的研究可结合时代,从高质量发展视角展开。④研究方法不能完全体现价值链地位。增加值、出口复杂度、投入产出率等被大多数研究所用,构建价值链地位指数、里昂惕夫矩阵等测度价值链地位,无法较为完整地体现价值链内涵。

三、智能赋能制造业高质量发展研究动态

制造业是立国之本、兴国之器、强国之基。发达国家重振高端制造愈演愈烈,新兴经济体制造崛起,中国制造业转型升级是大势所趋(邵

安菊，2017）。传统制造业、知识技术创新等受到以人工智能、大数据、物联网等为代表的新一轮科技革命和产业变革深刻影响，各国将新型制造业战略发展视作提升国家综合实力的重点（王一晨，2019）。经济增长新常态和制造技术智能化、国家化等环境，使中国制造面临着技术和市场调整等压力，需变革创新以求更加长远的发展（蔡银寅，2016）。

（一）互联网与制造业

1. "互联网+"对制造业发展的抑制

全球化、绿色低碳、转型升级成为中国制造业新的背景，"互联网+"为其开辟机会窗口，资源配置方式规整、生产经营模式优化等为中国由制造大国向制造强国转型提供新的思路。互联网具有网络投资成本高、见效慢等特征，这使得很多企业不愿投资（Vijaya et al.，2006）。从制造业角度看，互联网与制造业融合重"硬件"轻"软件"、重商业模式创新轻生产方式等问题凸显（Molano，2018）。

2. "互联网+"对制造业发展的举措

信息技术促使产业分工重构和跨界融合，也加速产业集聚（Georgakopoulos et al.，2016）。电子商务改变了生产流程简单的制造企业商业模式，实现产业重构；生产工序复杂的制造企业价值链分工进一步细化，中间产品丰富，集成商重要性凸显（Belli et al.，2014）。中国制造业发展导向既要吸收发达国家工业化进程的政策制度、创新实践，也要从自身实际产业和人力、市场情况出发，打造独特核心优势。与传统的创新驱动制造业发展不同，"互联网+"创新驱动制造业发展具有无疆界、智能化、立体网络化、高效低成本和价值共享化等特征，将会更加高效地促进传统制造业升级发展，进而实现驱动制造业智慧化发展。激发"互联网+"创新驱动制造业发展，在制造业智慧化过程中总结运行机制、模式及路径。

（二）大数据与制造业

新一代智能制造需要在瞬息万变的数据流中沉淀知识，显示信息价值（Nagorny et al.，2017）。基于深度学习的人工智能可以将原始数据提炼为可利用、有价值含量的信息知识，辅助智能决策。大数据技术搜索、统计、分析并处理海量数据信息，为信息反馈、商业决策、公共活动等提供参考。在制造业领域，大数据是产业转型升级的重要引擎，产业发展趋势等可由此预测。制造业信息化、智能化转型也深受大数据影响。因此，大数据可以促进中国制造业结构优化。合理调控缩小地区发展差距，统筹区域协调发展也是大数据的重要作用（吕明元和苗效东，2020）。

1. 大数据激励制造企业创新发展时存在的主要问题

当前信息技术还未与中国制造企业的制造技术有效融合，"信息孤岛"及数据碎片化问题亟待解决，需用数据赋能整合资源，促进企业革新（汪涛武和王燕，2018）。同时，质量低的数据信息延缓数据开放，企业自主创新能力低阻碍产业转型升级。

2. 大数据促进制造业发展的举措

推动智能制造发展，融入大数据技术是其必经之路。云平台建设为制造企业实现数据整合、释放数据价值提供方向。数据分析结构为针对性优化设计、工艺、制造等提供高效技术保障。云平台也是企业洞察客户需求、偏好、购买习惯的窗口，可以借此预测其购买动向，从而确定营销方案，降低成本（郭存德，2019）。具体而言，一方面，政府部门牵头引导，鼓励大数据创新创业、促进数据资源管理与共享、增强网络安全保障能力和推动试点示范。另一方面，企业积极试用大数据，在融合发展中突出主体意义，例如重塑制造模式、建立协同创新模式和推动服务化转型发展（房建奇等，2019）。

（三）人工智能与制造业

瞬息万变的信息、技术、人文社会环境新目标催生"新互联网＋大数据＋人工智能"的新时代（Pan，2018）。

1. 人工智能的内涵

作为虚拟劳动投入的人工智能跨越多学科，富有专业性、执行性、敏捷性、自我习得等优势，对人类劳动者和传统运营产生冲击（Alvarado and Garcia，2016）。因此，人工智能在短期用于在精密算法层面弥补人类能力缺陷，打破旧有经营模式（Jovic et al.，2017）。但在初始阶段，只有特定行业、领域能率先将制造业与人工智能结合（Colledani et al.，2016），在新一代人工智能技术的支持下，中国制造业强国时代的美好前景即将到来。

2. 人工智能在制造业的应用

中国先后发布了以智能制造为主攻方向的国策，以促进中国制造业的转型升级和人工智能发展（黄群慧和贺俊，2015）。在新一轮工业革命中，"互联网＋制造"和"人工智能＋制造"是中国制造的两种主要模式。前者称为网络化制造，后者称为智能制造。在形式上表现为传统制造业改造方式不同，本质上虚拟信息空间与实体物理体系融合致使制造业变革（姚锡凡等，2017）。

3. 人工智能在制造业的发展趋势

"人工智能＋制造"代表人工智能与制造的融合。近年来，得益于以"大数据＋深度学习"为代表的大数据智能的发展，新一代智能制造诞生了（姚锡凡等，2019）。在创新驱动和融合发展环境下，坚持技术、应用、产业的一体化协调发展，人工智能技术背景下智能制造稳定发展（钱锋和桂卫华，2018）。同时，中国开放、创新市场环境下，各国、各行业、各企业合力催生新一代人工智能技术引导下的智能制造系统实践（高煜，2019）。当人工智能较人类劳动优势凸显，且与某制造部门在提升产业链优化升级补齐短板中的需求匹配时，人工智能与制造业将有机融合，并获得显著成效（邓洲，2018）。

四、创新驱动理论研究动态

（一）创新驱动发展的含义

刘刚（2014）强调先发优势和创新政策作用下经济可持续是创新驱动发展的要点，具体表现为商业化导向的创新创业。黄锐等（2016）认为经济达到一定水准时，创新驱动发展意指经济增长的动力源为创新。陈强和余伟（2015）提出创新驱动是一种新的经济增长模式，可以实现要素重组，进而催生新生产力。

综上，创新驱动涉及生产要素以及生产要素的再组合，并将其商业化，以获得经济增长；创新驱动需要政府创新政策的支持，是依靠企业家的选择来打造先发优势，以获得经济的增长。

（二）创新驱动的机理

张银银和邓玲（2013）认为前端、中端、后端驱动为创新驱动阶段，前端驱动传统产业知识整合、学习、创造，中端驱动传统产业科技研发成果转化，后端驱动传统产业向战略性新兴产业升级。姚平和姜日木（2013）通过研究发现，资源型城市转型的内在动力为技术创新，外在拉动力为制度创新。科技创新驱动产品创新，提升企业经济效益，优化社会经济结构，践行可持续发展。高水平经济优化创新的政策、人文、交流环境，并以此为科技创新提供沃土，在基础层面驱动创新（黄锐等，2016）。

（三）创新驱动的评价指标

学者们从不同角度构建了创新驱动的评价指标，详见表 2.6。

表 2.6 创新驱动评价指标研究的主要代表学者、相同点、不同点和争鸣

学者	一级指标	二级指标	相同点	不同点	争鸣
张逸昕和张杰(2020)	创新驱动	R&D经费占GDP比重、专利授权数、科研机构数、高新技术企业个数、高新技术产业总产值、高技术产品附加值	都提到了R&D经费的投入在GDP中的占比、专利数量、论文数量、以及高技术产品的产值	张逸昕、张杰、李燕萍、毛雁滨、史文江、丁华、吴优、左新兵、蒋王涛、招富刚、徐国祥、恩格尔等数学和创新驱动指数。张逸昕、张杰、李燕萍、吴优、丁华、左新兵等提出从污染物排放量的方面评价创新驱动	争鸣主要有以下几点:(1)公共事业的好坏(2)政府规制下人民生活水平(3)工厂生产废物排放量(4)GDP及其相关指标(5)教育投入(6)互联网等通信事业普及(7)企业对外开放程度
	政府规制	城镇失业率、恩格尔系数、产业结构、经济发展水平、环保投入占GDP比重			
	期望产出指标	转型指数			
	非期望产出指标	单位GDP二氧化碳、废水、废渣等综合排放量			
徐国祥(2014)	创新驱动	人均受教育年限、高技术产业人均贡献支出占地区生产总值的比重、每百万人发明专利权数、技术市场成交合同额、高新技术产品产值占工业总产值的比重			
	创新资源投入	每万人中R&D人员数、R&D经费投入GDP的平均比重、规模以上企业有研发机构的比例、规模以上企业R&D人员全时当量			
	创新活动	科技论文被国外主要检索工具收录数、R&D项目或课题数、规模以上企业新产品平均产值、规模以上企业新产品收入比重			
李燕萍等(2016)	创新产出	每万人专利申请授权数、高技术产业产值占工业总产值的比重、第三产业生产总值增长率、城镇登记失业率、互联网普及率			
	创新环境	人均拥有公共图书馆藏书量、教育经费内部支出中来源于政府资金的比重、人均地区生产总值、居民人均可支配收入均值、企业经费内部支出中来源于政府资金的比重			

54

第二章 制造业价值链攀升理论溯源

续表2.6

学者	一级指标	二级指标	相同点	不同点	争鸣
蒋玉涛和招富刚（2009）	创新投入	R&D经费总额，R&D经费占GDP比重，R&D人员数，每万人中R&D人员数		李燕萍、毛雁滨、史滢、蒋玉涛、招富刚、吴优、李文江、丁华、左新兵等人将人均拥有公共图书馆藏书量、教育经费、创新公共环境作为评价创新驱动的指标	
	知识创造	每百名科学家与工程师平均发表的国内论文数，每千名科技活动人员发表的被国外主要检索工具收录数，每亿元科技经费内部支出产生的发明专利授权数，每万人三种专利申请数			
	技术应用	大中型工业企业新产品产值，大中型工业企业新产品销售收入占主营业务收入的比例，技术市场成交合同金额，大中型工业企业国内技术成交额			
	创新产出	人均GDP，高技术产业增加值占GDP的比例，万元GDP综合能耗，居民人均可支配收入，城镇登记失业率			
	创新环境	互联网普及率，每百人公共图书馆藏书量，人均教育经费占GDP的比例，大中型工业企业科技活动获得金融机构贷款额			
吴优等（2014）	经济	GDP，人均GDP，财政收入，固定资产投资，亿元固定资产投资新增GDP		蒋玉涛、招富刚、吴优、李文江、丁华、左新兵等将人均GDP等相关数据作为评价创新驱动的指标	
	教育	每万人普通高校任职教师，普通高校专任教师，教育经费占财政支出比重			
	信息化	百人口互联网宽带用户数，百人移动电话用户数，人均邮电通信业务总量			
	公共基础设施	每万人公共图书馆藏总量，每万人拥有医院床位数，人均城市道路面积，建成区绿化覆盖率			

55

续表2.6

学者	一级指标	二级指标	相同点	不同点	争鸣
	对外开放	进出口总额占GDP比重，出口额占工业生产总值比重，实际利用外资额占资产总额比重		张逸昕、张杰提出期望产出指标即转型指标数作为指标	
	经费	全社会研发投入占GDP比重，企业研发经费支出占全社会研发支出比重，科技经费支出占财政支出比重，大中型企业R&D经费支出			
	人才	每万人R&D人员全时当量，R&D人员数占从业人员数比重，大中型企业R&D人员数		吴优、丁华、江新兵认为还有在校大学师生数量等教育相关指标	
	创新主体	高等院校数量，科研机构数量，拥有研发机构的企业所占比重			
	知识产权	每万人专利申请量，每万人专利授权量，PCT专利申请量，发明专利授权量占专利授权量比重		李文左人口互联网用户等信息化相关指标、进出口额等相关指标作为创新驱动的评价指标	
	创新产品	新产品产值，新产品产值增加率，新产品销售收入占主营业务收入比重			
	民生	城镇登记失业率，城镇居民人均可支配收入，恩格尔系数			
	环境	单位GDP能耗，工业固体废弃物综合利用率，城市污水集中处理率，空气质量达到二级以上的天数占比			
	产业	高新技术产业产值，规模以上工业企业利润增长率，全员劳动生产率，第三产业产值占GDP比重			

第二篇
态势与诊断：制约中国制造业高质量发展的瓶颈

第三章 中国制造业发展态势与困境

第一节 中国制造业发展态势

数据显示,从 2010 年开始,中国高新技术产业与装备制造产业所占比重逐年上涨,并且上涨幅度是逐年攀升的。2012 年年底召开的党的十八大,强调要坚持走中国特色自主创新道路、实施创新驱动发展战略。这是党以全球化的眼光、长远发展思想作出的重大决策。在此之前,中国经济的快速发展很大程度上依赖中国廉价的劳动力以及丰富的资源。但是在进入发展的新阶段后,这些优势将不复存在,如果国家想要快速发展,想要不在制造的高精尖领域受制于人,就必须加大对创新的投入,加快高精尖技术领域的研发速度。从表 3.1 可以看出,中国制造业自 2011 年到 2018 年 R&D 经费支出是逐年增多的。相应的,有效专利数量也呈现逐年递增的态势。

表 3.1 中国制造业 R&D 经费支出及有效专利数量

年份	R&D 经费支出(亿元)	有效专利数量(件)
2011	1306.7	201089
2012	1548.2	277196
2013	1781.4	335401
2014	1926.2	448885
2015	2136.5	573765
2016	2260.2	769847
2017	2435.7	933990

续表3.1

年份	R&D经费支出（亿元）	有效专利数量（件）
2018	2697.1	1094200

注：数据来自历年《中国统计年鉴》。

相对于"十一五"规划，"十二五"规划的执行效果更好，在节能减排方面不仅完成了设置的目标数，还超出了将单位GDP能耗降低16%的计划目标，单位GDP电力消耗与上一年相比下降了6%。上述三个指标都是从实行节能减排的政策约束性管理以来降低幅度最大的，体现出节能降耗的成果十分明显。

中国工程院对美国、日本、德国、英国、中国等9个国家的相关数据及其最新研究成果《2019中国制造强国发展指数报告》在第五届中国制造强国论坛上发布，其研究结果如图3.1至图3.4所示。

规模发展指数由制造业出口占全球总额比重决定，2018年的统计数据中，中国位列第一，紧随其后的是美国、德国和日本（如图3.1所示）。

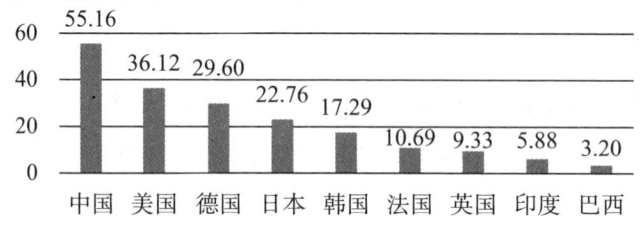

规模发展指数（%）

中国	美国	德国	日本	韩国	法国	英国	印度	巴西
55.16	36.12	29.60	22.76	17.29	10.69	9.33	5.88	3.20

图3.1 各国规模发展指数

质量指数、本国制造业拥有世界知名品牌数量、制造业增加值速率等指数综合决定了质量效益指数（图3.2）。2018年的统计数据中，质量效益指数美国位列第一，而中国位列第七，说明中国制造业在质量效益上存在不足。

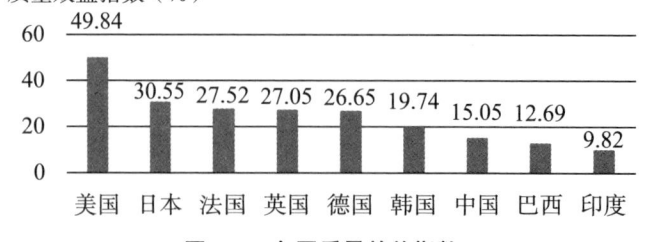

质量效益指数（%）

美国	日本	法国	英国	德国	韩国	中国	巴西	印度
49.84	30.55	27.52	27.05	26.65	19.74	15.05	12.69	9.82

图3.2 各国质量效益指数

从图 3.3 可以看出,结构优化指数中日本、英国、法国位列前三,中国位列第五。

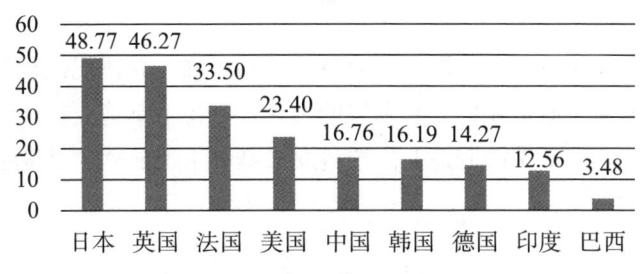

结构优化指数(%)

日本	英国	法国	美国	中国	韩国	德国	印度	巴西
48.77	46.27	33.50	23.40	16.76	16.19	14.27	12.56	3.48

图 3.3 各国结构优化指数

从图 3.4 可以看出,持续发展指数排名依次是美国、日本、德国、韩国。中国虽为世界第二大经济体,但仅排第七名。

持续发展指数(%)

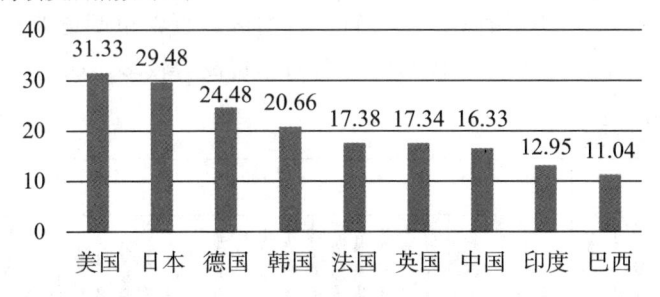

美国	日本	德国	韩国	法国	英国	中国	印度	巴西
31.33	29.48	24.48	20.66	17.38	17.34	16.33	12.95	11.04

图 3.4 各国持续发展指数

综合分析上述四大指数,中国制造业在规模上具有绝对的优势,但在质量效益、持续发展上严重不足。这一阶段的制造业发展呈现高速发展向高质量发展过渡,不断地扩大发展规模,要求提高质量效益和不断地进行整体结构优化,提高可持续发展指数,实现绿色可持续发展的目标。

第二节 中国制造业高质量发展基础、优势与困境

本书在对中国制造业发展基本情况进行分析的基础上,从创新、协调、绿色、开放四个维度,分别构建了中国制造业高质量发展的指标体系,为助力中国制造业价值链攀升提供经验证据。

一、中国制造业基础与优势

（一）中国制造业基本情况分析

经济全球化以来，中国制造业持续迅猛发展，总体规模显著增长，近年来中国加大了制造业研究和发展的投入，保持了制造业在全球范围内的稳步提升。本书对中国制造业高质量发展基本情况从六个维度进行梳理并作出分析。

1. 利润总额比率

在制造业高质量发展过程中，其固有的特征能够满足社会明确要求或隐含的要求或期望的程度，利润总额比率可以反映出制造业整体经济情况。从利润总额比率来看，2012—2017年吉林、辽宁、上海、山东、海南五省市居于全国前五，甘肃、新疆上升较为明显，而重庆、西藏下降较为明显。2012—2017年中国主要省、自治区、直辖市制造业利润总额比率总体上呈上升趋势，其中2015年各省市提高得较多，如图3.5所示。

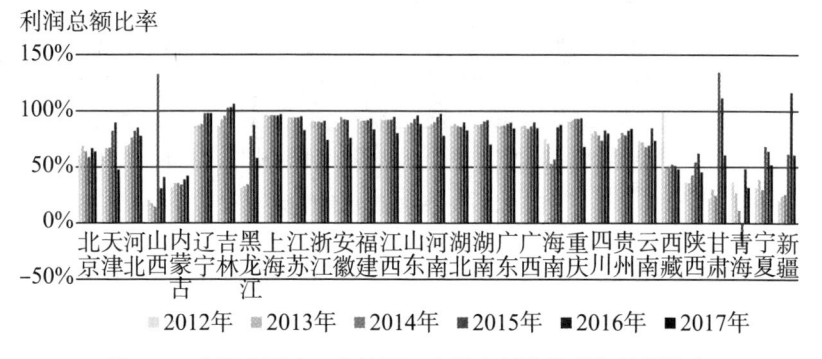

图3.5 中国主要省、自治区、直辖市制造业利润总额比率

2. 净资产收益率

净资产收益率指标用于衡量公司运用自有资本的效率。2012—2017年中国主要省、自治区、直辖市制造业净资产收益率如图3.6所示。从图3.6可以看出，总体上呈下降趋势，但河北、吉林、江西、青海上升趋势比较明显。

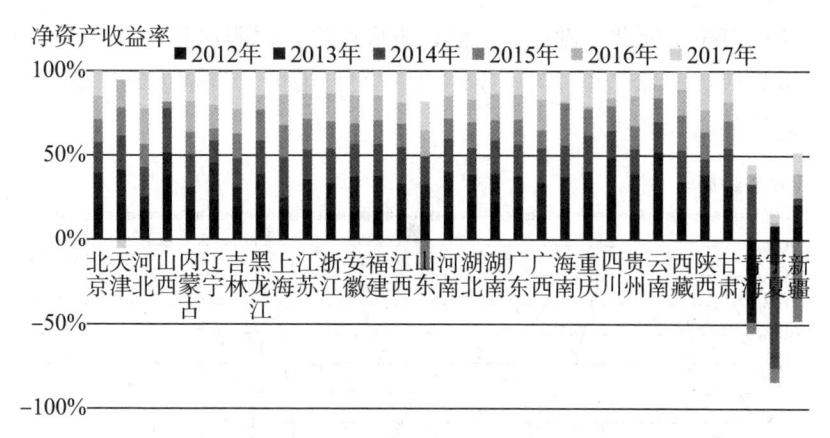

图 3.6　中国主要省、自治区、直辖市制造业净资产收益率

从图 3.6 可以看出，2014 年宁夏有较强幅度的下降，而青海则有显著的提升；2015 年山东、宁夏和新疆有大幅度的下降；2016 年青海呈现明显的下降趋势；2017 年中国区域各省、自治区、直辖市净资产收益率总体趋于平稳增长。

3. 存货周转率

存货周转率是企业营运能力分析的重要指标之一。2012—2017 年中国主要省、自治区、直辖市制造业存货周转率如图 3.7 所示。从图 3.7 可以看出，总体变化趋势还算平稳，河北、四川、内蒙古、广东、新疆在 2017 年的存货周转率位列全国前五。河北、广东、江西和内蒙古在 2017 年存货周转率提升较大。广东和江西整体来说比其他省市要高，表明两省的制造业企业绩效较高，运营能力也相对较强。

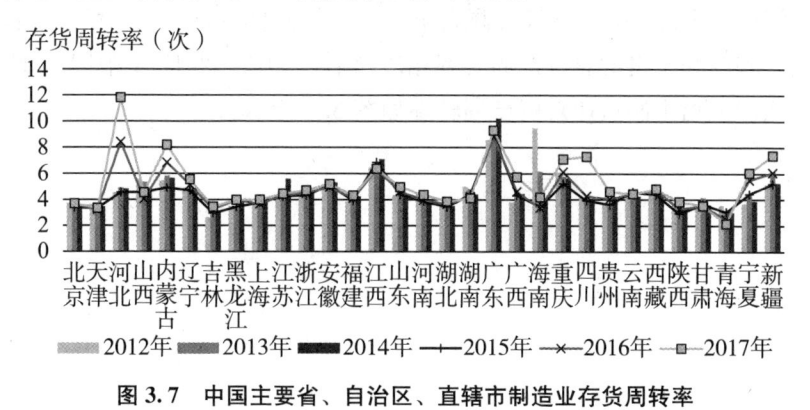

图 3.7　中国主要省、自治区、直辖市制造业存货周转率

4. 应收账款周转率

应收账款是企业流动资产除存货外的另一重要项目。2017 年，宁夏

居于全国首位，河北、湖南、福建、重庆次之，说明这些省市应收账款周转速度较快。2012—2017年中国主要省、自治区、直辖市制造业应收账款周转率如图3.8所示。

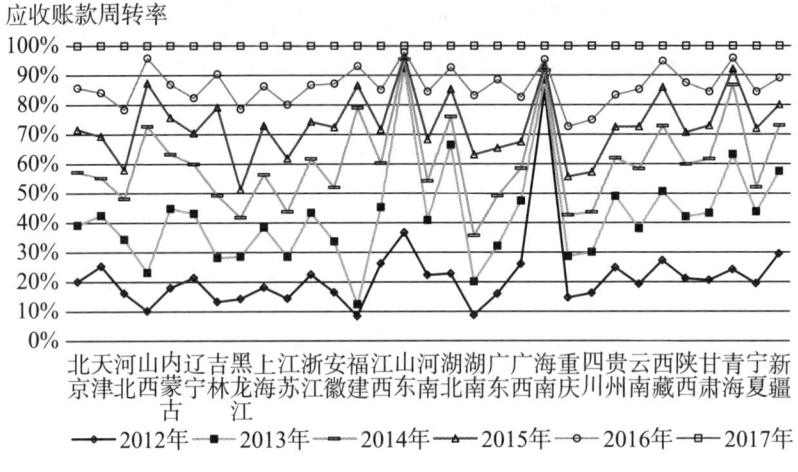

图3.8 中国主要省市制造业应收账款周转率

从图3.8可以看出，相对于2017年的应收账款周转率，山东、海南、陕西和宁夏的发展更迅速，提升速度较快。辽宁在2015年有回落；江苏的发展速度较慢；湖北2013年的增速明显，随后呈稳定增长状态。除个别省市外，应收账款周转率总体呈上升趋势。

5. 总资产周转率

总资产周转率是考察企业资产运营效率的一项重要指标，云南、安徽、江西、上海、浙江居于全国前五，各省市总体差别不大，增幅也较为平缓，陕西和宁夏的总资产周转率相对落后。2012—2017年中国主要省、自治区、直辖市制造业总资产周转率如图3.9所示。

总资产周转率（次）

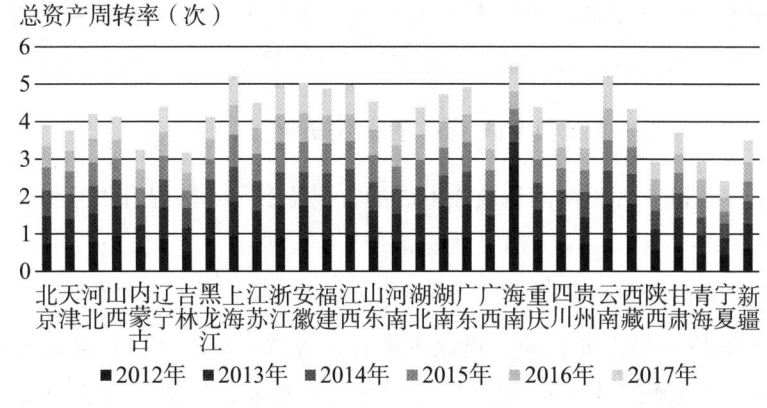

图 3.9　中国主要省、自治区、直辖市制造业总资产周转率

从图 3.9 可以看出，中国各省、自治区、直辖市总资产周转率差距不大，整体呈上升趋势。海南、上海的总资产周转率较高，宁夏、青海和西藏的偏低。

6. 地理标志商标数

地理标志商标标示着某商品来源于某地区。总体来说，各省市的地理标志商标数随着年份的增长都略有增加，四川、云南等地增长幅度较大，辽宁等地的变化趋势为先增加后减少，北京的地理标志商标数较全国范围内来说一直处于较低水平。2012—2017 年中国主要省、自治区、直辖市制造业地理标志商标数如图 3.10 所示。

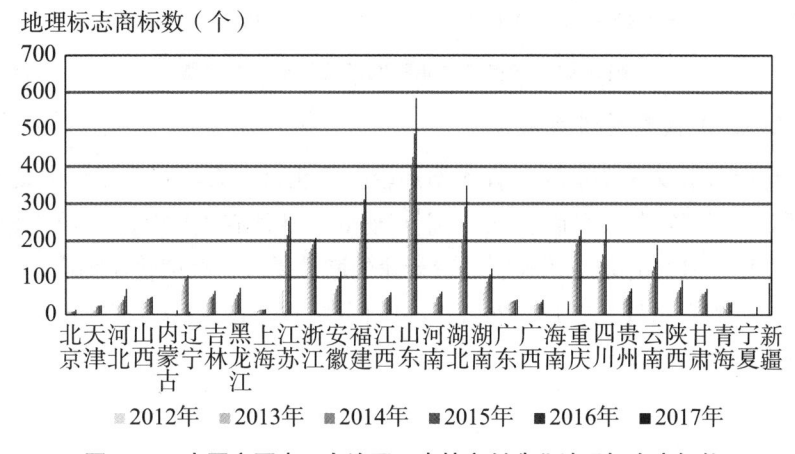

地理标志商标数（个）

图 3.10　中国主要省、自治区、直辖市制造业地理标志商标数

从图 3.10 可以看出，中国各、自治区、直辖省市之间地理标志商标数差距比较大，但在 2012—2017 年的变化趋势还算平稳，山东、福建的

65

地理标志商标数较多，2016年增速颇快。其他各省、自治区、直辖市逐年增加态势明显，有效地保护了优质特色产品和促进了特色行业的发展。

（二）中国制造业创新发展质量指数分析

中国制造业必须把创新放在发展的首要位置，不断提升供给体系的质量效益。

1. 从业人员比重

从2012—2017年从业人员比重来看，各省、自治区、直辖市制造业从业人员比重较为稳定，除个别年份外，区域总体上处于上升趋势。江苏、上海、广东、浙江、福建2017年位居全国前五。山西的从业人员比重较为落后。2012—2017年中国主要省、自治区、直辖市制造业从业人员比重如图3.11所示。

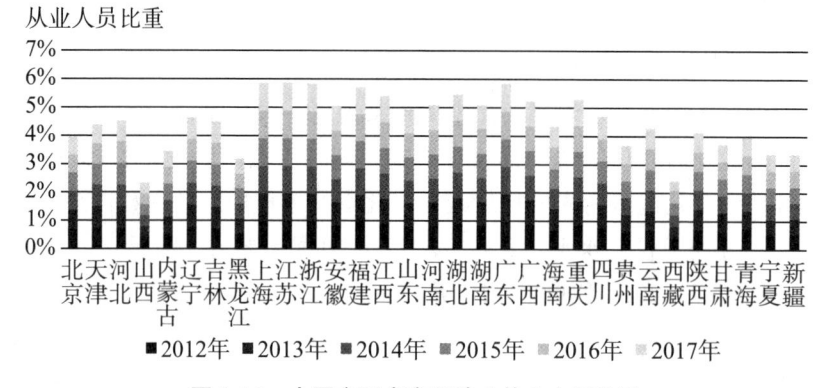

图3.11 中国主要省市制造业从业人员比重

2. 从业人员受教育程度

从业人员受教育程度各省市差别较大，北京、天津、上海、内蒙古、西藏2017年位居全国前五。除个别年份外，其他省市的从业人员受教育程度总体上呈上升趋势，表明制造行业的职员受教育程度普遍提高，教育普适性也越来越好。2012—2017年中国主要省、自治区、直辖市制造业从业人员受教育程度如图3.12所示。

从业人员受教育程度

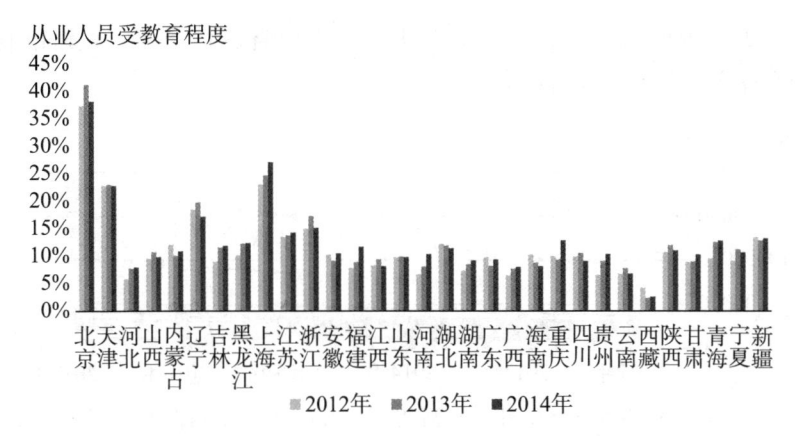

图 3.12 中国主要省、自治区、直辖市制造业从业人员受教育程度

3. R&D人员数

R&D投入强度、R&D人员规模对创新绩效有正向影响。总体来说，2012—2017年间各省、自治区、直辖市的R&D人员数总体上呈上升趋势，北京、山西等较为稳定，吉林等有一定程度的减少，天津等的变化趋势为先增加后减少，海南的R&D人员数较全国范围内来说一直处于较低水平。2012—2017年中国主要省、自治区、直辖市制造业R&D人员数如图3.13所示。

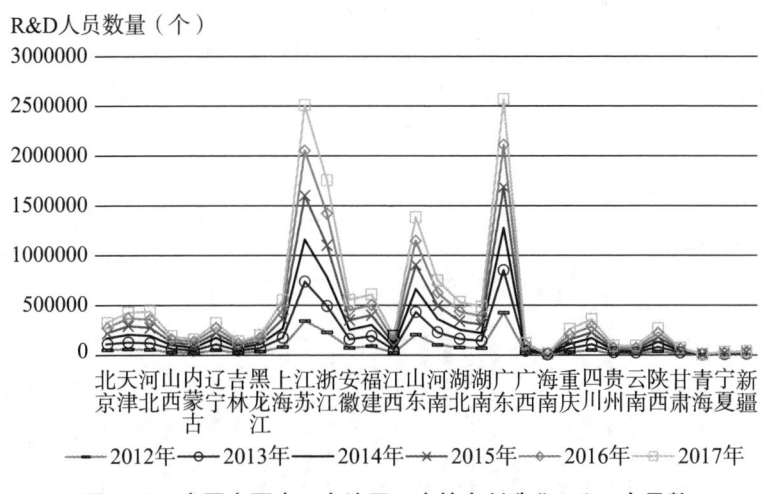

R&D人员数量（个）

图 3.13 中国主要省、自治区、直辖市制造业R&D人员数

4. R&D投入

从R&D投入看，总体来说，各省市R&D投入随着年份的增加都有一定幅度增长，浙江、广东等地增长幅度较大，新疆等地在全国范围内来

67

说一直处于较低水平。2012—2017年中国主要省、自治区、直辖市制造业R&D投入如图3.14所示。

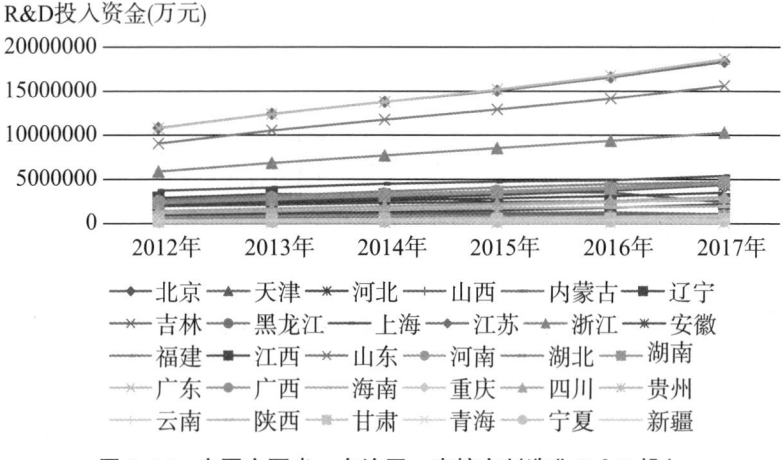

图3.14 中国主要省、自治区、直辖市制造业R&D投入

5. 技术市场成交额比

技术市场成交额比代表已经商业化的创新效益，对制造业来说创新能力也是提高竞争力的一项指标。2017年，西藏、北京、青海、陕西、甘肃技术市场成交额比位列全国前五。除个别年份外，省、自治区、直辖市总体处于上升趋势，黑龙江在2017年的增速较快，而内蒙古在2012年的增速较快，随后几年的增速变缓，但整体来说还是增加的，说明技术市场成交比较多，技术提升较大一些。2012—2017年中国主要省、自治区、直辖市制造业技术市场成交额比如图3.15所示。

图3.15 中国主要省、自治区、直辖市制造业技术市场成交额比

6. 专利授权量

总体来说，各省市专利授权量随着年份的增加大多数有一定幅度增长，但黑龙江、江苏等有所减少，北京增长幅度较大，青海的专利授权量在全国范围内来说一直处于较低水平。2012—2017年中国主要省、自治区、直辖市制造业专利授权量如图3.16所示。

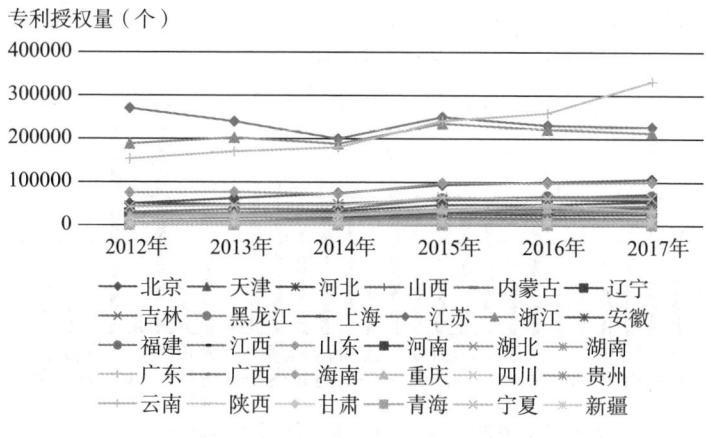

图3.16 中国主要省、自治区、直辖市制造业专利授权量

7. 新产品销售收入占比

新产品销售收入是指企业在主营业务收入和其他业务收入中销售新产品实现的收入。2012—2017年新产品销售收入占比虽有上升的趋势，但每年变化幅度基本上持平。河北、浙江、重庆的新产品销售收入占比相较于其他省市有较大的提升。2012—2017年中国主要省、自治区、直辖市制造业新产品销售收入占比如图3.17所示。

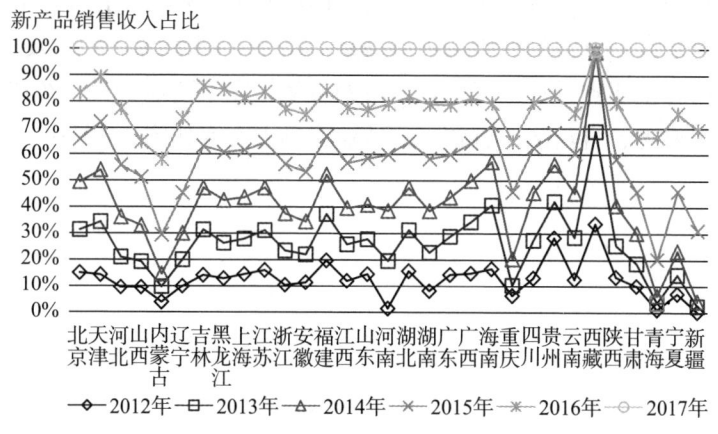

图3.17 中国主要省、自治区、直辖市制造业新产品销售收入占比

8. 高技术制造业增加值占比

从高技术制造业增加值占比来看，河北、江西、广东、河南、上海在 2017 年居于全国前五。2012—2017 年，北京、天津等省市呈现出明显的下降趋势。2012—2017 年中国主要省、自治区、直辖市制造业高技术制造业增加值占比如图 3.18 所示。

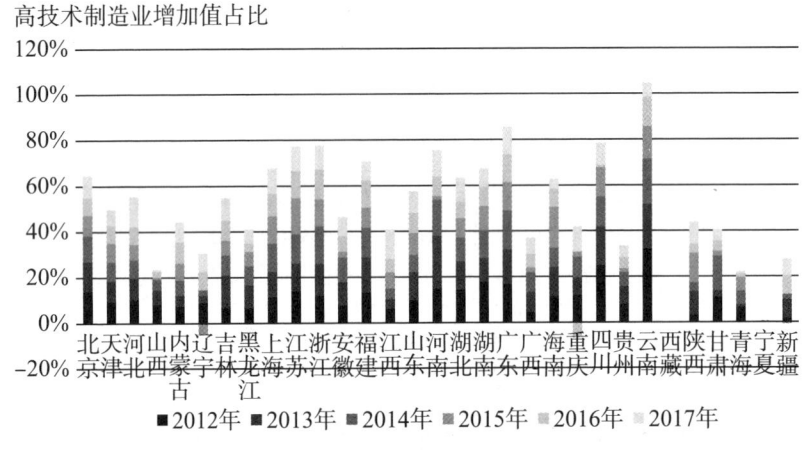

图 3.18 中国主要省、自治区、直辖市制造业高技术制造业增加值占比

（三）中国制造业协调发展质量指数分析

1. 市场占有率

市场份额亦称市场占有率，它在很大程度上反映了企业的竞争地位和盈利能力。从省、自治区、直辖市市场占有情况来看，江苏、河北、山东、天津和广东五大省市 2017 年位居全国前五。从趋势上看，中国各主要省、自治区、直辖市的市场占有率自 2012 年以来均有一定程度的上升，说明中国各主要省、自治区、直辖市的市场正在不断地扩大。2012—2017 年中国主要省、自治区、直辖市制造业市场占有率如图 3.19 所示。

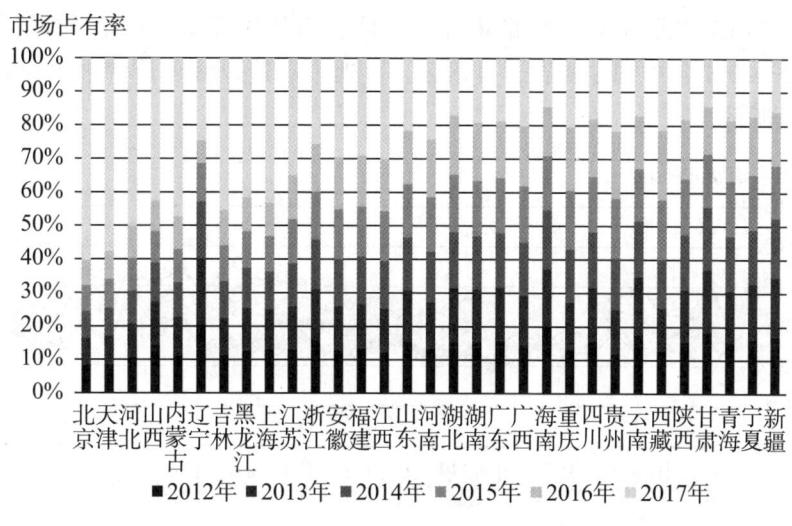

图 3.19 中国主要省、自治区、直辖市制造业市场占有率

2. 中间投入

全国主要省市中间投入随着年份的增加都有一定幅度的增长，北京较为稳定，内蒙古等地增长幅度较大，河北一直处于较高水平，而青海的中间投入在全国范围来说一直处于较低水平。2015—2017 年中国主要省、自治区、直辖市制造业中间投入如图 3.20 所示。

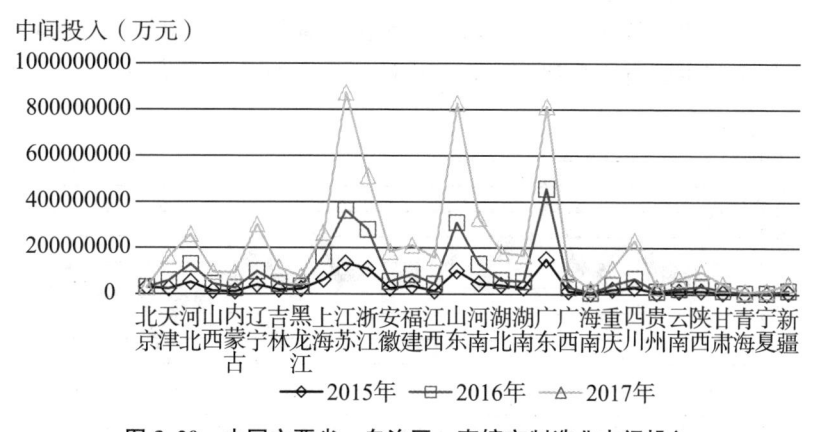

图 3.20 中国主要省、自治区、直辖市制造业中间投入

3. 城乡消费水平比

城乡居民消费水平成为影响地方经济政治发展的关键要素，对制造业的发展也有重要影响。从城乡消费水平比来看，2017 年西藏、贵州、甘肃、新疆和云南等省市城乡消费水平比相对比较高。除北京、安徽等省市

的城乡消费水平相对比较稳定外，其他省市整体都呈现出下降的趋势。2012—2017年中国主要省、自治区、直辖市制造业城乡消费水平比如图3.21所示。

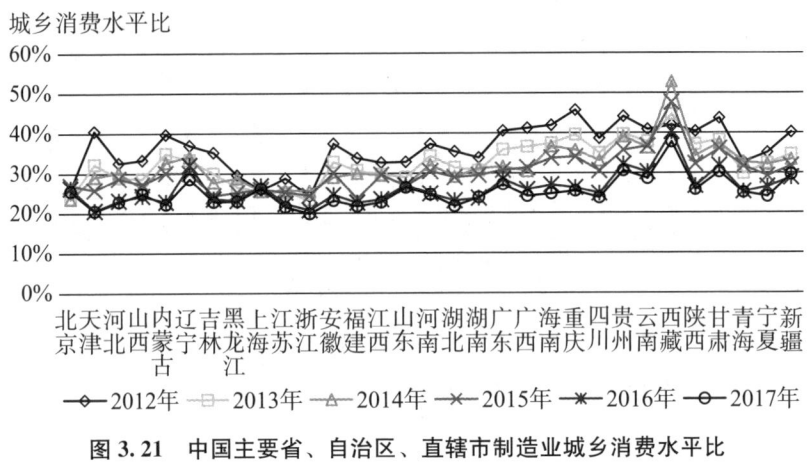

图3.21 中国主要省、自治区、直辖市制造业城乡消费水平比

4. 城镇化率

从城镇化率来看，上海、北京、天津的城镇化率大于0.8，处于高城镇化水平；广东、江苏、浙江、辽宁、福建、重庆、内蒙古、山东的城镇化率在0.6~0.8之间；其他省、自治区、直辖市都在0.6以下。另外，2012—2017年，各省、自治区、直辖市城镇化水平平稳增长。2012—2017年中国主要省、自治区、直辖市城镇化率如图3.22所示。

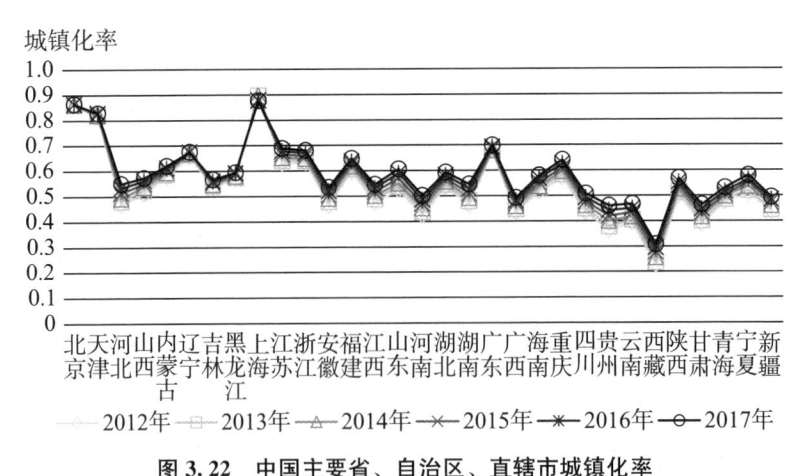

图3.22 中国主要省、自治区、直辖市城镇化率

5. 人均地区生产总值

总体来说，全国主要省市人均地区生产总值随着年份的增长都有一定

程度的增加,广西相对来说比较稳定,江苏等地增长幅度较大,内蒙古、辽宁等地的变化趋势为先增加后减少,甘肃、海南的人均地区生产总值在全国范围来说一直处于较低水平。2012—2017年中国主要省、自治区、直辖市人均地区生产总值如图3.23所示。

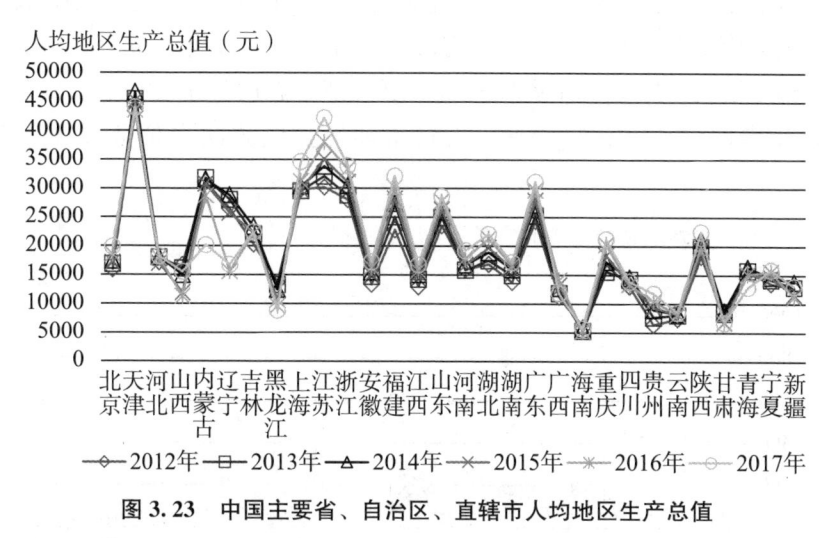

图3.23 中国主要省、自治区、直辖市人均地区生产总值

(四)中国制造业绿色发展质量指数分析

1. 单位地区生产总值能耗同比增长率

单位地区生产总值能耗是反映能源消费水平和节能降耗状况的主要指标。2012—2017年主要省、自治区、直辖市单位地区生产总值能耗同比增长率呈上升趋势,北京、福建、内蒙古在2017年有明显回升。2012—2017年中国主要省、自治区、直辖市单位地区生产总值能耗同比增长率如图3.24所示。

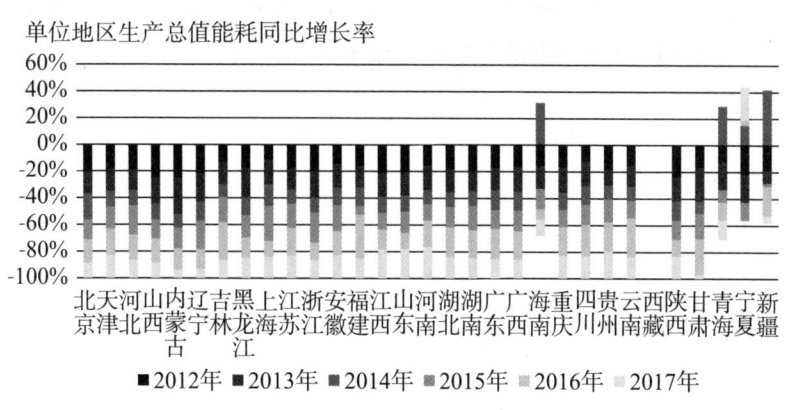

图3.24 中国主要省、自治区、直辖市单位地区生产总值能耗同比增长率

2. 环境空气监测点位数

环境空气监测点的功能是对存在于空气中的污染物质进行定点、连续自动监测，将监测结果实时存储并加以分析后得到相关的数据。除个别省、自治区、直辖市外，环境空气监测点位数总体上呈现增长趋势，说明对环境的检测更加看重，注重生态环境的保护。2017年，北京、河北有较大幅度增长，作为京津冀核心城市更是把生态放到重要位置。2012—2017年中国主要省、自治区、直辖市环境空气监测点位数如图3.25所示。

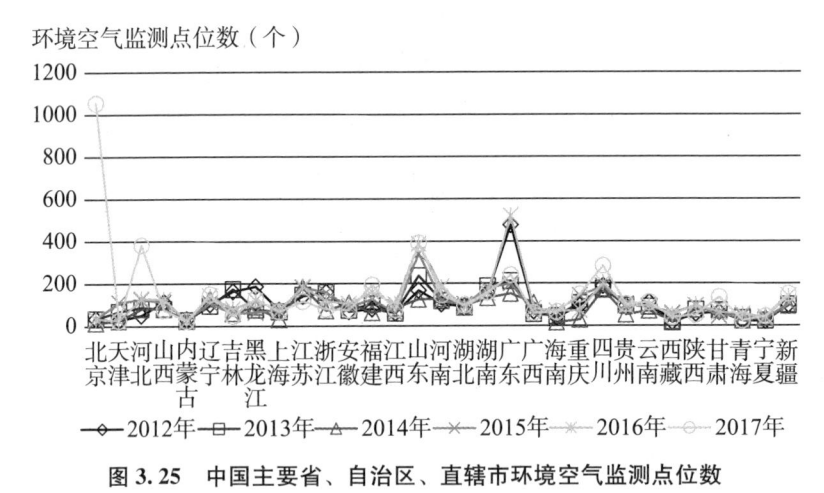

图3.25 中国主要省、自治区、直辖市环境空气监测点位数

3. 单位地区生产总值环保能力建设资金占比

单位地区生产总值环保能力建设资金占比是指在污染方面的财政投入比例。2017年，河北、广东、内蒙古和宁夏的地区生产总值环保能力建设资金占比增长显著。2012—2017年中国主要省、自治区、直辖市单位地区生产总值环保能力建设资金占比如图3.26所示。

单位地区生产总值环保能力建设资金占比

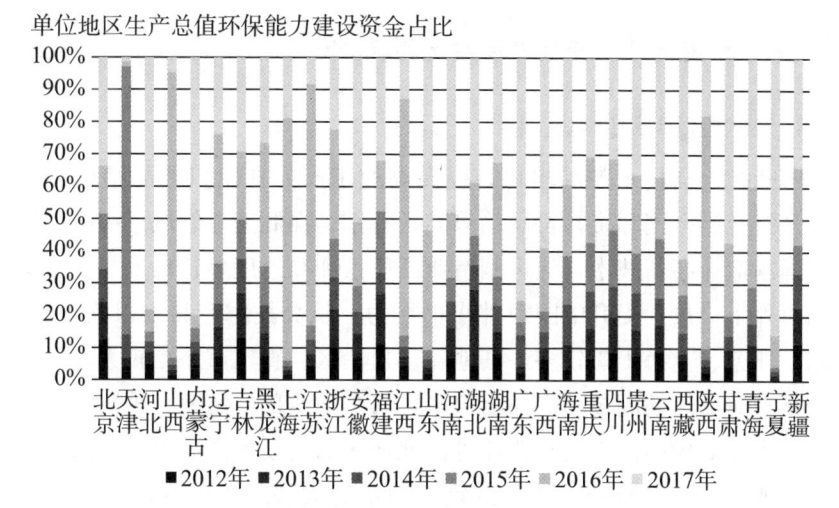

图 3.26 中国主要省、自治区、直辖市单位地区生产总值环保能力建设资金占比

4. 公共交通出行比例

公共交通出行比例反映该省市人口乘坐公共交通的情况。公共交通出行比例越高，表明乘坐公共交通的人数越多。广东、山东、江苏的公共交通出行比例较高，且呈现逐年递增的趋势，而西藏、海南和青海的公共交通出行比例较低，其他地区的状态基本呈上升趋势。2012—2017 年中国主要省、自治区、直辖市公共交通出行比例如图 3.27 所示。

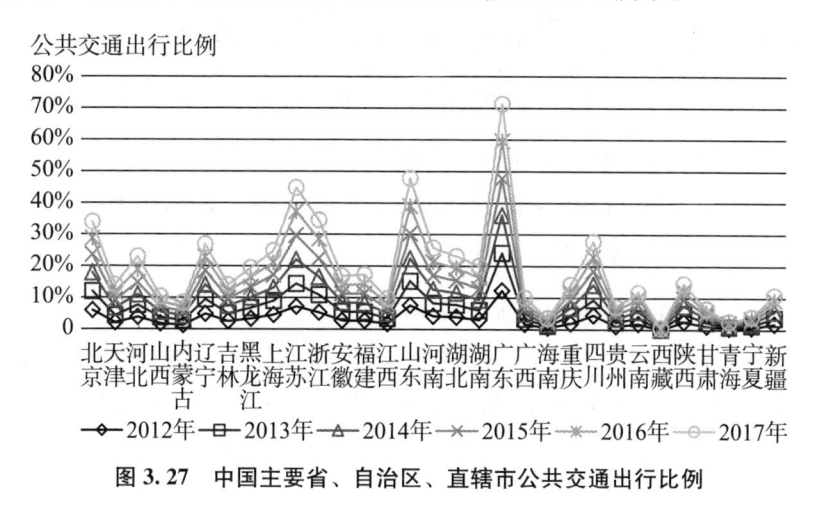

公共交通出行比例

图 3.27 中国主要省、自治区、直辖市公共交通出行比例

(五) 中国制造业开放发展质量指数分析

1. 高技术产品出口比重

不断扩大高技术产品出口,提高高技术产品在出口商品结构中的比重,是符合当今国际贸易发展趋势的,特别是在制造业领域。一是可以提高中国制造业高新技术,促进制造业高质量和高速度增长;二是可以提高中国对外出口量,提升中国对外出口能力。从高技术产品出口比重来看,广东、江苏、上海出口较多,其他省、自治区、直辖市差距较大。但也并不全是沿海地区的高技术产品出口多,其中中西部的河南、重庆、四川出口比重也相对较高。宁夏和西藏等西北地区的高技术产品出口比重相对处于落后地位,这跟所处的地理位置有一定的关联。2012—2017年中国主要省、自治区、直辖市高技术产品出口比重如图3.28所示。

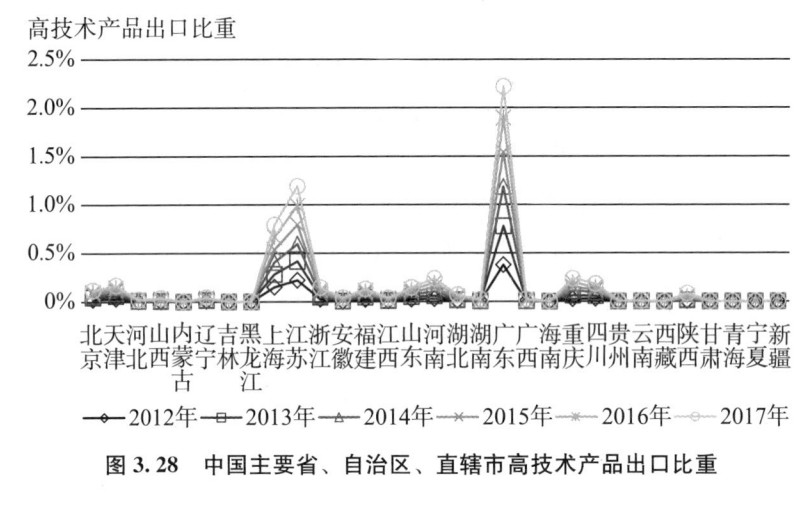

图3.28 中国主要省、自治区、直辖市高技术产品出口比重

2. 新产品外销率

新产品外销率是指新产品带来的产值所占的比重。从整体来看,中国新产品的外销率变化不是特别明显,总体呈现持平或上升趋势的省市较多,而北京、宁夏、贵州的新产品外销率还呈现出下降的趋势。2012—2017年中国主要省、自治区、直辖市新产品外销率如图3.29所示。

图 3.29 中国主要省、自治区、直辖市新产品外销率

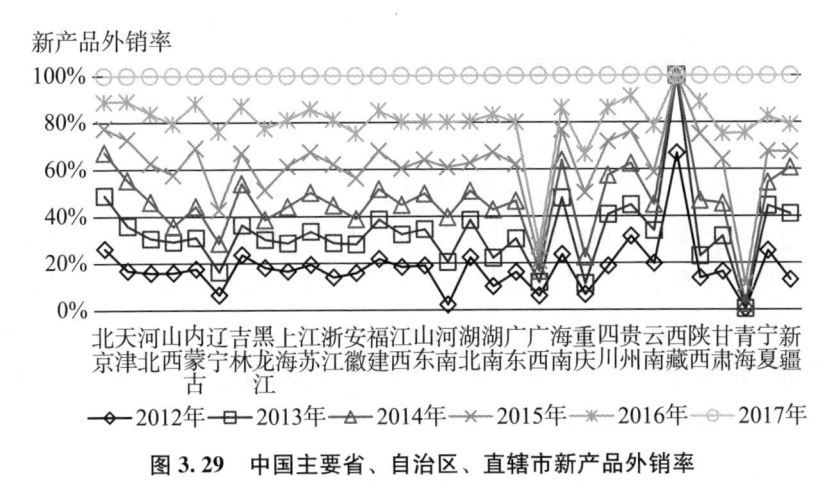

3. 单位地区生产总值出口货物交货值

单位地区生产总值出口货物交货值表示对外出口的程度,该值越大,说明该地区对外出口货物的成交量越大。单位地区生产总值出口货物交货值总体变化平稳,实现了稳定出口率,改善和提高了该地区居民生活水平。2012—2017 中国主要省、自治区、直辖市上升或下降的趋势并不明显,但是各主要省市相比较来看,差异较大。2012—2017 年中国主要省、自治区、直辖市单位地区生产总值出口货物交货值如图 3.30 所示。

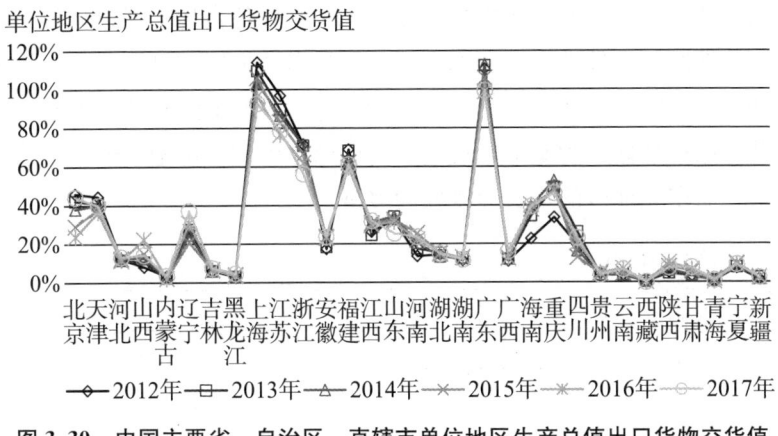

图 3.30 中国主要省、自治区、直辖市单位地区生产总值出口货物交货值

从图 3.30 可以看出,2012—2017 年整体波动几乎一致,各省、自治区、直辖市每年变化不大,但各省、自治区、直辖市间相差较多。贵州、云南、西藏、新疆等省、自治区的单位地区生产总值出口货物交货值偏低,在全国范围内处于落后地位。

（六）中国制造业高质量发展分析

1. 中国制造业创新质量发展分析

在创新发展方面主要考虑几个要素：资本、技术投入和各项能力（营运能力、销售能力和创新能力）。从图3.31可以看出，东部地区和中部地区的制造业盈利增值占比在2012—2017年居于较高位，东北地区的制造业盈利增值占比处于落后地位。但是整体上来看，中国制造业的盈利增值占比走势是保持平稳的。2016年，东部地区的制造业盈利增值占比被中部地区反超，随后又趋于一致。

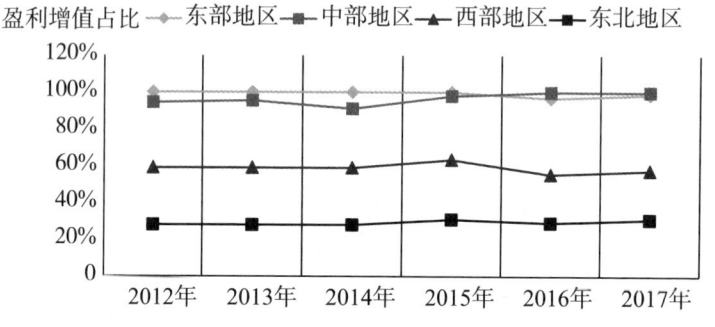

图3.31　中国制造业盈利增值占比走势图

图3.32为2012—2017年中国制造业技术增值占比。通过比较东部地区、东北地区、中部地区和西部地区，可知东北地区的制造业技术增值占比发展缓慢，2012—2017年一直在原地踏步，中部地区和东北地区均有所上升。以东部地区为基准，可以看出西部地区和中部地区的增长速度相对较快，而东北地区的增长速度较为缓慢。

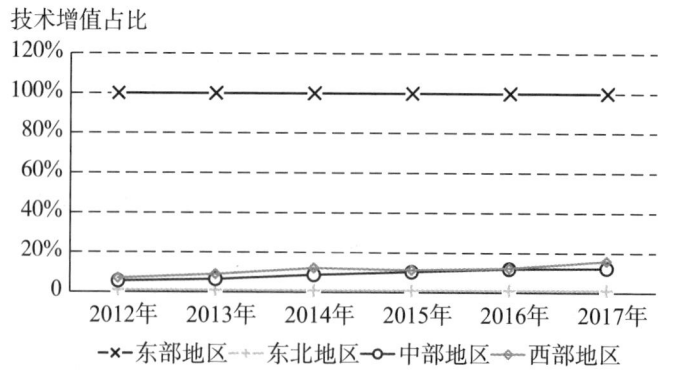

图3.32　中国制造业技术增值占比走势图

东部地区的营运能力、销售能力和创新能力居于全国首位，潜力凸显。根据图 3.33、图 3.34 和图 3.35，东部地区的营运能力占比呈较明显的下降趋势，随后又有所回升，但回升的趋势并不明显。相对于东部地区来说，中部地区和东北地区显得较为平稳，没有下降的趋势。西部地区的营运能力占比变化趋势同东部地区，只是没有东部地区的营运能力强。

东部地区的销售能力占比和创新能力占比远超其他三个地区，销售能力占比有下降的变化趋势，但不是特别明显，而且回升也较为迅速；东部地区的创新能力占比在 2012—2017 年一直呈上升趋势，其他三个地区的创新能力占比也都在持续上升。2018 年中部地区和东北地区的销售能力占比也是持续上升的状态，变化并不是很明显。西部地区的销售能力占比在 2016 年下跌，之后迅速恢复并且比之前更强一些，在 2017 年与中部地区的销售能力占比持平。

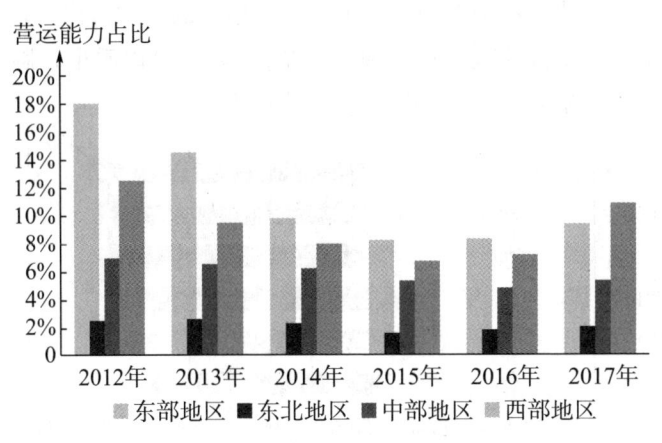

图 3.33　中国四大区域的营运能力占比

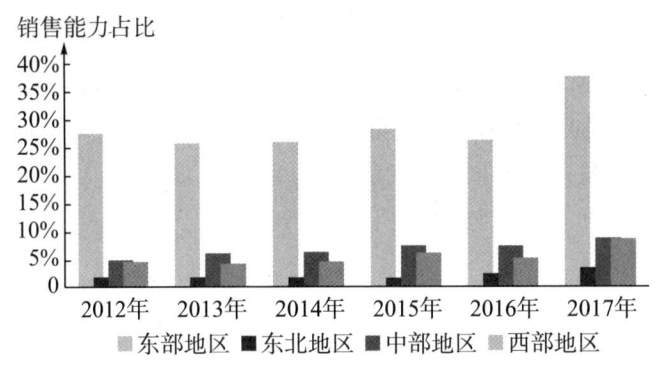

图 3.34　中国四大区域的销售能力占比

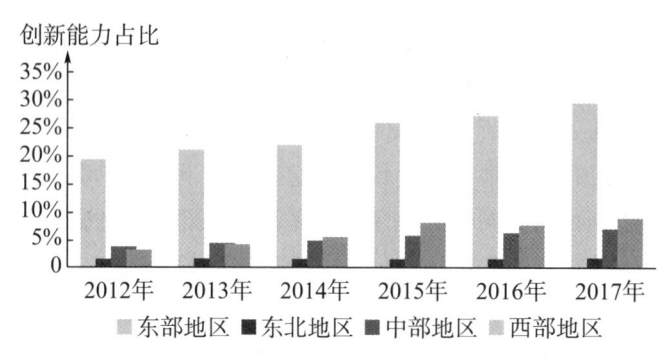

图 3.35 中国四大区域的创新能力占比

2. 中国制造业协调质量发展分析

如图 3.36 所示，中国四大区域的制造业人才结构均衡程度有明显的差异。2012—2017 年每个区域的制造业人才占比都有所提升，但是提升的速度并不是很快。在中国制造业中，东部地区的人才占比是较高的，其次是西部地区、中部地区和东北地区。从图 3.36 可以看出，制造业人才占比每年的变化幅度较小，但整体呈上升趋势。

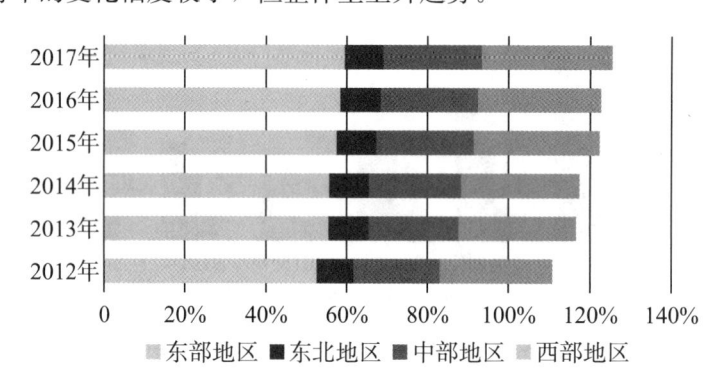

图 3.36 中国四大区域的制造业人才占比

如图 3.37 所示，2012—2017 年中国制造业品牌高度总体呈上升趋势，东部地区的品牌高度基本都处于中上区，发展最为领先。西部地区和中部地区比较领先，东北地区的品牌高度较弱。2017 年，东北地区的发展有明显的回落，其他地区都是平稳地增长。

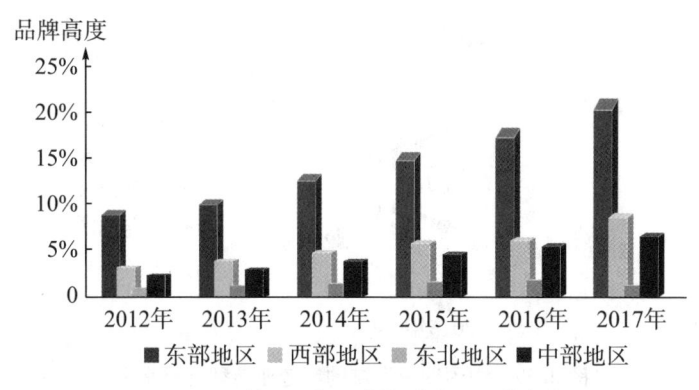

图 3.37　中国四大区域的制造业品牌高度

如图 3.38 所示，中国四大区域的制造业城乡占比差距较大。2012—2017 年，整体趋于平稳上升。其中东部地区的制造业城乡占比最高，其次是西部地区和中部地区，东北地区的制造业城乡占比最小。

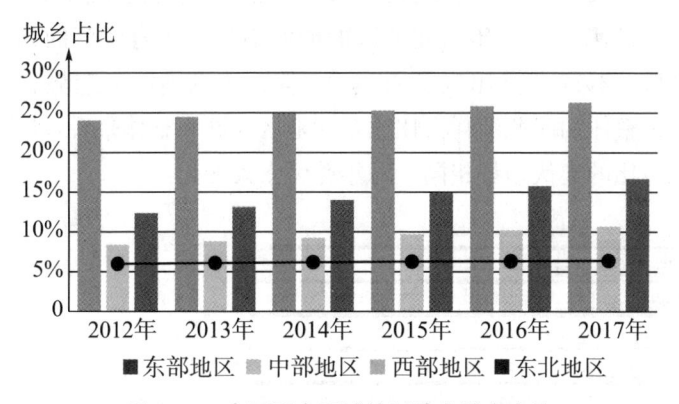

图 3.38　中国四大区域的制造业城乡占比

产业的转型升级，定义为产业结构高级化，即向更有利于经济、社会发展的方向发展。如图 3.39 所示，中国四大区域的制造业转型升级水平差距不大。2012—2017 年，四大区域整体上趋于平稳上升，只有西部地区在 2016 年有所下降。东部地区的制造业转型升级水平比其他三个地区都要高，处于首位，其次是西部地区和中部地区，东北地区的制造业转型升级水平最低。

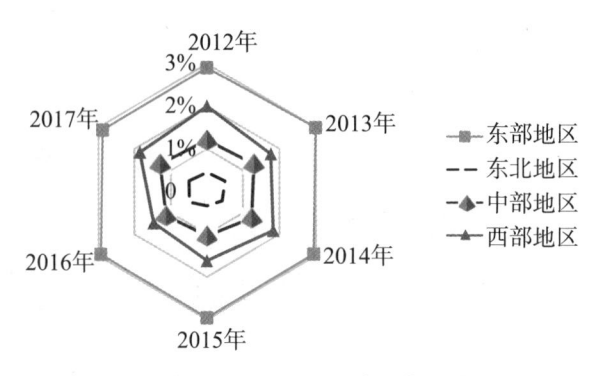

图 3.39　中国四大区域的制造业转型升级水平

3. 中国制造业绿色质量发展分析

从前面章节的分析可知，近年来中国制造业整体上的绿色发展质量指数较高。从能源消耗趋势上看，如图 3.40 所示，西部地区和东部地区的能源消耗占比最多，其次是中部地区，东北地区的能源消耗量较少，发展还不是特别迅速。2014 年东北地区的能源消耗占比有回落的趋势，2015 年回升之后，2017 年又出现了明显的下降。中部地区的趋势和东北地区一样，但是整体的能源消耗占比比东北地区要高。整体来看，四大区域的能源消耗占比的起伏趋势相同，每年并无太大变化。

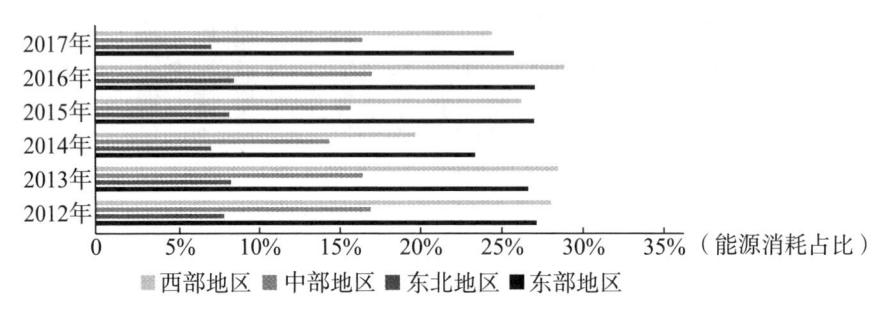

图 3.40　中国四大区域制造业能源消耗占比

党的十八大以来，中国大力发展以生态环境为主要动力的制造业，将生态环境保护和制造业的经济发展完美结合。从图 3.41 可以看出，近年来，东部地区和西部地区的环保建设成效明显，中部地区在 2016 年提升很大，而 2017 年却有所下降。东北地区在 2015 年有下降的趋势，之后迅速恢复并提升。整体来看，中国环保建设在 2017 年的增速较快，发展较为迅速。

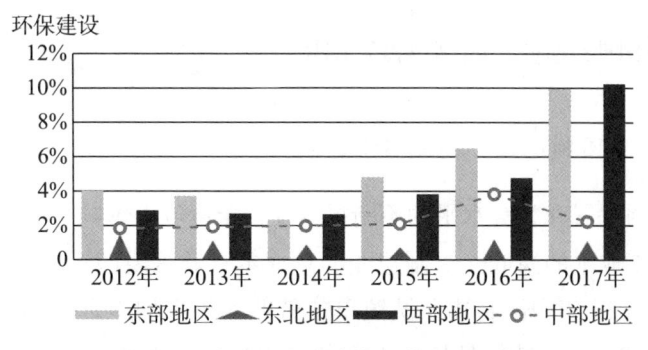

图 3.41 中国四大区域的制造业环保建设

4. 中国制造业开放质量发展分析

运输设施能反映出地区的交通运输能力，为经济发展提供基础设施。如图 3.42 所示，从趋势上看，中国四大区域制造业运输设施整体并没有变化，2012—2017 年都在原地踏步。其中，东部地区比西部地区和东北地区的运输设施更为发达。

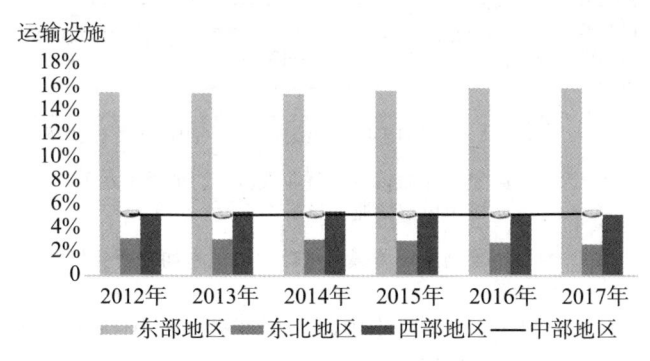

图 3.42 中国四大区域的制造业运输设施

从经济共享程度来看（如图 3.43 所示），东部地区的经济共享程度长期高于其他三个地区的水平，且近年来仍在不断提升，说明存量资产的使用效率提高较为迅速，西部地区、中部地区和东北地区的经济共享有待提高。

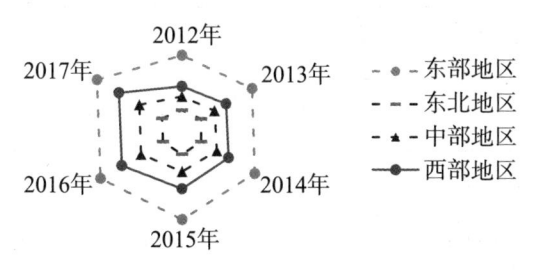

图 3.43 中国四大区域的制造业经济共享程度

二、中国制造业"四高三低"困境

(一) 中国制造业"高成本"困境

经济的发展和教育水平的不断提高在一定程度上影响了制造业的人工成本,人工成本的高低又对制造业的总成本有着重要的影响。图 3.44 显示 2014—2018 年中国制造业城镇单位就业人员平均工资逐年上升,5 年内增长了 40%,持续并且快速上涨的人工成本压力致使中国制造业在全球竞争中的人工成本相对优势减弱。

图 3.44 中国制造业城镇单位就业人员平均工资变化图

依据图 3.45,2014—2018 年中国制造业城镇单位就业人数逐年减少,2018 年达到历史新低。目前中国制造业还没有完全脱离过度依赖人工的状况,高科技、高技术的设备应用还不成熟。制造业劳动力需求与供给的不平衡进一步提升了制造业的劳动成本。

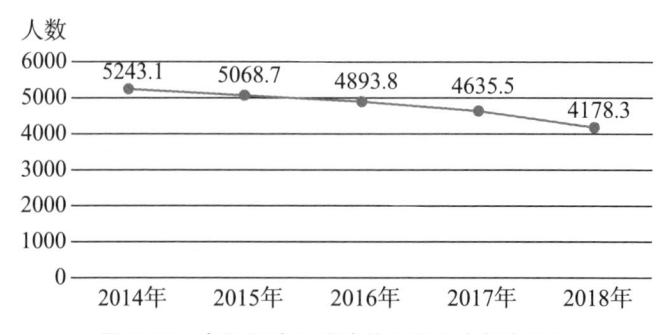

图 3.45 中国制造业城镇单位就业人数变化图

（二）中国制造业"高投入"困境

制造业"高成本"背景下必然会面临"高投入"的困境。如图3.46所示，中国制造业固定资产投资（不含农户）占总固定资产投资的比例约为1/5。资本密集型产业的发展需要大量的资金、技术和人才，并且资本密集型产业的资金周转率较慢，特别是装备制造行业多为重大装备的生产和制造，其投资规模巨大、资金回流时间较长，尤其在制造规模扩大的阶段，需要进一步补充流动资金。

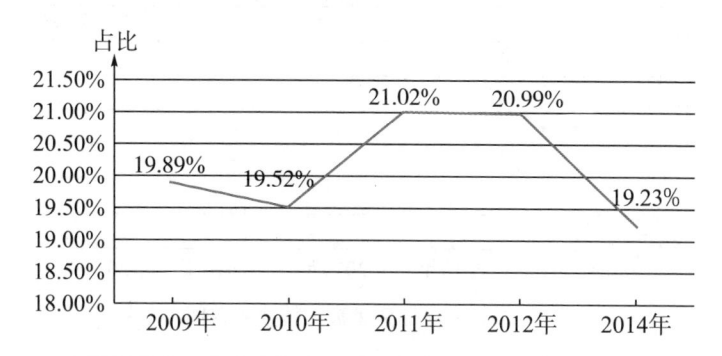

图3.46 中国制造业固定资产投资（不含农户）占总固定资产投资的比例图*

（三）中国制造业"高耗能"困境

从总能耗和总发电量来看，中国位居世界第一。然而从发电方式来看，中国发电不是以核电而是以煤炭转化为主，经济的高速增长是建立在大量消耗能源的基础上，制造业能源消费总量占能源消费总量的一半以上（见表3.2），且能源的利用率低（如图3.47所示，虽然近年来中国能源的转换效率在逐渐上升，但总体上仍然偏低）。此外，世界价值链低端的生产环节主要由中国制造业承接。这种以牺牲生态环境为代价的制造业发展路径使得制造业的可持续发展之路举步维艰（刘源和安毅锦，2017）。

表3.2 中国制造业能源消费总量

年份	能源消费总量（万吨标准煤）	制造业能源消费总量（万吨标准煤）
2013	416913.00	239053.40

---

* 2013年统计年鉴中无此数据。

续表3.2

年份	能源消费总量（万吨标准煤）	制造业能源消费总量（万吨标准煤）
2014	425806.00	245051.39
2015	429905.00	244919.56
2016	435819.00	242514.87
2017	448529.14	245139.54

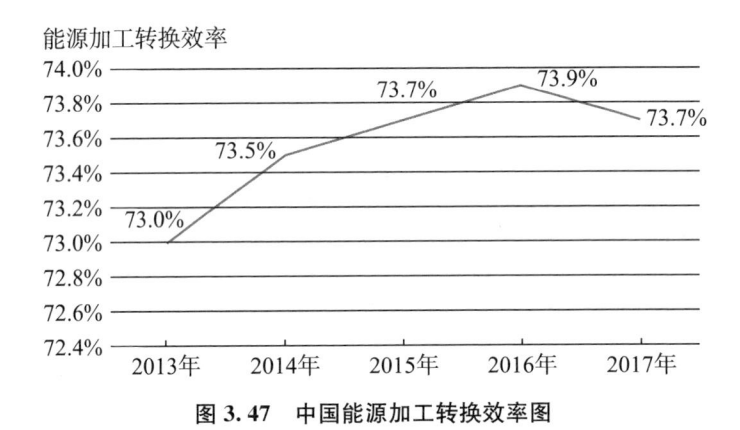

图 3.47 中国能源加工转换效率图

（四）中国制造业"高污染"困境

虽然近年来三大污染排放量在逐渐递减，但是和其他国家相比基数依然很大，中国制造业整体落后。根据《2018 国际统计年鉴》可知，在二氧化硫排放量方面，俄罗斯为 3683000 吨，居于全球第二；中国为 2578000 吨，居于全球第三。2017 年，据生态环境部数据统计，中国 338 个监测城市中有近七成约 239 个城市空气污染物指数超标。制造业是中国在世界产业链中分工的主要环节，这需要消耗大量的自然资源。

（五）中国制造业"低附加值"困境

中国消费品制造业多为劳动密集型，产品的附加值低，位于全球产业价值链的低端，在开发与设计、品牌营销等方面缺乏经验。中国近年来虽然在技术研发和产业创新方面取得了显著进展，但产品附加值低，整体盈利能力低下。中国消费品制造企业的毛利率普遍较低。

（六）中国制造业"智能化不足，生产效率低"困境

21 世纪以来，随着科技的飞速发展，实现生产的智能化面临着一系

列的压力和困境，从而对生产效率造成影响。从社会压力方面来看，机械化、自动化、智能化大大减少了人力，造成一定程度的社会就业压力。从技术压力方面来看，制造业的转型和升级将不可避免地需要物联网和大数据等技术的支持，而且机器设备间的互联共享也面临着重重困难。从成本压力方面来看，技术的开发、劳动成本的上升都给中小企业带来了巨大的压力。以上原因导致中国制造业智能化程度不高，效率低下。

中国制造业工厂的数字化、智能化程度在制造业转型升级新阶段相对不足。在劳动生产率方面，中国制造业虽增速较快，但仍落后于其他制造强国。

（七）中国制造业"缺乏高端综合人才，创新投入低"困境

21世纪以来，虽然中国在创新方面的投入力度逐步加大，但是与创新型国家相比仍然存在较大的差距。从表3.3及图3.48可知中国创新指数较低。

表3.3 中国与创新型国家创新指数比较

年份	中国	美国	德国	日本	韩国
2015	47.47	60.10	57.05	53.97	56.26
2016	50.57	61.40	57.94	54.52	57.15
2017	52.50	61.40	58.40	54.70	57.70
2018	53.06	59.81	58.03	54.95	56.63
2019	55.08	61.73	58.19	54.68	56.55

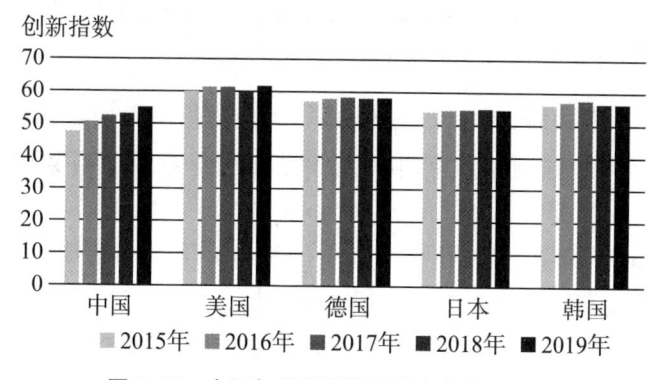

图3.48 中国与创新型国家创新指数比较图

从研发投入方面来看，产品设计、技术、设备等方面的科技创新投入不够。例如，2017年中国创新投入指数为54.20，在全球排名31，出现

下滑趋势，而美国为68.90，德国为63.30，日本为65.50，韩国为63.30。从表3.4及图3.49可以看出，中国创新投入指数虽在逐年小幅递增，但与发达国家仍存在一定的差距。

表3.4 中国与创新型国家创新投入指数比较

年份	中国	美国	德国	日本	韩国
2015	48.36	67.31	60.99	63.83	62.37
2016	53.12	68.71	61.91	66.00	63.54
2017	54.20	68.90	63.30	65.50	63.30
2018	55.13	67.81	63.27	65.41	63.42
2019	56.88	70.85	65.28	65.03	65.95

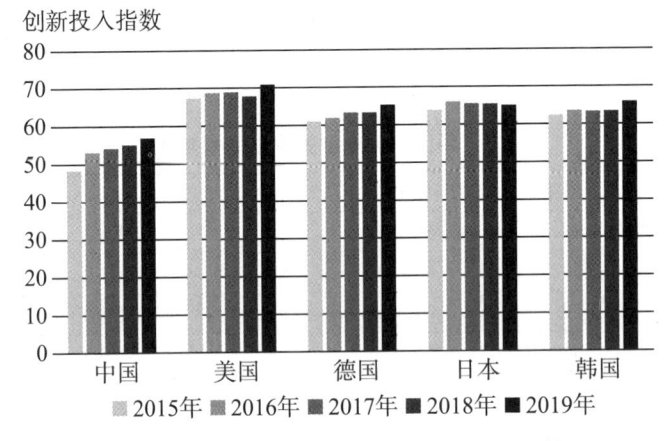

图3.49 中国与创新型国家创新投入指数比较图

数据来源：全球创新指数报告。

从人才支撑来看，人才队伍结构与"智造强国"的要求相差较远。例如，2017年中国制造业在科技人才方面全球竞争力指数仅为55.5，而发达国家，如美国为89.5，德国为97.4，日本为88.7（丁文珺和杜志明，2018）。随着"互联网＋""中国制造2025""智能＋"的发展，制造业引进高端综合能力人才显得尤为迫切。

从科技创新能力来看，中国制造业长期主要依靠在技术引进的基础上进行二次创新，原创能力不强导致关键核心技术对外依存度较高，关键零部件的研发水平有所欠缺，制造业向"高端"迈进受到较大阻碍。

第四章 中国制造业区域高质量创新研究

第一节 中国制造业区域创新力研究

一、制造业区域创新力评价指标体系

中国各地制造业创新力发展水平不一，统一的制造业创新力发展规划不利于各地充分利用各自的优势进行发展。本书选取典型区域的数据，通过统计描述和因子分析对各地制造业的创新投入和创新产出进行衡量与对比。周亚虹等（2012）讨论 R&D 内生性问题，并结合我国工业企业的特点，对 R&D 行为决策进行建模分析；寇宗来和刘学悦（2020）研究了创新政策对中国企业创新（企业专利数量、专利质量以及 TFP 水平）的影响。基于以上文献，本节建立了一套科学、合理的投入产出指标体系。

二、制造业区域创新力统计描述

（一）新产品开发经费支出指标

新产品开发经费支出是衡量创新投入情况的重要指标，通过这一指标可以知道每年各个地区在新产品开发方面的投入情况。图 4.1 给出了 15 个省、自治区、直辖市的新产品开发经费支出数据。新产品开发经费支出排名前三的省、直辖市是北京、江苏、山东，说明这三个省、直辖市一直都比较重视新产品开发，从侧面反映出这三个省、直辖市发展创新的环境比较好，易吸引创新企业落地。从时间维度进行衡量，2013 年到 2018 年，北京不仅每年新产品开发经费支出呈现逐年增长的态势；排名第二和第三的江苏和山东均在 2016 年出现了下降，可能是受外界环境变化的影响或者冲击,但2017年即恢复了增长的趋势。创新力较弱的甘肃、青海、新疆存在着巨大的差别,但其新产品开发经费支出都呈现逐渐增长的趋势,创新发展环境正在逐渐变好。发展创新十分需要外部环境的支持,政府关于企业研发活动的资助对企业的应用研究与新产品开发经费支出有重大影响。面对新产品开发经费支比不均的现象,各地政府应积极支持新产品开发。

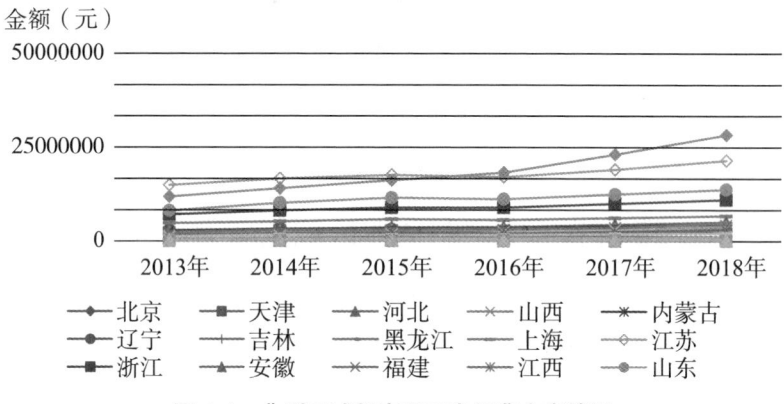

图 4.1 典型区域新产品开发经费支出情况

(二) R&D 经费支出占规模以上工业企业主营业务收入比重指标

1. R&D 经费支出占规模以上工业企业主营业务收入比重分析

R&D 经费支出能够很好地体现各个地区对于创新的投入情况。2013—2018 年,广东、江苏和山东是前三名;另外,浙江的表现很抢眼,相比之下,海南、西藏、青海等省、自治区的 R&D 经费支出过低,没有较好的创新发展空间,如图 4.2 所示。

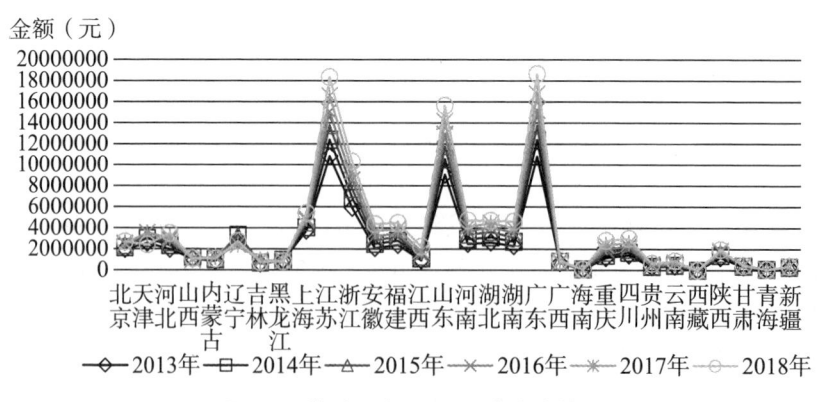

图 4.2 典型区域 R&D 经费支出情况

2. R&D 经费支出占规模以上工业企业主营业务收入比重分析

2013—2018 年中国主要省、自治区、直辖市 R&D 经费支出占规模以上工业企业主营业务收入的比重大多数都呈现逐年上升的趋势，如图 4.3 所示。2013—2018 年，山西、吉林、河南、江西、广西、甘肃、青海、新疆等省、自治区的变化都不是太大，说明这些地区发展过于缓慢，没有创新力，或者是没有具有创新力的企业入驻，当地的企业也存在着创新意识淡薄、研发形式单一、科研层次偏低等问题，这也成为企业提高自主研发能力，提升核心竞争力的主要障碍。但是天津、河北等省、直辖市在 2018 年增长较为明显。研发投入要着力促使企业研发能力平衡发展，持续优化企业研发创新生态环境，创造适合企业研发、刺激企业创新的优良生态环境。大力宣传研发创新观念，使科研理念深入人心，培养戒骄戒躁的科研心态，弘扬脚踏实地的工匠精神，促进企业形成以研发创新为己任的理念；着力改善研发创新环境，继续出台相关政策措施，推动落实研发创新激励机制，不断增强企业研发创新能力，保障企业顺利开展科研活动；充分发挥政策导向作用，利用已有的产业优势形成市场良性竞争，促使发展滞后企业转型升级，刺激企业开展自主研发创新活动。

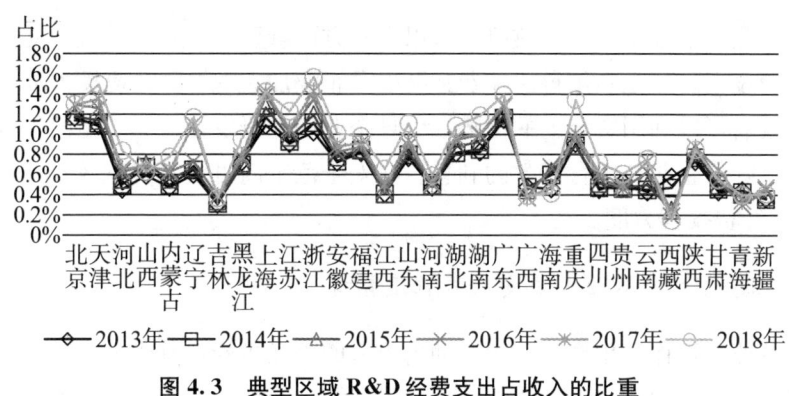

图 4.3 典型区域 R&D 经费支出占收入的比重

3. 2018 年 R&D 经费支出占规模以上工业企业主营业务收入比重分析

对比 R&D 经费投入数量数据发现，北京、上海、江苏、浙江、天津和广东都有很好的表现，说明虽然北京、上海、江苏、浙江、天津和广东的 R&D 经费支出这一指标不高，但是 R&D 经费支出占规模以上工业企业主营业务收入的比重很大，体现出这几个地区对于创新的重视。与之相比，山东虽然 R&D 经费支出这一指标排名前三，但是 R&D 经费投入数量很小，说明山东的 R&D 经费支出虽高，但是在规模以上工业企业主营业务收入中所占比重不大，相对于占比大的省份，创新投入还是存在不足的。同样，吉林、江西、河南虽然 R&D 经费支出并不低，但是 R&D 经费支出占规模以上工业企业主营业务收入的比重很小，说明这些省应该增加 R&D 经费支出，如图 4.4 所示。

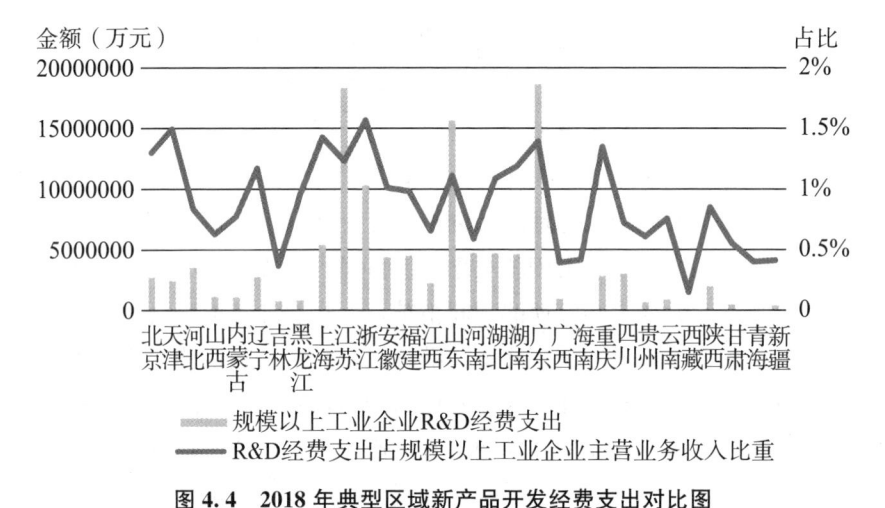

图 4.4　2018 年典型区域新产品开发经费支出对比图

根据以上分析，各地政府可从以下三方面着手工作：一是大力支持创新经费投入。二是利用科研经费补贴引导企业加大 R&D 经费投入数量规模。政府可以利用资金上的优势，引导企业增加研发投入。三是给予政策优惠，降低企业从银行贷款的利息。在安全范围内可放宽贷款政策，加大 R&D 经费投入力度。

（三）R&D 从业人员受教育程度指标

从业人员作为生产函数中劳动力投入的表征指标，其受教育程度可以反映出各地区对于创新的投入力度。如图 4.5 所示，中国主要省、自治区、直辖市 R&D 从业人员受教育程度在总体上呈现上升趋势，其中北京、天津、上海上升速度较快，西藏较慢。各地应该建立健全人才培养、引进机制。教育在企业自主研发创新中发挥着至关重要的作用。各地经济要实现转型升级，需要提高自主研发能力，充分利用学校与企业的优势，培养一批企业领军人才。

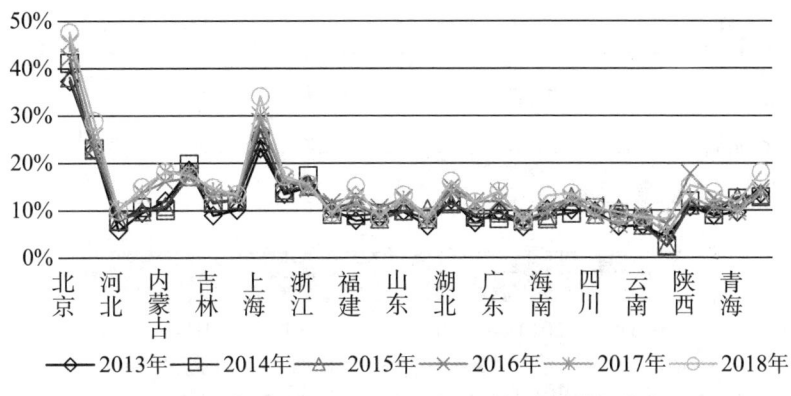

图 4.5　典型区域 R&D 从业人员受教育程度折线图

（四）R&D 从业人员数指标

2013—2018 年中国典型区域 R&D 从业人员数变化情况如图 4.6 所示，可以看出每年主要省、自治区、直辖市 R&D 从业人员数变化不大，但是地区间的差距较为显著。其中领先的还是广东、江苏、浙江和山东，它们对于创新的投入占据比较大的优势，具有较好的创新环境和较大的影响力。其余地区存在发展不均衡的问题。

科技研发人才稀缺是主要的问题。2013 年，各省、自治区、直辖市 R&D 从业人员数均未超过 50 万，反映出领军人才比较稀缺。而且，在这五年当中，除了广东、江苏、浙江和山东有所改善，其他省、自治区、直辖市这种情况仍然存在。

科技研发投入力度仍需加大。R&D 从业人员数不多也反映了各地创新资金投入不多和没有足够的激励政策。同时也存在着企业科技自主创新意识有待提高、科技投入不足而导致的研发能力不强等问题。面对这些问题，应本着"自主创新、重点跨越、支撑发展、引领未来"的科技工作方针增强创新意识，提升研发能力。

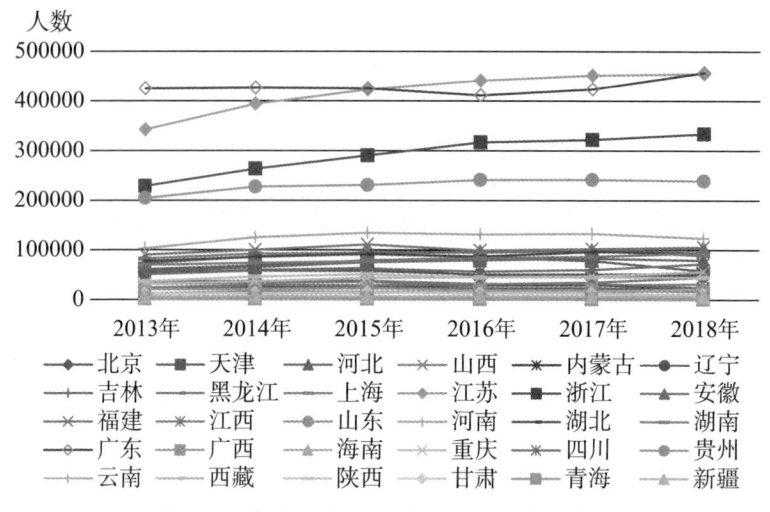

[图表：典型区域R&D从业人员数变化情况，2013年—2018年]

图 4.6　典型区域 R&D 从业人员数变化情况

（五）新产品销售收入占比指标

从图 4.7 可以看出，北京、广东、天津和江苏以及后来居上的重庆都是新产品销售收入占比较高的地区。重庆的增长最为明显，这是重庆对于新产品销售的支持与创新开放环境改善的结果，其有利于地区的创新力发展。相比之下，其他省、自治区、直辖市的新产品销售收入占比较集中。比较落后的是内蒙古和西藏。政府应该制定具有针对性的措施，通过自主创新能力来增强欠发达地区企业的后劲，促进区域协调发展。

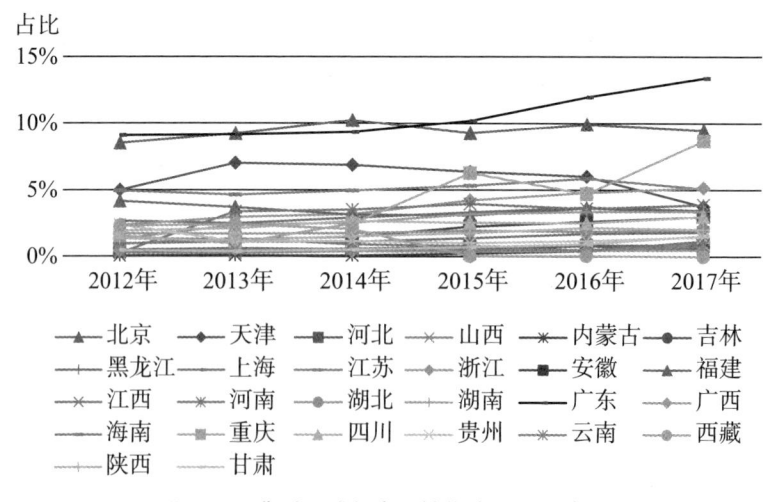

[图表：典型区域新产品销售收入占比情况，2012年—2017年]

图 4.7　典型区域新产品销售收入占比情况

（六）高技术产品出口比重指标

高技术产品出口比重是指出口在工业销售产值中所占的比重。这类数据查找过程中，新疆、西藏、青海的部分数据缺失，所以不进行统计分析。

从图 4.8 可以看出，广东、江苏和上海都是高新技术产品出口比重较高的地区，这与其地理位置优势有关。广东位于南岭以南，南海之滨。江苏跨江滨海，湖泊众多。这些地区的外贸出口本身比较发达，数据也较好地印证了这一点。相比之下，其他省、自治区、直辖市的情况明显不好。创新力的发展与进出口贸易密不可分，所以，要全方位地评价地区创新力，需要高技术产品出口比重这一指标。针对中国高新技术产业出口存在的各类问题和不足之处，应从政策上给予更大的支持力度，实现中国高新技术产业的平衡、平稳、有序、健康发展。

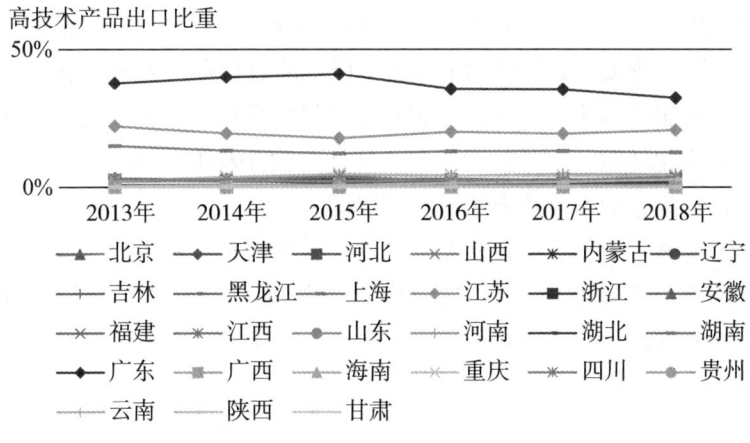

图 4.8　典型区域高技术产品出口比重统计分析

（七）专利授权量指标

创新是带动整个地区快速发展的重要动力，因此专利授权量是评价一个地区创新力的重要指标。随着企业投入的增加和国家政策支持力度的加大，信息技术专利申请及发明专利申请数量逐年增加。图 4.9 中的数据显示，2013—2018 年专利授权量排名前三的是江苏、广东和浙江。浙江专利工作虽然取得了一些成绩，但在调研中发现仍然与区域经济发展的要求存有不相适应的地方。个别地区专利意识仍较淡薄，个别地区专利授权量只有 400 多个。可见专利授权情况不甚乐观，专利申报的基础层面不宽，对专利的认知程度远低于商标和版权。

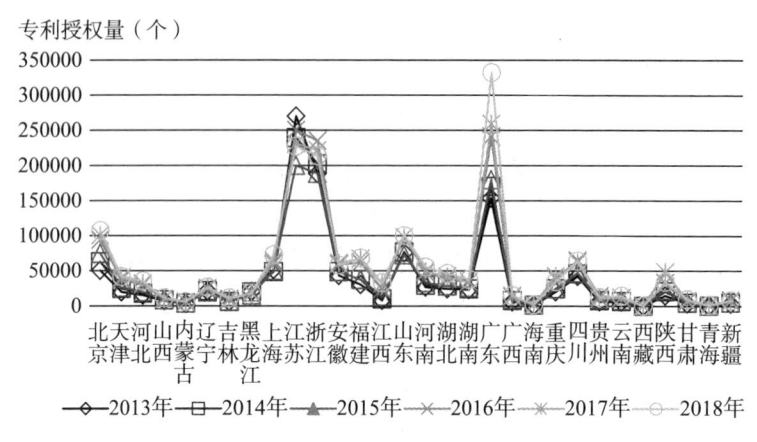

图 4.9 典型区域专利授权量变化情况

（八）技术市场成交额比指标

技术市场成交额比是指某地区技术市场成交额与该地区规模以上工业企业 R&D 经费投入数量的比值，由于西藏的数据存在异常，其数据不纳入统计。对于技术市场来说，中国有非常好的发展趋势：一是新兴技术推动行业数字化转型，二是技术投资从硬件向软件及服务转移，三是领先技术厂商将成为企业数字化转型的关键赋能者。

北京的技术市场成交额比是最高的，说明北京的技术市场成交比较活跃，呈现出中高速增长的发展态势，市场规模和交易质量大幅提升。另外，陕西和青海的技术市场成交额比较高，其余地区明显不具有优势，如图 4.10 所示。

图 4.10 典型区域技术市场成交额比图

三、典型区域制造业创新力实证研究

（一）数据的采集与来源

按照国家统计局发布的制造业细分行业分类，采集28个省、自治区、直辖市2013—2018年的数据，并根据创新投入和创新产出两个维度，将8个指标划分为创新投入指标和创新产出指标。特此说明，由于西藏、青海的高技术产品出口比重、新疆的新产品销售收入占比的数据缺失，在分析排名的时候，剔除了西藏、青海、新疆这三个省、自治区。

（二）基于因子分析的中国制造业区域创新力分析

1. 2013年区域创新力排名分析

2013年中国主要省、自治区、直辖市的各个指标经过指标标准化后，KMO检验值为0.758，和8个指标的相关系数矩阵与单位阵的显著性差异水平为0.00，适合做因子分析。

将8个指标设为X_1，X_2，X_3，X_4，X_5，X_6，X_7，X_8，通过SPSS软件得出两个主成分，这里设为F_1，F_2。设F为最终的指标值。

$$F_1 = 0.239X_1 + 0.091X_2 - 0.068X_3 + 0.248X_4 + 0.097X_5 + 0.216X_6 + 0.223X_7 - 0.125X_8$$

$$F_2 = -0.065X_1 + 0.216X_2 + 0.389X_3 - 0.088X_4 + 0.223X_5 - 0.042X_6 - 0.051X_7 + 0.400X_8$$

$$F = 0.5379F_1 + 0.3205F_2$$

从图4.11可以看出，2013年在区域排名中前十的是广东、江苏、北京、浙江、上海、天津、山东、福建、湖北、安徽，后十的是山西、贵州、内蒙古、河北、江西、甘肃、海南、广西、云南、吉林。创新力指标有利于指导企业进行投资，对选取发展区域有一定的帮助。

区域创新力

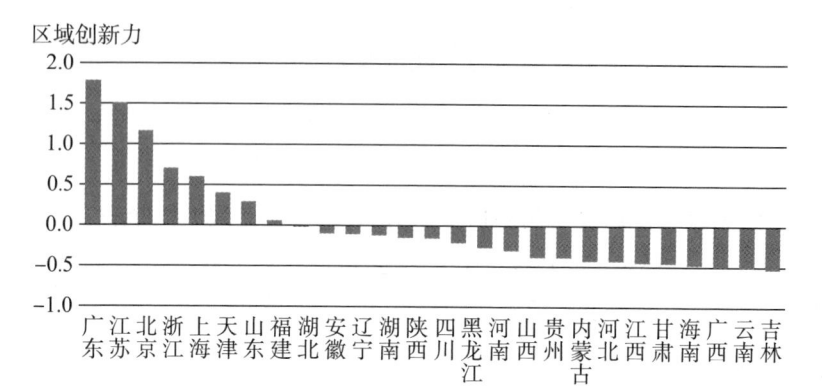

图 4.11　2013 年典型区域创新力指标值情况

2. 2014 年区域创新力排名分析

2014 年中国主要省、自治区、直辖市的各个指标经过指标标准化后，KMO 检验值为 0.718，和 8 个指标的相关系数矩阵与单位阵的显著性差异水平为 0.00，适合做因子分析。

将 8 个指标设为 X_1，X_2，X_3，X_4，X_5，X_6，X_7，X_8。通过 SPSS 软件得出两个主成分，这里设为 F_1，F_2。设 F 为最终的指标值。

$F_1 = 0.238X_1 + 0.108X_2 - 0.069X_3 + 0.248X_4 + 0.096X_5 + 0.213X_6 + 0.221X_7 - 0.110X_8$

$F_2 = -0.067X_1 + 0.199X_2 + 0.399X_3 - 0.091X_4 + 0.232X_5 - 0.052X_6 - 0.032X_7 + 0.400X_8$

$F = 0.5374F_1 + 0.3120F_2$

从图 4.12 可以看出，2014 年在区域排名中前十的是广东、江苏、北京、浙江、上海、天津、山东、福建、湖北、安徽，后十的是山西、贵州、内蒙古、河北、江西、甘肃、海南、广西、云南、吉林。

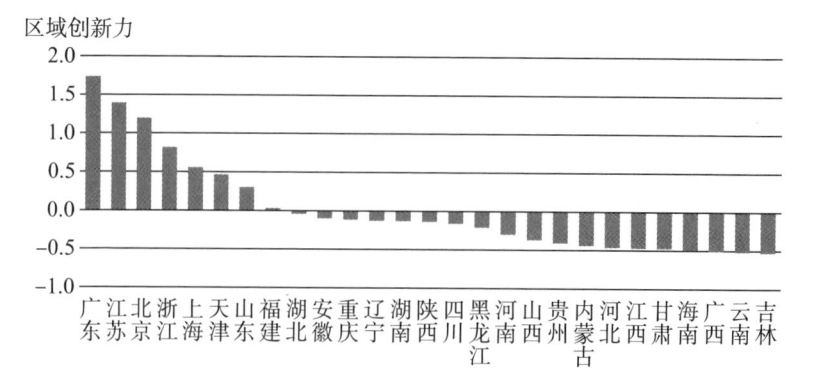

区域创新力

图 4.12　2014 年典型区域创新力指标值情况

3. 2015年区域创新力排名分析

2015年中国主要省、自治区、直辖市的各个指标经过指标标准化后，KMO检验值为0.673，和8个指标的相关系数矩阵与单位阵的显著性差异水平为0.00，适合做因子分析。

将8个指标设为X_1，X_2，X_3，X_4，X_5，X_6，X_7，X_8。通过SPSS软件得出两个主成分，这里设为F_1，F_2。设F为最终的指标值。

$F_1 = 0.244X_1 + 0.100X_2 - 0.072X_3 + 0.252X_4 + 0.086X_5 + 0.215X_6 + 0.222X_7 - 0.121X_8$

$F_2 = -0.067X_1 + 0.202X_2 + 0.387X_3 - 0.092X_4 + 0.242X_5 - 0.057X_6 - 0.015X_7 + 0.389X_8$

$F = 0.5290F_1 + 0.3246F_2$

从图4.13可以看出，2015年在区域排名中前十的是广东、江苏、北京、浙江、上海、天津、山东、福建、湖北、安徽，后十的是山西、贵州、内蒙古、河北、江西、甘肃、海南、广西、云南、吉林。

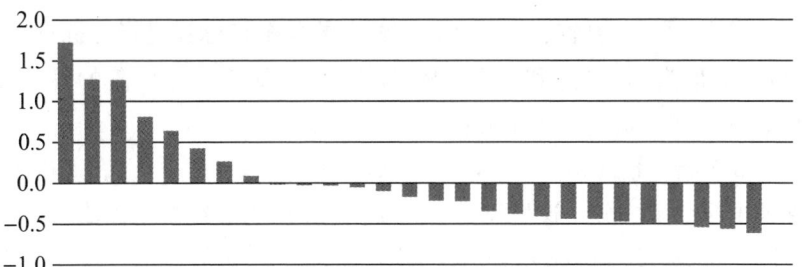

图4.13　2015年典型区域创新力指标值情况

4. 2016年区域创新力排名分析

2016年中国主要省、自治区、直辖市的各个指标经过指标标准化后，KMO检验值为0.664，和8个指标的相关系数矩阵与单位阵的显著性差异水平为0.00，适合做因子分析。

将8个指标设为X_1，X_2，X_3，X_4，X_5，X_6，X_7，X_8。通过SPSS软件得出两个主成分，这里设为F_1，F_2。设F为最终的指标值。

$F_1 = 0.234X_1 + 0.100X_2 - 0.063X_3 + 0.273X_4 + 0.118X_5 + 0.209X_6 + 0.217X_7 - 0.102X_8$

$F_2 = -0.075X_1 + 0.215X_2 + 0.406X_3 - 0.100X_4 + 0.195X_5 -$

$$0.050X_6 - 0.024X_7 + 0.403X_8$$

$$F = 0.55482F_1 + 0.3087F_2$$

从图 4.14 可以看出，2016 年在区域排名中前十的是广东、江苏、北京、浙江、上海、天津、山东、重庆、福建、湖北，后十的是山西、内蒙古、甘肃、宁夏、江西、云南、海南、吉林、贵州、广西。

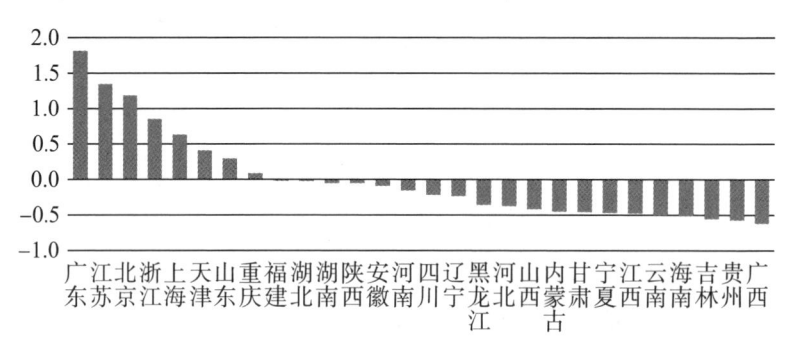

图 4.14　2016 年典型区域创新力指标值情况

5. 2017 年区域创新力排名分析

2017 年中国主要省、自治区、直辖市的各个指标经过指标标准化后，KMO 检验值为 0.662，和 8 个指标的相关系数矩阵与单位阵的显著性差异水平为 0.00，适合做因子分析。

将 8 个指标设为 X_1，X_2，X_3，X_4，X_5，X_6，X_7，X_8。通过 SPSS 软件得出两个主成分，这里设为 F_1，F_2。设 F 为最终的指标值。

$$F_1 = 0.234X_1 + 0.089X_2 - 0.060X_3 + 0.235X_4 + 0.125X_5 + 0.210X_6 + 0.214X_7 - 0.109X_8$$

$$F_2 = -0.084X_1 + 0.215X_2 + 0.412X_3 - 0.105X_4 + 0.192X_5 - 0.057X_6 - 0.015X_7 + 0.413X_8$$

$$F = 0.5631F_1 + 0.3022F_2$$

从图 4.15 可以看出，2017 年在区域排名中前十的是广东、江苏、北京、浙江、上海、天津、山东、重庆、福建、湖北，后十的是河北、内蒙古、江西、山西、甘肃、云南、吉林、贵州、海南、广西。

图 4.15　2017 年典型区域创新力指标值情况

6. 2018 年区域创新力排名分析

2018 年中国主要省、自治区、直辖市的各个指标经过指标标准化后，KMO 检验值为 0.651，和 8 个指标的相关系数矩阵与单位阵的显著性差异水平为 0.00，适合做因子分析。

将 8 个指标设为 X_1，X_2，X_3，X_4，X_5，X_6，X_7，X_8。通过 SPSS 软件得出两个主成分，这里设为 F_1，F_2。设 F 为最终的指标值。

$F_1 = 0.234X_1 + 0.089X_2 - 0.060X_3 + 0.235X_4 + 0.125X_5 + 0.210X_6 + 0.214X_7 - 0.109X_8$

$F_2 = -0.084X_1 + 0.215X_2 + 0.412X_3 - 0.105X_4 + 0.192X_5 - 0.057X_6 - 0.015X_7 + 0.413X_8$

$F = 0.63499F_1 + 0.28093F_2$

从图 4.16 可以看出，2018 年在区域排名中前十的是广东、江苏、北京、浙江、上海、山东、天津、重庆、福建、湖北，后十的是江西、内蒙古、甘肃、山西、宁夏、云南、贵州、吉林、海南、广西。

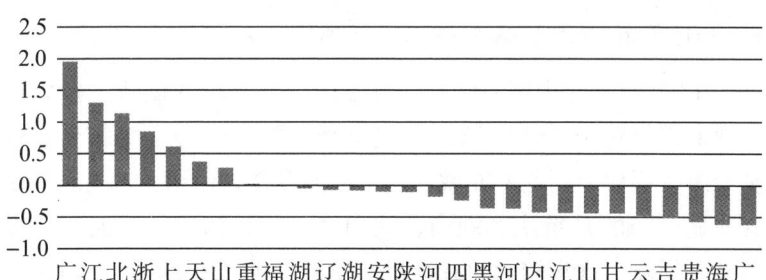

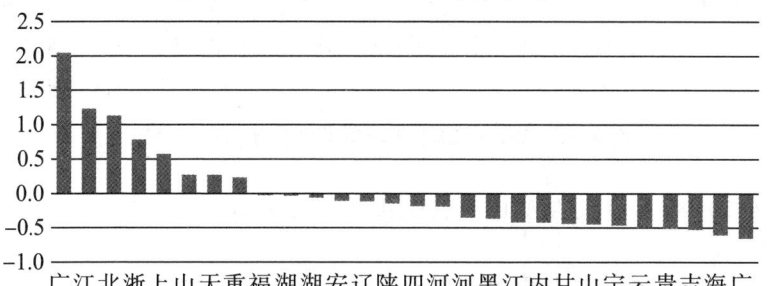

图 4.16　2018 年典型区域创新力指标值情况

7. 2013—2018年区域创新力排名综合分析

将2013—2018年中国主要省、自治区、直辖市的创新力指数排名在时间维度上进行对比，以2013年为基准线，2018年创新力排名有较大提升的是天津、福建、湖北、安徽、辽宁、黑龙江、山西、贵州、海南、广西，有明显下降的是重庆、湖南、四川、河南、河北、江西、甘肃、云南、吉林。创新力进步较大的有贵州、安徽。排名落后的省、自治区、直辖市要加强创新的投入力度与产出水平，如重庆、河北等。

为了分析典型区域制造业创新能力综合情况在等级划分上的动态变化轨迹，本书选取了研究年限的始末年份及中间年份2013年、2015年、2018年三年的情况进行分析。广东以其雄厚的技术创新实力一直处在"强"等级，且综合值在87左右，说明广东信息制造业技术创新综合能力在近年来一直保持在比较稳定的高水平上，从中也可以看到"强"等级也是稳定性很高的等级。而在"较强"等级上，2013年有江苏、上海、北京、山东、四川5个省、直辖市列入，而在2015年和2018年只有江苏、上海两个省、直辖市列入，说明"较强"等级的稳定性有所下降。将三年的"中"等级看作三个集合，对其求交集，可以看到，天津和福建两个地区就组成了这个交集，说明这两个地区制造业创新综合能力没有明显的变化。北京和山东的地位有不同程度的下降，从"较强"等级滑落到"中"等级。下面根据2013—2018年各等级的平均综合值变化情况作图，以便观察各等级长期的变化趋势，如图4.17所示。

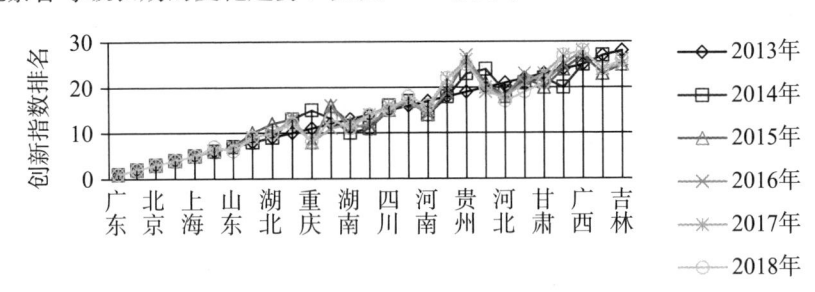

图4.17　2012—2017年典型区域创新力排名情况

（三）2018年的典型区域制造业创新力排名

1. 2018年创新力综合分析

本部分分析2018年中国主要省、自治区、直辖市的创新力排名情况，通过创新力大小排出第一梯队、第二梯队和第三梯队。

通过因子分析,根据影响创新力的8个指标,对创新力进行排名,见表4.1。把典型区域(27个省、自治区、直辖市)分为了3个创新梯队,针对不同的创新梯队,对创新力进行研究。

表4.1 2018年典型区域创新力排名情况

创新梯队	省、自治区、直辖市	创新力评分	创新力排名
创新第一梯队	广东	2.048572	1
	江苏	1.232332	2
	北京	1.129770	3
	浙江	0.782851	4
	上海	0.574359	5
	山东	0.271348	6
	天津	0.271075	7
	重庆	0.233805	8
创新第二梯队	福建	−0.023830	9
	湖北	−0.029290	10
	湖南	−0.058290	11
	安徽	−0.106470	12
	辽宁	−0.112660	13
	陕西	−0.141790	14
	四川	−0.180420	15
	河南	−0.184860	16
	河北	−0.351640	17
	黑龙江	−0.366840	18
创新第三梯队	江西	−0.419230	19
	内蒙古	−0.422190	20
	甘肃	−0.440490	21
	山西	−0.447460	22
	云南	−0.499880	23
	贵州	−0.511370	24
	吉林	−0.525870	25
	海南	−0.605090	26
	广西	−0.652760	27

广东是制造业高度发展区域，其创新能力处于创新第一梯队的第一名。改革开放初期，广东凭借优惠政策、优越的地理位置，承接国际产业大转移，制造业迅猛发展起来。该地区制造业的区域集聚度很高，各类制造产业密集地在这里发展起来，这也进一步增加了广东制造业的技术创新活动的开展。广东制造业的技术创新能力远高于其他地区，高居首位。

江苏、北京处在创新第一梯队，位居第二和第三。跨国公司纷纷在这些地区设立生产基地、研发中心，高科技人才也在此汇集，大大加强了其技术创新能力。

浙江、上海、山东、天津、重庆同样属于创新第一梯队。在这一等级中，就综合实力来看落后于广东、江苏、北京等地区。这与国际著名高技术公司在北京设立分支研究机构、科技成果大部分转让频繁，但相较于这些区域的产业化和市场实现能力较弱相关。

位于创新第二梯队的黑龙江、福建、湖北、河北、湖南、陕西、四川、辽宁、河南、安徽，大多处在内陆地区。

福建、湖北、安徽、辽宁的排名比较靠前，因为作为沿海并且是开放的省份，福建也有着独特的地理优势，也有宽松的开放政策的支持。另外，湖北也位于长江经济带，具有发展优势。但是这些省份相比处于创新第一梯队的创新力还是有不足之处，也是应该重点加强的地区之一。而河南、河北、黑龙江的综合区域创新能力相对比较靠后，这几个省的区位因素、经济发展水平相当，大多数位于中国中部和西部，本身制造业的基础比较薄弱，技术创新也较为落后。福建、湖北、湖南在知识流动、技术创新环境上的排名比较靠前，说明在技术转移、引进外资、政策等方面发展相对较好。

位于创新第三梯队的有山西、江西、海南、云南、甘肃、内蒙古、贵州、吉林、广西，经济基础都很薄弱，因此各项指标值均非常低。三个等级之间的差距随着等级强度的增加而增大，中国这 27 个省、自治区、直辖市在按创新能力综合值划分的三个等级上的分布呈金字塔形，分值较高的只有广东、江苏、北京等少数几个省、直辖市，评分是正数，处在金字塔的顶端，而分值为负的省、自治区、直辖市数量最多，处在金字塔的底端。这说明中国制造业创新能力的区域差异性非常明显，只有广东、江苏和北京的分数大于 1，广东的创新力数值分别是江苏、上海的 2 倍多。广东制造业自改革开放以来以"三来一补"为主的发展模式获得优先发展，形成了雄厚的产业基础。这一发展优势形成了与后来发展起来的江苏、北京等地较大的差距。综上，处在创新第一梯队首位的广东各项指标的值都比较高，且指标值情况比较均衡，说明处在稳定的高水平上；其他地区的排名较不集中，应该加强相关产业创新的发展。

2. 2018年基于因子分析的投入与产出系数综合结果分析

分析完各级创新梯队各个指标的情况后，下面从投入和产出系数进行综合分析。27个省、自治区、直辖市（西藏、新疆、青海因数据缺失除外）中，14个省、自治区、直辖市制造业创新产出排名优于投入排名，表明企业的自主创新能力得到改善。同时，14个省、自治区、直辖市企业的创新是缺乏效率的。其中，山东、江苏、上海是"高投入-低产出"的突出地区，山西、内蒙古、天津则是"低投入-低产出"的突出地区。

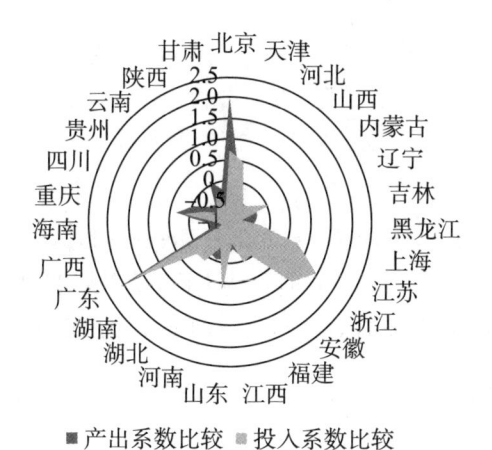

图 4.18　2018 年典型区域创新力投入产出系数比较图

第二节　中国制造业区域创新效率研究

自 DEA 模型提出后，国内外学者对其进行了大量的研究和改进，衍生出了角度不同、功能众多的 DEA 模型。其中的径向是指在对 DMU 进行效率评价时必须遵循的投入或者产出按照同向同比例变化的假设，当各种要素投入进行了一定比例的改变时，产出必须按照相同比例增加或减少；这种假设使得投入和产出具有一定的限制，与现实经济过程不符，在该假设下测算出来的效率值对现实的指导意义不强。传统的 CCR 和 BCC

模型都是径向模型的代表。而非径向模型中，投入和产出不需要按照相同的比例增加和减少，更加贴近社会生产的实际状况。

一、创新效率测度方法

角度指在 DMU 效率计算的过程中，产出必须同向变动的限制性假设。当所有产出都符合生产者期望，属于"好"的产出时，角度性的假设并不具备局限性。但当研究者期望考虑环境污染等"坏"的产出时，产出之间的同向性假设就不符合逻辑，因为决策者希望在"好"的产出增加的同时，"坏"的产出变相减少。

CCR 对偶规划表述如下：

$$\min\left[\theta_0 - \varepsilon\left(\sum_{i=1}^{m} s_i^- + \sum_{r=1}^{s} s_r^+\right)\right] = V_0$$

$$\text{s.t.} \quad \sum_{j=1}^{n} \lambda_j X_{ij} + s_i^- = \theta_0 X_{i0}$$

$$\sum_{j=1}^{n} \lambda_j Y_{rj} - s_r^+ = Y_{r0}$$

$$\theta_0, \lambda_j, s_i^-, s_r^+ \geqslant 0$$

$$i = 1, 2, \cdots, m; r = 1, 2, \cdots, s; j = 1, 2, \cdots, n \tag{4.1}$$

当 $\theta_0^* = 1$，且 s^{-*}，$s^{+*} = 0$ 时，为 DEA 有效；当 $\theta_0^* = 1$，但 $s^{-*} \neq 0$ 或 $s^{+*} \neq 0$ 时，为 DEA 弱有效；当 $\theta_0^* \neq 1$ 时，为 DEA 无效。

在 CCR 的基础上加上一个约束条件 $\sum_{j=1}^{n} \lambda_j = 1$，则变为 BCC 模型。

$$\min\left[\eta_0 - \varepsilon\left(\sum_{i=1}^{m} s_i^- + \sum_{r=1}^{s} s_r^+\right)\right] = V_0$$

$$\text{s.t.} \quad \sum_{j=1}^{n} \lambda_j X_{ij} + s_i^- = \eta_0 X_{i0}$$

$$\sum_{j=1}^{n} \lambda_j Y_{rj} - s_r^+ = Y_{r0}$$

$$\sum_{j=1}^{n} \lambda_j = 1$$

$$\eta_0, \lambda_j, s_i^-, s_r^+ \geqslant 0$$

$$i = 1, 2, \cdots, m; r = 1, 2, \cdots, s; j = 1, 2, \cdots, n \tag{4.2}$$

模型中 η_0 是 VRS（规模报酬可变）下的效率值，假设最优解为 η_0^*。当 $\eta_0^* = 1$ 时，为 DEA 有效；否则，为 DEA 无效。

Tone 于 2001 年提出了一种基于松弛变量测度的非径向非角度的

DEA 分析方法，即 SBM 模型。SBM 模型是一种非径向非角度的效率评价模型，综合了投入和产出两种导向的效率评价机制，能够同时考虑投入和不同类型产出的改进空间，适用于解决含有非期望产出的 DMU 的效率评价，其数学规划模型如下：

$$\min \rho = \frac{1 - \frac{1}{N}\sum_{n=1}^{N}\frac{s_n^x}{x_{k'n}^{t'}}}{1 + \frac{1}{M+1}(\sum_{m=1}^{M}\frac{S_m^y}{y_{k'm}^{t'}} + \sum_{i=1}^{I}\frac{S_i^b}{b_{k'i}^{t'}})}$$

$$\sum_{t=1}^{T}\sum_{k=1}^{K} z_k^t x_{kn}^t + s_n^x = x_{k'n}^{t'}, n = 1, 2, \cdots, N$$

$$\sum_{t=1}^{T}\sum_{k=1}^{K} z_k^t y_{km}^t - s_m^y = y_{k'm}^{t'}, m = 1, 2, \cdots, M$$

$$\sum_{t=1}^{T}\sum_{k=1}^{K} z_k^t x_{kt}^t + s_i^b = z_{k't}^{t'}, i = 1, 2, \cdots, I$$

$$z_k^t \geqslant 0$$
$$s_n^x \geqslant 0$$
$$s_m^y \geqslant 0$$
$$s_i^b \geqslant 0$$
$$k = 1, 2, \cdots, K \quad (4.3)$$

式中，ρ 为 DMU 的效率值，$0 \leqslant \rho \leqslant 1$。当 $\rho = 1$ 时，该 DMU 有效；当 $\rho < 1$ 时，说明存在效率损失，其值越趋近于 0，说明效率损失越大，改进的空间和潜力越大。z_k^t 为权重系数。s_n^x、s_m^y、s_i^p 分别为投入要素、期望产出、非期望产出的松弛变量，目标函数关于三个松弛变量单调递减。$x_{kn}^{t'}$、$y_{km}^{t'}$、$b_{ki}^{t'}$ 分别代表第 k 个 DMU 在时间点 t' 的投入与两种不同类型的产出。

动态效率评价运用面板数据把时间因素考虑在内，旨在分析某一时期内 DMU 的效率变化情况，进而研究其效率变化的原因和增长潜力。全要素生产率测算的方法比较多，目前比较成熟的方法包括随机前沿生产函数的全要素生产率指数法和 DEA-Malmquist 指数法。

Malmquist 指数法由瑞典经济学家 Sten Malmquist 于 1953 年提出，最初用于商品市场消费价格指数的测算和分析。Caves 等（1982）首次将其用于测算生产率的变动。Färe 等（1994）将其与 DEA 模型结合起来之后，DEA-Malmquist 指数法成了测算全要素生产率最主流的方法之一。

如果将 t 时期的技术当作参考值，在 s 时期（基期）和 t 时期之间的马氏全要素生产效率指数（产出导向）可以表示为：

$$m_0^t(q_s, x_s, q_t, x_t) = \frac{d_0^t(q_t, x_t)}{d_0^t(q_s, x_s)} \qquad (4.4)$$

同理，若将 s 时期的技术当作参考值，马氏指数为：

$$m_0^s(q_s, x_s, q_t, x_t) = \frac{d_0^s(q_t, x_t)}{d_0^s(q_s, x_s)} \qquad (4.5)$$

式中，$d_0^s(q_t, x_t)$ 为 t 时期观测值到 s 时期技术值（前沿面）的距离；$d_0^t(q_t, x_t)$ 为 t 时期观测值到 t 时期前沿面的距离；$d_0^t(q_s, x_s)$ 为 t 时期观测值到 s 时期前沿面的距离；$d_0^s(q_s, x_s)$ 为 s 时期观测值到 s 时期前沿面的距离。$m_0^t(q_s, x_s, q_t, x_t) > 1$，表示从 t 时期到 s 时期的全要素生产率正增长；$m_0^t(q_s, x_s, q_t, x_t) < 1$，表示从 t 时期到 s 时期的全要素生产率下降。

为了避免限制条件对结果造成影响，马氏全要素生产效率通常被定义为这两种指数的几何均值，也就是

$$m_0(q_s, x_s, q_t, x_t) = \left[\frac{d_0^t(q_t, x_t)}{d_0^t(q_s, x_s)} \times \frac{d_0^s(q_t, x_t)}{d_0^s(q_s, x_s)}\right]^{1/2} \qquad (4.6)$$

在生产效率指数中，将此距离函数重新组合，它等价于技术效率变化指数与技术变化指数的乘积：

$$m_0(q_s, x_s, q_t, x_t) = \frac{d_0^t(q_t, x_t)}{d_0^s(q_s, x_s)} \left[\frac{d_0^s(q_t, x_t)}{d_0^t(q_t, x_t)} \times \frac{d_0^s(q_s, x_s)}{d_0^t(q_s, x_s)}\right]^{1/2} \qquad (4.7)$$

$$\text{效率变化} = \frac{d_0^t(q_t, x_t)}{d_0^s(q_s, x_s)} \qquad (4.8)$$

$$\text{技术变化} = \left[\frac{d_0^s(q_t, x_t)}{d_0^t(q_t, x_t)} \times \frac{d_0^s(q_s, x_s)}{d_0^t(q_s, x_s)}\right]^{1/2} \qquad (4.9)$$

经分析，本研究采用 SBM 模型测算，典型区域创新效率详见表 4.2。

表 4.2 典型区域创新效率值情况（小数点保留两位）

省市	2013 年	2014 年	2015 年	2016 年	2017 年	2018 年
北京	1.00	0.92	1.00	1.00	1.00	1.00
天津	0.21	0.23	0.28	0.29	0.28	0.31
河北	0.06	0.04	0.03	0.04	0.05	0.06
山西	0.04	0.06	0.06	0.09	0.08	0.13
内蒙古	0.01	0.01	0.01	0.01	0.01	0.02
辽宁	0.09	0.06	0.09	0.16	0.17	0.18
吉林	0.03	0.03	0.02	0.02	0.02	0.02

续表4.2

省市	2013年	2014年	2015年	2016年	2017年	2018年
黑龙江	0.04	0.03	0.01	0.02	0.02	0.02
上海	1.00	0.53	0.43	0.49	0.50	0.50
江苏	1.00	0.51	0.28	0.38	0.29	0.25
浙江	1.00	0.21	0.11	1.00	0.31	0.23
安徽	0.06	0.09	0.08	0.17	0.18	0.17
福建	0.11	0.07	0.04	0.07	0.06	0.07
江西	0.07	0.10	0.08	0.15	0.18	0.15
山东	0.07	0.07	0.08	0.09	0.11	0.11
河南	0.06	0.06	0.05	0.07	0.09	0.10
湖北	0.14	0.16	0.16	0.22	0.24	0.25
湖南	0.05	0.05	0.06	0.08	0.07	0.08
广东	1.00	1.00	1.00	1.00	1.00	1.00
广西	0.01	0.03	0.04	0.03	0.08	0.10
海南	0.01	0.04	0.01	0.02	0.02	0.01
重庆	0.17	0.24	0.32	1.00	0.27	1.00
四川	0.42	0.39	0.46	1.00	1.00	0.52
贵州	0.03	0.01	0.02	1.00	0.10	0.22
云南	0.03	0.09	0.08	0.10	0.12	0.13
陕西	1.00	1.00	1.00	1.00	1.00	0.99
甘肃	0.01	0.01	0.01	0.03	0.08	0.02

二、典型区域创新效率测度与分析

北京、上海、江苏、浙江、广东和陕西在2013年的创新效率并列全国第一，其贡献率达到了最高，其次是四川，达到了0.42，不及创新效率最高的省、自治区、直辖市的一半，海南、内蒙古、广西、甘肃不足0.03。由此可见，中国典型区域创新效率差异显著，需因地制宜制定相关政策以提高全国创新效率的平均水平。2014年，广东、陕西的创新效率最高，其次是北京，达到了0.92，上海位居第三，达到了0.54，而贵州、内蒙古和甘肃分别为0.02、0.01、0.01，均不足0.03。相比2013年而言，多数省、自治区、直辖市的创新效率有所提高，但是变化不显著。2015 年，北京、广东、陕西的创新效率均达到了 1，其次是四川，仅为 0.46，而贵州、吉林、内蒙古、海南、黑龙江、甘肃均不足 0.03。可见全国创新效率不平衡，差距显著，相比 2014 年而言，绝大多数省、自治区、直辖市都有了显著的增长。2016 年，北京、浙江、广东、重庆、四川、贵州、陕西的创新效率达到最高，其次是上海，仅为 0.49，而江苏的创新效率仅为 0.38，吉林、黑龙江、海南、内蒙古的创新效率分别为 0.02、0.02、0.02、0.01，均不足 0.03。2017 年，北京、广东、四川、陕西创新效率均达到最高，其次是上海，达到了 0.51，而吉林、黑龙江、海南和内蒙古的创新效率均不足 0.03。2018 年，北京、广东、重庆的创新效率位居第一，陕西也达到了 1.00，四川和上海分别为 0.52、0.50，而甘肃、黑龙江、内蒙古、吉林和海南均不足 0.03。

纵观典型区域 2013—2018 年创新效率的变化情况，其中广东虽然没有增长的趋势，但是创新效率几乎饱和，一直位居第一。北京在 2014 年前稍有下降，但是自 2014 年之后一直增长直至稳定，达到最高。四川在 2016 年创新效率达到了巅峰并保持了一年，之后有所下降，下降到原先水平的一半，仅为 0.52。重庆 2013—2015 年的创新效率均未达到 0.4，2016 年达到最高，2017 年明显下降，直至 2018 年恢复最高水平。陕西这几年来一直保持稳定，在全国创新效率水平中位居前列。上海和江苏这几年来创新效率有下降的趋势。浙江和贵州均在 2016 年达到了最高水平。其他地区创新效率则不高，位于全国低端水平。

综合来看，全国创新效率不平衡，各个地区之间的创新效率水平差距显著，多数地区的创新效率均位于全国低端水平。因此，应当改善科研人员的科技创新环境，提高其工作效率，提高创新行为的投入产出比。

第三节　中国制造业高质量创新研究

一、高质量创新内涵、测度与分析

创新是制造业高质量发展的核心所在，高质量创新引领经济高质量发展，推动装备制造业迈向高端。本书认为高质量创新应该是创新力与创新效率的集成，体现在创新量的投入、转化效果及转化效率。本节运用熵权法,将创新力与创新效率合成一个高质量创新指数指标,详见表4.3。熵权法作为一种客观赋权法,在信息论中熵是指不确定性,熵权法即是根据熵值大小反映指标离散程度,以此确定对合成综合指标的权重大小。在选用灰色关联度进行关键指标筛选后,指标间信息差异度明显提升。另外,相较于德尔菲法、层次分析法等主观赋权法,熵权法解释性较强,故使用熵权法将指标合成为8个系统一级综合指标 $X_i, i = 1,2,\cdots,8$。

步骤1:假设有待合成的 $n \times m$ 个原始对象 X_{ij}。

步骤2:归一化处理数据后,向右平移一个单位,得到规范化矩阵 X'_{ij}。

步骤3:确定各项影响因素指标权重 p_{ij}。

$$p_{ij} = \frac{y_{ij}}{\sum_{i=1}^{n} y_{ij}} \quad (4.10)$$

步骤4:计算熵值 e_j。

$$e_j = -k \sum_{i=1}^{n} p_{ij} \ln(p_{ij}) \quad (4.11)$$

式中,$k = \frac{1}{\ln n}$,$k > 0, e_j > 0$。

步骤5:计算第 j 项指标差异系数 g_j。

$$g_j = 1 - e_j \quad (4.12)$$

步骤6:计算第 j 项指标权重 w_j。

$$w_j = \frac{g_j}{\sum_{j=1}^{m} g_j} \quad (4.13)$$

经分析,本研究采用熵权法测算,典型区域高质量创新指数值见表4.3。

表4.3 典型区域高质量创新指数值情况

省市	2013年	2014年	2015年	2016年	2017年	2018年
北京	0.89	0.84	0.90	0.89	0.88	0.88
广东	0.96	0.96	0.95	0.97	0.98	1.00
重庆	0.18	0.23	0.31	0.75	0.27	0.77

续表4.3

省市	2013年	2014年	2015年	2016年	2017年	2018年
陕西	0.72	0.73	0.74	0.73	0.73	0.72
四川	0.34	0.31	0.36	0.71	0.71	0.41
上海	0.82	0.51	0.45	0.49	0.49	0.49
天津	0.27	0.30	0.32	0.33	0.32	0.32
湖北	0.18	0.19	0.19	0.23	0.24	0.25
江苏	0.93	0.59	0.43	0.50	0.44	0.41
浙江	0.83	0.33	0.26	0.85	0.40	0.34
贵州	0.06	0.04	0.03	0.67	0.08	0.17
辽宁	0.13	0.11	0.12	0.16	0.19	0.19
安徽	0.11	0.13	0.13	0.19	0.19	0.19
江西	0.08	0.10	0.08	0.13	0.15	0.13
山西	0.07	0.08	0.08	0.09	0.08	0.12
云南	0.05	0.08	0.08	0.09	0.11	0.11
山东	0.17	0.17	0.17	0.19	0.19	0.19
广西	0.03	0.04	0.04	0.03	0.07	0.07
河南	0.09	0.11	0.10	0.12	0.12	0.13
湖南	0.10	0.11	0.12	0.13	0.12	0.13
福建	0.17	0.14	0.11	0.13	0.12	0.13
河北	0.07	0.06	0.06	0.07	0.08	0.08
甘肃	0.03	0.03	0.04	0.05	0.08	0.05
黑龙江	0.08	0.07	0.05	0.06	0.05	0.06
内蒙古	0.04	0.03	0.04	0.04	0.04	0.05
吉林	0.04	0.04	0.03	0.03	0.04	0.03
海南	0.04	0.06	0.03	0.04	0.02	0.02

2013—2018年，就中国制造业高质量创新指数值来看，广东的表现最优，其次是北京，然后是陕西，这三个省、直辖市的高质量创新指数值在全国来看均位于高端水平。江苏、浙江、上海发展波动较大，2013年这三个省市的高质量创新指数值分别为0.93、0.83、0.82，可见均位于全国高端水平。但是之后几年波动浮动较大，江苏和上海都有下降的趋

势，浙江在 2016 年达到最高水平 0.85，之后呈下降趋势。2013—2015 年，四川的高质量创新指数值增长缓慢，并且位于全国低端水平，之后飞速增长，2016 年、2017 年分别达到 0.72、0.72，2018 年急剧下降，可见四川的高质量创新发展不稳定。2013—2016 年，重庆的高质量创新指数值由 0.19 增长到 0.76，虽然 2017 年下降到 0.27，但是 2018 年又飞速回升，可见重庆高质量创新发展指数值波动浮动较大，但整体来看，有着良好的发展趋势。综合来看，全国的高质量创新指数值发展都有上升的趋势，但是上升速度缓慢，且个别地区波动幅度较大，所以政府应该根据区域实际创新指数值情况因地制宜，制定相关政策以促进区域高质量创新发展，进而推动各地经济高质量发展。

综合对比 2018 年全国 27 个省、自治区、直辖市的创新力与创新效率，广东的创新力最高，达 2.05，广西最低，为－0.65，而北京、广东、重庆、陕西创新效率最高，均为 1，海南的创新效率最低，为 0.01，如图 4.19 所示。可见，北京的创新力与创新效率是均衡发展的；广东的创新力要远高于其创新效率；上海和天津的创新水平虽然不高，但是创新效率和创新力也是均衡发展的；江苏和浙江的创新力也是远高于其创新效率的；山东的创新力和创新效率都不高，而其创新力是稍微高于创新效率的；陕西、四川、贵州、辽宁、安徽、江西、山西、云南、广西、河南、湖南、福建、河北、甘肃、黑龙江、内蒙古、吉林、海南的创新力和创新效率不平衡，其中陕西的创新力远低于创新效率，湖南和福建的创新力和创新效率均不高，位于全国低端水平，高质量创新指数发展趋势和创新效率基本吻合。2018 年，北京、广东和重庆的高质量创新指数位于全国高端水平，分别为 0.89、1、0.78。综合来看，大多数地区的创新效率和高质量创新指数是均衡发展的，而全国区域创新力的发展波动浮动较大，甚至多数地区的创新力指数出现负数的情况，可见其创新力水平低于全国平均水平，创新投入产出比低。

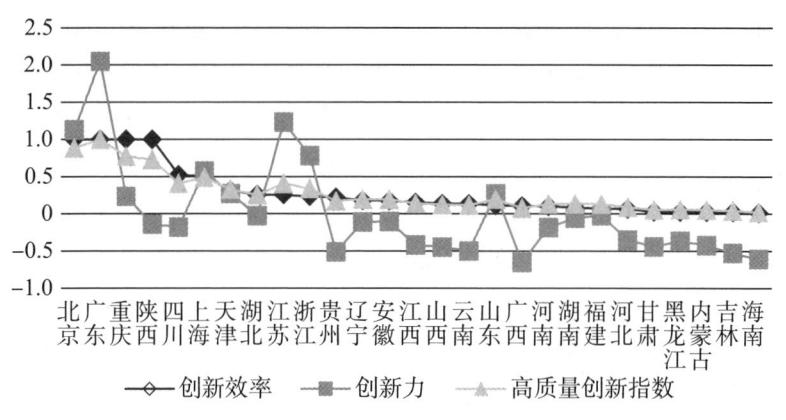

图 4.19　2018 年典型区域创新效率、创新力和高质量创新指数对比图

由此可见，全国各地创新力与创新效率发展不均衡，有的地区偏向一方单项发展，还有的地区创新能力十分薄弱，需要国家统筹兼顾，因地制宜制定相关经济政策以促进创新能力的发展，提高创新效率。综合考虑地区经济社会发展的差异化特征，应改变地方政府"重生产，轻创新"的行为，激发地方政府的创新活力，改革当前的科研管理模式，促使科研者管理科研团队。科研管理更有利于市场化导向的技术创新活动，使政府的技术创新支持政策可以达到提升实体经济技术水平的目的，进而提高创新的基础能力。充分发挥创新的空间外溢效应，通过打破地区垄断、加强地区创新信息交流、促进创新行为在各区域之间互通有无机制的形成，进而提高全国的创新力和创新效率。

二、高质量创新的帕累托图研究

在帕累托分布中，如果 X 是一个随机变量，则 X 的概率分布如下式所示：

$$P(X>x)=\frac{x}{x_{\min}}-k$$

式中，x 为任何一个大于 $x_{\min}$ 的数；$x_{\min}$ 为 X 最小的可能值（正数）；k 是正的参数。帕累托分布曲线族是由两个数量参数化的：$x_{\min}$ 和 k。

本节分别针对 2018 年 27 个省、自治区、直辖市的创新效率、创新力和高质量创新指数数据绘制帕累托图，如图 4.20、图 4.21 和图 4.22 所示。

第四章 中国制造业区域高质量创新研究

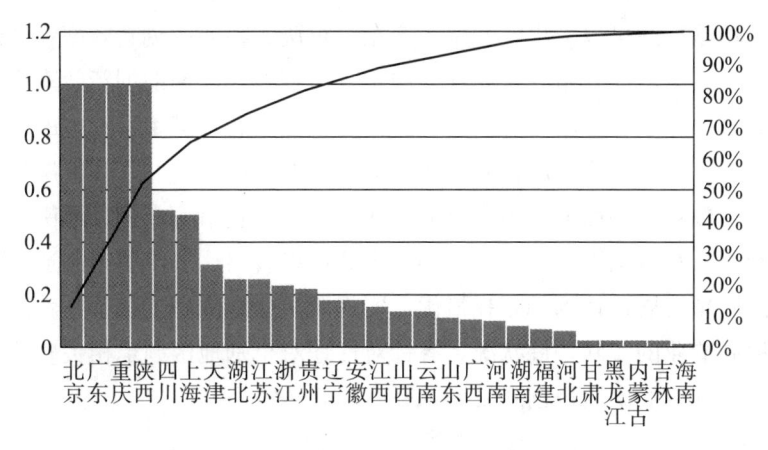

图 4.20 2018 年创新效率帕累托累计折线图

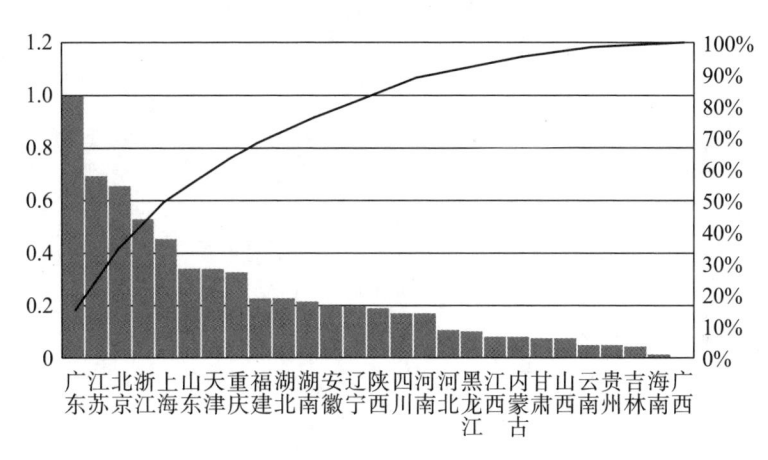

图 4.21 2018 年创新力帕累托累计折线图

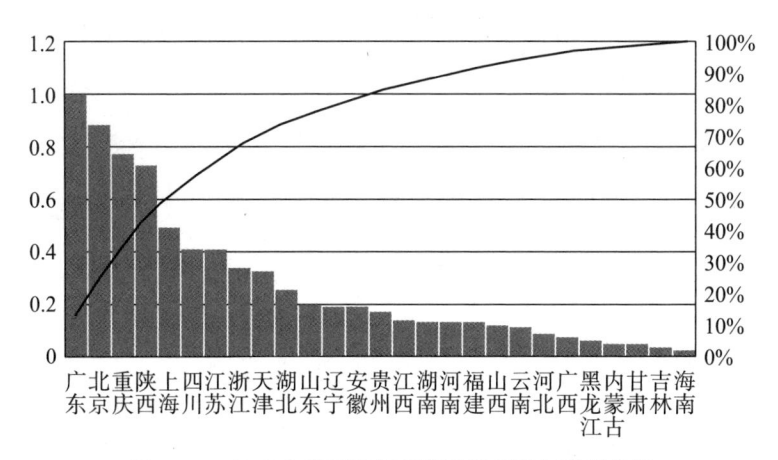

图 4.22 2018 年高质量创新指数帕累托累计折线图

115

由帕累托图可以看出，北京、广东、重庆、陕西的创新效率在全国来看贡献率最大，而甘肃、黑龙江、内蒙古、吉林、海南的创新效率贡献率微乎其微；广东、江苏、北京的创新力在全国来看贡献率是较大的，而贵州、吉林、海南、广西的创新效率贡献率较低；广东、北京和重庆的高质量创新指数对全国而言贡献率较大，而内蒙古、甘肃、吉林、海南的高质量创新指数对全国而言贡献率较小。由此可以看出，要使中国制造业创新取得高质量发展，达到帕累托最优，实现资源分配的理想状态，就需要结合当地制造业的实际发展状况，有针对性地对个别地区制定相关政策，以提高全国制造业高质量创新发展水平。

第五章　价值链地位制约中国制造业高质量发展

第一节　制约中国制造业高质量发展的关键因素分析

本节对制约中国制造业高质量发展的关键问题展开研究，选取了25个影响中国制造业高质量发展的经济指标。

一、高质量发展指数

中国经济已由高速增长阶段转向高质量发展阶段，高质量发展自党的十九大以来一直是学者们研究的热点，彭俞超和何山（2020）考虑企业的内生融资约束条件，研究了影子银行限制政策对宏观经济高质量发展的影响；张军扩等（2019）通过构建"高质量发展"测度指标体系，以实现高质量发展目标达到高效、公平和可持续的效果；李梦欣和任保平（2019）、刘瑞和郭涛（2020）基于创新、协调、绿色、开放、共享五大发展理念构建新时代中国高质量发展指标体系，测度中国高质量发展指数，对中国2000—2017年高质量发展现状进行综合评价；陈晓雪和时大红（2019）依据中国各地高新技术产业的数据对其高质量发展水平进行了综合评价分析。可见，制造业高质量发展是中国经济飞速增长的关键途径。基于此，高质量发展是制造业发展的关键动力，其中区域人均生产总值、区域居民消费水平比重、区域单位生产总值能耗同比和利润总额比率是影响制造业高质量发展的几个核心指标，本章采用熵权法对这四个指标进行权重分析，得到高质量发展指数，详见表5.1。本节选取高质量发展指数作为被解释变量。

表 5.1 高质量发展各组成指标权重比例

区域人均生产总值（PerCaGDP）	区域居民消费水平比重（ProrResCon）	区域单位生产总值能耗同比（EnConGDP）	利润总额比率（ToProRat）
0.392732	0.357003	0.091741	0.158524

二、核心解释变量

创新驱动制造业的高质量发展，Tang 等（2020）探讨大学邻近性和研究质量与中国制造企业在不同大学互动渠道下的产品创新绩效之间的直接关系；辜胜阻等（2018）认为推动核心技术创新是促进我国经济高质量发展的根本；方敏等（2019）探究了高质量发展背景下长江经济带产业集聚创新发展的路径。陈丽姗和傅之海（2019）研究发现，融资约束下技术创新显著促进了制造企业高质量发展。运营能力是企业发展的基础，企业对市场的感知能力是企业长久生存的保障。Aslam 等（2018）将市场感知、供应链敏捷性和供应链适应性定位为一个连贯的动态供应链能力集群以了解动态供应链能力是如何相互关联的，研究发现市场感知能力是供应链敏捷性和供应链适应性的先决条件。此外，供应链敏捷性直接影响供应链双元性，而供应链适应性间接影响供应链双元性。因此，供应链敏捷性调节了供应链适应性和供应链双元性之间的关系。叶建亮等（2019）指出，加快构建"创新引领、要素协同、链条完整、竞争力强"的现代产业体系，是实现高质量发展的关键所在。董小君和石涛（2020）分析了科技创新驱动经济高质量发展的时空差异，认为中国经济高质量发展指数稳步上升。陈梦根等（2020）从综合经济效益、创新发展、协调发展、绿色发展、开放发展、共享发展六个维度构建新发展理念下的经济发展水平评价体系，并对各地区的经济高质量发展状况进行了比较分析。汪建等（2015）选取制造业质量水平、制造业增加值、制造业全员劳动生产率、制造业贸易竞争优势指数、制造业销售利润率，构建了制造业高质量指标体系。

基于以上文献，本章主要分为三个情景构建高质量评价体系。第一个情景主要从创新质量、企业基础能力两个角度来衡量，R&D 人员比率、技术市场成交额比、新产品外销率、R&D 投入、专利授权量、新产品销售收入比、创新效率、存货周转率、应收账款周转率和总资产周转率作为本章的解释变量；第二个情景主要从 R&D 人员比率、技术市场成交额比、新产品外销率、R&D 投入、专利授权量、新产品销售收入比、创新效率七个维度构建创新驱动评价体系；第三个情景主要从存货周转率、应收账款周转率和总资产周转率三个维度构建基础营运能力评价体系，并实证测算基础营运能力对高质量发展指数的影响。

三、调节变量

制造业全球价值链地位的提高在一定程度上促进了制造业的高速发展。中国制造业积极融入全球价值链，而价值链的提升是否对中国制造业高质量发展起到调节作用值得思考。现有以下研究主要集中在价值链方面：Fan 等（2021）运用动态面板数据模型，深入分析了 1995—2015 年中性技术、资本内涵技术、能源技术和碳技术四种技术进步形式在下一个治理过程中对中国制造业碳生产率的不同影响；Tsele 等（2020）研究探讨了如何利用互联网和通信技术促进价值链升级，以及集体行动和机构可持续发展等影响小型渔业促进海洋资源可持续发展的关键问题；Whitfield 等（2020）研究了低收入国家是否仍能从参与全球制造业价值链中获益，发现本地经济效益的潜力取决于全球买家和外国生产商的类型及其嵌入程度，但这种潜力能否实现还取决于当地制造企业的特点和相关产业政策；Wang 等（2020）利用生产长度来衡量全球价值链参与程度，对生产长度及其三个环节对能源强度的影响进行了计量分析，全球价值链活动的总平均生产长度显著影响能源强度，并呈现倒"U"形非线性关系，生产中三个部分的长度之间的交互和能源强度也呈现倒"U"形非线性关系；Gonzalez 等（2019）着眼于一个国家参与商业服务全球价值链的决定因素，研究发现一些国内落后产业与商业服务的存在，使新兴国家更有可能在商业服务全球价值链中创造国内价值；Tessmann（2020）研究了价值链侧重商品生产对相关制造业和服务业之间的协同作用。康淑娟和安立仁（2019）从全球价值链视角出发，构建了包含中介效应和调节效应的全球价值链嵌入影响企业知识权力的理论模型；熊彬和范亚亚（2019）实证研究了全球价值链嵌入形式和制度质量对国际分工地位的影响，并探讨了制度质量在全球价值链嵌入形式和国际分工地位关系中的作用机制；姜博等（2019）研究了产业融合对中国装备制造业创新效率的影响，以及网络中心性和网络异质性对二者关系的调节作用；李峰和龙海军（2019）基于"情境－行为－绩效"的研究范式，构建了价值链约束、创业制度环境、创业拼凑与创新企业绩效之间的理论模型；赵梦垠和钟昌标

(2018)基于推动效应与抑制效应带来的影响差异,分析了中国嵌入全球价值链对自主创新的影响。本章将从价值链的增值能力和影响能力两个方面来考虑调节变量的选取。将高技术制造业增加值率、市场占有率、高技术产品出口比重、地理标志商标数比率和商标累计有效注册比率五个指标作为本章的调节变量,以探究调节变量对模型的调节作用。

四、控制变量

朱卫东等(2019)从创新、协调、绿色、开放、共享、效率、质量、结构、安全、可持续十个维度出发,构建了一套高质量发展指标体系进行实证测算;郭然和原毅军(2020)等实证研究了生产性服务业集聚、环境规制对中国制造业发展质量的影响,研究发现环境规制在生产性服务业集聚提升制造业发展质量过程中起到了积极的强化作用,提升技术创新能力与优化产业结构是生产性服务业集聚提升制造业发展质量的重要路径。综合多方面考虑以及借鉴已有学者的研究成果,在核心解释变量的基础上,本章选取了中间投入、环保能力建设资金使用额和城镇化率、单位出口货物交货值、环境空气监测点位数和公共交通运营数比重作为整个模型的控制变量以增强模型的可靠性,并将年份作为虚拟变量加入模型。

第二节 制约中国制造业高质量发展关键问题的实证研究

一、模型设定与构建

以第一种情景下的主效应模型进行检验,本书选取了30个省、自治区、直辖市6年的数据,属于面板数据模型。由于样本时间跨度较短,本书数据属于短面板数据。本书不讨论扰动项是否存在自相关,假设其独立同分布。本书不考虑单位根检验,且 VIF 检验在短面板数据中不适用。本书只针对模型中所有的变量进行 Pearson 相关性分析。本书数据由于统一进行了归一化处理,对比变量进行对数变换前后的水平值,发现水平值的标准差较小,因此所有变量均不做对数变换。

首先构建回归模型,然后用 FChown 检验,主要区分模型的截距项是否改变,是在固定效应的基础上进行检验。如果截距项不变,就是混合模型；如果截距项改变，则需要检验是固定还是随机，需要 Hausman 检验。最后采用组内自相关、组间同截面相关、组内异方差检验。综上考虑，选择回归模型。

本书将年份作为虚拟变量考虑，将区域人均生产总值、区域居民消费水平比重、区域单位生产总值能耗同比和利润总额比率合成高质量发展指数，将技术市场成交额比、R&D 投入、存货周转率、R&D 人员比率、新产品外销率、专利授权量、新产品销售收入比、创新效率、应收账款周转率、总资产周转率作为解释变量，将中间投入、环保能力建设资金使用额、城镇化率、单位出口货物交货值、环境空气监测点位数和公共交通运营数比重作为控制变量加入模型，将高技术制造业增加值率、高技术产品出口比重、地理标志商标数比率和商标累计有效注册比率作为协调变量加入模型。高质量发展指数的指标权重详见表 5.1，其中高质量发展指数合成公式如下：

$$QuaIndex = 0.392732 \times PerCaGDP + 0.357003 \times ProrResCon + \\ 0.091741 \times EnConGDP + 0.158524 \times ToProRat$$

鉴于样本时间跨度较短，同时考虑个体效应和时间效应的影响，模型设定为：

$$Y_0 = \beta_0 + \sum \beta_i X_{it} + \sum \beta_{i+1} Control_{it} + \sum year + \varepsilon$$
$$Y_j^* = \beta_0 + \beta_1 X_{it} + \beta_2 Moderate_{it} + \beta_3 X_{it} \times Moderate_{it} + \\ \beta_4 Control_{it} + \sum year + \varepsilon, j = 1,2\cdots,22$$

式中，Y 为本书的被解释变量制造业发展指数，即高质量发展指数 $QuaIndex$；X 为本节的解释变量，调节变量 M 分别为 $GroManu$、$MarShare$、$ProExpo$、$GeoTra$、$RegTra$；$X_{it} \times Moderate_{it}$ 为调节变量与解释变量的交互项在模型中的作用；$\sum year$ 为年份虚拟变量。Y_0 代表基础模型，* 表示在基础模型上分别加入调节变量的模型。

二、系统指标统计分析

首先就 180 个样本对各个指标进行描述性统计分析，原始数据取值范围为 [0，1]，Stata 运行结果详见表 5.2。

表 5.2　中国制造业高质量发展评价指标归一化处理结果

Variable	N	Mean	Std. Dev.	min	max
$QuaIndex$	180	0.512	0.145	0.162	0.898
$TmtRat$	180	0.081	0.163	0.000	1.000
$RDInput$	180	0.169	0.217	0.000	1.000
$InvenTurn$	180	0.085	0.083	0.000	1.000
$InterInput$	180	0.172	0.196	0.000	1.000
$FunEnBui$	180	0.031	0.090	0.000	1.000
$UrbanRate$	180	0.390	0.229	0.000	1.000
$GroManu$	180	0.396	0.133	0.000	1.000
$MarShare$	180	0.101	0.128	0.000	1.000
$ProExpo$	180	0.081	0.184	0.000	1.000
$GeoTra$	180	0.148	0.167	0.000	1.000
$RegTra$	180	0.097	0.148	0.000	1.000
$RDPeRa$	180	0.185	0.243	0.000	1.000
$ExpPro$	180	0.205	0.223	0.000	1.000
$Numpat$	180	0.140	0.194	0.000	1.000
$ProRev$	180	0.178	0.196	0.000	1.000
$InnEff$	180	0.319	0.370	0.000	1.000
$TuAccRe$	180	0.064	0.115	0.000	1.000
$ToAssTu$	180	0.149	0.085	0.000	1.000
$DeliExp$	180	0.072	0.113	0.000	1.000
$AmMoni$	180	0.093	0.101	0.000	1.000
$ProPuTrn$	180	0.246	0.208	0.000	1.000

三、相关性分析

对基础模型进行相关性分析（详见表 5.3），由相关性结果可知，模型多重共线性不严重，选取的数据及变量有效，保证了数据的可靠性。

表 5.3 基础模型 Y_0 相关性分析结果

Variables	(1)	(2)	(3)	(4)	(5)	(6)	(7)	(8)	(9)	(10)	(11)	(12)	(13)	(14)	(15)
(1) QuaIndex	1.000														
(2) TmtRat	0.005	1.000													
(3) RDInput	0.581	−0.131	1.000												
(4) IncenTurn	−0.150	−0.152	0.124	1.000											
(5) InterInput	0.579	−0.137	0.846	0.112	1.000										
(6) FunEnBui	0.022	0.001	−0.036	0.046	−0.023	1.000									
(7) UrbanRate	0.687	0.391	0.370	−0.102	0.292	0.038	1.000								
(8) GroManu	0.066	−0.016	0.306	0.088	0.235	−0.190	0.078	1.000							
(9) MarShare	0.565	−0.123	0.828	0.107	0.841	−0.046	0.287	0.275	1.000						
(10) ProExpo	0.331	−0.077	0.746	0.220	0.605	−0.001	0.398	0.301	0.545	1.000					
(11) GeoTra	0.331	−0.195	0.487	−0.030	0.572	−0.068	−0.021	0.122	0.436	−0.001	1.000				
(12) RegTra	0.487	0.059	0.801	0.176	0.713	0.023	0.448	0.283	0.567	0.725	0.192	1.000			
(13) RDPeRa	0.542	−0.151	0.858	0.136	0.861	−0.057	0.334	0.363	0.771	0.755	0.367	0.812	1.000		
(14) ExpPro	0.542	−0.055	0.668	0.123	0.541	−0.009	0.572	0.296	0.459	0.688	0.118	0.748	0.736	1.000	
(15) Numpat	0.555	0.009	0.885	0.107	0.789	−0.030	0.408	0.331	0.687	0.732	0.296	0.862	0.936	0.751	1.000

续表5.3

Variables	(1)	(2)	(3)	(4)	(5)	(6)	(7)	(8)	(9)	(10)	(11)	(12)	(13)	(14)	(15)	(16)	(17)	(18)	(19)	(20)	(21)	(22)
(16) ProRev	0.463	0.387	0.593	0.084	0.495	−0.017	0.641	0.275	0.393	0.667	0.047	0.709	0.613	0.793	0.679	1.000						
(17) ImmEff	0.133	0.396	0.201	0.015	0.123	0.165	0.350	−0.036	0.055	0.401	−0.093	0.359	0.233	0.323	0.358	0.506	1.000					
(18) TuAccRe	−0.084	−0.134	0.035	0.089	0.027	−0.072	−0.173	0.033	0.100	−0.125	0.127	−0.086	−0.008	−0.129	−0.093	−0.165	−0.223	1.000				
(19) ToAssTu	−0.042	−0.156	0.181	0.196	0.109	−0.172	0.051	0.360	0.120	0.169	0.101	0.146	0.203	0.220	0.171	0.101	−0.153	0.359	1.000			
(20) DeliExp	0.283	0.205	0.371	0.019	0.313	−0.017	0.496	0.275	0.330	0.439	0.021	0.376	0.388	0.466	0.449	0.491	0.243	−0.118	0.097	1.000		
(21) AmMoni	0.171	0.113	0.448	0.114	0.505	−0.009	0.113	0.208	0.455	0.325	0.305	0.361	0.403	0.233	0.402	0.365	0.176	0.081	0.061	0.532	1.000	
(22) ProPuTr	0.467	0.047	0.885	0.136	0.825	−0.103	0.416	0.393	0.705	0.771	0.351	0.802	0.877	0.642	0.819	0.682	0.312	0.050	0.210	0.387	0.536	1.000

四、系统模型判定

本书以第一个情景创新驱动和基础营运额能力视角下高质量发展指标为例进行检验，由于选取的是短面板数据，所以不考虑对模型进行面板序列单位根检验。模型首先假设面板数据平稳，采用固定效应模型并选择Hausman检验，而且对于扰动项存在异方差与自相关的面板数据，通过稳健标准误估计来进行修正，最后考虑时间效应，综合来看采用双向固定效应模型较为合适。采用计量软件StataSE-64（15.0）版本对相关数据进行运算，得到回归结果如下。

（一）基础模型Y_0的Hausman检验

在固定效应检验模型中（见表5.4），$Prob>F=0.0000$，在显著性水平为0.01下是显著的，即结果表示拒绝原假设（H0：模型的截距项没有变化），通过固定效应检验发现模型的截距发生变化，接下来进行随机效应模型检验，回归结果见表5.5，并且通过Hausman检验对比随机效应和固定效应，见表5.6，由其回归结果可知$Prob>chi2=0.03$，可见在显著性水平为0.05下是显著的，即本部分模型拒绝了原假设（H0：随机效应），通过Hausman检验初步判断基础模型Y_0为固定效应变截距模型。

表5.4 基础模型Y_0的固定效应检验

Variables	Coef.	St. Err.	t-value	p-value	[95% Conf. Interval]		Sig.
$TmtRat$	−0.181	0.102	−1.78	0.078	−0.382	0.021	*
$RDInput$	0.539	0.197	2.74	0.007	0.149	0.929	***
$InvenTurn$	−0.037	0.041	−0.90	0.371	−0.118	0.044	
$InterInput$	−0.326	0.117	−2.79	0.006	−0.557	−0.095	***
$FunEnBui$	−0.092	0.036	−2.56	0.011	−0.163	−0.021	**
$UrbanRate$	0.630	0.202	3.12	0.002	0.230	1.029	***
$RDPeRa$	−0.242	0.198	−1.22	0.223	−0.634	0.149	
$ExpPro$	−0.011	0.061	−0.17	0.864	−0.132	0.110	
$Numpat$	0.040	0.103	0.39	0.700	−0.164	0.244	
$ProRev$	−0.050	0.098	−0.51	0.608	−0.245	0.144	

续表5.4

Variables	Coef.	St. Err.	t-value	p-value	[95% Conf. Interval]		Sig.
$InnEff$	0.023	0.017	1.36	0.177	−0.011	0.057	
$TuAccRe$	0.031	0.039	0.80	0.428	−0.046	0.108	
$ToAssTu$	0.019	0.054	0.35	0.729	−0.088	0.125	
$DeliExp$	0.022	0.046	0.48	0.63	−0.069	0.114	
$AmMoni$	−0.038	0.051	−0.76	0.448	−0.139	0.062	
$ProPuTrn$	0.117	0.225	0.52	0.603	−0.327	0.562	
2012b. year	0.000	0.000	0.000	0.000	0.000	0.000	
2013. year	0.057	0.011	4.97	0.000	0.034	0.079	***
2014. year	0.062	0.015	4.14	0.000	0.032	0.091	***
2015. year	0.088	0.020	4.46	0.000	0.049	0.127	***
2016. year	0.150	0.025	6.12	0.000	0.102	0.199	***
2017. year	0.142	0.030	4.82	0.000	0.084	0.201	***
Constant	0.181	0.070	2.59	0.011	0.043	0.319	**
Mean dependent var		0.512		SD dependent var		0.145	
R-squared		0.82		Number of obs		180	
F-test		28.039		$Prob>F$		0.0000	
Akaike crit.（AIC）		−700.924		Bayesian crit.（BIC）		−630.678	

注：*** $p<0.01$, ** $p<0.05$, * $p<0.1$。

表5.5 基础模型Y_0的随机效应检验

Variables	Coef.	St. Err.	t-value	p-value	[95% Conf. Interval]		Sig.
$TmtRat$	−0.213	0.070	−3.04	0.002	−0.351	−0.076	***
$RDInput$	0.377	0.171	2.20	0.028	0.041	0.712	**
$InvenTurn$	−0.061	0.042	−1.44	0.151	−0.143	0.022	
$InterInput$	−0.238	0.111	−2.14	0.032	−0.455	−0.020	**
$FunEnBui$	−0.095	0.037	−2.54	0.011	−0.168	−0.022	**
$UrbanRate$	0.436	0.060	7.25	0.000	0.318	0.554	***
$RDPeRa$	−0.026	0.118	−0.22	0.826	−0.258	0.206	
$ExpPro$	−0.005	0.057	−0.08	0.933	−0.116	0.107	

续表5.5

Variables	Coef.	St. Err.	t-value	p-value	[95% Conf. Interval]		Sig.
$Numpat$	0.077	0.077	1.00	0.319	−0.074	0.228	
$ProRev$	−0.098	0.080	−1.22	0.221	−0.254	0.059	
$InnEff$	0.020	0.016	1.27	0.203	−0.011	0.051	
$TuAccRe$	0.035	0.037	0.93	0.352	−0.038	0.107	
$ToAssTu$	−0.002	0.053	−0.05	0.963	−0.107	0.102	
$DeliExp$	−0.021	0.047	−0.45	0.655	−0.113	0.071	
$AmMoni$	−0.017	0.051	−0.32	0.746	−0.117	0.084	
$ProPuTrn$	0.012	0.105	0.11	0.909	−0.195	0.219	
2012b. year	0.000	0.000	0.00	0.000	0.000	0.000	
2013. year	0.056	0.011	5.14	0.000	0.034	0.077	***
2014. year	0.062	0.012	5.09	0.000	0.038	0.086	***
2015. year	0.093	0.014	6.57	0.000	0.065	0.120	***
2016. year	0.158	0.016	9.87	0.000	0.126	0.189	***
2017. year	0.156	0.017	8.96	0.000	0.122	0.190	***
Constant	0.262	0.025	10.49	0.000	0.213	0.311	***
Mean dependent var		0.512	SD dependent var		0.145		
Overall r-squared		0.734	Number of obs		180		
Chi-square		615.2	$Prob>chi2$		0.03		
R-squared within		0.812	R-squared between		0.709		

注：*** $p<0.01$, ** $p<0.05$, * $p<0.1$。

表5.6 基础模型Y_0的固定随机Hausman检验

Hausman (1978) specification test	
	Coef.
Chi-square test value	29.539
p-value	0.03

（二）组内自相关、组间同截面相关、组内异方差检验

为了更加详细地检验模型系统的稳定性，本节依次对基础模型Y_0进

127

行组内自相关、组间同截面相关、组内异方差检验，以发现模型中存在的问题。

首先对基础模型Y_0进行自相关检验，回归结果详见表5.7，$Prob>F=0.0079$，在显著性水平为0.01下拒绝原假设（H0：模型没有一阶自相关），说明本模型有一阶组内自相关。

表5.7　基础模型Y_0组内自相关检验结果

Wooldridge test for autocorrelation in panel data
H0：no first order autocorrelation
$F(1,29)=8.153$
$Prob>F=0.0079$

接下来对基础模型Y_0进行同期截面相关检验，通过Pesaran、Friedman和Frees进行检验，回归结果详见表5.8。可以看出，Pesaran检验的回归结果$Pr=0.1662$，在显著性水平为0.1的临界值下是不显著的，Friedman检验的回归结果$Pr=1.000$，在显著性水平为0.1的临界值下也是不显著的，即不拒绝原假设（H0：没有截面相关），由此可知本研究设定的基础模型Y_0没有截面相关。

表5.8　基础模型Y_0组间同期截面相关检验结果

Pesaran's test of cross sectional independence$=-1.385$，$Pr=0.1662$
Friedman's test of cross sectional independence$=1.029$，$Pr=1.0000$
Frees' test of cross sectional independence$=2.406$
Critical values from Frees' Q distribution alpha$=0.10$：0.4127 alpha$=0.05$：0.5676 alpha$=0.01$：0.9027 Average absolute value of the off-diagonal elements$=0.448$

最后进行异方差检验，详见表5.9，$Prob>chi2=0$，在显著性水平为0.01的临界值下是显著的，即拒绝原假设（H0：没有异方差），由此可知此基础模型Y_0存在异方差。

表 5.9　基础模型 Y_0 组内异方差检验结果

Modified Wald test for groupwise heteroskedasticity
in fixed effect regression model
H0：sigma（i）^2＝sigma^2 for all i
chi2（30）＝621.86 $Prob$＞chi2＝0.0000

本书的面板数据模型使用固定效应模型，不是随机效应模型，本节通过 Hausman 检验验证了这种想法。本书异方差和自相关检验都表明模型存在异方差和自相关，对于扰动项存在异方差与自相关的面板数据，通过稳健聚类标准误差估计来进行修正，并且将年份作为虚拟变量加入模型中。综上所述，本书采用个体固定效应模型，使用稳健聚类标准误差估计解决模型中存在的异方差与自相关问题。

五、调节变量检验

本部分从三个方面对调节变量进行检验，分别从以创新驱动和基础营运能力为核心变量组成的模型，以创新驱动为核心变量组成的模型，以基础营运能力为核心变量的模型中检验调节变量的作用。

中国向制造业强国转型的核心是增强自主创新能力，提高运营能力，提升中国在全球价值链中的地位。丁宋海等（2018）指出，中国制造业实现高质量增长的根本在于要实施创新驱动发展战略。张娟和黄志忠（2016）发现中国内部控制对创新投入和创新绩效存在促进作用。He 等（2020）认为自主创新对物流行业的高质量发展有显著的积极影响。另外，创新投入、创新市场和创新文化对全球高技术产业价值链升级有显著影响，而创新载体对全球高技术产业价值链升级没有显著影响。因此，盛斌和景光正（2019）提出人力资本提升和研发创新激励是市场主导型金融结构促进全球价值链地位攀升以促进制造业高质量发展的重要渠道。另外，刘叶等（2016）发现面向城市群的生产性服务业和制造业协同集聚对制造业全要素生产率变化产生正向影响；王文涛和曹丹丹（2020）研究发现互联网资本具有促进民营制造企业创新的积极效应；连燕玲等（2019）分析组织外部环境（经济政策不确定性和产业竞争性）与内部资源（高管团队社会资本和组织冗余）对行业竞争期望与战略背离之间关系的影响；Sun 等（2019）基于 2000—2011 年全球 60 个国家的面板数据，对碳效率和全球价值链地位指数进行了评价,并进一步分析了制造业在全球价值链中的地位对碳效率的影响,认为它们之间存在显著的正相关关系。而且,这种影响与经济发展水平有关,在经济相对落后的发展中国家,提高全球价值链嵌入程度对能源效率优化和减排的作用要比发达国家更显著。王文涛和曹丹丹(2019)研究表明,健全的法制环境能够促进民营企业合作创新。李婧瑗(2019)研究表明,实施制造强国战略和创新驱动战略,以创新驱动制造业高质量发展,能为制造业创新打开新格局。余江等(2020)探讨了数字创新驱动产业高质量发展的基本路径和作用机制。

以上文献大多集中在创新驱动以及制造企业运营的基本要素对制造业价值链以及高质量发展起着正向促进作用并加以验证,本书结合实际情况,提出新的思考,即创新驱动以及运营能力单独作用下以及共同作用下对高质量发展指数的影响。本书的概念模型如图 5.1 所示,因此综合考虑这三个方面提出假设并对回归结果进行详细实证分析,以期得到新的研究成果,假设如下:

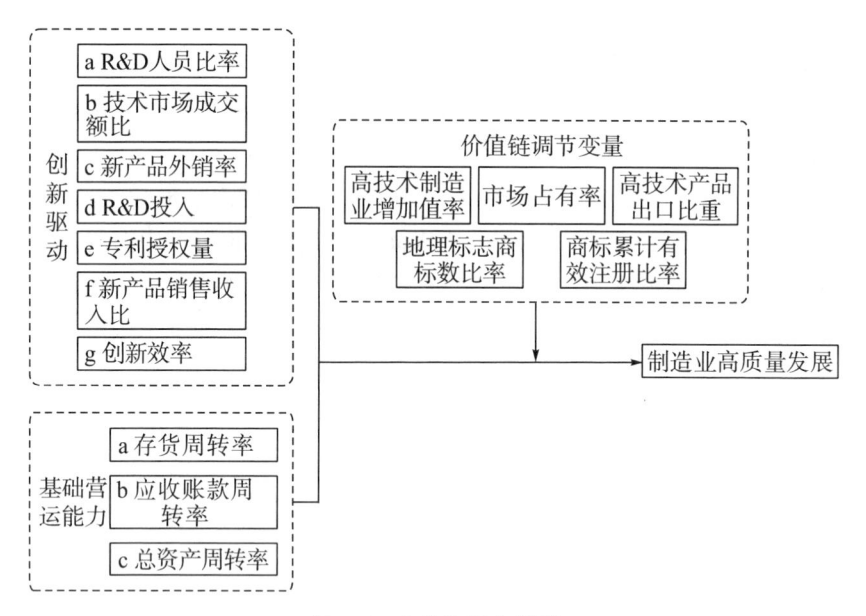

图 5.1 本书的概念模型

H01:创新驱动和企业基础营运能力共同作用下,创新驱动、基础营运能力均正向影响制造业高质量发展。

H02:创新驱动单独作用下负向影响制造业高质量发展。

H03:企业基础营运能力单独作用下负向影响制造业高质量发展。

首先，价值链与制造业高质量发展有着千丝万缕的联系。Liu 等（2020）通过构建理论模型和实证模型研究发现工业制造业集聚的正外部性也可以提高区域创新效率，从而抑制雾霾污染，实证发现创新是集聚与雾霾污染之间的机制（中介）。余泳泽等（2019）考察了经济增长目标设定中的双重约束现象对制造业出口技术复杂度的影响。Zhang 等（2020）发现房价波动对制造业全球价值链地位没有直接影响，但人力资本水平和居民消费结构对制造业全球价值链地位有正中介作用和负中介作用。Kim（2019）研究了各国如何融入全球价值链与其出口绩效之间的联系，一国融入全球价值链的模式对其在世界总附加值中所占份额的影响在不同产业间和经济发展水平上具有异质性。Liu 等（2018）通过测度中国产业在全球价值链中的地位及其能源和环境效率这一问题进行实证分析，得出全球价值链地位与能源和环境效率之间存在正反馈关系。孙丽文等（2019）指出，战略柔性、绿色创新对企业绩效有显著提升效应，但是伴随着战略柔性强度的增大，其贡献度减小，两者交互效应能显著正向提升企业绩效。胡查平等（2019）研究了顾客中心导向对制造企业服务化战略转型绩效的调节作用，在二者保持相对适应或匹配的情境下，企业顾客中心导向对企业绩效的积极影响往往更加显著。

其次，Yang 等（2020）从全球价值链参与和全球价值链地位两个维度探讨全球价值链参与对中国制造业创新绩效的影响，并证明了全球价值链参与对创新绩效具有倒"U"形影响，而全球价值链地位对创新绩效具有正向影响，全球价值链地位和产业集聚的交互效应正向影响创新绩效，而全球价值链参与和产业集聚的交互效应为负向影响。Ye 等（2020）实证测度技术差距对碳强度和全球价值链地位的影响。此外，技术差距对碳强度的影响在碳强度较高的行业中更为显著。利用中介效应模型的机制检验证明，技术差距对碳强度的影响是通过改变全球价值链地位来实现的。Luomaranta 和 Martinsuo（2019）研究制造企业在其生产过程中采用在制造时所需要的供应链创新，通过添加业务增强通用供应链创新框架。Irfan 等（2020）研究了供应链策略的行业属性与信息技术之间的层次关系，以提高巴基斯坦纺织行业的制造企业绩效。Cheng（2020）研究了技术因素对制造业节能潜力和转型升级的影响。Mueller 等（2018）通过对 68 家德国中小制造企业进行定性研究，分析了工业 4.0 如何触发中小制造企业（中小型制造企业）的商业模式变化，作为工业 4.0 的用户或供应商，以及一个公司是否受到内部激励或外部压力，对商业模式元素的创新都有影响。Peng 和 Zhang（2020）研究发现中国制造业出口技术含量以及国内技术含量增长速度快于整体技术含量增长速度，且中国制造业全球价值链地位的提升对制造业出口产品的国内技术含量提高起到显著正向促进作用。Ward 等（2018）研究了新兴制造技术在供应链应用方面所面临的特殊挑战，提出了一种三维成熟型框架。

最后，制造企业的基础运营能力是制造企业保持市场竞争力的根基。王晓艳和高良谋（2020）研究发现用户创新期望显著正向影响员工创新行为，个人认同正向调节用户创新期望与创造力角色认同之间的关系。Chen 等（2019）从金融约束的角度探讨了中国全球价值链升级的可行性，发现放松金融约束有利于中国民营制造企业在全球价值链中的升级。Kucukvar 等（2019）基于四个可持续性指标（能源使用、碳足迹、附加值和员工薪酬）的低、中、高技能群体，研究其对粮食生产大国的环境和社会经济的影响。

总之，多数文献将制造业价值链地位作为被解释变量带入模型，并对其影响因素展开了详细探究。通过文献分析发现价值链地位的提升正向促进制造业的高质量发展，结合实际情况，本书创新性地选取相关指标来表明价值链，并将价值链作为调节变量引入三种主效应模型中，以实证分析价值链在模型中的调节作用以及对制造业高质量发展的影响。基于价值链对自变量和制造业高质量发展关系的调节作用提出以下假设：

H1a-f：创新驱动和企业基础营运能力共同作用下，价值链中的高技术制造业增加值率能够分别强化技术市场成交额比、R&D 投入、存货周转率、中间投入、环保能力建设资金使用额和城镇化率对高质量发展指数的影响。

H2a-f：创新驱动和企业基础营运能力共同作用下，价值链中的市场占有率能够分别强化技术市场成交额比、R&D 投入、存货周转率、中间投入、环保能力建设资金使用额和城镇化率对高质量发展指数的影响。

H3a-f：创新驱动和企业基础营运能力共同作用下，价值链中的高技术产品出口比重能够分别强化技术市场成交额比、R&D 投入、存货周转率、中间投入、环保能力建设资金使用额和城镇化率对高质量发展指数的影响。

H4a-f：创新驱动和企业基础营运能力共同作用下，价值链中的地理标志商标数比率能够分别强化技术市场成交额比、R&D 投入、存货周转率、中间投入、环保能力建设资金使用额和城镇化率对高质量发展指数的影响。

H5a-f：创新驱动和企业基础营运能力共同作用下，价值链中的商标累计有效注册比率能够分别强化技术市场成交额比、R&D 投入、存货周转率、中间投入、环保能力建设资金使用额和城镇化率对高质量发展指数的影响。

H6a-g：创新驱动单独作用下，价值链中的高技术制造业增加值率能够强化 R&D 人员比率、技术市场成交额比、新产品外销率、R&D 投入、专利授权量、新产品销售收入比、创新效率对高质量发展指数的影响。

H7a-g：创新驱动单独作用下，价值链中的市场占有率能够强化 R&D 人员比率、技术市场成交额比、新产品外销率、R&D 投入、专利授权量、新产品销售收入比、创新效率对高质量发展指数的影响。

H8a-g：创新驱动单独作用下，价值链中的高技术产品出口比重能够强化 R&D 人员比率、技术市场成交额比、新产品外销率、R&D 投入、专利授权量、新产品销售收入比、创新效率对高质量发展指数的影响。

H9a-g：创新驱动单独作用下，价值链中的地理标志商标数比率能够强化 R&D 人员比率、技术市场成交额比、新产品外销率、R&D 投入、专利授权量、新产品销售收入比、创新效率对高质量发展指数的影响。

H10a-g：创新驱动单独作用下，价值链中的商标累计有效注册比率能够强化 R&D 人员比率、技术市场成交额比、新产品外销率、R&D 投入、专利授权量、新产品销售收入比、创新效率对高质量发展指数的影响。

H11a-c：企业基础营运能力单独作用下，价值链中的高技术制造业增加值率能够强化存货周转率、应收账款周转率、总资产周转率对高质量发展指数的影响。

H12a-c：企业基础营运能力单独作用下，价值链中的市场占有率能够强化存货周转率、应收账款周转率、总资产周转率对高质量发展指数的影响。

H13a-c：企业基础营运能力单独作用下，价值链中的高技术产品出口比重能够强化存货周转率、应收账款周转率、总资产周转率对高质量发展指数的影响。

H14a-c：企业基础营运能力单独作用下，价值链中的地理标志商标数比率能够强化存货周转率、应收账款周转率、总资产周转率对高质量发展指数的影响。

H15a—c：企业基础营运能力单独作用下，价值链中的商标累计有效注册比率能够强化存货周转率、应收账款周转率、总资产周转率对高质量发展指数的影响。

（一）情景1：创新驱动和基础营运能力共同作用下调节变量实证研究

本情景选取部分指标，用技术市场成交额比和R&D投入代表创新驱动，用存货周转率代表基础营运能力，加入辅助能力作为控制变量以协调模型的拟合度。为了检验价值链在制造业高质量发展中的地位，本部分将代表价值链的五个指标 $GroManu$（高技术制造业增加值率）、$MarShare$（市场占有率）、$ProExpo$（高技术产品出口比重）、$GeoTra$（地理标志商标数比率）、$RegTra$（商标累计有效注册比率）作为调节变量依次加入模型，探究创新驱动和基础营运能力共同作用下价值链调节变量对制造业高质量发展的作用（如图5.2所示）。创新驱动和基础营运能力共同作用下制造业高质量发展评价指标详见表5.10。

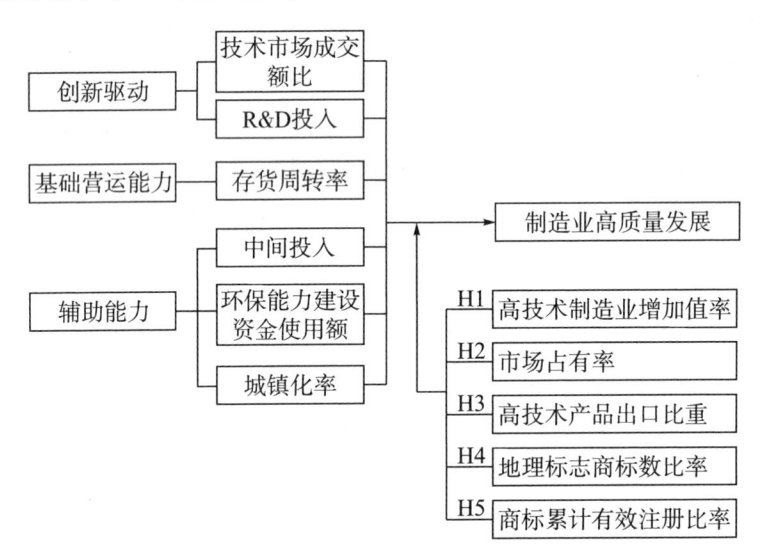

图5.2 创新驱动和基础营运能力共同作用下价值链调节变量对制造业高质量发展的作用

表 5.10 创新驱动和基础营运能力共同作用下制造业高质量发展评价指标

变量类型	一级指标	二级指标	二级指标英文缩写	三级指标	三级指标英文缩写
被解释变量 Y	制造业发展	高质量发展指数	QuaIndex	区域人均生产总值	PerCaGDP
				区域居民消费水平比重	ProrResCon
				区域单位生产总值能耗同比	EnConGDP
				利润总额比率	ToProRat
解释变量 X	创新质量	创新驱动	InnoDri	技术市场成交额比	TmtRat
				R&D 投入	RDInput
				R&D 人员比率	RDPerRad
				新产品外销率	ExpPro
				专利授权量	Numpat
				新产品销售收入比	ProRev
				创新效率	InnEff
	企业基础能力	基础营运能力	BaOpCap	存货周转率	InvenTurn
				应收账款周转率	TuAccRe
				总资产周转率	ToAssTu
调节变量 M	价值链	增值能力	VadAbi	高技术制造业增加值率	GroManu
				市场占有率	MarShare
		影响能力	AbiInf	高技术产品出口比重	ProExpo
				地理标志商标数比率	GeoTra
				商标累计有效注册比率	RegTra
控制变量 C	制造业辅助发展控制因素			中间投入	InterInput
				环保能力建设资金使用额	FunEnBui
				城镇化率	UrbanRate
				单位出口货物交货值	DeliExp
				环境空气监测点位数	AmMoni
				公共交通运营数比重	ProPuTrn

运用 StataSE-64（15.0）对创新驱动和基础营运能力视角下高质量发展指标进行回归，并在主效应模型中加入调节变量，以观察调节指标和自变量交互项的显著性，得到回归结果，详见表 5.11。

表 5.11 情景 1 中加入高技术制造业增加值率调节变量模型的回归结果

Variables	Y_0 QuaIndex	Y_1 QuaIndex	Y_2 QuaIndex	Y_3 QuaIndex	Y_4 QuaIndex	Y_5 QuaIndex	Y_6 QuaIndex
TmtRat	−0.1806*	−0.2699**	−0.1812*	−0.1833*	−0.1761*	−0.1902*	−0.2084**
	(−2.42)	(−1.99)	(−2.12)	(−1.87)	(−1.84)	(−1.82)	(−2.07)
RDInput	0.5391**	0.5273**	0.5825**	0.5634**	0.5590**	0.5602**	0.5399**
	(2.30)	(2.26)	(2.24)	(2.48)	(2.41)	(2.43)	(2.40)
InvenTurn	−0.0369*	−0.0328	−0.0307	−0.0404	−0.0320	−0.0286	−0.0355*
	(−1.94)	(−1.83)	(−1.66)	(−1.53)	(−0.13)	(−1.60)	(−1.53)
InterInput	−0.3260**	−0.3278**	−0.3440**	−0.3469**	−0.2698*	−0.3392**	−0.3361**
	(−2.33)	(−2.25)	(−2.35)	(−2.46)	(−2.46)	(−1.79)	(−2.32)
FunEnBui	−0.0921**	−0.0876**	−0.0895**	−0.0895**	−0.0893**	0.0539	−0.0981***
	(−2.82)	(−2.59)	(−2.54)	(−2.55)	(−2.39)	(−2.57)	(0.80)
UrbanRate	0.6295*	0.5441	0.5710	0.5707	0.5632	0.5562	0.7924**
	(2.12)	(1.71)	(1.45)	(1.54)	(1.53)	(1.52)	(1.55)
RDPeRa	−0.2422	−0.2150	−0.2197	−0.2281	−0.2180	−0.2076	−0.2063
	(−0.67)	(−0.81)	(−0.72)	(−0.71)	(−0.76)	(−0.71)	(−0.65)
ExpPro	−0.0105	−0.0244	−0.0023	−0.0033	−0.0043	0.0090	0.0220
	(0.37)	(−0.16)	(−0.34)	(−0.04)	(−0.05)	(−0.07)	(0.14)
Numpat	0.0398	0.0265	0.0228	0.0241	0.0211	0.0575	0.0123
	(0.13)	(0.40)	(0.27)	(0.24)	(0.24)	(0.22)	(0.51)
ProRev	−0.0504	−0.0272	−0.0575	−0.0558	−0.0549	−0.0674	−0.0845
	(−0.86)	(−0.46)	(−0.22)	(−0.54)	(−0.53)	(−0.51)	(−0.64)
InnEff	0.0230	0.0265	0.0236	0.0237	0.0229	0.0225	0.0239
	(1.37)	(1.32)	(1.41)	(1.33)	(1.35)	(1.28)	(1.29)
TuAccRe	0.0309	0.0271	0.0282	0.0264	0.0316	0.0284	0.0251
	(0.93)	(1.05)	(0.94)	(0.98)	(0.90)	(1.12)	(0.95)
ToAssTu	0.0187	0.0246	0.0210	0.0223	0.0193	0.0135	0.0301
	(1.07)	(0.67)	(0.83)	(0.74)	(0.76)	(0.70)	(0.45)
DeliExp	0.0224	0.0351	0.0319	0.0337	0.0299	0.0316	0.0468
	(1.06)	(0.42)	(0.85)	(0.66)	(0.72)	(0.61)	(0.75)

续表5.11

Variables	Y_0 QuaIndex	Y_1 QuaIndex	Y_2 QuaIndex	Y_3 QuaIndex	Y_4 QuaIndex	Y_5 QuaIndex	Y_6 QuaIndex
AmMoni	−0.0385 (−1.01)	−0.0468 (−0.71)	−0.0397 (−1.06)	−0.0408 (−0.80)	−0.0382 (−0.83)	−0.0368 (−0.74)	−0.0478 (−0.78)
ProPuTrn	0.1174 (0.30)	0.1335 (0.25)	0.1372 (0.29)	0.1294 (0.29)	0.1548 (0.28)	0.1242 (0.33)	0.1354 (0.27)
GroManu	(0.55)	−0.0784*	−0.0505 (−1.84)	−0.0595 (−0.86)	−0.0342 (−0.84)	−0.0464 (−0.58)	0.0313 (−1.07)
GroManu ×TmtRat		0.3487 (0.82)					
GroManu ×RDInput			−0.0752 (−0.21)				
GroManu ×InvenTurn				0.0232 (0.03)			
GroManu ×InterInput					−0.1916 (−0.52)		
GroManu ×FunEnBui						−0.6886* (−1.92)	
GroManu ×UrbanRate	(−1.83)						−0.3451*
N	180	180	180	180	180	180	180
R^2	0.820	0.826	0.825	0.824	0.825	0.828	0.830
adj. R^2	0.796	0.800	0.799	0.799	0.799	0.802	0.805

注：t statistics in parentheses；* $p<0.10$，** $p<0.05$，*** $p<0.01$。

可以看出，模型Y_0的拟合度达到了82%，且核心变量技术市场成交额比、R&D投入、存货周转率、中间投入、环保能力建设资金使用额和城镇化率在模型中都是显著的。其中，技术市场成交额比在显著性水平为0.1的临界值下显著，R&D投入在显著性水平为0.05的临界值下显著，存货周转率在显著性水平为0.1的临界值下显著，中间投入在显著性水平为0.05的临界值下显著，环保能力建设资金使用额在显著性水平为0.05的临界值下显著，城镇化率在显著性水平为0.1的临界值下显著。由此可知，技术市场成交额比、存货周转率、中间投入、环保能力建设资金使用额对于制造业高质量发展存在负向影响且显著，R&D投入、城镇化率对于制造业高质量发展存在正向影响且显著。总的来说，这六个核心变量都能显著影响制造业高质量发展指数。其中，高质量发展指数随着技术市场成交额比增加1单位而降低0.1806单位，随着R&D投入增加1单位而增加0.5391单位，随着存货周转率增加1单位而降低0.0369单位，随着中间投入增加1单位而降低0.3260单位，随着环保能力建设资金使用额增加1单位而降低0.0921单位，随着城镇化率增加1单位而增加0.6295单位。R&D人员比率、新产品外销率、专利授权量、新产品销售收入比、创新效率、应收账款周转率及总资产周转率均没有对高质量发展起显著的作用。而专利授权量、创新效率、应收账款周转率及总资产周转率正向促进高质量发展，R&D人员比率、新产品外销率、新产品销售收入比负向影响高质量发展。综合来看，创新驱动正向影响了制造业高质量发展，而R&D投入起到了关键作用，且基础运营能力促进了制造业高质量发展，假设H01得到验证。

将调节变量 *GroManu*（高技术制造业增加值率）分别引入6个核心解释变量的模型中，观察交互项是否显著。因变量在两个水平上响应值的改变量随着调节变量的水平不同而不同，即因变量对指标的影响取决于调节变量取值，那么就说因变量与调节变量之间存在交互作用。加入调节变量 *GroManu* 后，观察模型$Y_1 \sim Y_6$的回归结果可知，模型$Y_1 \sim Y_6$的拟合度分别为82.6%、82.5%、82.4%、82.5%、82.8%、83.0%，相对于模型Y_0的拟合度82.0%来看都有一定程度的增加，环保能力建设资金使用额对于制造业高质量发展存在负向影响且显著，价值链中的高技术制造业增加值与环保能力建设资金使用额的交互项是负向显著的。可见价值链中高技术制造业增加值的加入增强了环保能力建设资金使用额和制造业高质量发展指数之间的负相关关系；城镇化率对于制造业高质量发展存在正向影响且显著，城镇化率与高技术制造业增加值的交互项是负向显著的，可见价值链中高技术制造业增加值的加入干扰了城镇化率和制造业高质量发展指数之间正相关的关系。而价值链中高技术制造业增加值没有对创新驱动和基础营运能力起到调节作用，即假设H1a-f没有得到验证。

引入调节变量 *MarShare*（市场占有率）后，回归结果详见表5.12。可以发现，只有市场占有率和技术市场成交额比的交互项是正向显著的，而技术市场成交额比和高质量发展指数是负向显著相关的。可见，市场占有率的加入干扰了技术市场成交额比和高质量发展指数是负向显著相关的关系，价值链中的市场占有率对技术市场成交额比和高质量发展指数的关系起到了负向调节作用，即假设 H2a 得到验证，假设 H2b-f 没有得到验证。

表 5.12 情景 1 中加入市场占有率调节变量模型的回归结果

Variables	Y_0 QuaIndex	Y_7 QuaIndex	Y_8 QuaIndex	Y_9 QuaIndex	Y_{10} QuaIndex	Y_{11} QuaIndex	Y_{12} QuaIndex
$TmtRat$	-0.1921**	-0.2399***	-0.1899**	-0.1940**	-0.1900**	-0.1946**	-0.1852**
	(-2.19)	(-2.32)	(-3.53)	(-2.34)	(-2.44)	(-2.33)	(-2.50)
$RDInput$	0.4165*	0.4131**	0.4238	0.3764*	0.4150	0.3978*	0.3876*
	(1.98)	(1.94)	(2.15)	(1.70)	(1.88)	(1.70)	(1.97)
$InvenTurn$	-0.0393*	-0.0366**	-0.0421**	-0.0264	-0.0418**	-0.0340*	-0.0331*
	(-1.74)	(-2.02)	(-2.24)	(-2.13)	(-1.43)	(-2.12)	(-1.98)
$InterInput$	-0.3073**	-0.3207**	-0.3050**	-0.3113**	-0.2977**	-0.3041**	-0.3209**
	(-2.19)	(-2.08)	(-2.39)	(-2.14)	(-2.16)	(-2.14)	(-2.13)
$FunEnBui$	-0.0938**	-0.0855**	-0.0910**	-0.0882**	-0.0910**	-0.0772**	-0.0901**
	(-2.64)	(-2.64)	(-2.65)	(-2.46)	(-2.62)	(-2.45)	(-2.56)
$UrbanRate$	0.6365*	0.7632**	0.6658*	0.7003*	0.6660*	0.6662*	0.7296*
	(1.92)	(1.74)	(2.18)	(1.79)	(1.97)	(1.79)	(1.89)
$RDPeRa$	-0.0090	-0.0104	-0.0074	-0.0071	-0.0072	-0.0018	-0.0076
	(-0.11)	(-0.13)	(-0.16)	(-0.11)	(-0.10)	(-0.10)	(-0.03)
$ExpPro$	0.0958	0.0895	0.0948	0.1184	0.0950	0.1474	0.1101
	(1.56)	(1.27)	(1.23)	(1.14)	(1.53)	(1.10)	(1.50)
$Numpat$	-0.0714	-0.0377	-0.0609	-0.0544	-0.0617	-0.0602	-0.0482
	(-0.41)	(-0.63)	(-0.32)	(-0.51)	(-0.46)	(-0.52)	(-0.53)
$ProRev$	0.0268	0.0276	0.0266	0.0244	0.0266	0.0246	0.0241
	(1.38)	(1.58)	(1.58)	(1.54)	(1.39)	(1.54)	(1.44)
$InnEff$	0.0235	0.0144	0.0201	0.0197	0.0192	0.0201	0.0215
	(0.76)	(0.93)	(0.53)	(0.73)	(0.69)	(0.69)	(0.71)
$TuAccRe$	0.0200	0.0154	0.0225	0.0223	0.0233	0.0201	0.0219
	(0.72)	(0.74)	(0.58)	(0.76)	(0.74)	(0.78)	(0.67)
$ToAssTu$	0.0207	-0.0331**	0.0212	0.0128	0.0211	0.0146	0.0134
	(0.29)	(0.40)	(-2.05)	(0.40)	(0.27)	(0.40)	(0.31)

续表5.12

Variables	Y_0 QuaIndex	Y_7 QuaIndex	Y_8 QuaIndex	Y_9 QuaIndex	Y_{10} QuaIndex	Y_{11} QuaIndex	Y_{12} QuaIndex
DeliExp	−0.0390 (−0.94)	−0.1370** (−0.74)	−0.0471 (−2.33)	−0.0342 (−0.82)	−0.0461 (−0.64)	−0.0351 (−0.81)	−0.0460 (−0.67)
AmMoni	0.0669 (0.11)	0.1307 (0.15)	0.0455 (0.30)	0.0810 (0.10)	0.0505 (0.18)	0.0926 (0.11)	0.0492 (0.21)
MarShare		−0.0028 (−1.13)	0.0582 (−0.08)	0.0868 (0.68)	0.0560 (1.31)	0.0610 (0.62)	−0.1133 (1.08)
MarShare ×TmtRat		0.8738** (2.65)					
MarShare ×RDInput			−0.0430 (−0.43)				
MarShare ×InvenTurn				−0.3871 (−1.41)			
MarShare ×InterInput					−0.0386 (−0.34)		
MarShare ×FunEnBui						−0.6762 (−1.63)	
MarShare ×UrbanRate							0.2471 (1.53)
N	180	180	180	180	180	180	180
R^2	0.818	0.825	0.819	0.820	0.819	0.821	0.820
adj. R^2	0.795	0.801	0.793	0.795	0.793	0.796	0.795

注：t statistics in parentheses；* $p<0.10$，** $p<0.05$，*** $p<0.01$。

将价值链中的 $ProExpo$（高技术产品出口比重）引入模型$Y_7 \sim Y_{12}$，详见表5.13。由回归结果可知，模型$Y_7 \sim Y_{12}$的拟合度分别为82.1%、82.4%、82.3%、82.7%、82.1%、82.4%，相对于模型Y_0的拟合度82.0%来看都有一定程度的增加。高技术产品出口比重与R&D投入、存货周转率、中间投入的交互项是正向显著的。存货周转率、中间投入对于制造业高质量发展存在负向影响且显著。R&D投入对于制造业高质量发展存在正向影响且显著，可见价值链中高技术产品出口比重的加入干扰了存货周转率和中间投入，与制造业高质量发展指数之间呈负相关的关系；价值链中高技术产品出口比重的加入增强了R&D投入与制造业高质量发展指数之间正相关的关系。由此可知，调节变量价值链的高技术产品出口比重优化了整个模型，促进了制造业高质量发展指数和R&D投入、存货周转率、中间投入之间的关系。由此可见，其在中国制造业高质量发展中价值链的地位尤为重要。调节变量价值链的高技术产品出口比重正向调节了创新驱动对制造业价值链的影响，负向调节了基础营运能力对制造业价值链的影响，即假设H3a、H3e、H3f均没有得到验证，H3b、H3c、H3d得到验证。

表 5.13 情景中 1 中加入高技术产品出口比重调节变量模型的回归结果

Variables	Y_0 QuaIndex	Y_7 QuaIndex	Y_8 QuaIndex	Y_9 QuaIndex	Y_{10} QuaIndex	Y_{11} QuaIndex	Y_{12} QuaIndex
TmtRat	−0.1806*	−0.1910**	−0.2014**	−0.1826*	−0.2116**	−0.1835*	−0.2035**
	(−2.35)	(−1.99)	(−2.23)	(−2.08)	(−2.04)	(−2.18)	(−2.09)
RDInput	0.5391**	0.5522**	0.2909	0.5580**	0.2484	0.5566**	0.4801*
	(1.95)	(2.26)	(2.33)	(0.94)	(2.40)	(0.87)	(2.32)
InvenTurn	−0.0369*	−0.0379*	−0.0366*	−0.0432*	−0.0372*	−0.0376*	−0.0352*
	(−1.71)	(−1.83)	(−1.91)	(−1.77)	(−1.98)	(−1.80)	(−1.83)
InterInput	−0.3260**	−0.3329**	−0.3261**	−0.3545**	−0.3559**	−0.3326**	−0.3844**
	(−2.49)	(−2.25)	(−2.32)	(−2.18)	(−2.50)	(−2.47)	(−2.26)
FunEnBui	−0.0921**	−0.0914**	−0.0991**	−0.0928**	−0.1026***	−0.0909**	−0.0934**
	(−2.66)	(−2.59)	(−2.49)	(−2.71)	(−2.58)	(−2.78)	(−2.38)
UrbanRate	0.6295*	0.6034	0.6440*	0.6440*	0.6512*	0.6099	0.5137
	(1.37)	(1.71)	(1.63)	(1.86)	(1.73)	(1.89)	(1.65)
RDPeRa	−0.2422	−0.2426	−0.1513	−0.2257	−0.1363	−0.2403	−0.2609
	(−0.90)	(−0.81)	(−0.80)	(−0.55)	(−0.73)	(−0.53)	(−0.71)
ExpPro	−0.0105	−0.0137	−0.0207	−0.0097	−0.0230	−0.0134	−0.0126
	(−0.19)	(−0.16)	(−0.20)	(−0.31)	(−0.14)	(−0.35)	(−0.19)
Numpat	0.0398	0.0365	0.0517	0.0871	0.0781	0.0516	0.0879
	(0.79)	(0.40)	(0.30)	(0.47)	(0.75)	(0.77)	(0.34)
ProRev	−0.0504	−0.0427	−0.0294	−0.0521	−0.0244	−0.0493	−0.0401
	(−0.39)	(−0.46)	(−0.36)	(−0.26)	(−0.49)	(−0.22)	(−0.44)
InnEff	0.0230	0.0237	0.0203	0.0219	0.0203	0.0226	0.0166
	(0.88)	(1.32)	(1.31)	(1.16)	(1.24)	(1.16)	(1.28)

续表5.13

Variables	Y_0 QuaIndex	Y_7 QuaIndex	Y_8 QuaIndex	Y_9 QuaIndex	Y_{10} QuaIndex	Y_{11} QuaIndex	Y_{12} QuaIndex
TuAccRe	0.0309 (0.36)	0.0294 (1.05)	0.0052 (1.01)	0.0282 (0.15)	−0.0041 (0.95)	0.0300 (−0.12)	0.0118 (1.02)
ToAssTu	0.0187 (1.10)	0.0191 (0.67)	0.0401 (0.69)	0.0160 (1.25)	0.0470 (0.57)	0.0184 (1.51)	0.0375 (0.66)
DeliExp	0.0224 (0.32)	0.0202 (0.42)	0.0138 (0.39)	0.0099 (0.29)	0.0125 (0.21)	0.0191 (0.28)	0.0155 (0.37)
AmMoni	−0.0385 (−0.48)	−0.0336 (−0.71)	−0.0184 (−0.66)	−0.0206 (−0.36)	−0.0140 (−0.41)	−0.0344 (−0.28)	−0.0232 (−0.62)
ProPuTrn	0.1174 (0.34)	0.1194 (0.25)	0.2468 (0.25)	0.0989 (0.51)	0.2796 (0.20)	0.1020 (0.59)	0.1590 (0.21)
ProExpo	(−1.16)	0.0581	−0.0035 (0.29)	−0.1220 (−0.02)	0.0450 (−0.60)	0.0949 (0.25)	−0.5621 (0.52)
ProExpo×TmtRat		0.9551 (0.44)					
ProExpo×RDInput			0.4418* (1.83)				
ProExpo×InvenTurn				1.1222** (2.61)			
ProExpo×InterInput					0.4250** (2.56)		
ProExpo×FunEnBui						0.0005 (0.00)	
ProExpo×UrbanRate	(1.50)						1.3217
N	180	180	180	180	180	180	180
R^2	0.820	0.821	0.824	0.823	0.827	0.821	0.824
adj. R^2	0.796	0.795	0.798	0.797	0.801	0.794	0.798

注：t statistics in parentheses；* $p<0.10$，** $p<0.05$，*** $p<0.01$。

将价值链中的 GeoTra（地理标志商标数比率）引入模型$Y_{13} \sim Y_{18}$，详见表5.14。由回归结果可知，模型$Y_{13} \sim Y_{18}$的拟合度分别为82.1%、

83.0%、82.1%、83.1%、82.8%、82.1%，相对于模型Y_0的拟合度82.0%来看都有一定程度的增加。地理标志商标数比率与R&D投入、中间投入、环保能力建设资金使用额的交互项是负向显著的，其中中间投入、环保能力建设资金使用额对于制造业高质量发展存在负向影响且显著，R&D投入对于制造业高质量发展存在正向影响且显著。可见价值链中地理标志商标数比率的加入增强了中间投入、环保能力建设资金使用额分别与制造业高质量发展指数之间负相关的关系；价值链中地理标志商标数比率的加入干扰了R&D投入与制造业高质量发展指数之间正相关的关系。价值链中地理标志商标数比率负向调节了创新驱动对制造业高质量发展的影响，就基础营运能力对制造业高质量发展的影响而言没有起到调节作用，即H4a-f没有得到验证。

表 5.14 情景1中加入地理标志商标数比率调节变量模型的回归结果

Variables	Y_0 QuaIndex	Y_{13} QuaIndex	Y_{14} QuaIndex	Y_{15} QuaIndex	Y_{16} QuaIndex	Y_{17} QuaIndex	Y_{18} QuaIndex
TmtRat	−0.1806*	−0.2091*	−0.1640*	−0.1726*	−0.1784*	−0.1756**	−0.1790**
	(−2.08)	(−1.99)	(−1.92)	(−1.78)	(−1.86)	(−1.96)	(−2.10)
RDInput	0.5391**	0.4932**	0.6665***	0.5094**	0.5510**	0.4696**	0.4750*
	(1.89)	(2.26)	(2.07)	(3.19)	(2.13)	(2.57)	(2.08)
InvenTurn	−0.0369*	−0.0381*	−0.0543**	−0.0796	−0.0529**	−0.0434**	−0.0369*
	(−1.84)	(−1.83)	(−1.96)	(−2.45)	(−1.36)	(−2.43)	(−2.30)
InterInput	−0.3260**	−0.3190**	−0.1926	−0.3407**	−0.0976	−0.2784**	−0.3277**
	(−2.27)	(−2.25)	(−2.09)	(−1.43)	(−2.44)	(−0.62)	(−2.07)
FunEnBui	−0.0921**	−0.0891**	−0.0756*	−0.0884**	−0.0760**	−0.0152	−0.0903**
	(−2.45)	(−2.59)	(−2.45)	(−2.02)	(−2.34)	(−2.06)	(−0.42)
UrbanRate	0.6295*	0.5956	0.5265	0.6022	0.5768	0.6284*	0.6307*
	(1.73)	(1.71)	(1.59)	(1.45)	(1.64)	(1.67)	(1.78)
RDPeRa	−0.2422	−0.2281	−0.3130	−0.2162	−0.3844*	−0.3197	−0.2236
	(−0.76)	(−0.81)	(−0.78)	(−1.37)	(−0.74)	(−1.78)	(−1.25)
ExpPro	−0.0105	−0.0134	−0.0118	−0.0065	−0.0142	−0.0118	−0.0113
	(−0.16)	(−0.16)	(−0.19)	(−0.18)	(−0.09)	(−0.21)	(−0.17)
Numpat	0.0398	0.0550	−0.0811	0.0666	−0.0581	0.0561	0.0734
	(0.70)	(0.40)	(0.53)	(−0.89)	(0.67)	(−0.68)	(0.61)

续表5.14

Variables	Y_0 QuaIndex	Y_{13} QuaIndex	Y_{14} QuaIndex	Y_{15} QuaIndex	Y_{16} QuaIndex	Y_{17} QuaIndex	Y_{18} QuaIndex
ProRev	−0.0504	−0.0360	−0.0482	−0.0552	−0.0384	−0.0160	−0.0429
	(−0.40)	(−0.46)	(−0.32)	(−0.43)	(−0.52)	(−0.35)	(−0.15)
InnEff	0.0230	0.0233	0.0271	0.0226	0.0275	0.0205	0.0220
	(1.24)	(1.32)	(1.25)	(1.57)	(1.29)	(1.57)	(1.17)
TuAccRe	0.0309	0.0331	0.0059	0.0347	−0.0156	0.0312	0.0350
	(1.14)	(1.05)	(1.09)	(0.21)	(1.12)	(−0.59)	(1.17)
ToAssTu	0.0187	0.0141	0.0211	0.0189	0.0375	0.0141	0.0149
	(0.52)	(0.67)	(0.49)	(0.77)	(0.63)	(1.42)	(0.53)
DeliExp	0.0224	0.0235	0.0181	0.0248	0.0167	0.0241	0.0250
	(0.46)	(0.42)	(0.44)	(0.36)	(0.44)	(0.35)	(0.47)
AmMoni	−0.0385	−0.0402	−0.0360	−0.0434	−0.0374	−0.0420	−0.0436
	(−0.79)	(−0.71)	(−0.73)	(−0.69)	(−0.78)	(−0.72)	(−0.78)
ProPuTrn	0.1174	0.1113	0.2719	0.0633	0.3515	0.2177	0.0620
	(0.13)	(0.25)	(0.22)	(0.61)	(0.13)	(0.77)	(0.50)
GeoTra		0.0290	0.2384***	0.0158	0.2328***	0.1256	−0.0148
	(−0.05)		(0.25)	(2.80)	(0.21)	(2.83)	(1.67)
GeoTra ×TmtRat		0.3596					
		(0.43)					
GeoTra ×RDInput			−0.4672***				
			(−3.37)				
GeoTra ×InvenTurn				0.5363			
				(0.65)			
GeoTra ×InterInput					−0.4117***		
					(−3.35)		
GeoTra ×FunEnBui						−1.6415**	
						(−2.09)	
GeoTra ×UrbanRate	(0.27)						0.1473
N	180	180	180	180	180	180	180

续表5.14

Variables	Y_0 QuaIndex	Y_{13} QuaIndex	Y_{14} QuaIndex	Y_{15} QuaIndex	Y_{16} QuaIndex	Y_{17} QuaIndex	Y_{18} QuaIndex
R^2	0.820	0.821	0.830	0.821	0.831	0.828	0.821
adj. R^2	0.796	0.795	0.805	0.795	0.807	0.803	0.795

注：t statistics in parentheses；* $p<0.10$，** $p<0.05$，*** $p<0.01$。

将价值链中的 $RegTra$（商标累计有效注册比率）引入模型$Y_{19}\sim Y_{24}$，详见表5.15。由回归结果可知，模型$Y_{19}\sim Y_{24}$的拟合度分别为82.9%、82.6%、83.0%、82.6%、82.6%、83.2%，相对于模型Y_0的拟合度82.0%来看都有一定程度的增加。商标累计有效注册比率与技术市场成交额比、城镇化率的交互项是负向显著的，其中技术市场成交额比对于制造业高质量发展存在负向影响且显著，城镇化率对于制造业高质量发展存在正向影响且显著，可见价值链中商标累计有效注册比率的加入增强了技术市场成交额比与制造业高质量发展指数之间负相关的关系；价值链中商标累计有效注册比率的加入干扰了R&D投入与制造业高质量发展指数之间正相关的关系。价值链中商标累计有效注册比率正向调节了创新驱动对制造业高质量发展的影响，就基础营运能力对制造业高质量发展的影响而言没有起到调节作用，即H5a—f没有得到验证。

表5.15　情景1中加入商标累计有效注册比率调节变量模型的回归结果

Variables	Y_0 QuaIndex	Y_{19} QuaIndex	Y_{20} QuaIndex	Y_{21} QuaIndex	Y_{22} QuaIndex	Y_{23} QuaIndex	Y_{24} QuaIndex
TmtRat	−0.1806*	−0.1575	−0.1922**	−0.1989**	−0.1896**	−0.1916**	−0.1933**
	(−2.34)	(−1.99)	(−1.60)	(−2.30)	(−2.10)	(−2.30)	(−2.32)
RDInput	0.5391**	0.5631**	0.6837**	0.6353**	0.7054**	0.6853**	0.7857***
	(3.94)	(2.26)	(2.08)	(2.59)	(2.58)	(2.67)	(2.67)
InvenTurn	−0.0369*	−0.0335*	−0.0349*	−0.0527**	−0.0356*	−0.0353*	−0.0442**
	(−2.50)	(−1.83)	(−1.80)	(−1.77)	(−2.46)	(−1.80)	(−1.84)
InterInput	−0.3260**	−0.2906*	−0.3498**	−0.3509**	−0.3477**	−0.3495**	−0.3835***
	(−3.00)	(−2.25)	(−1.86)	(−2.37)	(−2.38)	(−2.39)	(−2.38)

续表5.15

Variables	Y_0 QuaIndex	Y_{19} QuaIndex	Y_{20} QuaIndex	Y_{21} QuaIndex	Y_{22} QuaIndex	Y_{23} QuaIndex	Y_{24} QuaIndex
$FunEnBui$	−0.0921**	−0.0930***	−0.0935***	−0.0994***	−0.0923***	−0.0901**	−0.0832**
	(−2.62)	(−2.59)	(−2.80)	(−2.82)	(−2.84)	(−2.76)	(−2.69)
$UrbanRate$	0.6295*	0.5435	0.5321	0.4677	0.5290	0.5287	0.2308
	(0.54)	(1.71)	(1.49)	(1.42)	(1.25)	(1.41)	(1.41)
$RDPeRa$	−0.2422	−0.2243	−0.2204	−0.1573	−0.2234	−0.2089	−0.1988
	(−0.70)	(−0.81)	(−0.77)	(−0.74)	(−0.57)	(−0.76)	(−0.62)
$ExpPro$	−0.0105	−0.0506	−0.0135	−0.0231	−0.0127	−0.0117	−0.0391
	(−0.60)	(−0.16)	(−0.67)	(−0.21)	(−0.36)	(−0.20)	(−0.18)
$Numpat$	0.0398	0.1447	0.1510	0.0727	0.1615	0.1680	0.1653
	(1.38)	(0.40)	(1.26)	(1.09)	(0.62)	(1.17)	(1.01)
$ProRev$	−0.0504	0.0149	−0.0356	−0.0326	−0.0369	−0.0375	−0.0024
	(−0.02)	(−0.46)	(−0.12)	(−0.33)	(−0.29)	(−0.34)	(−0.34)
$InnEff$	0.0230	0.0183	0.0201	0.0200	0.0202	0.0202	0.0216
	(1.33)	(1.32)	(1.10)	(1.18)	(1.20)	(1.19)	(1.19)
$TuAccRe$	0.0309	0.0369	0.0345	0.0244	0.0350	0.0345	0.0320
	(1.12)	(1.05)	(1.26)	(1.17)	(0.84)	(1.19)	(1.20)
$ToAssTu$	0.0187	0.0057	0.0073	0.0154	0.0059	0.0063	−0.0014
	(−0.06)	(0.67)	(0.22)	(0.28)	(0.60)	(0.23)	(0.25)
$DeliExp$	0.0224	−0.0128	0.0012	−0.0060	0.0018	0.0020	−0.0213
	(−1.02)	(0.42)	(−0.47)	(0.03)	(−0.17)	(0.05)	(0.05)
$AmMoni$	−0.0385	−0.0850*	−0.0592	−0.0600	−0.0600	−0.0610	−0.0872*
	(−1.97)	(−0.71)	(−1.91)	(−1.26)	(−1.23)	(−1.27)	(−1.23)
$ProPuTrn$	0.1174	0.0984	0.1158	0.1512	0.1111	0.1109	0.1005
	(0.23)	(0.25)	(0.22)	(0.25)	(0.34)	(0.24)	(0.24)
$RegTra$		−0.1512	−0.2239	−0.3552**	−0.2120	−0.2184*	0.2505
	(0.76)		(−1.26)	(−1.46)	(−2.07)	(−1.35)	(−1.71)
$RegTra \times TmtRat$		−0.4343**					
		(−2.58)					

续表5.15

Variables	Y_0 QuaIndex	Y_{19} QuaIndex	Y_{20} QuaIndex	Y_{21} QuaIndex	Y_{22} QuaIndex	Y_{23} QuaIndex	Y_{24} QuaIndex
$RegTra \times RDInput$			0.0054 (0.03)				
$RegTra \times InvenTurn$				1.1941 (1.57)			
$RegTra \times InterInput$					−0.0292 (−0.14)		
$RegTra \times FunEnBui$						−0.0775 (−0.24)	
$RegTra \times UrbanRate$	(−1.74)						−0.8360*
N	180	180	180	180	180	180	180
R^2	0.820	0.829	0.826	0.830	0.826	0.826	0.832
adj. R^2	0.796	0.804	0.800	0.805	0.800	0.800	0.807

注：t statistics in parentheses；* $p<0.10$，** $p<0.05$，*** $p<0.01$。

综上所述，技术市场成交额比、存货周转率、中间投入、环保能力建设资金使用额对制造业高质量发展存在负向影响且显著，R&D投入、城镇化率对于制造业高质量发展存在正向影响且显著。就创新驱动的两个核心指标来看，创新驱动没有完全正向影响制造业高质量发展，而R&D投入起到了关键作用，正向影响制造业高质量发展；基础营运能力没有很好地促进制造业高质量发展，如图5.3所示。

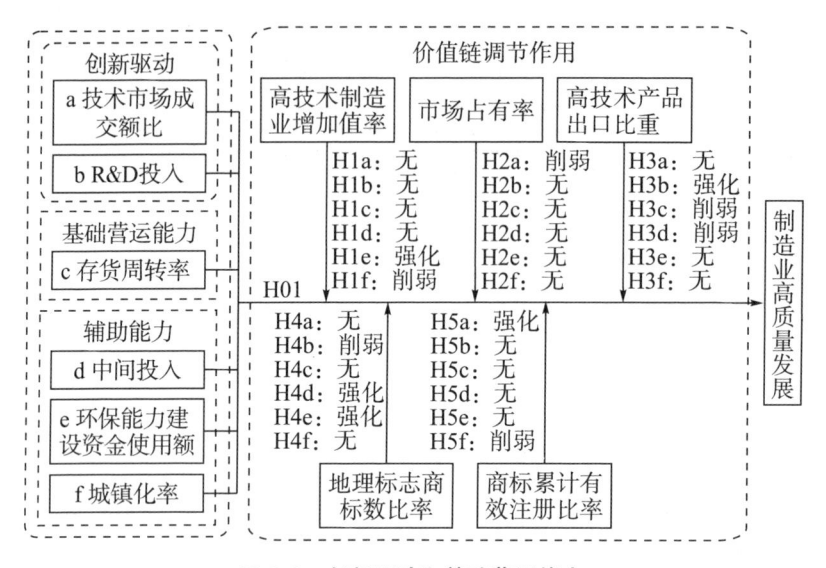

图 5.3　创新驱动和基础营运能力
共同作用下价值链调节变量对模型的作用汇总

其中，价值链中的高技术制造业增加值率没有对创新驱动和基础营运能力起到调节作用；市场占有率负向调节了创新驱动对制造业高质量发展的影响，就基础营运能力对制造业高质量发展的影响而言没有起到调节作用；高技术产品出口比重正向调节了创新驱动对制造业高质量发展的影响，负向调节了基础营运能力对制造业高质量发展的影响；地理标志商标数比率负向调节了创新驱动对制造业高质量发展的影响，就基础营运能力对制造业高质量发展的影响而言没有起到调节作用；商标累计有效注册比率正向调节了创新驱动对制造业高质量发展的影响，就基础营运能力对制造业高质量发展的影响而言没有起到调节作用。

(二) 情景2：创新驱动单独作用下调节变量实证研究

本情景将高质量发展指数作为被解释变量，将创新驱动的7个指标（R&D人员比率、技术市场成交额比、新产品外销率、R&D投入、专利授权量、新产品销售收入比、创新效率）作为解释变量，分别探究高技术制造业增加值率、市场占有率、高技术产品出口比重、地理标志商标数比率、商标累计有效注册比率等调节变量对制造业高质量发展的作用（如图5.4所示）。创新驱动单独作用下制造业高质量发展评价指标详见表5.16。

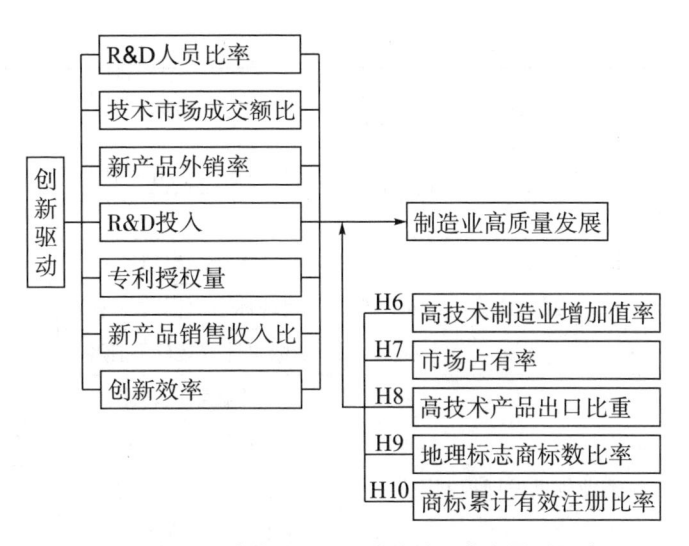

```
创新驱动 ──┬── R&D人员比率
           ├── 技术市场成交额比
           ├── 新产品外销率
           ├── R&D投入         ──→ 制造业高质量发展
           ├── 专利授权量
           ├── 新产品销售收入比
           └── 创新效率

                       H6  高技术制造业增加值率
                       H7  市场占有率
                       H8  高技术产品出口比重
                       H9  地理标志商标数比率
                       H10 商标累计有效注册比率
```

图 5.4 创新驱动单独作用下价值链调节变量对制造业高质量发展的作用

表 5.16 创新驱动单独作用下制造业高质量发展评价指标

变量类型	一级指标	二级指标	二级指标英文缩写	三级指标	三级指标英文缩写
被解释变量 Y	制造业发展	高质量发展指数	$QuaIndex$	区域人均生产总值	$PerCaGDP$
				区域居民消费水平比重	$ProrResCon$
				区域单位生产总值能耗同比	$EnConGDP$
				利润总额比率	$ToProRat$
解释变量 X	创新质量	创新驱动	$InnoDri$	R&D 人员比率	$RDPeRa$
				技术市场成交额比	$TmtRat$
				新产品外销率	$ExpPro$
				R&D 投入	$RDInput$
				专利授权量	$Numpat$
				新产品销售收入比	$ProRev$
				创新效率	$InnEff$

续表5.16

变量类型	一级指标	二级指标	二级指标英文缩写	三级指标	三级指标英文缩写
调节变量 M	价值链	增值能力	VadAbi	高技术制造业增加值率	GroManu
				市场占有率	MarShare
		影响能力	AbiInf	高技术产品出口比重	ProExpo
				地理标志商标数比率	GeoTra
				商标累计有效注册比率	RegTra
控制变量 C	制造业辅助发展控制因素			应收账款周转率	TuAccRe
				总资产周转率	ToAssTu
				单位出口货物交货值	DeliExp
				环境空气监测点位数	AmMoni
				公共交通运营数比重	ProPuTrn

由表5.17可知，R&D人员比率、新产品外销率和技术市场成交额比与制造业高质量发展指数负相关，其中R&D人员比率、新产品外销率是不显著的，技术市场成交额比在显著性水平为0.05的临界值下是显著的；而R&D投入、专利授权量、新产品销售收入比、创新效率与高质量发展指数正相关，其中R&D投入、专利授权量、新产品销售收入比是不显著的，创新效率在显著性水平为0.1的临界值下是显著的。负相关的指标系数达到了0.4466，正相关的指标系数达到了0.1894，可见负相关的指标对高质量发展指数的影响大于正相关的指标，创新驱动对制造业高质量发展没有起到较好的促进作用，假设H02得到验证。

表5.17 情景2中加入高技术制造业增加值率调节变量模型的回归结果

Variables	Y_0'	Y_{25}	Y_{26}	Y_{27}	Y_{28}	Y_{29}	Y_{30}	Y_{31}
	QuaIndex	QuaIndex	QuaIndex	QuaIndex	QuaIndex	QuaIndex	QuaIndex	QuaIndex
RDPeRa	−0.2031	−0.1608	−0.1598	−0.1725	−0.1627	−0.1779	−0.1977	−0.1391
	(−0.38)	(−0.58)	(−0.38)	(−0.47)	(−0.50)	(−0.46)	(−0.52)	(−0.57)
TmtRat	−0.2059**	−0.2029**	−0.3695**	−0.2039**	−0.2001**	−0.2036**	−0.1972**	−0.1733**
	(−2.35)	(−2.43)	(−2.40)	(−2.62)	(−2.43)	(−2.38)	(−2.36)	(−2.35)
ExpPro	−0.0376	−0.0255	−0.0648	−0.0145	−0.0239	−0.0294	−0.0371	−0.0445
	(−0.50)	(−0.40)	(−0.28)	(−0.77)	(−0.14)	(−0.27)	(−0.33)	(−0.43)

续表5.17

Variables	Y'_0 QuaIndex	Y_{25} QuaIndex	Y_{26} QuaIndex	Y_{27} QuaIndex	Y_{28} QuaIndex	Y_{29} QuaIndex	Y_{30} QuaIndex	Y_{31} QuaIndex
$RDInput$	0.1271 (1.02)	0.1195 (0.75)	0.1038 (0.62)	0.1222 (0.65)	0.1684 (0.71)	0.1448 (1.10)	0.1384 (0.80)	0.1703 (0.79)
$Numpat$	0.0115 (−0.06)	0.0009 (0.12)	0.0076 (0.01)	−0.0000 (0.08)	−0.0003 (−0.00)	−0.0724 (−0.00)	0.0119 (−0.39)	−0.0067 (0.12)
$ProRev$	0.0132 (0.10)	0.0030 (0.09)	0.0542 (0.02)	0.0035 (0.39)	0.0004 (0.03)	0.0074 (0.00)	−0.0558 (0.05)	0.0131 (−0.27)
$InnEff$	0.0376* (−0.58)	0.0376** (2.02)	0.0415** (2.08)	0.0379** (2.10)	0.0373** (2.12)	0.0387** (2.06)	0.0375** (2.09)	−0.0156 (2.08)
$TuAccRe$	0.0505** (2.27)	0.0482** (2.09)	0.0473* (2.06)	0.0479* (2.00)	0.0510** (2.00)	0.0493** (2.16)	0.0510** (2.05)	0.0527** (2.05)
$ToAssTu$	−0.0075 (−0.15)	−0.0042 (−0.28)	0.0018 (−0.15)	−0.0037 (0.06)	−0.0063 (−0.13)	−0.0051 (−0.24)	−0.0047 (−0.18)	−0.0043 (−0.16)
$DeliExp$	0.0260 (1.13)	0.0398 (0.47)	0.0434 (0.85)	0.0403 (1.15)	0.0374 (0.86)	0.0427 (0.80)	0.0429 (0.93)	0.0481 (0.92)
$AmMoni$	−0.0878* (−2.64)	−0.0914** (−1.90)	−0.0994*** (−2.30)	−0.0920** (−2.88)	−0.0898** (−2.31)	−0.0933** (−2.28)	−0.0933** (−2.40)	−0.0975** (−2.39)
$ProPuTr$	0.5157 (1.09)	0.5024 (1.16)	0.4708 (1.19)	0.4997 (1.15)	0.5124 (1.18)	0.4795 (1.21)	0.4887 (1.12)	0.4444 (1.14)
$GroManu$		−0.0704 (−2.13)	−0.1133** (−1.33)	−0.0688 (−2.41)	−0.0598 (−1.27)	−0.0869 (−1.20)	−0.0973 (−1.46)	−0.1190** (−1.42)
$GroManu \times RDPeRa$		−0.0253 (−0.12)						
$GroManu \times TmtRat$			0.6845 (1.43)					
$GroManu \times ExpPro$				−0.0278 (−0.20)				
$GroManu \times RDInput$					−0.1410 (−0.47)			

续表5.17

Variables	Y'_0 QuaIndex	Y_{25} QuaIndex	Y_{26} QuaIndex	Y_{27} QuaIndex	Y_{28} QuaIndex	Y_{29} QuaIndex	Y_{30} QuaIndex	Y_{31} QuaIndex
GroManu ×Numpat						0.1603 (0.54)		
GroManu ×ProRev							0.1796 (0.59)	
GroManu ×InnEff	(2.31)							0.1829**
N	180	180	180	180	180	180	180	180
R^2	0.779	0.786	0.792	0.786	0.786	0.786	0.787	0.793
adj. R^2	0.756	0.761	0.767	0.761	0.761	0.761	0.761	0.768

注：t statistics in parentheses；* $p<0.10$，** $p<0.05$，*** $p<0.01$。

高技术制造业增加值率作为调节变量指标对比得出，只有创新效率和高技术制造业增加值率的交互项是正向显著的，而创新效率与高质量发展指数呈负相关，可见高技术制造业增加值率负向调节了创新效率与高质量发展指数正相关的关系。价值链调节指标高技术制造业增加值率的加入阻碍了创新效率对制造业高质量发展的作用，即假设 H6a－g 没有得到验证。

由表 5.18，市场占有率作为调节变量指标对比得出，只有技术市场成交额比和市场占有率的交互项是正向显著的，而技术市场成交额比与制造业高质量发展指数负相关且显著，市场占有率干扰了技术市场成交额比与制造业高质量发展指数负相关的关系。可见价值链调节指标市场占有率的加入负向调节了技术市场成交额比对制造业高质量发展的作用，即假设 H7a、H7c、H7d、H7e、H7f、H7g 均没有得到验证，假设 H7b 得到验证。

表 5.18　情景 2 中加入市场占有率调节变量模型的回归结果

Variables	Y'_0 QuaIndex	Y_{32} QuaIndex	Y_{33} QuaIndex	Y_{34} QuaIndex	Y_{35} QuaIndex	Y_{36} QuaIndex	Y_{37} QuaIndex	Y_{38} QuaIndex
RDPeRa	－0.2031 (－0.44)	－0.2118 (－0.58)	－0.2408 (－0.59)	－0.1990 (－0.65)	－0.2125 (－0.56)	－0.2039 (－0.60)	－0.2180 (－0.57)	－0.1714 (－0.60)

续表5.18

Variables	Y_0' QuaIndex	Y_{32} QuaIndex	Y_{33} QuaIndex	Y_{34} QuaIndex	Y_{35} QuaIndex	Y_{36} QuaIndex	Y_{37} QuaIndex	Y_{38} QuaIndex
$TmtRat$	−0.2059** (−2.20)	−0.2060** (−2.43)	−0.2418*** (−2.39)	−0.2037** (−2.85)	−0.2045** (−2.44)	−0.2061** (−2.42)	−0.2102** (−2.36)	−0.1947** (−2.37)
$ExpPro$	−0.0376 (−0.47)	−0.0373 (−0.40)	−0.0431 (−0.39)	−0.0254 (−0.46)	−0.0382 (−0.28)	−0.0380 (−0.40)	−0.0414 (−0.40)	−0.0440 (−0.45)
$RDInput$	0.1271 (0.83)	0.1203 (0.75)	0.1536 (0.58)	0.1518 (0.82)	0.1598 (0.79)	0.1143 (0.73)	0.1064 (0.56)	0.1642 (0.54)
$Numpat$	0.0115 (−0.37)	0.0176 (0.12)	−0.0165 (0.17)	0.0193 (−0.16)	−0.0015 (0.18)	0.0024 (−0.01)	−0.0040 (0.02)	−0.0435 (−0.04)
$ProRev$	0.0132 (0.10)	0.0092 (0.09)	0.0313 (0.06)	0.0076 (0.21)	0.0108 (0.05)	0.0095 (0.07)	0.0069 (0.06)	0.0149 (0.05)
$InnEff$	0.0376* (1.38)	0.0372* (2.02)	0.0397** (1.96)	0.0378** (2.06)	0.0380** (2.05)	0.0370* (1.99)	0.0374* (1.96)	0.0306 (1.99)
$TuAccRe$	0.0505** (1.92)	0.0511* (2.09)	0.0503* (1.78)	0.0539* (1.80)	0.0525* (1.92)	0.0510* (1.88)	0.0496* (1.78)	0.0567* (1.70)
$ToAssTu$	−0.0075 (−0.38)	−0.0074 (−0.28)	−0.0145 (−0.24)	−0.0132 (−0.51)	−0.0099 (−0.45)	−0.0069 (−0.33)	−0.0056 (−0.23)	−0.0120 (−0.19)
$DeliExp$	0.0260 (0.31)	0.0257 (0.47)	−0.0078 (0.46)	0.0279 (−0.27)	0.0262 (0.48)	0.0244 (0.47)	0.0190 (0.44)	0.0156 (0.35)
$AmMoni$	−0.0878* (−2.09)	−0.0838 (−1.90)	−0.1463** (−1.54)	−0.0930 (−2.38)	−0.0885 (−1.67)	−0.0830 (−1.62)	−0.0908** (−1.53)	−0.0968** (−2.11)
$ProPuTr$	0.5157 (1.15)	0.5252 (1.16)	0.5990 (1.17)	0.4992 (1.28)	0.5059 (1.13)	0.5299 (1.12)	0.5479 (1.17)	0.5222 (1.20)
$MarShare$	(−0.69)	−0.0253	−0.0387 (−0.28)	0.0313 (−0.78)	0.0045 (0.32)	−0.0320 (0.05)	−0.0489 (−0.36)	−0.0490 (−0.54)
$MarShare \times RDPeRa$		0.0294 (0.26)						
$MarShare \times TmtRat$			0.5488* (1.74)					

153

续表5.18

Variables	Y'_0 QuaIndex	Y_{32} QuaIndex	Y_{33} QuaIndex	Y_{34} QuaIndex	Y_{35} QuaIndex	Y_{36} QuaIndex	Y_{37} QuaIndex	Y_{38} QuaIndex
$MarShare \times ExpPro$				−0.1436 (−0.67)				
$MarShare \times RDInput$					−0.0268 (−0.21)			
$MarShare \times Numpat$						0.0615 (0.40)		
$MarShare \times ProRev$							0.1607 (0.62)	
$MarShare \times InnEff$	(0.83)							0.1583
N	180	180	180	180	180	180	180	180
R^2	0.779	0.779	0.782	0.779	0.779	0.779	0.779	0.780
adj. R^2	0.756	0.753	0.756	0.753	0.753	0.753	0.753	0.754

注：t statistics in parentheses; * $p<0.10$, ** $p<0.05$, *** $p<0.01$。

由表5.19，高技术产品出口比重作为调节变量指标对比得出，高技术产品出口比重和7个解释变量的交互项均不显著。由此可见，高技术产品出口比重作为调节变量指标是不可行的，即假设H8a−g没有得到验证。

表5.19　情景2中加入高技术产品出口比重调节变量模型的回归结果

Variables	Y'_0 QuaIndex	Y_{39} QuaIndex	Y_{40} QuaIndex	Y_{41} QuaIndex	Y_{42} QuaIndex	Y_{43} QuaIndex	Y_{44} QuaIndex	Y_{45} QuaIndex
RDPeRa	−0.2031 (−0.45)	−0.0629 (−0.58)	−0.1992 (−0.14)	−0.1961 (−0.56)	−0.1399 (−0.55)	−0.1088 (−0.41)	−0.1586 (−0.28)	−0.1775 (−0.47)
TmtRat	−0.2059** (−2.36)	−0.2039** (−2.43)	−0.2161*** (−2.65)	−0.2078** (−2.86)	−0.2207** (−2.61)	−0.2099** (−2.44)	−0.2107** (−2.40)	−0.2034** (−2.49)
ExpPro	−0.0376 (−0.43)	−0.0465 (−0.40)	−0.0418 (−0.49)	−0.0418 (−0.44)	−0.0474 (−0.40)	−0.0538 (−0.50)	−0.0604 (−0.60)	−0.0421 (−0.62)

续表5.19

Variables	Y'_0 QuaIndex	Y_{39} QuaIndex	Y_{40} QuaIndex	Y_{41} QuaIndex	Y_{42} QuaIndex	Y_{43} QuaIndex	Y_{44} QuaIndex	Y_{45} QuaIndex
$RDInput$	0.1271 (1.03)	0.1900 (0.75)	0.1395 (1.18)	0.1449 (0.84)	−0.0220 (0.87)	0.0835 (−0.08)	0.0674 (0.43)	0.1626 (0.40)
$Numpat$	0.0115 (0.13)	−0.0208 (0.12)	0.0211 (−0.17)	0.0398 (0.17)	0.0373 (0.30)	−0.1300 (0.31)	−0.0328 (−0.47)	0.0159 (−0.23)
$ProRev$	0.0132 (0.07)	−0.0030 (0.09)	0.0221 (−0.02)	0.0142 (0.15)	0.0280 (0.10)	0.0192 (0.20)	−0.0171 (0.14)	0.0103 (−0.12)
$InnEff$	0.0376* (1.68)	0.0375** (2.02)	0.0374* (2.05)	0.0363* (2.04)	0.0350* (1.93)	0.0350* (1.89)	0.0349* (1.92)	0.0343 (1.87)
$TuAccRe$	0.0505** (2.05)	0.0558** (2.09)	0.0498** (2.38)	0.0503** (2.11)	0.0338 (2.13)	0.0457 (0.95)	0.0423 (1.64)	0.0533** (1.62)
$ToAssTu$	−0.0075 (−0.40)	−0.0158 (−0.28)	−0.0086 (−0.60)	−0.0093 (−0.32)	0.0051 (−0.36)	−0.0028 (0.16)	0.0023 (−0.10)	−0.0108 (0.08)
$DeliExp$	0.0260 (0.38)	0.0204 (0.47)	0.0215 (0.38)	0.0201 (0.41)	0.0162 (0.39)	0.0125 (0.33)	0.0216 (0.26)	0.0197 (0.39)
$AmMoni$	−0.0878* (−1.92)	−0.0804* (−1.90)	−0.0800* (−1.85)	−0.0810* (−1.89)	−0.0700 (−1.94)	−0.0590 (−1.56)	−0.0777* (−1.06)	−0.0808* (−1.73)
$ProPuTr$	0.5157 (1.05)	0.3912 (1.16)	0.4869 (0.89)	0.4688 (1.09)	0.5735 (1.05)	0.5097 (1.29)	0.5323 (1.16)	0.4518 (1.23)
$ProExpo$	(0.28)	0.4876	0.1350 (1.36)	0.1822 (0.83)	0.1243 (0.75)	0.1866 (0.51)	0.1391 (0.88)	0.1003 (0.68)
$ProExpo \times RDPeRa$		−0.5641 (−1.24)						
$ProExpo \times TmtRat$			1.1989 (0.63)					
$ProExpo \times ExpPro$				0.0001 (0.00)				
$ProExpo \times RDInput$					0.2899 (0.97)			

续表5.19

Variables	Y'_0 QuaIndex	Y_{39} QuaIndex	Y_{40} QuaIndex	Y_{41} QuaIndex	Y_{42} QuaIndex	Y_{43} QuaIndex	Y_{44} QuaIndex	Y_{45} QuaIndex
ProExpo ×Numpat						0.3495 (0.72)		
ProExpo ×ProRev							0.5598 (1.29)	
ProExpo ×InnEff	(0.28)							0.0583
N	180	180	180	180	180	180	180	180
R^2	0.779	0.783	0.781	0.780	0.782	0.782	0.783	0.780
adj. R^2	0.756	0.757	0.755	0.754	0.756	0.756	0.757	0.754

注：t statistics in parentheses；* $p<0.10$，** $p<0.05$，*** $p<0.01$。

由表5.20，地理标志商标数比率作为调节变量指标对比得出，R&D人员比率、R&D投入、专利授权量分别和地理标志商标数比率的交互项都是负向显著的。而R&D人员比率与制造业高质量发展指数负相关，R&D投入、专利授权量与制造业高质量发展指数正相关，地理标志商标数比率增强了R&D人员比率与制造业高质量发展指数负相关的关系，干扰了R&D投入、专利授权量与制造业高质量发展指数正相关的关系。可见价值链调节指标地理标志商标数比率的加入并没有对制造业高质量发展起到良好的调节作用，即假设H9a-g没有得到验证。

表5.20 情景2中加入地理标志商标数比率调节变量模型的回归结果

Variables	Y'_0 QuaIndex	Y_{46} QuaIndex	Y_{47} QuaIndex	Y_{48} QuaIndex	Y_{49} QuaIndex	Y_{50} QuaIndex	Y_{51} QuaIndex	Y_{52} QuaIndex
RDPeRa	−0.2031 (−0.55)	−0.0099 (−0.58)	−0.1906 (−0.03)	−0.1635 (−0.56)	−0.3494 (−0.48)	−0.0619 (−1.53)	−0.1852 (−0.18)	−0.1909 (−0.53)
TmtRat	−0.2059** (−2.23)	−0.1609** (−2.43)	−0.3170*** (−2.05)	−0.1983** (−3.05)	−0.1709* (−2.50)	−0.1777** (−1.86)	−0.2014** (−2.28)	−0.1835** (−2.57)
ExpPro	−0.0376 (−0.45)	−0.0254 (−0.40)	−0.0421 (−0.29)	−0.0318 (−0.46)	−0.0315 (−0.30)	−0.0255 (−0.40)	−0.0404 (−0.28)	−0.0442 (−0.41)

续表5.20

Variables	Y_0' QuaIndex	Y_{46} QuaIndex	Y_{47} QuaIndex	Y_{48} QuaIndex	Y_{49} QuaIndex	Y_{50} QuaIndex	Y_{51} QuaIndex	Y_{52} QuaIndex
$RDInput$	0.1271 (0.29)	0.3181 (0.75)	0.1040 (1.65)	0.0437 (0.53)	0.5671*** (0.22)	0.1814 (3.20)	0.0275 (0.96)	0.0548 (0.14)
$Numpat$	0.0115 (0.53)	−0.1030 (0.12)	0.0175 (−1.07)	0.0495 (0.15)	−0.1774* (0.43)	0.0263 (−1.85)	0.0743 (0.28)	0.0551 (0.64)
$ProRev$	0.0132 (0.06)	−0.0165 (0.09)	0.0369 (−0.12)	0.0418 (0.25)	−0.0071 (0.32)	−0.0072 (−0.06)	−0.0010 (−0.05)	0.0081 (−0.01)
$InnEff$	0.0376* (0.59)	0.0368** (2.02)	0.0386* (2.11)	0.0360* (2.00)	0.0377** (1.92)	0.0374** (2.23)	0.0347* (2.10)	0.0166 (1.79)
$TuAccRe$	0.0505** (2.01)	0.0572* (2.09)	0.0497* (2.00)	0.0592** (1.76)	−0.0013 (2.12)	0.0655** (−0.05)	0.0538* (2.30)	0.0518* (2.03)
$ToAssTu$	−0.0075 (−0.34)	−0.0314 (−0.28)	−0.0134 (−1.14)	−0.0192 (−0.49)	0.0056 (−0.64)	−0.0344 (0.22)	−0.0121 (−1.20)	−0.0093 (−0.41)
$DeliExp$	0.0260 (0.56)	0.0233 (0.47)	0.0246 (0.43)	0.0311 (0.45)	0.0183 (0.54)	0.0228 (0.37)	0.0292 (0.42)	0.0319 (0.52)
$AmMoni$	−0.0878* (−2.09)	−0.0794* (−1.90)	−0.0789 (−1.70)	−0.0952* (−1.58)	−0.0603 (−1.96)	−0.0833* (−1.30)	−0.0957* (−1.79)	−0.1004** (−2.02)
$ProPuTr$	0.5157 (1.13)	0.3749 (1.16)	0.5099 (0.89)	0.4492 (1.14)	0.6163* (1.03)	0.4289 (1.74)	0.4419 (1.05)	0.5147 (1.01)
$GeoTra$	(0.41)	0.2776*** (3.12)	−0.0225 (−0.16)	0.1143 (1.38)	0.3567*** (4.01)	0.2506*** (3.11)	0.0657 (0.70)	0.0425
$GeoTra \times RDPeRa$		−0.5743** (−2.31)						
$GeoTra \times TmtRat$			1.4365 (1.47)					
$GeoTra \times ExpPro$					−0.0691 (−0.29)			
$GeoTra \times RDInput$					−0.6937*** (−4.42)			

续表5.20

Variables	Y_0' QuaIndex	Y_{46} QuaIndex	Y_{47} QuaIndex	Y_{48} QuaIndex	Y_{49} QuaIndex	Y_{50} QuaIndex	Y_{51} QuaIndex	Y_{52} QuaIndex
$GeoTra \times Numpat$						−0.5755**		
						(−2.36)		
$GeoTra \times ProRev$							0.1479	
							(0.45)	
$GeoTra \times InnEff$								0.1398
	(1.20)							
N	180	180	180	180	180	180	180	180
R^2	0.779	0.793	0.786	0.782	0.807	0.789	0.782	0.783
adj. R^2	0.756	0.769	0.760	0.756	0.784	0.764	0.756	0.757

注：t statistics in parentheses；* $p<0.10$，** $p<0.05$，*** $p<0.01$。

由表5.21，商标累计有效注册比率作为调节变量指标对比得出，只有技术市场成交额比和商标累计有效注册比率的交互项是负向显著的，而技术市场成交额比与制造业高质量发展指数负相关且显著，商标累计有效注册比率增强了技术市场成交额比与制造业高质量发展指数负相关的关系。可见价值链调节指标商标累计有效注册比率的加入没有促进技术市场成交额比对制造业高质量发展的作用，即假设H10a—g没有得到验证。

表5.21　情景2中加入商标累计有效注册比率调节变量模型的回归结果

Variables	Y_0' QuaIndex	Y_{53} QuaIndex	Y_{54} QuaIndex	Y_{55} QuaIndex	Y_{56} QuaIndex	Y_{57} QuaIndex	Y_{58} QuaIndex	Y_{59} QuaIndex
RDPeRa	−0.2031	−0.1629	−0.1956	−0.2012	−0.1700	−0.1736	−0.1774	−0.1652
	(−0.48)	(−0.58)	(−0.46)	(−0.60)	(−0.59)	(−0.50)	(−0.49)	(−0.53)
TmtRat	−0.2059**	−0.2057**	−0.1571	−0.2097**	−0.2054**	−0.2078**	−0.2131**	−0.2048**
	(−2.58)	(−2.43)	(−2.48)	(−1.66)	(−2.56)	(−2.52)	(−2.55)	(−2.60)
ExpPro	−0.0376	−0.0356	−0.0950	−0.0475	−0.0355	−0.0366	−0.0350	−0.0345
	(−0.39)	(−0.40)	(−0.42)	(−1.02)	(−0.58)	(−0.41)	(−0.42)	(−0.40)
RDInput	0.1271	0.2823	0.2036	0.2728	0.2892	0.2736	0.2658	0.2748
	(1.50)	(0.75)	(1.46)	(1.18)	(1.50)	(1.42)	(1.53)	(1.50)

续表5.21

Variables	Y_0' QuaIndex	Y_{53} QuaIndex	Y_{54} QuaIndex	Y_{55} QuaIndex	Y_{56} QuaIndex	Y_{57} QuaIndex	Y_{58} QuaIndex	Y_{59} QuaIndex
$Numpat$	0.0115 (1.28)	0.1712 (0.12)	0.1402 (1.23)	0.1232 (1.27)	0.1729 (0.89)	0.1553 (1.22)	0.1192 (0.82)	0.1404 (0.83)
$ProRev$	0.0132 (0.17)	0.0248 (0.09)	0.0995 (0.19)	0.0306 (0.69)	0.0248 (0.23)	0.0262 (0.19)	0.0158 (0.19)	0.0225 (0.11)
$InnEff$	0.0376* (1.37)	0.0322* (2.02)	0.0282 (1.86)	0.0316* (1.66)	0.0322* (1.81)	0.0321* (1.85)	0.0319* (1.84)	0.0294 (1.82)
$TuAccRe$	0.0505** (2.43)	0.0602** (2.09)	0.0560** (2.22)	0.0578** (2.13)	0.0602** (2.24)	0.0594** (2.34)	0.0574** (2.31)	0.0593** (2.21)
$ToAssTu$	−0.0075 (−0.94)	−0.0258 (−0.28)	−0.0207 (−0.93)	−0.0205 (−0.83)	−0.0260 (−0.77)	−0.0242 (−0.98)	−0.0207 (−0.91)	−0.0237 (−0.78)
$DeliExp$	0.0260 (0.07)	0.0013 (0.47)	−0.0234 (0.04)	−0.0019 (−1.18)	0.0013 (−0.06)	0.0005 (0.04)	0.0011 (0.02)	0.0025 (0.03)
$AmMoni$	−0.0878* (−2.74)	−0.1157** (−1.90)	−0.1451*** (−2.66)	−0.1119** (−3.63)	−0.1157** (−2.67)	−0.1142** (−2.68)	−0.1098** (−2.61)	−0.1129** (−2.61)
$ProPuTr$	0.5157 (1.08)	0.4528 (1.16)	0.4204 (1.06)	0.4755 (1.01)	0.4515 (1.12)	0.4609 (1.05)	0.4814 (1.07)	0.4703 (1.14)
$RegTra$		−0.2664 (−1.87)	−0.1658 (−1.41)	−0.3139 (−1.33)	−0.2649 (−1.53)	−0.2765 (−1.42)	−0.3151 (−1.48)	−0.2862* (−1.49)
$RegTra \times RDPeRa$		−0.0166 (−0.06)						
$RegTra \times TmtRat$			−0.6869*** (−3.78)					
$RegTra \times ExpPro$				0.0817 (0.40)				
$RegTra \times RDInput$					−0.0195 (−0.09)			
$RegTra \times Numpat$						0.0124 (0.06)		

续表5.21

Variables	Y_0' QuaIndex	Y_{53} QuaIndex	Y_{54} QuaIndex	Y_{55} QuaIndex	Y_{56} QuaIndex	Y_{57} QuaIndex	Y_{58} QuaIndex	Y_{59} QuaIndex
$RegTra$ $\times ProRev$							0.0863 (0.42)	
$RegTra$ $\times InnEff$	(0.39)							0.0386
N	180	180	180	180	180	180	180	180
R^2	0.779	0.788	0.797	0.788	0.788	0.788	0.788	0.788
adj. R^2	0.756	0.763	0.773	0.763	0.763	0.763	0.763	0.763

注：t statistics in parentheses；* $p<0.10$，** $p<0.05$，*** $p<0.01$。

综上所述，R&D人员比率、新产品外销率和技术市场成交额比与制造业高质量发展指数负相关，但是不显著，技术市场成交额比与制造业高质量发展指数显著负相关；而R&D投入、专利授权量、新产品销售收入比、创新效率与制造业高质量发展指数正相关，但是不显著，创新效率与制造业高质量发展指数显著正相关。就创新驱动总的来看，相关系数为负的指标对制造业高质量发展指数的影响要远大于相关系数为正的指标，在创新驱动单独作用下，创新驱动制造业高质量发展效率不高，如图5.5所示。

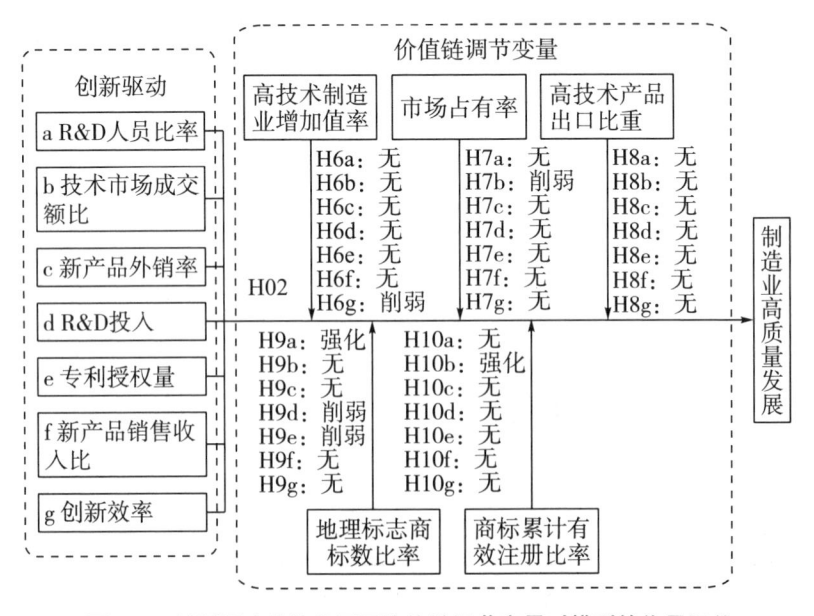

图5.5 创新驱动单独作用下价值链调节变量对模型的作用汇总

由以上计量结果可知，创新驱动并没有很有效地促进制造业高质量发展，而价值链的加入是否优化了创新驱动的作用值得深析。价值链的五个指标作为调节变量加入模型，高技术制造业增加值率正向调节了创新效率对制造业高质量发展的影响，市场占有率负向调节了技术市场成交额比对制造业高质量发展的影响。高技术产品出口比重没有起到调节作用，而地理标志商标数比率正向调节了R&D人员比率与制造业高质量发展的影响，负向调节了创新投入和专利授权量对制造业高质量发展的影响，商标累计有效注册比率正向调节了创新驱动对制造业高质量发展的影响。价值链对于制造业高质量发展来说是把"双刃剑"，应利用好价值链的积极作用，高效率促进制造业高质量发展。

（三）情景3：基础营运能力单独作用下调节变量实证研究

本情景将企业基础营运能力作为解释变量进行实证分析，企业基础营运能力包含存货周转率、应收账款周转率和总资产周转率三个核心指标，分别分析高技术制造业增加值率、市场占有率、高技术产品出口比重、地理标志商标数比率、商标累计有效注册比率调节变量对模型的作用，如图5.6所示。企业基础营运能力单独作用下制造业高质量发展评价指标见表5.22。

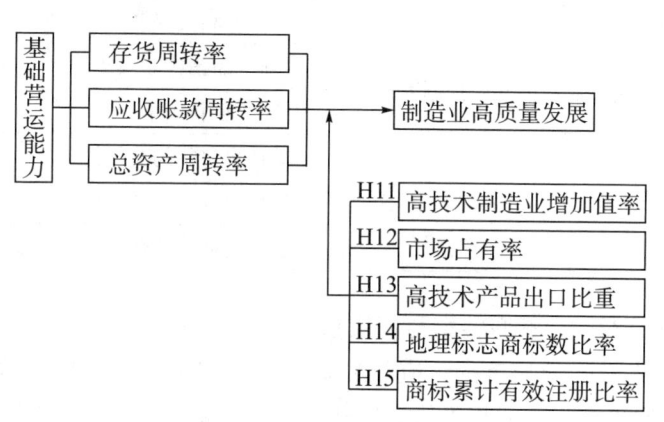

图5.6 基础营运能力单独作用下价值链调节变量对制造业高质量发展的作用

表 5.22 基础营运能力单独作用下中国制造业高质量发展评价指标

变量类型	一级指标	二级指标	二级指标英文缩写	三级指标	三级指标英文缩写
被解释变量 Y	制造业发展	高质量发展指数	$QuaIndex$	区域人均生产总值	$PerCaGDP$
				区域居民消费水平比重	$ProrResCon$
				区域单位生产总值能耗同比	$EnConGDP$
				利润总额比率	$ToProRat$
解释变量 X	企业基础能力	基础营运能力	X_2	存货周转率	$InvenTurn$
				应收账款周转率	$TuAccRe$
				总资产周转率	$ToAssTu$
调节变量 M	价值链	增值能力	$VadAbi$	高技术制造业增加值率	$GroManu$
				市场占有率	$MarShare$
		影响能力	$AbiInf$	高技术产品出口比重	$ProExpo$
				地理标志商标数比率	$GeoTra$
				商标累计有效注册比率	$RegTra$
控制变量 C	制造业辅助发展控制因素			R&D 人员比率	$RDPeRa$
				新产品外销率	$ExpPro$
				专利授权量	$Numpat$
				新产品销售收入比	$ProRev$
				创新效率	$InnEff$
				单位出口货物交货值	$DeliExp$
				环境空气监测点位数	$AmMoni$
				公共交通运营数比重	$ProPuTrn$

由表 5.23，存货周转率与高质量发展指数负相关，在显著性水平为 0.01 的临界值下是显著的；应收账款周转率和高质量发展指数正相关，在显著性水平为 0.1 的临界值下是显著的；总资产周转率和高质量发展指数负相关且不显著。负相关指标的系数达到了 0.0734，正相关指标的系数为 0.0555，可见负相关指标对高质量发展指数的影响大于正相关指标，企业基础营运能力促进制造业高质量发展的效率不高，假设 H03 得到验证。

高技术制造业增加值率作为调节变量指标对比得出，高技术制造业增加值率和存货周转率、应收账款周转率和总资产周转率三个核心指标的交互项均不显著相关。由此可见，高技术制造业增加值率作为调节变量指标是没有起到调节作用的，假设 H11a、H11b、H11c 均没有得到验证。

表 5.23 情景 3 中加入高技术制造业增加值率调节变量模型的回归结果

Variables	Y_0''' QuaIndex	Y_{60} QuaIndex	Y_{61} QuaIndex	Y_{62} QuaIndex
InvenTurn	−0.0614***	−0.0519***	−0.0517***	0.2234
	(0.64)	(−3.66)	(−3.20)	(−3.13)
TuAccRe	0.0555*	0.0535*	0.0536*	0.0541*
	(1.90)	(1.87)	(2.00)	(1.84)
ToAssTu	−0.0120	−0.0104	−0.0105	−0.0116
	(−0.36)	(−0.36)	(−0.35)	(−0.32)
RDPeRa	−0.0638	−0.0415	−0.0677	−0.0292
	(−0.11)	(−0.24)	(−0.15)	(−0.19)
ExpPro	−0.0235	−0.0136	−0.0121	−0.0116
	(−0.12)	(−0.23)	(−0.15)	(−0.13)
Numpat	0.0810	0.0706	0.0622	0.0563
	(0.58)	(0.87)	(0.76)	(0.68)
ProRev	0.0184	0.0117	0.0090	0.0006
	(0.00)	(0.12)	(0.08)	(0.06)
InnEff	0.0294*	0.0295*	0.0301*	0.0318*
	(1.86)	(1.99)	(1.93)	(2.03)
DeliExp	0.0145	0.0285	0.0303	0.0225
	(0.62)	(0.32)	(0.78)	(0.80)
AmMoni	−0.0990**	−0.1042***	−0.1041***	−0.0969**
	(−2.66)	(−2.54)	(−2.93)	(−3.11)
ProPuTrn	0.6679	0.6499	0.6352	0.6455
	(1.51)	(1.49)	(1.50)	(1.50)
GroManu		−0.0720	−0.0764	−0.0250
	(−0.38)		(−1.59)	(−1.49)
GroManu ×InvenTurn		0.0348		
		(0.07)		

续表5.23

Variables	Y_0'' QuaIndex	Y_{60} QuaIndex	Y_{61} QuaIndex	Y_{62} QuaIndex
GroManu×TuAccRe			0.0673	
			(0.20)	
GroManu×ToAssTu				−0.6141
	(−0.79)			
N	180	180	180	180
R^2	0.774	0.780	0.780	0.781
adj. R^2	0.751	0.755	0.755	0.756

注：t statistics in parentheses；* $p<0.10$，** $p<0.05$，*** $p<0.01$。

由表 5.24，市场占有率作为调节变量指标对比得出，市场占有率和存货周转率、应收账款周转率和总资产周转率三个核心指标的交互项均不显著相关。由此可见，市场占有率作为调节变量指标是没有起到调节作用的，假设 H12a、H12b、H12c 均没有得到验证。

表 5.24　情景 3 中加入市场占有率调节变量模型的回归结果

Variables	Y_0'' QuaIndex	Y_{63} QuaIndex	Y_{64} QuaIndex	Y_{65} QuaIndex
InvenTurn	−0.0614***	−0.0616***	−0.0606***	−0.0581***
	(−3.84)	(−3.66)	(−3.81)	(−3.39)
TuAccRe	0.0555*	0.0537*	0.0572*	0.0551*
	(1.77)	(1.87)	(1.78)	(1.78)
ToAssTu	−0.0120	−0.0139	−0.0120	−0.0118
	(−0.34)	(−0.36)	(−0.40)	(−0.35)
RDPeRa	−0.0638	−0.0807	−0.0982	−0.0805
	(−0.29)	(−0.24)	(−0.30)	(−0.31)
ExpPro	−0.0235	−0.0228	−0.0197	−0.0219
	(−0.22)	(−0.23)	(−0.23)	(−0.19)
Numpat	0.0810	0.0734	0.0777	0.0793
	(0.84)	(0.87)	(0.77)	(0.85)

续表5.24

Variables	Y_0'' QuaIndex	Y_{63} QuaIndex	Y_{64} QuaIndex	Y_{65} QuaIndex
ProRev	0.0184	0.0326	0.0176	0.0253
	(0.16)	(0.12)	(0.21)	(0.11)
InnEff	0.0294*	0.0299*	0.0297*	0.0295*
	(1.98)	(1.99)	(2.00)	(2.00)
DeliExp	0.0145	−0.0001	0.0148	0.0120
	(0.27)	(0.32)	(−0.00)	(0.33)
AmMoni	−0.0990**	−0.1280**	−0.0971*	−0.0987**
	(−2.33)	(−2.54)	(−2.17)	(−2.00)
ProPuTrn	0.6679	0.7096	0.6672	0.6777
	(1.44)	(1.49)	(1.49)	(1.45)
MarShare		0.0102	−0.0074	0.0362
		(0.74)	(0.22)	(−0.08)
MarShare ×InvenTurn		0.2298		
		(0.76)		
MarShare ×TuAccRe			0.0418	
			(0.37)	
MarShare ×ToAssTu				−0.1270
	(−0.57)			
N	180	180	180	180
R^2	0.774	0.774	0.774	0.774
adj. R^2	0.751	0.749	0.749	0.749

注：t statistics in parentheses；* $p<0.10$，** $p<0.05$，*** $p<0.01$。

由表5.25，高技术产品出口比重作为调节变量指标对比得出，高技术产品出口比重和存货周转率、应收账款周转率和总资产周转率三个核心指标的交互项均不显著相关。由此可见，高技术产品出口比重作为调节变量指标是没有起到调节作用的，假设H13a、H13b、H13c均没有得到验证。

表 5.25 情景 3 中加入高技术产品出口比重调节变量模型的回归结果

Variables	Y_0'' QuaIndex	Y_{66} QuaIndex	Y_{67} QuaIndex	Y_{68} QuaIndex
$InvenTurn$	−0.0614***	−0.0617***	−0.0623***	−0.0649***
	(−3.76)	(−3.66)	(−3.71)	(−3.81)
$TuAccRe$	0.0555*	0.0546*	0.0534*	0.0551*
	(1.86)	(1.87)	(1.86)	(1.80)
$ToAssTu$	−0.0120	−0.0128	−0.0109	−0.0148
	(−0.44)	(−0.36)	(−0.39)	(−0.33)
$RDPeRa$	−0.0638	−0.0516	−0.1454	−0.0486
	(−0.17)	(−0.24)	(−0.18)	(−0.49)
$ExpPro$	−0.0235	−0.0264	−0.0237	−0.0257
	(−0.24)	(−0.23)	(−0.26)	(−0.24)
$Numpat$	0.0810	0.0936	0.0359	0.1178
	(1.02)	(0.87)	(0.73)	(0.28)
$ProRev$	0.0184	0.0251	0.0198	0.0197
	(0.13)	(0.12)	(0.16)	(0.13)
$InnEff$	0.0294*	0.0289*	0.0299*	0.0285*
	(1.93)	(1.99)	(2.00)	(2.01)
$DeliExp$	0.0145	0.0107	0.0060	0.0061
	(0.14)	(0.32)	(0.25)	(0.15)
$AmMoni$	−0.0990**	−0.0940**	−0.0798**	−0.0896**
	(−2.51)	(−2.54)	(−2.66)	(−2.15)
$ProPuTrn$	0.6679	0.6522	0.6859	0.6426
	(1.38)	(1.49)	(1.43)	(1.43)
$ProExpo$		0.1012	0.1126	0.0463
	(0.18)		(0.53)	(0.51)
$ProExpo \times InvenTurn$		0.8067		
			(0.44)	
$ProExpo \times TuAccRe$			0.2900	
				(1.63)

续表5.25

Variables	Y_0'' QuaIndex	Y_{66} QuaIndex	Y_{67} QuaIndex	Y_{68} QuaIndex
ProExpo ×ToAssTu				0.4684
	(0.88)			
N	180	180	180	180
R^2	0.774	0.774	0.778	0.775
adj. R^2	0.751	0.749	0.753	0.749

注：t statistics in parentheses; * $p<0.10$, ** $p<0.05$, *** $p<0.01$。

由表5.26，地理标志商标数比率作为调节变量指标对比得出，地理标志商标数比率和应收账款周转率的交互项负向显著相关，应收账款周转率和高质量发展指数正向显著相关。由此可见，地理标志商标数比率作为调节变量指标干扰了应收账款周转率和高质量发展指数的正向相关关系，没有促进制造业高质量发展，假设H14a、H14b、H14c均没有得到验证。

表5.26 情景3中加入地理标志商标数比率调节变量模型的回归结果

Variables	Y_0'' QuaIndex	Y_{69} QuaIndex	Y_{70} QuaIndex	Y_{71} QuaIndex
InvenTurn	−0.0614***	−0.0644***	−0.0710***	−0.0943
	(−1.52)	(−3.66)	(−3.69)	(−4.27)
TuAccRe	0.0555*	0.0740**	0.0248	0.0743**
	(2.32)	(1.87)	(2.28)	(0.57)
ToAssTu	−0.0120	−0.0297	−0.0059	−0.0262
	(−0.75)	(−0.36)	(−0.94)	(−0.15)
RDPeRa	−0.0638	−0.1372	0.0077	−0.1247
	(−0.48)	(−0.24)	(−0.52)	(0.03)
ExpPro	−0.0235	−0.0196	−0.0301	−0.0161
	(−0.16)	(−0.23)	(−0.19)	(−0.31)
Numpat	0.0810	0.0882	0.0967	0.0921
	(1.06)	(0.87)	(0.99)	(1.02)
ProRev	0.0184	0.0303	0.0420	0.0200
	(0.15)	(0.12)	(0.21)	(0.30)

续表5.26

Variables	Y_0'' QuaIndex	Y_{69} QuaIndex	Y_{70} QuaIndex	Y_{71} QuaIndex
InnEff	0.0294*	0.0297**	0.0251*	0.0301**
	(2.17)	(1.99)	(2.10)	(1.96)
DeliExp	0.0145	0.0218	0.0162	0.0218
	(0.44)	(0.32)	(0.45)	(0.38)
AmMoni	−0.0990**	−0.1065**	−0.0951**	−0.1074**
	(−2.61)	(−2.54)	(−2.63)	(−2.50)
ProPuTrn	0.6679	0.5340	0.6487*	0.5178
	(1.17)	(1.49)	(1.19)	(1.81)
GeoTra		0.1315	0.3396***	0.0978
	(1.10)		(1.16)	(3.48)
GeoTra ×InvenTurn		−0.0371		
			(−0.05)	
GeoTra ×TuAccRe			−0.3794**	
				(−2.73)
GeoTra ×ToAssTu				0.3879
	(0.48)			
N	180	180	180	180
R^2	0.774	0.779	0.792	0.779
adj. R^2	0.751	0.754	0.769	0.754

注：t statistics in parentheses；* $p<0.10$，** $p<0.05$，*** $p<0.01$。

由表5.27，商标累计有效注册比率作为调节变量指标对比得出，商标累计有效注册比率和存货周转率的交互项负向显著相关，商标累计有效注册比率和总资产周转率的交互项正向显著相关，存货周转率和高质量发展指数负向显著相关，总资产周转率和高质量发展指数负向相关但是不显著。由此可见，商标累计有效注册比率作为调节变量指标增强了存货周转率和高质量发展指数的负向相关关系，干扰了总资产周转率和高质量发展指数的负向相关关系，假设 H15a、H15b 均没有得到验证，而假设 H15c 得到验证。

表5.27 情景3中加入商标累计有效注册比率调节变量模型的回归结果

Variables	Y_0'' QuaIndex	Y_{72} QuaIndex	Y_{73} QuaIndex	Y_{74} QuaIndex
$InvenTurn$	−0.0614***	−0.0532***	−0.0553***	−0.0809***
	(−3.83)	(−3.66)	(−3.14)	(−3.06)
$TuAccRe$	0.0555*	0.0514	0.0568*	0.0467
	(1.40)	(1.87)	(1.64)	(1.85)
$ToAssTu$	−0.0120	−0.0130	−0.0172	−0.0118
	(−0.34)	(−0.36)	(−0.40)	(−0.53)
$RDPeRa$	−0.0638	−0.0597	−0.0154	0.0677
	(0.26)	(−0.24)	(−0.21)	(−0.05)
$ExpPro$	−0.0235	−0.1022	−0.0280	−0.0341
	(−0.40)	(−0.23)	(−1.08)	(−0.30)
$Numpat$	0.0810	0.1645	0.1491	0.0840
	(0.71)	(0.87)	(1.46)	(0.90)
$ProRev$	0.0184	0.1213	0.0355	0.0277
	(0.19)	(0.12)	(0.79)	(0.23)
$InnEff$	0.0294*	0.0221	0.0243*	0.0234*
	(1.72)	(1.99)	(1.55)	(1.73)
$DeliExp$	0.0145	−0.0310*	−0.0052	−0.0114
	(−0.39)	(0.32)	(−1.89)	(−0.18)
$AmMoni$	−0.0990**	−0.1529***	−0.1146***	−0.1167**
	(−2.67)	(−2.54)	(−4.14)	(−2.97)
$ProPuTrn$	0.6679	0.5559	0.6710	0.6441
	(1.57)	(1.49)	(1.37)	(1.51)
$RegTra$		−0.0620	−0.2215	−0.3566*
	(−1.84)		(−0.55)	(−1.22)
$RegTra \times InvenTurn$		−0.8514***		
			(−5.43)	
$RegTra \times TuAccRe$			0.1108	
				(0.52)

续表5.27

Variables	Y_0'' QuaIndex	Y_{72} QuaIndex	Y_{73} QuaIndex	Y_{74} QuaIndex
$RegTra \times ToAssTu$				1.6599*
	(1.83)			
N	180	180	180	180
R^2	0.774	0.792	0.778	0.786
adj. R^2	0.751	0.769	0.753	0.762

注：t statistics in parentheses；* $p<0.10$，** $p<0.05$，*** $p<0.01$。

综上，由对基础营运能力的计量结果可知，基础营运能力没有对制造业高质量发展起到良好的促进作用，存货周转率与高质量发展指数显著负相关，应收账款周转率和高质量发展指数显著正相关，总资产周转率和高质量发展指数负相关而且不显著。总的来看，相关系数为负的指标对制造业高质量发展的影响程度要大于相关系数为正的指标，企业营运能力促进制造业高质量发展的效率不高，如图5.7所示。

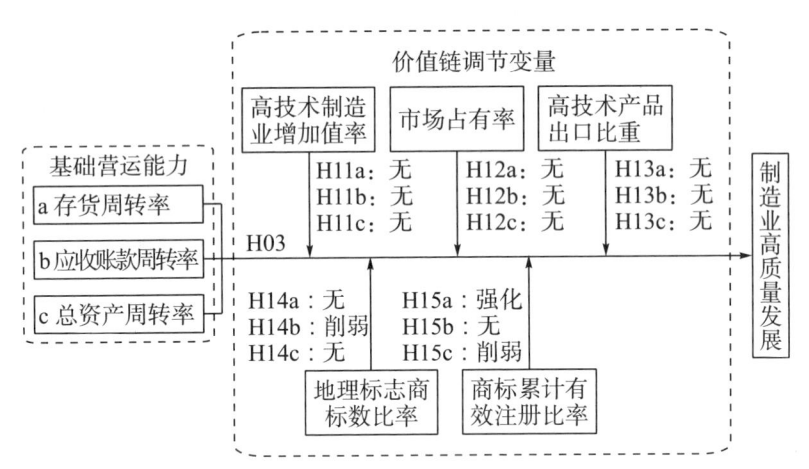

图5.7　基础营运能力单独作用下价值链调节变量对模型的调节作用

就存货周转率、应收账款周转率和总资产周转率三个核心指标而言，价值链五个指标的加入，高技术制造业增加值率、市场占有率和高技术产品出口比重没有对核心变量与因变量之间的关系起到调节作用，地理标志商标数比率负向调节了应收账款周转率和高质量发展指数的关系，商标累计有效注册比率正向调节了存货周转率和高质量发展指数的关系，负向调节了总资产周转率和高质量发展指数的关系，H11～H15假设均得到验证。

第三节 研究结论与启示

一、研究结论

党的十九大以来，企业以增强制造业创新能力为核心驱动，以工业强基、智能制造、绿色制造为抓手促进制造业高质量发展，以价值链作为高质量发展的有力支撑。本章对制约中国制造业高质量发展的关键问题展开研究，将高质量发展指数作为被解释变量引入模型，从三个角度出发，实证分析了创新驱动、基础营运能力共同作用下以及单独作用下对高质量发展指数的影响。最后在主效应模型上分别引入价值链中的高技术制造业增加值率、市场占有率、高技术产品出口比重、地理标志商标数比率和商标累计有效注册比率五个指标作为调节变量，分析价值链在制约高质量发展中的关键作用，得出创新驱动和基础营运能力都会制约制造业高质量发展。二者共同作用下，创新投入对制造业高质量发展有正向促进作用，创新驱动和基础营运能力单独作用下没有对制造业高质量发展起到较好的正向作用。为了分析并解决制约制造业高质量发展的关键问题，本章分别将价值链的五个指标与各个情景下的创新驱动、基础营运能力指标进行交互相乘，通过观察交互项系数的显著性，可知价值链对模型起着决定性的作用，价值链攀升是制约制造业高质量发展的关键问题。

（一）制约中国制造业高质量发展的关键指标分析

在创新驱动和基础营运能力协同作用下，就创新驱动的核心指标来看，技术市场成交额比与高质量发展指数显著负相关，R&D人员比率、新产品外销率、新产品销售收入比与高质量发展指数负相关但不显著。R&D投入与高质量发展指数显著正相关，专利授权量、创新效率与高质量发展指数正相关但不显著。就基础营运能力的三个核心指标来看，存货周转率与高质量发展指数显著负相关，而应收账款周转率和总资产周转率与高质量发展指数正相关但不显著。在创新驱动单独作用下，R&D人员比率、新产品外销率、技术市场成交额比与高质量发展指数负相关，但仅技术市场成交额比较显著。R&D投入、专利授权量、创新效率和新产品销售收入比与高质量发展指数正相关，但仅创新效率显著。在基础营运能力单独作用下,存货周转率与高质量发展指数显著负相关,总资产周转率与高质量发展指数负相关,应收账款周转率与高质量发展指数显著正相关。通过对比分析发现,当不考虑基础营运能力对模型的影响时,R&D投入、创新效率以及新产品销售收入比发生了变化,R&D投入从原来的显著正相关变成了不显著正相关,创新效率由不显著正相关变成了显著正相关,新产品销售收入比从负相关变成了正相关。基础营运能力间接影响了R&D投入、创新效率以及新产品销售收入比的效率。当不考虑创新驱动对模型的影响时,应收账款周转率和总资产周转率发生了显著的变化,应收账款周转率由不显著正相关变成了显著正相关,总资产周转率由正相关变成了负相关。创新驱动间接影响着应收账款周转率和总资产周转率。总之,R&D投入对高质量发展指数的正相关影响远大于技术市场成交额比对高质量发展指数的负相关影响,可见创新驱动高质量发展的结构不平衡,创新驱动是引领高质量发展的不竭动力源泉;基础营运能力是制造企业生存赢利的关键要素,基础营运能力低下阻碍了制造业高质量发展,负相关的指标对高质量发展指数的影响大于正相关的指标,创新驱动制造业高质量发展的效率不高,同理基础营运能力对制造业高质量发展没有起到良好的促进作用。得出如下结论:

(1)创新驱动和基础营运能力共同作用下,创新驱动正向影响制造业高质量发展,R&D投入是创新驱动的关键作用,而基础营运能力没有对制造业高质量发展起到良好的促进作用。

(2)创新驱动单独作用下,以创新驱动制造业高质量发展的效率较低。

(3)基础营运能力单独作用下,以基础营运能力促进制造业高质量发展的效率较低。

(二)价值链在中国制造业高质量发展中的调节作用

高技术制造业增加值率、市场占有率、高技术产品出口比重、地理标志商标数比率和商标累计有效注册比率五个指标作为本章的调节变量以探究调节变量对模型的作用。通过回归分析可知,在创新驱动和基础营运能力共同作用下,市场占有率负向调节技术市场成交额比与高质量发展指数的显著负相关关系,地理标志商标数比率的加入干扰了R&D投入与制造业高质量发展指数之间正相关的关系,即地理标志商标数比率负向调节R&D投入与高质量发展指数的显著正相关关系。商标累计有效注册比率的加入增强了技术市场成交额比与制造业高质量发展指数的负相关关系，即商标累计有效注册比率正向调节了技术市场成交额比与高质量发展指数的显著负相关关系。高技术产品出口比重的加入干扰了存货周转率与制造业高质量发展指数的负相关关系，增强了R&D投入与制造业高质量发展指数的正相关关系，即高技术产品出口比重正向调节R&D投入与高质量发展指数的显著正相关关系，负向调节存货周转率与高质量发展指数的显著负相关关系。在创新驱动单独作用下，高技术制造业增加值率负向调节了创新效率与高质量发展指数的负相关关系，市场占有率负向调节了技术市场成交额比与高质量发展指数的负相关关系。地理标志商标数比例增强了R&D人员比率和高质量发展指数之间的关系，干扰了R&D投入、专利授权量与高质量发展指数之间的关系，商标累计有效注册比率增强了技术市场成交额比与高质量发展指数之间的关系。在基础营运能力单独作用下，地理标志商标数比率干扰了应收账款周转率和高质量发展指数之间的关系，而商标累计有效注册比率增强了存货周转率与高质量发展指数之间的关系，干扰了总资产周转率与高质量发展指数之间的关系。通过文献深析，价值链攀升与中国制造业高质量发展呈相互促进的关系，而本章的研究发现，价值链作为调节变量加入模型中，虽对创新驱动、基础营运能力与制造业高质量发展指数的关系起到了部分调节作用，但整体而言效果不明显。价值链的加入会使整个制造业高质量发展系统受到影响，由此得出如下结论：

（1）创新驱动和基础营运能力共同作用下，价值链中的高技术制造业增加值没有对创新驱动以及基础营运能力起到调节作用。

（2）创新驱动和基础营运能力共同作用下，价值链中的市场占有率负向调节了创新驱动对制造业高质量发展的影响，就基础营运能力对制造业高质量发展的影响而言没有起到调节作用。

（3）创新驱动和基础营运能力共同作用下，价值链中的高技术产品出口比重正向调节了创新驱动对制造业价值链的影响，负向调节了基础营运能力对制造业价值链的影响。

（4）创新驱动和基础营运能力共同作用下，价值链中的地理标志商标数比率负向调节了创新驱动对制造业高质量发展的影响，就基础营运能力对制造业高质量发展的影响而言没有起到调节作用。

（5）创新驱动和基础营运能力共同作用下，价值链中的商标累计有效注册比率正向调节了创新驱动对制造业高质量发展的影响，就基础营运能力对制造业高质量发展的影响而言没有起到调节作用。

（6）创新驱动单独作用下，价值链中的高技术制造业增加值率负向调节了创新效率对制造业高质量发展的影响，市场占有率负向调节了技术市场成交额比对制造业高质量发展的影响。高技术产品出口比重没有起到调节作用，而地理标志商标数比率正向调节了 R&D 人员比率与制造业高质量发展的关系，负向调节了创新投入和专利授权量对制造业高质量发展的影响，商标累计有效注册比率正向调节了技术市场成交额比对制造业高质量发展的影响。

（7）在基础营运能力单独作用下，价值链的高技术制造业增加值率、市场占有率和高技术产品出口比重没有对核心变量与因变量之间的关系起到调节作用，地理标志商标数比率负向调节了应收账款周转率和高质量发展指数的关系，商标累计有效注册比率正向调节了存货周转率和高质量发展指数的关系，负向调节了总资产周转率和高质量发展指数的关系。

综上，创新驱动、基础营运能力对制造业高质量发展没有起到正向促进作用，且价值链对创新驱动以及基础营运能力对制造业高质量发展的影响，既有正向调节作用亦有负向调节作用。如何使价值链起到良好的调节作用，价值链攀升是解决制约高质量发展的关键问题。

二、启示

在创新驱动和基础营运能力推动中国制造业高质量发展过程中，创新驱动、基础营运能力应该对制造业高质量发展产生积极的促进作用，然而本书有了一些新的发现，即创新驱动仅由 R&D 投入支撑，其中技术市场成交额比、R&D 人员比率、新产品外销率、新产品销售收入比与高质量发展指数负相关。可见以上指标不但没有起到应有的积极作用，反而制约了中国制造业的高质量发展。创新效率和专利授权量虽然促进了制造业高质量发展，但是效果不显著，可见创新驱动高质量发展过程中仍存在创新部分失效的问题。基础营运能力中的应收账款周转率、总资产周转率以及存货周转率的提高都应促进制造业高质量发展，而本书发现存货周转率与制造业高质量发展显著负相关，应收账款周转率、总资产周转率虽与制造业高质量发展正相关，但不显著。可见存货周转率制约着基础营运能力的提升，因此制造企业的存货周转率不容忽视。在创新驱动单独作用下，创新效率指标的显著性说明创新效率得到了提高，新产品销售收入比也由负相关转变成正相关，促进制造业高质量发展，可见基础营运能力间接制约了创新效率与新产品销售收入比的提高。在基础营运能力单独作用下，应收账款周转率与高质量发展指数显著正相关，而总资产周转率却与高质量发展指数负相关，可见创新驱动制约了应收账款周转率的提高，总资产周转率的提升间接促进了创新驱动的提高。在创新驱动或者基础营运能力单独作用下，价值链对高质量发展的促进作用呈递减的状态。因此，无论重心偏向哪一方，都不能积极促进制造业高质量发展。

制造业高质量发展意味着制造业实力的增强，随之全球价值链地位得到一定的提升，而本书发现因价值链的加入，并没有显著调节创新驱动以及基础营运能力和制造业高质量发展之间的关系，甚至反而制约了整个系统的优化，可见价值链是制约中国制造业高质量发展的关键所在。因此，价值链攀升是否优化中国制造业高质量发展值得深究，这将是我们接下来的研究方向。结合本书的实证结果，从创新驱动以及基础营运能力的薄弱环节突破，紧抓创新驱动中的技术市场成交额比、R&D人员比率、新产品外销率、新产品销售收入比等几个指标的效率，巩固R&D投入、专利授权量、创新效率对高质量发展指数的积极作用，提高企业的存货周转率，进一步促进基础营运能力的提升，并继续保持应收账款周转率和总资产周转率与高质量发展指数的正相关关系。本书从以下三个方面提出建议以供相关部门决策参考。

（一）促进价值链地位攀升，推动制造业高质量发展

经济发展高质量是高质量发展的核心要义和关键任务，而制造业发展高质量又是经济发展高质量的重中之重。中国制造业一直是国家经济的根本，建设制造业强国，加快发展先进制造业，只有通过高质量发展才能真正适应市场的需求，才能解决制约发展的瓶颈问题，而价值链是促进制造业高质量发展的关键因素。本章价值链的高技术制造业增加值率、市场占有率、高技术产品出口比重、地理标志商标数比率和商标累计有效注册比率对模型的调节作用有正亦有负。价值链在高质量发展过程中尤为重要，全球制造业发展态势和竞争格局将出现重大调整，对中国制造业转型发展也会带来诸多冲击。从国内环境看，中国制造业面临加快自主创新、扩大内需、拓展基础设施建设空间、发展战略性新兴产业和先进制造业、加快军民融合等有利形势。但也会因创新能力不足、产品附加值低、产能过剩、资源环境约束趋紧等经受严峻挑战。因此，中国制造业需要采取针对性措施，制定精准有效政策，促进价值链攀升，优化资源配置，降低生产

成本，提高生产效率，促进中国制造业在全球价值链中的地位，推动中国制造业向价值链中高端有序攀升。

（二）优化创新要素结构，加快创新驱动制造业高质量发展

高新技术产业及其沿全球价值链的升级是中国未来产业发展的重要组成部分。科学技术是第一生产力，一个国家的技术进步意味着国家实力的增强以及国际地位的提高。因此，促进中国经济高质量发展的关键在于创新。本书通过实证发现创新驱动高质量发展的指标不平衡，在创新驱动中仅 R&D 投入起到了关键作用，要实现中国经济高质量发展，就必须有高质量的制造业作为支撑。创新是引领制造业高质量发展的驱动因素，创新驱动是引领制造业高质量发展的不竭动力源泉，创新一旦失效，将严重阻碍制造业高质量发展进程。发展高质量的制造业，必须以创新为引领，通过对创新要素的再配置及创新结构优化，以及新兴产业发展，带动产业结构调整，打造核心竞争力，推动中国制造业从要素驱动转向创新驱动，进而促进制造业发展由量大转向质强。技术创新增强竞争力的一条有效路径，是通过技术创新提高中国制造的品质和国际竞争力，进一步激发创新活力，为创新驱动新模式打下基础。

（三）注重基础营运能力，保持核心竞争优势

基础营运能力作为企业生存盈利的关键要素，决定着一个企业的市场经营成果以及企业是否有未来，是制造业高质量发展的基石。正如本书实证结果所示，基础营运能力一旦失效，会直接阻碍高质量发展，企业如果对市场把握不准，就会给企业带来很大的危机。制造业由于不断变化的环境以及成本的存在也要求其不断提高运营能力，从而在市场上保持竞争力。企业要保持的竞争优势，实际上就是企业在价值链某些特定的战略环节上的优势，制造企业的基础营运能力分析对企业管理至关重要。制造企业应改善经营管理，优化资产结构，加速资金周转，保持核心竞争优势，以使得企业是有价值的、难以复制的并且是稀缺的。企业从高层管理者到基层的每一个员工都应该认知企业核心竞争力战略在市场竞争特别是国际竞争中的作用，重视和关心企业核心竞争力的培养。现代企业制度体现的是企业资源配置的高效性，而这种高效性能否充分发挥，主要依靠核心技术和技术创新，所以加强技术创新是打造企业核心竞争力的关键。此外，还要塑造独特的企业文化，以获得持久的核心竞争力。

第三篇

测度与研判：中国制造业
（全球、区域、产业视角）价值链地位

第六章　全球视角：
中国制造业价值链态势研判

第一节　中国制造业参与全球价值链情况

一、中国制造业处于全球价值链中低端

近年来，有关中国制造业全球价值链地位研究的文献比较多。大多数文献都提出中国制造业处于全球价值链中低端。除了从不同视角研究中国制造业整体，还有文献研究装备制造业，发现中国装备制造业亟待升级。Pietrobelli 和 Rabellotti（2011）认为，尽管中国装备制造业价值链具有较强的生产能力，但产业链短，中间产业不发达，制造成套设备能力弱且技术创新能力不强，因此，中国装备制造业仍处于全球价值链中低端。相关研究表明[①]：中国的装备制造业多年来在全球价值链（Global Value Chains，GVC）中的地位有一定程度的提升，但总体上仍旧处于低端。

还有学者研究制造业细分行业的价值链地位。王涛等（2017）发现，1995 年至 2005 年中国制造业整体在 GVC 中的地位显示出先降低而后增高的"V"形演化趋势，而 2005 年至 2011 年显示出倒"L"形的发展状况；同时，中国制造业参与 GVC 的程度显示出了渐渐提升的变化趋势，但仍旧处于 GVC 中低端。相关研究把分工环节及附加值创造的双重影响纳入考虑范围，评估了中国价值链分工地位，验证中国 GVC 分工的确处于中低端，但综合考虑附加值创造后，中国的分工地位有提升的趋势，然

---

① 张玉芹，李辰. 我国装备制造业在全球价值链的地位分析［J］. 国际商务（对外经济贸易大学学报），2016（5）：76-87.

而服务业的价值链分工地位依然近于恶化[①]。林学军和官玉霞（2019）认为中国制造业大而不强，面临在全球价值链"低端锁定"的困境。

学者们从不同角度出发，验证了中国装备制造业处于 GVC 中低端，但具体的行业以及产品略微不同。虽然制造业在 GVC 中的分工地位仍旧较低，但相较于以前，已经有了提升的趋势。

二、中国制造业参与全球价值链状态

首先，分析中国制造业 GVC 地位指数与 GVC 参与度，见表6.1。中国制造业 GVC 地位指数在 1995 年至 2005 年波动较大，2005 年至 2009 年有明显回升，从 -0.140 上升到 -0.002；2009 年至 2011 年保持相对稳定。中国制造业 GVC 指数长期为负值，说明中国制造业仍处于价值链中低端，但是在 GVC 分工中，中国企业不断与国外制造业合作，学习先进的技术与管理方法，不断提升中国制造业水平，因此中国制造业在 2005 年处于恢复阶段。2008 年后，中国制造业 GVC 地位指数明显提升，可能是因为金融危机的冲击倒逼着中国制造业转型升级。2009 年，中国制造业 GVC 参与度达到历史高峰，整体呈现出上升的趋势，表明中国制造业价值链地位趋于上升。

表6.1 中国制造业 GVC 地位指数与 GVC 参与度[②]

指数名称	1995 年	2000 年	2005 年	2008 年	2009 年	2010 年	2011 年
中国制造业 GVC 地位指数	-0.162	-0.199	-0.140	-0.015	-0.002	-0.021	-0.020
中国制造业 GVC 参与度	0.7405	0.7405	0.7671	0.7701	0.7793	0.7741	0.7745

其次，分析中国制造业分行业的 GVC 地位指数。1995 年至 2008 年，中国制造业价值链地位趋于上升，但 2009 年至 2011 年略有下降。其中高技术制造业的代表——电子、电器与光学设备制造业的 GVC 地位指数长期为负值，说明该类制造业主要处于全球价值链的加工组装环节，利润空间小。但是 2008 年后，该行业的地位指数明显上升，说明中国高技术制

---

① 张为付, 戴翔. 中国全球价值链分工地位改善了吗？——基于改进后出口上游度的再评估 [J]. 中南财经政法大学学报, 2017 (4)：90-99.

② GVC 地位指数计算需要全球具有贸易来往国家数据，源于 2011 年世界银行最新数据。

造业在创新上取得了不小的进展，在金融危机的外部冲击下竞争优势仍在不断增强。同样地，机械设备与运输设备等中高技术产业也呈现同样的趋势。而低技术产业如食品、饮料、烟草、纺织品、皮革与鞋类制造业凭借着中国劳动力成本较低的优势在 2005 年至 2008 年 GVC 地位指数显著上升，但是在 2009 年经历了金融危机之后开始逐渐下降，说明低技术制造业防御外部危机的能力较弱（见表 6.2）。

表 6.2　中国制造业分部门 GVC 地位指数[①]

行业	1995 年	2000 年	2005 年	2008 年	2009 年	2010 年	2011 年
食品、饮料与烟草	−0.0880	−0.0612	0.0159	0.2144	0.2410	0.2010	0.1920
纺织品、皮革与鞋类	−0.0630	−0.0270	0.0269	0.1797	0.2040	0.1650	0.1690
木材、纸制品、印刷与出版	−0.2050	−0.2112	−0.1152	0.1190	−0.0010	−0.0140	−0.0511
化学品与非金属矿产品	−0.2090	−0.2110	−0.1681	−0.0140	0.0300	0.0006	−0.0326
基本金属与金属制品	0.0100	−0.0205	0.0186	0.1347	0.1266	0.1051	0.0836
机械设备	−0.0770	−0.0691	−0.0385	0.1021	0.1219	0.1023	0.0911
电子、电器与光学设备	−0.5200	−0.5355	−0.4872	−0.2110	−0.1960	−0.1990	−0.1925
运输设备	−0.1640	−0.1345	−0.1066	0.0698	0.1058	0.0813	0.0706
其他制造品与回收设备	0.1640	0.1808	0.1811	0.2126	0.2565	0.2294	0.2185

最后，分析中国制造业分行业的 GVC 参与度，各部门除了其他制造品与回收设备的参与指数在 1995 年至 2005 年都呈现下降趋势，2005 年达到最低值，2008 年后开始上升，保持平稳，呈现"V"形趋势。其他制造品与回收设备产业的波动趋势相较于其他行业有一定的时滞性，应该与该产业和其他产业产品的"退出"有关。高技术制造业的 GVC 参与度，比如电子、电器与光学设备，相对来说是较高的，在 2011 年居九大行业之首。除

---

① 王涛，赵晶，姜伟. 中国制造业在全球价值链分工中的地位研究 [J]. 科技管理研究，2017，37 (19)：129−138.

了运输设备和机械设备两个行业，2011年其他行业的GVC参与指数都超过了0.75。虽然运输设备和机械设备两个行业的GVC参与指数相对较小，但是这两个行业的GVC地位指数都是正数，说明这两个高技术制造行业地位提升主要依赖于技术的不断提升（见表6.3）。

表6.3 中国制造业分部门GVC参与度

行业	1995年	2000年	2005年	2008年	2009年	2010年	2011年
食品、饮料与烟草	0.6615	0.6252	0.5249	0.7476	0.7616	0.7680	0.7736
纺织品、皮革与鞋类	0.7777	0.7268	0.6543	0.7535	0.7612	0.7550	0.7624
木材、纸制品、印刷与出版	0.7262	0.7354	0.5970	0.7622	0.7643	0.7600	0.7698
化学品与非金属矿产品	0.7089	0.7123	0.6489	0.7767	0.7801	0.7780	0.7827
基本金属与金属制品	0.7013	0.7430	0.6898	0.7594	0.7654	0.7610	0.7660
机械设备	0.6977	0.6872	0.6453	0.7305	0.7376	0.7310	0.7328
电子、电器与光学设备	0.7524	0.7788	0.6962	0.8067	0.8125	0.8110	0.8070
运输设备	0.7156	0.6730	0.6338	0.7346	0.7219	0.6889	0.6945
其他制造品与回收设备	0.7895	0.7682	0.7678	0.6736	0.7454	0.7420	0.7451

总体来看，除了纺织品、皮革与鞋类和其他制造品与回收设备两个行业，其他行业的GVC参与指数都有了很大的提升。结合GVC地位指数，可以看出中国技术密集型的制造业参与度较高，但是由于技术水平较低，所以在全球价值链中的地位较低，比如电子、电器与光学设备，化学品与非金属矿产品。而低技术制造业行业比如食品、饮料与烟草，纺织品、皮革与鞋类以及其他制造品与回收设备则有较高的GVC地位指数。

第二节 中国制造业全球价值链地位测度及其影响因素计量分析

一、中国部分区域①全球价值链地位测算

(一) 中国部分区域全球价值链地位测算方法

全球价值链测算方法有很多，但垂直专业化指数（VS指数）的关键条件（假设国内消费品与出口品所使用的进口中间品的比例相同）在现实中很难成立，而GVC指数所使用的WIOD数据库数据较为陈旧，不适合做近几年全球价值链地位测算，故本书选用Hausmann在2007年通过改进贸易专业化指标（TSI），与出口和人均生产总值相结合所构建的出口复杂度指数（EXPY指数）来对中国部分省市全球价值链地位进行具体测算，技术复杂度用公式（6.1）表示，EXPY指数可用公式（6.2）计算。

$$PRODY_i = \sum_j \left[\frac{S_{ij}}{\sum_j S_{ij}} \times Y_j \right] \qquad (6.1)$$

$$EXPY_j = \sum_j S_{ij} PRODY_i \qquad (6.2)$$

式中，i 为目标行业，本书为制造业；j 为被分析的国家和地区，本书为国内各大省市；S_{ij} 为 j 省市制造业出口额占该省市出口总额的比重；$\sum_j S_{ij}$ 为所有省市中制造业出口额占该省市出口总额的比重之和；Y_j 为 j 省市的实际人均生产总值；$PRODY_i$ 为区域市人均生产总值与其制造业出口权重的乘积之和，表示除收入影响以外的制造业技术复杂度；$EXPY_j$ 为出口复杂度指数，能反映该省市制造业出口的技术含量及价值链地位。

(二) 中国部分区域全球价值链地位测算结果

首先对2012年至2017年中国部分省市的数据进行分析，测算得出了

---

① 基于部分省市统计数据的不完整性及区域制造业发展的不均衡性，本书选取的部分省市为河南、安徽、山西、湖南、江西、北京、山东、浙江、福建、重庆、四川、贵州、陕西、青海。

部分省市的制造业技术复杂度与出口复杂度指数，同时绘制出了生产总值技术复杂度对比图和出口复杂度对比图。本部分各统计数据均来自统计年鉴。由于浙江、福建、重庆、四川、贵州、陕西、青海 2017 年技术复杂度数据缺失，为了减少数据缺失对整个模型的影响，缺失值用平均值代替。2012—2017 年中国部分省市技术复杂度对比如图 6.1 所示。由图 6.1 可以看出，全国的创新技术水平在提升，其中北京远高于其他省市。

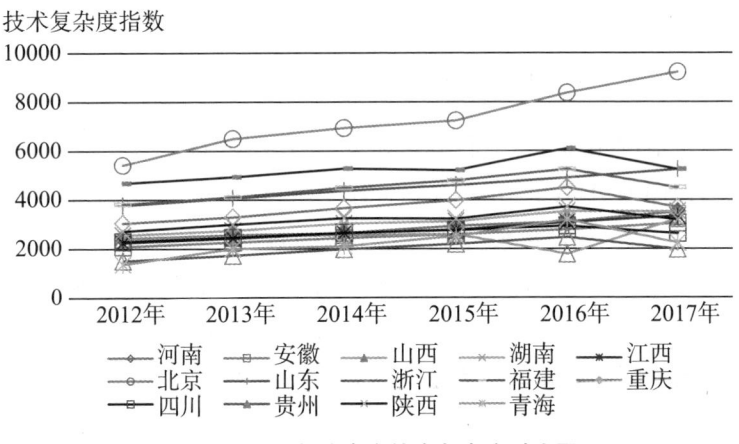

图 6.1　中国部分省市技术复杂度对比图

2012—2017 年中国部分省市出口复杂度对比如图 6.2 所示，北京的出口复杂度指数在全国来看遥遥领先，从 2012 年的 5419.17 上升到 2017 年的 9223.2，可见其增长速度较快；浙江的出口复杂度指数在 2014 年有所下降，2015 年降到最低，为 5198.87；山西 2015 年有所下降且幅度较大，2016 年降到全国最低水平，为 1786.42，之后大幅上升；青海的出口技术复杂度处于全国低端水平且增长速度缓慢。总的来看，部分省市的出口技术复杂度指数增长速度平缓，河南的出口复杂度处在全国中低端水平，但是整体来看，各省市都有上升的趋势，部分省市制造业出口的技术含量也在逐年提高，价值链地位在不断上升。

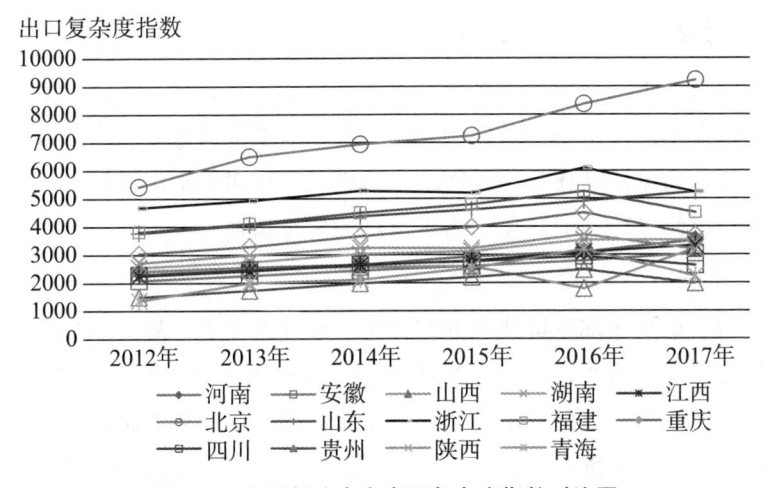

图 6.2　中国部分省市出口复杂度指数对比图

二、制造业全球价值链地位影响因素的实证研究

本书将波特钻石模型与制造业现状相结合，选取与影响因素相关的部分指标探究提升制造业全球价值链地位的关键影响因素。

（一）变量的选取与说明

钻石模型是用来分析一个国家或地区某产业竞争力优势的一种思维框架。本书将利用钻石模型探究制造业在全球价值链竞争中所涉及的影响因素。

1. 生产要素

生产要素包括初级生产要素和高级生产要素。

（1）初级生产要素。初级生产要素指的是一个地区的地理位置、能源、气候等自然要素禀赋，同时还包括资金和普通劳动力等。在初级生产要素中选取物质资本密集度（Capital）作为评价指标。

（2）高级生产要素。人口众多带来的好处是劳动力众多，但是劳动力并不只由数量进行衡量，高科技人才一直是价值链分工中必不可少的因素之一。同时，高科技人才的流动和分布都在影响制造业的分工地位。由此可见，人力资本可当作衡量价值链地位的指标因素。同时，科研项目也是重要的衡量标准之一，科学技术累积带来的是质的飞跃，科研项目和科学技术都能带来制造业价值链地位的提升。

2. 需求条件

国内市场需求与国外市场需求一起构成了需求条件。国内企业可以较为快速地发现国内市场需求，而对国外市场需求的灵敏度就会下降。提高国际地位，衡量标准还是国外需求，也就是区域对外输出情况。本书选取制造业出口额（Export）作为需求条件的衡量指标。

3. 相关及支持产业

任何一个产业都不可能离开其相关产业独自发展，故产业集聚对于产业优势发展至关重要，一个产业的强盛与发展离不开其相关产业的崛起。某产业发展较好，将带动下游产业的发展；同理，如果下游产业具有全球优势，势必会对上游产业提出更高的要求，这对产业来说是一种"提升效应"，是一种外部动力。制造业作为工业的一个分支，上游相关产业即为工业，本书选取工业企业平均利润（Profit）和工业增加值（Value）来代表制造业相关企业的表现。

4. 产业战略结构和同行业竞争

（1）产业战略结构。在经济全球化背景下，制造业对外贸易战略、外资战略等产业结构战略都悄然发生了变化，这些战略结构既有相同的一面，又有不同的特点。本书采用外商投资额（FDI）作为变量来代表产业战略结构，外商投资能为企业带来先进的管理经验及设备，同时也能带来结构转型，给企业带来示范效应及知识外溢等间接效应。

（2）同行业竞争。企业在进入国际市场竞争之前必定已经在国内市场与同行业企业进行过竞争，在经济全球化的今天，进口是一个衡量同类企业的重要因素，进口同类产品直接促进了行业内信息沟通，同时也能激发产业间竞争，间接将制造业整体水平提上一个台阶。故选取进口（Import）作为衡量全球价值链地位的指标。

5. 政府

政府在产业优势形成过程中起着辅助作用，一个产业的形成及发展与政府的政策、资金支持等密切相关，政府支持也能为产业的发展扫清障碍，提供方向。本书采用科学财政经费（Support）和开发新产品经费（Production）来代表政府支持程度。

价值链地位由出口复杂度指数（EXPY）来衡量。相关指标及计算方法详见表 6.4。

表6.4 价值链地位相关指标及计算方法

项目	符号	定义	计算方法
价值链地位	EXPY	出口复杂度	
初级生产要素	Capital	物质资本密集度	制造业固定资产/从业人员数量
高级生产要素	Human	专业技术人员占比	R&D人员数量/全体从业人员数量
	Institution	工业企业R&D活动单位数占比	工业企业R&D单位数/总R&D单位数
需求条件	Export	出口额	制造业出口额
相关及支持产业	Profit	工业企业平均利润	工业企业利润总和/工业企业单位数
	Value	工业增加值	工业企业增加值
产业战略结构和同行业竞争	FDI	外商投资额	外商投资企业投资总额
	Import	进口额	制造业进口额
政府	Support	科学财政经费	政府对于制造业支出的财政经费
	Production	开发新产品经费	规模以上工业企业开发新产品经费

（二）指标体系构建、模型设定及其检验

1. 指标体系构建

本书将探究不同指标对全国各个省市制造业价值链地位造成的影响，将制造业出口复杂度指数作为被解释变量并选取解释变量，详见表6.5。

表6.5 中国制造业价值链地位测度指标体系

一级指标	符号	二级指标	三级指标	符号
生产要素	A	物质资本密集度	制造业固定资产/从业人员数量（万元/人）	A_1
		人力资本	R&D人员数量占比例	A_2
		研究机构	工业企业R&D单位数占比例	A_3
需求条件	B	出口	制造业出口额（万美元）	B_1
相关及支持产业	C	平均利润	工业企业利润总额/工业企业单位数（亿元/个）	C_1
		工业增加值	工业企业增加值（亿元）	C_2

续表6.5

一级指标	符号	二级指标	三级指标	符号
产业战略结构和同行业竞争	D	外商直接投资	外商投资企业投资总额（百万美元）	D_1
		进口额	地方进口总额（万美元）	D_2
政府	E	科学财政支出	地方财政科学技术支出（亿元）	E_1
		开发新产品经费	规模以上工业企业开发新产品经费（万元）	E_2

2. 模型设定

将各个变量输入 SPSS 软件，对各个变量进行统计描述分析，可得各指标的统计量表。本章共对 77 个有效样本进行描述分析，详见表 6.6。

表 6.6 中国制造业价值链地位测度各指标的统计量表

变量	N	最小值	最大值	平均值	标准偏差
Y	77	715.265	8493.111	3381.851	1474.428
A_1	77	3.033	95.459	40.234	22.191
A_2	77	0.200	3.160	1.196	0.668
A_3	77	7.700	96.670	71.880	20.803
B_1	77	27183.000	27377450.000	5528744.013	6627743.522
C_1	77	0.066	0.626	0.210	0.107
C_2	77	777.560	28705.690	9532.206	6712.885
D_1	77	2829.000	486409.000	112771.429	108876.131
D_2	77	15914.000	36589825.000	5067797.740	8254332.471
E_1	77	7.180	361.760	103.490	83.896
E_2	77	62146.000	13834842.000	3397402.351	3257157.879

同时做出变量 $A_1, A_2, \cdots, E_2$ 与 Y 的散点图，如图 6.3 所示。

第六章 全球视角：中国制造业价值链态势研判

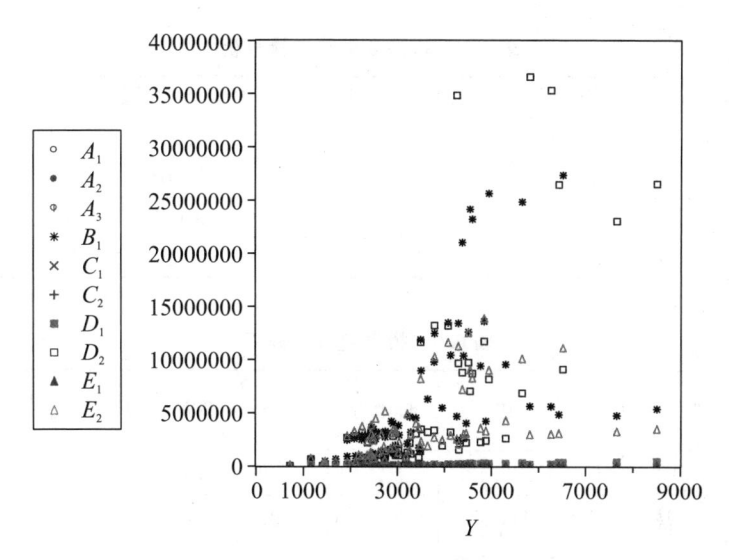

图 6.3 中国制造业价值链地位测度各指标的散点图

由图 6.3 可以看出，变量存在着某种线性关系，故将模型设定为：

$$Y_t = c + \beta_1 A_{1t} + \beta_2 A_{2t} + \beta_3 A_{3t} + \beta_4 B_{1t} + \beta_5 C_{1t} + \beta_6 C_{2t} + \beta_7 D_{1t} + \beta_8 D_{2t} + \beta_9 E_{1t} + \beta_{10} E_{2t} + \varepsilon$$

式中，Y_t 作为本部分的解释变量，代表价值链地位；$\beta_i(i=1,2,3,\cdots,10)$ 代表各个指标与价值链地位之间的相关系数。

3. 回归检验

计量结果详见表 6.7。R^2 为 0.863，该模型解释了制造业价值链 86.3% 的变差，回归效果较好，回归结果较优。

表 6.7 模型摘要

模型	R	R^2	调整后 R^2	标准估计的误差
1	0.905	0.819	0.816	632.004
2	0.918	0.843	0.839	591.802
3	0.923	0.853	0.847	577.498
4	0.929	0.863	0.856	560.041

得出变更统计量分析表与变异数分析表，详见表 6.8 和表 6.9。

表 6.8　模型变更统计量分析

R^2 变更	F 值变更	自由度$_1$	自由度$_2$	显著性检验数	DW 检验
0.819	338.639	1	75	0.000	—
0.024	11.536	1	74	0.001	1.647
0.010	4.711	1	73	0.033	—
0.011	5.622	1	72	0.020	—

表 6.9　模型变异数分析

模型		平方和	自由度	平均值平方	F 统计量	显著性检验数
1	回归	135262096.425	1	135262096.425	338.639	0.000
	残差	29957186.354	75	399429.151	—	—
	总计	165219282.780	76	—	—	—
2	回归	139302252.548	2	69651126.274	198.872	0.000
	残差	25917030.231	74	350230.138	—	—
	总计	165219282.780	76	—	—	—
3	回归	140873424.006	3	46957808.002	140.801	0.000
	残差	24345858.774	73	333504.915	—	—
	总计	165219282.780	76	—	—	—
4	回归	142636763.083	4	35659190.771	113.692	0.000
	残差	22582519.697	72	313646.107	—	—
	总计	165219282.780	76	—	—	—

通过逐步回归分析并结合表 6.8 和表 6.9 可以看出，影响制造业的关键变量共有 4 个，分别为工业企业 R&D 单位数占比、外商投资企业投资总额、地方进口总额、规模以上工业企业开发新产品经费。

其中，回归平方和为 142636763.083，残差平方和为 22582519.697，总偏差平方和为 165219282.780，对应的自由度分别为 4、72、76。回归平均值平方为 35659190.771，残差平均值平方为 313646.107。回归方程统计量 F 等于 113.692，显著性检验数小于 0.05，说明该模型具有统计学意义。与此同时，本书将模型系数表（表 6.10）与已排除变量表（表 6.11），继续进行模型可行性验证。

表 6.10 模型系数

模型		非标准化系数 β	标准误差	标准化系数 β	T	显著性检验数	相关 零阶	相关 部分	相关 部分	共线性统计 允许误差	共线性统计 VIF
1	(常数)	2000.044	104.047	—	19.222	0.000	—	—	—	—	—
	D_1	0.012	0.001	0.905	18.402	0.000	0.905	0.905	0.905	1.000	1.000
2	(常数)	2018.170	97.575	—	20.683	0.000	—	—	—	—	—
	D_1	0.010	0.001	0.771	12.719	0.000	0.905	0.828	0.586	0.577	1.733
	D_2	3.677×10^{-5}	0.000	0.206	3.396	0.001	0.707	0.367	0.156	0.577	1.733
3	(常数)	2085.255	100.107	—	20.830	0.000	—	—	—	—	—
	D_1	0.012	0.001	0.874	11.530	0.000	0.905	0.803	0.518	0.352	2.845
	D_2	3.283×10^{-5}	0.000	0.184	3.062	0.003	0.707	0.337	0.138	0.560	1.784
	E_2	-6.008×10^{-5}	0.000	-0.133	-2.171	0.033	0.512	-0.246	-0.098	0.540	1.852
4	(常数)	1550.789	245.427	—	6.319	0.000	—	—	—	—	—
	D_1	0.012	0.001	0.903	12.117	0.000	0.905	0.819	0.528	0.342	2.923
	D_2	2.334×10^{-5}	0.000	0.131	2.095	0.040	0.707	0.240	0.091	0.488	2.049
	E_2	-7.323×10^{-5}	0.000	-0.162	-2.672	0.009	0.512	-0.300	-0.116	0.518	1.931
	A_3	8.110	3.421	0.114	2.371	0.020	0.322	0.269	0.103	0.815	1.227

表 6.11 排除的变量

模型		β	T	显著性检验数	偏相关	允许误差	VIF	最小允许误差
1	A_1	−0.085	−1.613	0.111	−0.184	0.849	1.177	0.849
	A_2	−0.127	−2.255	0.027	−0.254	0.718	1.393	0.718
	A_3	0.131	2.717	0.008	0.301	0.953	1.050	0.953
	B_1	−0.139	−2.015	0.048	−0.228	0.488	2.050	0.488
	C_1	0.149	3.115	0.003	0.340	0.941	1.062	0.941
	C_2	−0.140	−2.632	0.010	−0.293	0.795	1.258	0.795
	D_2	0.206	3.396	0.001	0.367	0.577	1.733	0.577
	E_1	0.052	0.604	0.547	0.070	0.327	3.055	0.327
	E_2	−0.164	−2.587	0.012	−0.288	0.556	1.799	0.556
2	A_1	−0.034	−0.637	0.526	−0.074	0.760	1.315	0.516
	A_2	−0.067	−1.144	0.256	−0.133	0.614	1.627	0.358
	A_3	0.088	1.795	0.077	0.206	0.850	1.177	0.515
	B_1	−0.078	−1.134	0.260	−0.132	0.443	2.258	0.282
	C_1	0.096	1.838	0.070	0.210	0.749	1.335	0.459
	C_2	−0.099	−1.874	0.065	−0.214	0.735	1.361	0.429
	E_1	−0.098	−1.074	0.286	−0.125	0.255	3.920	0.255
	E_2	−0.133	−2.171	0.033	−0.246	0.540	1.852	0.352
3	A_1	0.011	0.192	0.848	0.023	0.648	1.543	0.312
	A_2	0.058	0.668	0.507	0.078	0.273	3.658	0.240
	A_3	0.114	2.371	0.020	0.269	0.815	1.227	0.342
	B_1	0.023	0.258	0.797	0.030	0.268	3.726	0.268
	C_1	0.059	1.024	0.309	0.120	0.612	1.634	0.339
	C_2	0.013	0.114	0.910	0.013	0.148	6.777	0.108
	E_1	−0.047	−0.506	0.614	−0.060	0.235	4.257	0.235

续表6.11

模型		β	T	显著性检验数	偏相关	共线性统计		
						允许误差	VIF	最小允许误差
4	A_1	−0.071	−1.140	0.258	−0.134	0.486	2.057	0.312
	A_2	0.065	0.773	0.442	0.091	0.273	3.663	0.234
	B_1	0.101	1.133	0.261	0.133	0.238	4.201	0.238
	C_1	0.008	0.138	0.891	0.016	0.518	1.930	0.317
	C_2	0.009	0.075	0.941	0.009	0.148	6.779	0.108
	E_1	−0.062	−0.685	0.495	−0.081	0.234	4.277	0.234

由表6.10和表6.11可以看出，这4个模型的方差膨胀因子均小于10，说明这10个自变量之间存在较小的多重共线性问题。一般认为允许误差小于0.1表示多重共线性较为严重，本模型最小允许误差为0.108，说明本模型不存在多重共线性。本部分采用逐步回归分析方法对模型进行实证检验，逐步回归分析方法对样本量要求较高，要求越高其结果越准确，结果也更为直观。

根据表6.10和表6.11分析可知，模型4为最优模型，建立回归模型如下：

$$Y_t = 1550.789 + 0.012 \times D_{1t} + (2.334 \times 10^{-5}) \times D_{2t} - (7.323 \times 10^{-5}) \times E_{2t} + 8.110 \times A_{3t} \tag{6.4}$$

回归模型表明全球价值链地位的影响因素有工业企业R&D单位数占比、外商投资企业投资总额、地方进口总额、规模以上工业企业开发新产品经费4个指标，其中外商投资企业投资总额、地方进口总额、工业企业R&D单位数占比对价值链地位有着正向促进作用，而规模以上工业企业开发新产品经费对价值链地位有着反向作用。

4. 回归结果分析

（1）生产要素。一是初级生产要素。代表初级生产要素的变量——物质资本密集度未通过检验，说明其对制造业价值链地位的提升影响较低。从结果来看，中国制造业人均固定资产比重普遍偏低，除几个制造业强省市外，其余省市物质资本密集程度均不高，最小仅为3，从业人员数量增长、物质资本供给单一是其存在的重要问题。二是高级生产要素。高级生产要素之一——人力资本并未通过检验，说明其在提升制造业全球价值链地位上并没有做出显著贡献。进一步比较发现，制造业 R&D 人员数量占全体从业人员数量的比重过低，说明具有研发能力的高科技人员数量少，这也表明需要通过高质量教育完成劳动素养的提升，从而达到人力资本的累积。但高级生产要素的另一个代表——研究机构系数为 0.114，说明其对全球价值链地位的攀升有着正向促进作用，同时从侧面说明了相较于 R&D 人员数量占比，工业企业 R&D 单位数占比更能代表价值链地位提升。因此，将高质量人才进行整合是提升价值链地位的可行之路。

（2）需求条件。本书代表需求条件的变量——出口未通过检验，可能是由于因变量出口复杂度指数本身就由出口额进行核算，在本方程中两者存在着密切的关系，具有较高的共线性，但这并不能说明出口额对于制造业价值链地位提升不起作用，出口是衡量价值链地位的重要因素，其在价值链地位的提升因素中也是必不可少的。

（3）相关及支持产业。相关及支持产业的代表变量——平均利润和工业增加值均未通过检验，说明对于全球价值链来说，上游产业工业并不能明显提升制造业全球价值链地位。可能原因是工业与制造业并未形成足够的产业集聚效应，上、下游产业间没有做好良性积极的拉动。行业间信息传递不及时、区位选择和空间布局的选择等因素也在严重影响着制造业上、下游这一整条产业链的发展。

（4）产业战略结构和同行业竞争。作为产业战略结构和同行业竞争的代表变量——外商直接投资与进口额均通过了检验，说明这两个变量均表现出积极的正向作用。外商投资带来的先进设备和技术能够提升企业间的交流合作，这也是直接提升企业价值链地位的重要方式。但国外技术溢出其实非常有限，提升中国自身的科技水平才是重中之重。进口额的提升代表着企业在国际贸易环节中的参与度在逐步提升。

（5）政府。政府所代表的变量是科学财政支出与开发新产品经费，其中科学财政支出变量对提升全球价值链地位没有显著的作用，而开发新产品经费与提升全球价值链地位呈负相关。产生这种现象的原因可能是支出资金及新产品开发经费没有得到充分利用。国有企业占据政府经费较多，其长期存在的诸如产权不清、激励不足等问题一直阻碍发展。国有企业更愿意拥有垄断经营权，而民营企业为了获取利益只能选择适应国际市场而不断创新。因此，只有解决以上问题政府的研发投入经费才能得到充分利用。

综上所述，高级生产要素中的研究机构、外商直接投资、进口额、开发新产品经费这四项指标都对制造业全球价值链地位提升有显著的作用，而初级生产要素中的需求条件、相关及支持产业等对价值链地位的影响并不明显。其中，外商投资企业投资总额、地方进口总额、工业企业 R&D 单位数占比对价值链地位有着显著正向作用，而规模以上工业企业开发新产品经费对价值链地位有着显著负向作用。

第七章　区域视角：中国制造业价值链测度与研判

第一节　区域尺度中国价值链地位评价方法研究

对于区域尺度价值链来说，经济发达的区域往往制造业价值链地位更高，区域之间发展不平衡。制造业部门为了节约成本，往往会选择与市场邻近或供给邻近的区域合作，因此，区域制造业参与到价值链分工。如果说每个区域是一个经济体，那么发达经济体对相邻区域的依赖度低。因为发达经济体拥有的发展资源更加丰富，生产销售的产品往往具有高的附加值；而经济相对落后的地区，制造业发展偏于传统，产品低端廉价，技术含量低，生产销售的产品往往具有低的附加值。持续创新是经济发展的核心动力，要继续推动技术价值链提升，经济相对落后的区域需要积极开发和收购核心知识技术，设计有效系统促进创新，参与价值链，加强资本、知识、人才流动（耿晔强和白力芳，2019）。

然而，已有文献对价值链的测度基本是国家层面的，而且大多基于增加值、Kaplinsky升级指数与中间品的相对出口单价方法，且与价值链的定义有出入。因此，本章旨在从高质量发展的视角研究中国制造业区域尺度价值链，通过构建区域尺度价值链指标体系，运用熵权改进生态位模型测度价值链的生态位，展现区域尺度制造业价值链的发展状况，找出存在的问题，得到制造业价值链未来发展的一些启示。

一、指标体系构建

改革开放后，中国的制造业开始逐步走向繁荣，工业产值庞大，但当前中国制造业在世界上仍处于中低水平，在全球价值链体系当中分工较为单一，利润不高。因此，如何制定制造业发展战略，并根据工业的实际情况弥补不足，以此来促进制造业产业升级是亟需解决的问题。迈克尔·波特认为，企业运营离不开设计、生产、销售等活动，这些活动大体上可以分为基本活动和辅助活动两大类。基本活动包括生产运营、内部经营、市场和销售，辅助活动包括技术开发、采购、基础设施等。这些相互关联的各类活动构成了一个动态的价值创造体系，价值链中的每一项活动最终都对企业有利。价值链理论说明，企业之间的竞争是由各个环节的竞争组成的，这些环节活动的整合形成了一条价值链，企业之间的竞争也就是价值链的竞争。对于制造业来说，企业的活动包括研发、生产、销售、宣传和管理等，能够反映企业发展情况，并与价值链环节一一对应。

（一）增值能力

增值能力是企业的核心能力之一，也是企业综合实力的体现，其主要功能是实现企业价值的最大化。目前，对增值能力评价的研究有许多，如李金叶和郝雄磊（2019）将最终生成品与部门增加值的双向分解与世界投入产出表进行对比，建立了中国装备制造业增值能力评价体系。张红霞等（2019）对发展中国家的全球价值链增值能力进行了分析，利用 HS-6 分类体系中的指标来衡量价值链增值能力以及跨境成本高低。周焱和王晓燕（2018）对中国动漫产业价值链增值能力进行了研究，利用主成分分析法构建了增值能力评价模型，包括研究知识产权、衍生品、品牌设计等方面。因此，将利润总额比率作为增值能力的一项指标；企业发展离不开地区经济的发展，而衡量地区经济发展水平的一个重要指标就是人均生产总值，因此将人均生产总值作为增值能力的另一项指标。

（二）影响能力

制造业价值链影响能力由多个方面共同决定，主要包括开放影响和品牌影响两个方面。首先，制造业价值链影响能力依托于其开放程度。它能够衡量对外贸易的各个方面，包括对外开放规模、水平和质量，因此在制造业领域中，高技术产品出口比重能够反映制造业价值链的开放影响力。韩超和朱鹏洲（2018）研究表明，开放政策对中国制造业发展产生积极影响。张滔（2017）以制造业的空间结构为研究对象构建了分析框架，得出对外开放对中国制造业产生了集聚效应。简晓彬和周敏（2013）测算了开放环境下制造业价值链地位提升的影响因素，指标主要包括企业规模、外贸出口等。

（三）创新发展能力

对于制造业而言，创新能力决定了一个企业乃至一个行业的发展高度。近年来，国家和区域的重要会议中多次强调深化创新发展在工业领域的运用，由此可以看出创新能力对于制造业高质量发展的重要意义。到目前为止，已有多位学者对创新能力评价进行了研究。耿晔强和常德鸿（2020）基于对制造企业的实证分析，发现企业创新对产品质量提升是通过集约传导的形式实现的。蔡卫星等（2019）从专利产出影响因素、企业经济改革和企业经济后果三方面对企业创新产出进行了实证分析，并对国有经济战略调整发挥启示作用。

（四）基础运营能力

运营能力可以体现企业资产运营的效率，以此找到资产运营中的积极面以及不足之处，从而取长补短。目前，国内外比较常用的运营评价以财务评价为主，如沃尔评分法、五性分析法等。

基础运营能力可以通过流动资产运营能力来反映。流动资产运营能力的高低决定了生产经营活动能否顺利进行。一方面，通过加快存货周转率，调整工业生产中的库存积压；另一方面，加快应收账款周转率，避免坏账的产生，从而提升基础运营能力。

（五）基础市场能力

良好的基础市场能力离不开对细分市场的分析，从而充分掌握客户行为，进而找出竞争对手。通过以上信息的支撑，企业能够判断自身拥有的资源和战略能力能否满足市场需求，以及能否获取竞争优势，从而提升制造业价值链地位。崔晶（2019）通过构建供应链博弈模型，分析了差异化竞争条件下不同制造商对市场的主导地位，得出制造商在掌握主导权时拥有更多的机会实施并购策略的结论。李叶妍和姜楠（2019）运用固定效应模型，分别分析了市场竞争、政府补贴、行业竞争程序等要素对生产率的影响。贾军和魏雅青（2019）通过分析475家企业样本，对产品市场竞争、客户关系管理和企业创新之间的关系进行了研究，得出企业市场地位在低竞争环境下对客户关系管理选择的影响因素更大的结论。本章用市场竞争、市场开放、市场升级三个指标反映基础市场能力。

（六）辅助能力

对于中国制造业而言，仅仅通过营销宣传或者扩大生产规模是远远不能实现价值链地位提高目标的，因此需要借助其他手段来辅助发展。其中，创新投入这一指标能够反映辅助能力。既然要实现制造业高质量发展，必须在多个方面改善传统的生产模式，提高资源利用效率，提高产品的良品率以及发展制造业领域的核心科技，这些目标的实现都离不开创新投入。由于中国制造业在全球价值链中的地位较低，多数企业仅仅从事加工生产，而无法参与到核心环节的工作，因此并没有较为厚实的技术积累，想要进行自主研发就要面临高风险、长周期、高难度的困境，所以本意将外购投入作为反映辅助能力的另一指标。中国制造业可以通过引进外国资本、先进技术、优秀人才来提升高质量发展水平。

（七）绿色发展

中国制造业能源消耗高，能源利用效率较低。据统计，生产相同规模的产品，中国制造业需要消耗的资源比发达国家高出 24%～52%。高消耗、低产出的生产模式降低了企业的经济效益，产品在国际市场上没有竞争力，严重限制了企业的发展。因此，制造业绿色发展能力高低能够反映国家制造业价值链地位。

（八）协调共享

五大发展理念强调协调与共享，说明协调共享是发展的前提条件之一。化祥雨等（2019）基于协调共享发展理念，运用熵值法构建关于浙江省县域发展的动态耦合度模型。基于以往城乡层面和宏观层面综合发展的评价研究，本章主要选取城乡协调与区域共享作为反映协调共享的指标。

通过梳理高质量发展的内涵和价值链的相关文献，本章从八个维度构建了较为完善的高质量发展视角中国制造业价值链评价指标体系。通过咨询相关专家，本章从 80 多个指标里审慎筛选出包括 8 个二级指标在内的 24 个三级指标，如图 7.1、图 7.2 所示。

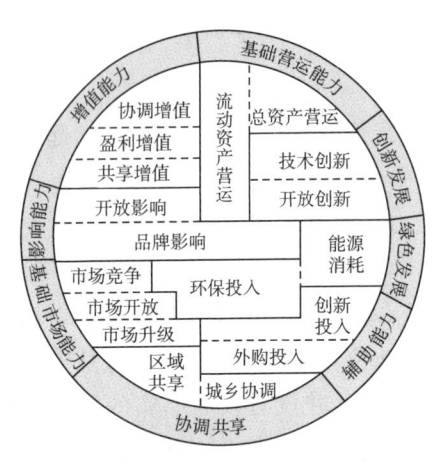

图 7.1 高质量发展视角中国制造业价值链评价指标体系二级指标

图 7.2 高质量发展视角中国制造业价值链评价指标体系三级指标

二、改进生态位测度模型

原有的生态位模型只得出了某区域或某维度每年的生态位（时点生态位），无法在时段内进行综合比较。本书探究在一段时间内某区域或某维度的生态位值，该值不仅包含时点生态位，还包括生态位在时段内的发展趋势，以此综合比较各区域或各维度的时间序列生态位，利于全面评估和比较某区域或某维度的生态位。基于此，本章在原有生态位模型的基础上，构建包含年度和时段内发展趋势的测度模型，以期衡量时段内某区域或某维度的生态位，即时间序列生态位。该模型基于某区域或某维度每年的生态位（时点生态位），考虑时间趋势，构建积分模型，以其代表的数学含义（面积）将时点和时间序列统统纳入模型。该方法对探究时间序列生态位具有重要意义。

第一步，使用生态位公式计算某一影响因素生态位：

$$N_i = \frac{S_i + A_i P_i}{\sum_{j=1}^{n} S_j + A_j P_j} \quad (i = 1,2,\cdots,n; j = 1,2,\cdots,n) \quad (7.1)$$

其中，N_i 为区域制造业发展影响指标 i 的生态位；S_i 为区域制造业发展影响指标 i 的态；P_i 为区域制造业发展影响指标 i 的势；S_j 为区域制造业发展影响指标 j 的态；P_j 为区域制造业发展影响指标 j 的势；A_i、A_j 为量纲转换系数。

第二步，区域制造业发展的生态位由多个影响指标决定，因此，区域制造业发展生态位或各个维度的生态位为：

$$M_t = \frac{\sum_{i=1}^{n} N_i W_i}{\sum_{i=1}^{n} W_i} \quad (7.2)$$

N_i 为单个影响指标的生态位、W_i 为该指标对应的权重，n 为指标个数。

第三步，计算时段内某区域或某维度的时间序列生态位：

$$L_t = \int_1^n \left(\sum_1^{n-1} t^m + a \right) dt \quad (7.3)$$

①当 $\sum_1^{n-1} t^m + a \geq 0$ 时，$L_t \geq 0$；②当 $\sum_1^{n-1} t^m + a < 0$ 时，$L_t < 0$。

式（7.3）中，L_t 为某区域或某维度的时间序列生态位；t 为时间序列；n 为起止时间；a 为常数。该函数求积分即可得到时间序列生态位。

第四步，生态位重叠的计算一般采用 Pianka 公式，其值一般在 0 到 1 之间，越接近于 1，则重叠度越高：

$$A_{ij} = \frac{\sum_{a=1}^{r} P_{ia} P_{ja}}{\sqrt{\sum_{a=1}^{r} P_{ia}^2 \sum_{a=1}^{r} P_{ja}^2}} \quad (7.4)$$

其中，A_{ij} 为 i 省和 j 省在某维度的生态位重叠；P_{ia} 和 P_{ja} 分别表示 i 省和 j 省对某维度 a 的利用量，$a_{ij} = a_{ji}$。生态位重叠的值在 0 到 1 之间，0 表示生态位完全分离，1 表示生态位完全重叠。

第二节 基于改进生态位模型的中国制造业区域尺度价值链测度

一、维度生态位测度结果与分析

本节将从八个维度来分析高质量发展视角下中国区域制造业价值链各指标生态位的优劣势。在八个维度中，协调共享维生态位值整体较高，其次是增值能力维、绿色发展维、影响能力维和基础营运能力维生态位值，最后是辅助能力维、创新发展维和基础市场能力维生态位值。这说明在高质量发展视角下，中国区域制造业的价值链生态位整体上依靠协调共享维、增值能力维、绿色发展维、影响能力维和基础营运能力维，而辅助能力维、创新发展维和基础市场能力维为部分省市价值链的攀升做出了突出贡献。随着经济发展方式的转变，高质量发展越来越受到重视，城乡协调发展较好，区域运输设施、消费共享程度较高，协调共享向前迈进一大步。增值能力维、绿色发展维、影响能力维和基础营运能力维的生态位较平稳，因为经济发展的第一要求不再是速度，而是稳中有进，所以制造业的增值能力、影响能力和基础营运能力稳步发展。辅助能力、创新发展和基础市场能力的发展需要依靠大量资金投入、高端人才、良好的市场条件等，因此，不同省市的发展有所不同，经济资源、人才资源、市场资源等丰富的省市在这三个维度的发展较为突出。总之，中国仍需稳步推进高质量发展，优化资源配置，促进各个维度不断发展，最终提高制造业价值链地位，如图7.3所示。

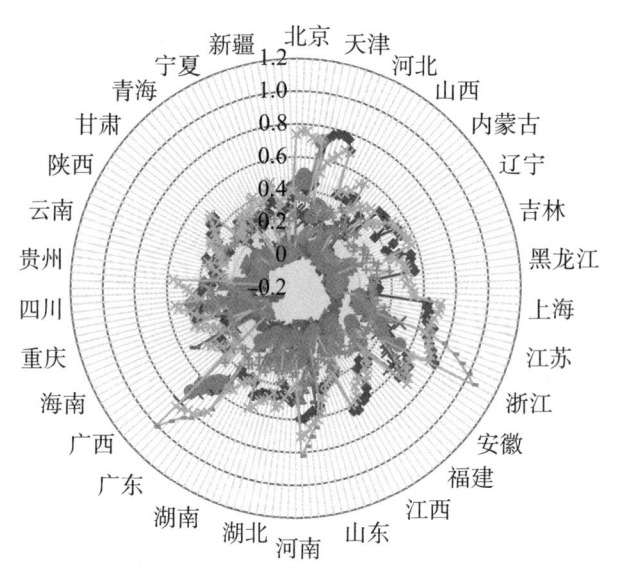

图 7.3 中国制造业区域尺度价值链维度生态位变化图

为了更清晰地将指标的"态"和"势"展现在坐标轴的四个象限里，本书对指标数据的"态"进行位移，如图7.4所示。位于第一象限省市指标的"态"和"势"值较大，说明指标发展量及趋势良好。位于第二象限省市指标的"态"值较大，"势"值较小，说明指标发展量良好，但增速较慢。位于第三象限省市指标的"态"和"势"值较小，说明指标发展量及趋势较差。位于第四象限省市指标的"态"值较小，"势"值较大，说明指标发展量较差，但发展趋势良好。根据指标的"态"和"势"，对高质量发展视角的中国制造业价值链各维度生态位做出分析。

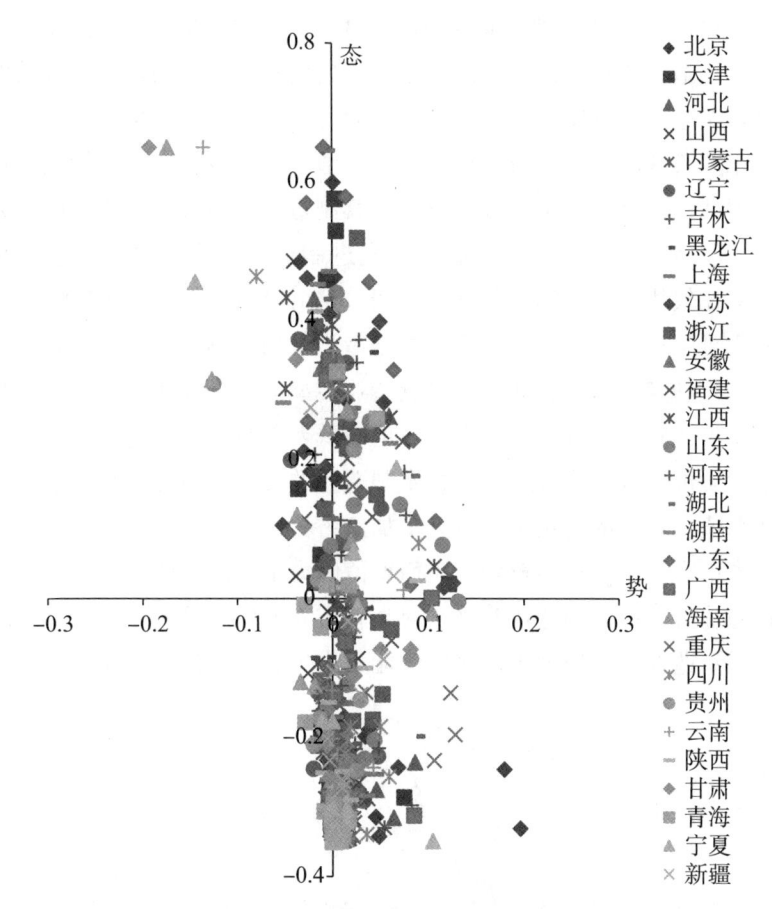

图 7.4　中国制造业区域尺度价值链生态位态势图

（一）增值能力维生态位

中国制造业价值链增值能力维生态位值大多在 0.5 附近，大于 0.6 的有天津、上海、江苏、浙江和广东，小于 0.3 的有山西、黑龙江、海南、甘肃和青海。天津、上海、江苏、浙江和广东都位于中国东部地区，区位优势明显，为制造业价值链增值能力维生态位处于全国领先地位提供了便利条件。五省（市）都重视制造业的发展，积极推动制造业价值链攀升，增值能力指标的"态"值大多位于第一、第二象限且较大，发展较好，即使

"势"值小于 0，发展速度较慢，制造业价值链的增值能力维生态位仍然很高。五省（市）应继续推进制造业价值链的发展，发挥既有优势，不断提升高技术制造业的增加值，提高制造业的利润和生产总值，发展增值能力。

山西、黑龙江、海南、甘肃和青海增值能力维指标的"态"值大多位于第三、第四象限且较小，即使部分指标的"势"值较大，发展速度较快，五省制造业价值链的增值能力维生态位仍然较低。山西应加大政府支持力度，调整制造业结构，发挥煤矿资源优势，提高产品增值能力。黑龙江位于东北工业基地，高技术制造业增加值占比较少，省市人均生产总值较低，因此增值能力维生态位值较小，其制造业亟需转型升级，应大力支持高技术制造业，促进传统制造业向先进制造业转型。海南制造业底子薄，没有比较优势，利润总额比率较低，省市人均生产总值较低，因此，增值能力维生态位较小，政府应努力创造积极的市场环境，每个制造业企业应找到盈利点，提高利润。甘肃制造业转型发展较为落后，高技术制造业增加值占比较小，省市人均生产总值较低，制造业整体利润较少，增值能力维生态位值较小，应鼓励高技术制造业的发展，使之为贵州带来更高的生产总值。青海的高技术制造业增加值占比小，制造业转型升级的压力较大，省市人均生产总值较低，因而增值能力维生态位值小，应充分发挥各地资源优势，推动制造业升级，提高省市人均生产总值。

中国制造业区域尺度价值链增值能力维生态位变化如图 7.5 所示。

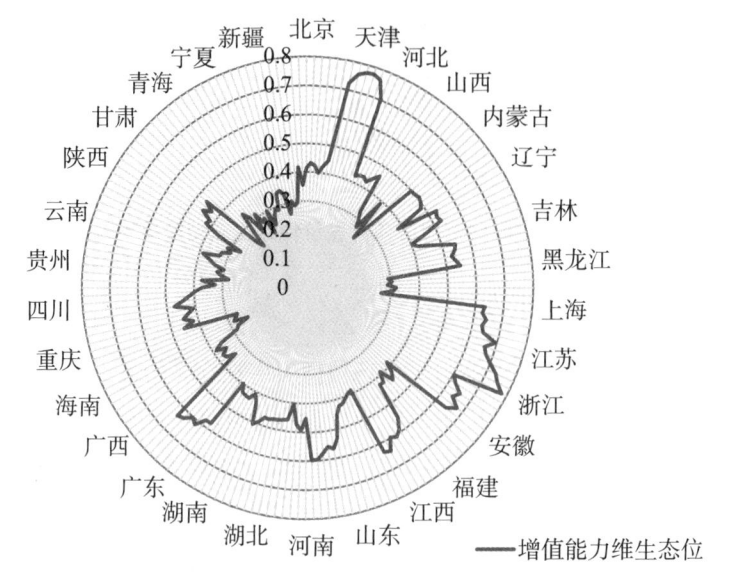

图 7.5 中国制造业区域尺度价值链增值能力维生态位变化图

（二）影响能力维生态位

中国制造业价值链影响能力维生态位值都大于 0，大于 0.2 的有江苏、浙江、福建、山东和广东五省，小于 0.02 的有海南、青海和宁夏。五省积极推动制造业发展，影响能力指标的"态"值大多位于第一象限，发展较好。五省位于中国东部和中部地区，区位优势明显，为制造业价值链影响能力的提高提供优势因素，地理标志商标数和商标累计有效注册量的"态"值和"势"值较高。因此，五省制造业价值链的影响能力维生态位值高，应继续重视品牌的发展，发挥品牌优势。

海南、青海和宁夏三省影响能力维指标的"态"值大多位于第三、第四象限且较小，"势"值大多位于第四象限，发展速度较快，但三省制造业价值链的影响能力维生态位仍然较低。三省高技术产品出口比重远低于其他省份，地理标志商标数和商标累计有效注册量少，制造业转型升级较慢，影响能力弱，应重视品牌对制造业价值链的影响，以品牌推动制造业价值链攀升。青海和宁夏的区位优势不足，传统制造业发展滞后，高技术产品出口较少，应大力研发高技术产品，推动制造业向智能制造转型，同时改善交通等条件，加大出口力度。海南旅游业发达，制造业基础薄弱，受经济低位运行的影响，影响能力维生态位值较小，应加大支持力度，巩固制造业基础，结合旅游业的发展优势，减少经济下行带来的风险。

中国制造业区域尺度价值链影响能力维生态位变化如图 7.6 所示。

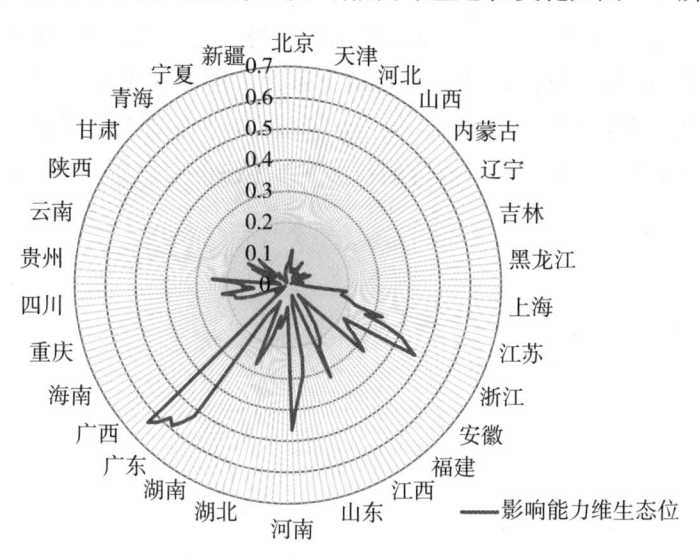

图 7.6 中国制造业区域尺度价值链影响能力维生态位变化图

(三) 创新发展维生态位

中国制造业价值链创新发展维生态位值大多在 0.1 左右，大于 0.2 的有北京、天津、上海、江苏、浙江、河南和广东七省（市），其中广东最高，创新发展最好，小于 0.03 的有内蒙古、吉林、云南和新疆。七省（市）创新发展指标值大多位于第一象限且较大，发展较好。七省（市）鼓励制造业创新，注重创新体制机制完善，新产品外销率高且销售速度较快。七省（市）应利用好创新资源，继续推动本省（市）制造业价值链的创新发展。

内蒙古、吉林、云南和新疆四省（自治区）区位优势不明显，四省（自治区）制造业价值链创新发展维指标的"态"值大多位于第三、第四象限且较小，即使部分指标的"势"值较大，发展速度较快，四省（自治区）制造业价值链的创新发展维生态位仍然很低。内蒙古作为欠发达地区，支撑区内科技创新的人才、技术、资金等要素的数量和质量均较为薄弱，应发挥其比较优势，鼓励制造业创新。吉林制造业转型发展较慢，支柱性产业受产能过剩影响严重，竞争力受限，专利授权量少，技术市场成交额比相较其他省低，创新发展维生态位值较小，应发挥创新驱动因素的作用，推动制造业创新发展。云南发展大制造大产业，坚持把推动科技进步和科技创新作为加快转变经济发展方式的重要支撑，发展速度较快，技术市场成交额比较高，但新产品外销率低，专利授权量较少，除了鼓励创新，还应促进市场的流通，加大宣传力度，提高新产品的出口量。新疆的新产品外销率低，新产品的研发与销售不足，因而创新发展维生态位值小，应利用好当地丰富的资源，提高创新能力，加快制造业升级。

中国制造业区域尺度价值链创新发展维生态位变化如图 7.7 所示。

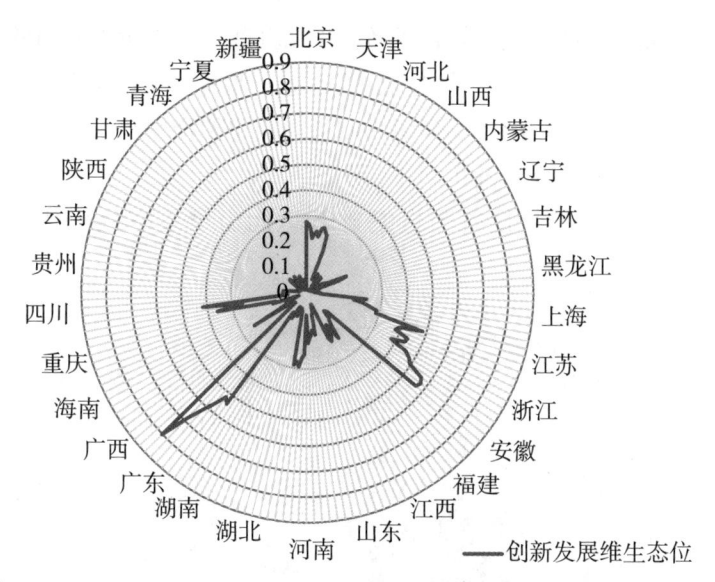

图 7.7　中国制造业区域尺度价值链创新发展维生态位变化图

（四）基础营运能力维生态位

中国制造业价值链基础营运能力维生态位值大多在 0.1 左右，河北在 2013 年、2016—2017 年大于 0.2，山东在 2012—2013 年远大于 0.2，海南和甘肃虽然在 2012 年大于 0.2，但其余年份大多为负值。河北主动适应经济发展新常态，稳增长、调结构、促改革，推动制造业在 2016—2017 年不断发展，存货周转率和应收账款周转率的生态位值提高，"态"和"势"发展良好，应继续进行稳中有序的改革，扎实提高基础营运能力，为制造业价值链的攀升提供良好环境。山东坚持转变经济发展方式，2011 年，规模以上工业企业的主营业务收入增长 26.4%。2012—2013 年持续发展，制造业存货周转率和总资产周转率的生态位值不断提高。2014 年受经济下行压力的影响大，应收账款周转率和总资产周转率下降，因此，其生态位值下降，基础营运能力维生态位值下降。政府应加大保护力度，做好调控与指导工作，减少经济下行压力。

海南在 2012 年大力推进新型工业发展，加大推进工业园区建设的力度，不断调整、优化工业经济结构，制造业的存货周转率、应收账款周转率和总资产周转率较高，营运状况良好。随后几年缓慢发展，应继续培养大型制造企业，使企业协调发展，共同为本省创造价值。2012 年，甘肃促进了制造业产品的流通，基础营运能力较强。2013 年，甘肃制造业生产能力不能充分发挥，经济效益下滑，随后几年也发展较慢，因此，基础营运能力维生态位值较小。甘肃应注重制造企业的生产与销售，为制造业价值链的攀升提供稳定的市场环境，制造企业也要增强自身营运能力，为价值链的攀升奠定坚实基础。

中国制造业区域尺度价值链基础营运能力维生态位变化如图 7.8 所示。

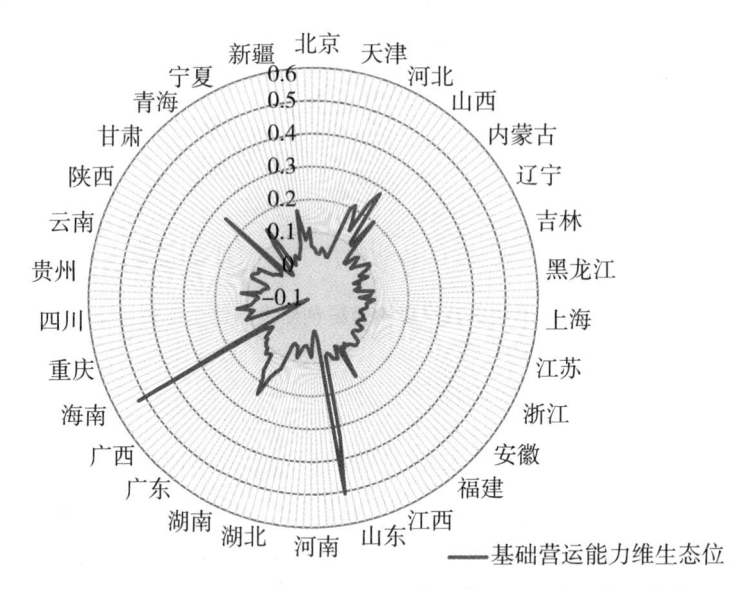

图 7.8 中国制造业区域尺度价值链基础营运能力维生态位变化图

（五）基础市场能力维生态位

中国制造业价值链基础市场能力维生态位值大多在 0.1 左右，大于 0.3 的有北京、天津、浙江、江苏和广东五省（市），小于 0.02 的有青海和新疆。北京、天津、浙江、江苏和广东区位优势明显，为制造业价值链基础市场能力维生态位的领先地位奠定基础。五省（市）都重视制造业的发展，积极推动制造业价值链攀升，基础市场能力指标的"态"值大多位于第一、第二象限且较大，发展较好，平均"势"值大于 0，发展速度较快。因此，五省（市）制造业价值链的基础市场能力维生态位值高，应保持发展优势，不断发展。2017 年，重庆传统制造业稳步回暖，新兴制造业高歌猛进，为逆风翻盘打下了基础。市场占有率和新产品销售收入比大幅提高，基础市场能力维生态位值高，应继续加强新兴制造业的发展，推动价值链的攀升。

青海和新疆两省（自治区）地处内陆，区位优势不足。两省（自治区）基础市场能力维指标的"态"值大多位于第三、第四象限且较小，即使部分指标的"势"值较大，发展速度较快，两省（自治区）制造业价值链的增值能力维生态位仍然较低。青海和新疆的市场占有率低，制造业偏传统，单位生产总值出口货物交货值较低，新产品销售收入比较低，因而基础市场能力维生态位小。应充分做好市场调研，生产出更多满足顾客需求的新产品，提高产品价值。

中国制造业区域尺度价值链基础市场能力维生态位变化图如图7.9所示。

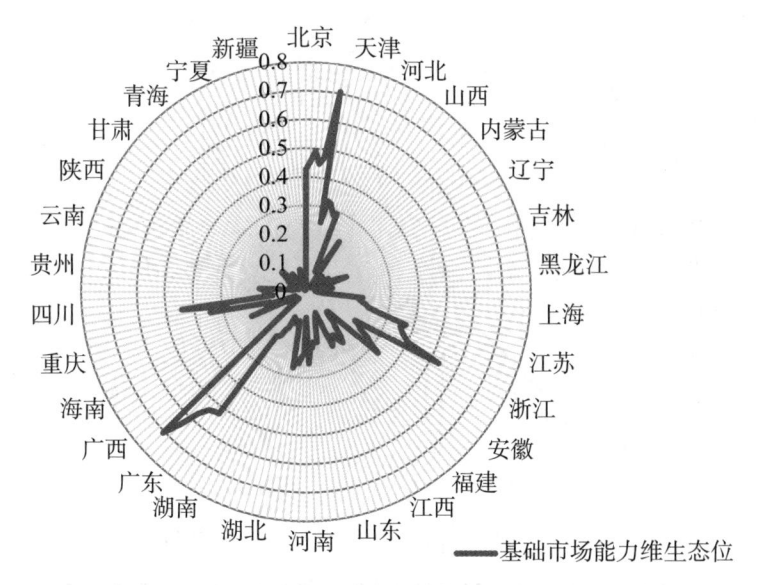

图7.9 中国制造业区域尺度价值链基础市场能力维生态位变化图

（六）辅助能力维生态位

中国制造业价值链辅助能力维生态位值大多在0.1左右，大于0.4的有江苏、浙江、山东和广东，小于0.03的有海南、青海、宁夏和新疆。江苏、浙江、山东和广东都位于中国东部，区位优势明显，资金和高层次人员充足，采购便利，江苏、浙江、山东、广泛都重视制造业的发展，辅助能力指标的"态"值大多位于第一、第二象限且较大，发展较好，即使"势"值小于0，发展速度较慢，江苏、浙江、山东、广东制造业价值链的辅助能力维生态位仍然很高。应不断提高其优势能力，争取又好又快发展。

海南制造业基础薄弱，转型升级的速度慢，R&D 投入、R&D 人员数和中间投入较其他省份少，"势"值也较低，因此，辅助能力维生态位值较小，可以结合本省优势产业，促进制造业与优势产业协调发展，以优势产业带动制造业发展，为制造业的发展提供更多资金及人才。青海、宁夏和新疆经济较为落后，创新人才较少，制造业发展动力不足，创新力度小，R&D 投入、R&D 人员数和中间投入较少。因此，辅助能力维生态位值较小，应尽可能出台相关政策，吸引更多资金和人才，共同推动海南制造业发展。

中国制造业区域尺度价值链辅助能力维生态位变化图如图 7.10 所示。

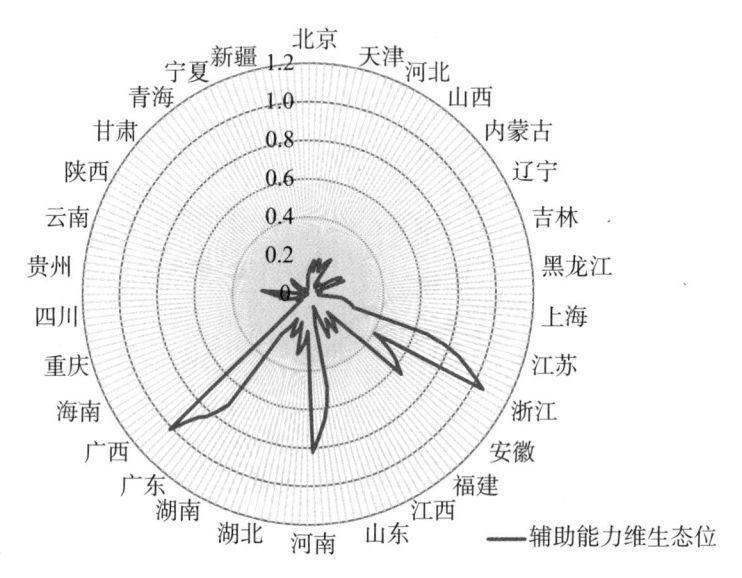

图 7.10 中国制造业区域尺度价值链辅助能力维生态位变化图

（七）绿色发展维生态位

中国制造业价值链绿色发展维生态位值大多在 0.3 左右，北京、河北和山东在 2017 年大于 0.4，广东在 2016 年大于 0.4，小于 0.25 的有内蒙古、海南、青海、宁夏和新疆。2017 年，北京更加重视绿色发展，环境空气监测点位数较多，单位生产总值环保能力建设资金使用额较多。2017 年，塞罕坝"绿色旋风"惊艳亮相，河北加大力度推动工业向绿色低碳转型，能耗排放下降，促进清洁生产和污染防治，环境空气监测点位数和单位生产总值环保能力建设资金使用额在 2017 年大幅增加。山东印发低碳发展工作方案，促进能源低碳化转型，大幅提高非化石能源消费比重，其单位生产总值能耗同比大幅下降,为绿色发展做出了较大贡献。因此,三省(市)制造业价值链绿色发展维生态位值较高。区域应继续支持绿色发展,加大环保投入,降低制造业能耗。

内蒙古、海南、青海、宁夏和新疆的制造业发展缓慢,绿色发展维指标的"态"值大多位于第三、第四象限且较小,"势"值较小,发展速度较慢。内蒙古、海南和青海的环境空气监测点位数较少,不利于推动绿色发展。区域由于地理环境等因素,环境质量优于其他省份,因而环境监测点和环保能力建设资金使用额的投入较少,应在该优势因素的基础上,促进制造业价值链的发展。

中国制造业区域尺度价值链绿色发展维生态位变化如图 7.11 所示。

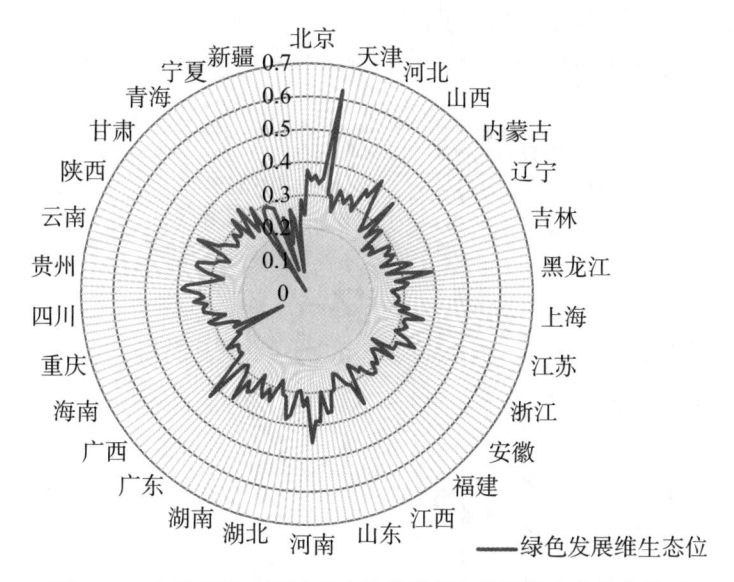

图 7.11 中国制造业区域尺度价值链绿色发展维生态位变化图

(八)协调共享维生态位

中国制造业价值链协调共享维生态位值大多在 0.5 左右,大于 0.6 的有北京、天津、上海、浙江、江苏、广东和河南,小于 0.35 的有贵州、云南和甘肃。北京、天津、上海、江苏、浙江、河南和广东七省(市)区位优势明显,都重视制造业的协调与共享发展,协调共享维指标的"态"值大多位于第一、第二象限且较大,"势"值大多为正,发展较好。七省(市)制造业价值链的协调共享维生态位值很高,这与区域的经济发展水平高息息相关,应持续推动制造业价值链攀升,优化城乡协调水平,发挥交通优势，促进区域共享发展。

贵州、云南和甘肃三省多山地和高原，区位优势不足，三省协调共享维指标的"态"值大多位于第三、第四象限且较小，即使"势"值较大，发展速度较快，三省制造业价值链的协调共享维生态位仍然较低。贵州和云南的城镇化率较低，虽然发展速度较快，但协调发展较为落后；居民消费水平较低，消费共享能力不足，增长速度也较慢。甘肃经济发展水平一般，在此阶段发展速度较快，呈现良好趋势，但基础设施建设仍需增强，公共交通运营数有待提高。因此，三省制造业价值链协调共享维生态位值小，政府应加大对三省制造业发展的扶持力度，建设交通基础设施，为制造业价值链的提升提供良好的运输环境，从而推动经济发展，提高消费共享能力。

中国制造业区域尺度价值链协调共享维生态位变化如图 7.12 所示。

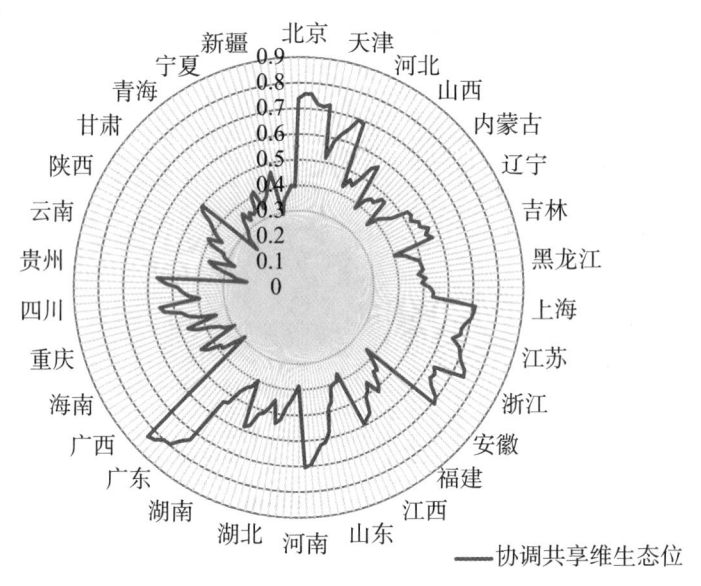

图 7.12　中国制造业区域尺度价值链协调共享维生态位变化图

二、时间序列综合生态位测度结果与分析

使用改进的生态位模型测度时间序列综合生态位，既包含了每年的综合生态位，也包含了 2012—2017 年的综合生态位变化趋势。测度后发现，制造业价值链发展又好又快的有广东、江苏、浙江、山东和上海，发展较差的有宁夏、海南、贵州、甘肃和青海。

广东的时间序列综合生态位值远高于其他省市，说明制造业价值链在该时段内的发展又好又快。主要原因在于广东的制造业影响能力强,创新发展好,有较大的话语权和市场地位;得益于经济的良性发展,其协调共享维生态位值位居全国第一;基础市场能力和辅助能力强,制造业价值链有强劲的市场竞争力,资金、人才、交通资源丰富。广东应不断提高创新能力,注重品牌影响力,同时不可忽视绿色发展,要加强环保建设,推动制造业价值链高质量发展。

江苏的时间序列综合生态位值仅次于广东,其制造业价值链在该时段内发展良好,主要原因是增值能力和辅助能力强,制造企业利润高,高技术制造业增加值多,价值链发展需要的人力、物力与资金充足。应继续推动高技术制造业的发展,使之为江苏制造业带来更多利润,同时提高制造企业的基础营运能力和绿色发展能力,加快资产周转速度,加强环保能力建设。

浙江的时间序列综合生态位值位居全国第三,制造业价值链在该时段内发展良好,原因在于创新发展较好。浙江有较多的专利授权量,技术市场成交额所占比例高,新产品外销能力强,为制造业价值链的升级做出了巨大贡献。应坚持创新驱动的发展道路,推动基础营运能力获得长足发展,同时加大环保投入力度,坚持绿色发展,优化环境。

山东的时间序列综合生态位值位居全国第四,制造业价值链在该时段内发展良好,主要是因为制造业价值链的影响能力和辅助能力强。山东应继续落实相关政策,各制造企业也要不断提高创新能力,促进创新成果转化,努力扩大产品市场。

上海的时间序列综合生态位值位居全国第五,制造业价值链在该时段内发展良好,主要依靠强大的创新发展能力、辅助能力和协调共享能力。上海经济发达,交通便利,基础设施条件好,人均消费水平高,因此协调共享水平高。除此之外,上海紧密联系制造业发展实际,围绕规模比重、创新能力、用地成本、工业投资等重大问题和瓶颈短板进行深入分析,提出制造业创新驱动、转型升级的发展路径,重点关注汽车、钢铁、化工、船舶等制造业的发展。应继续加大科技资源的投入力度,创造出更多附加值高的新产品。

宁夏的时间序列综合生态位值排名靠后,制造业价值链在该时段内的发展较差,主要是影响能力和增值能力较差。由于缺乏有核心竞争力的产品,宁夏一些制造企业效益欠佳,无力改善装备水平、引进高技术人才,与国内同行业相比差距不小,反过来又制约市场竞争力强的产品研发和生产。因此，应围绕智能化、绿色化、高端化、链条化，以改技术、改装备、改工艺、改产品为重点，提升宁夏制造业价值链发展水平。

海南的时间序列综合生态位值排名较后，制造业价值链在该时段内的发展又差又慢，主要是创新发展落后，增值能力较弱。另外，海南的高技术制造业增加值以及制造业利润较低，创新动力不足。应巩固制造业发展的基础，及时更新老旧设备，尽量错峰检修，鼓励制造业创新，优化市场环境，加快制造业转型升级。

贵州的时间序列综合生态位值排名较后，制造业价值链在该时段内的发展较差。原因在于贵州制造业的创新能力不足，创新成果带来的经济效益较低，销售能力较弱，经济条件的制约使得农村居民人口较多，消费能力较弱。应不断推动数字经济的发展，锐意创新改革，在脱贫攻坚、加速发展等方面打破瓶颈，坚持把脱贫攻坚作为第一民生工程，深入推进制造业品质革命，以基础设施建设为贵州的发展提供支持。

甘肃的时间序列综合生态位值排名较后，制造业价值链在该时段内的发展又差又慢，原因在于基础营运能力、辅助能力和协调共享能力较弱。应依托传统的优势项目推进制造业发展，重基础、补短板，加大制造业价值链发展的支持力度。

青海的时间序列综合生态位值排名较为靠后，制造业价值链在该时段内的发展又差又慢，原因在于增值能力和基础营运能力太差，制造业偏粗放型，增值较少，生产动力不足。应在保持绿色发展优势的同时，深化制造业与互联网的融合，通过供需对接和知识共享，改善产品，增加利润，为制造业价值链的提升提供支持。

三、中国六大区域的生态位重叠测评结果与分析

学者们大多研究某区域或某经济带的生态位（李菲菲等，2019），但也有少部分学者分析全国相关城市的生态位（戴军，2013）。在进行空间分析时，地理邻接性和空间异质性是需要考虑的因素（Anselin & Varga，1995）[1]。由于地理因素的影响，邻近省市的变量之间具有更加密切的关系，而空间距离远的省市之间联系不大，结合研究内容，基于

---

[1] Luc, Anselin, et al,. Local geographic spillovers between university research and high technology innovation[J]. Journal of Urban Economics,1997. DOI:10.1006/juec.1997.2032..

区域之间的地理邻接性、经济发展的相似性，将中国分为六大区域，分别是东北地区、环渤海地区、东南沿海地区、中部六省地区、西北地区、西南地区。由于内蒙古横跨东北和西北地区，与京津冀相邻，因此，分别测度内蒙古与东北、环渤海和西北地区其他省份的生态位重叠度。

根据生态位重叠模型，将计算的矩阵列入图形，数值代表两两省份的生态位重叠度。V、A、I、FO、FM、AU、G、CS分别代表增值能力维、影响能力维、创新发展维、基础营运能力维、基础市场能力维、辅助能力维、绿色发展维和协调共享维。

（一）东北地区的生态位重叠

1. 增值能力维生态位重叠度有较小差异

在增值能力维方面，辽宁与吉林、吉林与黑龙江的制造业价值链生态位重叠度较高，两两省份在该维度上有很大的相似性，发展方向较为一致，因此竞争激烈。吉林与辽宁、黑龙江应发挥各自优势，保持并增强制造业价值链的增值能力，同时利用潜在资源发挥其优势，减少与其他省的竞争。内蒙古与黑龙江的生态位重叠度最低，二者在该维度上的相似性较小，发展方式有较大差异，竞争不强烈，应保持各自优势，继续发展。

2. 影响能力维生态位重叠度高

在影响能力维方面，四省（自治区）的制造业价值链生态位重叠度高。内蒙古与辽宁、吉林与黑龙江等的制造业价值链生态位重叠度很高，两两省（自治区）在该维度上有很大的相似性，发展方向较为一致，竞争非常激烈。吉林与内蒙古、黑龙江应重视制造业的影响能力，同时积极寻找其他发展资源，形成独特的优势。

3. 创新发展维生态位重叠度高

在创新发展维方面，四省（自治区）的制造业价值链生态位重叠度高，大多在0.99以上。内蒙古与辽宁、吉林与黑龙江的制造业价值链生态位重叠度很高，两两省（自治区）在创新发展上有很大的相似性，竞争激烈，应不断培养独特的创新能力，争取在竞争中取胜。

4. 基础营运能力维生态位重叠度有较小差异

在基础营运能力维方面，吉林和黑龙江的制造业价值链生态位重叠度最高，二者对基础营运的资源利用相似，竞争程度高，应继续发挥基础营运能力的优势，寻找潜在的资源优势。内蒙古和吉林、内蒙古和黑龙江在该维度的生态位重叠度较低，内蒙古制造业价值链在基础营运能力维的发展与吉林和黑龙江的相似度较小，竞争不激烈，内蒙古经济较其他两省落后，可以向其他两省学习，提升基础营运能力。

5. 基础市场能力维生态位重叠度有较小差异

在基础市场能力维方面，内蒙古和吉林的制造业价值链生态位重叠度最高，二者对基础市场资源的利用相似，竞争程度高，应充分了解市场，满足客户需求，从产品和市场入手提高市场销售能力，同时寻找新的优势增长极。内蒙古和黑龙江在该维度的生态位重叠度较低，竞争不太激烈，应继续发展市场，使之成为发展优势。

6. 辅助能力维生态位重叠度高

在辅助能力维方面，四省（自治区）的制造业价值链生态位重叠度高，都在 0.95 左右。内蒙古和吉林的制造业价值链生态位重叠度最高，二者对 R&D 人员、R&D 投入和中间投入的需求相似，竞争激烈，应努力发展，争夺最优资源，形成良性发展。

7. 绿色发展维生态位重叠度高

在绿色发展维方面，四省（自治区）的制造业价值链生态位重叠度都高，大于 0.99，最高的是辽宁与黑龙江。四省（自治区）都重视绿色发展，加强环保建设，应坚持采用不同方式进行绿色发展，使得在绿色发展的同时又有自身发展优势。

8. 协调共享维生态位重叠度高

在协调共享维方面，四省（自治区）的制造业价值链生态位重叠度都高，大于 0.95。吉林与黑龙江的制造业价值链生态位重叠度最高，二者协调共享发展相似，竞争激烈。应坚持协调共享发展，结合本省优势，发掘新的优势。

东北地区制造业价值链生态位重叠矩阵如图 7.13 所示。

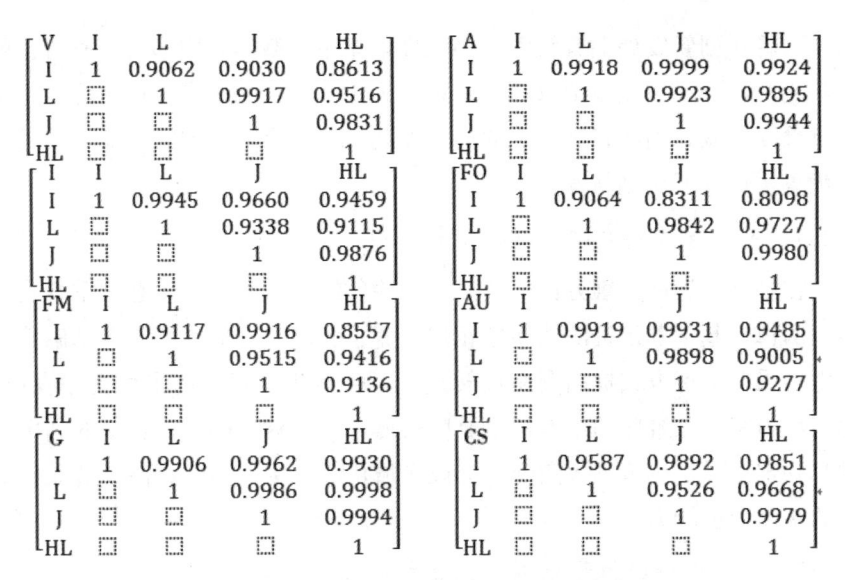

$$\begin{bmatrix} V & I & L & J & HL \\ I & 1 & 0.9062 & 0.9030 & 0.8613 \\ L & \square & 1 & 0.9917 & 0.9516 \\ J & \square & \square & 1 & 0.9831 \\ HL & \square & \square & \square & 1 \end{bmatrix} \quad \begin{bmatrix} A & I & L & J & HL \\ I & 1 & 0.9918 & 0.9999 & 0.9924 \\ L & \square & 1 & 0.9923 & 0.9895 \\ J & \square & \square & 1 & 0.9944 \\ HL & \square & \square & \square & 1 \end{bmatrix}$$

$$\begin{bmatrix} I & I & L & J & HL \\ I & 1 & 0.9945 & 0.9660 & 0.9459 \\ L & \square & 1 & 0.9338 & 0.9115 \\ J & \square & \square & 1 & 0.9876 \\ HL & \square & \square & \square & 1 \end{bmatrix} \quad \begin{bmatrix} FO & I & L & J & HL \\ I & 1 & 0.9064 & 0.8311 & 0.8098 \\ L & \square & 1 & 0.9842 & 0.9727 \\ J & \square & \square & 1 & 0.9980 \\ HL & \square & \square & \square & 1 \end{bmatrix}$$

$$\begin{bmatrix} FM & I & L & J & HL \\ I & 1 & 0.9117 & 0.9916 & 0.8557 \\ L & \square & 1 & 0.9515 & 0.9416 \\ J & \square & \square & 1 & 0.9136 \\ HL & \square & \square & \square & 1 \end{bmatrix} \quad \begin{bmatrix} AU & I & L & J & HL \\ I & 1 & 0.9919 & 0.9931 & 0.9485 \\ L & \square & 1 & 0.9898 & 0.9005 \\ J & \square & \square & 1 & 0.9277 \\ HL & \square & \square & \square & 1 \end{bmatrix}$$

$$\begin{bmatrix} G & I & L & J & HL \\ I & 1 & 0.9906 & 0.9962 & 0.9930 \\ L & \square & 1 & 0.9986 & 0.9998 \\ J & \square & \square & 1 & 0.9994 \\ HL & \square & \square & \square & 1 \end{bmatrix} \quad \begin{bmatrix} CS & I & L & J & HL \\ I & 1 & 0.9587 & 0.9892 & 0.9851 \\ L & \square & 1 & 0.9526 & 0.9668 \\ J & \square & \square & 1 & 0.9979 \\ HL & \square & \square & \square & 1 \end{bmatrix}$$

图 7.13　东北地区制造业价值链生态位重叠矩阵

注：I、L、J、HL 分别表示内蒙古、辽宁、吉林和黑龙江。

（二）环渤海地区的生态位重叠

1. 增值能力维生态位重叠度有较小差异

在增值能力维方面，北京与河北、天津与内蒙古的制造业价值链生态位重叠度高，两两省（市、自治区）在该维度上有很大的相似性，竞争激烈。北京与河北、天津与内蒙古应增强制造业价值链的增值能力，同时发掘潜在资源并发挥其优势，使增值优势更加突出。天津与河北的生态位重叠度最低，二者在该维度上有较小的相似性，竞争不激烈，应保持各自发展优势。

2. 影响能力维生态位重叠度有较大差异

在影响能力维方面，山东与内蒙古的制造业价值链生态位重叠度高，二者在该维度上有较大的相似性，发展方向较为一致，竞争激烈，应重视制造业的影响能力，并且积极寻找其他发展资源，培育独特的优势。北京和山东、北京和内蒙古、天津和山东、天津和内蒙古在该维度的生态位重叠度低，两两省（市、自治区）在发展影响能力时相似度小，竞争弱，应继续发挥各自的独特优势。

3. 创新发展维生态位重叠度有一定差异

在创新发展维方面，河北和内蒙古的制造业价值链生态位重叠度最高，二者在创新发展上有较大的相似性，竞争较激烈，应形成具有特色的创新能力，争取在创新中取胜。北京和天津、天津和山东在该维度的生态位重叠度较低，两两省（市）的创新发展方式上有一定差异，应继续发挥其优势，促进区域创新发展。

4. 基础营运能力维生态位重叠度有一定差异

在基础营运能力维方面，北京和天津的制造业价值链生态位重叠度最高，两市对基础营运资源的使用相似，竞争程度高，应继续完善基础营运能力，采取多种方式提高资产周转速度，促进生产经营的平稳有序发展。北京和山东在该维度的生态位重叠度较低，二者对基础营运资源的利用方式有一定差异，竞争不太激烈，应以区域优势为主，不断提高制造业价值链的基础营运能力。

5. 基础市场能力维生态位重叠度有较大差异

在基础市场能力维方面，河北、山东和内蒙古的制造业价值链生态位重叠度高，三者对基础市场资源的利用相似，竞争程度高，应跟随市场动态，及时了解客户需求，提高市场销售能力，并且积极寻找新优势。北京和河北、北京和内蒙古在该维度的生态位重叠度较低，竞争不激烈，两两省（市、自治区）之间的制造业市场有较大差异，应关注现有市场，不断提高市场空间。

6. 辅助能力维生态位重叠度高

在辅助能力维方面，五省（市、自治区）的制造业价值链生态位重叠度都高，较高的有北京和天津、北京和河北、天津和河北、北京和山东、河北和山东，两两省（市）对R&D人员、R&D投入和中间投入的需求相似，竞争激烈，应不断发展自身优势，力争在竞争中取胜。

7. 绿色发展维生态位重叠度高

在绿色发展维方面，五省（市、自治区）的制造业价值链生态位重叠度都高，且大于0.95，说明五省（市、自治区）都重视绿色发展，加强环保建设，发展方式较为相似，竞争激烈，应继续推动绿色发展，并且不断发展自身优势，增强竞争力。

8. 协调共享维生态位重叠度有较小差异

在协调共享维方面，北京和天津的制造业价值链生态位重叠度最高，两市的协调共享发展相似，竞争激烈，应结合自身优势，力争以新方式继续发展协调共享能力。天津和山东、山东和内蒙古在该维度的生态位重叠度较低，竞争不激烈，两两省（市、自治区）协调共享的方式有较大差异，应继续完善发展方式，提高协调共享能力。

环渤海地区制造业价值链生态位重叠矩阵如图7.14所示。

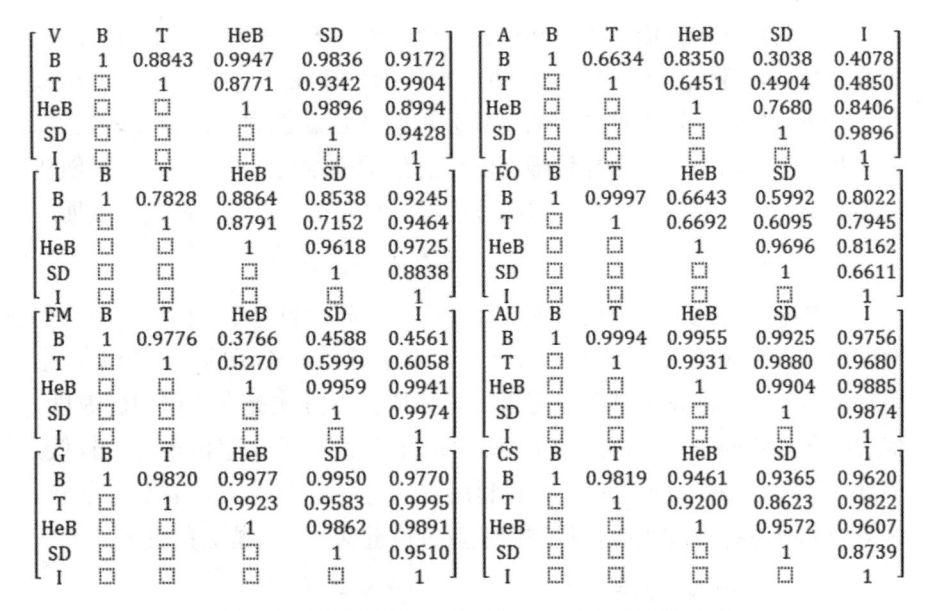

$$\begin{bmatrix} V & B & T & HeB & SD & I \\ B & 1 & 0.8843 & 0.9947 & 0.9836 & 0.9172 \\ T & \square & 1 & 0.8771 & 0.9342 & 0.9904 \\ HeB & \square & \square & 1 & 0.9896 & 0.8994 \\ SD & \square & \square & \square & 1 & 0.9428 \\ I & \square & \square & \square & \square & 1 \end{bmatrix} \quad \begin{bmatrix} A & B & T & HeB & SD & I \\ B & 1 & 0.6634 & 0.8350 & 0.3038 & 0.4078 \\ T & \square & 1 & 0.6451 & 0.4904 & 0.4850 \\ HeB & \square & \square & 1 & 0.7680 & 0.8406 \\ SD & \square & \square & \square & 1 & 0.9896 \\ I & \square & \square & \square & \square & 1 \end{bmatrix}$$

$$\begin{bmatrix} I & B & T & HeB & SD & I \\ B & 1 & 0.7828 & 0.8864 & 0.8538 & 0.9245 \\ T & \square & 1 & 0.8791 & 0.7152 & 0.9464 \\ HeB & \square & \square & 1 & 0.9618 & 0.9725 \\ SD & \square & \square & \square & 1 & 0.8838 \\ I & \square & \square & \square & \square & 1 \end{bmatrix} \quad \begin{bmatrix} FO & B & T & HeB & SD & I \\ B & 1 & 0.9997 & 0.6643 & 0.5992 & 0.8022 \\ T & \square & 1 & 0.6692 & 0.6095 & 0.7945 \\ HeB & \square & \square & 1 & 0.9696 & 0.8162 \\ SD & \square & \square & \square & 1 & 0.6611 \\ I & \square & \square & \square & \square & 1 \end{bmatrix}$$

$$\begin{bmatrix} FM & B & T & HeB & SD & I \\ B & 1 & 0.9776 & 0.3766 & 0.4588 & 0.4561 \\ T & \square & 1 & 0.5270 & 0.5999 & 0.6058 \\ HeB & \square & \square & 1 & 0.9959 & 0.9941 \\ SD & \square & \square & \square & 1 & 0.9974 \\ I & \square & \square & \square & \square & 1 \end{bmatrix} \quad \begin{bmatrix} AU & B & T & HeB & SD & I \\ B & 1 & 0.9994 & 0.9955 & 0.9925 & 0.9756 \\ T & \square & 1 & 0.9931 & 0.9880 & 0.9680 \\ HeB & \square & \square & 1 & 0.9904 & 0.9885 \\ SD & \square & \square & \square & 1 & 0.9874 \\ I & \square & \square & \square & \square & 1 \end{bmatrix}$$

$$\begin{bmatrix} G & B & T & HeB & SD & I \\ B & 1 & 0.9820 & 0.9977 & 0.9950 & 0.9770 \\ T & \square & 1 & 0.9923 & 0.9583 & 0.9995 \\ HeB & \square & \square & 1 & 0.9862 & 0.9891 \\ SD & \square & \square & \square & 1 & 0.9510 \\ I & \square & \square & \square & \square & 1 \end{bmatrix} \quad \begin{bmatrix} CS & B & T & HeB & SD & I \\ B & 1 & 0.9819 & 0.9461 & 0.9365 & 0.9620 \\ T & \square & 1 & 0.9200 & 0.8623 & 0.9822 \\ HeB & \square & \square & 1 & 0.9572 & 0.9607 \\ SD & \square & \square & \square & 1 & 0.8739 \\ I & \square & \square & \square & \square & 1 \end{bmatrix}$$

图7.14 环渤海地区制造业价值链生态位重叠矩阵

注：B、T、HeB、SD、I分别表示北京、天津、河北、山东和内蒙古。

（三）东南沿海地区的生态位重叠

1. 增值能力维生态位重叠度有较小差异

在增值能力维方面，上海与浙江、上海与福建、江苏与浙江、福建与广东的制造业价值链生态位重叠度高，两两省（市）在该维度上有很大的相似性，竞争激烈，应增强制造业价值链的增值能力，从不同角度发掘潜在优势资源，使增值优势更加突出。海南与其他五省（市）的生态位重叠度较低，不到0.9，竞争不激烈，应保持各自发展优势，走特色发展道路。

2. 影响能力维生态位重叠度有很大差异

在影响能力维方面，上海与广东的制造业价值链生态位重叠度高，大于0.99。两省（市）在该维度上的发展方式较为一致，竞争激烈，应关注制造业的影响能力，积极探索其他优势资源，提高影响能力。上海和福建、福建和广东在该维度的生态位重叠度很低,都小于 0.3。两两省(市)影响能力维的发展相似度小,竞争较弱,应继续发挥各自的独特优势。

3. 创新发展维生态位重叠度有一定差异

在创新发展维方面,上海和福建、浙江和广东的制造业价值链生态位重叠度最高,都大于 0.99。两两省(市)的创新发展方式有很大的相似性,竞争激烈,应探索符合本省(市)特色的创新能力,促进创新发展。海南和江苏、浙江、广东在该维度的生态位重叠度低,小于 0.8,对创新发展资源的利用有一定差异,应继续发挥各自优势,促进区域创新发展。

4. 基础营运能力维生态位重叠度有较小差异

在基础营运能力维方面,浙江和上海、江苏的制造业价值链生态位重叠度最高,都大于 0.99。两两省(市)对基础营运资源的使用相似,竞争较激烈,应不断发展基础营运能力,采取有效方式提高资产周转速度,促进生产经营的发展。广东和上海、海南在该维度的生态位重叠度较低,为 0.82 左右,对基础营运资源的利用方式有一定差异,竞争不太激烈,区域应充分发挥自身优势,促进制造业价值链基础营运能力的发展。

5. 基础市场能力维生态位重叠度有较大差异

在基础市场能力维方面,福建和广东、浙江的制造业价值链生态位重叠度高,都大于 0.98,对基础市场资源的利用相似,竞争较激烈,应掌握市场变化情况,及时了解客户喜好,注重产品生产与销售,积极寻找新优势。江苏和海南在该维度的生态位重叠度低,为 0.4 左右,竞争不激烈,两省的制造业市场特点有较大差异,应关注本省制造业市场,继续保持发展优势。

6. 辅助能力维生态位重叠度有一定差异

在辅助能力维方面,六省(市)的制造业价值链生态位重叠度都高,都大于 0.95。江苏和广东、福建和广东的生态位重叠度极接近 1,两两省(市)份对 R&D 人员、R&D 投入和中间投入的需求有很大相似性,竞争非常激烈,应充分利用现有资源,争取获得更多资源,增加在竞争中取胜的概率。海南与其他五省(市)的生态位重叠度较低,为 0.75 左右,竞争较小,应保持各自发展优势,发展特色制造业。

7. 绿色发展维生态位重叠度高

在绿色发展维方面,六省(市)的制造业价值链生态位重叠度都很高，大部分都在 0.99 以上，浙江和福建、上海和海南的生态位重叠度接近 1。六省（市）都非常重视绿色发展，注重环保能力建设，应继续坚持绿色发展，并且不断发展自身优势，为绿色发展做出更大贡献。

8. 协调共享维生态位重叠度有一定差异

在协调共享维方面，江苏和浙江的制造业价值链生态位重叠度最高，大于 0.99。两省的协调共享发展方式非常相似，竞争激烈，应根据本省发展优势，推动协调共享发展，同时创新发展方式，寻找新的协调共享优势。广东和海南在该维度的生态位重叠度较低，约为 0.72，竞争不太激烈，两省的协调共享发展模式有较大不同，应坚持自身发展优势，不断提高协调共享能力。

东南沿海地区制造业价值链生态位重叠矩阵如图 7.15 所示。

V	SH	JS	Z	F	GD	Ha		A	SH	JS	Z	F	GD	Ha
SH	1	0.9968	0.9981	0.9987	0.9946	0.8641		SH	1	0.9031	0.5609	0.2208	0.9994	0.3525
JS		1	0.9984	0.9938	0.9918	0.8313		JS		1	0.6687	0.5967	0.9038	0.6229
Z			1	0.9979	0.9974	0.8603		Z			1	0.7003	0.5863	0.9153
F				1	0.9980	0.8865		F				1	0.2335	0.9223
GD					1	0.8923		GD					1	0.3747
Ha						1		Ha						1
I	SH	JS	Z	F	GD	Ha		FO	SH	JS	Z	F	GD	Ha
SH	1	0.8330	0.9417	0.9991	0.9582	0.9362		SH	1	0.9815	0.9915	0.9705	0.8240	0.8978
JS		1	0.9702	0.8412	0.9561	0.5866		JS		1	0.9980	0.9820	0.9136	0.9295
Z			1	0.9471	0.9986	0.7651		Z			1	0.9844	0.8864	0.9271
F				1	0.9627	0.9312		F				1	0.8570	0.9771
GD					1	0.7981		GD					1	0.8251
Ha						1		Ha						1
FM	SH	JS	Z	F	GD	Ha		AU	SH	JS	Z	F	GD	Ha
SH	1	0.8545	0.9502	0.9631	0.8943	0.8480		SH	1	0.9871	0.9660	0.9843	0.9861	0.7575
JS		1	0.9487	0.8837	0.8744	0.4888		JS		1	0.9916	0.9995	0.9984	0.7899
Z			1	0.9863	0.9713	0.6406		Z			1	0.9951	0.9955	0.7335
F				1	0.9816	0.6974		F				1	0.9994	0.7750
GD					1	0.5542		GD					1	0.7545
Ha						1		Ha						1
G	SH	JS	Z	F	GD	Ha		CS	SH	JS	Z	F	GD	Ha
SH	1	0.9926	0.9960	0.9958	0.9496	0.9999		SH	1	0.9436	0.9586	0.9743	0.8492	0.9624
JS		1	0.9994	0.9994	0.9802	0.9926		JS		1	0.9925	0.9593	0.9469	0.8953
Z			1	0.9999	0.9728	0.9960		Z			1	0.9055	0.9010	0.9397
F				1	0.9731	0.9958		F				1	.8248	0.9841
GD					1	0.9496		GD					1	0.7216
Ha						1		Ha						1

图 7.15　东南沿海地区制造业价值链生态位重叠矩阵

注：SH、JS、Z、F、GD、Ha 分别表示上海、江苏、浙江、福建、广东和海南。

（四）中部六省地区的生态位重叠

1. 增值能力维生态位重叠度高

在增值能力维方面，六省制造业价值链生态位重叠度高，都在 0.97 以上。六省在该维度上有很大的相似性，竞争激烈，应培养区域特色优势，加快制造业转型升级，提升高技术制造业的增值，寻找独特的利润增长点。

2. 影响能力维生态位重叠度有一定差异

在影响能力维方面，安徽与江西、湖南的制造业价值链生态位重叠度高，大于0.99。安徽与江西、湖南两省在该维度上的发展较为一致，竞争非常激烈，应关注制造业的影响能力，充分利用优势资源，提高影响能力。河南和湖北在该维度的生态位重叠度较低，为0.6108。两省影响能力维的发展相似度较低，竞争程度较低，应坚持发挥各自的独特优势，不断提高制造业影响力。

3. 创新发展维生态位重叠度有较小差异

在创新发展维方面，山西和河南、江西和湖南的制造业价值链生态位重叠度最高，都大于0.99。两两省份对创新资源的利用有很大的相似性，竞争激烈，应寻找符合本省特色的创新发展方式，促进创新发展。山西和湖北在该维度的生态位重叠度较低，为0.7711。两省对创新发展资源的利用有一些差异，应继续发挥各自优势，促进区域创新发展。

4. 基础营运能力维生态位重叠度有一定差异

在基础营运能力维方面，安徽和河南的制造业价值链生态位重叠度最高，大于0.99。两省对基础营运资源的使用相似，竞争程度高，应坚持发展基础营运能力，实施有效方法提高资产周转速度，巩固提高生产经营能力。湖南和江西、湖北在该维度的生态位重叠度较低，为0.75左右。湖南与江西、湖北两省对基础营运资源的利用有一定差异，竞争不太激烈，区域应坚持提高自身优势，促进制造业价值链基础营运能力的发展。

5. 基础市场能力维生态位重叠度有较小差异

在基础市场能力维方面，河南、湖北、安徽三省，山西和江西两省的制造业价值链生态位重叠度高，都大于0.99，发展基础市场能力的方式相似，竞争非常激烈，应随时了解市场动态，及时发现潜在客户，积极寻找新优势，提高市场销售能力。山西和湖南在该维度的生态位重叠度较低，为0.8669，竞争不太激烈，两省的制造业市场特点差异较小，应关注本省制造业市场，继续发展制造业优势。

6. 辅助能力维生态位重叠度高

在辅助能力维方面，六省的制造业价值链生态位重叠度都高，都大于0.9。最高的为湖北和湖南，生态位重叠度极接近1。两省地理位置接近，经济发展水平差距较小，对R&D人员、R&D投入和中间投入的需求有很大相似性，竞争非常激烈，应充分利用现有资源，辅助制造业发展，提高竞争力。

7. 绿色发展维生态位重叠度高

在绿色发展维方面，六省的制造业价值链生态位重叠度都很高，在0.99以上。安徽和湖北的生态位重叠度非常接近1，两省对绿色发展资源的利用非常相似，竞争十分激烈。六省都非常重视绿色发展，环保投入力度大，应持续坚持绿色发展，争取利用区域优势为绿色发展做出更大贡献。

8. 协调共享维生态位重叠度高

在协调共享维方面，六省的制造业价值链生态位重叠度都很高，在0.95以上。山西和江西、安徽和湖南的制造业价值链生态位重叠度很高，大于0.999。山西和河南的制造业价值链生态位重叠度最低，为0.9592。六省的协调共享发展方式相似，竞争激烈，应充分利用本省优势资源，推动协调共享发展，同时寻找新的发展方式，提高竞争优势。

中部六省地区制造业价值链生态位重叠矩阵如图7.16所示。

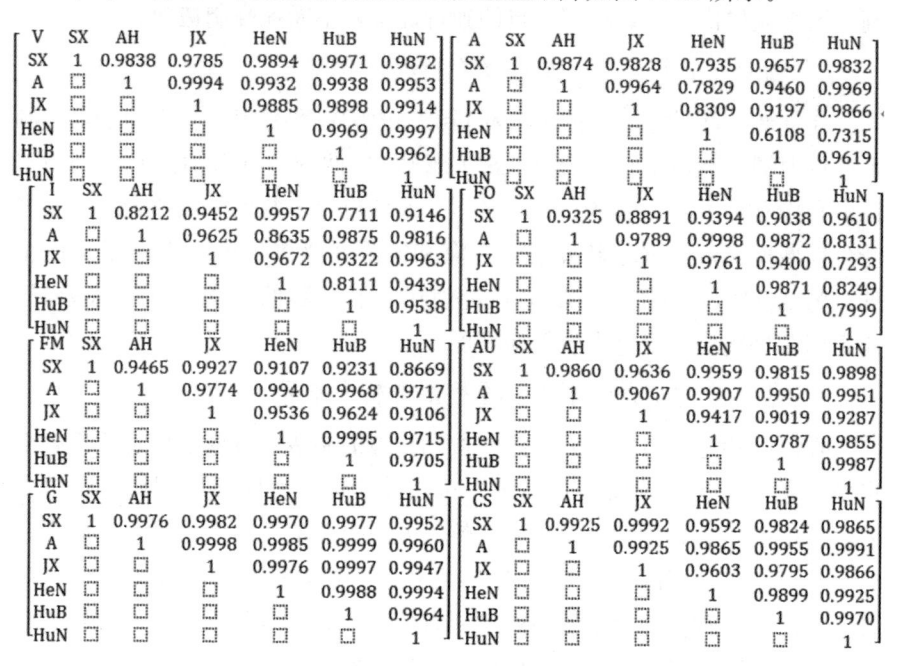

V	SX	AH	JX	HeN	HuB	HuN		A	SX	AH	JX	HeN	HuB	HuN
SX	1	0.9838	0.9785	0.9894	0.9971	0.9872		SX	1	0.9874	0.9828	0.7935	0.9657	0.9832
A		1	0.9994	0.9932	0.9938	0.9953		A		1	0.9964	0.7829	0.9460	0.9969
JX			1	0.9885	0.9898	0.9914		JX			1	0.8309	0.9197	0.9866
HeN				1	0.9969	0.9997		HeN				1	0.6108	0.7315
HuB					1	0.9962		HuB					1	0.9619
HuN						1		HuN						1

I	SX	AH	JX	HeN	HuB	HuN		FO	SX	AH	JX	HeN	HuB	HuN
SX	1	0.8212	0.9452	0.9957	0.7711	0.9146		SX	1	0.9325	0.8891	0.9394	0.9038	0.9610
A		1	0.9625	0.8635	0.9875	0.9816		A		1	0.9789	0.9998	0.9872	0.8131
JX			1	0.9672	0.9322	0.9963		JX			1	0.9761	0.9400	0.7293
HeN				1	0.8111	0.9439		HeN				1	0.9871	0.8249
HuB					1	0.9538		HuB					1	0.7999
HuN						1		HuN						1

FM	SX	AH	JX	HeN	HuB	HuN		AU	SX	AH	JX	HeN	HuB	HuN
SX	1	0.9465	0.9927	0.9107	0.9231	0.8669		SX	1	0.9860	0.9636	0.9959	0.9815	0.9898
A		1	0.9774	0.9940	0.9968	0.9717		A		1	0.9067	0.9907	0.9950	0.9951
JX			1	0.9536	0.9624	0.9106		JX			1	0.9417	0.9019	0.9287
HeN				1	0.9995	0.9715		HeN				1	0.9787	0.9855
HuB					1	0.9705		HuB					1	0.9987
HuN						1		HuN						1

G	SX	AH	JX	HeN	HuB	HuN		CS	SX	AH	JX	HeN	HuB	HuN
SX	1	0.9976	0.9982	0.9970	0.9977	0.9952		SX	1	0.9925	0.9992	0.9592	0.9824	0.9865
A		1	0.9998	0.9985	0.9999	0.9960		A		1	0.9925	0.9865	0.9955	0.9991
JX			1	0.9976	0.9997	0.9947		JX			1	0.9603	0.9795	0.9866
HeN				1	0.9988	0.9994		HeN				1	0.9899	0.9925
HuB					1	0.9964		HuB					1	0.9970
HuN						1		HuN						1

图7.16 中部六省地区制造业价值链生态位重叠矩阵

注：SX、AH、JX、HeN、HuB、HuN分别表示山西、安徽、江西、河南、湖北和湖南。

（五）西北地区的生态位重叠

1. 增值能力维生态位重叠度有一定差异

在增值能力维方面，陕西和青海的制造业价值链生态位重叠度高，在 0.99 以上。两省对增值资源的使用方式相似，竞争较大，应充分发挥本省优势，生产出更多具有高附加值的产品，提高利润，使得增值能力更上一层楼。内蒙古和甘肃的制造业价值链生态位重叠度较低，为 0.7689。两省（自治区）发展增值能力的方式有一些差异，竞争较小，应继续利用本省（自治区）特色资源，努力增强制造业的增值能力。

2. 影响能力维生态位重叠度有较小差异

在影响能力维方面，内蒙古、宁夏、新疆三省（自治区）之间和甘肃与青海、新疆的制造业价值链生态位重叠度高，大于 0.99。两两省（自治区）在该维度上的发展较为一致，竞争激烈，应发挥区域优势，继续提高制造业的影响能力。陕西与甘肃、青海在该维度的生态位重叠度较低，为 0.88 左右。两两省份影响能力维的发展有较小的相似度，竞争程度不高，区域应加快发展，利用各自的独特优势，不断提高制造业影响力。

3. 创新发展维生态位重叠度有很大差异

在创新发展维方面，内蒙古和新疆、内蒙古和甘肃、甘肃和宁夏的制造业价值链生态位重叠度较高，都大于 0.9。两两省（自治区）对创新资源的利用有很大的相似性，竞争激烈，区域应突破瓶颈，走适合本省发展特色创新模式，促进创新发展。青海和宁夏在该维度的生态位重叠度很低，为 0.0315。两省（自治区）对创新发展资源的利用存在很大差异，应运用各自优势，促进本省创新发展。

4. 基础营运能力维生态位重叠度有较大差异

在基础营运能力维方面，内蒙古和甘肃的制造业价值链生态位重叠度最高，大于 0.99。两省（自治区）对基础营运资源的使用相似，竞争激烈，应根据本省具体情况，运用有效的方法提高资产周转速度，巩固提高生产经营能力。青海和宁夏在该维度的生态位重叠度低，为 0.3853。两省（自治区）对基础营运资源的利用有较大差异，竞争不激烈，应发挥自身优势，促进制造业价值链基础营运能力的发展。

5. 基础市场能力维生态位重叠度有较大差异

在基础市场能力维方面，陕西、甘肃、青海三省的制造业价值链生态位重叠度高,都大于 0.99。三省对基础市场资源的使用相似,竞争激烈,应及时关注市场,分析市场行为,发现新优势,促进市场销售能力的发展。内蒙古和宁夏在该维度的生态位重叠度较低,为 0.4492。两自治区制造业的市场差异较小,竞争不激烈,应继续关注本省制造业市场,利用市场优势发展制造业。

6. 辅助能力维生态位重叠度有较小差异

在辅助能力维方面,内蒙古和甘肃、陕西和宁夏的制造业价值链生态位重叠度高,都大于 0.99。两两省(自治区)对创新投入和中间投入的需求相似,竞争激烈,应不断发挥优势,提高竞争力。陕西和新疆、宁夏和新疆的制造业价值链生态位重叠度较低,为 0.87 左右。两两省(自治区)之间的竞争较小,应充分利用现有资源,辅助制造业发展,提高竞争优势。

7. 绿色发展维生态位重叠度高

在绿色发展维方面,六省(自治区)的制造业价值链生态位重叠度都很高,在 0.97 以上。陕西和甘肃在该维度的生态位重叠度非常接近 1,两省对绿色发展资源的利用非常相似,竞争很激烈。六省(自治区)都非常重视绿色发展,关注环保投入,应坚持绿色发展,争取运用区域优势为绿色发展做出更多贡献。

8. 协调共享维生态位重叠度高

在协调共享维方面,六省(自治区)的制造业价值链生态位重叠度都很高,在 0.97 以上。甘肃和新疆的制造业价值链生态位重叠度最高,为 0.9982。陕西和青海的制造业价值链生态位重叠度最低,为 0.9708。六省(自治区)的协调共享发展方式相似,竞争激烈,应充分利用本省优势资源,推动协调共享发展,同时寻找新的优势资源,不断促进协调共享发展。

西北地区制造业价值链生态位重叠矩阵如图 7.17 所示。

$$\begin{bmatrix} V & I & SaX & GS & Q & N & X \\ I & 1 & 0.9704 & 0.7689 & 0.9784 & 0.9060 & 0.8837 \\ SaX & & 1 & 0.9003 & 0.9981 & 0.9620 & 0.9688 \\ GS & & & 1 & 0.8796 & 0.9237 & 0.9764 \\ Q & & & & 1 & 0.9441 & 0.9538 \\ N & & & & & 1 & 0.9789 \\ X & & & & & & 1 \end{bmatrix} \begin{bmatrix} A & I & SaX & GS & Q & N & X \\ I & 1 & 0.9582 & 0.9675 & 0.9597 & 0.9941 & 0.9931 \\ SaX & & 1 & 0.8937 & 0.8799 & 0.9411 & 0.9346 \\ GS & & & 1 & 0.9995 & 0.9891 & 0.9905 \\ Q & & & & 1 & 0.9842 & 0.9861 \\ N & & & & & 1 & 0.9998 \\ X & & & & & & 1 \end{bmatrix}$$

$$\begin{bmatrix} & I & SaX & GS & Q & N & X \\ I & 1 & 0.7464 & 0.9303 & 0.1841 & 0.8943 & 0.9430 \\ SaX & & 1 & 0.6765 & 0.5447 & 0.3893 & 0.8306 \\ GS & & & 1 & 0.4362 & 0.9015 & 0.7723 \\ Q & & & & 1 & 0.0315 & 0.0802 \\ N & & & & & 1 & 0.7202 \\ X & & & & & & 1 \end{bmatrix} \begin{bmatrix} FO & I & SaX & GS & Q & N & X \\ I & 1 & 0.8997 & 0.9907 & 0.6294 & 0.9544 & 0.9754 \\ SaX & & 1 & 0.8715 & 0.5691 & 0.8090 & 0.8877 \\ GS & & & 1 & 0.5239 & 0.9860 & 0.9373 \\ Q & & & & 1 & 0.3853 & 0.7844 \\ N & & & & & 1 & 0.8678 \\ X & & & & & & 1 \end{bmatrix}$$

$$\begin{bmatrix} FM & I & SaX & GS & Q & N & X \\ I & 1 & 0.6153 & 0.5805 & 0.5445 & 0.4492 & 0.9113 \\ SaX & & 1 & 0.9968 & 0.9959 & 0.9691 & 0.8774 \\ GS & & & 1 & 0.9945 & 0.9848 & 0.8612 \\ Q & & & & 1 & 0.9771 & 0.8307 \\ N & & & & & 1 & 0.7770 \\ X & & & & & & 1 \end{bmatrix} \begin{bmatrix} AU & I & SaX & GS & Q & N & X \\ I & 1 & 0.9566 & 0.9987 & 0.9854 & 0.9516 & 0.9760 \\ SaX & & 1 & 0.9646 & 0.9888 & 0.9997 & 0.8705 \\ GS & & & 1 & 0.9867 & 0.9593 & 0.9671 \\ Q & & & & 1 & 0.9876 & 0.9288 \\ N & & & & & 1 & 0.8628 \\ X & & & & & & 1 \end{bmatrix}$$

$$\begin{bmatrix} G & I & SaX & GS & Q & N & X \\ I & 1 & 0.9977 & 0.9979 & 0.9997 & 0.9850 & 0.9852 \\ SaX & & 1 & 0.9999 & 0.9986 & 0.9853 & 0.9945 \\ GS & & & 1 & 0.9985 & 0.9836 & 0.9943 \\ Q & & & & 1 & 0.9880 & 0.9875 \\ N & & & & & 1 & 0.9731 \\ X & & & & & & 1 \end{bmatrix} \begin{bmatrix} CS & I & SaX & GS & Q & N & X \\ I & 1 & 0.9915 & 0.98797 & 0.9836 & 0.9940 & 0.9861 \\ SaX & & 1 & 0.9880 & 0.9708 & 0.9810 & 0.9933 \\ GS & & & 1 & 0.9944 & 0.99439 & 0.9982 \\ Q & & & & 1 & 0.9973 & 0.9863 \\ N & & & & & 1 & 0.9880 \\ X & & & & & & 1 \end{bmatrix}$$

图 7.17 西北地区制造业价值链生态位重叠矩阵

注：I、SaX、GS、Q、N、X 分别表示内蒙古、陕西、甘肃、青海、宁夏和新疆。

（六）西南地区的生态位重叠

1. 增值能力维生态位重叠度高

在增值能力维方面，广西和贵州的制造业价值链生态位重叠度最高，在0.99以上。重庆和云南的制造业价值链生态位重叠度最低，为0.9010。五省（市、自治区）的增值能力维生态位值相近，对增值资源的利用相似，竞争激烈，应利用本省优势资源，生产更多高附加值产品，增加利润，提高增值能力。

2. 影响能力维生态位重叠度高

在影响能力维方面，五省（市、自治区）制造业的价值链生态位重叠度高，都大于0.95。五省（市、自治区）在该维度上的发展较为一致，竞争激烈，应寻找并发挥区域优势，提高制造业的影响能力。贵州和云南的制造业价值链生态位重叠度高，大于0.997。贵州与云南在该维度上的发展相似，主要在于两省都处于高山山地，高技术产品出口少，商标数量较少，制造业品牌效应弱，除了发挥区域优势资源，还要积极创新发展方式，提高影响能力。

3. 创新发展维生态位重叠度有一定差异

在创新发展维方面，广西和重庆、贵州的制造业价值链生态位重叠度较高，都大于 0.99。三省（市、自治区）的创新发展维生态位差距较小，两两省（市、自治区）对创新发展资源的利用有很大相似性，都重视创新发展，竞争激烈，区域应突破瓶颈，走适合本省发展的特色创新模式，促进创新发展。四川与重庆、广西在该维度的生态位重叠度低，在 0.55 左右。四川经济较重庆、广西发达，创新人才和资金较为充足。与重庆和广西相比，四川对创新发展资源的利用不同，应运用各自优势，促进本省创新发展。

4. 基础营运能力维生态位重叠度高

在基础营运能力维方面，五省（市、自治区）制造业的价值链生态位重叠度高，都大于 0.94。五省（市、自治区）对基础营运资源的使用相似，制造业基础营运能力相当，竞争激烈，应根据本省（市、自治区）具体情况，专注于提高资产周转速度，巩固提高生产经营能力。

5. 基础市场能力维生态位重叠度有一定差异

在基础市场能力维方面，四川和云南的制造业价值链生态位重叠度最高，都大于 0.99。两省制造业发展相似，对基础市场资源的使用相似，竞争激烈，应了解市场动态，挖掘新优势，提高市场销售能力。广西和贵州在该维度的生态位重叠度较低，为 0.6509。贵州的基础市场能力维生态位高于广西，两省（自治区）在该维度的竞争不太激烈，制造业市场差异小，应关注本省制造业的市场发展，利用市场优势提高制造业的市场能力。

6. 辅助能力维生态位重叠度有较小差异

在辅助能力维方面，广西、四川、云南三省（自治区）的制造业价值链生态位重叠度高，都大于 0.99。三省（自治区）区位特点相似，经济发展水平差距不大，对 R&D 人员、R&D 投入和中间投入的使用有较大相似性，应充分利用现有资源，辅助制造业发展，提高竞争优势。四川与贵州在该维度的生态位重叠度较低，为 0.8940。四川对 R&D 人员、R&D 投入和中间投入资源的使用与贵州不同，两省可以继续发挥独特优势，促进辅助能力的提高。

7. 绿色发展维生态位重叠度高

在绿色发展维方面，五省（市、自治区）制造业的价值链生态位重叠度高，都大于0.98。广西和贵州、重庆和云南、贵州和云南的制造业价值链生态位重叠度高，都接近1。两两省（市、自治区）对绿色发展的重视程度相当，对环保建设的投入相当，应继续坚持绿色发展，运用区域优势，争取为绿色发展做出更多贡献。

8. 协调共享维生态位重叠度高

在协调共享维方面，五省（市、自治区）的制造业价值链生态位重叠度高，都大于0.93。五省（市、自治区）对相关资源的使用相似，竞争激烈。广西和贵州的制造业价值链生态位重叠度最高，接近于1。两省（自治区）的协调共享发展方式相似，竞争激烈。五省（市、自治区）应充分利用本省优势资源，推动协调共享发展，同时寻找新的优势，不断促进协调共享发展。

西南地区制造业价值链生态位重叠矩阵如图7.18所示。

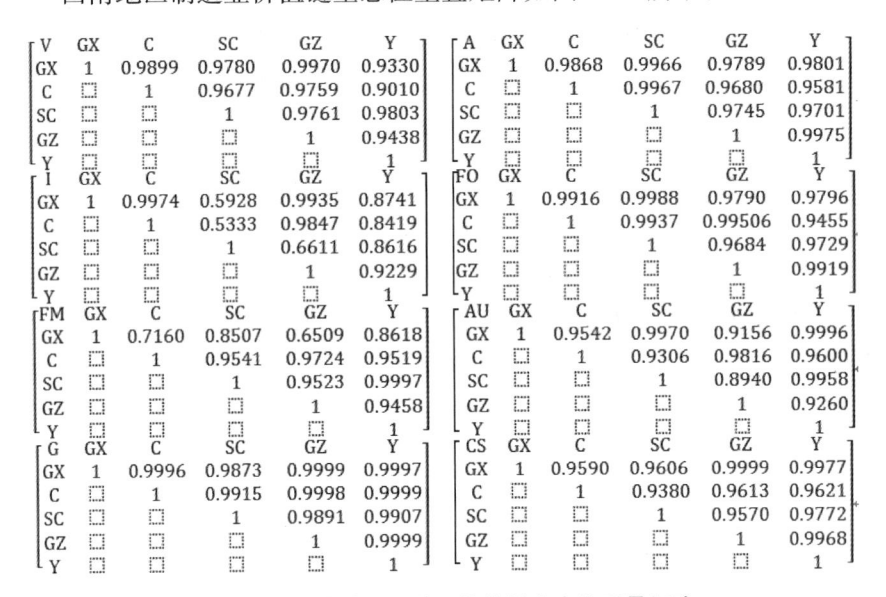

$$\begin{bmatrix} V & GX & C & SC & GZ & Y \\ GX & 1 & 0.9899 & 0.9780 & 0.9970 & 0.9330 \\ C & \square & 1 & 0.9677 & 0.9759 & 0.9010 \\ SC & \square & \square & 1 & 0.9761 & 0.9803 \\ GZ & \square & \square & \square & 1 & 0.9438 \\ Y & \square & \square & \square & \square & 1 \end{bmatrix} \begin{bmatrix} A & GX & C & SC & GZ & Y \\ GX & 1 & 0.9868 & 0.9966 & 0.9789 & 0.9801 \\ C & \square & 1 & 0.9967 & 0.9680 & 0.9581 \\ SC & \square & \square & 1 & 0.9745 & 0.9701 \\ GZ & \square & \square & \square & 1 & 0.9975 \\ Y & \square & \square & \square & \square & 1 \end{bmatrix}$$

$$\begin{bmatrix} I & GX & C & SC & GZ & Y \\ GX & 1 & 0.9974 & 0.5928 & 0.9935 & 0.8741 \\ C & \square & 1 & 0.5333 & 0.9847 & 0.8419 \\ SC & \square & \square & 1 & 0.6611 & 0.8616 \\ GZ & \square & \square & \square & 1 & 0.9229 \\ Y & \square & \square & \square & \square & 1 \end{bmatrix} \begin{bmatrix} FO & GX & C & SC & GZ & Y \\ GX & 1 & 0.9916 & 0.9988 & 0.9790 & 0.9796 \\ C & \square & 1 & 0.9937 & 0.99506 & 0.9455 \\ SC & \square & \square & 1 & 0.9684 & 0.9729 \\ GZ & \square & \square & \square & 1 & 0.9919 \\ Y & \square & \square & \square & \square & 1 \end{bmatrix}$$

$$\begin{bmatrix} FM & GX & C & SC & GZ & Y \\ GX & 1 & 0.7160 & 0.8507 & 0.6509 & 0.8618 \\ C & \square & 1 & 0.9541 & 0.9724 & 0.9519 \\ SC & \square & \square & 1 & 0.9523 & 0.9997 \\ GZ & \square & \square & \square & 1 & 0.9458 \\ Y & \square & \square & \square & \square & 1 \end{bmatrix} \begin{bmatrix} AU & GX & C & SC & GZ & Y \\ GX & 1 & 0.9542 & 0.9970 & 0.9156 & 0.9996 \\ C & \square & 1 & 0.9306 & 0.9816 & 0.9600 \\ SC & \square & \square & 1 & 0.8940 & 0.9958 \\ GZ & \square & \square & \square & 1 & 0.9260 \\ Y & \square & \square & \square & \square & 1 \end{bmatrix}$$

$$\begin{bmatrix} G & GX & C & SC & GZ & Y \\ GX & 1 & 0.9996 & 0.9873 & 0.9999 & 0.9997 \\ C & \square & 1 & 0.9915 & 0.9998 & 0.9999 \\ SC & \square & \square & 1 & 0.9891 & 0.9907 \\ GZ & \square & \square & \square & 1 & 0.9999 \\ Y & \square & \square & \square & \square & 1 \end{bmatrix} \begin{bmatrix} CS & GX & C & SC & GZ & Y \\ GX & 1 & 0.9590 & 0.9606 & 0.9999 & 0.9977 \\ C & \square & 1 & 0.9380 & 0.9613 & 0.9621 \\ SC & \square & \square & 1 & 0.9570 & 0.9772 \\ GZ & \square & \square & \square & 1 & 0.9968 \\ Y & \square & \square & \square & \square & 1 \end{bmatrix}$$

图7.18 西南地区制造业价值链生态位重叠矩阵

注：GX、C、SC、GZ、Y分别表示广西、重庆、四川、贵州和云南。

（七）分维度比较区域生态位重叠度

制造业在各个维度的生态位重叠度不同，比较区域尺度制造业价值链生态位重叠度在各个维度的排名，可以知道在不同维度上区域尺度制造业价值链的竞争程度，为区域制造业价值链的发展提供参考。通过查阅资料和咨询相关专家，本书把重叠度在0.9以上的省（市、自治区）赋予0.4

的权重，把重叠度在 0.8~0.9 之间的省（市、自治区）赋予 0.3 的权重，把重叠度在 0.5~0.8 之间的省（市、自治区）赋予 0.15 的权重，把重叠度在 0.3~0.5 之间的省（市、自治区）赋予 0.1 的权重，把重叠度小于 0.3 的省（市、自治区）赋予 0.05 的权重，将重叠度与权重相乘，求和得到区域尺度制造业价值链生态位重叠度的排名，详见表 7.1。

表 7.1 区域尺度制造业价值链生态位重叠度比较

分维度重叠度	最高	次高	最低	次低
增值能力维	中部六省地区	东南沿海地区	东北地区	环渤海地区
影响能力维	西北地区	中部六省地区	环渤海地区	东北地区
创新发展维	中部六省地区	东南沿海地区	东北地区	西北地区
基础营运能力维	东南沿海地区	中部六省地区	环渤海地区	东北地区
基础市场能力维	中部六省地区	东南沿海地区	环渤海地区	东北地区
辅助能力维	中部六省地区	西北地区	东北地区	西南地区
绿色发展维	中部六省地区	西北地区	东北地区	环渤海地区
协调共享维	西北地区	中部六省地区	东北地区	环渤海地区

由表 7.1 可知，中部六省地区、东南沿海地区的制造业价值链生态位重叠度在各个维度都比较高，环渤海地区、东北地区的制造业价值链生态位重叠度在各个维度都比较低。

1. 中部六省地区、东南沿海地区的重叠度较高

中部六省地区和东南沿海地区的制造业价值链在各个维度都有较高的生态位重叠度，区域内竞争程度较高。中部六省地区在全国区域发展格局中具有举足轻重的战略地位，随着中部地区崛起政策的实施，中部六省地区的创新能力不断提高，装备制造业和高技术制造业的整体实力提升，交通资源配置的能力提高，努力发展循环经济，促进绿色发展。中部六省地区重视发展，竞争较激烈，区域应积极寻找潜在优势，提高制造业价值链的竞争力。东南沿海地区地理位置优越，区位优势明显，交通便利，经济发达，注重制造业转型升级，是中国经济发展的先行地区，积极推动制造业价值链发展。随着环保要求的提高，土地、劳动力等成本费用上升，资源约束增多，制造企业的利润率下降，制造业竞争压力大，更需要争夺资源。因此，东南沿海地区的制造业价值链在各个维度都有较高的生态位重叠度，关注创新发展模式，提高竞争力。

2. 环渤海地区、东北地区的重叠度较低

环渤海地区、东北地区的制造业价值链在各个维度都有较低的生态位重叠度，区域内竞争程度较低。环渤海地区的制造业价值链在各个维度的生态位重叠度都较低。对东北地区主导产业衰退严重的城市，中央财政实施资源枯竭城市财力转移支付政策，大力支持制造业转型升级。因此，东北地区制造业对资源的抢夺程度较低，竞争较小，制造业价值链在各个维度的生态位重叠度都较低。

第三节 中国制造业价值链态势研判

本章用改进的生态位模型分别测度了高质量发展视角的中国制造业区域尺度价值链不同维度的生态位、时间序列生态位、区域生态位重叠度。不同维度的生态位展示了区域制造业价值链在不同维度的生态位值，表征了2012—2017年制造业价值链的生态位及其变化，可以看出中国制造业区域尺度价值链在此期间的发展程度及变化，丰富并拓展了现有研究，为各区域促进制造业价值链的发展提供了参考依据。通过改进生态位测度方法，建立积分模型测度时间序列生态位。时间序列生态位既包含某省在当年的生态位，又包含在时段内生态位的变化趋势，综合体现了时段内的生态位值。这是一种将生态位的静态和动态相结合的二维评价方法，从状态和发展速度两方面评价了区域尺度制造业价值链的发展，为促进区域尺度制造业价值链的综合发展提供借鉴。区域生态位重叠度展示了各区域制造业在两两省（市、自治区）之间的相似度，相似度越大，竞争程度越高。了解区域之间的重叠度，可以为区域制定竞争发展策略提供参考。

一、中国制造业价值链的辅助能力、创新发展水平和基础市场能力差异大

通过测度制造业区域尺度价值链生态位值发现：协调共享维生态位值整体较高，其次是增值能力维、绿色发展维、影响能力维和基础营运能力维，辅助能力维、创新发展维和基础市场能力维都有特别突出的生态位值，波动较大。在辅助能力维，江苏、山东和广东的制造业价值链生态位值在大多年份都超过了0.8，十分突出，而一些省（市、自治区）的制造业价值链生态位值在0.05左右，最值差异大。在创新发展维方面，广东

的制造业价值链生态位值在 2017 年超过了 0.8，居于全国领先地位，而一些省（市、自治区）的制造业价值链生态位值在 0.03 左右，差异很大。在基础市场能力维方面，北京和广东的制造业价值链生态位值在 2017 年超过了 0.7，远高于全国其他省（市、自治区），而一些省（市、自治区）的制造业价值链生态位值在 0.05 左右，也具有很大差异。制造业价值链在这三个维度的生态位值差异较大，说明制造业价值链的发展水平差异较大。在高质量发展视角下，中国制造业价值链发展不均衡，差异较大。

二、宁夏、海南和青海等制造业价值链的维度生态位值低

中国制造业价值链增值能力维生态位值大多在 0.5 左右，小于 0.3 的有山西、黑龙江、海南、甘肃和青海。影响能力维生态位值都大于 0，小于 0.02 的有海南、青海和宁夏。创新发展维生态位值大多在 0.1 左右，小于 0.03 的有内蒙古、吉林、云南和新疆。基础营运能力维生态位值大多在 0.1 左右，海南和甘肃虽然在 2012 年较大，但其余年份大多为负值。基础市场能力维生态位值大多在 0.1 左右，小于 0.02 的有青海和新疆。辅助能力维生态位值大多在 0.1 左右，小于 0.03 的有海南、青海、宁夏和新疆。绿色发展维生态位值大多在 0.3 左右，小于 0.25 的有内蒙古、海南、青海、宁夏和新疆。协调共享维生态位值大多在 0.5 左右，小于 0.35 的有贵州、云南和甘肃。详见表 7.2。

表 7.2 2012—2017 年中国制造业区域尺度价值链维度生态位值分布情况

省（自治区）	维度
山西和黑龙江	增值能力维
海南	增值能力维、影响能力维、基础营运能力维、辅助能力维、绿色发展维
甘肃	增值能力维、基础营运能力维、协调共享维
青海	增值能力维、影响能力维、基础市场能力维、绿色发展维
宁夏	影响能力维、辅助能力维、绿色发展维
内蒙古	创新发展维、绿色发展维
吉林	创新发展维
云南	创新发展维、协调共享维
新疆	创新发展维、基础市场能力维、辅助能力维、绿色发展维

三、宁夏、海南和青海等制造业价值链的时间序列综合生态位值低

中国制造业价值链时间序列综合生态位的平均值为1.22375,生态位值较高的有广东、江苏、浙江、山东和上海,较低的有宁夏、海南、贵州、甘肃和青海。广东制造业价值链的时间序列综合生态位值最高,为3.2409,约是平均值的2.6倍;江苏制造业价值链的时间序列综合生态位值为2.83,约是平均值的2.3倍;浙江制造业价值链的时间序列综合生态位值为2.3264,约是平均值的1.9倍;山东制造业价值链的时间序列综合生态位值为2.1663,约是平均值的1.8倍;上海制造业价值链的时间序列综合生态位值为1.6891,约是平均值的1.4倍。宁夏制造业价值链的时间序列综合生态位值为0.6269,海南制造业价值链的时间序列综合生态位值为0.6088,贵州制造业价值链的时间序列综合生态位值为0.6045,甘肃制造业价值链的时间序列综合生态位值为0.5896,青海制造业价值链的时间序列综合生态位值为0.5568,约是平均值的一半。

四、中部六省地区、东南沿海地区的制造业价值链生态位重叠度在各个维度都比较高

分区域测度制造业价值链在各维度的生态位重叠度结果表明,环渤海地区、东南沿海地区、西北地区生态位重叠度的层次多于东北地区和中部六省地区。在东北地区和中部六省地区,生态位重叠度的层次较少,例如:在东北地区,影响能力维、创新发展维、辅助能力维、绿色发展维、协调共享维生态位重叠度高,增值能力维、基础营运能力维、基础市场能力维生态位重叠度有较小差异。这说明东北地区和中部六省地区的制造业价值链生态位重叠度密集程度较大。分维度比较区域生态位重叠度,发现中部六省地区、东南沿海地区的制造业价值链生态位重叠度在各个维度都比较高,环渤海地区、东北地区的制造业价值链生态位重叠度在各个维度都比较低。分区域测度制造业价值链在各维度的生态位重叠度与分维度比较区域生态位重叠度的结果仍然符合。以东北地区为例,在两种角度下,东北地区的制造业价值链生态位重叠度高低看似矛盾,实则符合实际情况。虽然东北地区生态位重叠度的层次较低,但是其重叠度高值的均值大约为0.9,与其他地区相比则较低,由于重叠度比较集中,因此,东北地区制造业价值链的生态位重叠度较低,竞争程度较低。

第八章 产业视角：中国制造业价值链地位测度与研判

第一节 基于道格拉斯生产函数的中国制造业行业细分

行业细分对于一个行业的整体发展规划在一定程度上具有参考性和指导性，同时为行业内企业制定经营战略提供了依据。柯布-道格拉斯生产函数是经济学中使用最为普遍的生产函数，尤其是在分析经济增长各要素贡献率的研究中运用极为广泛。

一、基本模型

柯布-道格拉斯生产函数主要用于测定生产过程中资本投入量和劳动投入量对产出量的影响，也可以用来预测国家和地区的工业系统或大企业的生产和分析发展生产的途径。柯布-道格拉斯生产函数表达如下：

$$Y = A(t) L^{\alpha} K^{\beta} \mu \tag{8.1}$$

其中，Y 为工业经济总产值；$A(t)$ 为综合技术水平；L 为投入的劳动力数（单位是万人或人）；K 为投入的资本总量，一般指固定资产净值；α 为劳动力产出的弹性系数；β 为资本产出的弹性系数；μ 为随机干扰的影响，$\mu \leqslant 1$。

柯布-道格拉斯生产函数亦可以用于制造业相关研究。产业的产出主要取决于劳动力和资本是柯布-道格拉斯生产函数的基本思想，资源合理配置要求产业能通过合理有效地利用区域资源产品从而得到产出最大效益和产值（韩淑娟，2014）。

二、生产要素密集度分析

按照生产要素密集度可以将制造行业细分为三类：一是技术密集型产业，指在生产投入的要素中，技术投入的比例高于其他生产要素投入的比例的产业；二是资本密集型产业，指平均每个劳动者占用的流动资本和固定资本金额较高的产业；三是劳动密集型产业，主要特点是设备的技术程度低，占用资金较少，劳动力较多。

（一）模型构建

基于对制造行业生产要素密集度的分析，首先要将劳动力、资本和技术等生产要素扩展到柯布-道格拉斯生产函数中，基于产业层面对各行业各个要素进行分析，在此基础上依据要素密集度标准把制造业划分为不同要素密集度行业类型。由此，得出制造业扩展柯布-道格拉斯生产函数为：

$$y = f(h,c,r) = k h^{\alpha_1} c^{\alpha_2} r^{\alpha_3} \tag{8.2}$$

其中，y 为制造业总产出；k 为常数；r 为该行业的技术投入量；c 为该行业的资本投入量；h 为该行业的劳动力投入量；α_1、α_2、α_3 分别为劳动力贡献率，资本贡献率，技术贡献率。对模型两边取对数，建立制造业产出面板模型：

$$\ln y_{it} = \alpha_0 + \alpha_1 \ln h_{it} + \alpha_2 \ln c_{it} + \alpha_3 \ln r_{it} + \varepsilon_{it} \tag{8.3}$$

根据制造业扩展柯布-道格拉斯生产函数可以得到：

技术 r 的贡献率为：

$$r \cdot \frac{\frac{\partial y}{\partial r}}{y} = r \cdot \frac{\frac{\partial f(h,c,r)}{\partial r}}{f(h,c,r)} = r \cdot \frac{k \cdot \alpha_3 h^{\alpha_1} c^{\alpha_2} r^{\alpha_3-1}}{k h^{\alpha_1} c^{\alpha_2} r^{\alpha_3}} = \alpha_3 \tag{8.4}$$

资本 c 的贡献率为：

$$c \cdot \frac{\frac{\partial y}{\partial c}}{y} = c \cdot \frac{\frac{\partial f(h,c,r)}{\partial c}}{f(h,c,r)} = c \cdot \frac{k \cdot \alpha_2 h^{\alpha_1} c^{\alpha_2-1} r^{\alpha_3}}{k h^{\alpha_1} c^{\alpha_2} r^{\alpha_3}} = \alpha_2 \tag{8.5}$$

劳动力 h 的贡献率为：

$$h \cdot \frac{\frac{\partial y}{\partial h}}{y} = h \cdot \frac{\frac{\partial f(h,c,r)}{\partial h}}{f(h,c,r)} = h \cdot \frac{k \cdot \alpha_1 h^{\alpha_1-1} c^{\alpha_2} r^{\alpha_3}}{k h^{\alpha_1} c^{\alpha_2} r^{\alpha_3}} = \alpha_1 \tag{8.6}$$

由此得出以下结论：

如果 $\alpha_3 > \alpha_1$，且 $\alpha_3 > \alpha_2$，即技术 r 的贡献率超过资本 c 的贡献率且超

过劳动力 h 的贡献率，则该行业为技术密集型产业。

如果 $\alpha_2 > \alpha_1$，且 $\alpha_2 > \alpha_3$，即资本 c 的贡献率超过劳动力 h 的贡献率且超过技术 r 的贡献率，则该行业为资本密集型产业。

如果 $\alpha_1 > \alpha_3$，且 $\alpha_1 > \alpha_2$，即劳动力 h 的贡献率超过技术 r 的贡献率且超过资本 c 的贡献率，则该行业为劳动密集型产业。

（二）数据选取及实证结果分析

选取中国制造业2012—2018年的面板数据，对制造业28个行业进行生产密集度分析。将制造业各个行业的平均用工数、科技内部支出、固定资产和总资产等数据代入制造业产出面板模型，计算结果见表8.1、表8.2和表8.3。C_1 为农副食品加工业，C_2 为食品制造业，C_3 为酒、饮料和精制茶制造业，C_4 为烟草制品业，C_5 为纺织业，C_6 为纺织服装、服饰业，C_7 为皮革、毛皮及其制品和制鞋业，C_8 为木材加工及木、竹、藤、棕、草制品业，C_9 为家具制造业，C_{10} 为造纸及低制品业，C_{11} 为印刷业，C_{12} 为文教、工美、体育和娱乐用品制造业，C_{13} 为石油加工，炼焦及核燃料加工业，C_{14} 为化学染料及化学制造业，C_{15} 为医药制造业，C_{16} 为化学纤维制造业，C_{17} 为橡胶和塑料制品业，C_{18} 为非金属矿物制品业，C_{19} 为黑色金属冶炼及压延加工业，C_{20} 有色金属冶炼及压延加工业，C_{21} 为金属制品业，C_{22} 为通用设备制造业，C_{23} 为专用设备制造业，C_{24} 为汽车制造业，C_{25} 为铁路、船舟白、航空航天和其它运输设备制造业，C_{26} 为电气机械及器材制造业，C_{27} 为计算机通信和其它电子设备制造业，C_{28} 为仪器仪表制造业。

表8.1 劳动密集型产业的劳动力贡献度、资本贡献度和科技投入贡献度一览表

行业	劳动力贡献度	资本贡献度	科技投入贡献度
C9	0.53	0.32	0.24
C8	0.60	0.76	0.04
C6	0.67	0.47	0.18
C12	0.68	0.49	0.21
C11	0.69	0.32	0.16
C1	0.69	0.68	0.19
C5	0.79	0.58	0.28
C7	1.11	0.44	0.03
C2	1.12	0.41	0.15

续表8.1

行业	劳动力贡献度	资本贡献度	科技投入贡献度
C18	1.18	1.09	0.27
C10	1.24	0.25	0.11

表8.2 技术密集型产业的劳动力贡献度、资本贡献度和科技投入贡献度一览表

行业	劳动力贡献度	资本贡献度	科技投入贡献度
C16	0.24	0.62	0.69
C26	0.36	0.38	0.69
C15	0.35	0.37	0.88
C27	0.27	0.36	0.91
C14	0.46	0.86	0.98
C28	0.46	0.44	1.10

表8.3 资本密集型产业的劳动力贡献度、资本贡献度和科技投入贡献度一览表

行业	劳动力贡献度	资本贡献度	科技投入贡献度
C13	0.31	0.38	0.31
C25	0.36	0.39	0.35
C22	0.19	0.41	0.30
C21	0.04	0.43	0.36
C24	0.46	0.62	0.57
C23	0.08	0.66	0.57
C20	0.47	0.73	0.44
C19	0.52	0.82	0.59
C17	0.56	0.86	0.29
C3	1.45	1.47	0.16
C4	1.61	1.55	0.08

所测中国制造业28个行业中,仪表仪器制造业、医药制造业等6个行业属于技术密集型产业,家具制造业、造纸和纸制品业等11个行业属于劳动密集型产业,金属制品业、专业设备制造业等11个行业属于资本密集型产业。

第二节　中国制造业行业价值链评价方法研究

一、指标体系构建

在高质量发展的大背景下，研究出一套完整的价值链评价指标体系，可以增强企业对行业现状的了解，对企业数据的收集整理、对比及分析有重要意义，有助于提高制造企业经营能力，有利于推动制造企业高质量发展，在一定程度上有利于中国制造行业整体水平和价值链地位的提高，为中国经济发展奠定良好的基础。

对于经济高质量发展的内涵，中国社会科学院工业经济研究所曾从两方面进行解读：从宏观上可以理解为增长的稳定性，发展的均衡性，环境的可持续性；从产业层面分析，一是扩大产业规模，二是优化产业结构，三是推动创新驱动转型升级，四是提升质量效益。因此，制造企业要符合高质量发展的要求，必须具备质量效益提升、国际竞争力提高、结构优化升级、协调融合共享、创新能力增强、绿色持续发展的特征。

国内学者关于制造业高质量发展的评价指标同样进行了一些研究探索。潘建成（2017）对监测区域、产业、投资和消费等方面不平衡问题进行思考，从经济增长新动能、提高效率、提升产品质量和社会资源的充分利用效率四个方面来衡量经济发展质量。李晓哲（2017）基于创新驱动发展战略视角构建东北地区制造业竞争力的评价体系，从产品、技术创新、生产要素、政策、协同机制和环境6个维度25个指标对其进行深入研究。

本节在高质量发展视角下，对中国制造业价值链地位进行评价体系的构建。该指标体系主要分为三级，其中一级指标为增值能力、基本能力、辅助能力、协调能力、绿色发展以及共享能力。目前关于高质量发展水平的研究主要是依据全球价值链或者水平测度进行的，而专门针对中国制造业细分行业价值链测度研究的成果相对较少。梳理分析高质量发展评价指标体系和全球价值链的相关文献，对于构建高质量发展视角下中国制造业价值链评价指标体系具有重要的参考价值。

（一）增值能力

中国制造业的增值能力需要依靠盈利能力来推动。根据欧阳艳（2017）的研究，中国制造业细分行业转移可以通过降低成本来实现价值增值，大力发展高新技术制造业是加强增值能力的根本，要利用好微笑曲线中高利润点的优势。因此，中国制造业细分行业要通过盈利能力来推动增值能力的提升。销售净利率是净利润占销售收入的比重，由于期间成本大幅增加，企业净利润可能不会同比增长，甚至还会出现负增长，所以用该指标反映每一单位销售收入带来的净利润，以此衡量盈利能力。

（二）基本能力

价值链中的基本能力主要包括营运能力、市场开放和市场影响。对于营运能力来说，存货周转率是营运能力分析的重要指标之一（高雪春和付磊，2019）。应收账款是企业流动资产中除存货外的另一重要因素。总资产周转率反映了企业整体资产的经营质量和利用效率，周转速度越快则代表营运能力越强（杨紫晗，2019）。因此，选取这三个指标要素分别反映基础、资金、总资产的营运能力。李雪等（2014）把存货周转率、应收账款周转率和总资产周转率作为营运能力的衡量指标来研究其与上市公司成长的关系。产品外销率是销往生产地以外地区的销量占总销售数量的比率，郑辛如（2017）基于汇率的影响对产品外销进行研究，得出产品外销比例对于销售能力的衡量具有一定意义。单位出口货物交货值反映了企业在市场上的地位。新产品外销率和单位出口货物交货值可以衡量制造业的市场开放能力（瞿小艳，2015），用市场占有率来衡量市场竞争（米晋宏等，2019），代表市场影响。市场占有率越高，竞争力越强，越有利于提高制造业的销售基本能力。

（三）辅助能力

辅助能力主要由创新能力、人才结构和外购影响组成。创新能力受产品科学研究和发展投入影响，研发投入强度对企业绩效会产生门槛效应（魏越群，2019）。根据对企业营销能力的问卷调查研究，得出营销能力通过倒"U"型关系影响突破式产品创新，有利于渐进式产品创新（韩晨和高山行，2018）。借鉴隋昕等（2019）的研究，制造业的创新能力与激励效应有密切关系，从 R&D 投入到技术市场成交额比，高激励和投资研发的确会刺激制造业创新能力的发展。专利管理与中国企业创新结合也是在大数据时代背景下必然考虑的因素（姚玉松，2019），因此专利授权量也是表示创新能力的重要指标之一。如今国际竞争要素已经逐步由要素驱动、投资驱动转为创新驱动。人才是创新的根基，创新驱动实质上是人才驱动（董博，2019），人力资本结构高级化和研发强度对于中国企业的价值链地位提升有重要影响（耿晔强和白力芳，2019），因此，制造业价值链中创新能力与人才结构属于不可缺少又增加竞争的辅助能力一类。王碧云和陈晓会（2017）通过对从业人员受教育程度和经济发展关系的研究，发现中国近年来的经济增长方式存在鲜明的投资拉动型特征，从业人员受教育程度对拉动经济发展、驱动创新发展有重要意义。研发投入在一定程度上决定着企业的创新能力，研发人员投入占比在一定程度上影响着制造企业的创新能力。苏丹丹（2018）对中国 31 个省份企业 R&D 投入经费和人员进行研究，发现研发人员投入对于经济创新发展有一定的影响。

（四）协助能力、绿色发展及共享能力

绿色发展可以分为环保投资和废物排放两类（田泽等，2018）。基于张峰等（2019）的研究，环保投资对制造业的产出能力有较大影响，经济驱动下可以带来较好的市场收益，废物排放的处理对于增强制造业的绿色竞争力有显著作用。共享能力主要分为煤炭消耗量、能电耗和主要能耗，资源整合配置是共享能力的重要表现，以单位产品能耗代表主要能耗（曹勇，2019）。根据研究文献构造评价指标体系，如图 8.1 所示。

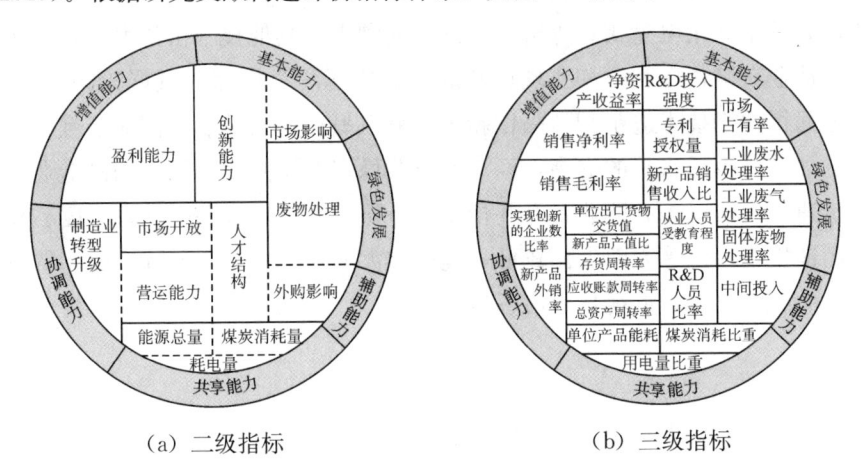

（a）二级指标　　　　（b）三级指标

图 8.1　中国制造业行业价值链地位评价指标

二、评价结果分析

在确定高质量发展视角下中国制造业行业价值链发展评价体系后，本节对中国制造业细分行业基于要素密集度分类进行评价分析。

（一）数据来源

本节选取的指标数据来自历年的《中国统计年鉴》《中国科技统计年鉴》《中国劳动统计年鉴》《中国工业统计年鉴》《中国人口和就业统计年鉴》以及国家数据网。在 24 个具体数据中，除了专利授权量、中间投入和 R&D 项目数在年鉴中直接体现，其余 21 个指标数据都基于理论公式计算得到。

本节评价指标数量较多，原始数据量较为庞大，个别数据存在些许年份缺失的现象，因此，对其进行取前后年份均值的方法进行补充。考虑到指标数据获取和时间范围，本节研究的时间跨度为 2012 年至 2018 年。

（二）基于技术密集型产业指标分析

将指标数据标准化，对技术密集型产业的数据进行分析，可以看出技术密集型产业在各个行业分布不均（如图 8.2 所示）。计算机、通信和其他电子设备制造业在新产品销售收入比、从业人员受教育程度、研发人员比率和专利授权量等方面独树一帜，以技术为主导并且积极进行产品研发和推进技术进步。化学原料与化学制品制造业在固体废弃物处理率、工业废水处理率和用电量比重等资源方面遥遥领先于其他技术密集型产业。医药制造业在销售净利率和实现创新的企业比率两个指标上占据较高比例，一方面得益于技术进步和产品创新的影响，另一方面基于人们对于健康意识的加强、生活水平的提高，经济的持续稳定发展使得中国医药制造业发展迅速。仪器仪表制造业在专利授权量、研发人员投入和受教育程度、新产品销售收入比等方面占比较低，应该加大 R&D 的资金支持，提高从业人员的综合素质，重视技术市场份额。

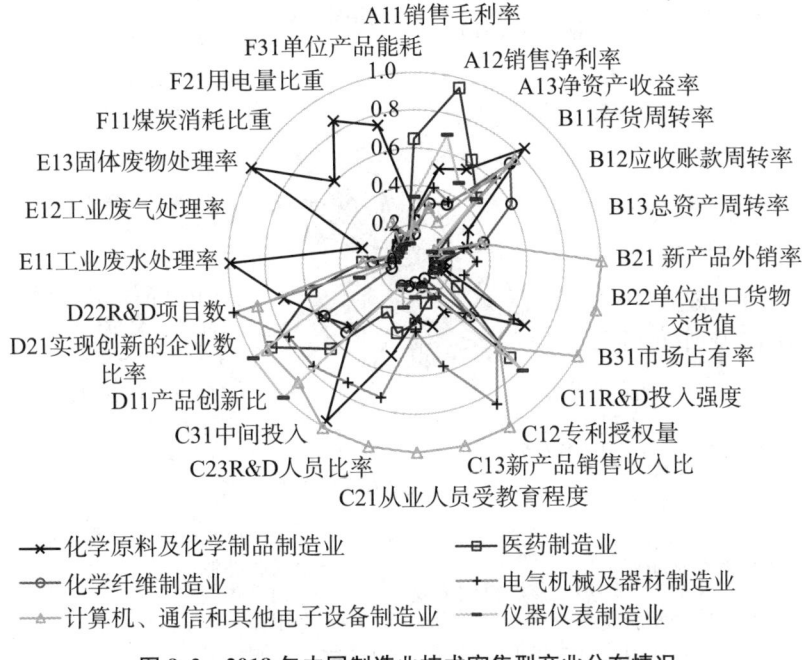

图 8.2 2018 年中国制造业技术密集型产业分布情况

（三）基于资本密集型产业指标分析

从图 8.3 可以看出，资本密集型产业在各个行业分布较为复杂。黑色、有色金属冶炼及压延加工业和石油加工、炼焦及核燃料加工业在绿色发展和共享能力这两项指标中较为突出。橡胶和塑料制品业、通用设备制造业和专用设备制造业在指标的各个方面都比较均衡，说明这些行业应该重视创新投入，积极响应政策，争取占据更多的市场份额，推动制造业转型升级。除此之外，烟草制品业销售毛利率较高，但对 R&D 研发投入方面的重视不够，产品的外销和出口率较低，还需进一步重视行业企业的研发投入力度，并且进行海外市场的探索和发展。

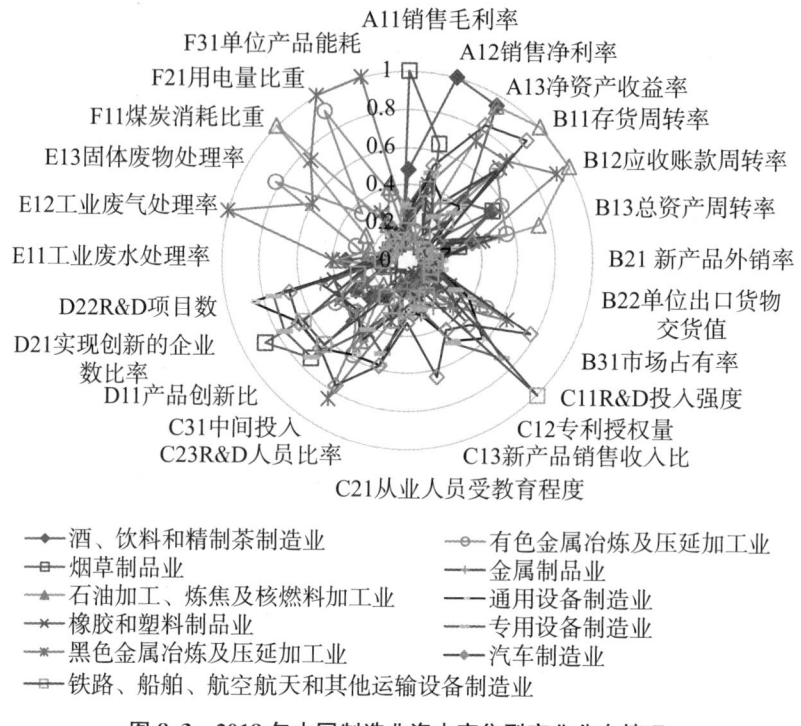

图 8.3 2018年中国制造业资本密集型产业分布情况

（四）基于劳动密集型产业指标分析

相比资本密集型产业和技术密集型产业，劳动密集型产业指标综合较为平均，分布也相对集中，但相对技术密集型产业和资本密集型产业，指标值较低，可以看出劳动密集型产业整体水平不高（如图8.4所示）。其中，造纸及纸制品业工业废水处理率最高，是由于造纸业对水资源的需求量巨大，同时积极响应国家绿色发展号召，对废水处理技术进行了升级改造。劳动密集型产业的销售净利率和毛利率较低，说明中国劳动导向的制造业还存在低利润现象。党的十八大以来，陆续提出了"制造业转型升级""制造业转向'高质量发展'"等战略。在当今大环境下，要完全实现转型升级，首先就必须考虑由劳动密集型向技术密集型转变。对于传统制造业来说，例如纺织服装、服饰业和家具制造业，在中国人口红利逐渐消失、人力成本越来越高的情况下，技术创新能力的提升较为艰难。因此，进行低端制造业的转移，改善产业结构，优化产业模式，寻找打破低水平的突破口非常重要。

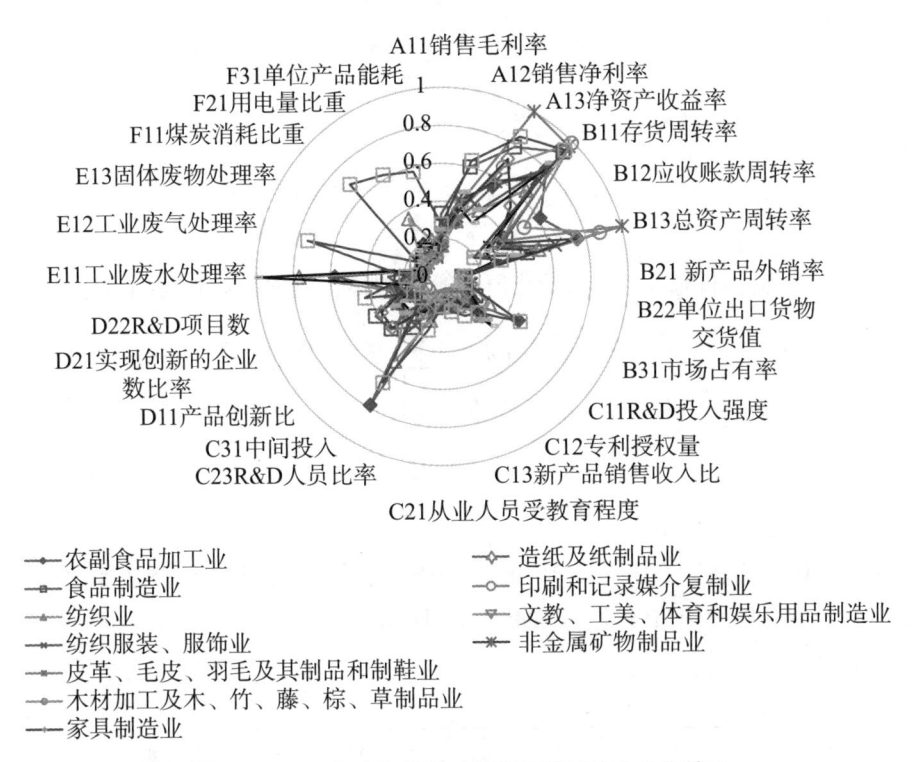

图 8.4　2018 年中国制造业劳动密集型产业分布情况

综合以上三种密集型产业指标的分析，可以得出中国制造业各行业价值链整体水平不高，在创新研发方面还需进一步发展；要坚持把可持续发展作为建设制造业强国的关键点，加强节能环保意识，构建可持续发展道路。要对制造业各行业各项指标进行综合分析，还需对价值链进行测度来分析制造业行业价值链的水平。

第三节　中国制造业细分行业价值链地位研究

对中国制造业细分行业进行对比分析，综合判断 2012—2018 年中国制造业细分行业的价值链地位。

一、中国制造业细分行业价值链地位测度

首先对原始数据进行归一化处理，以解决数据指标之间的可比性问题。转换函数如下：

$$x^* = \frac{x - \min}{\max - \min} \qquad (8.7)$$

在对各指标值标准化后得出：

$$P_{ij} = \frac{x_{ij}}{\sum_{i=1}^{m} x_{ij}}, \quad 0 < P < 1 \qquad (8.8)$$

其中，P_{ij} 为指标值 x_{ij} 的标准化值。第 j 项指标的信息熵 e_j 表示为：

$$e_j = -(\ln m)^{-1} \sum_{i=1}^{m} P_{ij} \ln P_{ij} \qquad (8.9)$$

第 j 项指标的权重 w_j 的计算公式为：

$$w_j = \frac{1 - e_j}{\sum_{j=1}^{n}(1 - e_j)} \qquad (8.10)$$

利用熵值法对 2012—2018 年的数据进行计算，整理得到制造业 28 个细分行业 7 年的价值链地位，如图 8.5 所示。

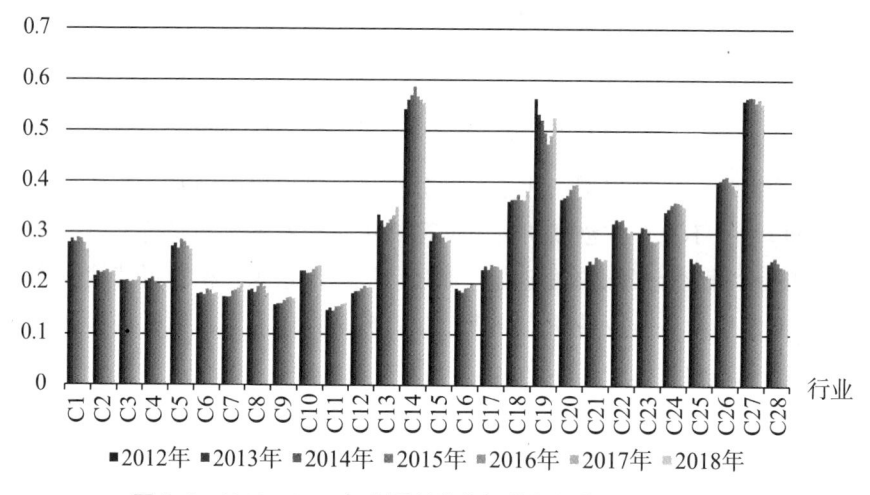

图 8.5 2012—2018 年中国制造业细分行业价值链地位变化

从制造业整体来看，28 个细分行业在 2012—2018 年期间价值链变化趋势区别较大，但细分行业排名较稳定。大多数产业在此期间变动幅度较小，呈现平稳波动状态；部分产业出现先上升后下降的变化趋势，少数产业变化波动较大，出现先上升后下降再上升的趋势。综合来看，大多数中国制造业细分行业在近 3 年的价值链地位较为稳定，大部分制造业价值链地位呈现上升态势。

同时，制造业细分行业价值链地位可以分为三个层次：高层次、中层次、低层次。价值链地位在 0.3 以上的为高层次，有 C13，C14，C18，C19，C20，C22，C24，C26，C27；价值链地位处于 0.2~0.3 之间的为中层次，有 C1，C2，C3，C5，C10，C15，C17，C21，C23，C25，C28；价值链地位在 0.2 以下的为低层次，有 C4，C6，C7，C8，C9，C11，C12，C16。2012—2018 年中国制造业行业价值链地位排序情况见表 8.4。

表 8.4　2012—2018 年中国制造业行业价值链地位排序情况

密集类型	行业	2012 年	2013 年	2014 年	2015 年	2016 年	2017 年	2018 年
技术	C14	3	2	1	1	1	1	1
技术	C27	2	1	2	2	2	2	2
资本	C19	1	3	3	3	3	3	3
技术	C26	4	4	4	4	4	4	4
资本	C20	5	5	5	5	5	5	5
劳动	C18	6	6	6	6	6	6	6
资本	C24	7	7	7	7	7	7	7
资本	C22	9	8	8	8	8	8	8
资本	C13	8	9	9	9	9	9	9
资本	C20	10	10	10	10	10	10	10
技术	C15	11	11	11	11	11	11	11
劳动	C1	12	12	12	12	12	12	12
劳动	C5	13	13	13	13	13	13	13
技术	C28	15	14	14	14	14	14	14
资本	C25	14	16	15	15	15	15	15
资本	C21	16	15	16	16	16	16	16
资本	C17	17	17	17	17	17	17	17
劳动	C2	19	19	18	18	18	18	18
劳动	C10	18	18	19	19	19	19	19
资本	C4	21	20	20	20	20	20	20
资本	C3	20	21	21	21	21	21	21
劳动	C12	24	24	22	22	22	22	22
技术	C16	22	23	23	23	23	23	23

续表8.4

密集类型	行业	2012年	2013年	2014年	2015年	2016年	2017年	2018年
劳动	C8	23	22	24	24	24	24	24
劳动	C6	25	25	25	25	25	25	25
劳动	C7	26	26	26	26	26	26	26
劳动	C9	27	27	27	27	27	27	27
劳动	C11	28	28	28	28	28	28	28

二、三种密集型产业价值链地位综合分析

基于熵权法的价值链地位计算结果，三种密集型产业价值链地位变化趋势如图8.6至图8.8所示。

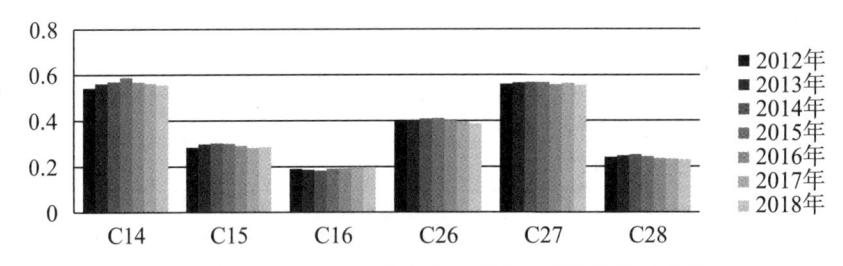

图8.6 2012—2018年技术密集型产业价值链地位变化

由图8.6可以看出，C14和C27较其他技术密集型产业略为领先，C14与C26呈现同一变化趋势，均为价值链地位先上升再下降，C14，C26，C27处于高层次，C15，C28位于中层次，C16位于低层次。

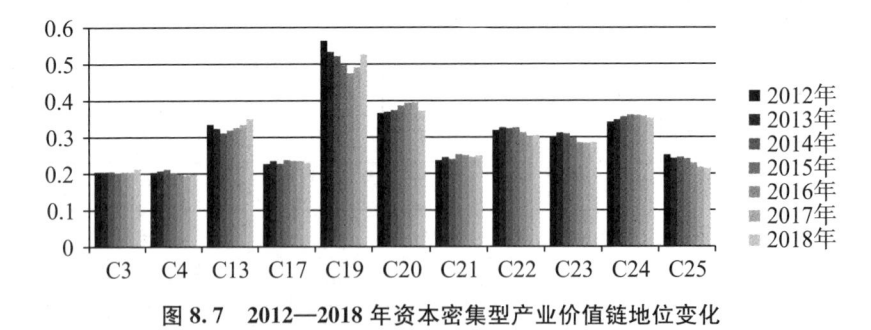

图8.7 2012—2018年资本密集型产业价值链地位变化

由图8.7可以看出，资本密集型产业的价值链发展趋势存在较大差别，不同行业之间的价值链地位差距较大。C13，C19，C20，C22，C24为高层次；C3，C17，C21，C23，C25处于中层次；C4位于低层次。

图 8.8 2012—2018 年劳动密集型产业价值链地位变化

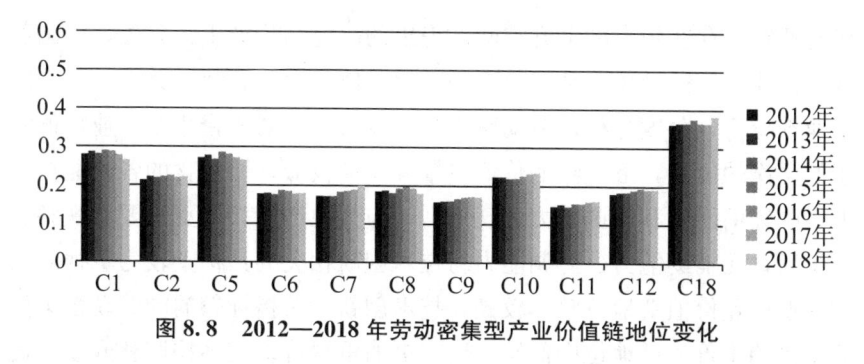

由图 8.8 可以看出,与技术密集型产业和资本密集型产业相比,劳动密集型产业价值链地位波动趋势较为一致,产业之间的差距较小。C18 处于高层次;C1,C2,C5,C10 位于中层次;C6,C7,C8,C9,C11,C12 位于低层次。

综合以上分析,可以明显看出 2012—2018 年中国制造业按照要素密集度分类,技术密集型产业在制造业价值链地位测度中处于领先地位,资本密集型产业紧随其后,劳动密集型产业在提高细分制造业价值链地位上还需进一步努力。同时,还存在一系列问题:技术密集型产业中的化学纤维制造业在价值链水平的提升方面还处于较低程度,行业整体价值链地位需要进行平衡并且带动低层次行业高质量发展;资本密集型产业价值链地位多数处于中高层次,但基于价值链地位水平,中低层次的行业价值链地位仍需要进一步提升;劳动密集型产业只有一个可以划分为价值链地位高层次水平,处于中低层次的行业过多,水平较低,在制造业高质量发展路径上需要加强对技术进步、融合发展、绿色共享等方面的投入。

第四节 研究结论与启示

本章基于高质量发展的视角,在价值链测度和要素密集度分类理论的基础上,从增值能力、基本能力、辅助能力、协调能力、绿色发展和共享能力六个方面对中国制造业细分行业价值链地位进行实证分析。通过对生产要素密集度的分析,得出三种中国制造业密集度行业分类指标,将 28 个细分行业分为 6 个技术密集型产业、11 个资本密集型产业和 11 个劳动密集型产业。分析结果显示,2012—2018 年制造业分行业价值链地位存在较大差距,整体趋于上升,但存在波动。劳动密集型产业结构还需进一步优化调整，存在较大的上升空间，得出的研究结论如下：首先，中国制造业各行业价值链地位波动趋势不同，但整体为上升趋势。其次，从中国制造业细分行业角度分析，劳动密集型产业较其他要素密集型产业价值链处于低层次的位置，近7年的价值链攀升力度较低，所包含的各行业在评价体系中辅助能力和协调能力表现落后，与其他产业相比更需要重视和发展。最后，在辅助能力、协调能力与技术创新相关的指标上较为重视的技术密集型产业价值链地位整体较高，技术创新相关指标较弱的劳动密集型产业整体趋于价值链地位中低端，还需更加重视价值链结构调整升级，资本密集型产业在指标各方面表现位于中高端，需要更重视有关技术创新方面的指标表现和加大研发投入。

第九章 产业视角：中国制造业价值链"微笑曲线"刻画与研判

第一节 基于 Banach 不动点原理的制造业价值链"微笑曲线"刻画

一、基于 Banach 不动点原理的价值链模型构建

定义1 给定(X, ρ)，若对映射T，存在常数K，$0 < K < 1$，使得$\rho(T_x, T_y) \leqslant K\rho(x, y)$，$\forall x, y \in X$，则称$T$是一个压缩映射。

定义2 给定度量空间(X, ρ)及$X \to X$的映射，若存在$x^* \in X$，使$T_x{}^* = x^*$，则x^*为映射T的不动点。

定义3 （Cauchy 列）给定(X, ρ)，$\{x_n\} \subset X$，若对任意的$\varepsilon > 0$，有自然数N，使对$\forall m, n \in N$，$\rho(X_m, X_n) < \varepsilon$都成立，则称$\{x_n\}$序列使列。

定义4 （完备度量空间）给定(X, ρ)，若其中任一 Cauchy 列都收敛，则称它是完备的。

定理1 （Banach 不动点原理－压缩映射原理）设(X, ρ)是一个完备的度量空间，T是(X, ρ)到其自身的一个压缩映射，则T在X中存在唯一的不动点。

假设每年度的研发、制造及营销费用分别为x_1，x_2，x_3，每年度的利润为Y。

从 2009 年到 2018 年的利润用Y_x来表示，其中$x \in \{1, 2, 3, 4, 5, 6, 7, 8, 9, 10\}$，以十年内的最大利润作为参考值$Y_0$，则$Y_0 \geqslant Y_x$。

调整其他年份与之相对应,并确定各年的调整系数 $\mu = \dfrac{Y_0}{Y_x}$ ($\mu \geqslant 1$)。

按照调整系数 μ,将各年度研发、制造和营销费用调整到与利润参考值相对应的数额 x_1^*,x_2^*,x_3^*:

$$\begin{cases} x_1^* = \mu x_1 \\ x_2^* = \mu x_2 \\ x_3^* = \mu x_1 \end{cases} \quad (9.1)$$

年度总费用参考值:

$$X^* = x_1^* + x_2^* + x_3^* \quad (9.2)$$

根据研发、制造和营销费用调整后的参考值 x_1^*,x_2^*,x_3^* 和总费用参考值 X^*,分别确定出研发、制造和营销费用的贡献系数 t_1,t_2,t_3:

$$\begin{cases} t_1 = \dfrac{x_1^*}{X^*} \\ t_2 = \dfrac{x_2^*}{X^*} \\ t_3 = \dfrac{x_3^*}{X^*} \end{cases} \quad (9.3)$$

根据研发、制造和营销费用贡献系数 t_1,t_2,t_3,可以确定各项费用的利润贡献份额 w_1,w_2,w_3:

$$\begin{cases} w_1 = t_1 Y_0 \\ w_2 = t_2 Y_0 \\ w_3 = t_3 Y_0 \end{cases} \quad (9.4)$$

每单位利润具有同等效力,因此各项费用的利润与其效用相乘的结果相同,但由于各项费用对利润的贡献额不同,单位费用的贡献效用也不同,分别设置为 u_1,u_2,u_3,则有:

$$w_1 u_1 = w_2 u_2 = w_3 u_3 \quad (9.5)$$

表 9.1 给出模型中各数据指标及计算方法。

表 9.1 模型中各数据指标及计算方法

数据指标	计算方法
费用	根据 2009—2018 年间××统计数据调查出各行业在研发、制造、营销方面的费用支出,将其表示为 x_1,x_2,x_3
年利润	根据 2009—2018 年间××统计数据调查出各行业在研发、制造、营销方面的利润,将其表示为 Y

续表9.1

数据指标	计算方法
利润参考值	根据上述年利润,以十年内最大利润作为参考值Y_0,调整其他年份与其相对应,并确定各年的调整系数μ
费用参考值	按照调整系数μ,将各年度研发、制造和营销费用调整到与利润参考值相对应数额x_1^*,x_2^*,x_3^*,并按照费用参考值确定每年度总费用参考值X^*
费用贡献系数	根据研发、制造和营销费用调整后的参考值和总费用参考值,分别确定出研发、制造和营销费用的贡献系数t_1,t_2,t_3
利润贡献份额	根据研发、制造和营销费用贡献系数确定各项费用的利润贡献份额w_1,w_2,w_3
费用贡献效用	每单位利润具有同等效力,因此各项费用的利润与其效用相乘的结果相同,但由于各项费用对利润的贡献额不同,单位费用的贡献效用也不同,分别设置为u_1,u_2,u_3

二、中国制造业细分行业价值链"微笑曲线"刻画

(一) 农副食品加工业价值链研判

如图9.1所示,除2017年外,2009—2018年农副食品加工业各年份研发费用投入整体呈增长态势,增长率达到600%以上,只有2017年的研发费用减少了4%;营销费用和研发费用的趋势大致相同,年营销费用投入稳步增加,增长率超过了92.05%,只有2017年的营销费用下降了13%;行业企业的制造费用投入普遍高于研发费用和营销费用,其中,2018年制造费用相比2009年增加76.17%,相当于2009年的1.76倍,2016年制造费用投入达到峰值61117.80亿元,相当于2009年的2.52倍。随着研发费用、制造费用及营销费用等投入的增加,农副食品加工业年利润也呈现增长态势,从2009年的1501.16亿元增加到2018年的2124.40亿元,增长率达到41.52%,在2013年、2016年两年行业总利润分别达到了两个峰值3473.53亿元和3623.58亿元,在2009—2013年间农副食品加工业的年利润增长率达到26.28%。可见各项费用的增加有利于利润的提高,尤其是在2016年各项费用投入总和达到最大值62828.98亿元,该年内创造利润3623.58亿元,达到十年内最高。也就是说,各项资本投入的增加有利于提高全要素生产率。

农副食品加工业

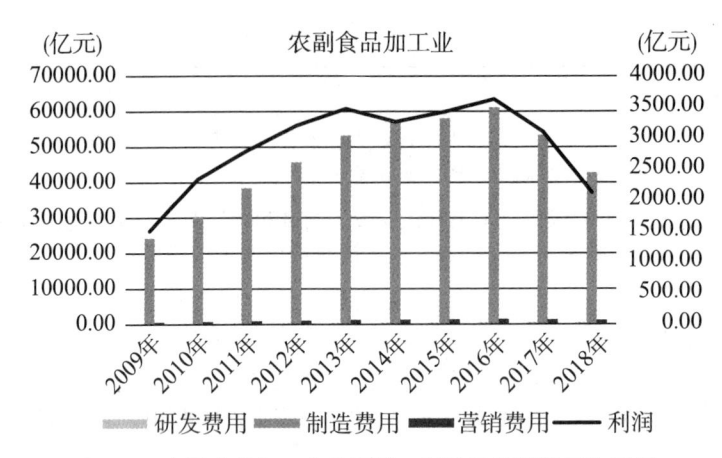

图9.1 农副食品加工业的研发、制造及营销费用和利润

注：依次为研发费用、制造费用和营销费用，由于研发费用相对制造费用数值太小，在图中未能显示出来。以下简称研发费用数值太小。

根据表9.2，2009—2018年，农副食品加工业在制造效用保持不动点"1"的前提下，研发效用逐渐降低，2009年研发效用最高，为660.24，2018年研发效用最低，为163.95，研发效用下降约7.52%；营销效用在2009—2014年间从39.81增加到43.47，增长率在9.69%以上，在2015—2018年间从43.47逐渐降低到36.52，下降率为15.99%。综合来看，农副食品加工业全要素生产率的进一步提升主要依靠科研技术进步和营销服务升级，研发效用和营销效用的进步对提高全要素生长率有积极作用，反之则有消极作用。研发效用的变化比全要素生产率的变化更加敏感。研发效用的逐年降低反映了其相对增长率的降低，特别是在2010—2011年，虽然研发费用有所增加，但研发效用却下降了34.18%，充分显示出农副食品加工业研发效用的波动比较剧烈。

表9.2 农副食品加工业研发、制造及营销效用

年份	研发效用	制造效用	营销效用
2009	660.24	1.00	39.81
2010	634.36	1.00	39.12
2011	417.50	1.00	41.74
2012	337.03	1.00	42.24
2013	307.67	1.00	41.54
2014	289.81	1.00	43.47

续表9.2

年份	研发效用	制造效用	营销效用
2015	268.71	1.00	42.21
2016	244.74	1.00	41.82
2017	194.14	1.00	39.56
2018	163.95	1.00	36.52

(二) 食品制造业价值链研判

食品制造业关系国计民生，是我国重点的基础性产业。根据图9.2，2009—2018年食品制造业各年份研发费用投入整体呈增长态势，研发费用增长率达到412%以上；营销费用和研发费用的趋势大致相同，年营销费用投入稳步增加，费用增长率超过116.55%，只有2016—2018年的营销费用下降25.50%；行业企业的制造费用投入普遍高于研发费用和营销费用，2018年制造费用相比2009年增加110.73%，相当于2009年的2.11倍，2016年制造费用投入达到峰值19133.10亿元，相当于2009年的2.75倍。随着研发费用、制造费用及营销费用等投入的增加，食品制造业年利润也呈增长趋势，从2009年的716.78亿元增加到2018年的1552.20亿元，增长率达到116.55%，2016年行业总利润分别达到了峰值2083.43亿元，在2009—2016年间食品加工业的年利润增长率达到23.83%。可见各项费用的增加有利于利润的提高，尤其是在2016年各项费用投入总和达到最大值20970.62亿元，该年内创造利润2083.43亿元，达到十年内最高。也就是说，各项资本投入的增加有利于提高全要素生产率。

根据表9.3，2009—2018年，食品制造业在制造效用保持不动点"1"的前提下，研发效用逐渐降低，2010年研发效用最高，为225.35，2018年研发效用最低，为90.95，研发效用下降约5.89%；营销效用在2009—2018年间出现过三次峰值，分别为2011年11.22，2014年11.32和2016年11.36，但经过多次波动，营销效用整体呈下降趋势。总体来说，食品制造业发展水平还是比较均衡的，行业全要素生产率的提高主要依靠科学技术的进步，研发效用的进步对提高全要素生长率有积极作用，反之则有消极作用。但研发费用和营销费用对提高行业制造业附加值影响不大，仍需要在未来探索提高年利润和制造业价值链附加值的有效措施。

食品制造业

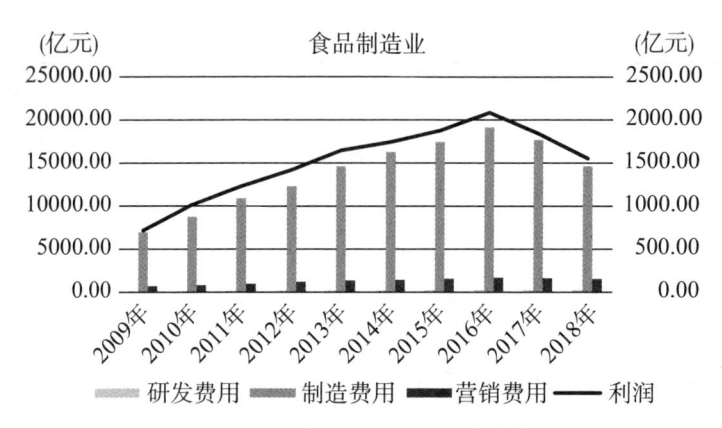

图 9.2 食品制造业的研发、制造及营销费用和利润

注：研发费用数值太小。

表 9.3 食品制造业的研发、制造及营销效用

年份	研发效用	制造效用	营销效用
2009	221.19	1.00	9.85
2010	225.35	1.00	10.64
2011	174.43	1.00	11.22
2012	141.89	1.00	10.19
2013	148.35	1.00	10.63
2014	144.62	1.00	11.32
2015	128.87	1.00	11.08
2016	125.20	1.00	11.36
2017	119.49	1.00	10.91
2018	90.95	1.00	9.45

（三）酒、饮料和精制茶制造业价值链研判

根据图 9.3，2009—2018 年酒、饮料和精制茶制造业各年份研发费用投入整体呈增长态势，增长率达到 158.93% 以上；营销费用和研发费用的趋势大致相同，年营销费用投入稳步增加，增长率超过 85.22%，只有 2016—2018 年的营销费用下降 9.46%；行业企业的制造费用投入普遍高于研发费用和营销费用，2018 年制造费用相比 2009 年增加 98.67%，相当于 2009 年的 2.11 倍，2016 年制造费用投入达到峰值 19133.10 亿元，相当于 2009 年的 1.99 倍。随着研发费用、制造费用及营销费用等投入的增加，酒、饮料和精制茶制造业年利润也呈增长态势，从 2009 年的

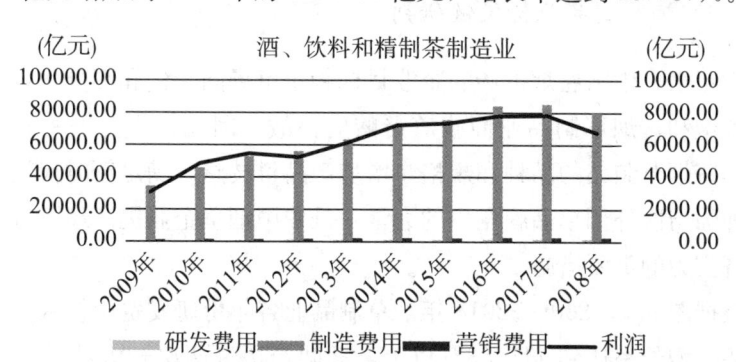

728.78亿元增加到2018年的2094.30亿元，增长率达到187.37%。

图9.3 酒、饮料和精制茶制造业的研发、制造及营销费用和利润

注：研发费用数值太小。

根据表9.4，2009—2018年，酒、饮料和精制茶制造业价值链研判在制造效用保持不动点"1"的前提下，研发效用呈波动态势，在2010年和2015年分别达到两个峰值144.87和144.52，2010年研发效用最高，为144.87，2018年研发效用最低，为105.35。2009—2018年，研发效用下降约2.33%；营销效用在2009—2015年以4.08%的速率逐渐上升，在2016—2018年以5.40%的速率回落。综合来看，食品制造业发展水平还是比较均衡的，行业全要素生产率的提高主要依靠制造技术的进步，制造效用的进步对提高全要素生长率有积极作用，反之则有消极作用。但研发效用和营销效用对提高行业制造业附加值影响不大，仍需继续探索提高年利润和制造业价值链附加值的有效措施。

表9.4 酒、饮料和精制茶制造业的研发、制造及营销效用

年份	研发效用	制造效用	营销效用
2009	137.30	1.00	7.87
2010	144.87	1.00	8.40
2011	123.75	1.00	8.98
2012	117.50	1.00	9.11
2013	135.33	1.00	9.10
2014	123.12	1.00	9.47
2015	144.52	1.00	10.07
2016	137.99	1.00	9.89
2017	124.91	1.00	9.89
2018	105.35	1.00	8.44

(四) 烟草制品业价值链研判

近年来，中国卷烟市场的企业目标趋于市场同一化和细分化，烟草市场大致饱和，烟草制品业面临着严峻的挑战。因此，改变单一的产品结构，丰富烟草制品的品种和规格，增加产品科技感，满足新时代消费者需要，加强与国外烟草品牌竞争的力量，是中国烟草企业提高经济效益，增强经济实力的重要措施。

根据图 9.4，2009—2018 年烟草制品业各年份研发费用投入整体呈增长态势，增长率达到 111.53％以上，期间经历过两次较大波动，分别在 2013 年和 2018 年达到峰值 22.11 亿元和 26.61 亿元；营销费用和研发费用的趋势大致相同，年营销费用投入稳步增加，增长率超过 55.94％，和研发费用变化情况相似，在 2013 年达到该时间段内的一个峰值 154.20 亿元；行业企业的制造费用投入较研发费用和营销费用高，2018 年制造费用比 2009 年增加 152.42％，相当于 2009 年的 2.51 倍。随着研发费用、制造费用及营销费用等投入的增加，烟草制品业年利润也呈增长态势，从 2009 年的 650.41 亿元增加到 2018 年的 923.50 亿元，增长率达到 41.99％。烟草制品业年利润在 2009—2013 年以 17.60％的增长率达到十年内最大值 1222.61 亿元。2018 年各项费用投入总和达到最大值 3938.71 亿元，但该年内创造利润 923.50 亿元，并非十年内最高。也就是说，各项资本投入的增加并不能有效提高全要素生产率。

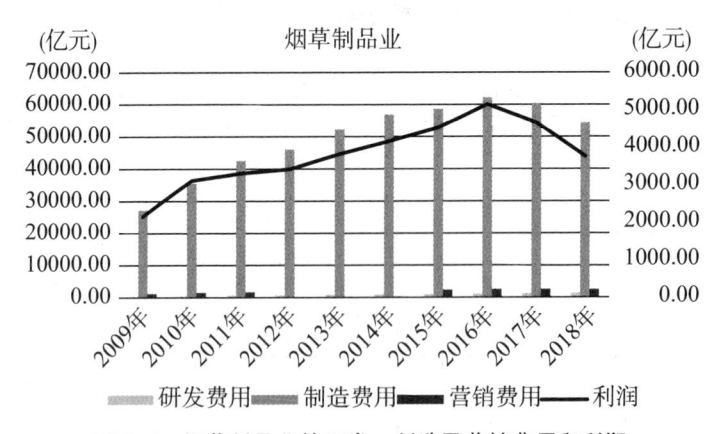

图 9.4 烟草制品业的研发、制造及营销费用和利润

注：研发费用数值太小。

根据表 9.5，2009—2018 年，烟草制品业在制造效用保持不动点"1"

的前提下，研发效用以 3.75％的速率从 2009 年 118.51 下降到 2013 年 96.27，之后以 4.61％的速率从 2014 年 114.47 增加到 2018 年 140.88；营销效用在 2009—2015 年从 14.21 增加到 17.05，在 2018 年上升至十年内最高值 22.91。综合来看，烟草制品业全要素生产率的提高受到科学技术进步和营销服务升级的积极影响，但是在 2018 年即使各项费用投入总和达到十年内的最大值，年利润也并非十年内最大值。2009—2018 年年利润最大值出现在 2013 年，横向对比其他年份，不难发现其研发费用、制造费用和营销费用都不是最大值，说明了合理的资金投入比例对利润的提升更有效。烟草制品企业在未来的费用投入计划中应该重点参考 2013 年的分配比例，寻找效益最高的资金投入比例。

表 9.5 烟草制品业的研发、制造及营销效用分析

年份	研发效用	制造效用	营销效用
2009	118.51	1.00	14.21
2010	125.43	1.00	14.19
2011	116.26	1.00	12.96
2012	99.28	1.00	12.83
2013	96.27	1.00	13.80
2014	114.47	1.00	16.36
2015	122.31	1.00	17.05
2016	115.75	1.00	16.28
2017	128.82	1.00	16.00
2018	140.88	1.00	22.91

（五）纺织业价值链研判

根据图 9.5，2009—2018 年纺织业各年份研发费用投入整体呈增长态势，增长率达到 269.23％以上；营销费用和研发费用的趋势大致相同，年营销费用投入稳步增加，增长率超过了 33.58％，只有 2016—2018 年的营销费用下降了 22.89％；行业企业的制造费用投入普遍高于研发费用和营销费用，2018 年制造费用相比 2009 年增加了 24.99％，相当于 2009 年的 1.76 倍，2016 年制造费用投入达到峰值 36392.68 亿元，相当于 2009 年的 1.25 倍。随着研发费用、制造费用及营销费用等投入的增加，纺织业年利润也呈增长趋势，从 2009 年的 1091.23 亿元增加到 2018 年的 1265.30 亿元，增长率达到 15.95％，2016 年行业总利润达到峰值

2285.63亿元，2009—2016年纺织业年利润增长率达到13.68%。各项费用的增加有利于利润的提高，尤其是在2016年各项费用投入总和达到最大值37211.99亿元，该年内创造利润2285.63亿元，达到十年内最高。也就是说，各项资本投入的增加有利于提高全要素生产率。

根据表9.6，2009—2018年，纺织业在制造效用保持不动点"1"的前提下，研发效用逐渐降低，2010年研发效用最高，为291.94，2018年研发效用最低，为97.22，研发效用下降约7.41%；营销效用整体变化不大，十年间效用浮动范围不超过8.35。综合来看，营销效用发展水平均衡，全要素生产率的提高主要依靠科研技术的进步，研发效用的进步对提高全要素生产率有积极作用，反之则有消极作用。研发效用变化比全要素生产率变化更加敏感，虽然研发费用有所增加，但其研发效用却不断下降，充分显示出纺织品企业研发效用的波动比较剧烈。

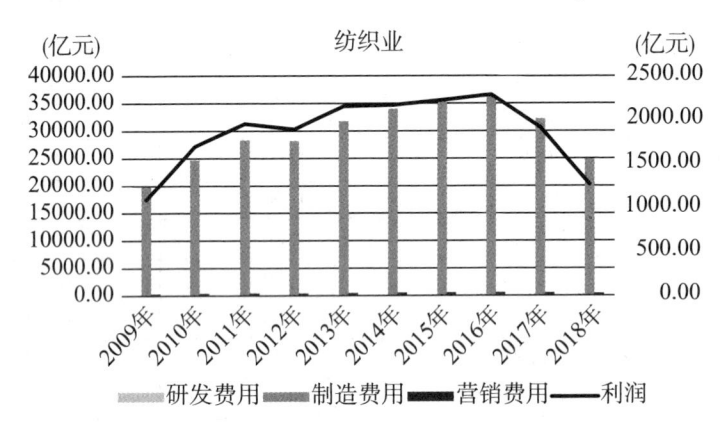

图9.5　纺织业的研发、制造及营销费用和利润

注：研发费用数值太小。

表9.6　纺织业的研发、制造及营销效用

年份	研发效用	制造效用	营销效用
2009	287.21	1.00	57.43
2010	291.94	1.00	57.51
2011	208.41	1.00	59.31
2012	204.44	1.00	61.54
2013	200.57	1.00	62.79
2014	191.28	1.00	61.11

续表9.6

年份	研发效用	制造效用	营销效用
2015	171.35	1.00	62.08
2016	165.47	1.00	60.72
2017	138.15	1.00	57.26
2018	97.22	1.00	53.73

（六）纺织服装、服饰业价值链研判

纺织服装、服饰业作为传统行业，为经济增长做出了巨大贡献，但纺织服装、服饰业属于加工制造产业，随着劳动力价格不断上涨，其他优势逐渐下降，致使纺织服装、服饰行业经营竞争力不足，整体绩效水平欠佳。中小企业以其模式较灵活、生产效率较高等特点成为经济体系中重要的组成部分，代表着企业发展的新生力量，但同时由于自身制度缺陷制约其发展。

根据图9.6，2009—2018年纺织服装、服饰业各年份研发费用投入整体呈增长态势，增长率达到了589.23%以上，2009—2012年研发费用的增长速度最快，以99.70%的速率从14.95亿元增加至74.65亿元；年营销费用投入稳步增加，增长率超过了106.45%；行业企业的制造费用投入普遍高于研发费用和营销费用，2018年制造费用相比2009年增加了71.30%，相当于2009年的1.71倍，2016年制造费用投入达到峰值20371.43亿元，相当于2009年的2.36倍。随着研发费用、制造费用及营销费用等投入的增加，纺织服装、服饰业利润也呈增长趋势，从2009年的611.20亿元增加到2018年的1006.80亿元，增长率达到了64.73%，2016年行业总利润达到峰值1428.29亿元，2009—2016年纺织服装、服饰业的年利润增长率达到16.71%。可见各项费用的增加有利于利润的提高，尤其是在2016年各项费用投入总和达到最大值21246.65亿元，该年内创造利润1428.29亿元，达到十年内最高。也就是说，各项资本投入的增加有利于提高全要素生产率。

纺织服装、服饰业

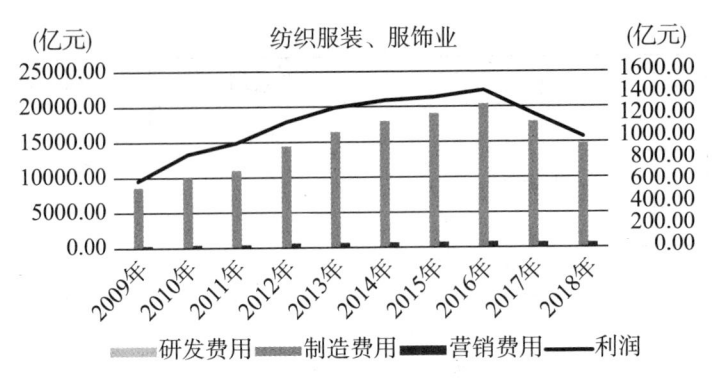

图9.6 纺织服装、服饰业的研发、制造及营销费用和利润

注：研发费用数值太小。

根据表9.7，2009—2018年，纺织服装、服饰业在制造费用保持不动点"1"的前提下，研发效用逐渐降低，2010年研发效用最高，为608.10，2018年研发效用最低，为143.47，研发效用下降约8.49%；营销效用在2009—2018年小幅度波动，2009年营销效用最高，为26.60，2018年营销效用最低，为22.07。综合来看，纺织服装、服饰业全要素生产率的提高主要依靠科研技术的进步，研发效用和营销效用的进步对提高全要素生产率有积极作用，反之则有消极作用。研发效用变化比全要素生产率变化更加敏感，研发效用的逐年降低反映了其相对增长速率的降低。营销效用包含了宣传、推广、福利、教育培训、保险等方面的作用，对提高纺织服装、服饰业的影响不大。

表9.7 纺织服装、服饰业的研发、制造及营销效用

年份	研发效用	制造效用	营销效用
2009	576.94	1.00	26.60
2010	608.10	1.00	24.03
2011	380.63	1.00	24.48
2012	193.52	1.00	23.08
2013	236.98	1.00	24.81
2014	241.80	1.00	25.65
2015	211.11	1.00	25.59
2016	190.43	1.00	26.48
2017	161.78	1.00	24.84
2018	143.47	1.00	22.07

(七) 皮革、毛皮、羽毛及其制品和制鞋业价值链研判

根据图 9.7，除了 2017 年，2009—2018 年皮革、毛皮、羽毛及其制品和制鞋业各年份研发费用投入整体呈增长态势，增长率超过了 623.16%，只有 2017 年的研发费用减少了 9.35%；营销费用和研发费用的趋势大致相同，年营销费用投入稳步增加，增长率超过了 113.39%，2016—2018 年的营销费用下降了 9.65%；行业企业的制造费用投入普遍高于研发费用和营销费用，2018 年制造费用相比 2009 年增加了 96.42%，相当于 2009 年的 1.96 倍，2016 年制造费用投入达到峰值 13071.44 亿元，相当于 2009 年的 2.45 倍。随着研发费用、制造费用及营销费用等投入的增加，皮革、毛皮、羽毛及其制品和制鞋业年利润也呈增长态势，从 2009 年的 408.92 亿元增加到 2018 年的 721.00 亿元，增长率达到了 76.32%，2016 年行业总利润达到峰值 988.07 亿元，2009—2016 年皮革、毛皮、羽毛及其制品和制鞋业的年利润增长率达到 17.70%。可见各项费用的增加有利于利润的提高，尤其是 2016 年各项费用投入总和达到最大值 13476.10 亿元，该年内创造利润 988.07 亿元，达到十年内最高。也就是说，各项资本投入的增加有利于提高全要素生产率。

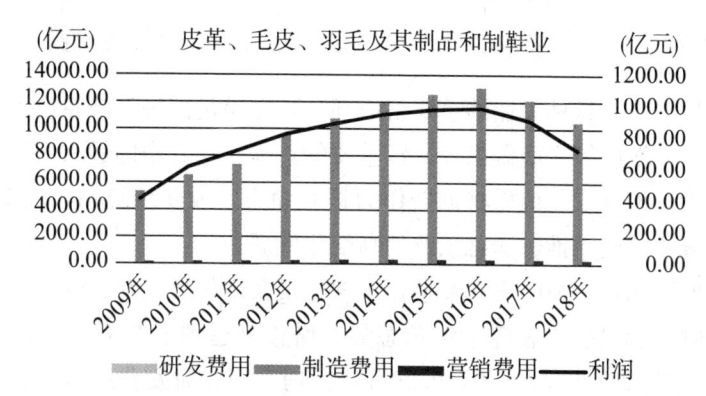

图 9.7 皮革、毛皮、羽毛及其制品和制鞋业的研发、制造及营销费用和利润
注：研发费用数值太小。

根据表 9.8，2009—2018 年，在皮革、毛皮、羽毛及其制品和制鞋业制造效用保持不动点"1"的前提下，研发效用逐渐降低，2009 年研发效用最高，为 654.56，2018 年研发效用最低，为 177.87，研发效用下降约 7.28%；营销效用在 2009—2018 年呈小幅度波动，2016 年营销效用为十年内最大值 37.82，2011 年营销效用为十年内最小值 32.60。综合来看，

皮革、毛皮、羽毛及其制品和制鞋业全要素生产率的提高主要依靠科学技术的进步和营销服务的升级，研发效用和营销效用的进步对提高全要素生产率有积极作用，反之则有消极作用。

表9.8 皮革、毛皮、羽毛及其制品和制鞋业的研发、制造及营销效用

年份	研发效用	制造效用	营销效用
2009	654.56	1.00	36.51
2010	632.41	1.00	33.99
2011	475.28	1.00	32.60
2012	287.68	1.00	33.55
2013	318.23	1.00	34.56
2014	297.15	1.00	35.57
2015	246.55	1.00	36.80
2016	221.49	1.00	37.82
2017	186.40	1.00	36.73
2018	177.87	1.00	33.61

（八）木材加工及木、竹、藤、棕、草制品业价值链研判

木材工业是森林工业的重要组成部分，在满足国民经济建设需求和促进相关产业发展等方面做出了非常重要的贡献。随着中国进入新常态经济发展阶段，木材工业也需将创新作为核心动力，改变传统的粗放型模式，向高端道路转变，推进木材工业的高端化发展。

根据图9.8，2009—2018年，木材加工及木、竹、藤、棕、草制品业各年份研发费用投入整体呈增长态势，增长率达到了951.35%以上，只有2018年的研发投入减少了9.29%；营销费用和研发费用的趋势大致相同，年营销费用投入稳步增加，增长率超过了70.76%，只有2017年的营销费用下降了32.14%；行业企业的制造费用投入普遍高于研发费用和营销费用，2018年制造费用相比2009年增加了68.20%，相当于2009年的1.68倍，2016年制造费用投入达到峰值12893.55亿元，相当于2009年的2.68倍。随着研发费用、制造费用及营销费用等投入的增加，木材加工及木、竹、藤、棕、草制品企业年利润也呈增长态势，从2009年的345.46亿元增加到2018年的475.30亿元，增长率达到了37.58%，2016

年行业总利润达到峰值 905.18 亿元，2009—2016 年木材加工及木、竹、藤、棕、草制品业的年利润增长率达到了 20.25%。可见各项费用的增加有利于利润的提高，尤其是 2016 年各项费用投入总和达到最大值 13281.10 亿元，该年内创造利润 905.18 亿元，达到十年内最高。也就是说，各项资本投入的增加有利于提高全要素生产率。

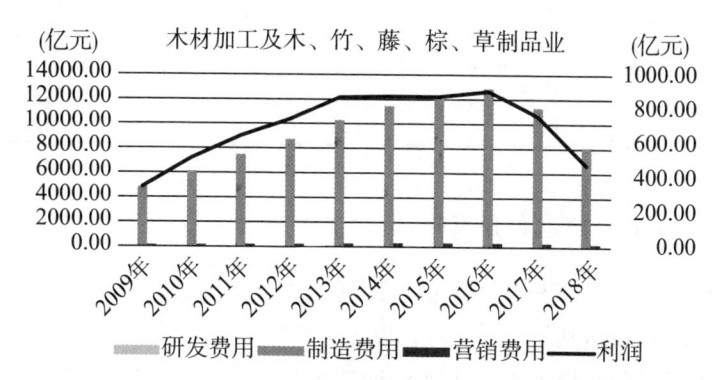

图 9.8　木材加工及木、竹、藤、棕、草制品业的研发、制造及营销费用和利润

注：研发费用数值太小。

根据表 9.9，2009—2018 年，木材加工及木、竹、藤、棕、草制品业在制造效用保持不动点"1"的前提下，研发效用逐渐降低，2010 年研发效用最高为 1085.87，2018 年研发效用最低，为 148.28，研发效用下降约 9.59%；营销效用在 2009—2018 年几乎未发生波动，整体效用水平平稳。综合来看，木材加工及木、竹、藤、棕、草制品企业全要素生产率的提高主要依靠科学技术的进步，研发效用的进步对提高全要素生产率有积极作用，反之则有消极作用。研发效用变化比全要素生产率变化更加敏感，研发效用的逐年降低反映了其相对增长速率的降低，特别是在 2010—2011 年，虽然研发费用和研发效用均有所增加，但年利润的增长率远低于研发费用和研发效用的增长率。营销效用包含了宣传、推广、福利、教育培训、保险等方面的作用，目前行业内企业并未挖掘出利用营销活动创造收益的有效方式。

表 9.9　木材加工及木、竹、藤、棕、草制品业研发、制造及营销效用

年份	研发效用	制造效用	营销效用
2009	926.20	1.00	36.24
2010	1085.87	1.00	35.15
2011	517.34	1.00	37.40

续表9.9

年份	研发效用	制造效用	营销效用
2012	465.78	1.00	36.52
2013	378.30	1.00	36.81
2014	349.59	1.00	36.92
2015	281.50	1.00	37.41
2016	243.86	1.00	38.53
2017	187.75	1.00	37.37
2018	148.28	1.00	35.69

（九）家具制造业价值链研判

根据图9.9，2009—2018年家具制造业各年份研发费用投入整体呈增长态势，增长率达到了1116.64%以上；营销费用和研发费用的趋势大致相同，年营销费用投入稳步增加，增长率超过了167.75%，只有2017年的营销费用下降了12.14%；行业企业的制造费用投入普遍高于研发费用和营销费用，2018年制造费用相比2009年增加了108.27%，相当于2009年的2.08倍，2016年制造费用投入达到峰值7416.64亿元，相当于2009年的2.61倍。随着研发费用、制造费用及营销费用等投入的增加，家具制造业利润也呈增长态势，从2009年的184.12亿元增加到2018年的425.90亿元，增长率达到了131.32%，2016年行业总利润达到峰值574.39亿元，十年间行业年利润增长率达到13.13%。2009—2018年，各项费用投入总和在2016年达到最大值7782.07亿元，该年内创造的利润同样为十年间最大值574.39亿元，可见各项费用的增加有利于利润的提高。也就是说，各项资本投入的增加有利于提高全要素生产率。

根据表9.10，2009—2018年，家具制造业在制造效用保持不动点"1"的前提下，研发效用逐渐降低，2010年研发效用最高，为898.13，2018年研发效用最低，为86.81，研发效用下降约9.03%；营销效用在2009—2018年从25.41下降到19.77，年效用下降速率达到了2.22%以上。综合来看，家具制造业全要素生产率的提高主要依靠科学技术的进步，研发效用的进步对提高全要素生产率有积极作用，反之则有消极作用。研发效用变化比全要素生产率变化更加敏感，研发效用的逐年降低反映了其相对增长率的降低。

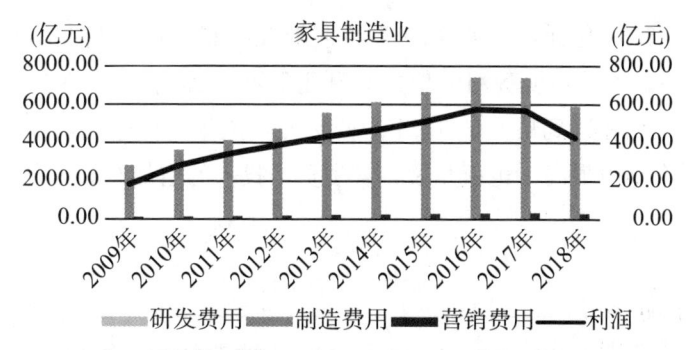

图9.9 家具制造业的研发、制造及营销费用和利润

注：研发费用数值太小。

表9.10 家具制造业的研发、制造及营销效用

年份	研发效用	制造效用	营销效用
2009	507.05	1.00	25.41
2010	898.13	1.00	26.18
2011	457.48	1.00	25.81
2012	325.51	1.00	24.72
2013	248.03	1.00	24.06
2014	226.47	1.00	23.81
2015	201.35	1.00	22.81
2016	173.02	1.00	22.99
2017	133.55	1.00	21.77
2018	86.81	1.00	19.77

（十）造纸及纸制品业价值链研判

根据图9.10，2009—2018年造纸及纸制品业各年份研发费用投入整体呈增长态势，增长率达到了424.64%以上；营销费用和研发费用的趋势大致相同，年营销费用投入稳步增加，增长率超过了87.80%，只有2017年的营销费用下降了4.80%；行业企业的制造费用投入普遍高于研发费用和营销费用，2018年制造费用相比2009年增加了76.73%，相当于2009年的1.77倍，2017年制造费用投入达到峰值12633.88亿元，相当于2009年的1.85倍。随着研发费用、制造费用及营销费用等投入的增加，造纸及纸制品业年利润也呈增长态势，从2009年的504.71亿元增加到2018年的766.40亿元，增长率达到了51.85%，2017年行业总利润达到峰值1016.39亿元,2009—2017年造纸及纸制品业年利润增长率达到了11.26%。可见各项费用的增加有利于利润的提高,尤其是2017年各项费用投入总和达到最大值13211.06亿元,该年内创造利润1016.39亿元,达到十年内最高。也就是说,各项资本投入的增加有利于提高全要素生产率。

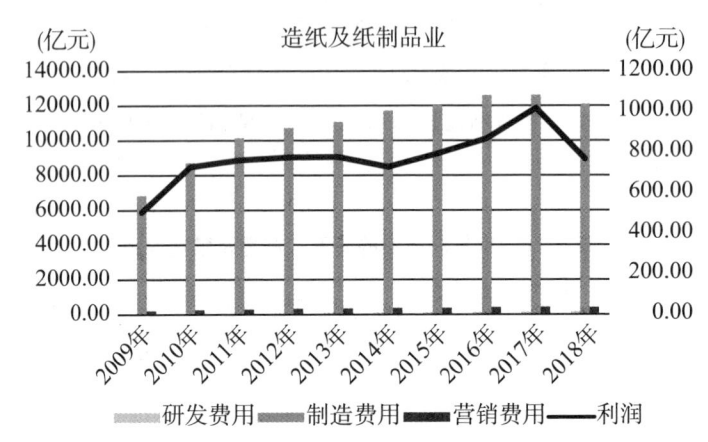

图9.10　造纸及纸制品业的研发、制造及营销费用和利润

注：研发费用数值太小。

根据表9.11,2009—2018年,造纸及纸制品业在制造效用保持不动点"1"的前提下,研发效用逐渐降低,2010年研发效用最高,为238.01,2018年研发效用最低,为72.09,研发效用的下降速度约为7.75%;营销效用在2009—2018年呈小范围波动,对整体行业利润无明显贡献。综合来看,造纸及纸制品业全要素生产率的提高主要依靠科学技术的进步,研发效用的进步对提高全要素生产率有积极作用,反之则有消极作用。营销效用十年来未取得突破性升级,为提高造纸及纸制品业的整体效益,需针对各项费用的投入比例再做研究实验。

表9.11　造纸及纸制品业的研发、制造及营销效用

年份	研发效用	制造效用	营销效用
2009	213.99	1.00	31.21
2010	238.01	1.00	32.19
2011	181.54	1.00	34.64
2012	141.47	1.00	32.22
2013	126.07	1.00	31.25

续表9.11

年份	研发效用	制造效用	营销效用
2014	121.49	1.00	31.37
2015	111.86	1.00	31.80
2016	102.78	1.00	30.16
2017	87.37	1.00	29.21
2018	72.09	1.00	29.37

（十一）印刷和记录媒介复制业价值链研判

根据图9.11，2009—2018年印刷和记录媒介复制业各年份研发费用投入整体呈增长态势，增长率达到了756.24%以上；营销费用和研发费用的趋势大致相同，年营销费用投入稳步增加，增长率超过了167.19%；行业企业的制造费用投入普遍高于研发费用和营销费用，2018年制造费用相比2009年增加了130.71%，相当于2009年的2.31倍，2016年制造费用投入达到峰值6808.69亿元，相当于2009年的2.89倍。随着研发费用、制造费用及营销费用等投入的增加，印刷和记录媒介复制业年利润也呈增长趋势，从2009年的236.52亿元增加到2018年的425.60亿元，增长率达到了79.94%，2015年行业总利润达到峰值577.97亿元，2009—2015年印刷和记录媒介复制业年利润增长率达到了20.62%。可见各项费用的增加有利于利润的提高，尤其2016年各项费用投入总和达到最大值7060.01亿元，该年内创造利润575.22亿元，达到十年内第二峰值。也就是说，增加各项资本投入有利于提高全要素生产率。

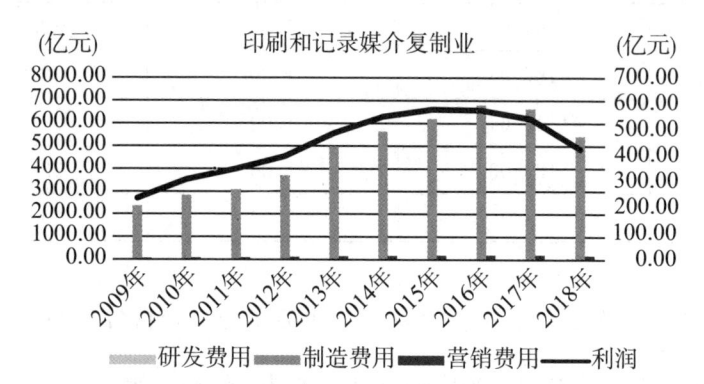

图9.11 印刷和记录媒介复制业的研发、制造及营销费用和利润

注：研发费用数值太小。

根据表 9.12，2009—2018 年，印刷和记录媒介复制业在制造效用保持不动点"1"的前提下，研发效用逐渐降低，2009 年研发效用最高，为 305.37，2018 年研发效用最低，为 81.39，研发效用下降约 7.33%；营销效用在 2009—2018 年从 35.41 变化到 30.57，年下降率约为 1.37%。综合来看，印刷和记录媒介复制业全要素生产率的提高主要依靠科学技术的进步和营销服务的升级，研发效用和营销效用的进步对提高全要素生产率有积极作用，反之则有消极作用。研发效用变化比全要素生产率变化更加敏感，研发效用的逐年降低反映了其相对增长率的降低，特别是在 2010—2011 年，虽然研发费用有所增加，但其研发效用却下降了 41.08%，充分显示出印刷和记录媒介复制业研发效用的波动比较剧烈。营销效用包含了宣传、推广、福利、教育培训、保险等方面的作用，对提高印刷和记录媒介复制业的积极性和保障性有较深意义，但是纵观十年行业利润情况，营销效用对年利润的积极作用并未充分体现，需进一步落实营销服务的附加价值。

表 9.12 印刷和记录媒介复制业的研发、制造及营销效用

年份	研发效用	制造效用	营销效用
2009	305.37	1.00	35.41
2010	275.07	1.00	35.20
2011	162.07	1.00	34.48
2012	150.67	1.00	31.06
2013	164.11	1.00	32.89
2014	164.67	1.00	32.73
2015	167.93	1.00	32.25
2016	145.64	1.00	33.28
2017	123.03	1.00	32.38
2018	81.39	1.00	30.57

（十二）文教、工美、体育及娱乐用品制造业价值链研判

根据图 9.12，2009—2018 年文教、工美、体育及娱乐用品制造业各年份研发费用投入整体呈增长态势，增长率达到了 122.56%；营销费用和研发费用的趋势大致相同，年营销费用投入稳步增加，增长率超过了

50.48%，只有2017年的营销费用下降了12.54%；行业企业的制造费用投入普遍高于研发费用和营销费用，2018年制造费用相比2009年增加了42.25%，相当于2009年的5.22倍，2016年制造费用投入达到峰值14809.70亿元，相当于2009年的6.64倍。随着研发费用、制造费用及营销费用等投入的增加，文教、工美、体育及娱乐用品业年利润也呈增长态势，从2009年的116.07亿元增加到2018年的710.90亿元，增长率达到了51.25%，2016年行业总利润达到峰值1018.76亿元，2009—2016年文教、工美、体育及娱乐用品业的年利润增长率达到97.21%。可见各项费用的增加有利于利润的提高，尤其是2016年各项费用投入总和达到最大值15291.15亿元，该年内创造利润1018.76亿元，达到十年内最高。也就是说，各项资本投入的增加有利于提高全要素生产率。

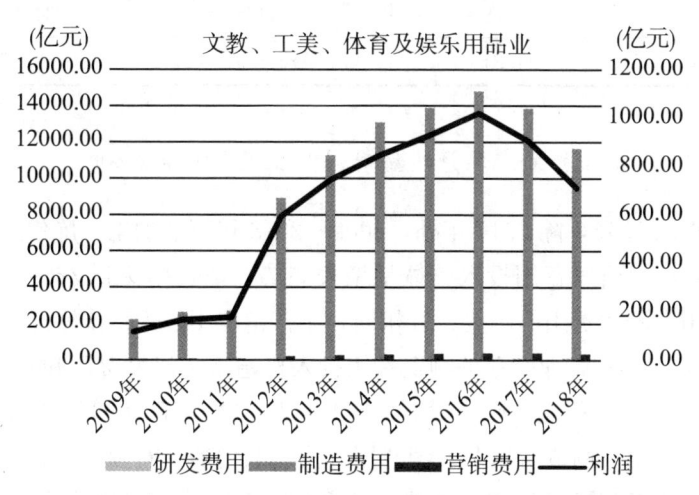

图 9.12 文教、工美、体育及娱乐用品制造业的研发、制造及营销费用和利润

注：研发费用数值太小。

根据表9.13，2009—2018年，文教、工美、体育及娱乐用品制造业在制造效用保持不动点"1"的前提下，研发效用逐渐降低，2010年研发效用最高为358.50，2018年研发效用最低，为104.21，研发效用下降约7.88%；营销效用在2009—2012年先从38.75增加到41.21，增长率达到了6.35%以上，2014—2018年从41.03逐渐降低到33.47，下降率为18.43%。综合来看，文教、工美、体育及娱乐用品业全要素生产率的提高主要依靠科学技术的进步和营销服务的升级，研发效用和营销效用的进步对提高全要素生产率有积极作用，反之则有消极作用。

表 9.13　文教、工美、体育和娱乐用品制造业的研发、制造及营销效用

年份	研发效用	制造效用	营销效用
2009	264.40	1.00	38.75
2010	358.50	1.00	36.56
2011	196.82	1.00	37.28
2012	184.58	1.00	41.21
2013	227.39	1.00	40.53
2014	199.68	1.00	41.03
2015	188.36	1.00	38.58
2016	161.18	1.00	38.02
2017	137.79	1.00	34.80
2018	104.21	1.00	33.47

（十三）石油加工、炼焦及核燃料加工业价值链研判

根据图9.13，除2017年外，2009—2018年石油加工、炼焦及核燃料加工业各年份研发费用投入整体呈增长态势，增长率达到32.97％以上；营销费用和研发费用的趋势大致相同，年营销费用投入稳步增加，增长率达到109.92％；行业企业的制造费用投入普遍高于研发费用和营销费用，2018年制造费用相比2009年增加129.44％，相当于2009年的2.29倍。随着研发费用、制造费用及营销费用等投入的增加，石油加工、炼焦及核燃料加工业年利润也呈增长态势，从2009年的931.24亿元增加到2018年的2270.80亿元，增长率达到143.85％，2018年利润额达到峰值2270.80亿元。可见各项费用的增加有利于利润的提高。也就是说，各项资本投入的增加有利于提高全要素生产率。

石油加工、炼焦及核燃料加工业

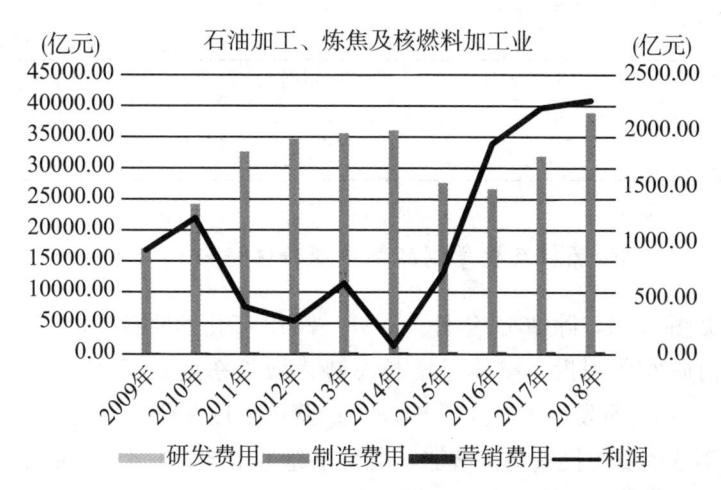

图 9.13　石油加工、炼焦及核燃料加工业的研发、制造及营销费用和利润
注：研发费用数值太小。

根据表 9.14，2009—2018 年，石油加工、炼焦及核燃料加工业在制造效用保持不动点"1"的前提下，研发效用逐渐降低，2010 年研发效用最高，为 552.19，2017 年研发效用最低，为 217.75，研发效用下降约 4.66%；营销效用在 2009—2012 年增长率达到 9.02% 以上，在 2013—2017 年下降率为 2.64%。综合来看，全要素生产率的提高主要依靠科学技术的进步和营销服务的升级，营销效用的进步对提高全要素生产率有积极作用，反之则有消极作用。营销效用包含了宣传、推广、福利、教育培训、保险等方面的作用，对提高石油加工、炼焦及核燃料加工业的积极性和保障性有较深意义，未来仍需挖掘营销服务的拓展功能，更好促进产业升级。

表 9.14　石油加工、炼焦及核燃料加工业的研发、制造及营销效用

年份	研发效用	制造效用	营销效用
2009	501.47	1.00	82.26
2010	552.19	1.00	96.99
2011	521.78	1.00	116.01
2012	424.97	1.00	111.95
2013	398.74	1.00	106.82
2014	338.56	1.00	98.87
2015	274.37	1.00	77.33
2016	223.03	1.00	70.87

续表9.14

年份	研发效用	制造效用	营销效用
2017	217.75	1.00	76.26
2018	267.74	1.00	89.91

（十四）化学原料及化学制品制造业价值链研判

根据图9.14，除2017年外，2009—2018年化学原料及化学制品制造业各年份研发费用投入整体呈增长态势，增长率达到了357.14%以上，只有2017年的研发投入减少了6.38%；营销费用和研发费用的趋势大致相同，年营销费用投入稳步增加，增长率超过了88.26%；行业企业的制造费用投入普遍高于研发费用和营销费用，2018年制造费用相比2009年增加了95.78%，相当于2009年的1.96倍，2016年制造费用投入达到峰值74454.83亿元，相当于2009年的2.43倍。随着研发费用、制造费用及营销费用等投入的增加，化学原料及化学制品制造业年利润也呈增长态势，从2009年的2185.29亿元增加到2018年的5146.20亿元，增长率达到了135.49%，2017年行业总利润达到峰值5840.59亿元，该年内创造利润达到十年内最高，各项费用总和仅次于2016年。也就是说，各项资本投入的增加有利于提高全要素生产率。

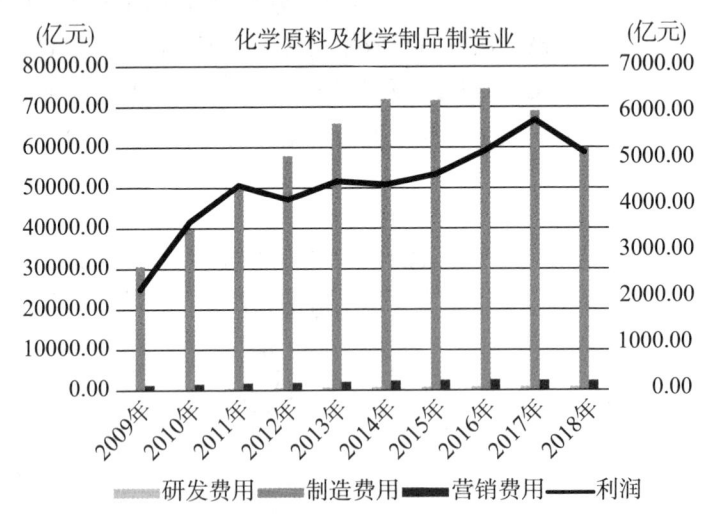

图9.14 化学原料及化学制品制造业的研发、制造及营销费用和利润

注：研发费用数值太小。

根据表9.15，2009—2018年，化学原料及化学制品制造业在制造效

用保持不动点"1"的前提下,研发效用逐渐降低,2010年研发效用最高为160.43,2018年研发效用最低,为66.64,研发效用下降约5.71%;营销效用在2009—2013年从24.47增加到31.65,增长率达到了14.04%以上,在2014—2018年从30.44逐渐降低到25.44,下降率为3.29%。综合来看,研发效用在十年内持续下降,在未来有被营销效用超越的趋势;营销效用的波动幅度较小,说明各项营销活动在每年的安排比较合适,但是在未来仍需不断挖掘营销效用,放大营销服务的高附加值特性。

表9.15 化学原料及化学制品制造业的研发、制造及营销效用

年份	研发效用	制造效用	营销效用
2009	155.62	1.00	24.47
2010	160.43	1.00	25.99
2011	107.42	1.00	29.10
2012	104.62	1.00	30.59
2013	99.75	1.00	31.65
2014	96.27	1.00	30.44
2015	90.15	1.00	28.57
2016	88.56	1.00	28.68
2017	75.61	1.00	28.50
2018	66.64	1.00	25.44

(十五)医药制造业价值链研判

根据图9.15,2009—2018年医药制造业各年份研发费用投入整体呈增长态势,增长率达到了483.11%以上;营销费用和研发费用的趋势大致相同,年营销费用投入稳步增加,增长率超过了34.66%;行业企业的制造费用投入普遍高于研发费用和营销费用,2018年制造费用相比2009年增加了126.15%,相当于2009年的2.26倍,2016年制造费用投入达到峰值19733.37亿元,相当于2009年的3.15倍。随着研发费用、制造费用及营销费用等投入的增加,医药制造业年利润也呈增长态势,从2009年的993.96亿元增加到2018年的3094.20亿元,增长率达到了21.13%,2017年行业总利润达到峰值3324.81亿元。可见各项费用的增加有利于利润的提高,尤其是2016年各项费用投入总和达到最大值23586.14亿元,该年内创造利润3114.99亿元,达到十年内第二。也就是说,各项资本投入的增加有利于提高全要素生产率。

（亿元）　　　　　　　医药制造业　　　　　（亿元）

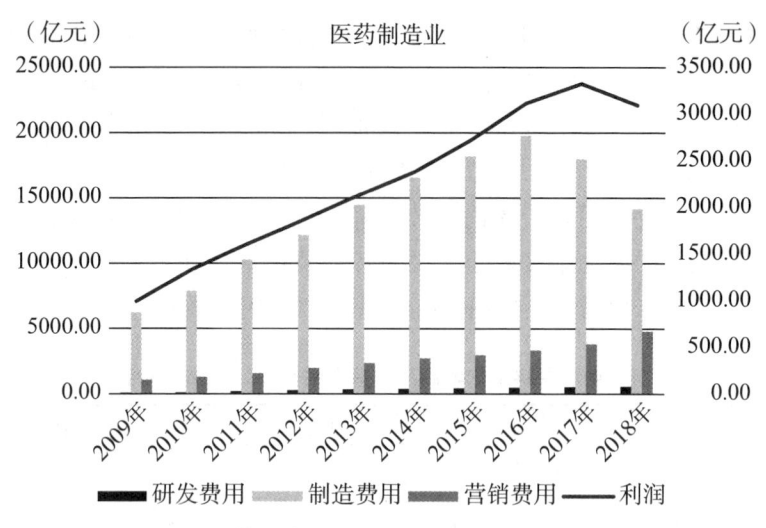

图 9.15　医药制造业的研发、制造及营销费用和利润

注：研发费用数值太小。

根据表 9.16，2009—2018 年，医药制造业在制造效用保持不动点"1"的前提下，研发效用逐渐降低，2010 年研发效用最高，为 64.44，2018 年研发效用最低，为 24.38，研发效用下降约 6.12%；营销效用在 2009—2018 年从 5.82 波动到 2.95，下降率为 4.93%。综合来看，医药制造业全要素生产率的提高主要依靠科学技术的进步和营销服务的升级，研发效用和营销效用的进步对提高全要素生长率有积极作用，反之则有消极作用。研发效用变化比全要素生产率变化更加敏感，研发效用的逐年降低反映了其相对增长率的降低。

表 9.16　医药制造业的研发、制造及营销效用

年份	研发效用	制造效用	营销效用
2009	62.86	1.00	5.82
2010	64.44	1.00	6.11
2011	48.65	1.00	6.51
2012	42.93	1.00	6.15
2013	41.60	1.00	6.14
2014	42.47	1.00	6.10
2015	41.24	1.00	6.15
2016	40.48	1.00	5.95

续表9.16

年份	研发效用	制造效用	营销效用
2017	33.68	1.00	4.72
2018	24.38	1.00	2.95

(十六) 化学纤维制造业价值链研判

根据图 9.16, 2009—2018 年化学纤维制造业各年份研发费用投入整体呈增长态势,研发费用增长率达到了 246.26% 以上;营销费用和研发费用的趋势大致相同,年营销费用投入稳步增加,费用增长率超过了 126.50%,只有 2017 年的营销费用下降了 13.60%;行业企业的制造费用投入普遍高于研发费用和营销费用,2018 年制造费用相比 2009 年增加了 119.28%,相当于 2009 年的 2.19 倍。随着研发费用、制造费用及营销费用等投入的增加,化学纤维制造业年利润也呈增长态势,从 2009 年的 170.85 亿元增加到 2018 年的 393.90 亿元,增长率达到了 13.06%,2017 年行业总利润达到了峰值 436.56 亿元。可见各项费用的增加有利于利润的提高,尤其是 2017 年各项费用投入总和达到 7227.43 亿元,该年内创造利润 436.56 亿元,达到十年内最高。也就是说,各项资本投入的增加有利于提高全要素生产率。

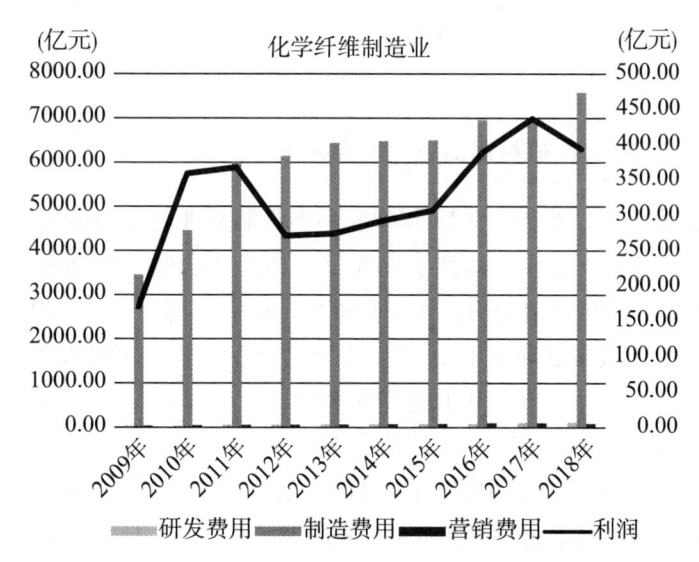

图 9.16 化学纤维制造业的研发、制造及营销费用和利润

注:研发费用数值太小。

根据表 9.17，2009—2018 年，化学纤维制造业在制造费用保持不动点"1"的前提下，研发效用逐渐降低，2010 年研发效用最高，为 108.77，2017 年研发效用最低，为 66.18，研发效用下降约 3.67%；营销效用在 2009—2018 年波动幅度不大，2009 年研发效用大于营销效用，但是十年后营销效用稳步超过了研发效用。综合来看，化学纤维制造业全要素生产率的提高主要依靠科学技术的进步和营销服务的升级，研发效用和营销效用的进步对提高全要素生产率有积极作用，反之则有消极作用。

表 9.17　化学纤维制造业的研发、制造及营销效用

年份	研发效用	制造效用	营销效用
2009	106.76	1.00	88.79
2010	108.77	1.00	88.83
2011	102.21	1.00	99.41
2012	96.92	1.00	98.85
2013	96.45	1.00	94.25
2014	86.42	1.00	85.31
2015	82.87	1.00	79.25
2016	82.99	1.00	68.47
2017	66.18	1.00	68.76
2018	67.62	1.00	85.96

（十七）橡胶和塑料制品业价值链研判

根据图 9.17，2009—2018 年橡胶和塑料制品业各年份研发费用投入整体呈增长态势，增长率达到了 378.10% 以上；营销费用和研发费用的趋势大致相同，年营销费用投入稳步增加，增长率超过了 91.29%，只有 2017 年的营销费用下降了 10.97%；行业企业的制造费用投入普遍高于研发费用和营销费用，2018 年制造费用相比 2009 年增加了 63.78%，相当于 2009 年的 1.64 倍，2016 年制造费用投入达到峰值 27872.50 亿元，相当于 2009 年的 2.14 倍。随着研发费用、制造费用及营销费用等投入的增加，橡胶及塑料制品业年利润也呈增长态势，从 2009 年的 928.05 亿元增加到 2018 年的 1248.60 亿元，增长率达到了 34.54%，2016 年行业总利润达到峰值 2080.81 亿元，2009—2016 年橡胶和塑料制品业年利润增长

率达到15.53%。可见各项费用的增加有利于利润的提高，尤其是2016年各项费用投入总和达到最大值28954.52亿元，该年内创造利润2080.81亿元，达到十年内最高。也就是说，各项资本投入的增加有利于提高全要素生产率。

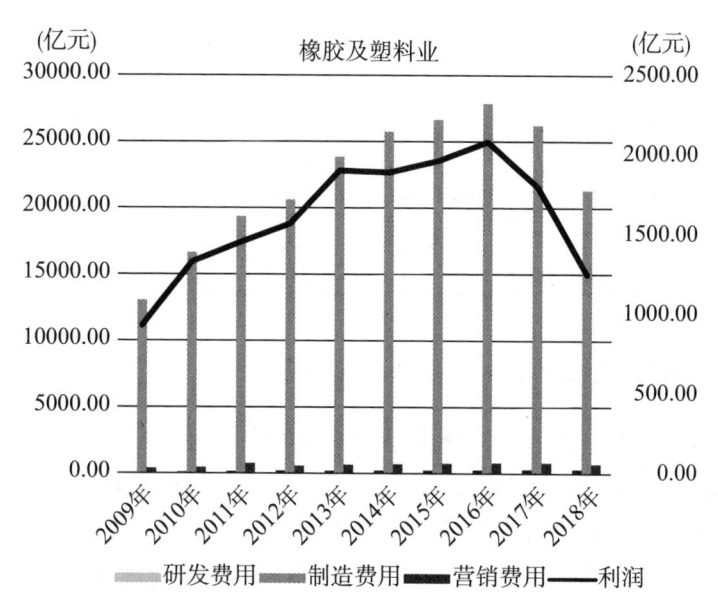

图9.17 橡胶和塑料制品业的研发、制造及营销费用和利润

注：研发费用数值太小。

根据表9.18，2009—2018年，橡胶及塑料业在制造效用保持不动点"1"的前提下，研发效用逐渐降低，2009年研发效用最高，为195.27，2018年研发效用最低，为66.90，研发效用下降约65.7%；营销效用在2009—2018年呈小幅波动。综合来看，橡胶和塑料制品业全要素生产率的提高主要依靠科学技术的进步和营销服务的升级，研发效用和营销效用的进步对提高全要素生产率有积极作用，反之则有消极作用。十年间研发费用的效用从大于营销效用变为小于营销效用，虽然其附加值仍处于三者中最高的位置，但仍然需要跟上行业整体优化升级的格局。

表9.18 橡胶和塑料制品业的研发、制造及营销效用

年份	研发效用	制造效用	营销效用
2009	195.27	1.00	34.30
2010	178.38	1.00	36.44

续表9.18

年份	研发效用	制造效用	营销效用
2011	132.77	1.00	25.48
2012	101.95	1.00	35.66
2013	119.56	1.00	36.28
2014	113.05	1.00	36.09
2015	109.91	1.00	35.00
2016	99.98	1.00	34.70
2017	85.40	1.00	32.16
2018	66.90	1.00	29.37

(十八) 非金属矿物制品业价值链研判

根据图9.18，2009—2018年非金属矿物制品业各年份研发费用投入整体呈增长态势，增长率达到了605.07%以上；营销费用和研发费用的趋势大致相同，年营销费用投入稳步增加，增长率超过了130.95%，只有2017年的营销费用下降了2.17%；行业企业的制造费用投入普遍高于研发费用和营销费用，2018年制造费用相比2009年增加了99.84%，相当于2009年的2.00倍，2016年制造费用投入达到峰值52773.86亿元，相当于2009年的2.61倍。随着研发费用、制造费用及营销费用等投入的增加，非金属矿物制品业年利润也呈增长态势，从2009年的1856.59亿元增加到2018年的4287.80亿元，增长率达到了13.10%，2017年行业总利润达到峰值4383.09亿元。各项费用的增加有利于利润的提高，尤其是2016年各项费用投入总和达到最大值54837.99亿元，该年内创造利润4243.65亿元，达到十年内最高。也就是说，各项资本投入的增加有利于提高全要素生产率。

第九章 产业视角：中国制造业价值链"微笑曲线"刻画与研判

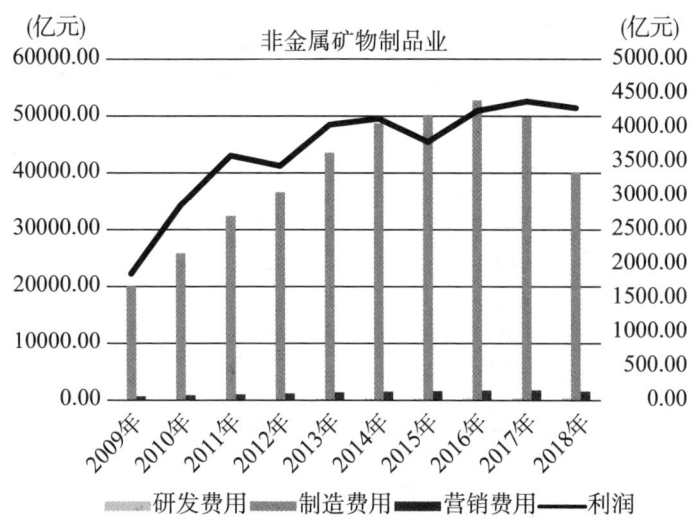

图9.18 非金属矿物制品业的研发、制造及营销费用和利润

注：研发费用数值太小。

根据表9.17，2009—2018年，非金属矿物制品业在制造效用保持不动点"1"的前提下，研发效用逐渐降低，2009年研发效用最高，为341.12，2018年研发效用最低，为96.68，研发效用下降约7.17%；营销效用在2009—2014年从28.15增加到31.30，增长率达到11.19%以上，在2015—2018年从30.67逐渐降低到25.03，下降率为18.39%。综合来看，非金属矿物制品业全要素生产率的提高主要依靠科学技术的进步和营销服务的升级，研发效用和营销效用的进步对提高全要素生产率有积极作用，反之则有消极作用。研发效用变化比全要素生产率变化更加敏感，研发效用的逐年降低反映了其相对增长率的降低，充分显示出非金属矿物制品业研发效用的波动比较剧烈。营销效用包含了宣传、推广、福利、教育培训、保险等方面的作用，对提高非金属矿物制品业的附加值有着不可替代的作用。

表9.19 非金属矿物制品业的研发、制造及营销效用

年份	研发效用	制造效用	营销效用
2009	341.12	1.00	28.15
2010	317.98	1.00	28.64
2011	232.05	1.00	30.74

续表9.19

年份	研发效用	制造效用	营销效用
2012	223.99	1.00	30.26
2013	202.62	1.00	30.84
2014	197.64	1.00	31.30
2015	180.93	1.00	30.67
2016	163.34	1.00	30.31
2017	137.33	1.00	27.76
2018	96.68	1.00	25.03

(十九) 黑色金属冶炼及压延加工业价值链研判

根据图9.19，除2017年外，2009—2018年黑色金属冶炼及压延加工业各年份研发费用投入整体呈增长态势，增长率达到了600.00%以上，只有2017年的研发费用投入减少了4.00%；营销费用和研发费用的趋势大致相同，年营销费用投入稳步增加，增长率超过了92.05%，只有2017年的营销费用下降了13.00%；行业企业的制造费用投入普遍高于研发费用和营销费用，2018年制造费用相比2009年增加了76.17%，相当于2009年的1.76倍，2016年制造费用投入达到峰值61117.80亿元，相当于2009年的2.52倍。随着研发费用、制造费用及营销费用等投入的增加，黑色金属冶炼及压延加工业年利润也呈增长态势，从2009年的1501.16亿元增加到2018年的2124.40亿元，增长率达到了41.52%，2013年、2016年两年行业总利润分别达到了两个峰值3473.53亿元和3623.58亿元，2009—2013年黑色金属冶炼及压延加工业的年利润增长率达到26.28%。可见各项费用的增加有利于利润的提高，尤其是2016年各项费用投入总和达到最大值62828.98亿元，该年内创造利润3623.58亿元，达到十年内最高。也就是说，各项资本投入的增加有利于提高全要素生产率。

黑色金属冶炼及压延加工业

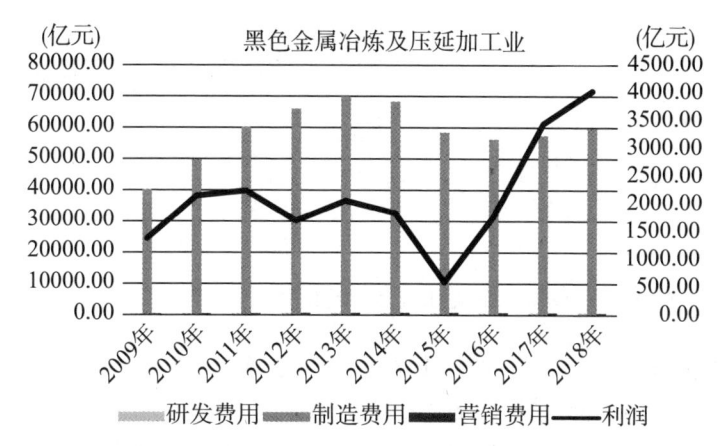

图 9.19 黑色金属冶炼及压延加工业的研发、制造及营销费用和利润

注：研发费用数值太小。

根据表 9.20，2009—2018 年，黑色金属冶炼及压延加工业在制造效用保持不动点"1"的前提下，研发效用逐渐降低，2009 年研发效用最高为 131.70，2018 年研发效用最低为 84.61，研发效用的下降速度约为 35.76%；营销效用在 2009—2011 年先从 101.35 增加到 113.41，增长率达到了 11.9% 以上，在 2012—2017 年从 94.96 逐渐降低到 75.21，下降率为 20.8%。综合来看，研发效用和营销效用的进步对提高全要素生产率有积极作用，反之则有消极作用。研发效用变化比全要素生产率变化更加敏感，研发效用的逐年降低反映了其相对增长率的降低，特别是在 2009—2014 年，虽然研发费用有所增加，但研发效用却下降了 19.24%，充分显示出黑色金属冶炼及压延加工业研发效用的波动比较剧烈。营销效用包含了宣传、推广、福利、教育培训、保险等方面的作用，对提高黑色金属冶炼及压延加工业的积极性和保障性有较深意义。

表 9.20 黑色金属冶炼及压延加工业的研发、制造及营销效用

年份	研发效用	制造效用	营销效用
2009	131.70	1.00	101.35
2010	123.88	1.00	103.14
2011	117.60	1.00	113.41
2012	105.10	1.00	94.96
2013	110.56	1.00	93.42
2014	106.36	1.00	86.17
2015	104.23	1.00	73.45

续表9.20

年份	研发效用	制造效用	营销效用
2016	104.64	1.00	69.38
2017	89.97	1.00	75.21
2018	84.61	1.00	89.47

(二十)有色金属冶炼及压延加工业价值链研判

根据图9.20，2009—2018年有色金属冶炼及压延加工业各年份研发费用投入整体呈增长态势，增长率达到了354.4%以上；营销费用和研发费用的趋势大致相同，年营销费用投入稳步增加，增长率达到了91.89%，只有2018年的营销费用下降了13.8%；行业企业的制造费用投入普遍高于研发费用和营销费用，2018年制造费用相比2009年增加了156.66%，相当于2009年的2.57倍。随着研发费用、制造费用及营销费用等投入的增加，有色金属冶炼及压延加工业年利润也呈增长态势，从2009年的924.60亿元增加到2018年的1397.10亿元，增长率达到了51.10%，对于有色金属冶炼及压延加工业，各项费用的合理配置远比费用投入总量多少重要，2017年三项费用投入总和达到50469.38亿元，该年利润2011.46亿元，不是十年内最高利润。

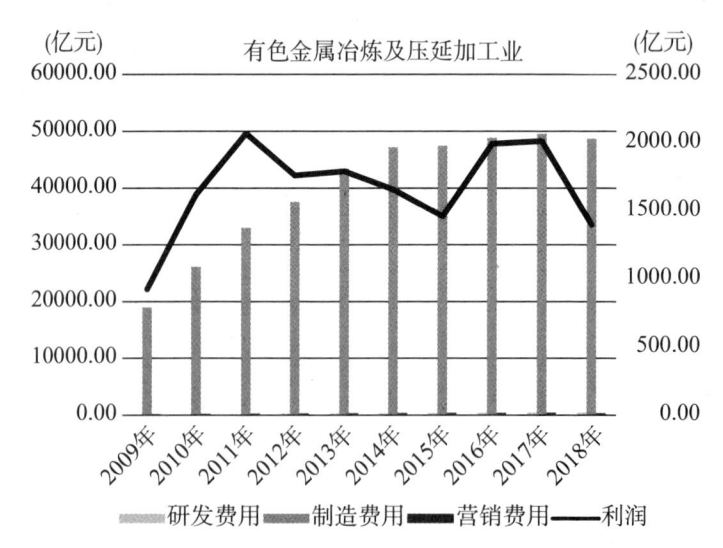

图9.20 有色金属冶炼及压延加工业的研发、制造及营销费用和利润

注：研发费用数值太小。

根据表9.21，2009—2018年，有色金属冶炼及压延加工业在制造效用保持不动点"1"的前提下，研发效用逐渐降低，2009年研发效用最高为194.87，2018年研发效用最低，为110.07，研发效用下降约43.52%；营销效用在2018年达到峰值124.83。综合来看，有色金属冶炼及压延加工业全要素生产率的提高主要依靠科学技术的进步和营销服务的升级，研发效用和营销效用的进步对提高全要素生产率有积极作用，反之则有消极作用。但是十年来研发效用和营销效用均呈现萎缩态势，行业内企业未有效稳定各项费用的效用，需在今后探索出提高各项费用附加值的办法，升级行业内需。

表9.21 有色金属冶炼及压延加工业的研发、制造及营销效用

年份	研发效用	制造效用	营销效用
2009	194.87	1.00	93.33
2010	219.80	1.00	98.75
2011	173.39	1.00	106.49
2012	138.69	1.00	113.29
2013	144.40	1.00	112.57
2014	142.80	1.00	113.44
2015	127.76	1.00	111.44
2016	120.05	1.00	114.74
2017	107.35	1.00	109.48
2018	110.07	1.00	124.83

（二十一）金属制品业价值链研判

广义上的金属制品业涉及钢丝、钢丝绳、文具、餐具、针制品、医疗用具等。金属制品是线材的深加工产品，隶属于冶金行业，由于产品属性，总体规模在冶金行业中的占比较小，因此不易受到广泛关注。但事实上，金属制品用途十分广泛，几乎覆盖国民经济的各行各业，特别是煤炭、冶金、港口、石油、船舶、床具等行业均大量使用金属制品。金属制品属劳动密集型产品，产品用途有重要和一般两类，国内生产企业较多，特别是江浙地区相对集中。行业总体产能与市场容量比始终在1.5~2的高位，市场竞争一直十分激烈。

根据图 9.21，2009—2018 年金属制品业各年份研发费用投入整体呈增长态势，增长率达到了 744.44% 以上；营销费用和研发费用的趋势大致相同，年营销费用投入稳步增加，增长率超过了 124.71%，只有2017—2018 年的营销费用下降了 4.23%；行业企业的制造费用投入普遍高于研发费用和营销费用，2018 年制造费用相比 2009 年增加了125.36%，相当于 2009 年的 2.25 倍，2016 年制造费用投入达到峰值34709.35 亿元，相当于 2009 年的 2.60 倍。随着研发费用、制造费用及营销费用等投入的增加，金属制品业年利润也呈增长态势，从 2009 年的858.88 亿元增加到 2018 年的 1590.20 亿元，增长率达到了 85.16%，2016 年行业总利润达到峰值 2392.88 亿元。各项费用的增加有利于利润的提高，尤其是 2016 年各项费用投入总和达到最大值 35855.60 亿元，该年内创造利润达到十年内最高。也就是说，各项资本投入的增加有利于提高全要素生产率。

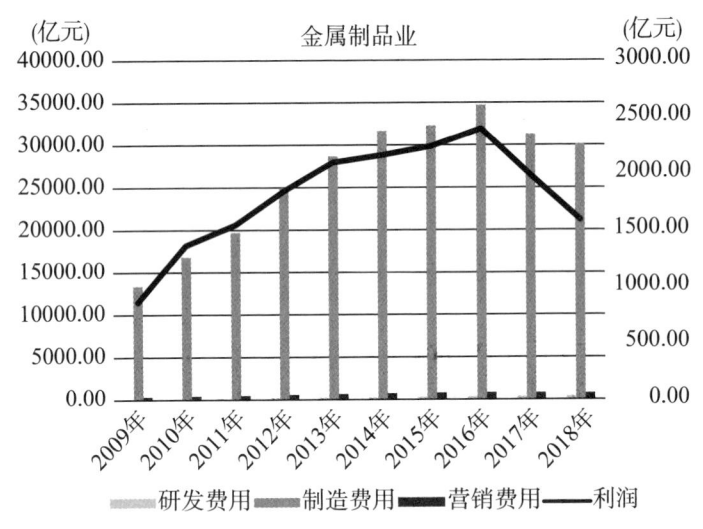

图 9.21　金属制品业的研发、制造及营销费用和利润

注：研发费用数值太小。

根据表 9.22，2009—2018 年，金属制品业在制造效用保持不动点"1"的前提下，研发效用逐渐降低，2009 年研发效用最高，为 289.86，2018 年研发效用最低，为 77.35，研发效用下降约 73.31%；营销效用在 2008—2014 年从 39.81 增加到 43.61，增长率达到了 10.66% 以上，在 2015—2018 年从 41.66 逐渐降低到 39.52，下降率为 5.14%。综合来看，金属制品业全要素生产率的提高主要依靠科学技术的进步和营销服务的升级，研发效用和营销效用的进步对提高全要素生产率有积极作用，反之则有消极作用。研发效用变化比全要素生产率变化更加敏感，研发效用的逐年降低反映了其相对增长率的降低。营销效用包含了宣传、推广、福利、教育培训、保险等方面的作用，在过去的十年并未呈现明显变化，一方面反映出营销费用的利用率在不断提高，另一方面为挖掘营销服务活动附加值提供借鉴。

表9.22　金属制品业的研发、制造及营销效用

年份	研发效用	制造效用	营销效用
2009	289.86	1.00	39.41
2010	272.17	1.00	38.75
2011	177.07	1.00	41.67
2012	133.35	1.00	43.47
2013	124.66	1.00	42.84
2014	126.04	1.00	43.61
2015	114.21	1.00	41.66
2016	106.36	1.00	42.33
2017	91.15	1.00	39.31
2018	77.35	1.00	39.52

（二十二）通用设备制造业价值链研判

中国通用设备制造业的集中度比较低，产品同质化严重/显著，行业产品高端市场竞争力不强。如果企业想要处于领先地位，须把重点放在成本控制和产品性能上。该行业未来很可能会通过市场竞争或大范围的兼并重组淘汰一些产能落后的企业，重新进行市场整合。

根据图9.22，2009—2018年通用设备制造业各年份研发费用投入整体呈增长态势，增长率达到了250.34%以上；营销费用和研发费用的趋势大致相同，年营销费用投入稳步增加，增长率超过了79.46%；行业企业的制造费用投入普遍高于研发费用和营销费用，2018年制造费用相比2009年增加了41.44%，相当于2009年的1.41倍，2016年制造费用投入达到峰值40593.57亿元，相当于2009年的3.56倍。随着研发费用、制造费用及营销费用等投入的增加，通用设备制造业年利润也呈增长趋势，从2009年的1784.73亿元增加到2018年的2526.90亿元，增长率达到了41.58%，2016年行业总利润达到了峰值3178.66亿元，2009—2016

年通用设备制造业年利润增长率达到11.16%。可见各项费用的增加有利于利润的提高，尤其是2016年各项费用投入总和达到最大值42657.60亿元，该年内创造利润为3178.66亿元，达到十年内最高。也就是说，各项资本投入的增加有利于提高全要素生产率。

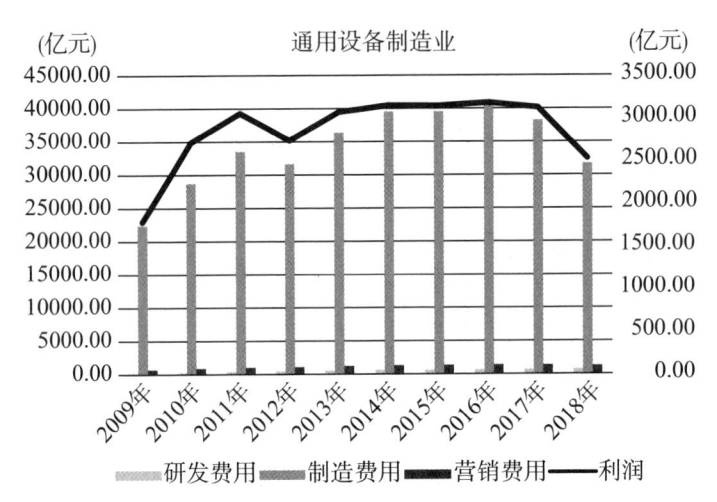

图9.22 通用设备制造业的研发、制造及营销费用和利润

注：研发费用数值太小。

根据表9.23，2009—2018年，通用设备制造业在制造效用保持不动点"1"的前提下，研发效用逐渐降低，2010年研发效用最高为121.04，2018年研发效用最低，为43.08，研发效用下降约59.63%；营销效用在2009—2018年呈小幅波动，浮动范围在10以内。综合来看，研发效用和营销效用的进步对提高全要素生产率有积极作用，反之则有消极作用。研发效用的高附加值特性逐渐降低，有被营销效用替代的风险，因此如何提高研发效用并稳定营销效用是值得各个企业思考的问题。

表9.23 通用设备制造业的研发、制造及营销效用

年份	研发效用	制造效用	营销效用
2009	106.71	1.00	31.11
2010	121.04	1.00	31.88
2011	82.41	1.00	32.62
2012	66.64	1.00	28.83
2013	66.42	1.00	29.22

续表9.23

年份	研发效用	制造效用	营销效用
2014	63.68	1.00	29.73
2015	62.54	1.00	29.31
2016	60.98	1.00	29.03
2017	54.90	1.00	27.78
2018	43.08	1.00	24.52

(二十三) 专用设备制造业价值链研判

专用设备制造业是装备制造业的一部分，服务对象为某一特定行业，为其提供装备。该行业更容易受到下游产业的影响，产业链长，能够带来较大的规模效应，在国民经济中的作用巨大，是制造业中高技术、高价值的体现。

根据图9.23，2009—2018年专用设备制造业各年份研发费用投入整体呈增长态势，增长率达到了267.94%以上；营销费用和研发费用的趋势大致相同，年营销费用投入稳步增加，增长率超过了145.49%；行业企业的制造费用投入普遍高于研发费用和营销费用，2018年制造费用相比2009年增加了77.33%，相当于2009年的1.77倍，2016年制造费用投入达到峰值31360.52亿元，相当于2009年的2.29倍。随着研发费用、制造费用及营销费用等投入的增加，专用设备制造业年利润也呈增长态势，从2009年的1184.88亿元增加到2018年的2035.10亿元，增长率达到了71.76%。可见各项费用的增加有利于利润的提高，尤其是2016年各项费用投入总和达到最大值33115.44亿元，该年内创造利润2280.04亿元，为十年内第二。也就是说，各项资本投入的增加有利于提高全要素生产率。

专用设备制造业

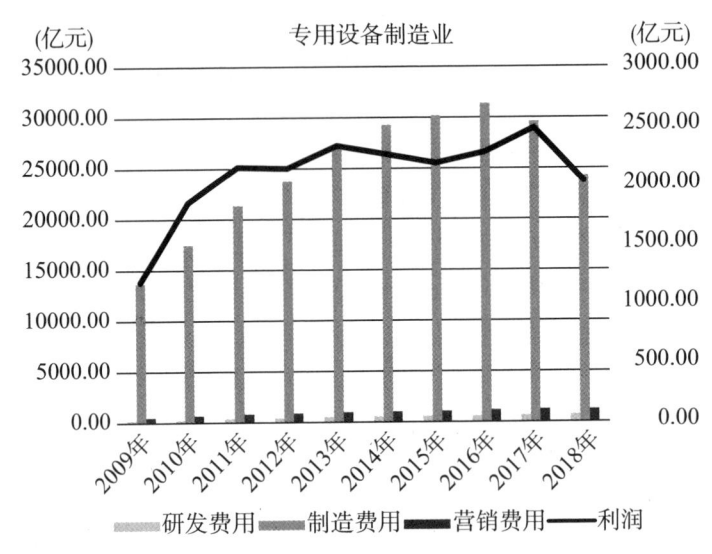

图 9.23 专用设备制造业的研发、制造及营销费用和利润

注：研发费用数值太小。

根据表 9.23，2009—2018 年，专用设备制造业在制造效用保持不动点"1"的前提下，研发效用逐渐降低，2010 年研发效用最高，为 74.40，2018 年研发效用最低，为 33.42，研发效用下降约 51.8%；营销效用在 2009—2018 年波动幅度不大，仅 2017 年下降了 26.17%。综合来看，专用设备制造业全要素生产率的提高主要依靠科学技术的进步和营销服务的升级，研发效用和营销效用的进步对提高全要素生产率有积极作用，反之则有消极作用。研发效用的高附加值特点正在慢慢消失，研发费用和营销费用的效用逐渐趋同。

表 9.24 专用设备制造业的研发、制造及营销效用

年份	研发效用	制造效用	营销效用
2009	69.34	1.00	27.22
2010	74.40	1.00	26.05
2011	58.40	1.00	25.73
2012	55.86	1.00	26.92
2013	53.14	1.00	27.76
2014	54.12	1.00	28.58
2015	53.22	1.00	28.11

续表9.24

年份	研发效用	制造效用	营销效用
2016	54.34	1.00	26.63
2017	46.46	1.00	23.60
2018	33.42	1.00	19.66

(二十四) 汽车制造业价值链研判

根据图9.24，2009—2018年汽车制造业各年份研发费用投入整体呈增长态势，增长率达到了272.39%以上；营销费用和研发费用的趋势大致相同，年营销费用投入稳步增加，增长率超过了128.23%；行业企业的制造费用投入普遍高于研发费用和营销费用，2018年制造费用相比2009年增加了132.84%，相当于2009年的2.33倍，2017年制造费用投入达到峰值85220.73亿元，相当于2009年的2.48倍。随着研发费用、制造费用及营销费用等投入的增加，汽车制造业年利润也呈增长态势，从2009年的3063.33亿元增加到2018年的67664.30亿元，增长率达到了12.08%，2017年行业总利润达到峰值7839.68亿元。可见各项费用的增加有利于利润的提高，尤其是2016年各项费用投入总和达到最大值89555.59亿元，该年内创造利润为7802.53亿元，也就是说，各项资本投入的增加有利于提高全要素生产率。

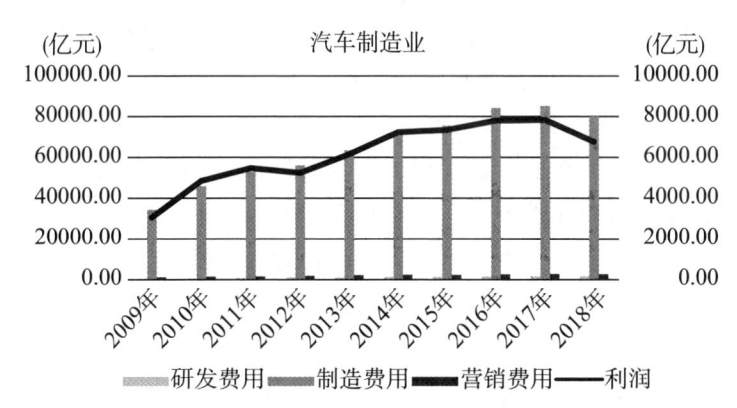

图9.24 汽车制造业的研发、制造及营销费用和利润

注：研发费用数值太小。

根据表9.25，2009—2018年，汽车制造业在制造效用保持不动点"1"的前提下，研发效用逐渐降低，2010年研发效用最高，为78.79，

2018 年研发效用最低，为 46.78，研发效用下降约 37.48%；营销效用在十年内呈小幅波动，变动范围不超过 10.00%。综合来看，汽车制造业全要素生产率的提高主要依靠科学技术的进步和营销服务的升级，研发效用和营销效用的进步对提高全要素生长率有积极作用，反之则有消极作用。

表 9.25 汽车制造业的研发、制造及营销效用

年份	研发效用	制造效用	营销效用
2009	74.82	1.00	29.43
2010	78.79	1.00	29.88
2011	67.36	1.00	32.81
2012	51.31	1.00	30.53
2013	60.27	1.00	28.62
2014	58.92	1.00	29.80
2015	56.37	1.00	32.29
2016	55.85	1.00	31.92
2017	53.48	1.00	31.09
2018	46.78	1.00	30.02

（二十五）电气机械及器材制造业价值链研判

根据图 9.25，除 2017 年外，2009—2018 年电气机械及器材制造业各年份研发费用投入整体呈增长态势，增长率达到了 300.87% 以上；营销费用和研发费用的趋势大致相同，年营销费用投入稳步增加，增长率超过了 108.24%；行业企业的制造费用投入普遍高于研发费用和营销费用，2018 年制造费用相比 2009 年增加了 99.73%，相当于 2009 年的 2 倍，2016 年制造费用投入达到峰值 62185.11 亿元，相当于 2009 年的 2.28 倍。随着研发费用、制造费用及营销费用等投入的增加，电气机械及器材制造业年利润也呈增长态势，从 2009 年的 2169.12 亿元增加到 2018 年的 3758.00 亿元，增长率达到了 73.23%，2016 年行业总利润达到峰值 5150.278 亿元，2009—2016 年电气机械及器材制造业年利润增长率达到 17.18%。可见各项费用的增加有利于利润的提高，尤其是 2016 年各项费用投入总和达到最大值 65827.39 亿元，该年内创造利润达到十年内最高。也就是说，各项资本投入的增加有利于提高全要素生产率。

第九章　产业视角：中国制造业价值链"微笑曲线"刻画与研判

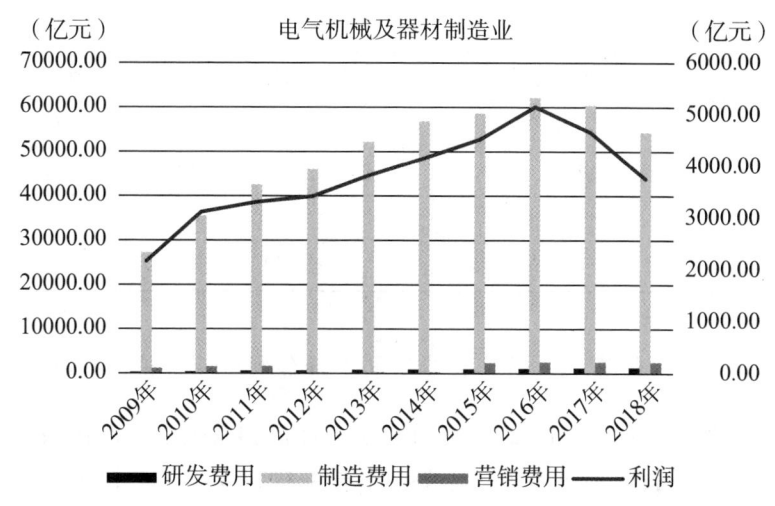

图 9.25　电气机械及器材制造业的研发、制造及营销费用和利润

注：研发费用数值太小。

根据表 9.26，2009—2018 年，电气机械及器材制造业在制造效用保持不动点"1"的前提下，研发效用逐渐降低，2010 年研发效用最高，为 83.50，2018 年研发效用最低，为 41.19，研发效用下降约 50.18%；营销效用在 2009—2013 年从 22.52 增加到 195.39，增长率达到了 767.63%以上，在 2014—2018 年从 185.73 逐渐降低到 21.60，下降率为 88.37%。综合来看，电气机械及器材制造业全要素生产率的提高主要依靠科学技术的进步和营销服务的升级，研发效用和营销效用的进步对提高全要素生产率有积极作用，反之则有消极作用。十年间电气机械及器材制造业的研发效用并未发生大幅度波动，但整体呈现下降趋势，而营销效用在该段时间先急剧上升后急剧下降，最终和起始时效用基本持平。

表 9.26　电气机械及器材制造业的研发、制造及营销效用

年份	研发效用	制造效用	营销效用
2009	82.67	1.00	22.52
2010	83.50	1.00	22.69
2011	68.18	1.00	25.37
2012	65.36	1.00	193.04
2013	64.08	1.00	195.39
2014	61.65	1.00	185.73

续表9.26

年份	研发效用	制造效用	营销效用
2015	57.89	1.00	24.64
2016	56.41	1.00	24.48
2017	48.64	1.00	23.71
2018	41.19	1.00	21.60

（二十六）计算机、通信和其他电子设备制造业价值链研判

根据图9.26，2009—2018年计算机、通信和其他电子设备制造业各年份研发费用投入整体呈增长态势，增长率达到314.82%以上；营销费用和研发费用的趋势大致相同，年营销费用投入稳步增加，增长率超过了126.76%；行业企业的制造费用投入普遍高于研发费用和营销费用，2018年制造费用相比2009年增加了139.64%，相当于2009年的2.40倍。随着研发费用、制造费用及营销费用等投入的增加，计算机、通信和其他电子设备制造业年利润也呈增长态势，从2009年的1756.23亿元增加到2018年的4781.00亿元，增长率达到了172.23%，2017年行业总利润达到峰值5741.66亿元。

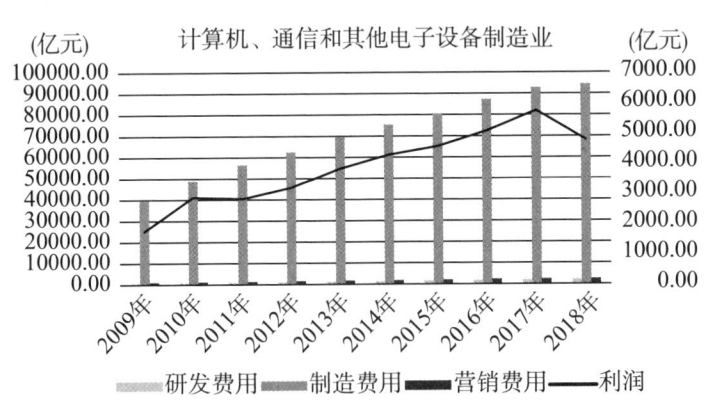

图9.26 计算机、通信和其他电子设备制造业的研发、制造及营销费用和利润

注：研发费用数值太小。

根据表9.27，2009—2018年，计算机、通信和其他电子设备制造业在制造效用保持不动点"1"的前提下，研发效用逐渐降低，2009年研发效用最高，为71.71，2018年研发效用最低，为41.43，研发效用下降约42.22%；营销效用在十年间经过几次小幅度波动，从2009年的35.69变

化为 2018 年的 37.72。综合来看，计算机、通信和其他电子设备制造业全要素生产率的提高主要依靠科学技术的进步和营销服务的升级，研发效用和营销效用的进步对提高全要素生产率有积极作用，反之则有消极作用。

表 9.27 计算机、通信和其他电子设备制造业的研发、制造及营销效用

年份	研发效用	制造效用	营销效用
2009	71.71	1.00	35.69
2010	71.29	1.00	39.35
2011	60.08	1.00	40.06
2012	58.73	1.00	39.50
2013	55.72	1.00	39.63
2014	54.19	1.00	40.52
2015	49.97	1.00	38.80
2016	48.19	1.00	36.67
2017	46.33	1.00	37.75
2018	41.43	1.00	37.72

（二十七）仪器仪表制造业价值链研判

根据图 9.27，2009—2018 年仪器仪表制造业各年份研发费用投入整体呈增长态势，增长率达到 360.06% 以上；营销费用和研发费用的趋势大致相同，年营销费用投入稳步增加，增长率超过了 125.87%；行业企业的制造费用投入普遍高于研发费用和营销费用，2018 年制造费用相比 2009 年增加了 57.35%，相当于 2009 年的 1.57 倍，2017 年制造费用投入达到峰值 8031.29 亿元，相当于 2009 年的 1.98 倍。随着研发费用、制造费用及营销费用等投入的增加，仪器仪表制造业年利润也呈增长态势，从 2009 年的 376.47 亿元增加到 2018 年的 780.50 亿元，增长率达到了 10.73%，2017 年行业总利润达到峰值 887.40 亿元。可见各项费用的增加有利于利润的提高，尤其是 2017 年各项费用投入总和达到最大值 8628.93 亿元，该年内创造利润达到十年内最高。也就是说，各项资本投入的增加有利于提高全要素生产率。

（亿元）　　　　　　仪器仪表制造业　　　　　　（亿元）

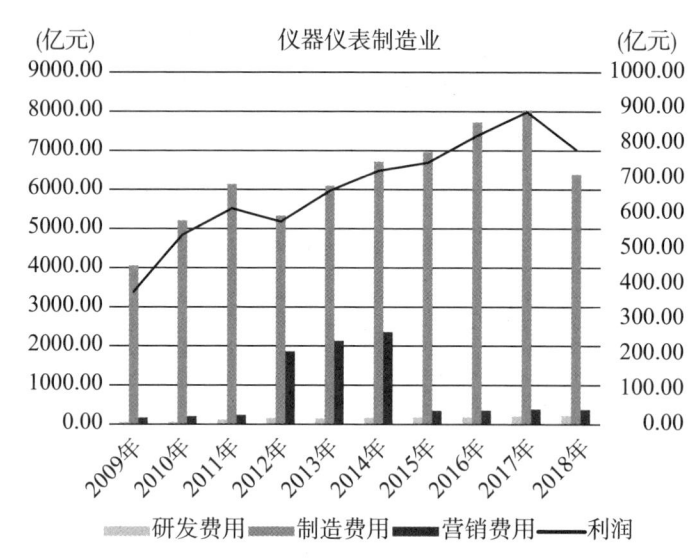

图 9.27　仪器仪表制造业的研发、制造及营销费用和利润

注：研发费用数值太小。

根据表 9.28，2009—2018 年，仪器仪表制造业在制造效用保持不动点"1"的前提下，研发效用逐渐降低，2010 年研发效用最高，为 90.79，2018 年研发效用最低，为 28.62，研发效用下降约 65.80%；营销效用在十年间发生了几次大幅度波动，先从 2009 年的 24.16 缓慢增至 2011 年的 26.01，后急转直下，2012—2014 年维持在 2.85 左右，2015—2018 年经过小幅度波动最终保持在 16.83。综合来看，仪器仪表制造业全要素生产率的提高主要依靠科学技术的进步和营销服务的升级，研发效用和营销效用的进步对提高全要素生产率有积极作用，反之则有消极作用。研发效用的高附加值特性正在被营销活动所取代，经过营销危机后，企业更应该着眼于对各项费用的分配和功能的开发。

表 9.28　仪器仪表制造业的研发、制造及营销效用

年份	研发效用	制造效用	营销效用
2009	83.67	1.00	24.16
2010	90.79	1.00	25.42
2011	50.77	1.00	26.01
2012	32.95	1.00	2.86
2013	40.86	1.00	2.86

续表9.28

年份	研发效用	制造效用	营销效用
2014	39.75	1.00	2.85
2015	38.48	1.00	19.82
2016	41.60	1.00	21.65
2017	38.20	1.00	20.73
2018	28.62	1.00	16.83

第二节 中国制造业细分行业价值链"微笑曲线"比较研究

利用2009年和2018年27个行业的数据，对各行业研发费用、制造费用、营销费用进行对比分析。在设定制造效用为"1"的前提下，2009年和2018年各行业研发效用和营销效用可以通过图9.28和图9.29直观显示出来。2009年，各行业营销效用差别不大，石油加工、炼焦及核燃料加工业，化学纤维制造业，黑色金属冶炼及压延加工业等行业的营销效用相对较高，但某些行业的营销效用非常接近制造效用；研发效用在各个行业的差距很大，其中，木材加工及木、竹、藤、棕、草制品业研发效用最高，石油加工、炼焦及核燃料加工业，农副食品加工业，非金属矿物制品业，金属制品业等行业的研发效用也表现不凡。

相比2009年的三项效用，2018年有色金属冶炼及压延加工业，化学纤维制造业，石油加工、炼焦及核燃料加工业为营销效用最高的三个行业，其他行业的营销效用十分接近；各行业研发效用较十年前明显下降，虽然石油加工、炼焦及核燃料加工业，皮革及其制品制鞋业，农副食品加工业，烟草制品业企业有领先优势，但整体上研发效用需要进一步在各产业间进行探索和优化。在中国具有比较优势的劳动密集型行业以及垄断程度较高的产业中，如纺织服装服饰业，木材加工及竹、藤、棕、草制品业，家具制造业，非金属矿物制品业的生产效率较高。与此形成对比的是，酒、饮料和精制茶制造业，医药制造业，印刷和记录媒介复制业，电气机械及器材制造业，仪器仪表制造业，文教及娱乐用品业等资本和技术密集型行业具有较强的国际竞争力，掌握先进的生产技术，可以在中国开放程度较低的这些行业中得到发展。

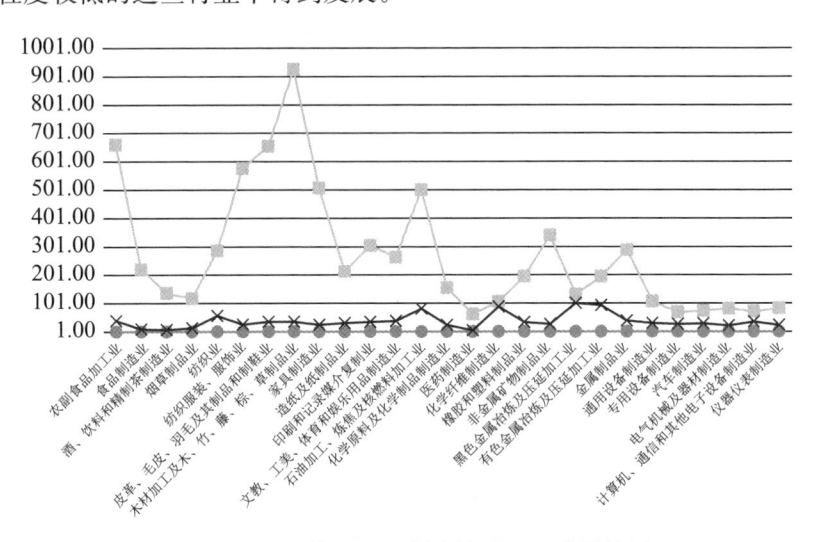

图 9.28　2009 年各行业研发、制造及营销效用

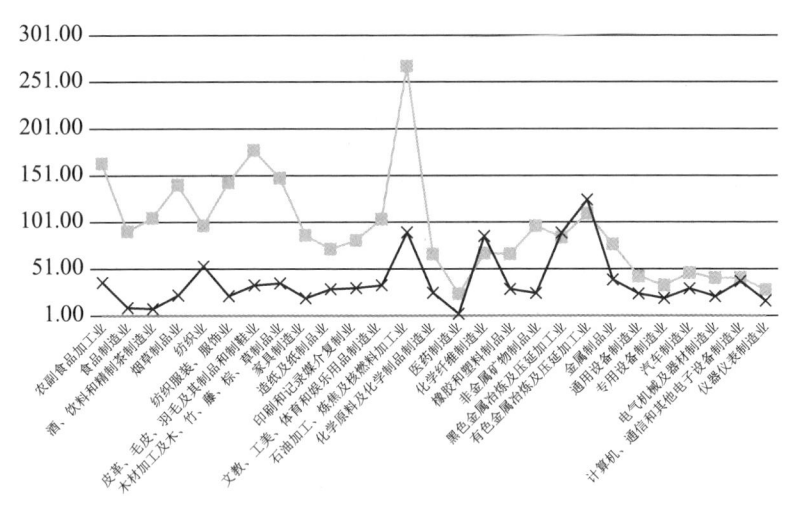

图 9.29　2018 年各行业研发、制造及营销效用

第三节　研究结论与启示

一、研究结论

本章基于不动点原理，对 2009—2018 年中国制造业各行业的各项费用投入情况及其相对应效用的变动情况进行分析，得出以下结论：①各行业研发费用、制造费用和营销费用均呈现逐年增长态势，研发费用投入的增长幅度较制造费用和营销费用高，各行业研发费用投入平均增长幅度接近 80%，各行业制造费用和营销费用的平均增长幅度接近 50%。②各行业全年利润的平均增长幅度接近 50%，汽车制造业每年创造的利润均最高，盈利能力最强且发展潜力巨大。③在制造效用设定为"1"的前提下，各行业营销效用差别不大、研发效用差距很大，相比 2009 年三项费用的效用情况，2018 年各行业间、各项效用间的差别都明显缩小，但研发效用的下降趋势最为明显。④在中国具有比较优势的劳动密集型行业以及垄断程度较高的产业生产效率较高，而酒、饮料和精制茶制造业，医药制造业，印刷和记录媒介复制业，电气机械及器材制造业，仪器仪表制造业，文教、工美、体育及娱乐用品业等资本和技术密集型行业具有较强的国际竞争力，先进的生产技术和科研能力是这些行业在中国市场继续发展的基础。

二、启示

当今中国的经济市场化和经济国际化进程不断加快，在世界经济体系和经济全球化融入进程中，中国的国际地位和竞争力持续增强。我国的制造业现已具备全球瞩目的规模优势，在劳动生产率多年持续提高的基础上，技术创新带来的成效越发显著。虽然中国 2011 年成功超越美国进而成为全球制造业第一大国，并创造了约占全球 20% 的制造业增加值，但由于中国制造业的基础相较于发达国家仍然薄弱。为了更好地推进现代化制造业体系建设，须在明晰中国制造业发展机遇和挑战的基础上，在深层次厘清制造业高质量发展的基本思路，进而提出相应管理启示。

（一）加快改造和提升传统制造业

中国制造业每年投入资本数额巨大，有效推进生产成本向利润转化尤为重要。应以生产模式和要素的升级为抓手，加深企业技术改造力度，提升智能信息化应用的广度；整合行业内资源，提高产业链集成力度，确保节能减排达标；与新兴产业创新合作模式，完成在流程重组、业务外包、供应链等方面的合作；结合柔性生产、准时生产、精益生产、大规模定制等现代生产方式，提升传统企业对市场的反应能力。

（二）加强制造业创新能力建设

汽车产业的高盈利性与近年来供应链各节点推行的技术创新手段密不可分，因此制造业创新能力建设是未来发展的必由之路。要尽快完善中国制造业创新体系，创建以创新中心为载体、以工程数据服务中心为支撑的制造业网络；强化企业技术创新主体地位，推进关键核心技术研发和技术创新示范企业建设。

（三）提升制造业国际竞争力

当前制造企业研发效用和营销效用有逐年下降趋势，在当前形势下，想要提升微观制造业的国际竞争力还有一段很长的路要走。为维护大中型制造业生产企业与商业企业的利益关系，通过自建营销网络、并购国外营销网络等方式促进工商企业间的互动联合；发展兼具影响力和控制力的现代国际网络营销体系，推动生产加工与品牌营销的纵向环节融合；通过大力应用信息技术确保营销网络体系的建设与完善，为未来开拓国际市场夯实基础。

（四）促进生产性服务业与制造业互动发展

中国传统的劳动密集型产业面临全球化、信息化和现代化等时代发展背景的挑战，促进生产性服务业、制造业有效互动帮助了很多传统企业走出困境。要积极发展智能物流和第三方物流，促使制造企业分离、整合、外包物流业务，降低运营成本，提高流通效率，增强企业的市场综合反应能力；发展新型信息技术服务业，开发智能软件和平台以实现信息化、智能化和工业化的互联互通；加快推进工业物联网运用，提高电子商务的市场深度；有序发展健康的金融服务业，健全体系，加快产品创新、服务创新和管理创新，增强金融服务能力。

（五）推动信息化与工业化深度融合

中国制造业贸易规模虽然很大，但是不强。由于加工贸易占比高，我国面临着低技术水平和低附加值的"双低"困境，同时面临着"低端锁定"的长期风险。应该努力将信息化与工业化深化至系统融合层面和多企业间的工业物联网融合层面；加快完善产业信息安全保障体系，以辅助工业物联网的全方位推广；进一步提升高等院校及科研机构信息化水平，发展以大中型企业为主体的产学研信息化创新体系，发展面向中小企业的公共信息体系。

（六）构建由中国主导的全球价值链

抓住"一带一路"和国际产能合作等重大历史机遇，发挥中国与"一带一路"沿线国家在产品技术、基础设施建设以及自然资源等方面的比较优势；加大对外投资规模，推动中国本土技术、服务和行业标准"走出去"，引导中国主导产业和核心企业产品向全球拓展，延伸国内产业链，实现与全球价值链的有效对接；推动制造企业全面嵌入发达国家主导的全球价值链，积极主办、参与国际贸易和投资相关活动，加快成为全球经贸的规则制定者和引领合作者。

第四篇

计量与解析：中国制造业价值链攀升机理

第十章 中国制造业价值链攀升动力系统分析

第一节 价值链攀升动力因素的系统分析

近年来,学者基于不同的区域、省份,从整体和细分行业多个角度分析了关于制造业价值链攀升的影响因素。冯伟和李嘉佳(2018)认为影响价值链攀升的因素主要包括技术、市场、资金3个方面,他们基于这3个视角,利用30个区域区市2004—2015年21个制造业行业价值链数据,从分行业、分地区两个层面进行实证检验产业规模、创新水平、外商投资、劳动力的影响。简晓彬和周敏(2013)构建向量自回归(VAR)模型,测度价值链攀升选用制造业利润率,利用江苏20年长时间序列的制造业生产数据进行协整检验、格兰杰因果检验、方差分解和脉冲响应,得出各因素变量均正向显著影响被解释变量,且影响顺序(按影响程度和时效排)依次是:生产性服务业、技术创新、产业集群指数、制造业规模。

一、要素禀赋与制造业价值链攀升

黎峰(2014)研究发现,要素禀赋结构与贸易收益之间存在着三次型函数关系,要素禀赋结构的优化对贸易利得的促进作用会随着垂直专业率的提升而不断增强。要素禀赋结构的升级会改变贸易结构、贸易方式等,从而提升全球价值链地位。同时还可以扩大贸易规模,促进贸易增长,进而提升产业的国际竞争力。肖国东(2019)利用动态空间回归模型和空间Tobit模型研究得出,人力资本和出口水平对制造业转型升级方向和速度、制造业转型升级效率影响最大,其他考虑的因素有劳动力转移速度的路径依赖性、FDI的技术溢出效应。

二、创新驱动与制造业价值链攀升

创新驱动来源于多个方面,闫姗娜(2019)研究得出绿色技术创新整体上不是线性正向作用于价值链,而是与之呈非线性的 U 形作用关系。王军等(2013)选择使用 VAR 模型研究制度与经济的协整关系,以及对经济增长的作用效果,结果确定制度冲击具有明显正效应。安树军(2019)研究证明技术创新、制度创新对中国经济增长和质量提高具有显著的促进作用,制度创新的作用效果较技术创新更强。

三、营商环境与制造业价值链攀升

Ding 等(2019)认为,美国针对中国的临时贸易壁垒数据库(TTBD)的反倾销政策有利于提高中国制造业的价值链地位。陈万灵和卢万青(2017)认为,企业产品质量提升能力和创新研发能力的影响因素包括法制环境、诚信环境、知识产权保护、融资难易程度等。石喜爱等(2018)证明"互联网+"实施促进制造业升级,并且存在地理边界,具有空间外溢效应。在检验营商环境外部影响的估计方法上,OLS 回归(魏下海等,2015)和 GMM 估计(周超等,2017)采用最为广泛。

四、国际贸易投资与制造业价值链攀升

杨高举和黄先海(2013)认为,FDI 有利于促进资本积累,提高本国技术水平,同时可以借助其调整产业、升级结构。肖国东(2019)针对 FDI 的作用,构建空间 Tobit 模型,实证分析制造业升级影响因素,结果表明 FDI 水平相较于内在影响和其他外在影响如所有制结构、对外开放水平,其对升级效率动态作用并未发挥,且具有滞后性。

五、产业转移与聚集对制造业价值链攀升的影响

杨浩昌(2018)研究得出产业聚集对制造业绩效的影响存在显著的正外部性和负外部性,并且产业聚集对制造业经济绩效的影响与区域经济发展水平之间的关系会呈现出明显的倒 U 形曲线。杨仁发和李娜娜(2019)分别从规模效应、人力资本提升效应、技术溢出效应和产品质量提升效应 4 个维度,从理论层面剖析了产业集聚影响作用路径,并得出了相同结论。

第二节　价值链攀升内、外部动力分析

依据产业经济理论、区域经济理论、价值链理论以及中国制造业发展实践，实现制造业价值链攀升的内外部影响因素主要集中在要素禀赋、创新驱动、营商环境、生产性服务业、国际贸易、国际投资、产业转移与聚集等方面。本章节将对此进行相应的概述，分析各影响因素的各级子影响因素与制造业价值链的直接与间接关系，并在此基础上建立模型进行定量分析。

一、内部动力因素分析

（一）通过提高要素禀赋结构水平推动

经济学中，传统意义上的要素是指投入物质资料生产过程，进行转化的有形与无形的生产要素，概念范畴由最初对土地、劳动及资本的概括发展到如今公认的加入科学技术、管理和信息的六要素论。迈克尔·波特（Michael Porter）对生产要素的定义为基本要素（basic factors）和高级要素（advanced factors），前者包括自然资源等先天要素，后者包括先进劳动力、先进技术等后天开发、投资积累要素。本书中要素禀赋基于对理论的理解和对已有研究的融合，结合中国实际情况作出影响制造业价值链的初步判定。

已有研究多结合全球以及地区经济背景从各角度分析产业与要素禀赋之间的关系，但很少对各要素详尽进行分析与演推，而仅仅是以要素绝对数量衡量，作为一项影响因素或者研究视角或者中介变量去探究其他因素与产业升级的关系，较少细化与深化要素禀赋的变动规律。拟研究资本、劳动、基础设施、制度要素以及各项要素特征对制造业价值链的作用，除各要素绝对数量外，仍需整体考虑要素禀赋，因为要素结构也是研究重点，结合相对性指标可以反映要素的结构性特征。表10.1为价值链攀升要素禀赋评价指标体系。

表 10.1　价值链攀升要素禀赋评价指标体系

一级指标	二级指标	三级指标	绝对值影响因素
要素禀赋	资本	资本存量	外商直接投资
		资本业绩	产业增加值
	劳动力	劳动力投入量	城镇化 老龄化 工业化
		劳动力投入强度	贸易结构 教育水平 地区经济发展
	基础设施	交通	市场规模 对外开放水平 城市化 工业化
		能源	环保财政支出
		信息	工业化
	制度	要素密集指数	技术创新 对外开放

1. 资本

资本要素作为原始生产要素之一，首先物质投资是生产保证，固定资产以及存货等投资推动价值链上价值创造环节，因此选用固定资本存量水平来代表资本投入数量。其次资本投入是为了获得收益的前期投资，资本业绩指数作为资本效率指标，常用来衡量资本创造能力各区域的资本优势度。

2. 劳动力

劳动力是首要原始要素，作为劳动力要素丰富的国家，中国具备的劳动力优势使其融入国际分工，城镇化使劳动力转移加速工业化，因此劳动力投入量可以衡量要素数量。在受到工业化、城镇化政策带来的人口转移影响的同时，老龄化趋势也会在较长时间内影响劳动力供给。另外，随着技术在产业的贡献度越来越高，价值链高端具备的知识技术密集性越明显，劳动力中人力资本要素在研究中被验证是提升区域创新、产业创新的关键。外商投资产生的知识溢出与实现自主创新的基本条件，在此人力资本存量中作为劳动的部分，受地区经济水平、教育投入与人才政策等多方面影响。

3. 基础设施

现有研究鲜少涉及基础设施对产业升级的辅助支撑作用。本书认为交通基础设施作为物流基础，连接生产与消费各环节，实现产品时间与空间转移，其完善程度对地区的产业规模与发展起到不可忽视的作用。另外，能源基础设施作为自然资源对制造业的支持要素，通常包括各重要工业能源、水资源等，研究重点在于符合地区性和协同性。此外，本书认为信息技术是当代支持产业互联网等新型形态的必要条件，符合工业战略，综合考虑将基础设施作为衡量指标之一。

4. 制度

制度要素对产业升级的密切程度与作用体现在多个方面，一个地区的制度与制度体系，决定该地区产业发展路径是遵循或违背比较优势战略要求。现有研究多针对产业环境规制、进出口制度红利、人口教育制度来研究特定对象对经济发展、产业竞争力的影响。本书借鉴已有研究，将要素密集度指数即资本和劳动的结构纳入考察范围，该指数受贸易结构、市场规模、地区发展政策与制度效率的影响，反映省域的产业发展与现阶段禀赋结构的资源配置效率，代表制度要素的因地制宜性。

（二）通过动力转换至创新驱动

熊彼特提出"创新理论体系"，认为创新是构建新的生产函数或供应函数，来源于5个方面：产品、技术、市场、资源配置、组织。本书认为创新驱动是经济发展的高级形态，也是产业升级的不竭动力，因此也将创新驱动作为重点研究对象，并作为重点考察因素，将其全面概括为以下几个方面：技术创新、内外制度创新、商业模式创新、市场创新、全产业链创新和金融创新（见表10.2）。

表10.2　价值链攀升创新驱动评价指标体系

一级指标	二级指标	三级指标	绝对值影响因素
创新驱动	技术创新	创新投入	市场规模
		创新产出	经济水平
		创新效率	外商直接投资
		科学研究	非国有化水平
			科技财政支出

续表10.2

一级指标	二级指标	三级指标	绝对值影响因素
创新驱动	内外制度创新	产权结构	行业类别 经济发展水平 行业竞争程度 可持续发展能力
		对外开放	
		管理绩效	
	商业模式创新	价值主张、盈利模式	供应商集中度 客户集中度 研发能力
		资源禀赋、整合能力	
	市场创新	产品创新	研发投入 新产品销售投入 市场开放程度 市场规模
		市场创新	
		产品市场表现	
	全产业链创新	技术与工艺创新	人力资源投入 研发投入 市场规模
		引进国外技术的强度	
	金融创新	金融机构创新	区域经济发展 资产证券化 金融业规模
		金融产品创新	
		金融监管创新	

1. 技术创新

本书认为技术创新是创新主体在研发投入及市场需求的引导下，对生产要素及技术的革新。技术创新是推动粗放式生产模式转向集约式的关键，能优化产业结构，提高生产效率或开辟新市场，以避免失去竞争力。发展中国家陷于全球价值链低端的原因在于技术与需求的脱节，从事发达国家主导的简单加工制造，从内部看制造业转型升级更多依靠人才、技术和制度等新兴要素实现集约式发展，而技术要素的现阶段正向影响并非最高，原因在于中国技术要素尚未成熟，行业不平衡性明显，与发展战略失衡现象依旧存在。从其影响路径来看，研发投入、外商投资产生的技术扩散、产业聚集和转移等因素产生的影响纳入本书的研究范围。在已有研究基础上，重点在于制造业升级机理以指导升级路径，从创新投入、创新产出与绿色技术创新三方面考量技术创新，以支持向集约化发展。

2. 内外制度创新（创新绩效）

目前产业升级、科技创新及区域协调发展成为中国经济增长内外的支柱。其中科技创新是经济发展的内生性动力，制度创新同样是重要的依附性动力，并会很大程度上作用于科技创新。科技与制度往往不可割裂，但对不同技术与市场性行业，呈现出的作用效果与作用程度不同。就两种创新贡献率而言，高技术产业和中低技术产业相比，前者技术创新贡献率更高；一般竞争性行业与竞争性行业相比，后者制度创新贡献率更高。李强和魏巍（2015）对制度变迁在不同的市场环境中的作用进行对比考察，不仅对经济增长呈现非线性，而且在中度市场化地区起到促进效果，但是在市场化程度的两端，即欠市场化和高度市场化地区，作用却呈现负向。赵玉林和谷军健（2018）检验得出非国有化的产权结构变迁和市场化水平对生产率作用具有双重门槛，在两者低水平下促进作用明显，随着考察的解释指标不断提升，作用逐步减小最终至负向。针对中国中小企业成长性与创新力，何鹏（2006）却研究得出管理创新对整体创新力的影响最大，其次是制度创新，技术创新的影响相对而言最小。由此也可以看出，对制度创新的研究可分为两大阵营：行业的外部制度、企业的内部制度，侧重点与研究路径有极大不同。因此，本书在选取相应指标时融入内外制度创新。

3. 商业模式创新

对商业模式创新的定义尚未统一，但是大多数以价值导向为出发点。有学者认为，以客户为出发点，企业完全改变现有业务组合，突破当前市场环境限制，实现竞争格局突围，激发甚至创造客户需求，创造并实现新的以顾客为立足点的价值主张，这才是商业模式创新的源头创新（Aspara 等，2010）。从价值链的视角，部分学者认为商业模式创新是对价值链每个环节活动上进行的各类创新。从学者研究热点可以看出，商业模式创新研究与服务化、市场、下游联系紧密。李靖华等（2019）建立业务流程、外部关系、盈利模式、资源能力评价指标体系，以制造业服务化趋势的角度，研究商业模式创新的影响，本书参考其指标设置。

4. 市场创新

关于市场创新的研究分为广义与狭义：狭义上仅从市场营销角度，广义上从产品、市场与顾客全角度。部分学者忽略市场创新中的产品创新。王翔宇（2017）从技术上产品创新、非技术市场创新、产品质量与产品市场表现着手深入实证分析制造业市场创新。主要研究方法有参数方法，以回归分析为核心内容；以及非参数方法，常用数据包络分析方法（DEA）。刘惠（2017）从资本、技术、市场三类创新，以及创新主体与创新环境等方面分析创新驱动促进产业结构升级的作用机制，其中市场创新更加偏向环境指标,用地区居民消费水平衡量消费需求,用外商投资企业投资总额衡量市场开放程度。

5. 全产业链创新

产业链形成与创新概念具有争议,早期模式已被否认,王昕(2009)认为产业链创新系统可分为模仿、自主、合作、协同创新模式。产业集群创新是产业集群的成员把新创新转化成商业化成果的努力过程,可以是单个成员的行为,但更多的时候是包含成员间合作、互动、溢出和扩散的集体过程(李志刚,2007)。然而关系并非单一稳定,张银银和黄彬(2015)从产业链组织创新角度研究厂商与供应商、龙头企业与配合企业之间的关系,在不同类型的产业链中同时存在多种形式,包括集权治理、厂商主导"共赢""竞合"关系等。

6. 金融创新

金融创新以及良好的竞争环境能够发挥一定的促进性作用。李健和林文浩(2017)将金融创新分为 6 种不同细化形式。李媛媛等(2015)沿用 4 种金融创新分类,研究金融工具创新、市场创新对产业结构优化的作用路径长度得出,两者的直接效应与间接影响均显著且为正向,间接过程是刺激消费需求、优化资本供应和提高技术进步等。

(三)通过产业空间变动推动

1. 产业转移

从产业发展历程来看,产业转移对产业升级具有积极作用。聂飞(2016)等运用系统 GMM 方法得出不同地区、不同类型的对外直接投资,由于投资方式与动机不同,会对应作用不同类型制造业转移。针对学术界对中国制造业产业转移趋势和状态研究争议,不同于根据区域投入产出来判断,该研究中在构筑区位熵和修正后的引力模型时,用经济关联度代表空间、经济差异,解释产业在区域间动态演变转移的趋势、方向和规模,结合上述变量测算产业转移相对净流量。以上学者都是选择采用区位熵指数的差分变动测度产业转移相对量。

2. 产业集聚

范剑勇和李方文认为中国产业集聚度高,尤其是工业产业,但地区低专业化,体现在技术局限上(范剑勇和李方文,2011)。张苗(2014)等的研究成果中利用面板数据构建区域产业转移的耦合协调度与现代服务业产业集聚的模型，两个子系统间协同度优化表明服务业产业集聚趋势正逐步凸显。戴平生（2015）认为应直接选择以产业份额计算区位基尼系数取代过去区位熵计算、使用产业份额对土地面积进行加权计算的方法。郝大江和张荣（2018）还认为要素配置效率是产业转移的决定性内在因素，技术和资金外部性相较要素配置而言属于外在因素。本书对产业转移与集聚考察将规模与区位熵作为静态与动态产业研究指标（见表10.3）。

表 10.3　价值链攀升产业转移与集聚评价指标体系

一级指标	二级指标	三级指标	绝对值影响因素
产业转移	产业规模	产业产值	市场开放程度 市场规模
		产业增加值	
		就业的全国占比	
产业集聚	制造业产值区位熵	—	区域经济发展水平 制造业资产规模 制造业从业人数
	制造业就业区位熵		

二、外部动力因素分析

（一）通过优化营商环境推动

营商环境是指在投资的一定区域内对投资所要达到的目标产生有利和不利影响的外部条件，通常包含可控与不可控因素。在研究中，营商环境对制造业升级的外部影响更加具有目标导向性，本书拟研究市场环境、基础设施环境、政府支持对制造业价值链攀升的影响（见表10.4）。

表 10.4　价值链攀升营商环境评价指标体系

一级指标	二级指标	绝对值影响因素
营商环境	市场环境	城市人口规模 经济规模 产业规模 对外开放程度
	基础设施环境	经济发展水平
	政府支持	人民生活水平 产业结构

1. 市场环境

不断优化的营商环境可以促进非国有企业和制造业企业增大技术研发投入，并且随着营商环境优化，研发投入对企业绩效的促进作用更为明显（许志端和阮舟一龙，2019）。考虑市场环境的同时，纳入法制、诚信、知识产权保护、融资难易等因素，是企业产品质量提升能力和创新研发能力的重要影响因素（陈万灵和卢万青，2017）。基于这个原因认为中国营商环境建设落后于德国、美国、日本等制造业强国。高质量的营商环境有助于降低国际税率及拓宽融资渠道和途径，适当地提高了市场竞争活力，促进商业发展和企业成长，给当地现存企业带来竞争压力（Prantl，2012）。

2. 基础设施环境

研究说明基础设施可促进国家出口产品的技术含量（王永进等，2010）。林锟（2008）构建模型对中国基础设施产业垄断和竞争进行对比分析，证明了在一定条件下基础设施产业引入竞争可以提高效率。由于前面章节要素禀赋部分已从要素角度考虑基础设施，这里从营商环境和满足地区经济连接流通的角度考虑基础设施条件。

3. 政府支持

朱芮（2016）认为营商环境对外商投资的重要作用主要通过政府的政策引导来实现，与经济环境呈正相关。彭向刚和马冉（2018）将服务职能、政府识别需求、服务供给、服务能力四大维度作为指标，同时侧重政务营商环境的服务方面。樊纲等对政府和市场的关系进行连续跟踪与动态测算，构建中国区域、市、区的分项市场化指数，被很多学者用于代表营商制度环境（蔡地和万迪昉，2012；叶宁华和张伯伟，2018）。合理的税收等政策吸引更多他国投资和人员的流入，拓展东道国的资金源，提升东道国技术和高素质人才的进入。

(二) 通过发展生产性服务业推动

1. 生产性服务业

生产性服务业的形成兴起不仅与制造业内部专业化、分工形式多样化有关，使各类企业专注于发展核心业务，培育同产业竞争优势，而且与制造业服务化趋势有关。制造业作为生产的主要单位，自身无法完全满足产品及服务多样化需求，于是采用服务外包的方式，降低服务供应与需求方的成本，提高效率，以此催生了生产性服务业。因此，生产性服务业产形态与制造业各方面息息相关。本书从生产性服务业静态规模与动态聚集来考察动力作用，对生产性服务业规模作用的形式化分析的方法有两种：一种是强调部门内部的专业化；另一种是强调协调和连接各中间生产与供应过程的外部集聚作用。大多数学者用分工深化、弹性生产方式兴起和服务外部化等理论，指出了中国制造业存在有对中间服务需求不足、服务外部化程度低等问题。纪明辉（2013）采用改进式测算方法得到服务业全要素生产率水平对服务业劳均产出的地区差异贡献越来越大；而樊文静（2013）认为进行生产性服务业对产业的作用机理的理论和实证研究时，不仅需要考虑产业关联性，从企业异质性等微观视角考虑也十分必要。

2. 生产性服务业空间聚集

生产性服务业空间聚集与一般性产业聚集研究方法重合，当衡量社会复杂网络系统中的各贸易主体联系的紧密度、强弱度时，全球生产网络的形成对其具有重大意义。但同时邱斌等（2012）研究发现该影响行业差异性显著。金丽等（2012）对天津进行测度时指出其与交通运输发达城市或地区的贸易网络联系强度高出其他国家或地区。邱灵（2014）由综合调控与测度等的角度研究了大都市生产性服务业网络的分布特征，其研究分布重点趋向于产业聚集、行为分析角度。价值链攀升生产性服务业评价指标体系见表10.5。

表10.5 价值链攀升生产性服务业评价指标体系

一级指标	二级指标	三级指标	绝对值影响因素
生产性服务业	生产性服务业的规模	总产值	制造业规模 产业结构 外商投资 居民人均收入
		劳动力投入	
	生产性服务业的空间集聚	产业比较优势	制造业规模 劳动人口 固定资产投入 外商投资

（三）通过引导国际投资和国际贸易推动

1. 国际投资

国际投资是指一国对另一国基于利益驱使或者某种战略考量进行的资本投入，资本投入通常以有形资产或无形资产多种形式并存，以获得未来相应的收益行为。由于投资方向不同，常将其区分为外商对内直接投资和对外投资。资本注入常由高位国发起，获得本国所不具备的优势收益的同时，东道国也将通过直接投入和间接溢出的方式获得经济发展需要的资源，产业发展需要的技术、人员、资金等。徐春华和刘力（2014），董春和梁银鹤（2014）研究表明，外商直接投资（FDI）和产业集聚之间有相互影响的关系。除对内的外商直接投资外的对外投资，彭澎和李佳熠（2018）考察"一带一路"沿线国家中的对外直接投资，发现对东道国价值链攀升正向动力作用不如对本国制造业作用程度大。另外，外商直接投资重要的影响路径是通过技术溢出效应来实现的。

2. 国际贸易

从不同区域来看，贸易自由化不利于东西部地区的价值链攀升，但有利于中部的制造业升级。站在不同技术类型层面的全球价值链分工地位上来说，贸易自由化程度不断提升了高技术制造业地位，尤其明显促进了中部地区的高技术制造业发展，但同时阻碍中、低技术制造业的发展升级，而对于西部地区，对高、低技术制造业造成的影响都是不明显的。张艳等（2013）认为，虽然服务贸易自由化促使制造业企业提高了生产率，但对其造成了严重的不均匀的影响，常与区域联系研究，且与出口、外商直接投资、服务中间投入等有关。国际贸易与价值链的关系密切，本书将其与国际投资联系起来作为对外考察指标，主要涵盖了外商直接投资与贸易自由化的规模与质量，以及对本国产品技术的改进。同时，国家主体的外交关系、优势产业关联度、经济发展水平均是影响国际投资与国际贸易的关键因素。价值链攀升国际投资与国际贸易评价指标体系见表 10.6。

表 10.6 价值链攀升国际投资与国际贸易评价指标体系

一级指标	二级指标	三级指标	绝对值影响因素
国际投资	外商直接投资	外商直接投资	进出口总额 制造业规模 经济发展 市场竞争度
		外商直接投资技术溢出	
国际贸易	贸易自由化与便利化	进出口	经济发展水平
		贸易依存度	

第三节　中国制造业价值链攀升关键动力因素

灰色关联分析是用来在因素较为庞杂的系统中，根据构建基本行为序列与因素行为序列的对比相似程度来分析复杂、不确定系统中各因素之间的作用机理，与其他数理统计模型及理论相比，灰色关联度分析能较为高效地分析出因素之间的关系排序，并且具有空间规律与内涵。灰色关联度理论由最初提出的邓氏关联度模型不断丰富与拓展，出现新形式如 T 型关联度、凸关联度、相似性关联度、接近性关联度等。

一、中国制造业价值链攀升关键动力因素筛选

步骤一：灰色面板数据拆分成时间序列与截面数据，均进行最大值归一化处理去除数据量纲。

步骤二：构建关联度模型。

$$\varepsilon_{0i} = \frac{1+|s_0|+|s_i|}{1+|s_0|+|s_i|+|s_i-s_0|}, i \text{ 为序列数} \quad (10.1)$$

$$r_{0i} = \frac{1++|s_0'|+|s_i'|}{1+|s_0'|+|s_i'|+|s_i'-s_0'|}, i \text{ 为序列数} \quad (10.2)$$

$$\varepsilon_{ij} = \frac{1}{1+|s_i-s_j|}, i, j \text{ 为序列数} \quad (10.3)$$

步骤三：由时间序列分别计算 30 个省份相对关联度和接近关联度，由截面数据计算连续 5 年的绝对关联度，并求出各序列均值（见表 10.7）。

表 10.7 各指标三维灰色关联度均值

序号	价值链地位 Y	绝对关联度均值	相对关联度均值	接近关联度均值
1	资本水平 a1	0.8205	0.8834	0.8287
2	资本投入率 a2	0.6801	0.8436	0.7717
3	资本业绩指数 a3	0.8929	0.7964	0.8050
4	就业人口密度 b1	0.7292	0.8548	0.8183
5	要素密集度指数 b2	0.7300	0.8100	0.7887
6	单位面积交通设施 c1	0.8556	0.8205	0.7947
7	人均能源消费总量 c2	0.6091	0.8210	0.7640
8	邮电业务总量 c3	0.6677	0.6930	0.4030
9	技术选择指数 d1	0.6045	0.8577	0.7567
10	R&D 经费投入数量（RDIF）e1	0.7817	0.8514	0.7803
11	R&D 人员投入强度（RDIH）e2	0.6584	0.8667	0.8003
12	新产品销售收入占比 e3	0.8595	0.8009	0.7027
13	专利数量 e4	0.6954	0.8460	0.7480
14	创新效率 e5	0.6099	0.7527	0.6823
15	产权结构 f1	0.7251	0.8012	0.8027
16	外商直接投资 f2	0.5729	0.8238	0.7860
17	管理费用率 f3	0.9548	0.8155	0.8010
18	制造业资金利税率 f4	0.7905	0.8081	0.7513
19	资本保值增值率 f5	0.6900	0.8274	0.7980
20	流动资产周转率 g1	0.7907	0.8271	0.7757
21	应收账款周转率 g2	0.7407	0.8490	0.7490
22	存货周转率 g3	0.7903	0.7987	0.8067
23	固定资产周转率 g4	0.7944	0.8202	0.7880
24	总资产周转率 g5	0.7455	0.8260	0.7773
25	固定资产占比 g6	0.6745	0.8130	0.8017
26	劳动效率 g7	0.8458	0.8157	0.7533
27	制造业总产值比重 h1	0.9420	0.8253	0.8103
28	地区居民消费水平 h2	0.6303	0.8474	0.8197
29	出口产品率 h3	0.8843	0.8027	0.7583

续表10.7

	参考序列			
30	人均销售收入 h4	0.6863	0.8394	0.7883
31	市场占有率 h5	0.9527	0.8188	0.7423
32	制造业成本费用利润率 h6	0.7480	0.8179	0.7613
33	R&D 经费内部支出 i1	0.8126	0.8396	0.7893
34	拥有发明专利数 i2	0.6034	0.6666	0.6473
35	市场占有率 i3	0.9527	0.8188	0.7423
36	引进国外技术的强度 i4	0.7988	0.7555	0.5213
37	金融机构创新 j1	0.7281	0.8152	0.7900
38	金融产品创新 j2	0.8656	0.7013	0.6157
39	金融监管创新 j3	0.7980	0.6565	0.4737
40	城市常住人口 k1	0.8030	0.7878	0.7627
41	第二产业在 GDP 中比重 k2	0.6560	0.8284	0.8267
42	地区生产总值 k3	0.6007	0.8828	0.8127
43	社会消费品零售总额 k4	0.6144	0.8540	0.8610
44	货运量 l1	0.7003	0.8512	0.8290
45	地区人均拥有道路面积 l2	0.7024	0.8438	0.8207
46	地方公共财政支出 m1	0.8376	0.8313	0.8463
47	服务业产值 n1	0.8596	0.8212	0.7883
48	交通运输、仓储和邮政业产值 n2	0.6408	0.8418	0.7970
49	批发和零售业产值 n3	0.6405	0.8783	0.8630
50	金融业产值 n4	0.6876	0.7858	0.8223
51	房地产业产值 n5	0.6867	0.8221	0.7953
52	交通运输、仓储和邮政业产值占比 n6	0.7641	0.8655	0.8150
53	批发和零售业产值占比 n7	0.7704	0.8517	0.8227
54	金融业产值占比 n8	0.8249	0.8238	0.8053
55	房地产业占比 n9	0.8151	0.8389	0.8297
56	劳动力投入 n10	0.9701	0.8548	0.8183
57	生产性服务业比较优势 o1	0.6858	0.8529	0.8127
58	外商直接投资 p1	0.5729	0.8238	0.7860
59	外商直接投资技术溢出 p2	0.6941	0.8431	0.8063
60	制造业进出口总额 q1	0.8520	0.8283	0.7377

续表10.7

	参考序列			
61	贸易依存度 q2	0.6323	0.8525	0.7060
62	制造业产业产值 r1	0.9318	0.8746	0.8647
63	产业增加值 r2	0.8942	0.8466	0.7953
64	制造业就业的全国占比 r3	0.9701	0.8383	0.7770
65	产值区位熵 s1	0.6705	0.8230	0.8133
66	制造业就业区位熵 s2	0.7821	0.8017	0.8103

步骤四：指标筛选。用空间灰色综合关联度筛选出关键动力因素指标，须同时满足以下条件：对三者分别排序，以灰色相对关联度为基本标准，灰色绝对关联度大于或等于0.7，灰色接近关联度大于或等于0.75，同时各指标系统 x_k 至少都存在代表性指标（模型见式10.4）。指标筛选结果并重新编码见表10.8。

$$\begin{cases} Z = x_1 x_2 x_3 \\ x_1 = \begin{cases} 1, & \varepsilon_{0i} \geq 0.7 \\ 0, & \varepsilon_{0i} < 0.7 \end{cases} \\ x_2 = \begin{cases} 1, & \varepsilon_{ij} \geq 0.75 \\ 0, & \varepsilon_{ij} < 0.75 \end{cases} \\ x_3 = \begin{cases} 1, & x_k \geq 1 \\ 0, & x_k < 1 \end{cases} \\ x_1, x_2, x_3 \text{ 为 } 0-1 \text{ 变量}, i, j \text{ 为序列数}, k = 1, 2, \cdots, 8 \end{cases}$$

(10.4)

表10.8 修正的指标体系

一级指标	二级指标		原序号	新序号	新编号	三级指标
要素禀赋 Y_1	a	资本	1	1	a1	资本水平
			3	2	a2	资本业绩指数
	b	劳动力	4	3	b1	制造业就业人口密度
	c	基础设施	6	4	c1	单位面积交通设施
	d	制度	9	5	d1	要素密集度指数

续表10.8

一级指标	二级指标		原序号	新序号	新编号	三级指标
创新驱动 Y_2	e	技术创新	10	6	e1	R&D经费投入数量
	f	内外制度创新	15	7	f1	产权结构
			17	8	f2	制造业管理费用率
			18	9	f3	制造业资金利税率
	g	商业模式创新	20	10	g1	流动资产周转率
			22	11	g2	存货周转率
			23	12	g3	固定资产周转率
			26	13	g4	劳动效率
	h	市场创新	27	14	h1	制造业总产值比重
			29	15	h2	出口产品率
			32	16	h3	制造业成本费用利润率
	j	金融创新	37	17	j1	金融机构创新
营商环境 Y_3	k	市场环境	40	18	k1	城市常住人口
	l	基础设施环境	44	19	l1	货运量
			45	20	l2	地区人均拥有道路面积
	m	政府支持	46	21	m1	地方公共财政支出
生产性服务业 Y_4	n	生产性服务业的规模	47	22	n1	服务业产值
			52	23	n2	交通运输、仓储和邮政业产值占比
			53	24	n3	批发和零售业产值占比
			54	25	n4	金融业产值占比
			56	26	n5	劳动力投入
	o	生产性服务业的空间聚集	57	27	o1	生产性服务业比较优势
国际投资 Y_5	p	外商直接投资	59	28	p1	外商直接投资技术溢出
国际贸易 Y_6	q	贸易自由化与便利化	60	29	q1	制造业进出口总额
产业转移 Y_7	r	产业规模	62	30	r1	制造业产业产值
			64	31	r2	制造业就业的全国占比
产业聚集 Y_8	s	区位熵	66	32	s1	制造业就业区位熵

由于灰色相对关联度表征更为典型性且去量纲化，以此作为基本筛选排序。同时由于原二级指标 i 指标冗余度高且关联度低，故将其剔除；原外商投资在二级指标 p_1 中与 p_2 中重复，且不满足绝对关联度条件，故将其删去，但为满足系统留存指标条件，放宽绝对关联度条件 p_2 指标保留。最后得出空间灰色综合关联度，在筛选的方法上不同于赋予权重进行加权排序的方法，而更符合原指标体系选定特征。通过构建空间灰色关联度模型，筛选出 8 个体系共 18 个二级指标、32 个三级指标，这些指标与制造业价值链地位序列之间具有强关联度，为研究价值链攀升奠定了基础。

第十一章　中国制造业价值链攀升机理的计量解析

第一节　研究热点与趋势

当前制造业服务化逐渐成为提高产品附加值与部门利润的重要趋势，生产性服务业对制造业升级的影响路径与作用机理成为学者们的研究重点。张志醒（2018）从"量"和"质"的角度以生产性服务进口（跨境贸易和商业存在两种进口形式）作为核心解释变量，用 DEA－Malmquist 指数来测算全要素生产率，并作为被解释变量，结果发现生产性服务进口贸易、生产性服务业直接投资、生产性服务进口技术复杂度可促进中国制造业全要素生产率增长；孟萍莉（2017）研究了生产性服务业贸易对制造业的影响，重点放在进、出口贸易对技术进步指数的影响。此外，技术创新随着新一轮工业革命与各发展中国家创新驱动等战略，其中作用路径再次出现新规律。汤萱（2016）分析购买技术和进口、出口及国际直接投资三类外资技术溢出效应对自主创新的影响，发现通过外资引进是目前中国自主创新实现的最佳路径。

针对制造业价值链攀升，袁嘉琪等（2019）根据区域间投入产出表验证京津冀制造业处于"双重低端锁定"地位，而通过形成区域联动价值链促进该地区经济发展和产业升级。在研究方法创新上，李延朋（2012）构建企业内外权力主体的多元博弈模型，研究发现企业在本土市场可采用技术引进、规模扩张和市场整合等策略来应对来自本土市场的竞争。

机理研究通常在一定的研究框架下首先验证现象存在，再在实证研究基础上分析不同环境下的动力机制，然后采用分析方法进行因素关联分析，最后得出深层次机理后落实于经济现实并进行求证。相关研究方法通常分为多主体博弈演化、计量分析、空间动态计量、关联分析等，而已有的关于制造业升级与价值链攀升机理的相关文献，对单一因素影响的研究较为深入，例如生产性服务业、技术创新对制造业升级的影响机制研究等，但系统性的研究较少，内在相关性错综复杂可能将导致单一分析时结果不够准确与到位。另外，已有文献虽从行业层面角度分析较多，然而融入企业微观角度分析将会使机理更加贴近现实，进而从多维出发内外联动。本书旨在构建相对全面的分析系统框架，并融入宏观、中观、微观层面的相关因素，借助多元回归、向量自相关等分析工具进行实证，展开深层机理研究。

第二节　中国制造业价值链攀升机理计量模型

一、变量定义与数据来源

本部分研究数据主要来源于《中国统计年鉴》《中国工业经济统计年鉴》《中国科技统计年鉴》，有关劳动与就业数据来源于《中国劳动统计年鉴》和《中国人口和就业统计年鉴》，选取 2014—2018 年的 30 个省级行政区的数据作为样本，包括：22 个省分别为河北、山西、辽宁、吉林、黑龙江、江苏、浙江、安徽、福建、江西、山东、河南、湖北、湖南、广东、海南、四川、贵州、云南、陕西、甘肃、青海；4 个自治区分别为内蒙古自治区、广西壮族自治区、宁夏回族自治区、新疆维吾尔自治区；4 个直辖市分别为北京、天津、上海、重庆，剔除数据缺失的西藏自治区、中国港澳台地区，最终本部分的面板数据共 150 个样本。

资本 a 中，$a1$ 使用制造业资产总额表示资本水平 $a2$ 资本业绩指数＝资本形成总额/地区生产总值，其中资本形成总额＝固定资本形成总额＋存货增加额；劳动力 b 中，制造业就业人口密度 $b1$＝年末的从业人员/区域国土面积；基础设施 c 中，单位面积交通设施 c_1＝铁路、公路加总/区域面积；制度 d 中，要素密集度指数 $d1$＝资产总额 K/就业人数 L；创新绩效 f 中，产权结构 $f1$＝非国有工业总产值/全部工业总产值，管理费用率 $f2$＝管理费用/主营业务收入，制造业资金利税率 $f3$＝（利润总额＋产品销售税金及附加）/（期末固定资产平均余额＋期末流动资产平均余额）；

商业模式创新 g 中，流动资产周转率 $g1$、存贷周转率 $g2$、固定资产周转率 $g3$ 等均由主营业务收入÷平均指标，劳动效率 $g4$=营业收入/在职人工总数；市场创新 h 中，制造业总产值比重 $h1$=制造业总产值/全国工业总产值，出口产品率 $h2$=出口交货值/工业销售产值，制造业成本费用利润率 $h3$=利润总额/成本费用总额；金融创新 j 用金融机构创新数量j_1表示；市场环境 k 用城市常住人口数量 $k1$ 表示，基础设施环境 l 用货运量 l_1 和地区人均拥有道路面积l_2表示；政府支持 m 用地方公共财政支出 m_1 表示；生产性服务业的规模 n 用服务业地区生产总值交通运输、仓储和邮政业、批发和零售业、金融业产值占比与劳动力表示；生产性服务业空间聚集 o 使用生产性服务业比较优势表示；国际投资 p 中，外商直接投资技术溢出 p_1=外资企业主营业务收入/总营业收入；国际贸易 q 中，贸易自由化与便利化用进出口总额q_1代替；产业转移 r 中，产业规模用产业产值r_1与就业的全国占比r_2表示；产业聚集 s 用就业区位熵s_1表示，公式同生产性服务业区位熵，公式内 E 表示就业人员数。

二、变量说明与数据处理

将本章节的平衡面板数据标准化去除量纲，进行归一化处理。一般来说，选用某种归一化方法通常是数据分析工作的第一步，将绝对值转化为相对值，使数据处于同一量级，即数据横向可进行同类操作具有可比性，或进行综合指标化操作。本书采用 min-max 标准化的归一化方法，也称为离差标准化，是对原始数据进行线性变换映射至（0，1）之间，同时异质化指标需要进行不同处理，即正负向指标处理方式不同。

正向指标转换函数：

$$X'_{ij} = \frac{X_{ij} - X_{\min}}{X_{\max} - X_{\min}} \quad (11.1)$$

负向指标转换函数：

$$X'_{ij} = \frac{X_{\max} - X_{ij}}{X_{\max} - X_{\min}} \quad (11.2)$$

其中，$X_{\max}$ 为样本数据的最大值；$X_{\min}$ 为样本数据的最小值。各指标中除制造业管理费用率 f_2 是负向指标外，其他均为正向。因此，仅 f_2 使用第二个转换函数。

三、模型设定与构建

本书选取 30 个省级行政区的 5 年数据，由于样本时间跨度 $T=5$ 较短，属于短面板数据，不讨论扰动项是否存在自相关，假设其独立同分布。本书不需考虑单位根检验，且 VIF 检验在短面板数据中不适用。本书涉及多指标面板数据分析，在不变系数模型、变截距模型和变系数模型中，因满足个体成员存在个体影响而无结构变化的假定。本书选择最常用的变截距模型：$y_i = \alpha_i + \beta_j x_{ij} + \varepsilon_i$，$\alpha_i \neq \beta_j$，$\beta_i = \beta_j$。由于单位根检验适用时间序列而不适用短面板，因此针对模型中所有的变量进行 Pearson 相关性分析，由于数据进行了归一化处理，对比变量进行对数变换前后的水平值，发现水平值的标准差较小，因此所有变量均不做对数变换。另外，本章节模型设定与构建的具体思路可参考第五章制约中国制造业高质量发展的关键问题研究。

采用熵权法将高技术制造业增加值占比、利润总额比率、省份人均生产总值、高技术产品出口比重、地理标志商标数、累计有效注册数、专利授权量、技术市场成交额比、新产品外销率、存货周转率、应收账款周转率、总资产周转率、市场占有率、单位生产总值出口货物交货值、新产品销售收入比、R&D 投入、R&D 人员数、中间投入、环境空气监测点位数、单位生产总值环保能力建设资金使用额、单位生产总值能耗同比、城镇化率、公共交通运营数比和省份居民消费水平指标合成本研究的被解释变量，即价值链高度。此外，由于系统内部已含宏观因素，因此本节不考虑年份虚拟变量。

首先将所有关键影响因素加入模型，同时考虑个体效应和时间效应的影响，进而考察关键因素与被解释变量之间的相关变动关系，最后得到关键因素价值链攀升计量模型。

模型 1：

$$Y_0 = \beta_0 + \sum \beta_i X_{it} + \sum \beta_{i+1} Control_{it} + \varepsilon \qquad (11.3)$$

合成一级指标后，提出假设，即八大指标系统与被解释变量存在显著正向或负向的关系，并设计一级指标价值链攀升计量模型。

模型 2：

$$Y_0' = \beta_0' + \sum \beta_i' X_{it} + \sum \beta_{i+1}' Control_{it} + \varepsilon' \qquad (11.4)$$

基于相关文献，本书提出各要素均利于中国制造业价值链攀升的假设，并结合相关文献对假设进行修正。白婧和冯晓阳（2020）实证得出中国人力资本积累对加快产业结构高级化发展有直接促进作用，同时通过提高劳动效率间接促进；师博和张冰瑶（2018）认为中国人口红利的消失、资本报酬递减以及环境约束趋紧，不可能通过增加生产要素的投入来维持经济高质量增长；陈柳璇和郭将（2020）认为大量劳动力的老龄化，对于依然以传统加工、生产和制造为主的国家的经济增长来讲是巨大的压力。由此本书提出劳动力、要素禀赋不利于中国制造业价值链攀升的假设 H2 与假设 H8。就市场创新而言，本书提出市场创新、市场环境不利于中国制造业价值链攀升的假设 H4 与假设 H6。针对模型 1 提出假设 H1—H7，针对模型 2 提出假设 H8—H15，具体如下：

H1：要素禀赋作用下，资本、基础设施、制度有利于中国制造业价值链攀升。

H2：要素禀赋作用下，劳动力不利于中国制造业价值链攀升。

H3：创新驱动作用下，技术创新、内外制度创新、商业模式创新、金融创新有利于中国制造业价值链攀升。

H4：创新驱动作用下，市场创新不利于中国制造业价值链攀升。

H5：营商环境作用下，基础设施环境和政府支持有利于中国制造业价值链攀升。

H6：营商环境作用下，市场环境不利于中国制造业价值链攀升。

H7：生产性服务业作用下，生产性服务业的规模、空间聚集利于中国制造业价值链攀升。

H8：要素禀赋对中国制造业价值链攀升产生负向影响。

H9：创新驱动对中国制造业价值链攀升产生正向影响。

H10：营商环境对中国制造业价值链攀升产生正向影响。

H11：生产性服务业对中国制造业价值链攀升产生正向影响。

H12：外商直接投资对中国制造业价值链攀升产生负向影响。

H13：国际贸易自由化与便利化对中国制造业价值链攀升产生正向影响。

H14：产业转移对中国制造业价值链攀升产生正向影响。

H15：产业聚集对中国制造业价值链攀升产生正向影响。

由此，提出中国制造业价值链攀升影响机理假设模型，如图 11.1 所示。

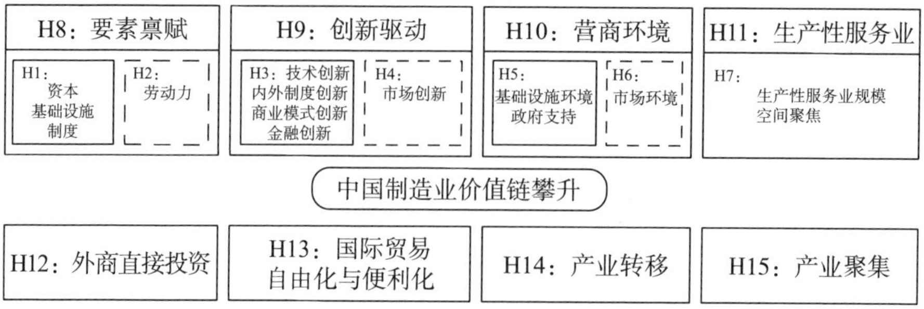

图 11.1 中国制造业价值链攀升影响机理假设模型

四、数据统计结果

中国制造业价值链攀升各指标相关性情况，见表 11.1。

表 11.1 中国制造业价值链攀升各指标相关性情况

变量	N	mean	sd	min	max
y1	150	0.250	0.223	0	1
a1	150	0.243	0.242	0	1
a2	150	0.253	0.193	0	1
b1	150	0.099	0.192	0	1
c1	150	0.426	0.251	0	1
d1	150	0.339	0.221	0	1
e1	150	0.452	0.233	0	1
f1	150	0.477	0.277	0	1
f2	150	0.577	0.202	0	1
f3	150	0.508	0.198	0	1
g1	150	0.312	0.205	0	1
g2	150	0.291	0.192	0	1
g3	150	0.459	0.270	0	1
g4	150	0.234	0.172	0	1
h1	150	0.626	0.167	0	1
h2	150	0.247	0.233	0	1
h3	150	0.577	0.162	0	1
j1	150	0.416	0.241	0	1

续表11.1

变量	N	mean	sd	min	max
k1	150	0.372	0.255	0	1
l1	150	0.322	0.232	0	1
l2	150	0.547	0.213	0	1
m1	150	0.292	0.181	0	1
n1	150	0.224	0.195	0	1
n2	150	0.366	0.189	0	1
n3	150	0.549	0.168	0	1
n4	150	0.385	0.205	0	1
n5	150	0.170	0.244	0	1
o1	150	0.261	0.186	0	1
p1	150	0.277	0.237	0	1
q1	150	0.127	0.205	0	1
r1	150	0.202	0.234	0	1
r2	150	0.167	0.239	0	1
s1	150	0.343	0.222	0	1

第三节 情景Ⅰ：（系统视角）中国制造业价值链攀升机理

一、中国制造业系统动力因素与价值链攀升

（一）相关性分析

为说明数据的有效性，避免变量之间存在多重共线性问题，对模型进行相关性分析，见表11.2。由相关性结果可知，相关系数矩阵中系数值大部分小于0.7，模型1多重共线性不严重，选取的数据及变量有效，保证了数据的可靠性。模型2中系数过大说明按照原指标进行8大影响因素系统划分存在内部关联及交叉，计量结果可提供参考，回归显著性尚需进一步验证。

表 11.2　中国制造业价值链攀升三级指标数据相关系数矩阵

	a1	a2	b1	c1	d1	e1	f1	f2	f3	g1	g2	g3	g4	h1	h2	h3
a1	1	—	—	—	—	—	—	—	—	—	—	—	—	—	—	—
a2	−0.454	1	—	—	—	—	—	—	—	—	—	—	—	—	—	—
b1	0.474	−0.395	1	—	—	—	—	—	—	—	—	—	—	—	—	—
c1	0.556	−0.573	0.604	1	—	—	—	—	—	—	—	—	—	—	—	—
d1	−0.381	0.475	−0.119	−0.219	1	—	—	—	—	—	—	—	—	—	—	—
e1	0.553	−0.546	0.584	0.692	−0.088	1	—	—	—	—	—	—	—	—	—	—
f1	0.704	−0.379	0.320	0.468	−0.485	0.353	1	—	—	—	—	—	—	—	—	—
f2	0.056	0.084	−0.426	−0.043	−0.094	−0.359	0.293	1	—	—	—	—	—	—	—	—
f3	0.275	−0.490	0.242	0.473	−0.316	0.187	0.438	0.164	1	—	—	—	—	—	—	—
g1	0.225	−0.297	−0.116	0.229	−0.374	−0.141	0.512	0.589	0.720	1	—	—	—	—	—	—
g2	−0.029	−0.006	−0.350	−0.082	−0.256	−0.525	0.207	0.682	0.482	0.828	1	—	—	—	—	—
g3	0.611	−0.639	0.478	0.640	−0.452	0.477	0.708	0.092	0.753	0.634	0.252	1	—	—	—	—
g4	0.032	0.038	−0.242	0.066	0.229	−0.082	0.219	0.323	0.275	0.551	0.443	0.195	1	—	—	—
h1	0.459	−0.318	0.386	0.493	−0.257	0.323	0.572	0.113	0.571	0.451	0.172	0.641	0.136	1	—	—
h2	0.569	−0.521	0.708	0.580	−0.338	0.634	0.575	−0.301	0.301	0.005	−0.328	0.652	−0.271	0.439	1	—
h3	0.112	−0.280	0.272	0.309	0.078	0.264	0.084	−0.132	0.556	0.012	−0.086	0.229	−0.079	0.095	0.221	1
j1	0.479	−0.287	−0.013	−0.010	−0.483	−0.043	0.227	0.111	0.019	0.169	0.160	0.132	−0.005	0.086	0.031	−0.173
k1	0.770	−0.443	0.068	0.394	−0.485	0.272	0.591	0.248	0.357	0.480	0.288	0.529	0.324	0.405	0.253	0.010

续表11.2

	a1	a2	b1	c1	d1	e1	f1	f2	f3	g1	g2	g3	g4	h1	h2	h3
l1	0.658	−0.448	0.081	0.352	−0.492	0.364	0.540	0.153	0.234	0.348	0.122	0.474	0.228	0.261	0.294	0.027
l2	0.276	0.105	−0.261	−0.183	−0.182	−0.120	0.359	0.500	−0.115	0.199	0.234	−0.069	0.180	−0.044	−0.221	−0.152
m1	0.858	−0.536	0.380	0.495	−0.348	0.569	0.509	−0.108	0.329	0.191	−0.090	0.572	0.083	0.417	0.476	0.225
n1	0.941	−0.545	0.497	0.571	−0.315	0.678	0.595	−0.124	0.285	0.123	−0.176	0.631	0.0028	0.429	0.599	0.192
n2	−0.249	0.217	−0.359	−0.281	−0.077	−0.460	0.024	0.219	−0.143	0.101	0.287	−0.245	0.212	−0.366	−0.314	−0.023
n3	0.377	−0.259	0.258	0.197	−0.187	0.232	0.332	0.070	0.216	0.160	0.161	0.244	−0.016	0.207	0.298	0.082
n4	−0.104	0.152	0.443	0.215	0.360	0.240	−0.241	−0.349	−0.236	−0.450	−0.543	−0.051	−0.262	−0.065	0.299	0.063
n5	0.884	−0.403	0.474	0.393	−0.530	0.508	0.712	−0.018	0.187	0.143	−0.124	0.537	−0.135	0.391	0.581	0.055
o1	0.065	−0.331	0.478	0.370	0.272	0.533	−0.190	−0.490	−0.109	−0.485	−0.597	0.066	−0.340	0.021	0.342	0.191
p1	0.387	−0.513	0.724	0.606	−0.052	0.631	0.375	−0.330	0.295	−0.096	−0.390	0.574	−0.292	0.406	0.825	0.320
q1	0.784	−0.444	0.593	0.463	−0.247	0.618	0.486	−0.299	0.214	−0.035	−0.315	0.611	−0.233	0.345	0.791	0.193
r1	0.973	−0.399	0.363	0.534	−0.381	0.458	0.725	0.189	0.327	0.350	0.110	0.618	0.139	0.485	0.470	0.072
r2	0.879	−0.402	0.474	0.391	−0.532	0.495	0.713	−0.009	0.191	0.153	−0.113	0.541	−0.131	0.387	0.584	0.051
s1	0.799	−0.355	0.439	0.546	−0.293	0.515	0.733	0.117	0.453	0.378	0.058	0.761	0.106	0.576	0.686	0.109
j1	j1	k1	l1	l2	m1	n1	n2	n3	n4	n5	o1	p1	q1	r1	r2	s1
j1	1															
k1	0.523	1														
l1	0.573	0.805	1													

续表11.2

	a1	a2	b1	c1	d1	e1	f1	f2	f3	g1	g2	g3	g4	h1	h2	h3
l2	0.367	0.217	0.366	1												
m1	0.434	0.827	0.691	0.038	1											
n1	0.363	0.727	0.614	0.100	0.925	1										
n2	0.110	−0.062	−0.011	0.205	−0.291	−0.356	1									
n3	0.268	0.244	0.282	0.195	0.179	0.256	−0.137	1								
n4	−0.335	−0.378	−0.328	−0.416	−0.110	−0.030	−0.254	−0.248	1							
n5	0.482	0.594	0.547	0.337	0.687	0.808	−0.241	0.331	−0.115	1						
o1	−0.331	−0.233	−0.264	−0.453	0.146	0.273	−0.486	−0.069	0.464	0.010	1					
p1	−0.176	0.017	0.011	−0.342	0.320	0.495	−0.383	0.251	0.455	0.324	0.616	1				
q1	0.226	0.474	0.416	−0.108	0.749	0.857	−0.369	0.223	0.186	0.712	0.366	0.673	1			
r1	0.451	0.802	0.656	0.360	0.813	0.893	−0.207	0.359	−0.185	0.828	−0.039	0.308	0.702	1		
r2	0.484	0.593	0.540	0.335	0.675	0.795	−0.236	0.341	−0.114	0.998	0.003	0.324	0.710	0.824	1	
s1	0.289	0.600	0.553	0.105	0.650	0.724	−0.234	0.376	0.016	0.685	−0.061	0.473	0.715	0.784	0.685	1

(二) Hausman 检验

本书研究数据为短面板数据，不考虑对模型进行面板序列单位根检验，假设模型是平稳的面板数据，根据个体效应是否存在且未被纳入解释变量检测，作为误差项是否与解释变量有关，可将其分为随机效应模型与固定效应模型，选择 Hausman 检验判断使用随机效应的原假设是否成立，本书研究采用计量软件 StataSE-64（15.0）版本对相关数据进行运算。Hausman 检验结果见表 11.3，Prob（>chi2）=0.000，故拒绝原假设，本书研究的面板数据模型应该使用固定效应模型，而不是随机效应模型，个体固定效应采用稳健聚类标准误差，解决模型中存在的异方差与自相关问题。

表 11.3　Hausman（1978）检验结果

	Coef.
Chi-square	8730.158
Chi-square test value	90.724
Prob	0

（三）模型回归结果分析

模型 1 回归结果分析，见表 11.4。

表 11.4　模型 1 回归结果

Y_0	Coef.	St. Err.	T-value	Prob	[95% Conf.	interval]	sig
a1	0.206	0.147	1.400	0.171	-0.094	0.506	
a2	0.027	0.031	0.860	0.399	-0.037	0.091	
b1	-0.206	0.131	-1.580	0.126	-0.473	0.061	
c1	0.630	0.130	4.850	0.000	0.364	0.896	***
d1	-0.040	0.029	-1.380	0.179	-0.100	0.020	
e1	0.046	0.025	1.820	0.079	-0.006	0.098	*

续表11.4

Y_0	Coef.	St. Err.	T-value	Prob	[95% Conf. interval]		sig
f1	0.127	0.074	1.710	0.098	−0.025	0.279	*
f2	0.052	0.031	1.700	0.100	−0.011	0.115	
f3	0.088	0.080	1.110	0.276	−0.075	0.251	
g1	0.090	0.064	1.410	0.169	−0.041	0.222	
g2	−0.105	0.065	−1.630	0.115	−0.238	0.027	
g3	−0.117	0.086	−1.360	0.184	−0.293	0.059	
g4	0.114	0.031	3.690	0.001	0.051	0.177	***
h1	0.076	0.033	2.320	0.027	0.009	0.143	**
h2	−0.181	0.063	−2.880	0.007	−0.310	−0.053	***
h3	−0.020	0.050	−0.390	0.697	−0.121	0.082	
j1	−0.019	0.059	−0.320	0.749	−0.140	0.102	
k1	0.975	0.515	1.890	0.069	−0.079	2.029	*
l1	0.150	0.067	2.250	0.032	0.014	0.286	**
l2	0.106	0.037	2.850	0.008	0.030	0.181	***
m1	−0.186	0.061	−3.040	0.005	−0.311	−0.061	***
n1	0.038	0.061	0.630	0.531	−0.085	0.162	
n2	0.048	0.031	1.540	0.134	−0.016	0.112	
n3	−0.065	0.026	−2.460	0.020	−0.118	−0.011	**
n4	0.058	0.042	1.380	0.179	−0.028	0.144	
n5	0.963	0.206	4.670	0.000	0.541	1.384	***
o1	−0.012	0.029	−0.420	0.679	−0.071	0.047	
p1	0.134	0.055	2.430	0.022	0.021	0.248	**
q1	0.017	0.135	0.130	0.899	−0.259	0.294	
r1	−0.226	0.118	−1.910	0.066	−0.468	0.016	*

续表11.4

Y₀	Coef.	St. Err.	T-value	Prob	[95% Conf. interval]		sig
r2	−0.810	0.176	−4.600	0.000	−1.170	−0.450	***
s1	−0.028	0.086	−0.320	0.751	−0.205	0.149	
Constant	−0.589	0.157	−3.750	0.001	−0.910	−0.267	***
Mean dependent var		0.250		SD dependent var		0.223	
R-squared		0.884		Number of obs		150.000	
F-test		0.000		Prob>F		0.000	
Akaike crit. (AIC)		−839.829		Bayesian crit. (BIC)		−752.520	

注：*** $p<0.01$，** $p<0.05$，* $p<0.1$。

1. 要素禀赋假设验证

由模型1回归结果可知，解释变量中资本水平和资本业绩指数为正但不显著，支持假设H1。资本投入尤其是特定行业资本投入仍是积极影响因素，单位面积交通设施在0.01的显著性水平为0.01的临界值下正向显著，地区人均拥有道路面积分别在0.05和0.01的显著性水平下与被解释变量正向相关，制造业价值链高度随着每增加1个单位的货运量和地区人均拥有道路面积增加0.15和0.106个单位，此处支持假设H1。然而需要注意的是，作为基础设施环境的指标回归系数远不如作为要素禀赋的指标，该结果形成原因是制造业选址与交通等要素不适应，且存在地方性基础设施规划不合理或工业用地规划与制造业发展战略相悖的情况。另外，作为制度的要素密集度负向不显著，要素战略尤其是资本与劳动力的匹配并未达到最佳，由此拒绝假设H1。作为劳动力投入考虑的就业人口密度负向不显著，在此接受假设H2，同时说明劳动力要素正逐渐丧失甚至阻碍中国制造业价值链攀升。

2. 创新驱动假设验证

解释变量中关于创新的指标显著性较高且正向指标多，技术创新中的R&D经费投入数量在0.1的显著性水平下正向显著，R&D经费投入数量每提高1个单位，价值链高度提高0.046个单位。微观视角下内外制度创新中，产权结构在0.1的显著性水平下正向显著，说明非国有化对制造业价值链攀升起到促进作用，能提高生产效率，激发市场竞争活力。劳动效率在 0.01 的显著性水平下正向显著，说明利用新的生产工具与生产方式在一定程度上提高了劳动力的产出效率，中国劳动力正在从低端走向中高端，向知识型人才发展。制造业总资产比重在 0.05 的显著性水平下正向显著，说明近年来制造业的受重视程度不断提升，即假设 H3 得到验证。此外，出口产品率在 0.01 的显著性水平下负向显著，即假设 H4 得到验证。中国已从外向型经济向内需拉动型经济发展，对外依存度不断下降，而在全球的影响力逐渐增强，同时制造业的市场创新重心逐渐向国内市场转移，发展国内价值链，实现中国制造业实现转型与价值链攀升。

3. 营商环境假设验证

研究分析营商环境中的市场环境、设施环境和政策环境，结果可知城市常住人口在 0.1 的显著性水平下高度正向相关，系数达到 0.975。这与本土制造业发展、城市地方市场购买力以及城镇化水平关系密切，由此拒绝假设 H6，说明市场环境是延伸中国制造业国内价值链、开拓国内市场的良好条件。地方公共财政支出在 0.01 的显著性水平下负向显著，与假设 H5 不符。

4. 生产性服务业假设验证

在生产性服务业中，大多数文献研究得出交通运输、仓储和邮政业是中国制造业价值链攀升的重要动力，本书中虽然其与价值链高度存在一定的正向相关，但是不显著，说明与该行业的地区不均匀发展有关。同时批发和零售业产值占比在 0.05 的显著性水平下负向显著，劳动力投入在 0.01 的显著性水平下高度正向显著，该结论与预期有出入，劳动力投入作为中国制造业长期融入全球价值链的原始投入要素优势，其低成本优势早已不存在。另外，中国劳动力投入量随着数量提高边际效应理应递减，而在本书中得到的结果中正向促进，该结果与上面章节提及的劳动效率有关；同时发现生产性服务业劳动力投入是中国制造业价值链攀升的动力，但目前处于发展的前期阶段，需要大力投入资源以促进产业的双向发展。

其他指标中，产业产值在 0.1 的显著性水平下负向显著，就业的全国占比在 0.01 的显著性水平下负向显著。产业转移并未出现促进作用，需要进一步进行空间分析考察该效应的可靠性。另外，就业区位熵作用不显著，且为负向，与人口快速区域性流动有关，指标选取不具代表性。但是，外商直接投资技术溢出在 0.05 的显著性水平下正向显著，该指标作为外商直接投资类指标，而另外一个指标外商直接投资额在上一章关联度分析已被剔除，通过产生的竞争效应、模仿效应等技术溢出，是外商投资正向作用于中国制造业的关键途径。因此，在引入外商投资时需要重点考察的是技术先导性和技术交流可行性能保证产生正向溢出，同时施以合理的地区产业政策引导外商进行投资。

5. 动力、阻力因素分类

由以上分析结果汇总得表 11.5，其中正向为制造业价值链攀升动力因素，负向为阻力因素，发现由三级指标组成的二级指标大部分具有相同的正负向关系，如二级指标资本中两项三级指标均为正向，因此认为资本对价值链作用为正向，可见再次验证了上述部分假设。在此基础上可继续对动力因素单独计量，对关键驱动因素展开研究。

表 11.5 中国制造业价值链攀升的动力、阻力因素

编号	作用	二级指标	编号	三级指标	作用
a	+	资本	a1	资本水平	+
			a2	资本业绩指数	+
b	−	劳动力	b1	制造业就业人口密度	−
c	+	基础设施	c1	单位面积交通设施	+
d	−	制度	d1	要素密集度指数	−
e	+	技术创新	e1	R&D 经费投入数量	+
f	+	内外制度创新	f1	产权结构	+
			f2	制造业管理费用率	+
			f3	制造业资金利税率	+
g	−	商业模式创新	g1	流动资产周转率	+
			g2	存货周转率	−
			g3	固定资产周转率	−
			g4	劳动效率	+
h	−	市场创新	h1	制造业总产值比重	+
			h2	出口产品率	−
			h3	制造业成本费用利润率	−
j	−	金融创新	j1	金融机构创新	−

续表11.5

编号	作用	二级指标	编号	三级指标	作用
k	+	市场环境	k1	城市常住人口	+
l	+	基础设施环境	l1	货运量	+
			l2	地区人均拥有道路面积	+
m	−	政府支持	m1	地方公共财政支出	−
n	−	生产性服务业的规模	n1	服务业产生总值	+
			n2	交通运输、仓储和邮政业产值占比	−
			n3	批发和零售业产值占比	−
			n4	金融业产值占比	+
			n5	劳动力投入	−
o	−	生产性服务业的空间聚集	o1	生产性服务业比较优势	−
p	+	外商直接投资	p1	外商直接投资技术溢出	+
q	+	贸易自由化与便利化	q1	制造业进出口总额	+
r	−	产业规模	r1	制造业产业产值	−
			r2	制造业就业的全国占比	−
s	−	区位熵	s1	制造业就业区位熵	−

二、中国制造业八大子系统与价值链攀升

（一）相关性分析

中国制造业价值链攀升一级指标数据相关系数矩阵，见表11.6。

表11.6 中国制造业价值链攀升一级指标数据相关系数矩阵

	Y	x1	x2	x3	x4	x5	x6	x7	x8
Y	1								
x1	0.748***	1							
x2	0.648***	0.461***	1						
x3	0.587***	0.328***	0.675***	1					
x4	0.942***	0.743***	0.629***	0.635***	1				
x5	0.621***	0.589***	0.430***	−0.005***	0.549***	1			

续表11.6

	Y	x1	x2	x3	x4	x5	x6	x7	x8
x6	0.900***	0.635***	0.542***	0.475***	0.845***	0.673***	1		
x7	0.874***	0.613***	0.724***	0.769***	0.927***	0.331***	0.739***	1	
x8	0.805***	0.642***	0.809***	0.609***	0.740***	0.473***	0.715***	0.766***	1

注：*** $p<0.01$，** $p<0.05$，* $p<0.1$。

（二）模型回归结果分析

模型2回归结果，见表11.7。

表11.7 模型2回归结果

Y_0^1	Coef.	St. Err.	T-value	P-value	[95% Conf. Interval]		Sig.
x1	0.431	0.196	2.200	0.036	0.030	0.832	**
x2	−0.029	0.087	−0.330	0.741	−0.207	0.149	
x3	0.716	0.098	7.330	0.000	0.516	0.916	***
x4	0.119	0.146	0.820	0.420	−0.179	0.418	
x5	0.099	0.123	0.800	0.428	−0.153	0.351	
x6	0.027	0.126	0.220	0.830	−0.231	0.286	
x7	0.218	0.189	1.150	0.259	−0.169	0.604	
x8	0.194	0.146	1.330	0.194	−0.105	0.494	
Constant	−0.297	0.071	−4.200	0.000	−0.442	−0.152	***
因变量均值		0.250		SD dependent var		0.223	
R-squared		0.673		Number of obs		150.000	
F-test		27.335		Prob>F		0.000	
Akaike crit.（AIC）		−727.123		Bayesian crit.（BIC）		−703.038	

注：*** $p<0.01$，** $p<0.05$，* $p<0.1$。

在合成的一级指标中，因为合成方法的单一局限性，各大指标的显著性不作为考察指标，从回归结果看，八大系统除了创新驱动系统，其他均与制造业价值链攀升具有正向促进关系，验证了中国制造业价值链攀升需

337

从其中寻找路径突破的设想，同时中国制造业也正在从中寻求新的发展道路，尤其可以看到，营商环境对中国制造业价值链的作用非常显著并且高度正向关，即验证假设 H10，近年来中国制造业营商环境随着市场环境的改善、硬件基础设施网络的完善以及软政策大力支持综合对制造业的影响巨大，极大地促进了制造业的产业升级。再次验证 H8、H12 不成立，传统要素优势逐渐丧失。模型 1 中基础设施促进产业升级，且包含传统劳动力等低成本要素的要素禀赋对中国制造业价值链攀升仍是正向影响。外商投资额对制造业价值链起到正向促进作用，可见外商投资作用对于中国制造业价值链高度攀升在于技术溢出。

需要注意的是，结论拒绝假设 H9，说明创新并未在整体上对制造业价值链攀升产生积极作用，尽管在包括技术、内外制度、商业模式与市场创新各分系统的正向促进较为显著，但综合而言却是负值，这与中国创新驱动战略实施效果具有政策滞后性和创新系统不完善，尤其与人才创新系统依旧缺失有关。

三、研究结论

中国制造业价值链攀升影响因素结论模型，如图 11.2 所示。

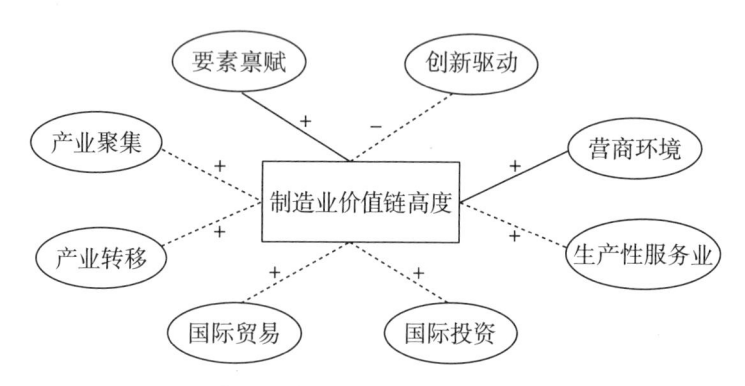

图 11.2 中国制造业价值链攀升影响因素结论模型

中国制造业价值链攀升影响因素假设结果，见表 11.8。

表 11.8 中国制造业价值链攀升影响因素假设结果

代码	假设内容	结果
H1	要素禀赋作用下，资本、基础设施、制度有利于中国制造业价值链攀升	支持

续表11.8

代码	假设内容	结果
H2	要素禀赋作用下，劳动力不利于中国制造业价值链攀升	支持
H3	创新驱动作用下，技术创新、内外制度创新、商业模式创新、金融创新有利于中国制造业价值链攀升	支持
H4	创新驱动作用下，市场创新不利于中国制造业价值链攀升	支持
H5	营商环境作用下，基础设施环境、政府支持有利于中国制造业价值链攀升	不支持
H6	营商环境作用下，市场环境不利于中国制造业价值链攀升	不支持
H7	生产性服务业作用下，生产性服务业的规模、空间聚集有利于中国制造业价值链攀升	不支持
H8	要素禀赋对中国制造业价值链攀升产生负向影响	不支持
H9	创新驱动对中国制造业价值链攀升产生正向影响	不支持
H10	营商环境对中国制造业价值链攀升产生正向影响	支持
H11	生产性服务业对中国制造业价值链攀升产生正向影响	支持
H12	外商直接投资对中国制造业价值链攀升产生负向影响	不支持
H13	国际贸易自由化与便利化对中国制造业价值链攀升产生正向影响	支持
H14	产业转移对中国制造业价值链攀升产生正向影响	支持
H15	产业聚集对中国制造业价值链攀升产生正向影响	支持

要素禀赋作用下，资本、基础设施、制度有利于中国制造业价值链攀升，劳动力不利于中国制造业价值链攀升。创新驱动作用下，技术创新、内外制度创新、商业模式创新、金融创新有利于中国制造业价值链攀升，市场创新不利于中国制造业价值链攀升。营商环境作用下，基础设施环境、市场环境利于中国制造业价值链攀升，政府支持正不利于中国制造业价值链攀升。生产性服务业作用下，生产性服务业规模、空间溢出不利于中国制造业价值链攀升。其中要素禀赋、营商环境、生产性服务业、国际贸易、国际投资、产业转移与聚集整体而言对制造业价值链攀升起到正向促进作用，然而创新驱动目前仍未形成合力，中国仍未形成完善的国家创新系统，但其中部分创新正向显著，如商业模式创新、市场创新，同时外商直接投资也需要作用于技术溢出才能有利于中国制造业升级。因此，创新仍是本书机理研究的重要结论，同时要素禀赋已成为劣势，但与环境中的基础设施相似指标显著正向，说明基础设施不论内外部均投入正积极作

用于制造业产业地区发展，仍然需要加强高层规划。生产性服务业作为重要动力目前效果不显著，需要大力投入资源使其快速发展为成熟产业，并且需要注重优化与制造业的衔接环节。

第四节　情景Ⅱ：（子系统视角）中国制造业八大子系统价值链攀升机理

情景Ⅰ将中国制造业价值链攀升动力系统进行整体分析，得出相应的动力以及阻力因素，在对合成指标进行回归时，虽然得出各系统除创新驱动外均为正向影响，然而系统显著性不强。现在针对各子系统机理设计研究情景Ⅱ，以试图不考虑系统间的影响，从各子系统内部找到一定规律。

一、情景Ⅱ-Ⅰ：要素禀赋子系统与价值链攀升

沿用固定效应模型设计模型3：

$$Y_1 = \beta_1 + \sum \beta_i X_{it} + \sum \beta_{i+1} Control_{it} + \varepsilon \qquad (11.9)$$

对此提出以下假设：

H16：作为资本要素，资本水平、资本业绩指数对中国制造业价值链攀升产生正向影响。

H17：作为劳动力要素，制造业就业人口密度对中国制造业价值链攀升产生正向影响。

H18：作为基础设施要素，单位面积交通设施对中国制造业价值链攀升产生正向影响。

H19：作为制度要素，要素密集度指数对中国制造业价值链攀升产生正向影响。

要素禀赋系统下中国制造业价值链攀升，如图11.3所示。

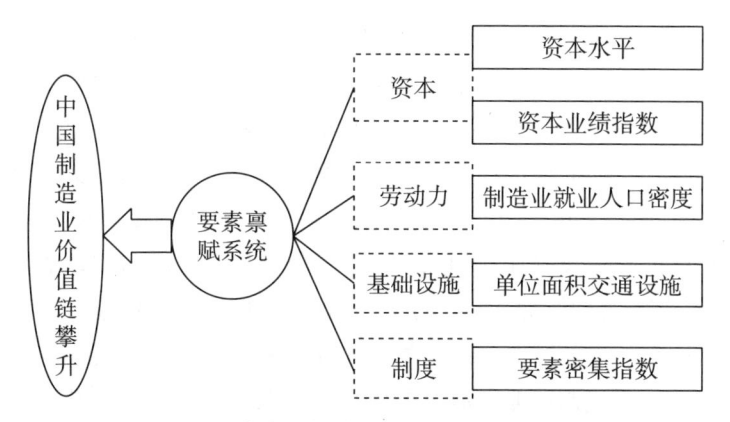

图 11.3 要素禀赋系统下中国制造业价值链攀升

模型 3 回归结果，见表 11.9。

表 11.9 模型 3 回归结果

Y_1	Coef.	St. Err.	T-value	P-value	[95% Conf. Interval]		Sig.
a1	0.555	0.100	5.530	0.000	0.350	0.760	***
a2	−0.048	0.056	−0.860	0.397	−0.163	0.067	
b1	0.452	0.211	2.140	0.041	0.020	0.884	**
c1	0.714	0.219	3.260	0.003	0.267	1.162	***
d1	0.039	0.030	1.290	0.207	−0.023	0.100	
Constant	−0.235	0.086	−2.730	0.011	−0.411	−0.059	**
Mean dependent var		0.250		SD dependent var		0.223	
R-squared		0.718		Number of obs		150.000	
F-test		17.550		Prob>F		0.000	
Akaike crit. (AIC)		−755.125		Bayesian crit. (BIC)		−740.072	

注：*** $p<0.01$，** $p<0.05$，* $p<0.1$。

由模型 3 回归结果可知，解释变量中资本水平在 0.01 的显著性水平下正向显著，但资本业绩指数为负但不显著。拒绝假设 H16，资本投入尤其是特定行业资本投入仍是积极影响因素，就要素禀赋而言，资本业绩指数是资本形成总额与 GDP 之比，代表制造业资本的作用并未在地区发挥至最大，资本投入率不断提高但是资本回报率未获得相同增幅，随着劳动力等其他要素逐步有限，资本促进价值链攀升的能力正逐渐减弱。劳动力投入在 0.05 的显著性水平下正向显著，制造业价值链高度随着每增加

1个单位的制造业就业人口密度而增加 0.452 个单位，接受假设 H17。从要素禀赋的角度看，劳动力仅作为传统投入要素仍是产业的重要组成，虽然本部分从整体上得出劳动力要素正逐渐丧失甚至阻碍中国制造业价值链攀升的结论，然而此原因与其他系统的交互有关。单位面积交通设施在的 0.01 显著性水平下正向显著，制造业价值链高度随着每增加 1 单位的作为要素禀赋的交通设施而增加 0.714 个单位，接受假设 H18，从要素禀赋角度来看，交通设施正向作用更加显著，由此中国基础设施作为重要的要素优势吸引更优质的资源与产业类型，现代制造业离不开完善的基础设施网络强支撑，现代制造业发展也具备中国长期投资于基础建设的现有优势条件，连接中国制造业价值链上下游全链。另外作为制度的要素密集度正向但不显著，接受假设 H19，要素战略尤其是资本与劳动力的匹配方面呈现正向作用，然而由于制度考虑面狭窄并未达到最佳状态。

二、情景Ⅱ-Ⅱ：创新驱动子系统与价值链攀升

沿用固定效应模型设计模型 4：

$$Y_2 = \beta_2 + \sum \beta_i X_{it} + \sum \beta_{i+1} Control_{it} + \varepsilon \tag{11.10}$$

由此提出以下假设：

H20：作为技术创新，R&D 经费投入数量对中国制造业价值链攀升产生正向影响。

H21：作为内外制度创新，产权结构、管理费用率、资金利税率对中国制造业价值链攀升产生正向影响。

H22：作为商业模式创新，流动资产周转率、存货周转率、固定资产周转率、劳动效率对中国制造业价值链攀升产生正向影响。

H23：作为市场创新，制造业总产值比重、出口产品率、制造业成本费用利润率对中国制造业价值链攀升产生正向影响。

H24：作为金融创新，金融机构创新对中国制造业价值链攀升产生正向影响。

创新驱动系统下中国制造业价值链攀升，如图 11.4 所示。

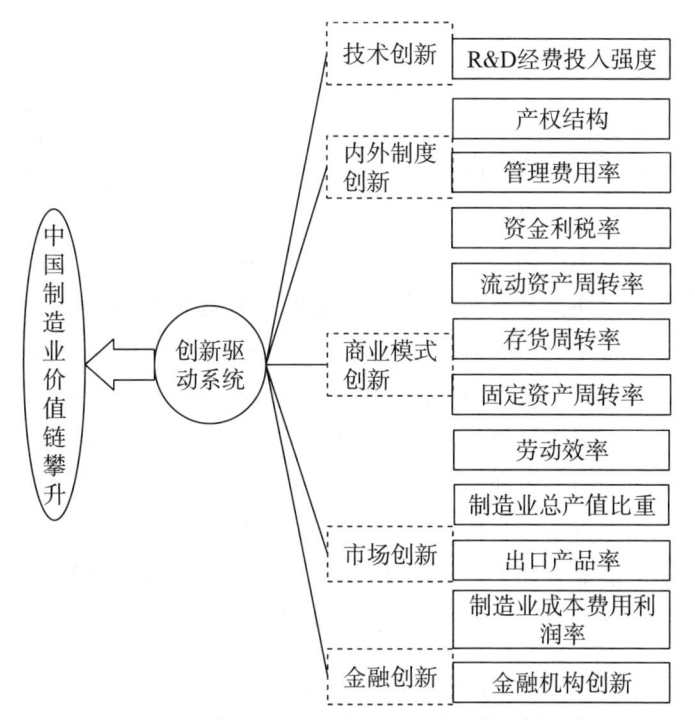

图 11.4 创新驱动系统下中国制造业价值链攀升

  由模型 4 回归结果可知（见表 11.10），解释变量中 R&D 经费投入数量在 0.01 的显著性水平下正向显著，接受假设 H20，R&D 经费投入数量可衡量制造业企业对于科技研发活动的重视程度，制造业价值链高度随着每增加 1 个单位的作为技术创新的 R&D 经费投入数量而增加 0.212 个单位，可见企业仍然是促进行业技术发展的创新活动的主体，企业创新战略与资金注入方式均会影响制造业行业整体的技术创新产出。产权结构、管理费用率、资金利税率均呈现正向但不显著，接受假设 H21。从内外制度创新假设来看，企业内部管理活动创新对制造业价值链攀升的作用并非最直接，但其中关于技术创新人才人力资源管理、创新有关部门的战略制度以及研发设计、生产制造与销售的创新管理对制造业价值链均会有一定的促进作用。存货周转率在 0.01 的显著性水平下负向显著，制造业价值链高度随着每增加 1 个单位的作为商业模式创新的存货周转率而降低 0.291 个单位，由此拒绝假设 H22。但劳动效率在 0.05 的显著性水平下正向显著，制造业价值链高度随着每增加 1 个单位的劳动效率而增加 0.047 个单位，流动资产周转率、固定资产周转率均为正向但不显著影响。由此得出制造企业价值主张、盈利模式与价值链地位有一定的关系。

目前存货周转率一定程度上限制了制造业的盈利,其他作用不明显,该结果与部分制造业生产周期有关,劳动效率则代表现代制造业资源禀赋、整合能力较强。作为市场创新,制造业总产值比重在 0.05 的显著性水平下正向显著,制造业价值链高度随着每增加 1 个单位制造业总产值比重而增加 0.066 个单位。出口产品率在 0.01 的显著性水平下负向显著,制造业价值链高度随着每增加 1 个单位出口产品率而降低 0.278 个单位,由此拒绝假设 H23。成本费用率的作用方向为正,制造业市场规模与价值链高度目前仍处于正相关边际效应递减的过程。因此,市场创新方向需要持续不断深耕,但出口产品率体现的出口产品利润、质量问题仍是限制价值链攀升的阻碍因素。市场创新离不开技术创新,同时成本费用率体现市场创新活动的成效,提高了利润与成本费用的比例,因此对内外部市场的创新不可否认仍然十分重要。代表金融创新的金融机构创新对制造业价值链高度具有正向但不显著影响,接受假设 H24,针对金融业的分析不能与其他具体协同产业割裂开,对制造业而言是强有力的支撑。

表 11.10　模型 4 回归结果

Y_2	Coef.	St. Err.	T-value	P-value	[95% Conf.	Interval]	Sig.
e1	0.212	0.058	3.630	0.001	0.092	0.331	***
f1	0.095	0.119	0.800	0.433	−0.149	0.339	
f2	0.072	0.069	1.040	0.307	−0.070	0.214	
f3	0.113	0.122	0.920	0.365	−0.138	0.363	
g1	0.118	0.130	0.910	0.373	−0.148	0.384	
g2	−0.291	0.082	−3.560	0.001	−0.458	−0.124	***
g3	0.037	0.096	0.390	0.703	−0.159	0.233	
g4	0.047	0.021	2.290	0.030	0.005	0.090	**
h1	0.066	0.031	2.140	0.041	0.003	0.129	**
h2	−0.278	0.086	−3.240	0.003	−0.453	−0.102	***
h3	0.036	0.075	0.480	0.637	−0.117	0.188	
j1	0.103	0.081	1.280	0.211	−0.062	0.269	
Constant	−0.006	0.086	−0.070	0.944	−0.183	0.171	
Mean dependent var			0.250	SD dependent var		0.223	
R-squared			0.675	Number of obs		150.000	

续表11.10

Y₂	Coef.	St. Err.	T-value	P-value	[95% Conf. Interval]	Sig.
F-test			17.619	Prob>F	0.000	
Akaike crit.（AIC）		−720.056		Bayesian crit.（BIC）	−683.929	

注：*** $p<0.01$，** $p<0.05$，* $p<0.1$。

三、情景Ⅱ-Ⅲ：营商环境子系统与价值链攀升

沿用固定效应模型设计模型5：

$$Y_3 = \beta_3 + \sum \beta_i X_{it} + \sum \beta_{i+1} Control_{it} + \varepsilon \tag{11.11}$$

由此提出以下假设：

H25：作为市场环境，城市常住人口对中国制造业价值链攀升产生正向影响。

H26：作为基础设施环境，货运量、地区人均拥有道路面积对中国制造业价值链攀升产生正向影响。

H27：作为政府制度环境，地方公共财政支出对中国制造业价值链攀升产生正向影响。

营商环境系统下中国制造业价值链攀升，如图11.5所示。

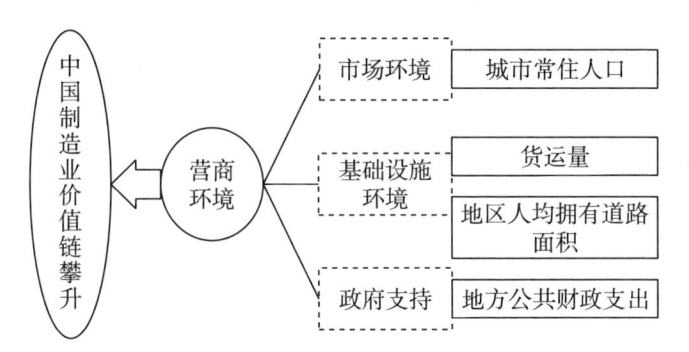

图11.5 营商环境系统下中国制造业价值链攀升

由模型5回归结果可知（见表11.11），解释变量中城市常住人口在0.05的显著性水平下正向显著，接受假设H25，制造业价值链高度随着每增加1个单位的作为市场环境的城市常住人口而增加2.865个单位。市场环境对中国制造业价值链攀升呈积极作用，与前面章节结论一致。货运量、地区人均拥有道路面积分别在0.05和0.01的显著性水平正向显著，接受假设H26，制造业价值链高度随着每增加1个单位的作为基础设施环

境的货运量而增加 0.208 个单位，随着每增加 1 个单位的作为基础设施环境的地区人均拥有道路面积而增加 0.142 个单位，基础设施环境不论从要素还是营商环境而言均是正向影响。地方公共财政支出作为政府支持环境系数正向但不显著，接受假设 H27，表明对中国制造业价值链攀升产生正向影响。

表 11.11 模型 5 回归结果

Y_3	Coef.	St. Err.	T-value	P-value	[95% Conf. Interval]		Sig.
k1	2.865	1.192	2.400	0.023	0.428	5.302	**
l1	0.208	0.095	2.190	0.037	0.013	0.402	**
l2	0.142	0.049	2.920	0.007	0.043	0.242	***
m1	0.067	0.112	0.600	0.554	−0.162	0.297	
Constant	−0.980	0.414	−2.370	0.025	−1.826	−0.134	**
Mean dependent var		0.250		SD dependent var		0.223	
R-squared		0.647		Number of obs		150.000	
F-test		19.640		Prob>F		0.000	
Akaike crit.（AIC）		−723.615		Bayesian crit.（BIC）		−711.573	

注：*** $p<0.01$，** $p<0.05$，* $p<0.1$。

四、情景Ⅱ-Ⅳ：生产性服务业子系统与价值链攀升

沿用固定效应模型设计模型 6：

$$Y_4 = \beta_4 + \sum \beta_i X_{it} + \sum \beta_{i+1} Control_{it} + \varepsilon \quad (11.12)$$

H28：作为生产性服务业的规模，服务业产值，交通运输、仓储和邮政业产值占比，批发和零售业占比，金融业产值占比，劳动力投入对中国制造业价值链攀升产生正向影响。

H29：作为生产性服务业的空间聚集，生产性服务业比较优势对中国制造业价值链攀升产生正向影响。

营商环境系统下中国制造业价值链攀升，如图 11.6 所示。

第十一章 中国制造业价值链攀升机理的计量解析

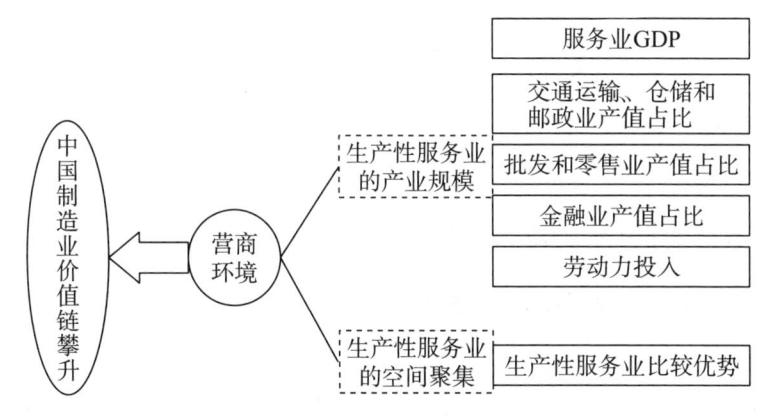

图 11.6 营商环境系统下中国制造业价值链攀升

由模型 6 回归结果可知（见表 11.12），解释变量中服务业产值在 0.01 显著性水平下正向显著，但交通运输、仓储和邮政业产值占比，批发和零售业产值占比为负且不显著，金融业产值占比为正但不显著，劳动力投入在 0.01 的显著性水平下正向显著，拒绝假设 H28。服务业与制造业的关联度愈发紧密，但从单一行业来看，仅金融业有较为正向动力特征，其他目前仍未产生显著的正向作用。此外，劳动力投入作为生产性服务业规模衡量指标表明现代生产性服务业仍有很大的发展空间。作为生产性服务业空间聚集，生产性服务业比较优势系数为正但不显著，表明对中国制造业价值链攀升产生正向影响，接受假设 H29。

表 11.12 模型 6 回归结果

Y_4	Coef.	St. Err.	T-value	P-value	[95% Conf. Interval]		Sig.
n1	0.411	0.063	6.540	0.000	0.282	0.539	***
n2	−0.077	0.048	−1.600	0.122	−0.175	0.022	
n3	−0.029	0.041	−0.710	0.481	−0.112	0.054	
n4	0.025	0.041	0.620	0.540	−0.058	0.108	
n5	0.205	0.115	1.780	0.086	−0.031	0.440	*
o1	0.010	0.061	0.170	0.868	−0.114	0.134	
Constant	0.155	0.047	3.310	0.002	0.059	0.250	***
Mean dependent var			0.250	SD dependent var		0.223	
R-squared			0.621	Number of obs		150.000	
F-test			18.215	Prob>F		0.000	

续表11.12

Y_4	Coef.	St. Err.	T-value	P-value	[95% Conf. Interval]	Sig.
Akaike crit.（AIC）			−708.983	Bayesian crit.（BIC）		−690.919	

注：*** $p<0.01$，** $p<0.05$，* $p<0.1$。

五、情景Ⅱ-Ⅴ：国际投资子系统与价值链攀升

沿用固定效应模型设计模型7：

$$Y_5 = \beta_5 + \sum \beta_i X_{it} + \sum \beta_{i+1} Control_{it} + \varepsilon \qquad (11.13)$$

H30：外商直接投资技术溢出对中国制造业价值链攀升产生正向影响。

由模型7回归结果可知（见表11.13），解释变量中外商直接投资技术溢出为正向但不显著，接受假设H30。除外商直接投资规模外，外商投资作用于中国制造业价值链高度攀升在于技术溢出，通过竞争模仿学习等方式提高中国制造业技术水平，在一定程度上起到积极作用。

表11.13　模型7回归结果

Y_5	Coef.	St. Err.	T-value	P-value	[95% Conf. Interval]	Sig.
p1	0.086	0.162	0.530	0.601	−0.245	0.416	
Constant	0.226	0.045	5.050	0.000	0.135	0.318	***
Mean dependent var		0.250		SD dependent var		0.223	
R-squared		0.006		Number of obs		150.000	
F-test		0.280		Prob>F		0.	
Akaike crit.（AIC）		−574.148		Bayesian crit.（BIC）		−571.137	

注：*** $p<0.01$，** $p<0.05$，* $p<0.1$。

六、情景Ⅱ-Ⅵ：国际贸易子系统与价值链攀升

沿用固定效应模型设计模型8：

$$Y_6 = \beta_6 + \sum \beta_i X_{it} + \sum \beta_{i+1} Control_{it} + \varepsilon \qquad (11.14)$$

H31：作为自由化与便利化国际贸易，进出口总额对中国制造业价值链攀升产生正向影响。

由模型8回归结果可知（见表11.14），解释变量中进出口总额在0.01的显著性水平下正向显著，接受假设H31。制造业价值链高度随着

每增加 1 个单位的作为国际贸易自由化与便利化的进出口总额而增加 0.467 个单位。随着制造业全球化与国际化路径加深，进出口中间与最终贸易均正向作用于中国制造业发展，但同时国际市场竞争加剧，产品属性差异化将愈演愈烈，需要把握已有产品以及市场优势，不断开辟符合国家开放战略的新渠道。

表 11.14　模型 8 回归结果

Y_6	Coef.	St. Err.	T-value	P-value	[95% Conf.	Interval]	Sig.
q1	0.467	0.161	2.900	0.007	0.138	0.797	***
Constant	0.191	0.020	9.380	0.000	0.149	0.233	***
Mean dependent var		0.250		SD dependent var		0.223	
R-squared		0.056		Number of obs		150.000	
F-test		8.420		Prob>F		0.	
Akaike crit. (AIC)		−581.895		Bayesian crit. (BIC)		−578.884	

注：*** $p<0.01$，** $p<0.05$，* $p<0.1$。

七、情景 Ⅱ-Ⅶ：产业转移子系统与价值链攀升

沿用固定效应模型设计模型 9：

$$Y_7 = \beta_7 + \sum \beta_i X_{it} + \sum \beta_{i+1} Control_{it} + \varepsilon \quad (11.15)$$

H32：作为产业规模，制造业产业产值、就业的全国占比对中国制造业价值链攀升产生正向影响。

由模型 9 回归结果见可知（表 11.15），解释变量中制造业产业产值在 0.01 的显著性水平下正向显著，制造业价值链高度随着每增加 1 个单位的作为产业规模的制造业产业产值而增加 0.777 个单位，说明产业产值规模对价值链地位具有正向作用。就业的全国占比系数为负，由此拒绝假设 H32，就业的全国占比单从人口整体数量对产业转移作用不明显。

表 11.15　模型 9 回归结果

Y_1	Coef.	St. Err.	T-value	P-value	[95% Conf.	Interval]	Sig.
r1	0.777	0.205	3.790	0.001	0.358	1.196	***
r2	−0.099	0.147	−0.680	0.505	−0.399	0.201	
Constant	0.110	0.042	2.580	0.015	0.023	0.197	**

续表11.15

Y_1	Coef.	St. Err.	T-value	P-value	[95% Conf. Interval]	Sig.
Mean dependent var			0.250	SD dependent var	0.223	
R-squared			0.435	Number of obs	150.000	
F-test			7.243	Prob>F	0.012	
Akaike crit. (AIC)			−656.855	Bayesian crit. (BIC)	−650.834	

注：*** $p<0.01$,** $p<0.05$,* $p<0.1$。

八、情景Ⅱ-Ⅷ：产业聚集子系统与价值链攀升

沿用固定效应模型设计模型10：

$$Y_8 = \beta_8 + \sum \beta_i X_{it} + \sum \beta_{i+1} Control_{it} + \varepsilon \quad (11.16)$$

H33：作为区位熵，制造业就业区位熵对中国制造业价值链攀升产生正向影响。

由模型10回归结果可知（见表11.16），解释变量中就业区位熵正向但不显著，接受假设H33。就业区位熵作为就业与地区产值的衡量指标，表明产业聚集作为地理空间的迁移，象征人力资源以及产业资源的转移，对制造业价值链攀升具有一定的促进作用。

表 11.16　模型 10 回归结果

Y_8	Coef.	St. Err.	T-value	P-value	[95% Conf. Interval]	Sig.
s1	0.158	0.191	0.830	0.414	−0.233　0.550	
Constant	0.196	0.066	2.980	0.006	0.062　0.330	***
Mean dependent var			0.250	SD dependent var	0.223	
R-squared			0.011	Number of obs	150.000	
F-test			0.686	Prob>F	0.	
Akaike crit. (AIC)			−575.031	Bayesian crit. (BIC)	−572.021	

注：*** $p<0.01$,** $p<0.05$,* $p<0.1$。

九、研究结论

中国制造业价值链攀升影响因素假设结果详见表11.17。

表 11.17 中国制造业价值链攀升影响因素假设结果

代码	假设内容	结果
H16	作为资本要素,资本水平、资本业绩指数对中国制造业价值链攀升产生正向影响	不支持
H17	作为劳动力要素,制造业就业人口密度对中国制造业价值链攀升产生正向影响	支持
H18	作为基础设施要素,单位面积交通设施对中国制造业价值链攀升产生正向影响	支持
H19	作为制度要素,要素密集指数对中国制造业价值链攀升产生正向影响	支持
H20	作为技术创新,R&D经费投入数量对中国制造业价值链攀升产生正向影响	支持
H21	作为内外制度创新,产权结构、管理费用率、资金利税率对中国制造业价值链攀升产生正向影响	支持
H22	作为商业模式创新,流动资产周转率、存货周转率、固定资产周转率、劳动效率对中国制造业价值链攀升产生正向影响	不支持
H23	作为市场创新,制造业总产值比重、出口产品率、成本费用率对中国制造业价值链攀升产生正向影响	不支持
H24	作为金融创新,金融机构创新对中国制造业价值链攀升产生正向影响	支持
H25	作为市场环境,城市常住人口对中国制造业价值链攀升产生正向影响	支持
H26	作为基础设施环境,货运量、地区人均拥有道路面积对中国制造业价值链攀升产生正向影响	支持
H27	作为政府制度环境,地方公共财政支出对中国制造业价值链攀升产生正向影响	支持
H28	作为生产性服务业的规模,服务业产值、交通运输、仓储和邮政业产值占比,批发和零售业产值占比,金融业产值占比,劳动力投入对中国制造业价值链攀升产生正向影响	不支持
H29	作为生产性服务业的空间聚集,服务业比较优势对中国制造业价值链攀升产生正向影响	支持
H30	作为外商直接投资,外商直接投资技术溢出对中国制造业价值链攀升产生正向影响	支持
H31	作为自由化与便利化国际贸易,进出口总额对中国制造业价值链攀升产生正向影响	支持
H32	作为产业规模,制造业产业产值、就业的全国占比对中国制造业价值链攀升产生正向影响	不支持
H33	作为区位熵,制造业就业区位熵对中国制造业价值链攀升产生正向影响	支持

(1) 在要素禀赋系统中，作为资本要素，资本水平对中国制造业价值链攀升产生正向影响，资本业绩指数为负向影响；作为劳动力要素，制造业就业人口密度产生正向影响；作为基础设施要素，单位面积交通设施产生正向影响；作为制度要素，要素密集指数产生正向影响。

(2) 在创新驱动系统中，作为技术创新，R&D经费投入数量对中国制造业价值链攀升产生正向影响；作为内外制度创新，产权结构、管理费用率、资金利税率产生正向影响；作为商业模式创新，流动资产周转率、存货周转率、固定资产周转率对中国制造业价值链攀升产生正向影响，但劳动效率产生负向影响；作为市场创新，制造业总产值比重、成本费用率产生正向影响，但是出口产品率产生负向影响；作为金融创新，金融机构创新产生正向影响。

(3) 在营商环境系统中，作为市场环境，城市常住人口对中国制造业价值链攀升产生正向影响；作为基础设施环境，货运量、地区人均拥有道路面积产生正向影响；作为政府制度环境，地方公共财政支出产生正向影响。

(4) 在生产性服务业发展系统中，作为生产性服务业的规模，服务业产值、金融业产值占比、劳动力投入对中国制造业价值链攀升产生正向影响，交通运输、仓储和邮政业产值产值占比、批发和零售业产值占比产生负向影响；作为生产性服务业的空间聚集，服务业比较优势对中国制造业价值链攀升产生正向影响。

(5) 在国际投资系统中，作为外商直接投资，外商直接投资技术溢出对中国制造业价值链攀升产生正向影响。

(6) 在国际贸易系统中，作为自由化与便利化国际贸易，进出口总额对中国制造业价值链攀升产生正向影响。

(7) 在产业转移系统中，作为产业规模，制造业产业产值对中国制造业价值链攀升产生正向影响，但就业的全国占比产生负向影响。

(8) 在产业聚集系统中，制造业就业区位熵对中国制造业价值链攀升产生正向影响。

第五节　情景Ⅲ：系统视角中国制造业价值链攀升动力系统调节机理

一、调节变量假设

加入调节变量后中国制造业价值链攀升影响因素假设模型，如图 11.7 所示。

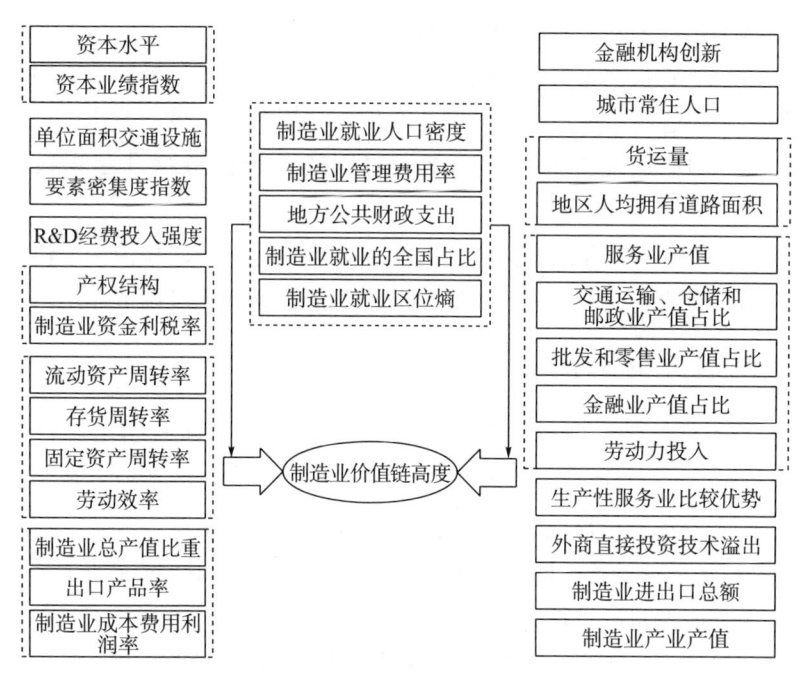

图 11.7　加入调节变量后中国制造业价值链攀升影响因素假设模型

调节变量是作用于自变量与因变量之间的第三方变量，以探究对自变量与因变量的关系的调节作用。学者常采用多元回归方程对权变（调节）关系假设验证。杨鹏华（2018）验证高管股权激励具有调节效应，可以加强债务融资对代理成本的降低作用；史佳鑫（2017）实证得出管理层权力在董事独立性与公司治理效率的关系中起到了调节作用；胡查平等（2019）验证顾客中心导向对制造企业服务化战略转型绩效的调节作用，得出企业顾客中心导向对企业绩效的积极影响往往更加显著；吴松强和蔡文洁（2019）等研究发现政府支持在知识溢出对产业集群升级影响机制中发挥积极调节作用。为检验制造业价值链攀升内部变量之间的关系，本部分将代表劳动力、内外制度创新、政府支持、产业转移和产业聚集的 5 个指标，即制造业就业人口密度、制造业管理费用率、地方公共财政支出、就业的全国占比和制造业就业区位熵作为调节变量依次加入模型，调节变量假设模型如图 11.7 所示。

模型 11：$Y_0^* = \beta_0 + \beta_1 X_{it} + \beta_4 Control_{it} + \varepsilon$，其中 X_{it} 个数为 27。

模型 12：$Y_j^* = \beta_0 + \beta_1 X_{it} + \beta_2 Moderate_{it} + \beta_3 X_{it} \times Moderate_{it} + \beta_4 Control_{it} + \varepsilon$，$j = 1, 2, \cdots, 27$，其中 $Moderate_{it}$ 为以上 5 个调节变量分别代入模型。

结合文献，针对上述模型提出以下假设：

H34：制造业就业人口密度对制造业价值链攀升起积极调节作用。

H35：制造业管理费用率对制造业价值链攀升起积极调节作用。

H36：制造业地方公共财政支出对制造业价值链攀升起积极调节作用。

H37：制造业就业的全国占比对制造业价值链攀升起积极调节作用。

H38：制造业就业区位熵对制造业价值链攀升起积极调节作用。

二、回归结果与假设验证

由于篇幅限制，仅显示调节效应显著指标，得到回归结果详见表 11.18。模型 Y_0^* 的拟合度达到了 84.6%，将调节变量制造业就业人口密度分别代入解释变量形成交互项的模型中，观察 27 个交互项 bt_i（$i=1$, 2, $\cdots$, 27）是否显著，即分析是否存在调节作用。因变量在两个水平上的响应值的改变量随着调节变量的水平不同而不同，即因变量对指标的影响取决于调节变量水平，因变量与调节变量之间存在交互作用。计量模型中加入交叉项，通常有 3 种情况：一是两个变量所代表的现象之间本身存在相互作用、相互影响的关系；二是一个自变量发挥作用要以另外一个变量为条件或基础；三是一个自变量在另一个自变量不同的取值或者取值范围对因变量产生的影响不同。加入调节变量制造业就业人口密度后，由模型的回归结果可知，模型的拟合度分别为 86.9%、86.2%、85.1%、85.7%、84.9%、85.2%、85.3%、86.3%、85.8%、85.5%、85.8%，较未加调节 Y_0^* 的 84.6%，拟合度增加，制造业就业人口密度与资本水平、制造业资金利税率、固定资产周转率、劳动效率、制造业总产值比重、金融机构创新、货运量、服务业产值、劳动力投入、产业产值交互项均正向且显著。制造业就业人口密度作为重要的调节变量，结合交互项中原自变量的系数大小，资本水平、资金利税率、劳动效率、制造业总产值比重、货运量、服务业产值、劳动力投入对于中国制造业价值链高度存在正向影响，制造业就业人口密度的加入增强了其与价值链高度的正向影响；另外，固定资产周转率、金融机构创新、产业产值与价值链高度存在负向相关影响，制造业就业人口密度的加入干扰了其负向直接投资，均为积极调节。制造业就业人口密度与外商直接投资技术溢出的交互项负向且高度显著，而外商直接投资技术溢出对价值链高度存在正向影响，可见制造业就业人口密度的加入干扰了外商直接投资技术溢出与价值链高度的正向影响，即消极调节，因此拒绝假设 H34，并且可以验证制造业外商投资产生的外商直接投资技术溢出对价值链攀升作用并非体现在吸纳就业人数上。相较于制造业就业人员数量与密度，更加关注的是就业人员素质与质量，这与技术溢出的方向也有关系，与发达国家之间的外商投资通常会带来高质量的知识型就业人员，而与欠发达地区的外商投资带来更多的是外来甚至需要进一步利用本土进行培训的劳动力集中。因此，在引入外商投资时需要结合地区就业人口密度进一步分析资源的分配是否与地区经济战略匹配，尤其是创新驱动类战略。

加入调节变量管理费用率后，模型回归结果详见表 11.19，模型的拟合度分别为 85.6％、86.5％、86.0％、85.8％、86.2％、86.2％、85.9％、85.8％、86.1％，较未加调节 Y_0^* 的 84.6％，拟合度增加。管理费用率与单位面积交通设施、资金利税率、流动资产周转率、存货周转率、固定资产周转率、劳动效率、外商投资技术溢出交互项均为正向且显著，结合交互项中原自变量的系数大小，单位面积交通设施、资金利税率、流动资产周转率、劳动效率、外商投资技术溢出与价值链高度存在正向关系，管理费用率增强了其与价值链高度的正向关系；存货周转率、固定资产周转率与价值链高度存在负向关系，管理费用率的加入干扰了其与价值链高度的负向关系，均为积极调节。另外，管理费用率与资本业绩指数、劳动力投入的交互项为负向显著，资本业绩指数、劳动力投入与价值链高度存在正向关系，可见管理费用率的加入干扰了其与价值链高度的正向关系，即消极调节。因此，拒绝假设 H35。原资本业绩指数代表资本利用率，资本以及劳动力合理配置将有助于制造业规模与效率，但管理费用率作为负向指标加入影响了其配置，资本与劳动力产生内耗，说明需要注意切忌制造业企业层面管理活动的滥用。

表 11.18 加入调节变量（就业人口密度 b1）模型回归结果

	Y_0^*	Y_1^*	Y_2^*	Y_9^*	Y_{12}^*	Y_{13}^*	Y_{14}^*	Y_{17}^*	Y_{19}^*	Y_{22}^*	Y_{26}^*	Y_{30}^*
a1	0.2475	0.0246	0.2977*	0.2768	0.2461	0.2811	0.3019	0.2542	0.1362	0.2530	0.3508*	0.2144
	(1.58)	(0.14)	(1.80)	(1.56)	(1.48)	(1.50)	(1.67)	(1.29)	(0.74)	(1.46)	(1.97)	(1.25)
a2	0.0229	0.0214	0.0164	0.0309	0.0284	0.0312	0.0297	0.0223	0.0147	0.0120	0.0309	0.0247
	(0.58)	(0.65)	(0.40)	(0.74)	(0.72)	(0.76)	(0.74)	(0.58)	(0.42)	(0.32)	(0.76)	(0.68)
c1	0.6459***	0.6942***	0.6518***	0.6675***	0.6670***	0.6333***	0.6605***	0.6601***	0.6638***	0.6692***	0.6653***	0.6905***
	(4.57)	(5.24)	(4.97)	(4.93)	(5.21)	(4.43)	(5.13)	(4.46)	(4.75)	(4.91)	(4.82)	(5.29)
d1	−0.0724**	−0.0487**	−0.079***	−0.0858***	−0.0409*	−0.0747**	−0.0917**	−0.0654**	−0.0350	−0.0807***	−0.0867**	−0.0505*
	(−2.48)	(−2.31)	(−2.76)	(−2.67)	(−1.73)	(−2.63)	(−2.65)	(−2.47)	(−1.46)	(−3.08)	(−2.57)	(−1.97)
e1	0.0323	0.0107	0.0324	0.0410	0.0536*	0.0262	0.0453	0.0142	0.0096	0.0276	0.0295	0.0194
	(0.92)	(0.31)	(1.05)	(1.23)	(1.72)	(0.74)	(1.30)	(0.40)	(0.27)	(0.83)	(0.88)	(0.55)
f1	0.0999	0.1551*	0.0910	0.0913	0.0595	0.1131	0.0869	0.1187	0.1506	0.1239	0.0811	0.1202
	(1.07)	(1.72)	(0.95)	(0.97)	(0.67)	(1.16)	(0.95)	(1.24)	(1.63)	(1.36)	(0.87)	(1.33)
f3	0.0974	0.0991	0.0429	0.0851	0.0752	0.0935	0.0973	0.0909	0.0971	0.1001	0.0784	0.1091
	(1.08)	(1.30)	(0.52)	(0.97)	(0.86)	(1.08)	(1.06)	(1.09)	(1.25)	(1.16)	(0.86)	(1.22)
g1	0.1272	0.0971	0.0846	0.1224	0.1100	0.1243	0.1346	0.0961	0.0964	0.1254	0.1035	0.1326
	(1.47)	(1.37)	(1.01)	(1.40)	(1.36)	(1.46)	(1.54)	(1.15)	(1.29)	(1.56)	(1.22)	(1.67)

第十一章 中国制造业价值链攀升机理的计量解析

续表 11.18

	Y_0^*	Y_1^*	Y_2^*	Y_9^*	Y_{12}^*	Y_{13}^*	Y_{14}^*	Y_{17}^*	Y_{19}^*	Y_{22}^*	Y_{26}^*	Y_{30}^*
g2	−0.0832	−0.1038	−0.0086	−0.0465	−0.0215	−0.0809	−0.0674	−0.0741	−0.1078	−0.0956	−0.0462	−0.1127
	(−1.08)	(−1.56)	(−0.12)	(−0.64)	(−0.30)	(−1.03)	(−0.87)	(−0.99)	(−1.55)	(−1.35)	(−0.59)	(−1.55)
g3	−0.1574*	−0.1133	−0.2017**	−0.2078**	−0.1872**	−0.1534	−0.1770*	−0.1429	−0.1104	−0.1282	−0.1607*	−0.1288
	(−1.83)	(−1.32)	(−2.38)	(−2.14)	(−2.06)	(−1.69)	(−1.95)	(−1.53)	(−1.24)	(−1.52)	(−1.77)	(−1.52)
g4	0.1376***	0.0868***	0.1353***	0.1517***	0.1036***	0.1292***	0.1426***	0.1279***	0.0899***	0.0863***	0.1419***	0.1083***
	(4.01)	(3.26)	(4.42)	(4.20)	(3.78)	(3.97)	(3.87)	(3.79)	(3.11)	(2.98)	(4.18)	(3.28)
h1	0.0521*	0.0431	0.0577**	0.0598**	0.0566*	0.0439	0.0617**	0.0445	0.0321	0.0605**	0.0552*	0.0520*
	(1.96)	(1.44)	(2.08)	(2.20)	(2.03)	(1.46)	(2.28)	(1.47)	(1.00)	(2.19)	(1.87)	(1.74)
h2	−0.1855**	−0.1842***	−0.1869***	−0.1880***	−0.1773**	−0.1794**	−0.1871**	−0.1710**	−0.1566***	−0.1762***	−0.1966***	−0.2043***
	(−2.45)	(−3.55)	(−2.74)	(−2.54)	(−2.55)	(−2.51)	(−2.57)	(−2.50)	(−2.75)	(−2.81)	(−2.80)	(−3.34)
h3	−0.0212	−0.0217	−0.0053	−0.0110	−0.0153	−0.0173	−0.0237	−0.0127	−0.0241	−0.0354	−0.0137	−0.0247
	(−0.40)	(−0.48)	(−0.11)	(−0.21)	(−0.30)	(−0.34)	(−0.44)	(−0.25)	(−0.52)	(−0.69)	(−0.26)	(−0.47)
j1	−0.0052	0.0023	−0.0256	0.0167	0.0117	−0.0035	−0.0365	−0.0178	0.0001	0.0029	−0.0229	0.0047
	(−0.08)	(0.03)	(−0.41)	(−0.27)	(−0.20)	(−0.05)	(−0.57)	(−0.25)	(0.00)	(0.04)	(−0.35)	(0.07)
k1	0.4721	1.5060**	0.5140	0.0463	0.6441	0.5743	0.1224	0.3695	1.5438**	1.0477	0.4370	1.1107
	(0.61)	(2.29)	(0.57)	(0.05)	(0.76)	(0.65)	(0.13)	(0.46)	(2.06)	(1.36)	(0.49)	(1.45)

357

续表11.18

	Y_0^*	Y_1^*	Y_2^*	Y_9^*	Y_{12}^*	Y_{13}^*	Y_{14}^*	Y_{17}^*	Y_{19}^*	Y_{22}^*	Y_{26}^*	Y_{30}^*
l1	0.1838***	0.1985***	0.1598***	0.1763***	0.1804***	0.1834***	0.1907***	0.1295*	0.1941***	0.2015***	0.1721***	0.2049***
	(2.91)	(3.40)	(2.70)	(2.96)	(3.14)	(2.96)	(2.97)	(1.85)	(3.29)	(3.17)	(2.80)	(3.26)
l2	0.1169***	0.1124**	0.0964**	0.1139***	0.1105***	0.1128**	0.1251***	0.1267***	0.1088**	0.1191***	0.1135**	0.1175***
	(2.87)	(2.76)	(2.29)	(2.75)	(2.81)	(2.65)	(3.16)	(2.83)	(2.60)	(2.91)	(2.72)	(2.97)
n1	0.0376	−0.1451**	−0.0020	0.0516	−0.0195	0.0155	0.0111	−0.0183	−0.1759**	−0.0447	−0.0093	−0.0661
	(0.31)	(−2.07)	(−0.02)	(0.46)	(−0.19)	(0.14)	(0.11)	(−0.18)	(−2.20)	(−0.51)	(−0.09)	(−0.74)
n2	0.0368	0.0024	0.0336	0.0434	0.0501	0.0330	0.0367	0.0246	0.0139	0.0045	0.0326	0.0165
	(0.99)	(0.06)	(1.03)	(1.26)	(1.60)	(0.88)	(1.07)	(0.69)	(0.36)	(0.12)	(0.93)	(0.43)
n3	−0.0378	−0.0466*	−0.0437	−0.0453	−0.0422	−0.0389	−0.0421	−0.0402	−0.0383	−0.0513*	−0.0519*	−0.0463*
	(−1.11)	(−1.92)	(−1.34)	(−1.44)	(−1.40)	(−1.20)	(−1.43)	(−1.25)	(−1.33)	(−1.75)	(−1.75)	(−1.74)
n4	0.0293	−0.0114	0.0382	0.0395	0.0332	0.0218	0.0331	0.0127	−0.0168	0.0284	0.0371	−0.0001
	(0.79)	(−0.30)	(1.01)	(1.05)	(0.90)	(0.60)	(0.87)	(0.34)	(−0.41)	(0.77)	(1.02)	(−0.00)
n5	0.2243**	−0.2671*	0.0461	0.1648	0.1946	0.0420	0.0226	0.0404	−0.1042	−0.1542	−0.0337	0.0285
	(2.57)	(−1.88)	(0.35)	(1.21)	(1.57)	(0.27)	(0.16)	(0.30)	(−0.79)	(−0.86)	(−0.21)	(0.24)
o1	0.0274	0.0235	0.0335	0.0388	0.0478	0.0330	0.0379	0.0292	0.0209	0.0066	0.0224	0.0217
	(0.94)	(0.95)	(1.35)	(1.31)	(1.54)	(1.14)	(1.28)	(1.06)	(0.85)	(0.23)	(0.81)	(0.75)

续表 11.18

	Y_0^*	Y_1^*	Y_2^*	Y_9^*	Y_{12}^*	Y_{13}^*	Y_{14}^*	Y_{17}^*	Y_{19}^*	Y_{22}^*	Y_{26}^*	Y_{30}^*
p1	0.2063**	0.1967***	0.2282***	0.2276***	0.2436***	0.2136***	0.2204***	0.2073***	0.1950***	0.1868**	0.2919***	0.2144***
	(2.57)	(3.00)	(3.22)	(2.89)	(2.98)	(2.89)	(3.06)	(2.76)	(2.99)	(2.68)	(3.41)	(2.90)
q1	0.2184*	0.1547	0.3668***	0.2577**	0.3124***	0.2111*	0.3210***	0.1244	0.1007	0.1745	0.2986***	0.1379
	(1.83)	(1.53)	(5.03)	(2.62)	(3.25)	(2.03)	(4.14)	(0.91)	(0.74)	(1.55)	(4.05)	(1.01)
r1	−0.2308	−0.1775*	−0.1792	−0.2300	−0.2273*	−0.2401*	−0.2308	−0.1909	−0.1550	−0.1814	−0.2441*	−0.3506***
	(−1.67)	(−1.74)	(−1.17)	(−1.61)	(−1.72)	(−1.84)	(−1.61)	(−1.51)	(−1.40)	(−1.60)	(−1.76)	(−2.81)
b1	—	0.5522***	0.1705	0.1267	0.3127	0.3984	0.1033	0.0778	0.5173**	−0.3572	1.1568***	−0.0487
	—	(2.72)	(0.70)	(0.46)	(1.30)	(1.28)	(0.36)	(0.33)	(2.49)	(−1.23)	(2.83)	(−0.20)
bt1	—	1.3667***	—	—	—	—	—	—	—	—	—	—
	—	(4.40)	—	—	—	—	—	—	—	—	—	—
bt2	—	—	0.9283***	—	—	—	—	—	—	—	—	—
	—	—	(3.77)	—	—	—	—	—	—	—	—	—
bt9	—	—	0.3857**	—	—	—	—	—	—	—	—	—
	—	—	(2.26)	—	—	—	—	—	—	—	—	—
bt12	—	—	—	—	1.2415**	—	—	—	—	—	—	—
	—	—	—	—	(2.11)	—	—	—	—	—	—	—

续表 11.18

	Y_0^*	Y_1^*	Y_2^*	Y_9^*	Y_{12}^*	Y_{13}^*	Y_{14}^*	Y_{17}^*	Y_{19}^*	Y_{22}^*	Y_{26}^*	Y_{30}^*
bt13	—	—	—	—	—	0.2144* (1.86)	—	—	—	—	—	—
bt14	—	—	—	—	—	—	1.1098*** (3.17)	—	—	—	—	—
bt17	—	—	—	—	—	—	—	0.8016*** (2.93)	—	—	—	—
bt19	—	—	—	—	—	—	—	—	0.7143*** (3.61)	—	—	—
bt22	—	—	—	—	—	—	—	—	—	1.1571*** (2.99)	—	—
bt26	—	—	—	—	—	—	—	—	—	—	−1.0934*** (−2.98)	—
bt30	—	—	—	—	—	—	—	—	—	—	—	0.9968*** (3.79)
_cons	−0.5206* (−1.99)	−0.8481*** (−3.94)	−0.5562* (−1.91)	−0.4089 (−1.40)	−0.6405** (−2.30)	−0.5761** (−2.01)	−0.4352 (−1.51)	−0.4505* (−1.72)	−0.8574*** (−3.56)	−0.6587** (−2.73)	−0.5295* (−1.87)	−0.7082*** (−2.93)
N	150	150	150	150	150	150	150	150	150	150	150	150

续表11.18

	Y_0^*	Y_1^*	Y_2^*	Y_9^*	Y_{12}^*	Y_{13}^*	Y_{14}^*	Y_{17}^*	Y_{19}^*	Y_{22}^*	Y_{26}^*	Y_{30}^*
R^2	0.846	0.869	0.862	0.851	0.857	0.849	0.852	0.853	0.863	0.858	0.855	0.858
adj. R^2	0.812	0.837	0.829	0.815	0.823	0.813	0.817	0.818	0.829	0.824	0.820	0.824

t statistics in parentheses; * $p<0.10$, ** $p<0.05$, *** $p<0.01$。

表 11.19 加入调节变量（管理费用率 t2）后模型回归结果

	Y_0^*	Y_1^*	Y_4^*	Y_9^*	Y_{10}^*	Y_{11}^*	Y_{12}^*	Y_{13}^*	Y_{26}^*	Y_{28}^*
a1	0.2475	0.2855*	0.3259*	0.3892**	0.2849*	0.2909*	0.4718***	0.2094	0.2278	0.4434**
	(1.58)	(1.86)	(2.03)	(2.33)	(1.94)	(2.02)	(2.88)	(1.30)	(1.39)	(2.23)
a2	0.0229	0.1060**	0.0112	0.0071	0.0075	0.0041	0.0068	0.0036	0.0138	0.0253
	(0.58)	(2.35)	(0.29)	(0.21)	(0.22)	(0.13)	(0.19)	(0.11)	(0.40)	(0.69)
c1	0.6459***	0.5982***	0.4372***	0.5922***	0.5749***	0.5551***	0.5576***	0.6171***	0.6303***	0.6651***
	(4.57)	(4.36)	(3.81)	(4.47)	(4.15)	(4.04)	(4.40)	(4.45)	(4.31)	(4.84)
d1	−0.0724**	−0.0786**	−0.0765**	−0.0833**	−0.0861***	−0.0838***	−0.0943***	−0.0624**	−0.0631**	−0.0847**
	(−2.48)	(−2.67)	(−2.64)	(−2.98)	(−3.08)	(−3.20)	(−3.27)	(−2.09)	(−2.19)	(−2.65)
e1	0.0323	0.0601*	0.0790**	0.0624**	0.0635**	0.0636**	0.0761**	0.0627**	0.0347	0.0453
	(0.92)	(1.97)	(2.29)	(2.05)	(2.20)	(2.28)	(2.49)	(2.23)	(1.14)	(1.46)
f1	0.0999	0.0668	0.0177	0.0444	0.0408	0.0459	0.0202	0.0330	0.0678	0.0232
	(1.07)	(0.76)	(0.22)	(0.51)	(0.48)	(0.55)	(0.24)	(0.39)	(0.77)	(0.27)
f3	0.0974	0.0978	0.0856	−0.0598	0.0831	0.0846	0.0656	0.0578	0.0917	0.1013
	(1.08)	(1.05)	(0.97)	(−0.65)	(0.93)	(0.99)	(0.73)	(0.64)	(1.11)	(1.23)
g1	0.1272	0.0986	0.1120	0.1118	−0.0038	0.1467	0.1152	0.1105	0.1052	0.0940
	(1.47)	(1.05)	(1.32)	(1.26)	(−0.04)	(1.61)	(1.27)	(1.33)	(1.29)	(1.10)

续表11.19

	Y_0^*	Y_1^*	Y_4^*	Y_9^*	Y_{10}^*	Y_{11}^*	Y_{12}^*	Y_{13}^*	Y_{26}^*	Y_{28}^*
g2	−0.0832	−0.0732	−0.0277	−0.1065	−0.1278*	−0.3229***	−0.0892	−0.0860	−0.1048	0.0044
	(−1.08)	(−0.99)	(−0.41)	(−1.62)	(−1.76)	(−3.24)	(−1.42)	(−1.24)	(−1.48)	(0.06)
g3	−0.1574*	−0.1651*	−0.2089**	−0.1614*	−0.1528*	−0.1526*	−0.3408***	−0.1453*	−0.1260	−0.230**
	(−1.83)	(−1.97)	(−2.43)	(−1.95)	(−1.87)	(−1.94)	(−3.42)	(−1.74)	(−1.49)	(−2.58)
g4	0.1376***	0.1531***	0.1481***	0.1595***	0.1683***	0.1633***	0.1718***	0.0199	0.1239***	0.1485***
	(4.01)	(4.66)	(5.61)	(5.73)	(5.48)	(5.64)	(6.41)	(0.47)	(4.40)	(4.09)
h1	0.0521*	0.0603**	0.0774***	0.0572**	0.0471	0.0365	0.0675**	0.0584**	0.0589*	0.0876***
	(1.96)	(2.20)	(3.10)	(2.22)	(1.69)	(1.27)	(2.48)	(2.05)	(1.97)	(3.25)
h2	−0.1855**	−0.2106**	−0.2428***	−0.1869**	−0.1995**	−0.1792**	−0.2167***	−0.1863**	−0.1924**	−0.2407**
	(−2.45)	(−2.58)	(−2.86)	(−2.31)	(−2.65)	(−2.48)	(−2.76)	(−2.57)	(−2.49)	(−2.72)
h3	−0.0212	−0.0220	−0.0132	−0.0015	−0.0182	−0.0185	−0.0022	−0.0117	−0.0312	−0.0255
	(−0.40)	(−0.41)	(−0.26)	(−0.03)	(−0.34)	(−0.36)	(−0.04)	(−0.21)	(−0.61)	(−0.52)
j1	−0.0052	0.0021	0.0079	0.0111	−0.0023	0.0081	0.0017	0.0129	0.0095	−0.0247
	(−0.08)	(0.03)	(0.15)	(0.20)	(−0.04)	(0.14)	(0.03)	(0.21)	(0.15)	(−0.41)
k1	0.4721	0.4109	0.3122	−0.0722	0.1775	0.0955	0.3311	0.2219	0.1190	0.3521
	(0.61)	(0.56)	(0.43)	(−0.10)	(0.26)	(0.15)	(0.46)	(0.35)	(0.19)	(0.46)

续表11.19

	Y_0^*	Y_1^*	Y_4^*	Y_9^*	Y_{10}^*	Y_{11}^*	Y_{12}^*	Y_{13}^*	Y_{26}^*	Y_{28}^*
l1	0.1838***	0.1722**	0.1903***	0.1788**	0.1840**	0.1829**	0.1819**	0.2073***	0.1771***	0.1656***
	(2.91)	(2.50)	(2.81)	(2.54)	(2.67)	(2.67)	(2.61)	(3.03)	(2.80)	(2.82)
l2	0.1169***	0.0983***	0.1021***	0.0949***	0.1016**	0.1052**	0.0816**	0.1065**	0.1212***	0.1104***
	(2.87)	(2.83)	(3.33)	(3.05)	(2.75)	(2.96)	(2.57)	(2.63)	(3.02)	(3.27)
n1	0.0376	0.0696	0.0652	0.0202	0.0090	−0.0138	0.0265	0.0292	0.0320	0.0768
	(0.31)	(0.55)	(0.55)	(0.17)	(0.07)	(−0.12)	(0.22)	(0.25)	(0.27)	(0.59)
n2	0.0368	0.0627*	0.0608*	0.0633*	0.0506	0.0537	0.0555	0.0417	0.0390	0.0420
	(0.99)	(1.84)	(1.79)	(1.89)	(1.55)	(1.61)	(1.69)	(1.31)	(1.14)	(1.16)
n3	−0.0378	−0.0504	−0.0561*	−0.0510	−0.0477	−0.0507	−0.0499	−0.0447	−0.0505	−0.0489
	(−1.11)	(−1.49)	(−1.78)	(−1.62)	(−1.41)	(−1.45)	(−1.65)	(−1.47)	(−1.46)	(−1.44)
n4	0.0293	0.0482	0.0610	0.0355	0.0166	0.0109	0.0367	0.0326	0.0313	0.0643
	(0.79)	(1.34)	(1.66)	(0.99)	(0.48)	(0.30)	(1.03)	(1.02)	(0.88)	(1.63)
n5	0.2243**	0.2452***	0.2592***	0.2378***	0.2600***	0.2727***	0.2463***	0.2967***	0.3054***	0.2051**
	(2.57)	(3.07)	(3.45)	(3.02)	(3.15)	(3.16)	(3.20)	(3.21)	(3.12)	(2.19)
o1	0.0274	0.0269	0.0417	0.0243	0.0219	0.0155	0.0214	0.0339	0.0392	0.0438
	(0.94)	(1.03)	(1.53)	(0.94)	(0.87)	(0.64)	(0.86)	(1.29)	(1.49)	(1.57)

第十一章　中国制造业价值链攀升机理的计量解析

续表11.19

	Y_0^*	Y_1^*	Y_4^*	Y_9^*	Y_{10}^*	Y_{11}^*	Y_{12}^*	Y_{13}^*	Y_{26}^*	Y_{28}^*
p1	0.2063**	0.2093***	0.2433***	0.1835**	0.1713**	0.1590**	0.1784**	0.2023***	0.1995***	0.0198
	(2.57)	(3.10)	(3.23)	(2.46)	(2.57)	(2.46)	(2.45)	(2.92)	(3.05)	(0.19)
q1	0.2184*	0.2178*	0.2476**	0.2192*	0.2111*	0.2095*	0.2656**	0.2001	0.1257	0.2506**
	(1.83)	(1.88)	(2.27)	(1.89)	(1.75)	(1.71)	(2.49)	(1.56)	(0.97)	(2.59)
r1	−0.2308	−0.2985**	−0.3038**	−0.2340*	−0.2055	−0.1705	−0.3336**	−0.1910	−0.2079	−0.4067**
	(−1.67)	(−2.00)	(−2.29)	(−1.76)	(−1.56)	(−1.38)	(−2.49)	(−1.54)	(−1.55)	(−2.43)
f2	—	0.1128**	−0.0280	−0.0429	0.0249	0.0157	−0.0209	0.0155	0.0896*	−0.0150
		(2.21)	(−0.62)	(−0.93)	(0.68)	(0.46)	(−0.62)	(0.37)	(2.01)	(−0.29)
ft1	—	−0.1647**	—	—	—	—	—	—	—	—
		(−2.17)								
ft4	—	—	0.3060**	—	—	—	—	—	—	—
			(2.67)							
ft9	—	—	—	−0.2332***	—	—	—	—	—	—
				(3.28)						
ft10	—	—	—	—	0.1799**	—	—	—	—	—
					(2.28)					

365

续表11.19

	Y_0^*	Y_1^*	Y_4^*	Y_9^*	Y_{10}^*	Y_{11}^*	Y_{12}^*	Y_{13}^*	Y_{26}^*	Y_{28}^*
ft11	—	—	—	—	—	0.2250***	—	—	—	—
ft12	—	—	—	—	—	—	0.2647*** (3.32) (4.08)	—	—	—
ft13	—	—	—	—	—	—	—	0.2313***	—	—
ft26	—	—	—	—	—	—	—	—	−0.2151** (2.82) (−2.39)	—
ft28	—	—	—	—	—	—	—	—	—	0.3151* (2.04)
_cons	−0.5206*	−0.5323**	−0.4431*	−0.2690	−0.3420	−0.2987	−0.3929	−0.4156*	−0.3947*	−0.4451
	(−1.99)	(−2.11)	(−1.85)	(−1.06)	(−1.46)	(−1.34)	(−1.57)	(−1.90)	(−1.79)	(−1.63)
N	150	150	150	150	150	150	150	150	150	150
R^2	0.846	0.856	0.864	0.860	0.858	0.862	0.862	0.859	0.858	0.861
adj. R^2	0.812	0.821	0.831	0.827	0.823	0.828	0.829	0.825	0.824	0.828

t statistics in parentheses; * $p<0.10$, ** $p<0.05$, *** $p<0.01$。

加入调节变量地方公共财政支出后，模型回归结果详见表11.20。模型的拟合度分别为87.0%、87.3%、87.2%、87.6%、87.6%，较未加调节Y1的84.6%，拟合度增加。制造业管理费用率与资本水平、出口产品率、金融机构创新、批发和零售业占比、劳动力投入的交互项均为正向且显著。结合交互项中原自变量的系数大小，资本水平、劳动力投入与价值链高度存在正向关系，地方公共财政支出增强了其与价值链高度的正向关系；出口产品率、金融机构创新、批发和零售业占比与价值链高度存在负向关系，地方公共财政支出的加入干扰了其与价值链高度的负向关系。可见地方公共财政支出对其显著项，均为积极调节，支持原假设H36。财政从其作用路径看，对企业资源配置、对外开放、金融业预生产型服务业支持均起到支撑作用，与前面章节结论一致，不过需要注意的是财政政策的滞后效果与实际需求是否相适。

表11.20 加入调节变量（地方公共财政支出m1）模型回归结果

	Y_0^*	Y_1^*	Y_{15}^*	Y_{17}^*	Y_{24}^*	Y_{26}^*
a1	0.2475	0.1215	0.1239	0.2352	0.2959**	0.1676
	(1.58)	(0.79)	(0.75)	(1.65)	(2.11)	(1.03)
a2	0.0229	0.0422	0.0371	0.0415	0.0429	0.0360
	(0.58)	(1.21)	(1.07)	(1.16)	(1.28)	(1.07)
c1	0.6459***	0.7005***	0.6539***	0.6963***	0.5655***	0.7162***
	(4.57)	(5.88)	(5.31)	(6.24)	(3.66)	(5.98)
d1	−0.0724**	−0.0633**	−0.0651**	−0.0641**	−0.0622**	−0.0479*
	(−2.48)	(−2.48)	(−2.63)	(−2.43)	(−2.70)	(−1.79)
e1	0.0323	0.0627**	0.0520*	0.0682***	0.0591**	0.0538**
	(0.92)	(2.62)	(2.03)	(2.85)	(2.28)	(2.30)
f1	0.0999	0.1365	0.1384	0.1016	0.1490*	0.1402
	(1.07)	(1.54)	(1.58)	(1.21)	(1.85)	(1.65)
f3	0.0974	0.1067	0.0779	0.0865	0.1026	0.0961
	(1.08)	(1.22)	(0.94)	(1.00)	(1.22)	(1.21)
g1	0.1272	0.1416	0.1344	0.1649*	0.0968	0.1320*
	(1.47)	(1.65)	(1.62)	(2.04)	(1.19)	(1.72)

续表11.20

	Y_0^*	Y_1^*	Y_{15}^*	Y_{17}^*	Y_{24}^*	Y_{26}^*
g2	−0.0832	−0.1238*	−0.1259*	−0.1359*	−0.0911	−0.1313*
	(−1.08)	(−1.76)	(−1.83)	(−1.92)	(−1.34)	(−1.90)
g3	−0.1574*	−0.1444*	−0.1342	−0.1479*	−0.1044	−0.1153
	(−1.83)	(−1.77)	(−1.62)	(−1.83)	(−1.18)	(−1.41)
g4	0.1376***	0.1427***	0.1408***	0.1528***	0.1209***	0.1272***
	(4.01)	(4.36)	(4.78)	(4.87)	(4.40)	(4.17)
h1	0.0521*	0.1005***	0.0868***	0.1014***	0.0757**	0.0953***
	(1.96)	(4.03)	(3.48)	(3.60)	(2.74)	(3.65)
h2	−0.1855**	−0.1880***	−0.2151***	−0.1955***	−0.1778***	−0.1693***
	(−2.45)	(−3.04)	(−3.39)	(−3.33)	(−3.14)	(−3.01)
h3	−0.0212	−0.0177	−0.0073	−0.0096	−0.0137	−0.0134
	(−0.40)	(−0.34)	(−0.15)	(−0.19)	(−0.27)	(−0.28)
j1	−0.0052	−0.0492	−0.0398	−0.1093*	−0.0371	−0.0494
	(−0.08)	(−0.83)	(−0.67)	(−1.91)	(−0.60)	(−0.85)
k1	0.4721	0.1857	0.5047	0.0235	0.7240	0.1533
	(0.61)	(0.33)	(0.91)	(0.04)	(1.37)	(0.30)
l1	0.1838***	0.1985***	0.1902***	0.2078***	0.1390*	0.1866***
	(2.91)	(3.25)	(3.28)	(3.38)	(2.00)	(3.25)
l2	0.1169***	0.1221***	0.1049***	0.1221***	0.0989**	0.1233***
	(2.87)	(3.44)	(2.76)	(3.71)	(2.52)	(3.65)
n1	0.0376	0.2111*	0.2460**	0.2599***	0.3341***	0.1934**
	(0.31)	(2.04)	(2.29)	(2.94)	(2.78)	(2.32)
n2	0.0368	0.0543	0.0466	0.0714**	0.0364	0.0517
	(0.99)	(1.59)	(1.40)	(2.14)	(1.04)	(1.50)
n3	−0.0378	−0.0551*	−0.0350	−0.0571**	−0.1377***	−0.0528*
	(−1.11)	(−1.90)	(−1.04)	(−2.13)	(−4.08)	(−1.83)
n4	0.0293	0.0827*	0.0785*	0.0835**	0.0606	0.0717
	(0.79)	(1.97)	(1.90)	(2.09)	(1.26)	(1.69)
n5	0.2243**	0.1879*	0.2217**	0.1992**	0.1094	0.0458
	(2.57)	(1.84)	(2.51)	(2.05)	(1.19)	(0.47)

续表11.20

	Y_0^*	Y_1^*	Y_{15}^*	Y_{17}^*	Y_{24}^*	Y_{26}^*
o1	0.0274	−0.0016	−0.0041	−0.0091	−0.0170	−0.0028
	(0.94)	(−0.05)	(−0.14)	(−0.30)	(−0.57)	(−0.10)
p1	0.2063**	0.1165*	0.1192	0.1244**	0.1414**	0.1242*
	(2.57)	(1.71)	(1.69)	(2.12)	(2.07)	(2.01)
q1	0.2184*	0.0898	0.0944	0.0945	0.0340	0.0482
	(1.83)	(0.73)	(0.77)	(0.86)	(0.29)	(0.38)
r1	−0.2308	−0.2731**	−0.1740	−0.3086**	−0.2598**	−0.2308**
	(−1.67)	(−2.20)	(−1.44)	(−2.68)	(−2.33)	(−2.11)
m1		−0.2740***	−0.2973***	−0.3601***	−0.4941***	−0.2758***
		(−4.16)	(−5.54)	(−3.91)	(−5.24)	(−4.63)
mt1		0.1719***				
		(2.83)				
mt15			0.2548***			
			(3.20)			
mt17				0.2846**		
				(2.42)		
mt24					0.5310***	
					(2.89)	
mt26						0.2967***
						(4.55)
_cons	−0.5206*	−0.4026**	−0.5045**	−0.3373*	−0.5194***	−0.3873**
	(−1.99)	(−2.09)	(−2.66)	(−1.73)	(−2.83)	(−2.24)
N	150	150	150	150	150	150
R^2	0.846	0.870	0.873	0.872	0.876	0.876
adj. R^2	0.812	0.838	0.842	0.841	0.846	0.846

t statistics in parentheses; * $p<0.10$, ** $p<0.05$, *** $p<0.01$。

加入调节变量制造业就业全国占比后,观察模型的回归结果表11.21可知,模型的拟合度分别为86.7%、86.8%、86.6%、86.6%、86.7%、86.8%、86.6%、86.6%、87.2%、86.7%,较原来的84.6%有所增加,制造业就业全国占比与资本水平、R&D经费投入数量、资金利税率、流动资产周转率、存货周转率、金融机构创新、劳动力投入、生产性服务业比较优势、外商直接投资技术溢出、制造业进出口总额的交互项为正向且显著。结合交互项中原自变量的系数大小，资本水平、资金利税率、流动资产周转率、劳动力投入、生产性服务业比较优势与价值链高度存在正向关系，就业全国占比增强了其与价值链高度的正向关系；存货周转率、金融机构创新与价值链高度存在负向关系，就业全国占比的加入干扰了其与价值链高度的负向关系，均为积极调节。另外，就业全国占比与R&D经费投入数量、外商投资技术溢出、进出口总额的交互项为负向显著，其与价值链高度存在正向关系，可见就业全国占比的加入干扰了其与价值链高度的正向关系，即消极调节。因此，拒绝假设H37。其中外商投资技术溢出作用与就业人口密度类似，不再赘述，研发活动与就业人员数量无绝对相关关系。

第十一章 中国制造业价值链攀升机理的计量解析

表11.21 加入调节变量（制造业就业全国占比 r2）模型回归结果

	Y_0^*	Y_1^*	Y_6^*	Y_9^*	Y_{10}^*	Y_{11}^*	Y_{17}^*	Y_{26}^*	Y_{27}^*	Y_{28}^*	Y_{29}^*
a1	0.2475	0.0740	0.1607	0.2208	0.1935	0.2006	0.1507	0.2135	0.2128	0.1159	0.2259
	(1.58)	(0.44)	(0.98)	(1.36)	(1.17)	(1.26)	(0.95)	(1.40)	(1.32)	(0.75)	(1.38)
a2	0.0229	0.0163	0.0205	0.0129	0.0173	0.0141	0.0134	0.0111	0.0160	0.0188	0.0169
	(0.58)	(0.48)	(0.59)	(0.35)	(0.49)	(0.40)	(0.39)	(0.32)	(0.45)	(0.57)	(0.50)
c1	0.6459***	0.7341***	0.6626***	0.6659***	0.6693***	0.6733***	0.6909***	0.6793***	0.6610***	0.7233***	0.6432***
	(4.57)	(5.23)	(4.78)	(4.70)	(4.74)	(4.99)	(4.97)	(4.78)	(4.57)	(5.40)	(4.23)
d1	−0.0724**	−0.0415	−0.0392	−0.0519*	−0.0474*	−0.0415	−0.0428	−0.0550**	−0.0418	−0.0475*	−0.0402
	(−2.48)	(−1.63)	(−1.44)	(−1.82)	(−1.70)	(−1.49)	(−1.63)	(−2.09)	(−1.62)	(−1.81)	(−1.51)
e1	0.0323	0.0123	0.0396	0.0194	0.0217	0.0257	0.0196	0.0088	0.0101	0.0248	0.0071
	(0.92)	(0.33)	(1.33)	(0.61)	(0.71)	(0.88)	(0.57)	(0.25)	(0.28)	(0.81)	(0.20)
f1	0.0999	0.1318	0.1167	0.1117	0.1102	0.1102	0.1251	0.1351	0.1240	0.1104	0.1200
	(1.07)	(1.50)	(1.31)	(1.20)	(1.19)	(1.23)	(1.41)	(1.54)	(1.36)	(1.27)	(1.32)
f3	0.0974	0.0913	0.0732	0.0480	0.0623	0.0654	0.0849	0.0844	0.0734	0.0651	0.0654
	(1.08)	(1.14)	(0.91)	(0.60)	(0.79)	(0.84)	(1.09)	(1.09)	(0.93)	(0.85)	(0.81)
g1	0.1272	0.1015	0.0783	0.0733	0.0394	0.0676	0.0963	0.1071	0.0880	0.0587	0.0663
	(1.47)	(1.44)	(1.07)	(0.97)	(0.50)	(0.91)	(1.35)	(1.48)	(1.22)	(0.83)	(0.89)

续表11.21

	Y_0^*	Y_1^*	Y_6^*	Y_9^*	Y_{10}^*	Y_{11}^*	Y_{17}^*	Y_{26}^*	Y_{27}^*	Y_{28}^*	Y_{29}^*
g2	−0.0832	−0.0906	−0.0593	−0.0638	−0.0583	−0.0938	−0.0718	−0.0846	−0.0634	−0.0527	−0.0516
	(−1.08)	(−1.31)	(−0.81)	(−0.87)	(−0.82)	(−1.36)	(−1.01)	(−1.20)	(−0.90)	(−0.74)	(−0.72)
g3	−0.1574*	−0.1143	−0.1350	−0.1310	−0.1217	−0.1226	−0.1343	−0.1108	−0.1254	−0.1352	−0.1116
	(−1.83)	(−1.35)	(−1.55)	(−1.51)	(−1.40)	(−1.44)	(−1.52)	(−1.30)	(−1.41)	(−1.55)	(−1.23)
g4	0.1376***	0.0986***	0.1173***	0.1253***	0.1332***	0.1287***	0.1024***	0.0770**	0.0981***	0.1375***	0.1093***
	(4.01)	(3.29)	(3.62)	(4.28)	(4.27)	(3.85)	(3.11)	(2.72)	(3.40)	(4.57)	(3.60)
h1	0.0521*	0.0569**	0.0395	0.0442	0.0387	0.0341	0.0437*	0.0545**	0.0546*	0.0392	0.0437
	(1.96)	(2.28)	(1.37)	(1.55)	(1.34)	(1.17)	(1.70)	(2.06)	(1.91)	(1.46)	(1.47)
h2	−0.1855**	−0.1903***	−0.1705***	−0.1611**	−0.1605**	−0.1527**	−0.1544**	−0.1782***	−0.1889***	−0.1681***	−0.1926***
	(−2.45)	(−3.40)	(−2.90)	(−2.46)	(−2.49)	(−2.51)	(−2.53)	(−3.00)	(−3.16)	(−3.08)	(−3.35)
h3	−0.0212	−0.0141	−0.0067	−0.0036	−0.0018	−0.0040	−0.0159	−0.0201	−0.0117	−0.0032	−0.0067
	(−0.40)	(−0.30)	(−0.14)	(−0.08)	(−0.04)	(−0.08)	(−0.33)	(−0.42)	(−0.24)	(−0.07)	(−0.14)
j1	−0.0052	−0.0069	−0.0070	−0.0075	−0.0081	−0.0063	−0.0522	0.0030	−0.0039	−0.0191	−0.0012
	(−0.08)	(−0.10)	(−0.11)	(−0.11)	(−0.12)	(−0.10)	(−0.78)	(0.04)	(−0.06)	(−0.29)	(−0.02)
k1	0.4721	0.3681	0.8377	0.6629	0.6365	0.6726	0.2008	0.8037	0.8950	0.6834	1.3305*
	(0.61)	(0.61)	(1.24)	(0.99)	(0.94)	(1.01)	(0.31)	(1.40)	(1.44)	(1.17)	(1.86)

第十一章 中国制造业价值链攀升机理的计量解析

续表11.21

	Y_0^*	Y_1^*	Y_6^*	Y_9^*	Y_{10}^*	Y_{11}^*	Y_{17}^*	Y_{26}^*	Y_{27}^*	Y_{28}^*	Y_{29}^*
l1	0.1838***	0.1663**	0.1334*	0.1395**	0.1370*	0.1385**	0.1314*	0.1679**	0.1620**	0.1497**	0.1495**
	(2.91)	(2.70)	(1.98)	(2.07)	(1.98)	(2.14)	(1.89)	(2.65)	(2.50)	(2.35)	(2.13)
l2	0.1169***	0.1244***	0.1053**	0.1012**	0.1002**	0.1003**	0.1267***	0.1147***	0.1137***	0.1092***	0.0992**
	(2.87)	(3.20)	(2.63)	(2.47)	(2.44)	(2.53)	(3.23)	(2.96)	(2.81)	(2.80)	(2.35)
n1	0.0376	−0.1272*	−0.1327*	−0.1182	−0.1231	−0.1347*	−0.1245*	−0.1456**	−0.1277	−0.1265*	−0.1449*
	(0.31)	(−1.86)	(−1.78)	(−1.60)	(−1.66)	(−1.92)	(−1.72)	(−2.16)	(−1.69)	(−1.97)	(−1.83)
n2	0.0368	0.0126	0.0438	0.0381	0.0421	0.0495	0.0269	0.0002	0.0151	0.0475	0.0240
	(0.99)	(0.33)	(1.25)	(1.22)	(1.36)	(1.55)	(0.77)	(0.00)	(0.40)	(1.40)	(0.64)
n3	−0.0378	−0.0566**	−0.0524*	−0.0515*	−0.0523*	−0.0503*	−0.0449*	−0.0549**	−0.0594**	−0.0524**	−0.0513*
	(−1.11)	(−2.30)	(−1.95)	(−1.87)	(−1.91)	(−1.86)	(−1.70)	(−2.08)	(−2.19)	(−2.06)	(−1.96)
n4	0.0293	−0.0084	0.0023	0.0140	0.0076	0.0000	−0.0119	−0.0025	0.0139	0.0059	0.0103
	(0.79)	(−0.21)	(0.07)	(0.42)	(0.22)	(0.00)	(−0.32)	(−0.06)	(0.35)	(0.17)	(0.29)
n5	0.2243**	0.6039***	1.2992***	0.8285***	1.0321***	1.0986***	1.0861***	0.6551***	0.6017***	0.7788***	0.8970***
	(2.57)	(3.64)	(5.35)	(3.99)	(4.19)	(4.88)	(5.88)	(3.54)	(3.53)	(5.17)	(4.84)
o1	0.0274	0.0177	0.0092	0.0093	0.0107	0.0091	0.0170	0.0074	−0.0102	0.0204	0.0100
	(0.94)	(0.68)	(0.33)	(0.36)	(0.40)	(0.34)	(0.62)	(0.28)	(−0.35)	(0.76)	(0.36)

373

续表11.21

	Y_0^*	Y_1^*	Y_6^*	Y_9^*	Y_{10}^*	Y_{11}^*	Y_{17}^*	Y_{26}^*	Y_{27}^*	Y_{28}^*	Y_{29}^*
p1	0.2063**	0.2241***	0.2230***	0.2218***	0.2283***	0.2240***	0.2159***	0.2066***	0.1922**	0.2837***	0.2118**
	(2.57)	(3.03)	(3.10)	(3.02)	(3.04)	(3.00)	(2.94)	(2.82)	(2.45)	(3.77)	(2.99)
q1	0.2184*	0.1524	0.2152**	0.2108*	0.2008*	0.1773	0.1742	0.1313	0.2238**	0.2346**	0.2872***
	(1.83)	(1.29)	(2.18)	(1.86)	(1.82)	(1.43)	(1.68)	(1.00)	(2.16)	(2.51)	(3.46)
r1	−0.2308	−0.1653	−0.1407	−0.1203	−0.1286	−0.1301	−0.0917	−0.1442	−0.1797	−0.1217	−0.1989*
	(−1.67)	(−1.60)	(−1.23)	(−0.88)	(−0.97)	(−1.08)	(−0.79)	(−1.37)	(−1.57)	(−1.12)	(−1.71)
r2	—	−0.7262***	−1.0263***	−0.8182***	−0.9211***	−0.9754***	−1.2727***	−0.9132***	−0.6292***	−0.4096**	−0.7483***
		(−4.72)	(−4.37)	(−3.20)	(−3.21)	(−3.61)	(−5.00)	(−4.90)	(−3.41)	(−2.43)	(−4.15)
rt1		0.4145**									
		(2.59)									
rt6			−0.2363***								
			(−2.75)								
rt9				0.2707*							
				(1.77)							
rt10					0.2656*						
					(1.88)						
rt11						0.3342*					
						(1.97)					

续表11.21

	Y_0^*	Y_1^*	Y_6^*	Y_9^*	Y_{10}^*	Y_{11}^*	Y_{17}^*	Y_{26}^*	Y_{27}^*	Y_{28}^*	Y_{29}^*
rt17							0.5079***				
							(3.75)				
rt26								0.3130***			
								(3.14)			
rt27									0.2732***		
									(2.79)		
rt28										−0.8052***	
										(−4.76)	
rt29											−0.4307**
											(−2.05)
_cons	−0.5206*	−0.4110**	−0.5812**	−0.5228**	−0.5159**	−0.5278**	−0.3394	−0.5268**	−0.5762**	−0.5439***	−0.7290***
	(−1.99)	(−2.13)	(−2.72)	(−2.39)	(−2.31)	(−2.46)	(−1.54)	(−2.85)	(−2.84)	(−2.84)	(−3.25)
N	150	150	150	150	150	150	150	150	150	150	150
R^2	0.846	0.867	0.868	0.866	0.866	0.867	0.868	0.866	0.866	0.872	0.867
adj.R^2	0.812	0.834	0.836	0.834	0.834	0.834	0.836	0.833	0.834	0.841	0.835

t statistics in parentheses; * $p<0.10$, ** $p<0.05$, *** $p<0.01$。

加入调节变量制造业就业区位熵后，回归结果如表 11.22，模型拟合度分别为 85.3%、86.1%、85.6%、86.3%、85.6%、85.8%、85.2%、85.1%，较原 84.6%有所增加。就业区位熵与资本水平、单位面积交通设施、要素密集指数、资金利税率、固定资产周转率、劳动效率、制造业成本费用利润率、服务业产值交互显著项均为正向。交互项中原自变量资本水平、单位面积交通设施、资金利税率、劳动效率、服务业 GDP 与价值链高度存在正向关系，制造业就业区位熵增强了其与价值链高度的正向关系；要素密集指数、固定资产周转率、制造业成本费用利润率与价值链高度存在负向关系，制造业就业区位熵的加入干扰了其与价值链高度的负向关系，以上均为积极调节。支持假设 H38，产业聚集增强各要素对制造业价值链地位的正向作用。

第十一章 中国制造业价值链攀升机理的计量解析

表 11.22 加入调节变量（制造业就业区位商 s1）模型回归结果

	Y_0^*	Y_1^*	Y_4^*	Y_5^*	Y_9^*	Y_{12}^*	Y_{13}^*	Y_{16}^*	Y_{22}^*
a1	0.2475	−0.1119	0.2466	−0.0067	0.3415**	0.2531	0.1900	0.2171	0.0619
	(1.58)	(−0.43)	(1.34)	(−0.04)	(2.26)	(1.62)	(1.29)	(1.41)	(0.34)
a2	0.0229	0.0278	0.0390	0.0025	−0.0114	0.0134	0.0092	0.0071	0.0209
	(0.58)	(0.74)	(1.01)	(0.06)	(−0.27)	(0.33)	(0.23)	(0.16)	(0.53)
c1	0.6459***	0.7108***	0.3894***	0.6543***	0.6410***	0.6840***	0.6726***	0.6594***	0.6963***
	(4.57)	(5.60)	(3.31)	(4.92)	(5.43)	(5.64)	(5.20)	(4.90)	(5.42)
d1	−0.0724**	−0.0582**	−0.0715**	−0.1452**	−0.0700**	−0.0743**	−0.0252	−0.0572**	−0.0552**
	(−2.48)	(−2.37)	(−2.57)	(−3.16)	(−2.70)	(−2.69)	(−1.00)	(−2.18)	(−2.22)
e1	0.0323	0.0298	0.0277	0.0195	0.0581**	0.0532**	0.0555**	0.0260	0.0201
	(0.92)	(0.99)	(0.86)	(0.63)	(2.56)	(2.20)	(2.23)	(0.85)	(0.62)
f1	0.0999	0.0861	0.0368	0.0480	0.0114	0.0595	0.0258	0.0522	0.0882
	(1.07)	(1.03)	(0.45)	(0.52)	(0.12)	(0.63)	(0.29)	(0.58)	(1.04)
f3	0.0974	0.0948	0.0524	0.0584	−0.0298	0.0820	0.0889	0.0494	0.0895
	(1.08)	(1.08)	(0.63)	(0.69)	(−0.39)	(0.90)	(0.94)	(0.55)	(1.03)
g1	0.1272	0.1257	0.1114	0.1318*	0.1101	0.1133	0.1239*	0.1297	0.1242
	(1.47)	(1.67)	(1.59)	(1.71)	(1.40)	(1.41)	(1.75)	(1.54)	(1.60)

377

续表11.22

	Y_0^*	Y_1^*	Y_4^*	Y_5^*	Y_9^*	Y_{12}^*	Y_{13}^*	Y_{16}^*	Y_{22}^*
g2	−0.0832	−0.0872	−0.0205	−0.0488	−0.0427	−0.0321	−0.0436	−0.0561	−0.0911
	(−1.08)	(−1.23)	(−0.35)	(−0.75)	(−0.70)	(−0.53)	(−0.74)	(−0.80)	(−1.30)
g3	−0.1574*	−0.1638*	−0.1918**	−0.1811**	−0.2324***	−0.3330**	−0.1987**	−0.1654*	−0.1586*
	(−1.83)	(−1.91)	(−2.23)	(−2.25)	(−2.75)	(−2.54)	(−2.31)	(−1.95)	(−1.86)
g4	0.1376***	0.1368***	0.1418***	0.1110***	0.1400***	0.1588***	0.0015	0.1146***	0.1333***
	(4.01)	(4.17)	(4.60)	(4.35)	(5.05)	(4.58)	(0.03)	(3.70)	(4.04)
h1	0.0521*	0.0632**	0.0743***	0.0611**	0.0550**	0.0644**	0.0570**	0.0602**	0.0611**
	(1.96)	(2.74)	(3.21)	(2.27)	(2.11)	(2.68)	(2.20)	(2.39)	(2.42)
h2	−0.1855**	−0.2020***	−0.1435**	−0.2312***	−0.1601**	−0.1614**	−0.1415**	−0.2139***	−0.2118***
	(−2.45)	(−2.94)	(−2.10)	(−3.17)	(−2.39)	(−2.39)	(−2.01)	(−3.12)	(−3.18)
h3	−0.0212	−0.0107	0.0010	−0.0122	−0.0042	−0.0104	−0.0335	−0.0476	−0.0109
	(−0.40)	(−0.21)	(0.02)	(−0.24)	(−0.11)	(−0.20)	(−0.60)	(−1.08)	(−0.21)
j1	−0.0052	−0.0013	0.0065	−0.0110	0.0059	−0.0020	0.0110	0.0058	−0.0071
	(−0.08)	(−0.02)	(0.12)	(−0.17)	(0.11)	(−0.03)	(0.19)	(0.09)	(−0.11)
k1	0.4721	0.0153	0.3736	0.5225	0.8066	−0.0326	0.5710	0.7209	0.1254
	(0.61)	(0.02)	(0.47)	(0.67)	(1.01)	(−0.04)	(0.71)	(0.87)	(0.18)

续表11.22

	Y_0^*	Y_1^*	Y_4^*	Y_5^*	Y_9^*	Y_{12}^*	Y_{13}^*	Y_{16}^*	Y_{22}^*
l1	0.1838***	0.2011***	0.1806***	0.2014***	0.1572**	0.1868***	0.2001***	0.1803***	0.2000***
	(2.91)	(3.14)	(3.28)	(3.04)	(2.62)	(3.17)	(3.14)	(2.91)	(3.18)
l2	0.1169***	0.1237***	0.0997***	0.1263***	0.0925**	0.1096***	0.1133***	0.1091***	0.1198***
	(2.87)	(3.29)	(2.88)	(3.00)	(2.35)	(2.94)	(2.97)	(2.70)	(3.11)
n1	0.0376	0.0652	0.0727	0.1352	−0.0524	0.0227	0.0099	0.0133	−0.0039
	(0.31)	(0.59)	(0.61)	(1.25)	(−0.46)	(0.18)	(0.08)	(0.11)	(−0.04)
n2	0.0368	0.0259	0.0044	0.0131	0.0432	0.0534*	0.0359	0.0216	0.0285
	(0.99)	(0.78)	(0.15)	(0.39)	(1.42)	(1.80)	(1.26)	(0.64)	(0.86)
n3	−0.0378	−0.0404	−0.0368	−0.0230	−0.0313	−0.0393	−0.0194	−0.0264	−0.0373
	(−1.11)	(−1.28)	(−1.13)	(−0.70)	(−1.00)	(−1.19)	(−0.62)	(−0.77)	(−1.16)
n4	0.0293	0.0118	0.0110	0.0200	0.0200	0.0238	0.0068	0.0253	0.0118
	(0.79)	(0.31)	(0.31)	(0.59)	(0.54)	(0.66)	(0.19)	(0.70)	(0.31)
n5	0.2243**	0.1927*	0.1665*	0.3178***	0.2306**	0.3006***	0.3396***	0.1570	0.1906*
	(2.57)	(2.03)	(1.85)	(3.31)	(2.71)	(3.69)	(3.31)	(1.68)	(1.99)
o1	0.0274	0.0309	0.0127	0.0260	0.0249	0.0403	0.0361	0.0340	0.0314
	(0.94)	(0.96)	(0.41)	(0.84)	(0.91)	(1.27)	(1.17)	(1.15)	(1.02)

续表11.22

	Y_0^*	Y_1^*	Y_4^*	Y_5^*	Y_9^*	Y_{12}^*	Y_{13}^*	Y_{16}^*	Y_{22}^*
p1	0.2063**	0.2265**	0.1531*	0.1982**	0.2113**	0.2135**	0.2168**	0.2050**	0.2201**
	(2.57)	(2.73)	(1.92)	(2.42)	(2.65)	(2.41)	(2.47)	(2.50)	(2.66)
q1	0.2184*	0.1647	0.2108*	0.1294	0.3152**	0.2379*	0.2350	0.2168	0.1476
	(1.83)	(1.25)	(1.72)	(1.03)	(2.70)	(1.75)	(1.70)	(1.62)	(1.04)
r1	−0.2308	−0.1941	−0.2789**	−0.2195*	−0.1438	−0.1823	−0.1698	−0.1974	−0.2137*
	(−1.67)	(−1.53)	(−2.43)	(−1.77)	(−1.12)	(−1.49)	(−1.49)	(−1.44)	(−1.76)
s1		−0.0006	−0.4677	−0.0286	−0.2222	−0.1126	−0.0534	−0.1022	0.0496
		(−0.00)	(−1.94)	(−0.23)	(−1.49)	(−0.82)	(−0.39)	(−0.59)	(0.47)
st1		0.3900*							
		(1.88)							
st4			0.9590***						
			(2.88)						
st5				0.4866**					
				(2.61)					
st9					0.4862***				
					(3.13)				

续表11.22

	Y_0^*	Y_1^*	Y_4^*	Y_5^*	Y_9^*	Y_{12}^*	Y_{13}^*	Y_{16}^*	Y_{22}^*
st12						0.3386** (2.53)			
st13							0.4260** (2.40)		
st16								0.3154* (1.72)	
st22									0.2301** (2.18)
_cons	−0.5206* (−1.99)	−0.3477 (−1.41)	−0.3129 (−1.25)	−0.4652* (−1.89)	−0.5679** (−2.15)	−0.3433 (−1.35)	−0.5664** (−2.12)	−0.5630** (−2.08)	−0.3811 (−1.58)
N	150	150	150	150	150	150	150	150	150
R^2	0.846	0.853	0.861	0.856	0.863	0.856	0.858	0.852	0.851
adj. R^2	0.812	0.817	0.827	0.822	0.830	0.821	0.824	0.816	0.815

t statistics in parentheses; * $p<0.10$, ** $p<0.05$, *** $p<0.01$。

三、结果分析

中国制造业价值链攀升影响因素假设内容与结果,见表11.23。

表11.23 中国制造业价值链攀升影响因素假设内容与结果

代码	假设内容	结果
H34	制造业就业人口密度对中国制造业价值链攀升起积极调节作用	不支持
H35	制造业管理费用率对中国制造业价值链攀升起积极调节作用	不支持
H36	地方公共财政支出对中国制造业价值链攀升起积极调节作用	支持
H37	制造业就业全国占比对中国制造业价值链攀升起积极调节作用	不支持
H38	制造业就业区位熵对中国制造业价值链攀升起积极调节作用	支持

(1) 制造业就业人口密度的加入增强了资本水平、资金利税率、劳动效率、制造业总产值比重、货运量、服务业产值、劳动力投入对于中国制造业价值链高度的正向影响。另外,制造业就业人口密度的加入干扰了固定资产周转率、金融机构创新、制造业产业产值对于中国制造业价值链高度的负向影响,均为积极调节;制造业就业人口密度的加入干扰了外商直接投资技术溢出对中国制造业价值链高度的正向影响,即消极调节。

(2) 制造业管理费用率增强了单位面积交通设施、资金利税率、流动资产周转率、劳动效率、外商直接投资技术溢出对中国制造业价值链高度的正向关系,干扰了存货周转率、固定资产周转率与中国制造业价值链高度的负向关系,均为积极调节。另外,制造业管理费用率的加入干扰了资本业绩指数、劳动力投入对与中国制造业价值链高度的正向关系,即消极调节。

(3) 地方公共财政支出增强了资本水平、劳动力投入对中国制造业价值链高度的正向影响,干扰了出口产品率、金融机构创新、批发和零售业占比与中国制造业价值链高度的负向关系,可见地方公共财政支出对其显著项均为积极调节。

(4) 制造业就业全国占比增强了资本水平、资金利税率、流动资产周转率、劳动力投入、生产性服务业比较优势对中国制造业价值链高度的正向关系,干扰了存货周转率、金融机构创新对中国制造业价值链高度的负向关系,均为积极调节;制造业就业全国占比的加入干扰了R&D经费投入数量、外商直接投资技术溢出、进出口总额对中国制造业价值链高度存在正向关系，即消极调节。

（5）制造业就业区位熵增强了资本水平、单位面积交通设施、资金利税率、劳动效率、服务业产值对中国制造业价值链高度的正向关系，干扰了要素密集度指数、固定资产周转率、制造业成本费用利润率对中国制造业价值链高度的负向关系，均为积极调节。

第六节 情景Ⅳ：子系统视角中国制造业八大子系统价值链攀升调节机理

一、情景Ⅳ-Ⅰ：要素禀赋子系统与价值链攀升

加入调节变量生产性服务业比较优势后，模型回归结果详见表11.24。模型的拟合度分别为73.8%和74.2%，较原71.8%有所增加。生产性服务业比较优势与单位面积交通设施、要素密集度指数的交互项为负向且显著。结合交互项中原自变量的系数大小，单位面积交通设施、要素密集度指数与价值链高度存在正向关系，生产性服务业比较优势干扰了其与价值链高度的正向关系，为消极调节。

表11.24 加入调节变量（生产性服务业比较优势）模型回归结果

	Y_1	$Y_{ol·cl}$	$Y_{ol·dl}$
a1	0.5548***	0.5853***	0.5680***
	(5.53)	(5.71)	(5.88)
a2	−0.0483	−0.0320	−0.0269
	(−0.86)	(−0.69)	(−0.53)
b1	0.4518**	0.3871*	0.2305
	(2.14)	(1.74)	(1.16)
c1	0.7143***	0.8102***	0.6454**
	(3.26)	(3.69)	(2.65)
d1	0.0389	0.0287	0.0878***
	(1.29)	(0.89)	(2.96)

续表11.24

	Y_1	$Y_{ol \cdot cl}$	$Y_{ol \cdot dl}$
o1		0.1171*	0.1152**
		(1.95)	(2.69)
o1·c1		−0.2742**	
		(−2.34)	
o1·d1			−0.2061***
			(−4.03)
_cons	−0.2347**	−0.2726***	−0.2183**
	(−2.73)	(−3.23)	(−2.26)
N	150	150	150
R^2	0.718	0.738	0.742
adj. R^2	0.708	0.725	0.729

t statistics in parentheses; * $p<0.10$, ** $p<0.05$, *** $p<0.01$。

加入调节变量制造业就业区位熵后，模型回归结果详见表11.25。模型的拟合度分别为74.5%、72.9%，较原71.8%有所增加。制造业就业区位熵与单位面积交通设施、要素密集度指数的交互项为正向且显著。结合交互项中原自变量的系数大小，单位面积交通设施、要素密集指数与价值链高度存在正向关系，制造业就业区位熵增强了其与价值链高度的正向关系，为积极调节。

表11.25 加入调节变量（制造业就业区位熵）模型回归结果

	Y_1	$Y_{sl \cdot cl}$	$Y_{sl \cdot dl}$
a1	0.5548***	0.5162***	0.5083***
	(5.53)	(6.03)	(4.78)
a2	−0.0483	−0.0446	−0.0600
	(−0.86)	(−0.90)	(−0.99)
b1	0.4518**	0.2368	0.6965***
	(2.14)	(0.94)	(2.95)
c1	0.7143***	0.3873**	0.7035***
	(3.26)	(2.15)	(3.27)

续表11.25

	Y_1	$Y_{s1 \cdot c1}$	$Y_{s1 \cdot d1}$
d1	0.0389	0.0434*	−0.0476
	(1.29)	(1.70)	(−0.81)
s1	−0.5211	−0.1013	
		(−1.62)	(−0.54)
s1·c1	1.0501*		
	(2.02)		
s1·d1			0.4319*
			(1.84)
_cons	−0.2347**	−0.0738	−0.2201*
	(−2.73)	(−0.62)	(−1.97)
N	150	150	150
R^2	0.718	0.745	0.729
adj. R^2	0.708	0.733	0.716

t statistics in parentheses;* $p<0.10$,** $p<0.05$,*** $p<0.01$。

二、情景Ⅳ-Ⅱ：创新驱动子系统与价值链攀升

加入调节变量制造业就业人口密度后，模型回归结果详见表11.26。模型的拟合度分别为71.7%、71.4%、70.4%、70.0%、70.8%、72.0%、72.7%、70.7%，较原67.5%有所增加。制造业就业全国占比与R&D经费投入数量、资金利税率、制造业总产值比重、制造业成本费用利润率的交互项为正向且显著。结合交互项中原自变量的系数大小，R&D经费投入数量、资金利税率、制造业成本费用利润率与价值链高度存在正向关系，制造业就业人口密度增强了其与价值链高度的正向关系；制造业总产值比重与价值链高度存在负向关系，制造业就业人口密度的加入干扰了其与价值链高度的负向关系，均为积极调节。另外，制造业就业人口密度与管理费用率、流动资产周转率、存货周转率的交互项为负向显著，管理费用率、流动资产周转率与价值链高度存在正向关系。可见，制造业就业人口密度的加入干扰了其与价值链高度的正向关系，存货周转率与价值链高度存在负向关系，制造业就业人口密度的加入增强了其与价值链高度的负向关系，即均为消极调节。

表 11.26 加入调节变量（就业人口密度）模型回归结果

	Y_2	$Y_{b1 \cdot e1}$	$Y_{b1 \cdot f2}$	$Y_{b1 \cdot f3}$	$Y_{b1 \cdot g1}$	$Y_{b1 \cdot g2}$	$Y_{b1 \cdot h1}$	$Y_{b1 \cdot h2}$	$Y_{b1 \cdot h3}$
e1	0.2118***	0.1355*	0.1574**	0.1922***	0.1705**	0.1534**	0.1583**	0.1566**	0.1729**
	(3.63)	(2.02)	(2.36)	(3.30)	(2.55)	(2.30)	(2.56)	(2.36)	(2.79)
f1	0.0949	0.1068	0.1038	0.0871	0.1008	0.1075	0.1291	0.0904	0.1001
	(0.79)	(0.83)	(0.80)	(0.69)	(0.79)	(0.83)	(0.99)	(0.66)	(0.79)
f2	0.0722	0.0996	0.1165	0.0646	0.0812	0.0912	0.0778	0.0832	0.0813
	(1.04)	(1.52)	(1.66)	(1.00)	(1.17)	(1.35)	(1.18)	(1.30)	(1.24)
f3	0.1126	0.1065	0.1080	0.0780	0.1193	0.1178	0.1085	0.1055	0.0938
	(0.92)	(0.92)	(0.93)	(0.67)	(1.01)	(1.01)	(0.96)	(0.91)	(0.80)
g1	0.1177	0.0769	0.0671	0.0465	0.1082	0.0912	0.0582	0.0577	0.0566
	(0.91)	(0.65)	(0.59)	(0.41)	(0.90)	(0.77)	(0.50)	(0.51)	(0.49)
g2	−0.2907***	−0.3011***	−0.2937***	−0.1981***	−0.2973***	−0.2883***	−0.2321***	−0.2587***	−0.2384**
	(−3.56)	(−3.81)	(−3.86)	(−2.60)	(−3.76)	(−3.61)	(−2.93)	(−3.55)	(−3.19)
g3	0.0370	0.0687	0.0691	−0.0101	0.0607	0.0746	−0.0089	0.0424	0.0306
	(0.39)	(0.69)	(0.69)	(−0.10)	(0.59)	(0.72)	(−0.09)	(0.43)	(0.32)
g4	0.0475**	0.0597**	0.0624**	0.0717***	0.0595**	0.0586**	0.0838***	0.0802**	0.0634**
	(2.29)	(2.71)	(2.66)	(3.03)	(2.62)	(2.61)	(3.26)	(3.07)	(2.62)

续表11.26

	Y_2	$Y_{b1·e1}$	$Y_{b1·f2}$	$Y_{b1·f3}$	$Y_{b1·g1}$	$Y_{b1·g2}$	$Y_{b1·h1}$	$Y_{b1·h2}$	$Y_{b1·h3}$
h1	0.0661**	0.0667**	0.0651*	0.0753**	0.0721**	0.0714**	0.0413	0.0510	0.0728**
	(2.14)	(2.13)	(1.92)	(2.36)	(2.34)	(2.36)	(1.13)	(1.52)	(2.32)
h2	−0.2778***	−0.2170**	−0.2148**	−0.2414***	−0.2331***	−0.2308***	−0.1905**	−0.0953	−0.2358***
	(−3.24)	(−2.62)	(−2.46)	(−2.92)	(−2.85)	(−2.83)	(−2.40)	(−0.95)	(−2.90)
h3	0.0356	0.0222	0.0153	0.0325	0.0219	0.0186	0.0231	0.0171	0.0164
	(0.48)	(0.34)	(0.23)	(0.48)	(0.33)	(0.28)	(0.36)	(0.27)	(0.25)
j1	0.1034	0.1008	0.0925	0.0627	0.0986	0.0920	0.0743	0.1134	0.0702
	(1.28)	(1.23)	(1.17)	(0.81)	(1.29)	(1.22)	(1.01)	(1.45)	(0.93)
b1		0.2125	0.9148*	0.4686	0.7091*	0.6763*	0.8359***	1.6425***	0.3963
		(0.60)	(2.00)	(1.27)	(2.01)	(2.04)	(2.99)	(3.10)	(1.42)
b1·e1		0.4656**							
		(2.44)							
b1·f2			−0.4954**						
			(−2.17)						
b1·f3				0.6566***					
				(2.76)					

续表 11.26

	Y_2	$Y_{b1 \cdot e1}$	$Y_{b1 \cdot f2}$	$Y_{b1 \cdot f3}$	$Y_{b1 \cdot g1}$	$Y_{b1 \cdot g2}$	$Y_{b1 \cdot h1}$	$Y_{b1 \cdot h2}$	$Y_{b1 \cdot h3}$
b1·g1					−0.4765*				
					(−2.01)				
b1·g2						−0.8655***			
						(−3.14)			
b1·h1							0.5084***		
							(3.13)		
b1·h2								−1.6408***	
								(−3.04)	
b1·h3									0.5790**
									(2.69)
_cons	−0.0061	−0.0522	−0.0797	−0.0417	−0.0702	−0.0652	−0.0925	−0.0824	−0.0505
	(−0.07)	(−0.59)	(−0.91)	(−0.49)	(−0.84)	(−0.77)	(−1.15)	(−1.03)	(−0.60)
N	150	150	150	150	150	150	150	150	150
R^2	0.675	0.717	0.714	0.704	0.700	0.708	0.720	0.727	0.707
adj. R^2	0.647	0.688	0.685	0.674	0.669	0.678	0.691	0.699	0.676

t statistics in parentheses; * $p<0.10$, ** $p<0.05$, *** $p<0.01$。

加入调节变量制造业要素密集度指数后,模型回归结果详见表11.27。模型的拟合度分别为69.0%、69.7%,较原67.5%有所增加,要素密集指数与出口产品率的交互项为正向且显著。结合交互项中原自变量的系数大小,出口产品率与价值链高度存在负向关系,要素密集度指数干扰了其与价值链高度的负向关系,为积极调节。另外,要素密集度指数与R&D经费投入数量的交互项为负向显著,其与价值链高度存在正向关系,可见要素密集度指数的加入干扰了其与价值链高度的正向关系,即消极调节。

表 11.27 加入调节变量(要素密集度指数)模型回归结果

	Y_2	$Y_{d1 \cdot e1}$	$Y_{d1 \cdot h2}$
e1	0.2118***	0.2595***	0.2024***
	(3.63)	(4.11)	(3.59)
f1	0.0949	0.1086	0.0584
	(0.79)	(0.84)	(0.49)
f2	0.0722	0.0577	0.0826
	(1.04)	(0.80)	(1.25)
f3	0.1126	0.0891	0.0926
	(0.92)	(0.73)	(0.80)
g1	0.1177	0.0898	0.1007
	(0.91)	(0.74)	(0.78)
g2	−0.2907***	−0.2471***	−0.2929***
	(−3.56)	(−3.33)	(−3.20)
g3	0.0370	0.0073	0.0073
	(0.39)	(0.08)	(0.08)
g4	0.0475**	0.0818*	0.1091**
	(2.29)	(1.97)	(2.55)
h1	0.0661**	0.0784**	0.0662*
	(2.14)	(2.51)	(1.89)
h2	−0.2778***	−0.2852***	−0.3544***
	(−3.24)	(−3.63)	(−3.58)

续表11.27

	Y_2	$Y_{d1 \cdot e1}$	$Y_{d1 \cdot h2}$
h3	0.0356	0.0511	0.0327
	(0.48)	(0.70)	(0.46)
j1	0.1034	0.0992	0.0901
	(1.28)	(1.26)	(1.21)
d1		0.0366	−0.1198**
		(0.58)	(−2.60)
d1·e1		−0.1740*	
		(−1.76)	
d1·h2			0.3692*
			(1.95)
_cons	−0.0061	−0.0119	0.0670
	(−0.07)	(−0.12)	(0.76)
N	150	150	150
R^2	0.675	0.690	0.697
adj. R^2	0.647	0.658	0.666

t statistics in parentheses; * $p<0.10$, ** $p<0.05$, *** $p<0.01$。

加入调节变量货运量后，模型回归结果详见表11.28。模型的拟合度分别为73.2%、73.4%，较原67.5%有所增加。货运量与R&D经费投入数量、产权结构的交互项为正向且显著，结合交互项中原自变量的系数大小，R&D经费投入数量、产权结构与价值链高度存在正向关系，货运量增强了其与价值链高度的正向关系，即积极调节。

表11.28 加入调节变量（货运量）模型回归结果

	Y_2	$Y_{l1 \cdot e1}$	$Y_{l1 \cdot f1}$
e1	0.2118***	0.0806	0.1323**
	(3.63)	(1.10)	(2.40)
f1	0.0949	0.1549	0.0679
	(0.79)	(1.22)	(0.43)
f2	0.0722	0.0793	0.0834
	(1.04)	(1.43)	(1.48)

续表11.28

	Y_2	$Y_{ll \cdot el}$	$Y_{ll \cdot fl}$
f3	0.1126	0.1491	0.1241
	(0.92)	(1.28)	(1.01)
g1	0.1177	0.1354	0.1238
	(0.91)	(1.33)	(1.27)
g2	−0.2907***	−0.2548***	−0.2420***
	(−3.56)	(−4.08)	(−3.85)
g3	0.0370	−0.0629	−0.0638
	(0.39)	(−0.71)	(−0.72)
g4	0.0475**	0.0587**	0.0512**
	(2.29)	(2.68)	(2.62)
h1	0.0661**	0.0636**	0.0587*
	(2.14)	(2.28)	(2.04)
h2	−0.2778***	−0.2329***	−0.1706**
	(−3.24)	(−3.32)	(−2.10)
h3	0.0356	−0.0184	0.0056
	(0.48)	(−0.26)	(0.07)
j1	0.1034	0.0796	0.0828
	(1.28)	(1.23)	(1.20)
l1		0.1953	0.0138
		(1.59)	(0.06)
l1 · e1		0.1566*	
		(1.76)	
l1 · f1			0.4886*
			(1.81)
_cons	−0.0061	−0.0279	−0.0325
	(−0.07)	(−0.29)	(−0.34)
N	150	150	150
R^2	0.675	0.732	0.734
adj. R^2	0.647	0.704	0.706

t statistics in parentheses; * $p<0.10$, ** $p<0.05$, *** $p<0.01$。

加入调节变量地方公共财政支出后，模型回归结果详见表11.29。模型的拟合度分别为72.8%、71.5%、70.7%，较原67.5%有所增加。地方公共财政支出与R&D经费投入数量、产权结构、出口产品率的交互项为正向且显著，结合交互项中原自变量的系数大小，R&D经费投入数量、产权结构与价值链高度存在正向关系，地方公共财政支出增强了其与价值链高度的正向关系；出口产品率与价值链高度存在负向关系，地方公共财政支出的加入干扰了其与价值链高度的负向关系，均为积极调节。

表 11.29　加入调节变量（地方公共财政支出）模型回归结果

	Y_2	$Y_{ml \cdot e1}$	$Y_{ml \cdot f1}$	$Y_{ml \cdot h2}$
e1	0.2118***	0.0444	0.1677***	0.1765***
	(3.63)	(0.55)	(2.78)	(2.98)
f1	0.0949	0.1626	0.0454	0.1251
	(0.79)	(1.28)	(0.33)	(1.05)
f2	0.0722	0.0993**	0.1116*	0.1047*
	(1.04)	(2.11)	(1.92)	(1.79)
f3	0.1126	0.1586	0.1084	0.0917
	(0.92)	(1.37)	(0.93)	(0.86)
g1	0.1177	0.1654	0.0739	0.0935
	(0.91)	(1.54)	(0.65)	(0.80)
g2	−0.2907***	−0.3493***	−0.2476***	−0.2803***
	(−3.56)	(−4.13)	(−3.02)	(−3.12)
g3	0.0370	−0.0029	−0.0090	0.0108
	(0.39)	(−0.03)	(−0.10)	(0.12)
g4	0.0475**	0.0429**	0.0461*	0.0505*
	(2.29)	(2.21)	(1.75)	(1.90)
h1	0.0661**	0.0677**	0.0807**	0.0562
	(2.14)	(2.40)	(2.04)	(1.54)
h2	−0.2778***	−0.1988**	−0.1815*	−0.3252**
	(−3.24)	(−2.34)	(−2.04)	(−2.66)
h3	0.0356	0.0017	0.0254	0.0258
	(0.48)	(0.03)	(0.41)	(0.42)

续表11.29

	Y_2	$Y_{m1 \cdot e1}$	$Y_{m1 \cdot f1}$	$Y_{m1 \cdot h2}$
j1	0.1034	0.0763	0.0751	0.0631
	(1.28)	(1.13)	(0.95)	(0.79)
m1		−0.1937	−0.2305	−0.0680
		(−1.37)	(−1.32)	(−0.46)
m1·e1		0.3990***		
		(2.97)		
m1·f1			0.5062***	
			(2.93)	
m1·h2				0.4122*
				(1.76)
_cons	−0.0061	0.0246	0.0081	0.0253
	(−0.07)	(0.26)	(0.09)	(0.28)
N	150	150	150	150
R^2	0.675	0.728	0.715	0.707
adj. R^2	0.647	0.700	0.685	0.676

t statistics in parentheses; * $p<0.10$, ** $p<0.05$, *** $p<0.01$。

加入调节变量生产性服务业比较优势后,模型回归结果详见表11.30。模型的拟合度为68.9%,较原67.5%有所增加。生产性服务业比较优势与出口产品率的交互项为正向且显著,结合交互项中原自变量的系数大小,出口产品率与价值链高度存在负向关系,生产性服务业比较优势的加入干扰了其与价值链高度的负向关系,均为积极调节。

表11.30 加入调节变量(生产性服务业比较优势)模型回归结果

	Y_2	$Y_{o1 \cdot h2}$
e1	0.2118***	0.1993***
	(3.63)	(3.44)
f1	0.0949	0.0910
	(0.79)	(0.75)
f2	0.0722	0.0876
	(1.04)	(1.22)

续表11.30

	Y_2	$Y_{o1·h2}$
f3	0.1126	0.1050
	(0.92)	(0.92)
g1	0.1177	0.1026
	(0.91)	(0.83)
g2	−0.2907***	−0.3010***
	(−3.56)	(−3.00)
g3	0.0370	0.0486
	(0.39)	(0.54)
g4	0.0475**	0.0535**
	(2.29)	(2.18)
h1	0.0661**	0.0715**
	(2.14)	(2.34)
h2	−0.2778***	−0.3560***
	(−3.24)	(−3.60)
h3	0.0356	0.0328
	(0.48)	(0.48)
j1	0.1034	0.0942
	(1.28)	(1.16)
o1		−0.0581
		(−0.93)
o1·h2		0.2988*
		(1.98)
_cons	−0.0061	0.0102
	(−0.07)	(0.11)
N	150	150
R^2	0.675	0.689
adj. R^2	0.647	0.657

t statistics in parentheses; * $p<0.10$, ** $p<0.05$, *** $p<0.01$。

加入调节变量外商直接投资技术溢出后，模型回归结果详见表11.31，模型的拟合度分别为 68.7%、68.6%、68.8%、69.8%、

70.9%。较原67.5%有所增加。外商直接投资技术溢出与R&D经费投入数量的交互项为正向且显著，结合交互项中原自变量的系数大小，R&D经费投入数量与价值链高度存在正向关系，外商直接投资技术溢出增强了其与价值链高度的正向关系。外商直接投资技术溢出产权结构、流动资产周转率、存货周转率、出口产品率的交互项为负向显著，产权结构、流动资产周转率与价值链高度存在正向关系，可见外商直接投资技术溢出的加入干扰了其与价值链高度的正向关系，存货周转率、出口产品率与价值链高度存在负向关系，外商直接投资技术溢出的加入增强了其与价值链高度的负向关系，均为消极调节。

表11.31 加入调节变量（外商直接投资技术溢出）模型回归结果

	Y_2	$Y_{p1 \cdot e1}$	$Y_{p1 \cdot f1}$	$Y_{p1 \cdot g1}$	$Y_{p1 \cdot g2}$	$Y_{p1 \cdot h2}$
e1	0.2118***	0.1134	0.2173***	0.1917***	0.1830***	0.2043***
	(3.63)	(1.53)	(3.60)	(2.99)	(2.95)	(3.38)
f1	0.0949	0.0977	0.2242*	0.1048	0.1019	0.0978
	(0.79)	(0.87)	(1.73)	(0.89)	(0.90)	(0.81)
f2	0.0722	0.0919	0.0843	0.0949	0.0955	0.0842
	(1.04)	(1.28)	(1.21)	(1.25)	(1.32)	(1.35)
f3	0.1126	0.1077	0.0956	0.0985	0.0881	0.1112
	(0.92)	(0.96)	(0.75)	(0.86)	(0.79)	(0.92)
g1	0.1177	0.1198	0.1269	0.1998	0.1720	0.1574
	(0.91)	(1.00)	(0.98)	(1.59)	(1.35)	(1.31)
g2	−0.2907***	−0.3330***	−0.2871***	−0.3336***	−0.2793***	−0.3091***
	(−3.56)	(−3.77)	(−3.11)	(−3.34)	(−3.03)	(−3.72)
g3	0.0370	0.0545	0.0375	0.0703	0.0929	0.0264
	(0.39)	(0.60)	(0.37)	(0.73)	(1.00)	(0.28)
g4	0.0475**	0.0539***	0.0415**	0.0521**	0.0473**	0.0431**
	(2.29)	(2.79)	(2.18)	(2.46)	(2.46)	(2.38)
h1	0.0661**	0.0641**	0.0622*	0.0602*	0.0666**	0.0492*
	(2.14)	(2.07)	(1.86)	(1.92)	(2.32)	(1.71)
h2	−0.2778***	−0.2614**	−0.2853***	−0.2546**	−0.2624**	−0.0224
	(−3.24)	(−2.61)	(−2.83)	(−2.56)	(−2.68)	(−0.25)

续表11.31

	Y_2	$Y_{p1 \cdot e1}$	$Y_{p1 \cdot f1}$	$Y_{p1 \cdot g1}$	$Y_{p1 \cdot g2}$	$Y_{p1 \cdot h2}$
h3	0.0356	0.0316	0.0416	0.0382	0.0409	0.0111
	(0.48)	(0.47)	(0.57)	(0.57)	(0.63)	(0.16)
j1	0.1034	0.0860	0.0929	0.1051	0.1002	0.0933
	(1.28)	(1.07)	(1.17)	(1.34)	(1.32)	(1.39)
p1		−0.1558	0.2459	0.0893	0.1316	0.2430
		(−0.96)	(1.09)	(0.57)	(0.99)	(1.29)
p1·e1		0.2803**				
		(2.33)				
p1·f1			−0.4174*			
			(−1.93)			
p1·g1				−0.3720*		
				(−1.79)		
p1·g2					−0.5589**	
					(−2.12)	
p1·h2						−0.6084***
						(−3.31)
_cons	−0.0061	0.0353	−0.0689	−0.0357	−0.0504	−0.0437
	(−0.07)	(0.44)	(−0.69)	(−0.38)	(−0.59)	(−0.51)
N	150	150	150	150	150	150
R^2	0.675	0.687	0.686	0.688	0.698	0.709
adj. R^2	0.647	0.655	0.653	0.656	0.667	0.679

t statistics in parentheses; * $p<0.10$, ** $p<0.05$, *** $p<0.01$。

三、情景Ⅳ-Ⅲ：中国制造业价值链营商环境子系统

加入调节变量制造业就业人口密度后，观察模型的回归结果见表11.32。模型的拟合度分别为67.1%、66.6%，较原64.7%有所增加。制造业就业人口密度与地区人均拥有道路面积、地方公共财政支出的交互项为正向且显著，结合交互项中原自变量的系数大小，地区人均拥有道路面积、地方公共财政支出与价值链高度存在正向关系，制造业就业人口密度增强了其与价值链高度的正向关系，为积极调节。

表 11.32 加入调节变量（制造业就业人口密度）模型回归结果

	Y_3	$Y_{b1 \cdot l2}$	$Y_{b1 \cdot m1}$
k1	2.8650**	3.0593**	2.7761**
	(2.40)	(2.51)	(2.21)
l1	0.2077**	0.1850**	0.1896**
	(2.18)	(2.17)	(2.08)
l2	0.1422***	0.0850	0.1534***
	(2.92)	(1.66)	(3.07)
m1	0.0671	0.0210	−0.0109
	(0.60)	(0.19)	(−0.09)
b1		−0.2468	0.1691
		(−1.03)	(0.79)
b1·l2		1.0465***	
		(2.82)	
b1·m1			0.4019*
			(1.97)
_cons	−0.9800**	−1.0214**	−0.9580**
	(−2.37)	(−2.45)	(−2.23)
N	150	150	150
R^2	0.647	0.671	0.666
adj. R^2	0.638	0.657	0.652

t statistics in parentheses；* $p<0.10$，** $p<0.05$，*** $p<0.01$。

加入调节变量单位面积交通设施后，观察模型的回归结果见表 11.33。模型的拟合度为 76.5%，较原 64.7% 有所增加。单位面积交通设施与地方公共财政支出的交互项为正向且显著，结合交互项中原自变量的系数大小，地方公共财政支出与价值链高度存在正向关系，单位面积交通设施增强了其与价值链高度的正向关系，为积极调节。

表 11.33 加入调节变量（单位面积交通设施）模型回归结果

	Y_3	$Y_{c1 \cdot m1}$
k1	2.8650**	2.2971***
	(2.40)	(3.44)

续表11.33

	Y_3	$Y_{cl \cdot ml}$
l1	0.2077**	0.1741***
	(2.18)	(3.13)
l2	0.1422***	0.1177***
	(2.92)	(2.79)
ml	0.0671	−0.1710
	(0.60)	(−1.25)
cl		0.5645**
		(2.26)
cl · ml		0.3565*
		(1.96)
_cons	−0.9800**	−0.9678***
	(−2.37)	(−4.21)
N	150	150
R^2	0.647	0.765
adj. R^2	0.638	0.755

t statistics in parentheses; * $p<0.10$, ** $p<0.05$, *** $p<0.01$。

四、情景Ⅳ-Ⅳ：生产性服务业子系统与价值链攀升

加入调节变量资本水平后，模型回归结果详见表11.34。模型的拟合度分别为65.9%、66.5%、66.0%，较原62.1%有所增加。资本水平与交通运输、仓储和邮政业产值占比，批发和零售业产值占比的交互项为正向且显著，结合交互项中原自变量的系数大小，交通运输、仓储和邮政业产值占比、批发和零售业占比与价值链高度存在负向关系，资本水平干扰了其与价值链高度的负向关系，为积极调节。另外，资本水平与服务业GDP的交互项为负向显著，其与价值链高度存在正向关系，可见就业全国占比的加入干扰了其与价值链高度的正向关系，为消极调节。

表 11.34 加入调节变量（资本水平）模型回归结果

	Y_4	$Y_{a1·n1}$	$Y_{a1·n2}$	$Y_{a1·n3}$
n1	0.4109***	0.4468**	0.3645**	0.4481***
	(6.54)	(2.69)	(2.37)	(3.22)
n2	−0.0767	−0.0550	−0.1901***	−0.1008**
	(−1.59)	(−1.12)	(−3.38)	(−2.23)
n3	−0.0290	−0.0007	−0.0178	−0.0933*
	(−0.71)	(−0.02)	(−0.58)	(−1.75)
n4	0.0252	0.0373	0.0207	0.0195
	(0.62)	(1.04)	(0.57)	(0.53)
n5	0.2046*	0.2402*	0.0833	0.1513
	(1.78)	(1.85)	(0.66)	(1.26)
o1	0.0101	−0.0116	−0.0031	−0.0191
	(0.17)	(−0.20)	(−0.05)	(−0.34)
a1		0.4878	0.0771	−0.1467
		(1.34)	(0.25)	(−0.58)
a1·n1		−0.3174*		
		(−1.71)		
a1·n2			0.6991***	
			(3.79)	
a1·n3				0.9830***
				(2.84)
_cons	0.1548***	0.0310	0.1534***	0.0990*
	(3.31)	(0.38)	(3.24)	(2.00)
N	150	150	150	150
R^2	0.621	0.659	0.665	0.660
adj. R^2	0.605	0.639	0.646	0.640

t statistics in parentheses; * $p<0.10$, ** $p<0.05$, *** $p<0.01$。

加入调节变量单位面积交通设施后，模型回归结果详见表 11.35。模型的拟合度分别为 74.4%、74.2%、74.0%、75.0%，较原 62.1%有所增加。单位面积交通设施与交通运输、仓储和邮政业产值比、批发和零售业占比、金融业占比的交互项为正向且显著，结合交互项中原自变量的系数大小，金融业占比与价值链高度存在正向关系，单位面积交通设施增强了其与价值链高度的正向关系；交通运输、仓储和邮政业产值占比、批发和零售业产值占比与价值链高度存在负向关系，单位面积交通设施的加入干扰了其与价值链高度的负向关系，均为积极调节。另外，单位面积交通设施与生产性服务业比较优势的交互项为负向显著，其与价值链高度存在正向关系，可见单位面积交通设施的加入干扰了其与价值链高度的正向关系，为消极调节。

表 11.35 加入调节变量（单位面积交通设施）模型回归结果

	Y_4	$Y_{c1 \cdot n2}$	$Y_{c1 \cdot n3}$	$Y_{c1 \cdot n4}$	$Y_{c1 \cdot o1}$
n1	0.4109***	0.4077***	0.4266***	0.3615***	0.3751***
	(6.54)	(6.86)	(6.90)	(6.36)	(6.37)
n2	−0.0767	−0.1458*	−0.0092	−0.0397	0.0012
	(−1.59)	(−2.03)	(−0.20)	(−0.96)	(0.03)
n3	−0.0290	0.0183	−0.1306	0.0134	0.0209
	(−0.71)	(0.47)	(−1.45)	(0.35)	(0.61)
n4	0.0252	−0.0228	0.0043	−0.1159*	−0.0183
	(0.62)	(−0.60)	(0.12)	(−1.85)	(−0.54)
n5	0.2046*	0.1131	0.1179	0.1595*	0.1760*
	(1.78)	(1.35)	(1.35)	(1.75)	(1.78)
o1	0.0101	−0.0069	−0.0178	−0.0036	0.1258**
	(0.17)	(−0.15)	(−0.42)	(−0.07)	(2.31)
c1		0.6577**	0.5686*	0.5704*	0.8436***
		(2.19)	(1.70)	(2.02)	(2.90)
c1·n2		0.4201**			
		(2.13)			
c1·n3			0.3635*		
			(2.03)		
c1·n4				0.2889*	
				(2.00)	
c1·o1					−0.3015**
					(−2.68)

续表11.35

	Y_4	$Y_{c1 \cdot n2}$	$Y_{c1 \cdot n3}$	$Y_{c1 \cdot n4}$	$Y_{c1 \cdot o1}$
_cons	0.1548***	−0.1469	−0.1178	−0.0990	−0.2224*
	(3.31)	(−1.15)	(−0.84)	(−0.81)	(−1.81)
N	150	150	150	150	150
R^2	0.621	0.744	0.742	0.740	0.750
adj. R^2	0.605	0.729	0.728	0.726	0.735

t statistics in parentheses; * $p<0.10$, ** $p<0.05$, *** $p<0.01$。

加入调节变量地方公共财政支出后，模型回归结果详见表11.36。模型的拟合度分别为65.3%、65.3%、67.8%、63.7%，较原62.1%有所增加。地方公共财政支出与交通运输、仓储和邮政业产值占比，批发和零售业产值占比的交互项为正向且显著，结合交互项中原自变量的系数大小，其与价值链高度存在负向关系，地方公共财政支出的加入干扰了其与价值链高度的负向关系，均为积极调节。另外，地方公共财政支出与服务业产值、生产性服务业比较优势的交互项为负向显著，其与价值链高度存在正向关系，可见地方公共财政支出的加入干扰了其与价值链高度的正向关系，为消极调节。

表11.36　加入调节变量（地方公共财政支出）模型回归结果

	Y_4	$Y_{m1 \cdot n1}$	$Y_{m1 \cdot n2}$	$Y_{m1 \cdot n3}$	$Y_{m \cdot o1}$
n1	0.4109***	0.7693***	0.6277***	0.6319***	0.5168***
	(6.54)	(3.85)	(4.45)	(5.82)	(3.68)
n2	−0.0767	−0.0385	−0.1747***	−0.1069**	−0.0601
	(−1.59)	(−0.79)	(−3.70)	(−2.56)	(−1.16)
n3	−0.0290	−0.0103	−0.0639	−0.1970***	−0.0325
	(−0.71)	(−0.32)	(−1.63)	(−3.50)	(−0.79)
n4	0.0252	0.0677	0.0451	−0.0204	0.0452
	(0.62)	(1.58)	(1.04)	(−0.50)	(1.00)
n5	0.2046*	0.3506***	0.1106	0.0415	0.1871
	(1.78)	(3.08)	(1.41)	(0.56)	(1.67)
o1	0.0101	−0.0173	−0.0063	−0.0218	0.0733
	(0.17)	(−0.31)	(−0.10)	(−0.38)	(0.79)

续表11.36

	Y_4	$Y_{m1 \cdot n1}$	$Y_{m1 \cdot n2}$	$Y_{m1 \cdot n3}$	$Y_{m \cdot o1}$
m1		0.0007	−0.3314*	−0.5656***	0.0417
		(0.00)	(−1.96)	(−3.42)	(0.26)
m1·n1		−0.3465**			
		(−2.38)			
m1·n2			0.7193***		
			(3.58)		
m1·n3				1.0231***	
				(5.49)	
m1·o1					−0.3347*
					(−1.72)
_cons	0.1548***	0.0499	0.2008***	0.2579***	0.1207**
	(3.31)	(0.89)	(5.49)	(7.11)	(2.08)
N	150	150	150	150	150
R^2	0.621	0.653	0.653	0.678	0.637
adj. R^2	0.605	0.633	0.633	0.660	0.616

t statistics in parentheses; * $p<0.10$, ** $p<0.05$, *** $p<0.01$。

加入调节变量金融机构创新后,模型回归结果详见表11.37。模型的拟合度为63.2%,较原62.1%有所增加。金融机构创新与交通运输、仓储和邮政业产值占比的交互项为正向且显著,结合交互项中原自变量的系数大小,交通运输、仓储和邮政业产值占比与价值链高度存在负向关系,金融机构创新的加入干扰了其与价值链高度的负向关系,为积极调节。

表11.37 加入金融机构创新调节变量模型回归结果

	Y_4	$Y_{4j1 \cdot n2}$
n1	0.4109***	0.4080***
	(6.54)	(6.42)
n2	−0.0767	−0.2019***
	(−1.59)	(−3.62)
n3	−0.0290	−0.0206
	(−0.71)	(−0.60)

续表11.37

	Y_4	$Y_{4j1 \cdot n2}$
n4	0.0252	0.0525
	(0.62)	(1.28)
n5	0.2046*	0.2546**
	(1.78)	(2.16)
o1	0.0101	0.0044
	(0.17)	(0.07)
j1		−0.0737
		(−0.98)
j1·n2		0.2273***
		(2.90)
_cons	0.1548***	0.1741***
	(3.31)	(3.87)
N	150	150
R^2	0.621	0.632
adj. R^2	0.605	0.611

t statistics in parentheses；* $p<0.10$，** $p<0.05$，*** $p<0.01$。

加入调节变量制造业进出口总额后，模型回归结果详见表11.38。模型的拟合度分别为64.5%、64.4%、65.1%，较原62.1%有所增加。制造业进出口总额与交通运输、仓储和邮政业产值占比，批发和零售业产值占比的交互项为正向且显著，结合交互项中原自变量的系数大小，其与价值链高度存在负向关系，制造业进出口总额的加入干扰了其与价值链高度的负向关系，为积极调节。另外，制造业进出口总额与服务业产值的交互项为负向显著，其与价值链高度存在正向关系，可见制造业进出口总额的加入干扰了其与价值链高度的正向关系，为消极调节。

表11.38 加入进出口总额调节变量模型回归结果

	Y_4	$Y_{q1 \cdot n1}$	$Y_{q1 \cdot n2}$	$Y_{q1 \cdot n3}$
n1	0.4109***	0.5639***	0.5204***	0.5781***
	(6.54)	(4.99)	(5.27)	(4.62)

续表11.38

	Y_4	$Y_{q1 \cdot n1}$	$Y_{q1 \cdot n2}$	$Y_{q1 \cdot n3}$
n2	−0.0767	−0.0477	−0.1143**	−0.0497
	(−1.59)	(−1.06)	(−2.73)	(−1.13)
n3	−0.0290	−0.0155	−0.0129	−0.0466
	(−0.71)	(−0.45)	(−0.41)	(−1.14)
n4	0.0252	0.0420	0.0226	0.0373
	(0.62)	(1.18)	(0.64)	(1.01)
n5	0.2046*	0.3080***	0.2157**	0.2700***
	(1.78)	(3.19)	(2.69)	(3.18)
o1	0.0101	−0.0067	−0.0009	−0.0149
	(0.17)	(−0.11)	(−0.02)	(−0.25)
q1	0.1818	−0.2802	−0.4414	
	(1.40)	(−1.29)	(−1.51)	
q1·n1		−0.3243***		
		(−2.97)		
q1·n2			1.1971***	
			(3.33)	
q1·n3				0.6354**
				(2.73)
_cons	0.1548***	0.0800*	0.1341***	0.1147**
	(3.31)	(1.70)	(3.38)	(2.57)
N	150	150	150	150
R^2	0.621	0.645	0.644	0.651
adj. R^2	0.605	0.625	0.623	0.631

t statistics in parentheses；* $p<0.10$，** $p<0.05$，*** $p<0.01$。

五、情景Ⅳ-Ⅴ：国际投资子系统与价值链攀升

对于外商直接投资技术溢出而言，加入调节变量检验后，模型回归结果详见表11.39。模型的拟合度均有所提高，城市常住人口、货运量与外商直接投资技术溢出的交互项为正向且显著，结合交互项中原自变量的系数大小，外商直接投资技术溢出与价值链高度存在正向关系，城市常住人口、货运量增强了其与价值链高度的正向关系。因此，城市常

住人口、货运量为积极调节。制造业就业人口密度、出口产品率、地方公共财政支出、服务业产值、制造业进出口总额与外商直接投资技术溢出的交互项均为负向显著，外商直接投资技术溢出与价值链高度存在正向关系，制造业就业人口密度、出口产品率、地方公共财政支出、服务业产值、制造业进出口总额加入干扰了其与价值链高度的正向关系，均为消极调节。

表 11.39　国际投资子系统调节效应检验结果

	Y_5	$Y_{b1·p1}$	$Y_{h2·p2}$	$Y_{k1·p1}$	$Y_{l1·p1}$	$Y_{m1·p1}$	$Y_{n1·p1}$	$Y_{q1·p1}$
p1	0.0856	0.3510**	0.6582***	−0.0290	−0.2178*	0.2162	0.1627	0.2687*
	(0.53)	(2.35)	(4.44)	(−0.30)	(−1.76)	(1.61)	(1.69)	(1.96)
b1		3.1848***						
		(5.26)						
b1·p1		−2.7769**						
		(−2.47)						
h2			0.1691					
			(1.06)					
h2·p1			−1.2250***					
			(−4.93)					
k1				4.8056***				
				(7.21)				
k1·p1				0.5256*				
				(1.97)				
l1					0.4318***			
					(2.91)			

续表11.39

	Y_5	$Y_{b1·p1}$	$Y_{h2·p2}$	$Y_{k1·p1}$	$Y_{l1·p1}$	$Y_{m1·p1}$	$Y_{n1·p1}$	$Y_{q1·p1}$
l1·p1					0.6702*			
					(1.96)			
m1						0.5214***		
						(4.88)		
m1·p1						−0.2715**		
						(−2.36)		
n1							0.7142***	
							(10.53)	
n1·p1							−0.4435***	
							(−3.49)	
q1								1.3683***
								(6.37)
q1·p1								−1.4207***
								(−6.50)
_cons	0.2264***	0.0046	0.1653***	−1.5845***	0.1114**	0.0634**	0.0826**	0.0984**
	(5.05)	(0.08)	(4.40)	(−6.51)	(2.43)	(2.26)	(2.75)	(2.30)
N	150	150	150	150	150	150	150	150

续表11.39

	Y_5	$Y_{b1 \cdot p1}$	$Y_{h2 \cdot p2}$	$Y_{k1 \cdot p1}$	$Y_{l1 \cdot p1}$	$Y_{m1 \cdot p1}$	$Y_{n1 \cdot p1}$	$Y_{q1 \cdot p1}$
R^2	0.006	0.262	0.301	0.609	0.471	0.440	0.620	0.192
adj.R^2	−0.001	0.246	0.287	0.601	0.460	0.429	0.613	0.175

t statistics in parentheses; * $p<0.10$, ** $p<0.05$, *** $p<0.01$。

六、情景Ⅳ–Ⅵ：国际贸易子系统与价值链攀升

对于制造业进出口总额而言，加入调节变量检验后，模型回归结果详见表11.40。模型的拟合度均有所提高，制造业就业人口密度、R&D经费投入数量、制造业成本费用利润率、金融机构创新、制造业就业的全国占比与进出口总额的交互项为正向且显著。结合交互项中原自变量的系数大小，制造业进出口总额与价值链高度存在正向关系，制造业就业人口密度、R&D经费投入数量、制造业成本费用利润率、金融机构创新、制造业就业的全国占比增强了其与价值链高度的正向关系。因此，制造业就业人口密度、R&D经费投入数量、制造业成本费用利润率、金融机构创新、制造业就业的全国占比为积极调节。

表11.40 国际贸易子系统调节效应检验结果

	Y_6	$Y_{b1 \cdot q1}$	$Y_{e1 \cdot q1}$	$Y_{h3 \cdot q1}$	$Y_{j1 \cdot q1}$	$Y_{r2 \cdot q1}$
q1	0.4672***	0.1447	−0.2449	−0.1279	−0.0300	0.1434
	(2.90)	(0.59)	(−0.96)	(−0.52)	(−0.12)	(0.55)
b1		1.1577				
		(1.54)				
b1·q1		1.3817**				
		(2.19)				
e1			0.2078***			
			(3.65)			
e1·q1			0.3271*			
			(1.96)			
h3				0.0338		
				(1.58)		
h3·q1				1.0931**		
				(2.13)		
j1					−0.1886**	
					(−2.52)	
j1·q1					1.2134***	
					(2.95)	

续表11.40

	Y_6	$Y_{b1 \cdot ql}$	$Y_{e1 \cdot ql}$	$Y_{h3 \cdot ql}$	$Y_{j1 \cdot ql}$	$Y_{r2 \cdot ql}$
r2						0.0895
						(0.29)
r2·ql						0.9257*
						(2.01)
_cons	0.1910***	0.0680	0.1589***	0.1601***	0.2551***	0.1654**
	(9.38)	(0.93)	(5.17)	(8.60)	(7.43)	(2.69)
N	150	150	150	150	150	150
R^2	0.056	0.241	0.464	0.131	0.141	0.122
adj. R^2	0.049	0.225	0.453	0.113	0.123	0.104

t statistics in parentheses; * $p<0.10$, ** $p<0.05$, *** $p<0.01$。

七、情景Ⅳ-Ⅶ：产业转移子系统与价值链攀升

对于产业转移的制造业产业产值与制造业就业的全国占比两个指标而言，加入调节变量检验后，模型回归结果详见表11.41。模型的拟合度均有所提高，其中劳动力投入与制造业产业产值的交互项为负向且显著。结合交互项中原自变量的系数大小，产业转移与价值链高度存在正向关系，劳动投入干扰了其与价值链高度的正向关系，因此劳动投入对产业转移为消极调节。另外，制造业就业的全国占比与价值链高度存在负向关系，制造业成本费用利润率、生产性服务业比较优势与制造业就业的全国占比的交互项为正向且显著，制造业成本费用利润率、生产性服务业比较优势加入干扰了其与价值链高度的负向关系，其对制造业就业的全国占比起到积极调节。同时，外商直接投资技术溢出与制造业就业的全国占比的交互项为负向且显著，增强了其与价值链高度的负向关系，为消极调节。

表11.41 产业转移子系统调节效应检验结果

	Y_7	$Y_{n5 \cdot r1}$	$Y_{n3 \cdot r2}$	$Y_{o1 \cdot r2}$	$Y_{p1 \cdot r2}$
r1	0.7773***	0.6537**	0.7537***	0.6633***	0.7870***
	(3.80)	(2.70)	(3.95)	(3.97)	(4.16)
r2	−0.0990	−1.8659***	−0.6141**	−0.2606	0.1264
	(−0.68)	(−3.95)	(−2.59)	(−1.66)	(0.77)

续表11.41

	Y_7	$Y_{n5·r1}$	$Y_{n3·r2}$	$Y_{o1·r2}$	$Y_{p1·r2}$
n5		2.2761***			
		(4.24)			
n5·r1		−0.8898**			
		(−2.71)			
h3			0.0164		
			(1.07)		
h3·r2			0.9606***		
			(4.43)		
o1				0.0716	
				(1.02)	
o1·r2				0.5464**	
				(2.30)	
p1					0.2579
					(1.55)
p1·r2					−0.7484*
					(−1.79)
_cons	0.1097**	0.1148**	0.0966**	0.1171***	0.0469
	(2.58)	(2.59)	(2.13)	(2.91)	(0.83)
N	150	150	150	150	150
R^2	0.435	0.639	0.507	0.537	0.467
adj. R^2	0.427	0.629	0.494	0.524	0.453

t statistics in parentheses; * $p<0.10$, ** $p<0.05$, *** $p<0.01$。

八、情景Ⅳ-Ⅷ：产业聚集子系统与价值链攀升

对于制造业就业区位熵而言，加入调节变量检验后，模型回归结果详见表11.42。模型的拟合度均有所提高，单位面积交通设施、R&D经费投入数量、制造业总产值比重、金融机构创新、劳动力投入、制造业就业的全国占比与制造业就业区位熵的交互项为正向且显著。结合交互项中原自变量的系数大小，制造业就业区位熵与价值链高度存在正向关系，单位面积交通设施、R&D经费投入数量、制造业总产值比重、金融机构创新、劳动力投入、制造业就业的全国占比增强了其与价值链高度的正向关

系。因此,单位面积交通设施、R&D 经费投入数量、制造业总产值比重、金融机构创新、劳动力投入、制造业就业的全国占比为积极调节。

表 11.42 产业聚集子系统调节效应检验结果

	Y_8	$Y_{c1·s1}$	$Y_{e1·s1}$	$Y_{h1·s1}$	$Y_{j1·s1}$	$Y_{n5·s1}$	$Y_{r2·s1}$
s1	0.1584	−0.9253**	0.0121	−0.3135	−0.1589	−0.0627	−0.1748
	(0.83)	(−2.69)	(0.05)	(−1.28)	(−0.69)	(−0.31)	(−0.85)
c1		0.5850**					
		(2.41)					
c1·s1		1.7706***					
		(3.00)					
e1			0.1020				
			(1.02)				
e1·s1			0.3684*				
			(2.01)				
h1				−0.0099			
				(−0.14)			
h1·s1				0.8513*			
				(1.89)			
j1					−0.4471***		
					(−3.12)		
j1·s1					1.0380*		
					(1.80)		
n5						0.0377	
						(0.09)	
n5·s1						1.1074*	
						(1.94)	
r2							−1.1146***
							(−3.11)
r2·s1							2.7643***
							(5.67)

续表11.42

	Y_8	$Y_{cl \cdot sl}$	$Y_{el \cdot sl}$	$Y_{hl \cdot sl}$	$Y_{jl \cdot sl}$	$Y_{n5 \cdot sl}$	$Y_{r2 \cdot sl}$
_cons	0.1958***	0.0059	0.1330	0.1630***	0.3264***	0.1595*	0.2378***
	(2.98)	(0.05)	(1.49)	(2.83)	(4.31)	(1.92)	(3.10)
N	150	150	150	150	150	150	150
R^2	0.011	0.546	0.491	0.206	0.094	0.321	0.241
adj. R^2	0.005	0.536	0.481	0.190	0.076	0.307	0.225

t statistics in parentheses; * $p<0.10$, ** $p<0.05$, *** $p<0.01$。

九、结论分析

本研究从要素禀赋、创新驱动、营商环境、生产性服务业、国际投资、国际贸易、产业转移和产业聚集8个方面的计量实证结果得出要素禀赋方面，生产性服务业比较优势干扰了单位面积交通设施、要素密集度指数对价值链高度的正向关系，故为消极调节。制造区就业全国占比增强了单位面积交通设施、要素密集度指数对价值链高度的正向影响，为积极调节；创新驱动方面，制造业就业人口密度增强了R&D经费投入数量、资金利税率、制造业成本费用利润率对价值链高度的正向关系，干扰了制造业总产值比重对价值链高度存在的负向影响，均为积极调节。制造业就业人口密度的加入干扰了管理费用率、流动资产周转率对价值链高度的正向影响，增强了存货周转率对价值链高度的负向影响，均为消极调节。要素密集度指数干扰了出口产品率对价值链高度的负向关系，为积极调节。另外，要素密集度指数的加入干扰了R&D经费投入数量对价值链高度的正向影响，为消极调节。货运量增强了R&D经费投入数量、产权结构对价值链高度的正向影响，即积极调节。地方公共财政支出增强了R&D经费投入数量、产权结构对价值链高度的正向影响，干扰了出口产品率对价值链高度的负向影响，均为积极调节。生产性服务业比较优势的加入干扰了出口产品率对价值链高度的负向关系，均为积极调节。外商直接投资技术溢出增强了R&D经费投入数量对价值链高度的正向关系，干扰了产权结构、流动资产周转率对价值链高度的正向影响，增强了存货周转率、出口产品率对价值链高度的负向影响，均为消极调节。营商环境方面，制造业就业人口密度增强了地区人均拥有道路面积、地方公共财政支出对价值链高度的正向影响，为积极调节。单位面积交通设施增强了地方公共财政支出对价值链高度的正向影响，为积极调节。生产性服务业方面，资本水平干扰了交通运输、仓储和邮政业产值比、批发和零售业占比对价值链高度的负向影响，为积极调节。另外，制造业就业全国占比的加入干扰了资本水平与服务业产值对价值链高度的正向影响，为消极调节。单位面积交通设施增强了金融业产值占比与价值链高度的正向关系，干扰了交通运输、仓储和邮政业产值占比，批发和零售业产值占比与价值链高度的负向关系，均为积极调节。另外，单位面积交通设施的加入干扰了生产性服务业比较优势与价值链高度的正向关系，即消极调节。地方公共财政支出的加入干扰了交通运输、仓储和邮政业产值占比，批发和零售业产值占比与价值链高度的负向关系，均为积极调节。另外，地方公共财政支出的加入干扰了服务业产值、生产性服务业比较优势与价值链高度的正向关系，为消极调节。金融机构创新的加入干扰了交通运输、仓储和邮政业产值比与价值链高度的负向关系，为积极调节。制造业进出口总额加入干扰了交通运输、仓储和邮政业产值占比，批发和零售业产值占比与价值链高度的负向关系，为积极调节。另外，制造业进出口总额加入干扰了服务业产值与价值链高度的正向关系，为消极调节。国际投资方面，城市常住人口、货运量增强了外商直接投资技术溢出与价值链高度的正向关系。因此，城市常住人口、货运量为积极调节；制造业就业人口密度、出口产品率、地方公共财政支出、服务业产值、制造业进出口总额加入干扰了外商直接投资技术溢出与价值链高度的正向关系，制造业就业人口密度、出口产品率、地方公共财政支出、服务业产值、制造业进出口总额均为消极调节。国际贸易方面，制造业就业人口密度、R&D经费投入数量、制造业成本费用利润率、金融机构创新、制造业就业的全国占比增强了制造业进出口总额与价值链高度的正向关系。因此，制造业就业人口密度、R&D经费投入数量、制造业成本费用利润率、金融机构创新、制造业就业的全国占比为积极调节。产业转移方面，劳动力投入干扰了产业产值与价值链高度的正向关系。因此，劳动力投入对产业产值为消极调节。制造业成本费用利润率、生产性服务业比较优势加入干扰了制造业就业的全国占比与价值链高度的负向关系，其对制造业就业的全国占比起到积极调节。外商投资技术溢出与制造业就业的全国占比的交互项为负向且显著，增强了其与价值链高度的负向关系，为消极调节。产业聚集方面，单位面积交通设施、R&D经费投入数量、制造业总产值比重、金融机构创新、劳动力投入、制造业就业的全国占比增强了制造业就业区位熵与价值链高度的正向关系。因此，单位面积交通设施、R&D经费投入数量、制造业总产值比重、金融机构创新、劳动力投入、制造业就业的全国占比为积极调节。

第七节 研究结论与管理启示

一、研究结论

中国的国际地位、区域地位以及自身的资源要素相继出现变化的矛盾日益尖锐,中国制造业虽通过 FDI 融入全球价值链以及通过自由贸易获得资源配置,然而仍存在以劳动力、资源等廉价生产要素为主及不重视创新技术等问题。目前中国制造业处在全球价值链分工地位的中低端,随着原有比较优势逐渐丧失,内部经济进入了发展放缓的平稳期。全球竞争地位下降的同时竞争对手成本优势明显,而制造业的升级过程并非纸上谈兵、一蹴而就。长期以来的实践局限在单一研究某一因素与升级结果的关系、路径,不具有可持续性及效率上存在欠缺,自中国提出《中国制造2025》的发展目标后,思考中国制造业价值链升级的内在机理尤为重要。在全球化加深的同时区域性增强、国际资本转移与产业结构调整的复杂动态背景下,据此本书结合价值链环节分析的实际情况,建立微观视角下较完整的制造业价值链理论体系。构建制造业价值链攀升分析系统,重点关注制造业产品利润及附加值的高低,从整个系统角度出发分为 4 个情景:①情景一:研究制造业价值链攀升的动力与阻力;②情景二:深入挖掘各单一动力子系统对制造业价值链高度的作用机理,对中国制造业现在的发展阶段进行预判;③情景三:加入五项调节变量进行模型修正回归;④情景四:根据各单一系统的联合调节效应检验,设计新的调节系统模型,以增加视角考察不同系统间变量对各个子系统的调节效应,归纳深层次机理。对中国制造业价值链攀升的影响因素、动力机制、作用机理和路径设计等展开研究,提出中国制造业价值链攀升需从系统内部寻求解决办法,从以下几个方面得出结论。

(一)中国制造业价值链攀升机理分析

(1)在要素禀赋作用下,资本、基础设施、制度对中国制造业价值链攀升产生正向影响,劳动力对中国制造业价值链攀升产生负向影响。

(2)在创新驱动作用下,技术创新、内外制度创新、商业模式创新、金融创新对中国制造业价值链攀升产生正向影响，市场创新对中国制造业价值链攀升产生负向影响。

（3）在营商环境作用下，基础设施环境、市场环境对中国制造业价值链攀升产生正向影响，政府支持对中国制造业价值链攀升产生负向影响。

（4）在生产性服务业作用下，生产性服务业的规模、空间聚集对中国制造业价值链攀升产生负向影响。

（5）要素禀赋、营商环境、生产性服务业、国际贸易、国际投资、产业转移与产业聚集对中国制造业价值链攀升产生正向影响，而创新驱动对中国制造业价值链攀升产生负向影响。

（二）中国制造业八大子系统价值链攀升机理分析

（1）在要素禀赋系统中，资本水平作为资本要素对中国制造业价值链攀升产生正向影响，而资本业绩指数指数产生负向影响；制造业就业人口密度作为劳动力要素产生正向影响；单位面积交通设施作为基础设施要素产生正向影响；要素密集度指数作为制度要素产生正向影响。

（2）在创新驱动系统中，R&D经费投入数量作为技术创新对中国制造业价值链攀升产生正向影响；产权结构、管理费用率、资金利税率作为内外制度创新产生正向影响；流动资产周转率、存货周转率和固定资产周转率作为商业模式创新产生正向影响，而劳动效率产生负向影响；制造业总产值比重和成本费用率作为市场创新产生正向影响，而出口产品率产生负向影响；金融机构创新作为金融创新产生正向影响。

（3）在营商环境系统中，城市常住人口作为市场环境对中国制造业价值链攀升产生正向影响；货运量和地区人均拥有道路面积作为基础设施环境产生正向影响；地方公共财政支出作为政府制度环境产生正向影响。

（4）在生产性服务业发展系统中，服务业产值、金融业产值占比和劳动力投入作为生产性服务业的规模对中国制造业价值链攀升产生正向影响，而交通运输、仓储和邮政业产值占比，批发和零售业产值占比产生负向影响；生产性服务业比较优势作为生产性服务业空间聚集产生正向影响。

（5）在国际投资系统中，外商直接投资技术溢出作为外商直接投资对中国制造业价值链攀升产生正向影响。

（6）在国际贸易系统中，制造业进出口总额作为自由化与便利化国际贸易对中国制造业价值链攀升产生正向影响。

(7) 在产业转移系统中，制造业产业产值作为产业规模对中国制造业价值链攀升产生正向影响，而就业的全国占比产生负向影响。

(8) 在产业聚集系统中，制造业就业区位熵对中国制造业价值链攀升产生正向影响。

(三) 中国制造业价值链攀升调节机理分析

(1) 制造业就业人口密度增强了资本水平、资金利税率、劳动效率、制造业总产值比重、货运量、服务业产值、劳动力投入对中国制造业价值链高度的正向影响。另外，制造业就业人口密度干扰了固定资产周转率、金融机构创新、产业产值对中国制造业价值链高度的负向影响，均为积极调节；制造业就业人口密度干扰了外商技术溢出对中国制造业价值链高度的正向影响，为消极调节。

(2) 制造业管理费用率增强了单位面积交通设施、资金利税率、流动资产周转率、劳动效率、外商直接投资技术溢出对中国制造业价值链高度的正向影响，干扰了存货周转率、固定资产周转率对中国制造业价值链高度的负向影响，均为积极调节。另外，制造业管理费用率干扰了资本业绩指数、劳动力投入对中国制造业价值链高度的正向影响，为消极调节。

(3) 地方公共财政支出增强了资本水平、劳动力投入对中国制造业价值链高度的正向影响，干扰了出口产品率、金融机构创新、批发和零售业产值占比对中国制造业价值链高度的负向影响，均为积极调节。

(4) 制造业就业全国占比增强了资本水平、资金利税率、流动资产周转率、劳动力投入、生产性服务业比较优势对中国制造业价值链高度的正向影响，干扰了存货周转率、金融机构创新对中国制造业价值链高度的负向影响，均为积极调节。制造业就业全国占比干扰了R&D经费投入数量、外商直接投资技术溢出制造业、关系进出口总额对中国制造业价值链高度的正向影响，消极调节。

(5) 制造业就业区位熵增强了资本水平、单位面积交通设施、资金利税率、劳动效率、服务业产值对价值链高度的正向影响，干扰了要素密集度指数、固定资产周转率、制造业成本费用利润率对中国制造业价值链高度的负向影响，均为积极调节。

（四）中国制造业8个子系统价值链攀升调节机理分析

1. 要素禀赋

（1）生产性服务业比较优势干扰了单位面积交通设施、要素密集度指数对价值链高度的正向影响，为消极调节。

（2）制造业就业全国占比增强了单位面积交通设施、要素密集度指数对中国制造业价值链高度的正向影响，为积极调节。

2. 创新驱动

（1）制造业就业人口密度增强了R&D经费投入数量、资金利税率、制造业成本费用利润率对价值链高度的正向影响，干扰了制造业总产值比重对价值链高度的负向影响，均为积极调节。制造业就业人口密度的加入干扰了管理费用率、流动资产周转率对价值链高度的正向影响，增强了存货周转率对中国制造业价值链高度的负向影响，均为消极调节。

（2）要素密集度指数干扰了出口产品率对价值链高度的负向影响，为积极调节。另外，要素密集度指数的加入干扰了R&D经费投入数量对中国制造业价值链高度的正向影响，即消极调节。

（3）货运量增强了R&D经费投入数量、产权结构对中国制造业价值链高度的正向影响，为积极调节。

（4）地方公共财政支出增强了R&D经费投入数量、产权结构对价值链高度的正向影响，干扰了出口产品率对中国制造业价值链高度的负向影响，均为积极调节。

（5）生产性服务业比较优势的加入干扰了出口产品率对中国制造业价值链高度的负向影响，为积极调节。

（6）外商直接投资技术溢出增强了R&D经费投入数量对价值链高度的正向影响，干扰了产权结构、流动资产周转率对中国制造业价值链高度的正向影响，增强了存货周转率、出口产品率对价值链高度的负向影响，均为消极调节。

3. 营商环境

（1）制造业就业人口密度增强了地区人均拥有道路面积、地方公共财政支出对中国制造业价值链高度的正向影响，为积极调节。

（2）单位面积交通设施增强了地方公共财政支出对中国制造业价值链高度的正向影响，为积极调节。

4. 生产性服务业

（1）资本水平干扰了交通运输、仓储和邮政业产值占比，批发和零售业产值占比对价值链高度的负向影响，为积极调节。制造业就业全国占比的加入干扰了资本水平、服务业产值对中国制造业价值链高度的正向影响，为消极调节。

（2）单位面积交通设施增强了金融业产值占比对价值链高度的正向影响，干扰了交通运输、仓储和邮政业产值占比，批发和零售业产值占比对价值链高度的负向影响，均为积极调节。单位面积交通设施的加入干扰了生产性服务业比较优势对价值链高度的正向影响，为消极调节。

（3）地方公共财政支出的加入干扰了交通运输、仓储和邮政业产值占比，批发和零售业产值占比对价值链高度的负向影响，均为积极调节。地方公共财政支出的加入干扰了服务业产值、生产性服务业比较优势对价值链高度的正向影响，为消极调节。

（4）金融机构创新的加入干扰了交通运输、仓储和邮政业产值占比对价值链高度的负向影响，为积极调节。

（5）制造业进出口总额的加入干扰了交通运输、仓储和邮政业产值占比，批发和零售业产值占比对价值链高度的负向影响，均为积极调节。制造业进出口总额的加入干扰了服务业产值对价值链高度的正向影响，为消极调节。

5. 国际投资

城市常住人口、货运量增强了外商直接投资技术溢出对价值链高度的正向影响，均为积极调节。制造业就业人口密度、出口产品率、地方公共财政支出、服务业产值、制造业进出口总额的加入干扰了外商直接投资技术溢出对价值链高度的正向影响，均为消极调节。

6. 国际贸易

制造业就业人口密度、R&D 经费投入数量、制造业成本费用利润率、金融机构创新、制造业就业的全国占比增强了进出口总额对价值链高度的正向影响，均为积极调节。

7. 产业转移

（1）劳动力投入的加入干扰了产业产值对价值链高度的正向影响，为消极调节。

（2）制造业成本费用利润率、生产性服务业比较优势的加入干扰了制造业就业的全国占比对价值链高度的负向影响，为积极调节。外商直接投资技术溢出制造业就业的全国占比的交互项为负向且显著，增强了其与价值链高度的负向关系，为消极调节。

8. 产业聚集

单位面积交通设施、R&D 经费投入数量、制造业总产值比重、金融机构创新、劳动力投入、制造业就业的全国占比增强了就业区位熵对价值链高度的正向影响，均为积极调节。

由上述结论可知，要素禀赋、营商环境、生产性服务业、国际贸易、国际投资、产业转移与产业聚集对中国制造业价值链攀升产生正向影响，其中资本投入、基础设施环境、制度优势均正向作用于价值链高度；而创新驱动对制造业价值链攀升产生负向影响，其中技术创新、内外制度创新、商业模式创新、金融创新有利于中国制造业价值链攀升。制造业就业人口密度、货运量、地方公共财政支出、生产性服务业比较优势对价值链高度产生积极调节作用；制造业就业人口密度、外商直接投资技术溢出产生消极调节作用。国际产业分工与竞争出现新格局，中国的国际地位、区域地位以及资源要素相继改变，通过对中国制造业价值链攀升动力系统、阻力系统和调节效应检验的研究，明晰了中国制造业价值链攀升内在机理且避免单一要素对系统作用的片面性。改善各创新驱动子系统协同状态，突破不同动力系统的互相掣肘局势，使现有价值链高度动力机制稳健化、要素系统组合效用最大化。

二、管理启示

（一）优化要素结构，提高要素效率

制造业是国民经济主体、强国之基，加快制造业向价值链中高端攀升，打造具有国际竞争力的先进制造业群，既是实现制造业可持续发展的客观要求，也是推动经济高质量发展的必由之路。要素禀赋作为不可或缺的资源投入，需要以创新、协调、绿色、开放、共享的新发展理念为指导，以实现经济高质量发展为目标，从结构与质量各方面进行升级。劳动力投入作为中国制造业长期融入全球价值链的原始投入要素优势，其低成本优势已不复存在。另外，中国劳动力投入量随着数量的提高，其边际效应理应递减，而在本书得到的结果中正向促进。可见，中国劳动力需要加以发展教育、产学研合作、对外交流等举措，先从关键性产业领域不断外

延，从低端走向中高端，向知识型人才发展，提高劳动效率与边际产出。同时合理加以政策实施引导投资与要素配置，必须结合地区经济与优势领域，优化资源配置效率，发展战略性新兴产业与先进制造业，实现增长的高质量与可持续。

（二）释放基础环境利好优势，升级价值链连接环节

中国基础设施环境不仅是营商环境优化的表征，而且作为关键要素优势能吸引更优质的资源与产业类型。现代制造业需要将完善的基础设施网络作为其发展强有力的支撑，并连接中国制造业价值链上下游全链以及不同地点的生产要素与产品，将已有优势充分与制造业发展战略结合起来。随着顾客的需求更加多元化、独特化，价值链也成为交错的网络结构，匹配相应的高度发达的物流与供应体系也是发展的大势所趋。然而需要注意的是，作为基础设施环境的指标远不如作为要素禀赋的指标。但制造业仍然存在地方性基础设施规划不合理或工业用地规划与制造业发展战略相悖的情况，要素战略尤其是资本与劳动力的匹配并未达到最佳。因此，需要加强政策全局观与长远性，充分释放基础设施优势，吸纳地区战略性新型制造业及多元相关产业，联动生产性服务业，拉动价值链实现正向攀升。

（三）发展国内价值链，扩大内需性增长趋势

由全球价值链低端环节向发展国内价值链转变，由外向型向内驱型转变。中国制造业加快自主创新、扩大内需、拓展基础设施建设空间、发展战略性新兴产业和先进制造业，加快军民融合等有利形势，说明市场环境是延伸中国制造业国内价值链、开拓国内市场的良好条件。尽管政府对公共环境投入力度非常大，而就制造业产业升级而言尚未起到动力促进作用，政府机构功能庞大，所实施的政策针对面过于宽泛而导致对特定区域的作用力不足。因此，政府为实现"中国制造2025"等战略目标，加大专项投资是当前促进中国制造业价值链攀升不可或缺的举措。同时制造业市场创新重心逐渐向国内市场转移，需要采取针对性措施，制定精准有效的政策，促进价值链攀升，优化资源配置，降低生产成本，提高生产效率，促进中国制造业在全球价值链中的地位，推动中国制造业向价值链中高端有序攀升。

(四) 全方位创新驱动，内驱性促进价值链攀升

不同地区制造业产值作为地区总产值的支柱，近年来制造业的受重视程度不断提升，"振兴工业""制造强国""中国制造 2025""中国智造"等号召不断加强。中国从外向型经济向内需拉动型经济发展，对外依存度不断下降，而在全球的影响力逐渐增强，创新作为重要的作用因素，通过产生的竞争效应、模仿效应等技术溢出，是外商投资正向作用于中国制造业的关键途径。因此，引入外商投资时需要考虑技术先导性和技术交流可行性来保证产生正向溢出，同时施以合理的地区产业政策引导合适外商进行投资。非国有化提高生产效率，激发市场竞争活力，企业仍然是促进行业技术发展的创新活动的主体，企业创新战略与资金注入方式均会影响制造业行业整体的技术创新产出，企业内部管理活动创新虽然对制造业价值链攀升并非具有直接作用，但加强技术创新人才、人力资源管理、创新有关部门的战略制度以及研发设计、生产制造与销售的创新管理将促进制造业价值链攀升，最终由企业、政府等多元主体组成的国家创新系统不断向中国制造业注入源动力，打造夯实的创新驱动型发展路径。

第十二章 中国制造业价值链攀升机理的系统动力学解析

第一节 中国制造业价值链攀升子系统动力学模型

通过系统动力学定性与定量的理论方法,建立系统动力学模型,研究中国制造业价值链攀升系统的内部结构及系统各部分之间的相互作用,探究各个变量对价值链攀升的影响程度,模拟预测未来10年中国制造业价值链变化趋势,为探索中国制造业价值链攀升路径奠定基础(指标体系详见第十章)。

一、子系统Ⅰ:要素禀赋

(一)因果关系分析与因果回路图建立

1. 主要回路(如图12.1所示)

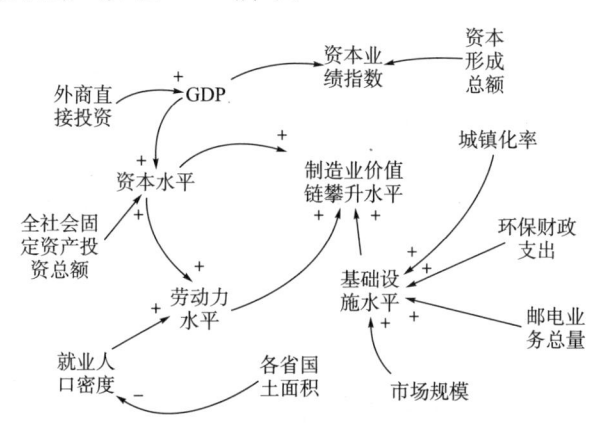

图12.1 要素禀赋因果回路图

回路1：外商直接投资→↑GDP→↑资本水平→↑制造业价值链攀升水平。

回路2：全社会固定资产投资总额→↑资本水平→↑制造业价值链攀升水平。

回路3：全社会固定资产投资总额→↑资本水平→↑劳动力水平→↑制造业价值链攀升水平。

回路4：各省国土面积→↓就业人口密度→↑劳动力水平→↑制造业价值链攀升水平。

回路5：市场规模→↑基础设施水平→↑制造业价值链攀升水平。

回路6：邮电业务总量→↑基础设施水平→↑制造业价值链攀升水平。

回路7：环保财政支出→↑基础设施水平→↑制造业价值链攀升水平。

回路8：城镇化率→↑基础设施水平→↑制造业价值链攀升水平。

2. 主要回路分析

（1）外商直接投资→↑GDP→↑资本水平→↑制造业价值链攀升水平。

外商直接投资会对国内企业引起拉动效应，政府就会引进外资从而拉动GDP的增长，就代表国内产值增加，资金流变得足够充裕，由此国内的资本水平被带高，经济呈增长趋势，制造业就逐渐发展起来，从而体现在制造业价值链攀升水平的增加。

（2）各省国土面积→↓就业人口密度→↑劳动力水平→↑制造业价值链攀升水平。

就业人口密度是由就业人口数与其省国土面积的比值组成，各省的国土面积越大就使得其就业人口密度越低。而就业人口密度的增加就意味着省份的就业人数增多，劳动力人数增加，从而增加劳动力水平。劳动力水平的增加是制造业发展的必要因素，因此制造业价值链攀升水平会逐渐增加。

（二）流量图建立与分析

1. 价值链高度评价模型构建

使用生态位公式计算某一影响因素生态位：

$$N_i = \frac{S_i + A_i P_i}{\sum_{j=1}^{n} S_j + A_j P_j} \tag{12.1}$$

式中：i，j 是区域制造业价值链高度的影响指标，i，$j=1$，2，…，n；N_i 为指标 i 的生态位，S_i 为指标 i 的态，P_i 为指标 i 的势；S_j 为指标 j 的态，P_j 为指标 j 的势；A_i，A_j 为量纲转换系数。"态"为当年的各指标数据，"势"为指标的年均增长量。

区域制造业价值链高度的生态位由多个影响指标决定。因此，区域制造业价值链高度生态位为：

$$M_t = \frac{\sum_{i=1}^{n} N_i W_i}{\sum_{i=1}^{n} W_i} \tag{12.2}$$

式中：M_t 表示某区域的制造业价值链高度生态位，N_i 为单个影响指标 i 的生态位，W_i 为该指标对应的权重，n 表示指标个数。

由上述评价模型可计算出 2012—2019 年制造业价值链高度，见表 12.1。

表 12.1　2012—2019 年制造业价值链高度

年份	价值链高度
2012	0.21042356
2013	0.24563097
2014	0.23961669
2015	0.25059188
2016	0.25604966
2017	0.26548165
2018	0.26858438
2019	0.27236122

2. 流量图建立（如图12.2所示）

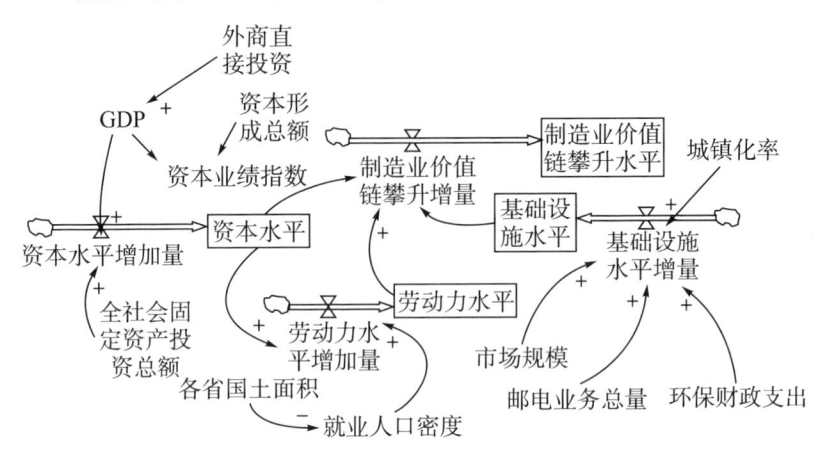

图 12.2 子系统Ⅰ：要素禀赋－价值链攀升系统存量流量图

（三）仿真分析

在 Vensin PLE 中，设置模型的仿真步长为一年，仿真时间为 2014—2030 年，通过模型仿真，得到中国价值链攀升水平仿真曲线（如图 12.3 所示），可以得出：

（1）总体来看，要素禀赋对制造业价值链地位呈现促进作用。

（2）要素禀赋攀升水平与中国制造业价值链总体呈现出逐年增长态势。

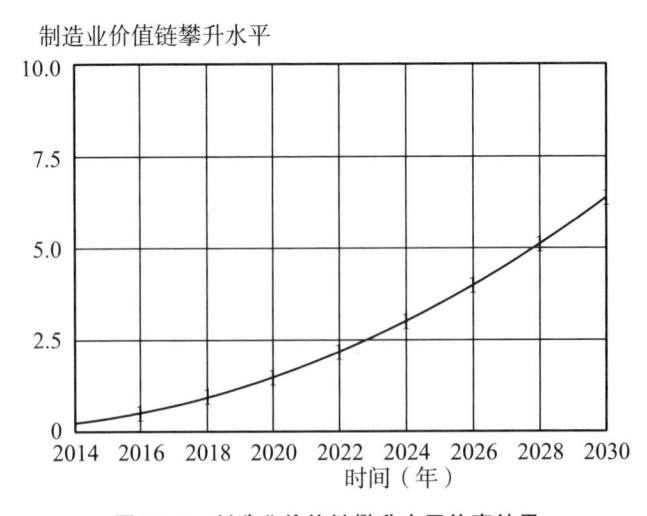

图 12.3 制造业价值链攀升水平仿真结果

(四) 情景分析

1. 情景1

基于系统动力学探究全社会固定资产投资总额与各省国土面积的协同对制造业价值链攀升的影响。所有变量都已无量纲处理，当投入资本固定时，以增加10%为单位，共分为6种方案：方案一，全社会固定资产投资总额增加50%，各省国土面积增加0%；方案二，全社会固定资产投资总额增加40%，各省国土面积增加10%；方案三，全社会固定资产投资总额增加30%，各省国土面积增加20%；方案四，全社会固定资产投资总额增加20%，各省国土面积增加30%；方案五，全社会固定资产投资总额增加10%，各省国土面积增加40%，方案六，全社会固定资产投资额增加0%，各省国土面积增加50%。如图12.4所示。

由图12.4可知，方案6对制造业价值链攀升的影响大于其他方案，方案6中全社会固定投资总额增加量为0%，各省国土面积为50%，说明中国需要充分利用好已有的土地资源，同时要注意固定资产投资与土地面积的协同，这样才能发挥出最好的效果。

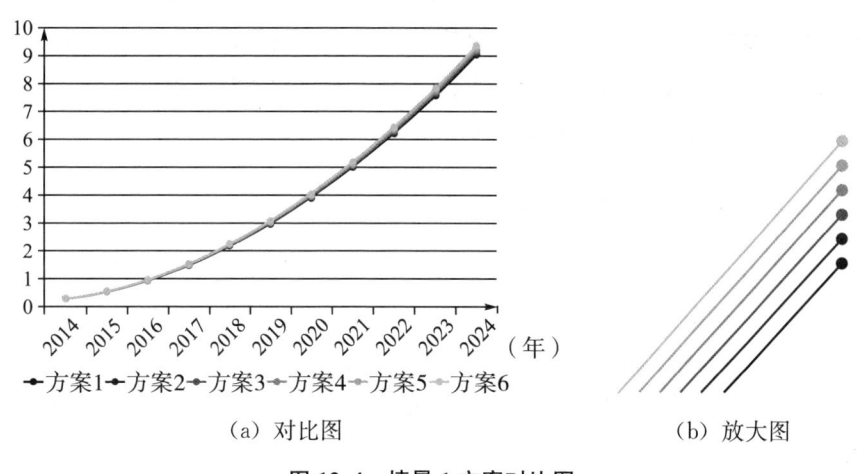

(a) 对比图　　(b) 放大图

图12.4　情景1方案对比图

2. 情景2

以增加10%为单位，共分为6种方案：方案一，全社会固定资产投资总额增加50%，市场规模增加0%；方案二，全社会固定资产投资总额增加40%，市场规模增加10%；方案三，全社会固定资产投资总额增加30%，市场规模增加20%；方案四，全社会固定资产投资总额增加20%，市场规模增加30%；方案五，全社会固定资产投资总额增加10%，市场规模增加40%，方案六，全社会固定资产总额增加0%，市场规模增加5%，如图12.5所示。

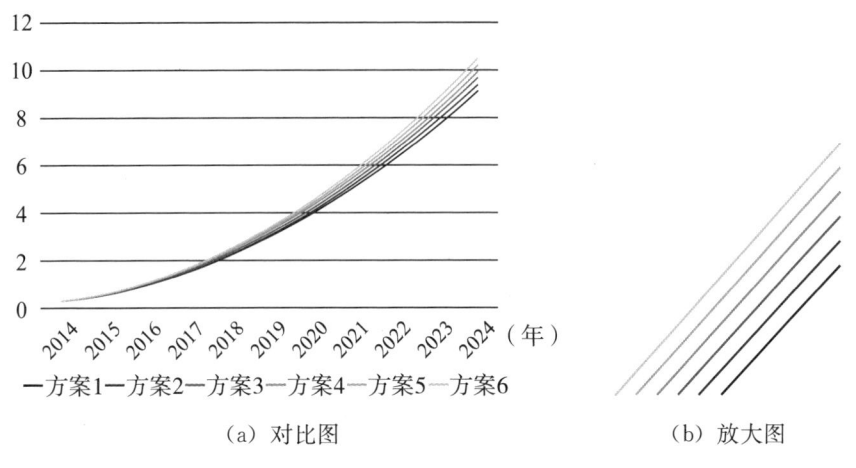

图 12.5　情景2方案对比图

由图12.5分析可得方案6对制造业价值链攀升的影响大于其他方案，方案6的全社会固定投资总额增加量为0%，市场规模的增加量为50%，说明市场规模对中国制造业价值链攀升水平的增幅要强于全社会固定投资总额对中国制造业价值链攀升水平的增幅，中国制造业在市场规模方面较弱，因此中国制造业应增强制造业企业的市场规模。

二、子系统Ⅱ：创新驱动

改革开放以来，中国制造业发展迅猛，是全世界唯一拥有全部工业门类的国家，制造业规模位居全球首位。然而，中国制造业与美日等国家制造业相比，创新能力、品牌高度[1]等方面明显不足。从全球价值链位置来看，中国制造业价值链地位与美日两国仍存在较大差距，且位于全球制造业价值链中低端（黄毅敏，齐二石，2015），产品价值与利润分配比例较低。党的十九大指出，中国经济要转向高质量发展阶段，推动制造业高质量发展对推动经济高质量发展尤为重要。促进制造业价值链地位上升已成为制造业高质量发展的内在要求。因此，寻找一条价值链攀升路径，对中国制造业高质量发展，获得可持续竞争优势至关重要。

---

[1] 2018年全球《福布斯》最佳品牌，中国只有一个品牌入选。

(一) 因果关系分析与因果回路图建立

创新驱动包括金融机构创新、金融监管创新等 19 个变量,详见表 12.2。

表 12.2 创新驱动促进中国制造业价值链攀升仿真变量表

排序	指标名称	变量名称	变量类别	单位
1	制造业价值链攀升水平	制造业价值链攀升水平	水平变量	无量纲
2	金融机构创新	金融机构创新	辅助变量	无量纲
3	金融监管创新	金融监管创新	辅助变量	无量纲
4	金融产品创新	金融产品创新	辅助变量	无量纲
5	商业模式创新	商业模式创新	辅助变量	无量纲
6	资源禀赋整合能力	资源禀赋整合能力	辅助变量	无量纲
7	经济发展水平	经济发展水平	辅助变量	无量纲
8	价值主张盈利模式	价值主张盈利模式	辅助变量	无量纲
9	R&D 人员投入数量	R&D 人员投入数量	辅助变量	无量纲
10	R&D 经费投入数量	R&D 经费投入数量	辅助变量	无量纲
11	创新投入水平	创新投入水平	水平变量	无量纲
12	对外开放水平	对外开放水平	辅助变量	无量纲
13	引进国外技术强度	引进国外技术强度	辅助变量	无量纲
14	技术与工艺创新	技术与工艺创新	辅助变量	无量纲
15	管理绩效	管理绩效	辅助变量	无量纲
16	绿色技术创新	绿色技术创新	辅助变量	无量纲
17	创新产出水平	创新产出水平	水平变量	无量纲
18	技术创新	技术创新	辅助变量	无量纲
19	市场规模	市场规模	辅助变量	无量纲

1. 主要回路

回路 1:制造业价值链攀升水平→↑经济发展水平→↑创新投入水平→↑创新产出水平→↑技术创新→↑制造业价值链攀升水平。

回路 2:制造业价值链攀升水平→↑经济发展水平→↑对外开放水平→↑引进国外技术强度→↑创新产出水平→↑技术创新→↑制造业价值链攀升

水平。

回路3：制造业价值链攀升水平→↑经济发展水平→↑对外开放水平→↑引进国外技术强度→↑创新产出水平→↑技术与工艺创新→↑制造业价值链攀升水平。

回路4：制造业价值链攀升水平→↑经济发展水平→↑对外开放水平→↑引进国外技术强度→↑创新产出水平→↑管理绩效→↑制造业价值链攀升水平。

回路5：制造业价值链攀升水平→↑经济发展水平→↑对外开放水平→↑引进国外技术强度→↑创新产出水平→↑绿色技术创新→↑制造业价值链攀升水平。

回路6：制造业价值链攀升水平→↑经济发展水平→↑创新投入水平→↑创新产出水平→↑技术与工艺创新→↑制造业价值链攀升水平。

回路7：制造业价值链攀升水平→↑经济发展水平→↑创新投入水平→↑创新产出水平→↑管理绩效→↑制造业价值链攀升水平。

回路8：制造业价值链攀升水平→↑经济发展水平→↑创新投入水平→↑创新产出水平→↑绿色技术创新→↑制造业价值链攀升水平。

回路9：制造业价值链攀升水平→↑经济发展水平→↑对外开放水平→↑引进国外技术强度→↑创新投入水平→↑技术与工艺创新→↑制造业价值链攀升水平。

回路10：制造业价值链攀升水平→↑经济发展水平→↑对外开放水平→↑引进国外技术强度→↑创新投入水平→↑管理绩效→↑制造业价值链攀升水平。

回路11：制造业价值链攀升水平→↑经济发展水平→↑对外开放水平→↑引进国外技术强度→↑创新投入水平→↑绿色技术创新→↑制造业价值链攀升水平。

回路12：制造业价值链攀升水平→↑经济发展水平→↑对外开放水平→↑引进国外技术强度→↑创新投入水平→↑技术创新→↑制造业价值链攀升水平。

2. 主要因果回路分析

依据创新驱动影响因素指标体系建立创新驱动-价值链攀升因果关系图（如图12.6所示）。创新驱动制造业价值链攀升因果关系图中涉及众多反馈回路，对含有制造业价值链攀升水平变量的2条主要回路进行分析。

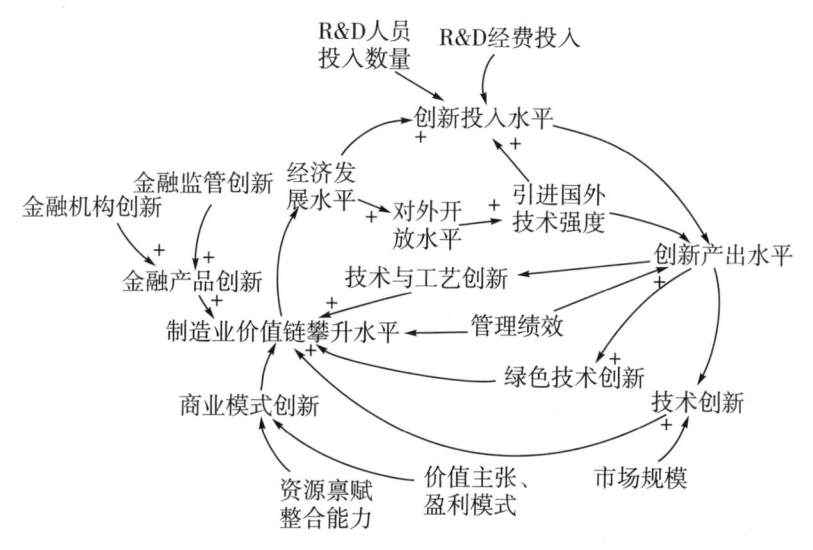

图 12.6　子系统Ⅱ：创新驱动－价值链攀升系统因果回路图

第一，制造业价值链攀升水平→↑经济发展水平→↑创新投入水平→↑创新产出水平→↑技术创新→↑制造业价值链攀升水平。

制造业价值链攀升将促进制造业高质量发展，制造业高质量发展必然拉动经济增长，在良性循环之内，将会投入更多的创新经费，汇集并培养更多的创新型人才。因此，创新投入水平增强，进而提高创新产出水平，各种创新产出成果应用与转化将提高制造业技术创新，而技术创新又会促进制造业价值链攀升，形成回路。

第二，制造业价值链攀升水平→↑经济发展水平→↑对外开放水平→↑引进国外技术强度→↑创新产出水平→↑绿色技术创新→↑制造业价值链攀升水平。

制造业价值链攀升将提高经济发展水平，经济的发展将会促进对外开放，引进和学习国外更先进的技术，进而使得创新产出水平增强，丰厚的创新成果将促进各个行业用更先进的技术减少各方面的浪费，则绿色技术创新能力增强，绿色技术创新进一步提高制造业价值链地位，形成回路。

（二）流图建立与分析

基于数据的可计算性、现实性和可得性，本书查阅 2014—2019 年各个省份的《科技统计年鉴》与《统计年鉴》数据开展仿真分析，对因果图进行简化整合得到系统动力学流图（如图 12.7 所示），用各省数据做面板回归方程，模型涉及主要方程如下：

(1) FINAL TIME=2030。

(2) INITIAL TIME=2014。

(3) 价值链攀升增量=商业模式创新×0.09+技术与工艺创新×0.01+技术创新×0.01+绿色技术创新×0.012+金融产品创新×0.013。

(4) 价值链攀升水平=INTEG（价值链攀升增量，0.239618）。

(5) 创新产出水平=INTEG（创新产出水平增量，1.18563）。

(6) 创新产出水平增量=创新投入水平×0.0923841－引进国外技术强度×0.0253895+管理绩效×0.0621321+0.119615。

(7) 创新投入水平=INTEG（创新投入水平增量，1.24656）。

(8) 创新投入水平增量＝"R&D人员投入数量"×0.091514＋"R&D经费投入数量"×0.0808962+引进国外技术强度×0.0383546+经济发展水平×0.0446637+0.0830256。

(9) 商业模式创新＝盈利模式×0.0347209＋资源禀赋整合能力×0.0652791。

(10) 对外开放水平=经济发展水平×0.19961+0.22571。

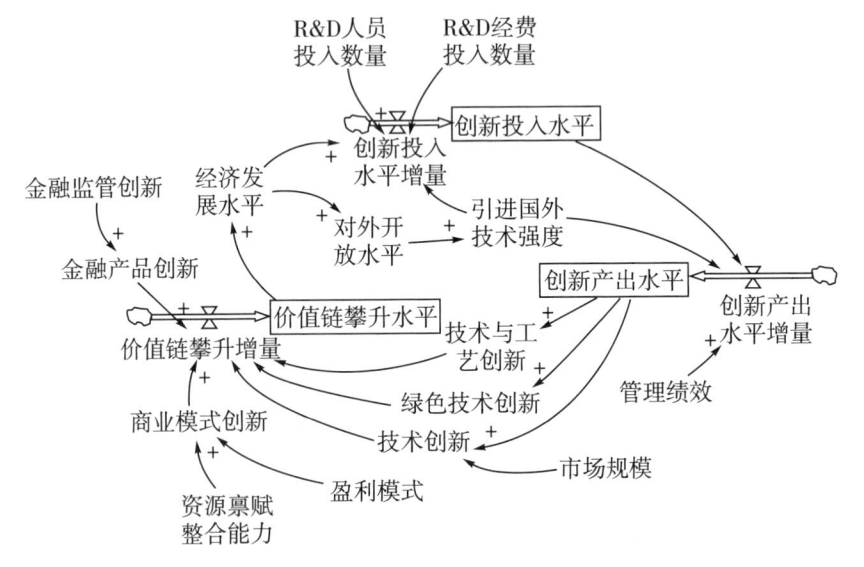

图 12.7　子系统Ⅱ：创新驱动－价值链攀升系统存量流量图

（三）仿真分析

1. 制造业价值链攀升水平仿真结果分析

在 Vensim PLE 中，设置模型的仿真步长为一年，仿真时间为

2014—2030年，通过模型仿真，得到价值链攀升水平仿真曲线（如图12.8所示）以及仿真数据（详见表12.3）。从图12.8和表12.3分析得出：

（1）中国制造业价值链在创新驱动的作用下逐年递增。

（2）验证了以上学者研究，创新驱动对中国制造业价值链攀升水平有促进作用。

（3）在创新驱动系统作用下，中国制造业价值链水平的增长速度呈逐年增长态势。

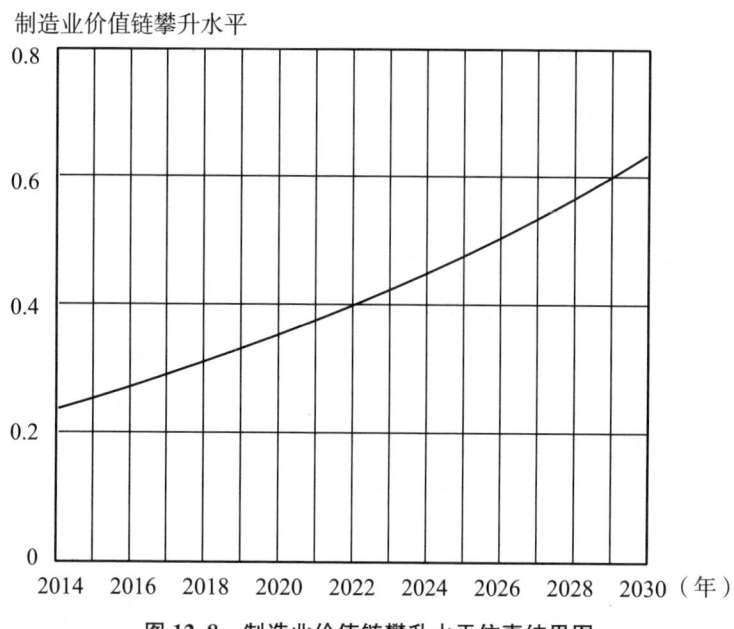

图 12.8 制造业价值链攀升水平仿真结果图

表 12.3 制造业价值链攀升水平仿真数据

年份	价值链攀升水平	年份	价值链攀升水平	年份	价值链攀升水平
2014	0.239618	2020	0.354818	2026	0.505651
2015	0.256955	2021	0.377092	2027	0.535267
2016	0.274949	2022	0.400424	2028	0.566342
2017	0.293665	2023	0.424878	2029	0.598942
2018	0.313171	2024	0.450523	2030	0.633133
2019	0.333533	2025	0.477425		

2. 制造业价值链攀升水平预测与真实值对比分析

根据系统动力学仿真出 2014—2019 年的制造业价值链高度结果与 2014—2019 年制造业价值链高度实际值绘制 $X-Y$ 散点图，如图 12.9 所示。设系统动力学仿真曲线为 $f(x)$，价值链高度真实值拟合曲线为 $t(x)$。根据系统动力学仿真价值链攀升水平曲线（见图 12.8）可以得出，价值链攀升水平预测曲线 $f(x)$ 为一个指数函数；由 2014—2019 年价值链高度真实值（见图 12.9），价值链高度真实值曲线 $t(x)$ 为一个线性函数。由图 12.9 拟合得出：

$$f(x) = 2E + 58\mathrm{e}^{0.0653x} \tag{12.3}$$

$$t(x) = 0.0076x - 15.031 \tag{12.4}$$

设 $A(X)$ 为制造业价值链高度累计量，$A(X)$ 表达式为：

$$A(X) = \int_{2014}^{X} (f(x) - t(x)) \tag{12.5}$$

$$A(X) = \int_{2014}^{X} \left[(2E + 58\mathrm{e}^{0.0653x}) - (0.0076x - 15.031) \right] \tag{12.6}$$

由图 12.9 可以看出，系统动力学仿真值高于价值链高度真实值，说明对制造业价值链攀升的影响不仅仅是创新驱动，而是由多种因素共同影响。例如生产性服务业水平、产业集聚、产业水平等，而创新驱动只是影响制造业价值链攀升的关键因素之一。

系统动力学仿真曲线的一阶导数为 $f'(x) = 58 \times 0.0653 \times \mathrm{e}^{0.0653x}$，说明在创新驱动水平的作用下，制造业价值链攀升水平呈逐年增长趋势。创新驱动对制造业价值链攀升呈积极影响，系统动力学仿真曲线的二阶导数为 $f''(x) = 58 \times 0.0653 \times 2 \times \mathrm{e}^{0.0653x}$，说明创新驱动对制造业价值链攀升的影响强度逐年增大，由此也说明了创新驱动水平是制造业价值链攀升的关键与核心。

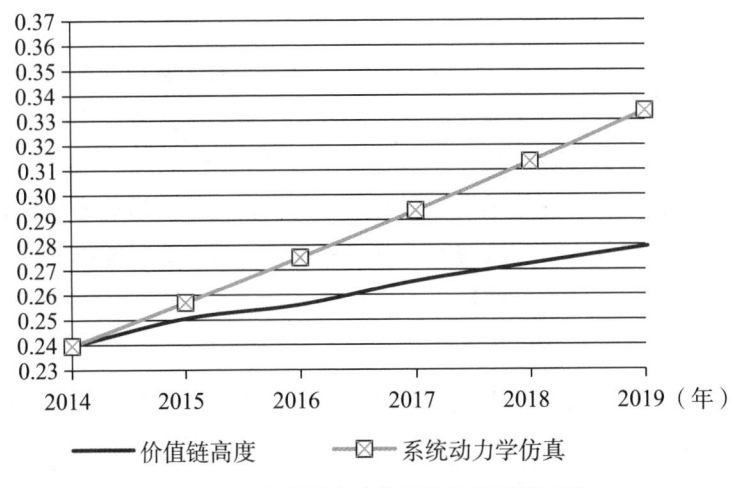

图 12.9　价值链高度仿真值与真实值对比

（四）创新驱动的制造业价值链攀升路径分析与选择

1. 单因素变量分析及路径选择

针对创新驱动的制造业价值链攀升水平中的 7 个主要变量，通过调整变量的初始值进行仿真得到制造业价值链得分增加百分比（见表 12.4），分析各个变量对价值链攀升水平的影响，以此分析创新驱动制造业价值链攀升的内在机理。

表 12.4　单变量增加 50%对应价值链攀升水平变化表

方案	指标	初始值	初始值增加 50%	得分增加百分比
方案 1	R&D 人员投入数量	1.83779	2.75668	0.1584%
方案 2	R&D 经费投入数量	1.14294	1.71441	0.0871%
方案 3	金融监管创新	1.17340	1.76010	0.4794%
方案 4	盈利模式	1.45739	2.18608	3.8504%
方案 5	资源禀赋整合能力	1.25637	1.88455	6.2409%
方案 6	市场规模	1.44901	2.17351	−0.1294%
方案 7	管理绩效	1.01005	1.51507	0.3202%

由表 12.4 可以得出 7 个主要变量对制造业价值链攀升的促进作用呈以下关系：

资源禀赋整合能力＞盈利模式＞金融监管创新＞管理绩效＞R&D 人

员投入数量>R&D经费投入数量>市场规模。

由这一关系分析得出：①资源禀赋整合能力对制造业的影响高于其他变量，制造业应保持资源禀赋能力的优势；②盈利模式在7个变量排序中居于第二名，制造企业应提高企业自身的存货周转率、应收账款周转率、流动资产周转率；③由上述变量影响关系可以得出，制造业增强研究经费投入或者增强研发人员的效益并没有盈利模式、资源禀赋能力等变量效益高。因此，企业应注重管理模式的创新。

2. 多因素变量分析及路径选择

本书基于系统动力学研究多因素对制造业价值链攀升的影响，探究创新驱动的制造业价值链攀升机理。方案一：全要素的原始值均提高50%；方案二：全要素的原始值均减少50%。当全要素原始值增加50%时，即R&D人员投入数量、R&D经费投入数量、金融监管创新、盈利模式、资源禀赋整合能力、市场规模、管理绩效均增加50%，价值链高度显著增加；而全要素减少50%时，即R&D人员投入数量、R&D经费投入数量、金融监管创新、盈利模式、资源禀赋整合能力、市场规模、管理绩效均减少50%，制造业价值链高度明显降低。可以得出，全要素变化对制造业价值链攀升的影响要明显大于单一因素变化对制造业价值链攀升的影响。因此，创新驱动影响制造业价值链攀升，不只是经费投入的问题，也不只是人才问题，而是不同要素之间的相互协同，共同作用。

（1）情景1：人员投入与经费投入协同分析。

基于系统动力学探究人员与经费的协同对制造业价值链攀升的影响。所有变量都已无量纲处理，当投入资本固定时，以增加10%为单位，共分为6种方案：方案1，R&D人员投入数量增加50%，R&D经费投入数量增加0%；方案2，R&D人员投入数量增加40%，R&D经费投入数量增加10%；方案3，R&D人员投入数量增加30%，R&D经费投入数量增加20%；方案4，R&D人员投入数量增加20%，R&D经费投入数量增加30%；方案5，R&D人员投入数量增加10%，R&D经费投入数量增加40%；方案6，R&D人员投入数量为0%，R&D经费投入数量增加50%，详见表12.5。

表 12.5 人员与经费协同分析表

方案	变量1	变量2	变量1初值	变量2初值	变量1增加百分比	变量1增加值	变量2增加百分比	变量2增加值
1	R&D人员投入数量	R&D经费投入数量	1.83779	1.14294	50%	2.756685	0%	1.142940
2	R&D人员投入数量	R&D经费投入数量	1.83779	1.14294	40%	2.572906	10%	1.257234
3	R&D人员投入数量	R&D经费投入数量	1.83779	1.14294	30%	2.389127	20%	1.371528
4	R&D人员投入数量	R&D经费投入数量	1.83779	1.14294	20%	2.205348	30%	1.485822
5	R&D人员投入数量	R&D经费投入数量	1.83779	1.14294	10%	2.021569	40%	1.600116
6	R&D人员投入数量	R&D经费投入数量	1.83779	1.14294	0%	1.837790	50%	1.714410

在 Vensin PLE 中，设置模型的仿真步长为一年，仿真时间为 2016—2025 年，通过模型仿真得到人员与经费方案对价值链攀升水平仿真曲线（见图 12.10 所示）。

由图 12.10 分析得出，方案 1 对制造业价值链攀升的影响大于其他方案，然而方案 1 人员投入数量增加量为 50%，经费数量投入增加量为 0%，说明在创新经费投入水平方面相对于创新人员投入水平较多，而在创新人员投入方面较少。因此，在制造业方面要加大创新型人才的投入，注重吸收和培养创新型人才，在加大对创新型人才投入的同时要注意经费与人员的协同，只有人员与经费相互协同才能发挥最大的效果。

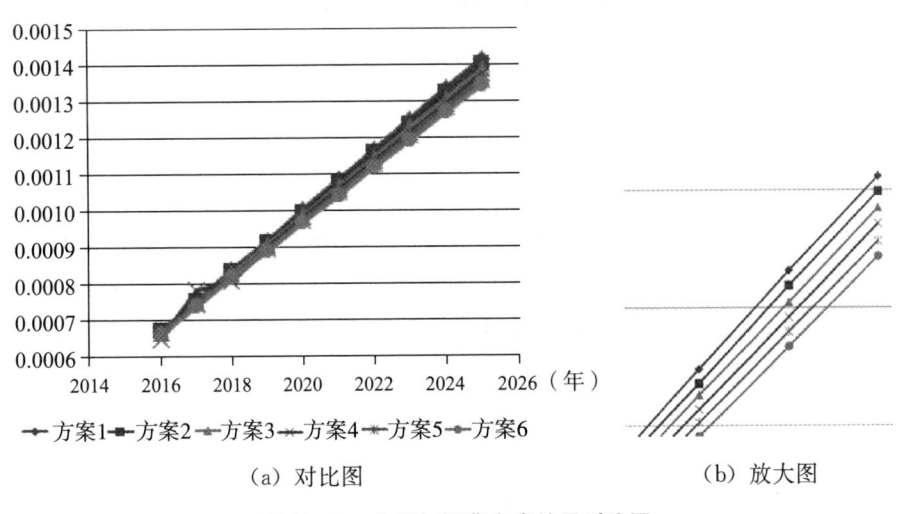

(a) 对比图　　(b) 放大图

图 12.10 人员与经费方案结果对比图

(2) 情景2：盈利模式与资源禀赋整合能力协同分析。

以增加10%为单位，共分为6种方案：方案1，盈利模式增加50%，资源禀赋整合能力增加0%；方案2，盈利模式增加40%，资源禀赋整合能力增加10%；方案3，盈利模式增加30%，资源禀赋整合能力增加20%；方案4，盈利模式增加20%，资源禀赋整合能力增加30%；方案5，盈利模式增加10%，资源禀赋整合能力增加40%；方案6，盈利模式增加0%，资源禀赋整合能力增加50%。详见表12.6。

表12.6 盈利模式与资源禀赋整合能力协同分析表

方案	变量1	变量2	变量1初值	变量2初值	变量1增加百分比	变量1增加值	变量2增加百分比	变量2增加值
1	盈利模式	资源禀赋整合能力	1.45739	1.25637	50%	2.186085	0%	1.256370
2	盈利模式	资源禀赋整合能力	1.45739	1.25637	40%	2.040346	10%	1.382007
3	盈利模式	资源禀赋整合能力	1.45739	1.25637	30%	1.894607	20%	1.507644
4	盈利模式	资源禀赋整合能力	1.45739	1.25637	20%	1.748868	30%	1.633281
5	盈利模式	资源禀赋整合能力	1.45739	1.25637	10%	1.603129	40%	1.758918
6	盈利模式	资源禀赋整合能力	1.45739	1.25637	0%	1.457390	50%	1.884555

在Vensim PLE中，设置模型的仿真步长为一年，仿真时期为2014—2020年，通过模型仿真得到盈利模式与资源禀赋整合能力对价值链攀升水平对比图（如图12.11所示）。

图12.11说明方案6对制造业价值链攀升的影响大于其他方案；方案6盈利模式增加量为50%，资源禀赋整合能力增加量为0%，说明盈利模式对制造业价值链攀升水平的增幅要强于资源禀赋整合能力对制造业价值链攀升水平的增幅，制造业在盈利模式方面较弱。因此，制造业应增强制造业企业的盈利模式。

(a) 对比图   (b) 放大图

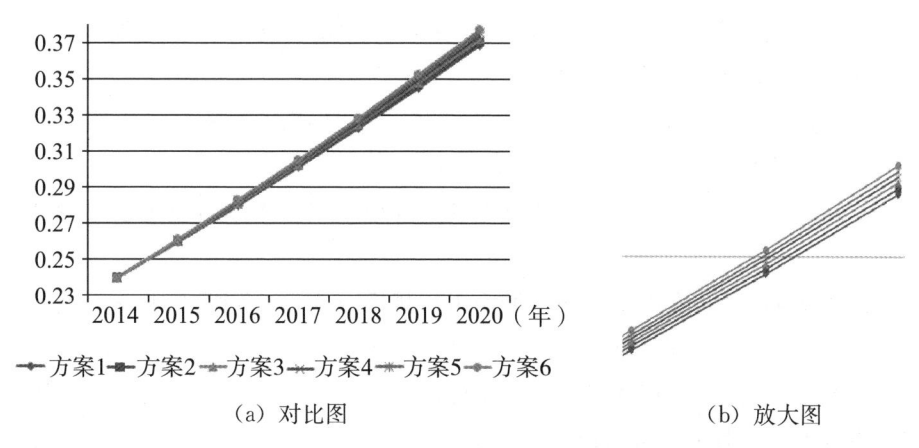

图 12.11 经费投入与资源禀赋整合能力结果对比图

三、子系统Ⅲ：营商环境

营商环境是中国制造业价值链攀升的重要因素，是中国制造业价值链攀升的关键驱动力。然而，营商环境影响价值链攀升机理是怎样的？实现路径是什么？这些问题有待进一步探讨。系统动力学是通过剖析系统内各个结构的关系、功能，以求得更优的系统功能，适用于分析制造业价值链攀升这样的复杂系统。因此，本书首先构建营商环境水平的指标体系，进而基于系统动力学建立 SD 模型探究营商环境对制造业价值链攀升的内在机理。

（一）因果关系分析与因果回路图建立

1. 主要回路（如图 12.12 所示）

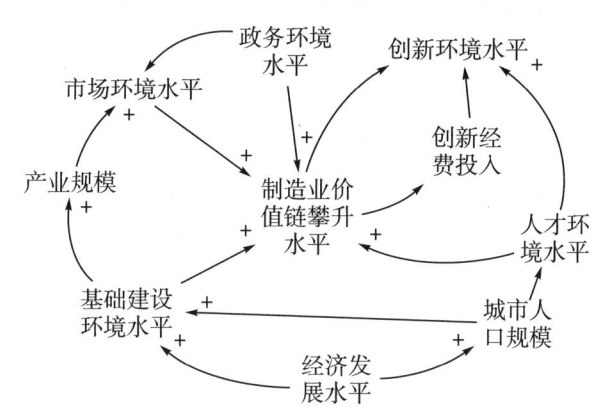

图 12.12 子系统Ⅲ：营商环境－价值链攀升系统因果回路图

回路 1：制造业价值链攀升水平→↑创新经费投入→↑创新环境水平→↑制造业价值链攀升水平。

回路 2：制造业价值链攀升水平→↑人才环境水平→↑创新环境水平→↑制造业价值链攀升水平。

回路 3：经济发展水平→↑基础建设环境水平→↑制造业价值链攀升水平。

回路 4：经济发展水平→↑城市人口规模→↑人才环境水平→↑创新环境水平→↑制造业价值链攀升水平。

回路 5：经济发展水平→↑基础建设环境水平→↑产业规模→↑市场环境水平→↑制造业价值链攀升水平。

回路 6：政务环境水平→↑市场环境水平→↑制造业价值链攀升水平。

2. 主要回路分析

第一，制造业价值链攀升水平→↑创新经费投入→↑创新环境水平→↑制造业价值链攀升水平。

制造业价值链攀升水平的提高会促进当地经济的发展水平，进而促使相应的创新经费的投入水平增高，创新经费投入水平的增高将改善创新环境，进而提升制造业价值链攀升水平。

第二，经济发展水平→↑城市人口规模→↑人才环境水平→↑创新环境水平→↑制造业价值链攀升水平。

经济发展水平的提高将促进城市人口的增多，人口数量的增多必然改善人才环境，于是优势人才数量必然增多，必然导致创新环境的改善，在良性循环之下，制造业价值链攀升水平必然得到增强。

（二）流量图建立与分析

本书查阅 2014—2019 年各个省份数据开展仿真分析，对因果图进行简化整合得到系统存量流量图（如图 12.13 所示）。

第十二章 中国制造业价值链攀升机理的系统动力学解析

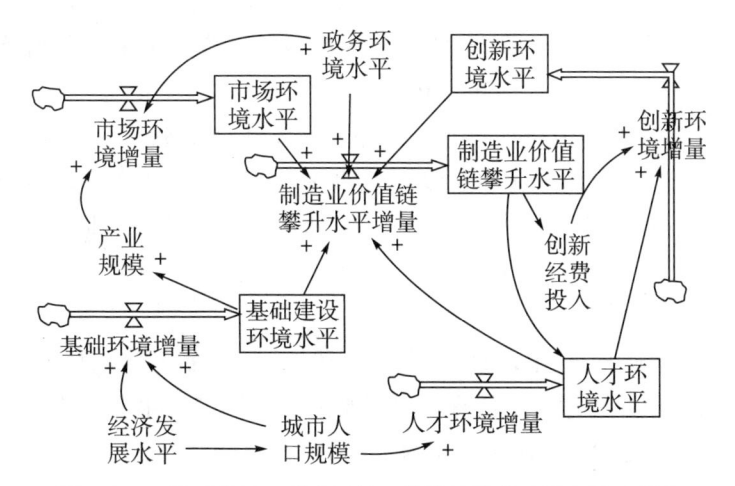

图 12.13 子系统Ⅲ：营商环境－价值链攀升系统存量流量图

用各省数据做面板回归方程，模型涉及主要方程如下：

（1）FINAL TIME = 100Units：Month The final time for the simulation.

（2）INITIAL TIME = 0Units：Month The initial time for the simulation.

（3）SAVEPER=TIME STEP Units：Month[0,?]The frequency with which output is stored.

（4）TIME STEP = 1Units：Month[0,?] The time step for the simulation.

（5）产业规模＝基础建设环境水平×0.584697＋0.119081 Units：** undefined**。

（6）人才环境增量＝城市人口规模×0.205353＋0.0538356 Units：** undefined**。

（7）人才环境水平＝INTEG（人才环境增量＋制造业价值链攀升水平 0.596389＋0.142197，0.0543625）Units：** undefined**。

（8）创新环境增量＝人才环境水平×0.689409＋创新经费投入×0.310591－1.81e^{-009} Units：** undefined**。

（9）创新环境水平＝INTEG（创新环境增量，0.0449401）Units：** undefined**。

（10）创新经费投入＝制造业价值链攀升水平×0.217877＋0.0506078 Units：** undefined**。

(11) 制造业价值链攀升水平＝INTEG（制造业价值链攀升水平增量，0.0195765）Units：** undefined **。

(12) 制造业价值链攀升水平增量＝人才环境水平×0.549806＋创新环境水平×0.634726＋基础建设环境水平×0.099515＋市场环境水平×0.10274＋政务环境水平×0.31983＋ 0.0313578 Units：** undefined **。

（三）仿真分析

在 Vensim PLE 中，设置模型的仿真步长为 1 年，仿真时间为 2014—2024 年，通过模型仿真，得到制造价值链攀升水平仿真曲线以及仿真数据，如图 12.14 所示。从图 12.14 可以看出：

(1) 总体来看，营商环境水平对制造业价值链地位呈现促进作用。

(2) 营商环境水平对制造业价值链攀升呈现出逐年增长的趋势。

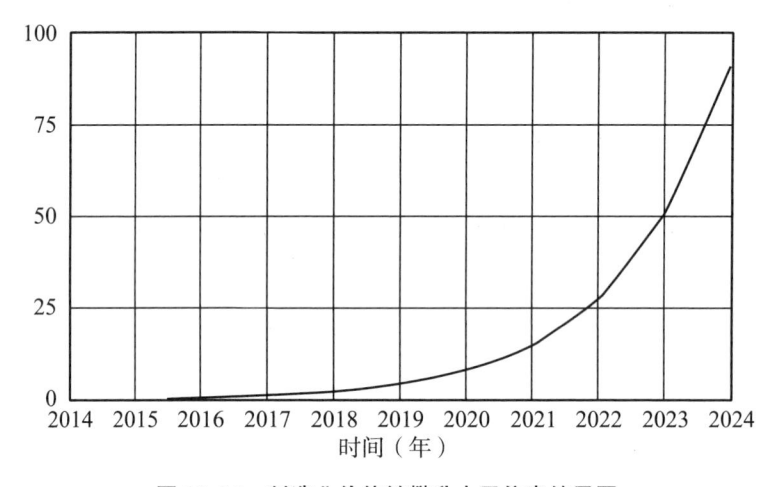

图 12.14　制造业价值链攀升水平仿真结果图

四、子系统Ⅳ：生产性服务业

（一）因果关系分析与因果回路图建立

生产性服务业包括：外商投资等 14 个变量，详见表 12.7。

表12.7 生产性服务业促进中国制造业价值链攀升仿真变量表

排序	指标名称	变量名称	变量类别	单位
1	制造业价值链攀升系统	制造业价值链攀升水平	水平变量	无量纲
2	生产性服务业发展水平	生产性服务业发展水平	水平变量	无量纲
3	外商投资	外商投资	辅助变量	无量纲
4	生产性服务贸易网络联系强度	生产性服务贸易网络联系强度	辅助变量	无量纲
5	服务业技术变化	服务业技术变化	辅助变量	无量纲
6	全要素增长率 TFP	全要素增长率 TFP	辅助变量	无量纲
7	产业比较优势	产业比较优势	辅助变量	无量纲
8	企业规模	企业规模	辅助变量	无量纲
9	产业结构	产业结构	辅助变量	无量纲
10	居民收入水平	居民收入水平	辅助变量	无量纲
11	劳动力投入	劳动力投入	辅助变量	无量纲
12	制造业规模	制造业规模	辅助变量	无量纲
13	总产值	总产值	辅助变量	无量纲
14	服务业规模	服务业规模	辅助变量	无量纲
15	地区集中度	地区集中度	辅助变量	无量纲
16	经济关联效应	经济关联效应	辅助变量	无量纲

1. 主要回路（如图12.15所示）

本书查阅2014—2019年各个省份数据开展仿真分析，对因果图进行简化整合得到系统动力学流量图（如图12.15所示）。

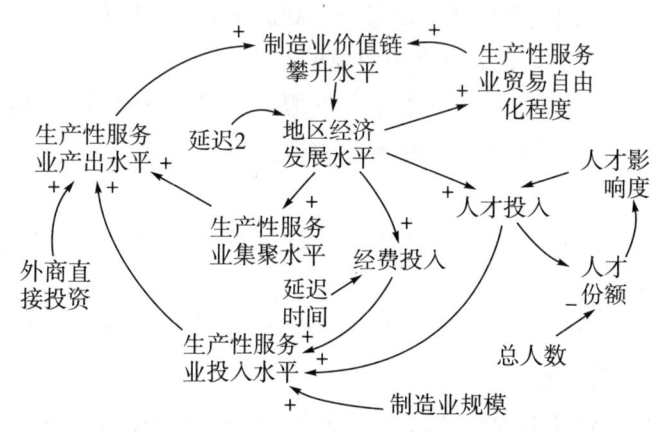

图12.15 子系统Ⅳ：生产性服务业－价值链攀升系统因果回路图

回路1：外商投资→↑服务业技术水平→↑服务业技术水平→↑外商

投资。

回路 2：外商投资→↑生产性服务贸易网络联系强度。

回路 3：外商投资→↑企业规模。

回路 4：生产性服务贸易网络联系强度→↑服务业技术变化。

回路 5：生产性服务贸易网络联系强度→↑生产性服务业增量→↑生产性服务业水平→↑制造业价值链攀升增量→↑制造业价值链攀升水平。

回路 6：生产性服务贸易网络联系强度→↑劳动力投入→↑生产性服务业增量→↑生产性服务业水平。

回路 7：居民收入水平→↓劳动力投入→↑生产性服务业增量→↑生产性服务业水平。

回路 8：居民收入水平→↓劳动力投入→↑生产性服务业增量→↑生产性服务业水平。

回路 9：全要素增长率 TFP→↑服务业技术变化→↑总产值→↑生产性服务业增量→↑生产性服务业水平→↑制造业价值链增量→↑制造业价值链攀升水平。

回路 10：全要素增长率 TFP→↑服务业技术变化→↑生产性服务业增量→↑生产性服务业水平→↑制造业价值链攀升增量→↑制造业价值链攀升水平。

回路 11：居民收入水平→↑总产值→↑生产性服务业增量→↑生产性服务业水平→↑制造业价值链增量→↑制造业价值链攀升水平。

回路 12：劳动力投入→↑总产值→↑生产性服务业增量→↑生产性服务业水平→↑制造业价值链增量→↑制造业价值链攀升水平。

回路 13：劳动力投入→↑企业规模。

回路 14：劳动力投入→↑生产性服务业增量→↑生产性服务业水平→↑制造业价值链攀升增量→↑制造业价值链攀升水平→↑劳动力投入。

回路 15：制造业规模→↑生产性服务业增量→↑生产性服务业水平→↑制造业规模。

回路 16：经济关联效应→↑生产性服务业增量→↑生产性服务业水平→↑经济关联效应。

回路 17：企业规模→↑总产值→↑生产性服务业增量→↑生产性服务业水平→↑制造业价值链增量→↑制造业价值链攀升水平。

回路 18：企业规模→↑生产性服务业增量→↑生产性服务业水平→↑

企业规模。

回路 19：企业规模→↑服务业规模→↑生产性服务业增量→↑生产性服务业水平→↑服务业规模。

回路 20：地区集中度→↑企业规模→↑生产性服务业增量→↑生产性服务业水平。

回路 21：产业比较优势→↑企业规模→↑生产性服务业增量→↑生产性服务业水平。

回路 22：产业比较优势→↑服务业规模→↑生产性服务业增量→↑生产性服务业水平→↑服务业规模。

回路 23：产业结构→↑企业规模→↑生产性服务业增量→↑生产性服务业水平。

回路 24：服务业技术变化→↑企业规模。

回路 25：产业比较优势→↑地区集中度→↑服务业技术变化。

回路 26：产业比较优势→↑地区集中度→↑生产性服务业增量→↑生产性服务业水平→↑地区集中度。

回路 27：服务业规模→↑总产值。

回路 28：产业比较优势→↑生产性服务业增量→↑生产性服务业水平→↑产业比较优势。

2. 主要回路分析

（1）生产性服务业产出水平→↑制造业价值链攀升水平→↑地区经济发展水平→↑经费投入→↑生产性服务业投入水平→↑生产性服务业产出水平。

推动生产性服务业发展是制造业发展的基础，因此生产性服务业产出水平的提高将会促进制造业价值链地位的提高，制造业价值链地位的提高必然带动该地区的经济发展。因此，必然会推动对生产性服务业经费的投入，进而促进生产业投入水平增强，投入水平的增强必然会促进产出水平的增强。

（2）生产性服务业产出水平→↑制造业价值链攀升水平→↑地区经济发展水平→↑人才投入→↑生产性服务业投入水平→↑生产性服务业产出水平。

推动生产性服务业发展是制造业发展的基础，因此生产性服务业产出水平的提高将会促进制造业价值链地位的提高，制造业价值链地位的提高必然带动该地区的经济发展。从而会推动对生产性服务业人才的投入，进而促进生产业投入水平增强。投入水平的增强必然会促进产出水平的增强。

3. 回路限制

(1) 人才投入限制（如图 12.16 所示）。如果不加回路限制，人才投入的行为就是持续的指数增长，没有极限。但是根据实际情况，在实际发展中人才不可能无限制地投入，必然会受到该地区总人数的约束，达到饱和，假设在一定时间内该地区人口总数是不变的，这就是一个外生恒定的目标值，对人才投入起到限制作用。

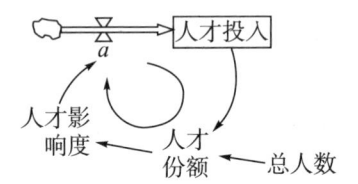

图 12.16　人才投入限制回路图

(2) 经费投入限制（如图 12.17 所示）。经费投入水平与人才投入限制目的相似，在实际情况下，经费的投入需要时间的缓冲，不会与经济增长呈现完全的线性关系，而是具有一定的延迟，因此在经费方面加入延迟函数来进行约束，确保模型的可行性。

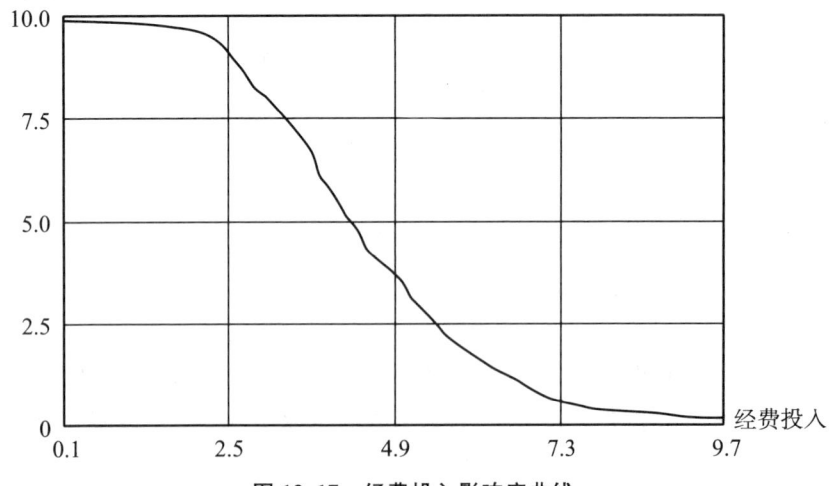

图 12.17　经费投入影响度曲线

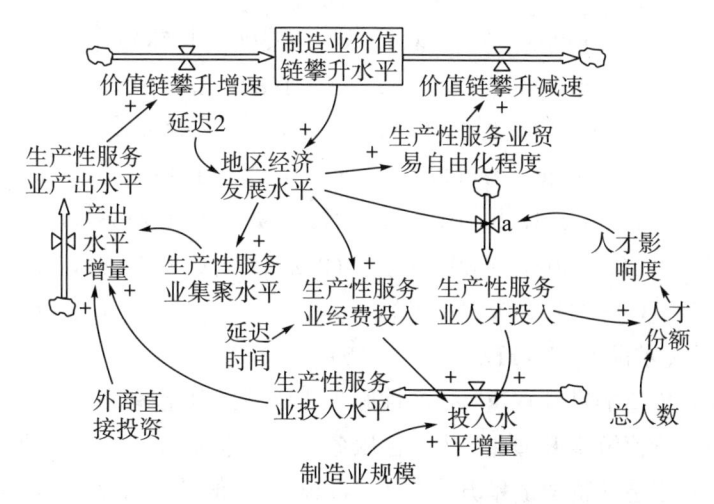

图 12.18　子系统Ⅳ：生产性服务业－价值链攀升系统存量流

（二）流量图建立与分析（如图 12.18 所示）

用各省数据做面板回归方程，模型涉及主要方程如下：

(1) a＝地区经济发展水平×人才影响度 Units：** undefined **。
(2) FINAL TIME＝10 Units：Year 模拟的最后时间。
(3) INITIAL TIME＝0 Units：Year 模拟的初始时间。
(4) SAVEPER＝TIME STEP Units：Year [0,?]。
(5) TIME STEP＝1 Units：Year [0,?] 模拟的时间步长。
(6) 产出水平增量＝－外商直接投资×0.285903＋生产性服务业投入水平×1.26094－生产性服务业集聚水平×0.0915981＋0.213363 Units：** undefined **。
(7) 人才份额＝人才投入/总人数 Units：** undefined **。
(8) 人才影响度＝WITH LOOKUP（人才份额，

（[(0, 0) － (10, 10)]，(0.0917431, 9.86842)，(0.214067, 9.86842)，(0.428135, 9.86842)，(0.611621, 9.7807)，(0.795107, 9.7807)，(0.978593, 9.69298)，(1.2844, 9.69298)，(1.59021, 9.69298)，(2.01835, 9.64912)，(2.20183, 9.51754)，(2.35474, 9.3421)，(2.53823, 9.03509)，(2.72171, 8.64035)，(2.87462, 8.24561)，(2.9052, 7.98246)，(3.11927, 7.89474)，(3.27217, 7.58772)，(3.48624, 7.23684)，(3.60856, 6.88596)，(3.73089, 6.57895)，(3.79205, 6.27193)，(3.88379, 5.92105)，(4.09786,

5.48246），（4.15902，5.2193），（4.37309，4.7807），（4.52599，4.25439），（4.98471，3.55263），（5.1682，3.07018），（5.41284，2.63158），（5.62691，2.23684），（5.8104，1.97368），（6.14679，1.66667），（6.36086，1.40351），（6.66667，1.14035），（7.00306，0.789474），（7.15596，0.701754），（7.70642，0.482456），（8.13456，0.482456），（8.68502，0.394737），（9.23547，0.307018），（9.48012，0.307018），（9.69419，0.219298）。

（9）人才投入＝INTEG（a，0.05）。

（10）价值链攀升减速＝生产性服务业贸易自由化程度。

（11）价值链攀升增速＝生产性服务业产出水平。

（12）制造业价值链攀升水平＝INTEG（价值链攀升增速－价值链攀升减速）。

（13）制造业规模＝1.27876。

（14）地区经济发展水平＝DELAY1（制造业价值链攀升水平×2.34159－1.67394，延迟2）。

（15）外商直接投资＝1.13579。

（16）延迟2＝2。

（17）延迟时间＝4。

（18）总人数＝1.29032。

（19）投入水平增量＝人才投入×0.128519＋制造业规模×0.163595＋经费投入×0.122021＋0.0574261。

（20）生产性服务业产出水平＝INTEG（产出水平增量，0）。

（21）生产性服务业投入水平＝INTEG（投入水平增量，0）。

（22）生产性服务业贸易自由化程度＝地区经济发展水平×0.617488＋0.339032。

（23）生产性服务业集聚水平＝地区经济发展水平×0.0281429＋1.28573。

（24）经费投入＝DELAY1（地区经济发展水平×0.32，延迟时间）。

（三）仿真分析

1. 制造业价值链攀升水平仿真结果分析

在Vensim PLE中，设置模型的仿真步长为1年，仿真时间为2014—2024年，通过模型仿真，得到价值链攀升水平仿真曲线见图12.19

所示。从图 12.19 可以看出：

（1）总体来看，生产性服务业水平对制造业价值链地位呈现促进作用。

（2）生产性服务业价值链攀升水平与制造业价值链总体呈现出先降低后增加趋于稳定后趋于稳定。

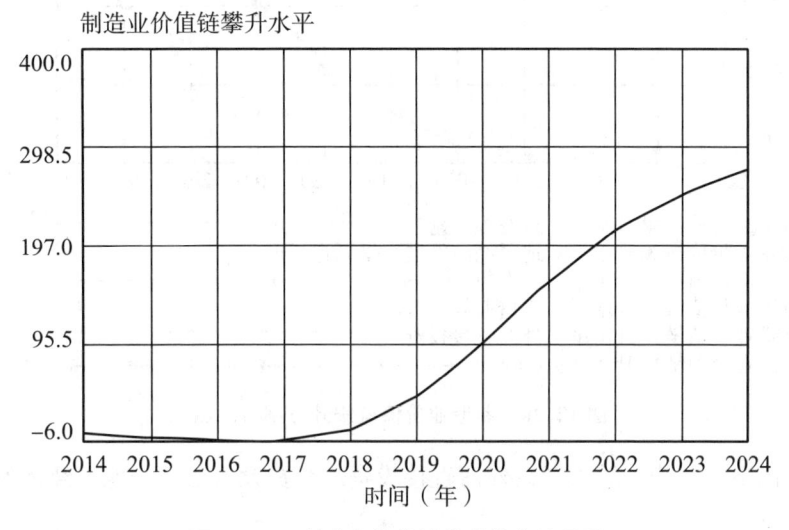

图 12.19 制造业价值链攀升仿真结果图

2. 情景仿真与路径选择

研究针对生产性服务业水平影响制造业价值链攀升水平中的 5 个变量，通过调整变量的初始值进行仿真得到制造业价值链得分增加百分比（详见表 12.8），分析各个变量对价值链攀升水平的影响，以此分析生产性服务业影响制造业价值链攀升的内在机理。

表 12.8 变量增加 50% 对应价值链攀升水平变化表

方案	指标	初始值	增加 50%
方案 1	外商直接投资	1.13579	1.70368
方案 2	制造业规模	1.27876	1.91814
方案 3	总人数	1.29032	1.93548
方案 4	地区经济发展水平延迟	2.00000	1.00000
方案 5	经费投入延迟	4.00000	2.00000

由图 12.20 可以得出 5 个主要变量对制造业价值链攀升的促进作用呈以下关系。

制造业价值链攀升水平

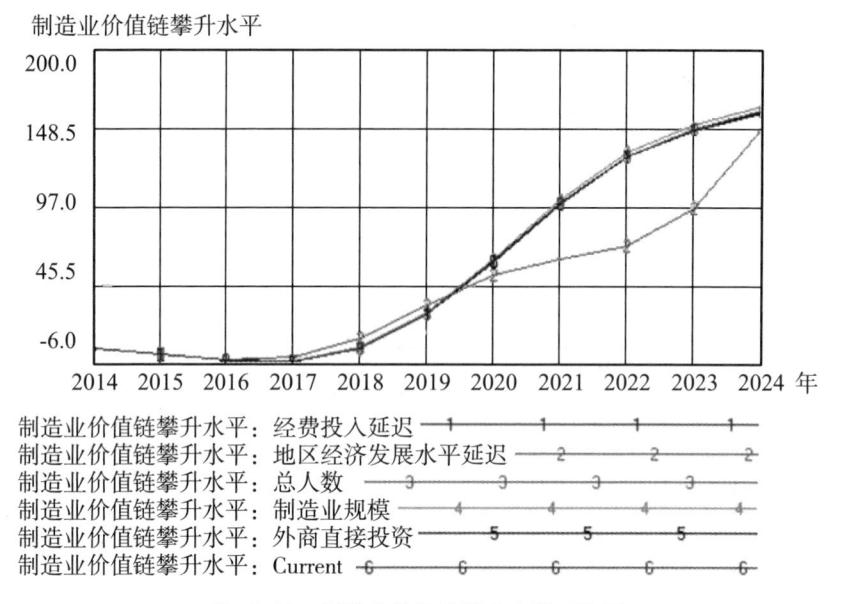

```
200.0
148.5
 97.0
 45.5
 -6.0
     2014 2015 2016 2017 2018 2019 2020 2021 2022 2023 2024 年
```

制造业价值链攀升水平：经费投入延迟 —1——1——1——1—
制造业价值链攀升水平：地区经济发展水平延迟 —2——2——2—
制造业价值链攀升水平：总人数 —3——3——3——3—
制造业价值链攀升水平：制造业规模 —4——4——4——4—
制造业价值链攀升水平：外商直接投资 —5——5——5—
制造业价值链攀升水平：Current —6——6——6——6—

图 12.20　制造业价值链攀升方案对比图

制造业规模＞总人数＞外商直接投资＞经费投入延迟＞地区经济发展水平延迟。

以上关系表明：

（1）中国生产性服务业的发展离不开人才的大力培养。要推动高校、各科研院所与重点企业联合定向培养产学研融合型服务业人才，推广校企合作应用型人才的培养机制。

（2）制造业规模对中国生产性服务业影响巨大。因此，中国制造业强国建设的关键在于发展先进高端制造业。

五、子系统Ⅴ：国际投资

国际直接投资亦称"对外直接投资"。一国投资者为实现持久利益而对本国之外的企业进行投资，并对该国外企业的经营管理实施有效影响和控制的经济活动。由于企业的经营管理权通常受股权比例的影响，国际货币基金组织建议以拥有国外企业 10% 的股权作为国际直接投资的最低标准，不过，有些国家以其他证据而非股权比例来认定对外国企业经营管理的有效影响。中国的对外直接投资统计中，对外直接投资指中国企业、团体等在国外及港澳台地区以现金、实物、无形资产等方式投资，并以控制国（境）外企业的经营管押权为核心的经济活动。

(一) 因果关系分析与因果回路图建立

1. 主要回路（如图 12.21 所示）

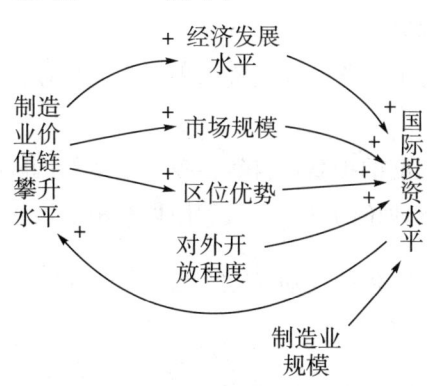

图 12.21　子系统Ⅴ：国际投资－价值链攀升因果回路图

回路 1：制造业价值链攀升水平→↑经济发展水平→↑国际投资水平→↑制造业价值链攀升水平。

回路 2：制造业价值链攀升水平→↑市场规模→↑国际投资水平→↑制造业价值链攀升水平。

回路 3：制造业价值链攀升水平→↑区位优势→↑国际投资水平→↑制造业价值链攀升水平。

回路 4：制造业对外开放程度→↑国际投资水平→↑制造业价值链攀升水平→↑经济发展水平。

回路 5：对外开放程度→↑国际投资水平→↑制造业价值链攀升水平→↑市场规模。

回路 6：对外开放程度→↑国际投资水平→↑制造业价值链攀升水平→↑区位优势。

回路 7：制造业规模→↑国际投资水平→↑制造业价值链攀升水平→↑区位优势。

回路 8：制造业规模→↑国际投资水平→↑制造业价值链攀升水平→↑区位优势。

回路 9：制造业规模→↑国际投资水平→↑制造业价值链攀升水平→↑区位优势。

2. 主要回路分析

(1) 制造业价值链攀升水平→↑经济发展水平→↑国际投资水平→↑

制造业价值链攀升水平。

制造业价值链地位的提高会促进当地经济水平的提高，经济水平的提高自然会吸引更多的外商投资，吸引外商技术，扩大资本，良性循环之下价值链地位再一次提高。

(2) 对外开放程度→↑国际投资水平→↑制造业价值链攀升水平→↑经济发展水平。

随着对外开放程度的提高，自然会吸引更多的国际投资，资本的扩大会促进制造业价值链地位的攀升，最后使得经济发展水平不断提升。

(二) 流图建立与分析 (如图12.22所示)

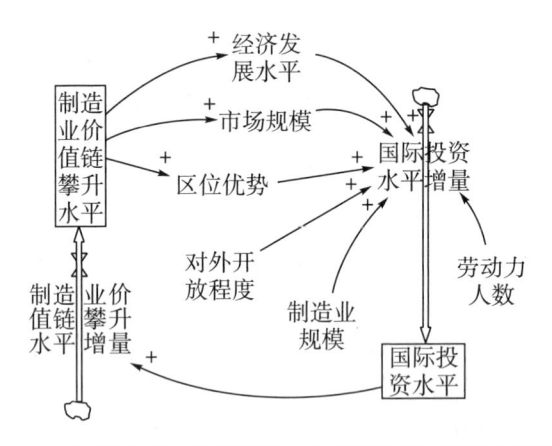

图12.22 子系统Ⅴ：国际投资－价值链攀升系统存量流量图

模型涉及主要方程如下：

(1) FINAL TIME=10Units：YearThe final time for the simulation.

(2) INITIAL TIME=0Units：YearThe initial time for the simulation.

(3) SAVEPER = TIME STEPUnits：Year [0,?] The frequency with which output is store.

(4) TIME STEP = 1Units：Year [0,?] The time step for the simulation.

(5) 制造业价值链攀升水平＝INTEG（制造业价值链攀升水平增量，0.0195765）Units：** undefined **.

(6) 制造业价值链攀升水平增量＝国际投资水平 * 0.031544＋0.0115843 Units：** undefined **.

(7) 制造业规模＝0.051636 Units：** undefined **.

（8）劳动力人数＝0.0643759 Units：** undefined **．

（9）区位优势＝制造业价值链攀升水平×0.186435 Units：** undefined **．

（10）国际投资水平＝INTEG（国际投资水平增量，0.0462514）Units：** undefined **．

（11）国际投资水平增量＝制造业规模×0.232381＋劳动力人数×0.0846406＋区位优势×0＋对外开放程度×0.0977806＋市场规模×0.0720422＋经济发展水平×0.157206＋0.0206648 Units：** undefined **．

（12）对外开放程度＝0.0544606 Units：** undefined **．

（13）市场规模＝制造业价值链攀升水平×0.490782＋0.115069 Units：** undefined **．

（14）经济发展水平＝制造业价值链攀升水平×0.404612＋0.0990161 Units：** undefined **．

（三）仿真分析

在 Vensim PLE 中，设置模型的仿真步长为 1 年，仿真时间为 2014—2024 年，通过模型仿真，得到价值链攀升水平仿真曲线（如图 12.23 所示）以及仿真数据。从图 12.24 可以看出：总体来看，国际投资水平对制造业价值链地位呈现促进作用。国际投资对制造业价值链攀升水平总体呈现出逐渐增强的趋势。

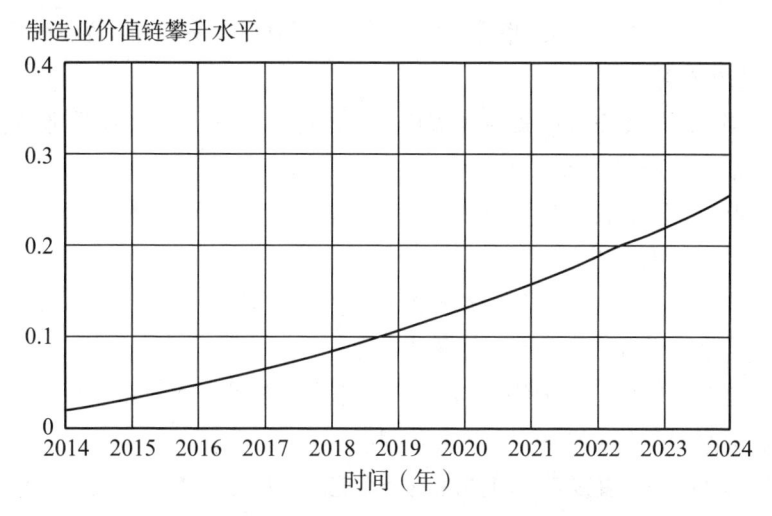

图 12.23　制造业价值链攀升水平仿真结果图

六、子系统Ⅵ：国际贸易

国际贸易（International Trade）也称通商，是指跨越国境的货品和服务交易，一般由进口贸易和出口贸易组成，因此也可称之为进出口贸易。进出口贸易可以调节国内生产要素的利用率，改善国际间的供求关系，调整经济结构，增加财政收入等。国际贸易对制造业价值链攀升有着举足轻重的影响。

（一）因果关系分析与因果回路图的建立

1. 主要回路（如图 12.24 所示）

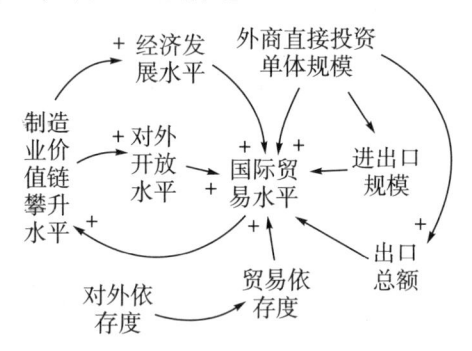

图 12.24 子系统Ⅵ：国际贸易－价值链攀升系统因果回路图

回路1：制造业价值链攀升水平→↑经济发展水平→↑国际贸易水平→↑制造业价值链攀升水平。

回路2：制造业价值链攀升水平→↑对外开放程度→↑国际贸易水平→↑制造业价值链攀升水平。

回路3：外商直接投资单体规模→↑国际贸易水平→↑制造业价值链攀升水平→↑经济发展水平。

回路4：外商直接投资单体规模→↑国际贸易水平→↑制造业价值链攀升水平→↑对外开放程度。

回路5：外商直接投资单体规模→↑进出口规模→↑国际贸易水平→↑制造业价值链攀升水平→↑对外开放程度。

回路6：外商直接投资单体规模→↑进出口规模→↑国际贸易水平→↑制造业价值链攀升水平→↑对外开放程度。

回路7：外商直接投资单体规模→↑进出口规模→↑国际贸易水平→↑制造业价值链攀升水平→↑经济发展水平。

回路8：外商直接投资单体规模→↑进出口规模→↑国际贸易水平→↑制造业价值链攀升水平→↑经济发展水平。

2. 主要回路分析

（1）制造业价值链攀升水平→↑经济发展水平→↑国际贸易水平→↑制造业价值链攀升水平。

制造业价值链攀升水平的提高，会大幅度提高该地区的经济发展水平，经济水平的提高会引来国内外的投资，使得国际贸易水平提高，在良性循环之下，制造业价值链攀升水平再一次提高。

（2）外商直接投资单体规模→↑进出口规模→↑国际贸易水平→↑制造业价值链攀升水平→↑对外开放程度。

外商直接投资的规模扩大，会使得进出口规模扩大，大幅度增强国际贸易水平，从而提升制造业价值链攀升水平，从而提高对外开放程度。

（二）流量图建立与分析

本书查阅2014—2019年各个省份数据开展仿真分析，对因果图进行简化整合得到系统存量流量图（如图12.25所示）。

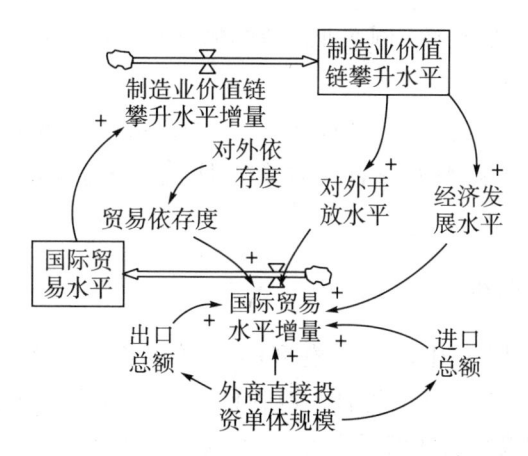

图12.25 子系统Ⅵ：国际贸易-价值链攀升系统存量流量图

用各省数据做面板回归方程，模型涉及主要方程如下：

(1) FINAL TIME=100Units：MonthThe final time for the simulation.

(2) INITIAL TIME=0Units：MonthThe initial time for the simulation.

(3) SAVEPER = TIME STEPUnits：Month［0,?］The frequency with which output is stored.

（4）TIME STEP＝1Units：Month ［0,?］ The time step for the simulation。

（5）出口总额＝外商直接投资单体规模×0.107722＋0.0607384 Units：** undefined**。

（6）制造业价值链攀升水平＝INTEG（制造业价值链攀升水平增量，0.0195765）Units：** undefined**。

（7）制造业价值链攀升水平增量＝国际贸易水平×0.0321214＋0.0096709 Units：** undefined**。

（8）国际贸易水平＝INTEG（国际贸易水平增量，0.0512372）Units：** undefined**。

（9）国际贸易水平增量＝出口总额×0.0090404＋0×外商直接投资单体规模＋对外开放水平×0＋经济发展水平×0.0191302＋贸易依存度×0.0188409＋进口总额×0.01274＋0.0061423 Units：** undefined**。

（10）外商直接投资单体规模＝0.0545947 Units：** undefined**。

（11）对外依存度＝0.0545947 Units：** undefined**。

（12）对外开放水平＝制造业价值链攀升水平×0.638134＋0.152427 Units：** undefined**。

（13）经济发展水平＝制造业价值链攀升水平×0.404612＋0.0990161 Units：** undefined**。

（14）贸易依存度＝对外依存度×1＋0 Units：** undefined**。

（15）进口总额＝外商直接投资单体规模×0.0986026＋0.049936 Units：** undefined**。

（三）仿真分析

在Vensim PLE中，设置模型的仿真步长为1年，仿真时间为2014—2024年，通过模型仿真，得到价值链攀升水平仿真曲线（如图12.26所示）以及仿真数据。从图12.26分析得出：

（1）总体来看，国际贸易水平对制造业价值链地位呈现促进作用。

（2）国际贸易对制造业价值链攀升水平总体呈现出逐渐增强的趋势。

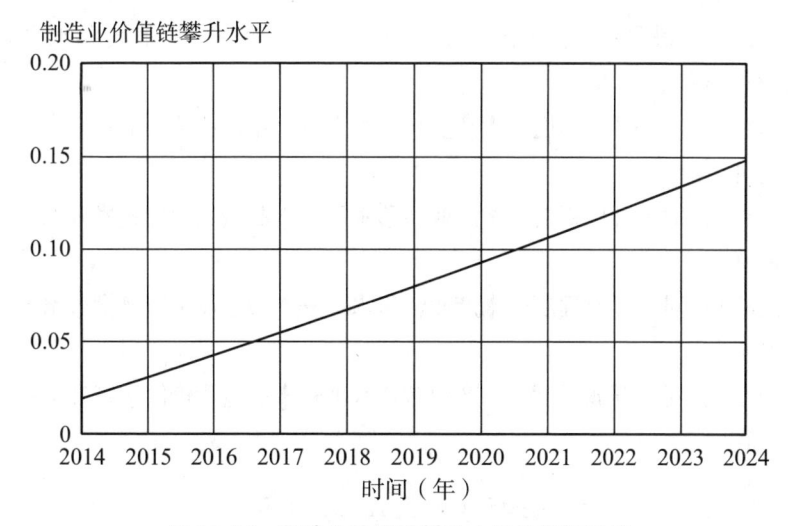

图 12.26 制造业价值链攀升水平仿真结果图

七、子系统Ⅶ：产业转移

产业转移是发生在不同经济发展水平的区域之间的一种重要的经济现象，是指在市场经济条件下，发达区域的部分企业顺应区域比较优势的变化，通过跨区域直接投资，把部分产业的生产转移到发展中区域进行，从而在产业的空间分布上表现出该产业由发达区域向发展中区域转移的现象。产业转移对于区域经济结构调整及区域间经济关系的优化具有重要意义。

（一）因果关系分析与因果回路图的建立（如图 12.27 所示）

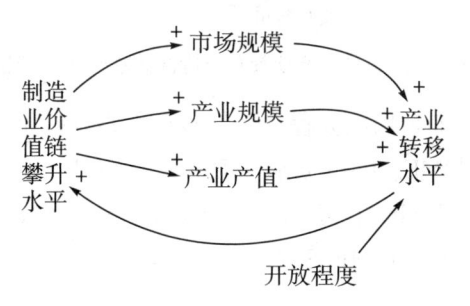

图 12.27 子系统Ⅶ：产业转移－价值链攀升系统因果回路图

回路1：制造业价值链攀升水平→↑市场规模→↑产业转移水平→↑制造业价值链攀升水平。

回路2：制造业价值链攀升水平→↑产业规模→↑产业转移水平→↑制造业价值链攀升水平。

回路3：制造业价值链攀升水平→↑产业产值→↑产业转移水平→↑制造业价值链攀升水平。

回路4：对外开放程度→↑产业转移水平→↑制造业价值链攀升水平→↑市场规模。

回路5：对外开放程度→↑产业转移水平→↑制造业价值链攀升水平→↑市场规模。

回路6：对外开放程度→↑产业转移水平→↑制造业价值链攀升水平→↑产业规模。

回路7：对外开放程度→↑产业转移水平→↑制造业价值链攀升水平→↑产业产值。

（二）流量图建立与分析（如图12.28所示）

本书查阅2014—2019年各个省份数据，开展仿真分析，对因果图进行简化整合，得到系统存量流量图（见图12.28）。

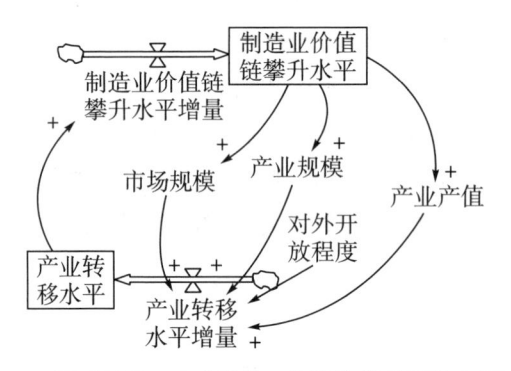

图12.28 子系统Ⅶ：产业转移－价值链攀升系统存量流量图

用各省数据做面板回归方程，模型涉及主要方程如下：

(1) FINAL TIME=100 Units：MonthThe final time for the simulation.

(2) INITIAL TIME=0 Units：MonthThe initial time for the simulation.

(3) SAVEPER = TIME STEP Units：Month ［0,?］ The frequency with which output is stored.

(4) TIME STEP = 1 Units：Month ［0,?］ The time step for the simulation.

(5) 出口总额＝外商直接投资单体规模×0.107722＋0.0607384 Units：** undefined**.

(6) 制造业价值链攀升水平＝INTEG（制造业价值链攀升水平增量，

0.0195765）Units:** undefined**.

（7）制造业价值链攀升水平增量＝国际贸易水平×0.0321214＋0.0096709 Units:** undefined**.

（8）产业转移水平增量＝产业产值×0.316594＋产业规模×0＋市场规模×0.388959－对外开放程度 1.73e－008－1.38e－009 Units:** undefined**.

（9）制造业价值链攀升水平＝INTEG（制造业价值链攀升水平增量，0.0195765）Units:** undefined**.

（10）制造业价值链攀升水平增量＝产业转移水平×0.0416519＋0.0164197 Units:** undefined**.

（11）市场规模＝制造业价值链攀升水平×0.490782＋0.115069 Units:** undefined**.

（12）开放程度＝0.0544606 Units:** undefined**.

（三）仿真分析

在 Vensim PLE 中，设置模型的仿真步长为1年，仿真时间为2014—2024年，通过模型仿真，得到制造业价值链攀升水平仿真曲线（如图12.29所示）以及仿真数据。从图12.29可以看出：

（1）总体来看，产业转移水平对制造业价值链地位呈现促进作用。

（2）产业转移对制造业价值链攀升水平总体呈现出逐渐增强的趋势。

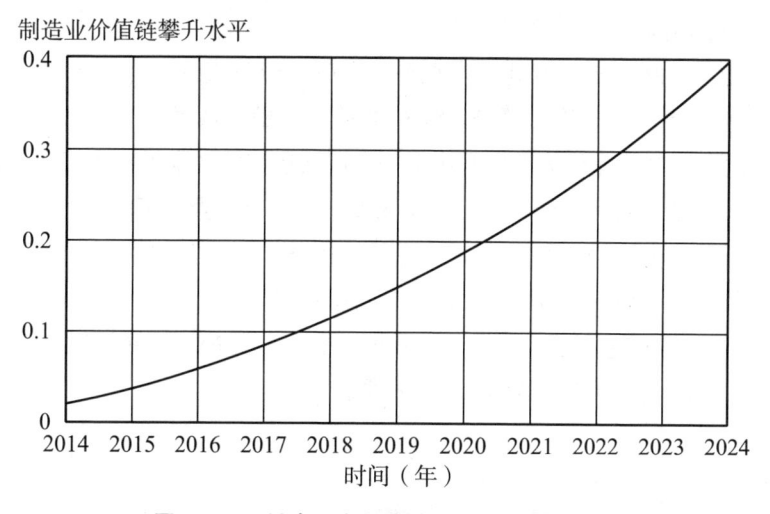

图12.29 制造业价值链攀升水平结果仿真图

八、子系统Ⅷ：产业集聚

产业集聚可以促进创新。企业的创新常常来源于企业之间、企业与用户之间的互动。在产业集聚中，新工艺、新技术能够迅速传播。企业更容易发现产品或服务的缺口，受到启发并发现市场机会，研发新的产品。由于集聚，不同公司员工之间接触沟通的机会增多，有助于相互间的思想碰撞而产生创新思维。同一园区企业管理人员与技术人员的定期交流会对各个企业带来创新灵感，这是知识技术外溢性的体现。

（一）产业集聚水平指标体系

产业集聚水平指标体系，见表12.9。

表12.9 产业集聚水平指标体系

一级指标	二级指标	三级指标
产业集聚	制造业产值区位熵	区域经济发展水平 制造业资产规模 制造业从业人数

（二）因果关系分析与因果回路图的建立

产业集聚-价值链攀升系统存量流量图，如图12.30所示。

回路1：制造业价值链攀升水平→↑区域经济发展水平→↑产业集聚水平→↑制造业价值链攀升水平。

回路2：制造业价值链攀升水平→↑区域经济发展水平→↑地区创新投入水平→↑产业集聚水平→↑制造业价值链攀升水平。

回路3：制造业价值链攀升水平→↑区域经济发展水平→↑制造业从业人数→↑制造业资产规模→↑产业集聚水平→↑制造业价值链攀升水平。

回路4：外商直接投资→↑产业集聚水平→↑制造业价值链攀升水平→↑区域经济发展水平→↑制造业人数→↑制造业资产规模。

回路5：外商直接投资→↑产业集聚水平→↑制造业价值链攀升水平→↑区域经济发展水平→↑地区创新投入水平。

图 12.30　子系统Ⅷ：产业集聚－价值链攀升系统存量流量图

（三）流量图建立与分析（如图 12.31 所示）

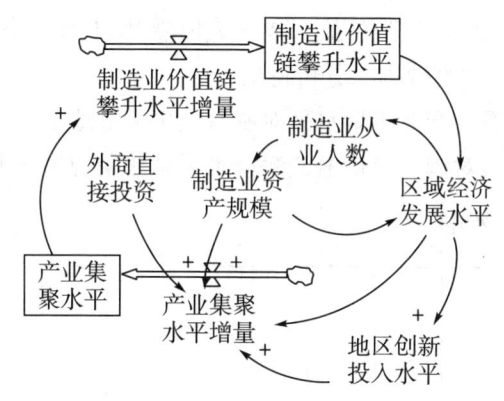

图 12.31　子系统Ⅷ：产业集聚－价值链攀升系统存量流量图

模型涉及主要方程如下：

(1) 产业集聚水平＝A FUNCTION OF（产业集聚水平，产业集聚水平增量）产业集聚水平 = INTEG（产业集聚水平增量，）Units：** undefined**。

(2) 产业集聚水平增量＝A FUNCTION OF（产业集聚水平增量，制造业资产规模，区域经济发展水平，地区创新投入水平，外商直接投资）.

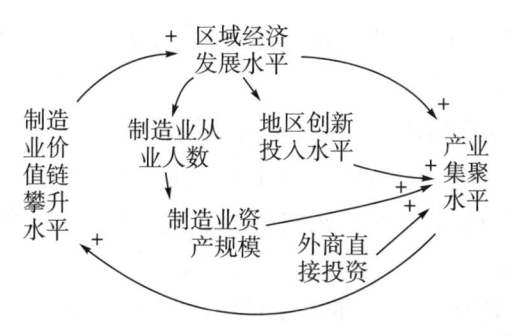

(3) 制造业从业人数＝区域经济发展水平×0.143856＋0.0452265 Units：** undefined**。

(4) 制造业价值链攀升水平＝INTEG（制造业价值链攀升水平增量，0.0195765）Units：** undefined**。

(5) 制造业价值链攀升水平增量＝A FUNCTION OF（制造业价值链攀升水平增量，产业集聚水平）制造业价值链攀升水平增量＝制造业价值链攀升水平，产业集聚水平，vce（cluster area）Units：** undefined**。

（6）制造业资产规模＝制造业从业人数×0.139429＋0.0366874 Units：** undefined**。

（7）区域经济发展水平＝制造业价值链攀升水平×0.277229＋制造业资产规模×0.101313＋0.0547449 Units：** undefined**。

（8）地区创新投入水平＝区域经济发展水平×0.119696＋0.0716183 Units：** undefined**。

（9）外商直接投资＝0.0469049 Units：** undefined**。

（四）仿真分析

在Vensim PLE中，设置模型的仿真步长为1年，仿真时间为2014—2024年，通过模型仿真，得到价值链攀升水平仿真曲线（如图12.32所示）以及仿真数据。分析得出：

（1）总体来看，产业集聚水平对制造业价值链地位呈现促进作用。

（2）产业集聚对制造业价值链攀升水平总体呈现出逐渐增强的趋势。

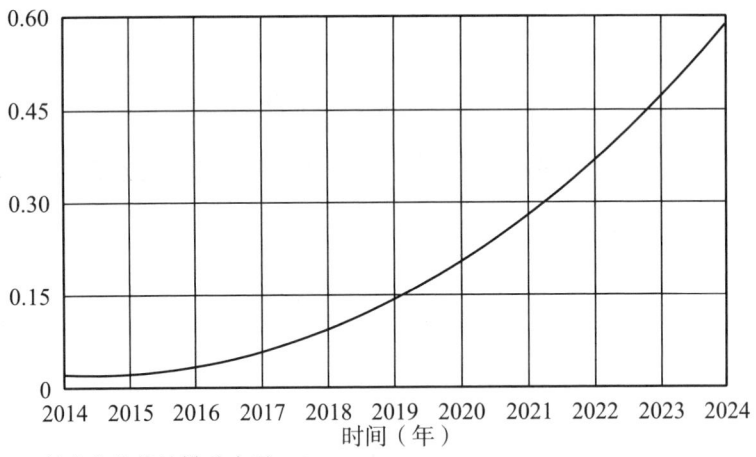

图12.32 制造业价值链攀升水平仿真结果

第二节 中国制造业价值链攀升系统动力学模型

一、中国制造业价值链攀升动力学系统变量设置

笔者采用文献指标频次统计分析并结合制造业发展实际情况,在征询有关专家意见的基础上对指标进行调整,得到包括制造业价值链系统的指标体系,以指标为依据建立系统动力学变量80个,详见表12.10。

表12.10 中国制造业价值链攀升系统动力学变量表

一级指标	二级指标	三级指标	三级指标计算公式
1 要素禀赋	资本A	固定资本存量水平A1	人均资本存量A11 资本存量=固定资产折旧额+投资额
		资本投入率A2	全社会固定资产投资额/国内生产总值 A21
		资本业绩指数A3	资本形成总额/国内生产总值 A31 注:资本形成总额由固定资本形成总额和存货增加两部分构成
	劳动力B	劳动力投入量B1	劳动力投入=年均从业人数=年初从业人数和年末从业人数的平均值 B11 就业人口密度=年末的从业人员/各地区国土面积 B12
		要素密集度指数B2	资本存量K与就业人数L的比值 B21
	基础设施C	交通基础设施C1	铁路、公路加总除以各省面积 C11
		能源基础设施C2	人均能源消费总量 C21
		信息基础设施C3	邮电业务总量 C31
	制度D	发展战略选择情况D1	技术选择指数 $TCI_{i,t}=\dfrac{AVM_{i,t}/LM_{i,t}}{GDP_{i,t}/L_{i,t}}$ D11 $AVM_{i,t}$:i省的制造业产值在t年份的增加值 $LM_{i,t}$:i省的制造业从业人数 $GDP_{i,t}$:i省在t年的地区生产总值 $L_{i,t}$:i省的总就业人数

续表12.10

一级指标	二级指标	三级指标	三级指标计算公式
2 创新驱动	技术创新 E	创新投入 E1	R&D 经费投入数量（RDIF）=企业研发投入与营业收入的比值 E11 R&D 人员投入强度（RDIH）=研发人员所占总员工数比例 E12
		创新产出 E2	新产品销售收入/总销售收入 E21 科技论文发表量 E22 专利申请量或授权量 E23
		创新效率 E3	研发成本/创新产出
		绿色技术创新 E4	制造业单位产值能源消耗降低率 E41
	内外制度创新 F	产权结构 F1	非国有工业总产值与全部工业总产值的比值 F11
		对外开放 F2	出口依存度=行业出口额/行业总产值 F21 外商直接投资 F22
		管理绩效 F3	管理费用率=管理费用/主营业务收入 F31 制造业资金利税率=（利润总额+产品销售税金及附加）/（期末固定资产平均余额+期末流动资产平均余额）F32 资本保值增值率=报告期期末所有者权益/上年同期期末所有者权益 F33
	商业模式创新 G	价值主张、盈利模式 G1	应收账款周转率 G11 存货周转率 G12 流动资产周转率 G13
		资源禀赋、整合能力 G3	固定资产占比：固定资产占资产总额比例 G31 劳动效率：营业收入/在职员工总数 G32
	市场创新 H	产品创新 H1	制造业总产值比重=制造业总产值/全国工业总产值 H11
		市场创新 H2	地区居民消费水平 H21 出口产品率=出口交货值/工业销售产值 H22 人均销售收入=产品销售收入/全部从业人员年平均人数 H23
		产品市场表现 H3	市场占有率 H31 制造业成本费用利润率=利润总额/成本费用总额 H32

续表12.10

一级指标	二级指标	三级指标	三级指标计算公式
	全产业链创新 I	技术与工艺创新 I1	创新投入 [R&D 经费内部支出 I11、申请专利数（项）I12]
			创新产出（拥有发明专利数 I13、成本费用利用率 I14、市场占有率 I15）
		引进国外技术的强度 I2	引进国外技术的强度＝技术引进的总支出（万元为单位）/ 行业的主营业务收入（百万元为单位）I21 注：技术引进总支出：各制造业某年引进国外技术经费与消化吸收经费之和
	金融创新 J	金融机构创新 J1	农信社改制成立的农商行数量 J11
		金融产品创新 J2	人均个人消费贷款余额 J21
		金融监管创新 J3	地方财政金融监管事务支出 J31
3 营商环境	市场（社会）环境 K	城市常住人口 K1	城市常住人口 K1
		第二产业在GDP中的比重 K2	第二产业总值/国内生产总值 K2
		地区生产总值 K3	地区生产总值 K3
		社会消费品零售总额 K4	社会消费品零售总额 K4
		单位GDP进出口总额 K5	单位国内生产总值进出总额 K5
	基础设施环境 L	货运量 L1	货运量 L1
		地区人均拥有道路面积 L2	地区人均拥有道路面积 L2
	政府支持 M	地方公共财政支出 M1	地方公共财政支出 M1

续表12.10

一级指标	二级指标	三级指标	三级指标计算公式
4 生产性服务业	服务业的规模 N	总产值 N1	生产性服务业产值比 $=\dfrac{\sum_i GDP_i}{GDP}$ i：交通运输、仓储和邮政业、批发和零售业、信息服务业、金融保险业、房地产业、消费者服务业、科学研究、技术服务和地质勘查业 N11
		劳动力投入 N2	全部从业人员年平均人数 N21
		制造业规模 N3	总资产 注：一般使用企业员工数量、总产出、销售额、总资产来表示 N31
	生产性服务业的空间集聚 O	产业比较优势 O1	区位商 $LQ_j = \dfrac{\dfrac{E_{ij}}{E_j}}{\dfrac{E_i}{E}}$ O11 LQ_j 为 j 地区的区位商， E_{ij} 为 j 地区 i 产业的产值， E_j 为 j 地区的总产值， E_i 为全国 i 产业的产值， E 为全国的总产值。
5 国际投资	外商直接投资 P	FDI P1	外商直接投资额 P11
		FDI 技术溢出 P2	行业中固定资产净值占比 P21 行业中外资企业主营业务收入占比 P22
6 国际贸易	贸易自由化与便利化 Q		出口总额 Q11 进口总额 Q12 贸易依存度 = 进出口总额/地区生产总值 Q13
7 产业转移	产业规模 R	产业产值 R11	产业产值 R11
		产业增加值 R12	产业增加值 R12
		就业的全国占比 R13	就业的全国占比 R13
8 产业集聚	制造业产值区位熵 S		区位熵 $LQk_{i,t}$：i 区域 k 产业的专业化水平，为 t 时期 i 区域 k 产业从业人员数占本区域 m 个产业总从业人员的份额与全国 k 产业从业人员数占全国 m 个产业总从业人员的份额之比。S11

以上变量值是利用初值化方法进行，在归一化基础上定义的，所有的变量意义均为：变量值越大代表的积极意义水平越高。比如，制造业单位企业资产规模越大，代表制造业单位企业资产规模的值越大意义越积极，对制造业价值链攀升的促进作用越大；研究与发展经费内部支出越多，对制造业价值链攀升的促进作用越大，等等。

二、系统动力学流量图

根据制造业价值链攀升系统实际状况和系统动力学因果回路分析，重构制造业价值链系统变量，运用 Vensim 软件来建立制造业价值链攀升系统动力学存量流量图，如图 12.33 所示。

图12.33 中国制造业价值链攀升系统关系图

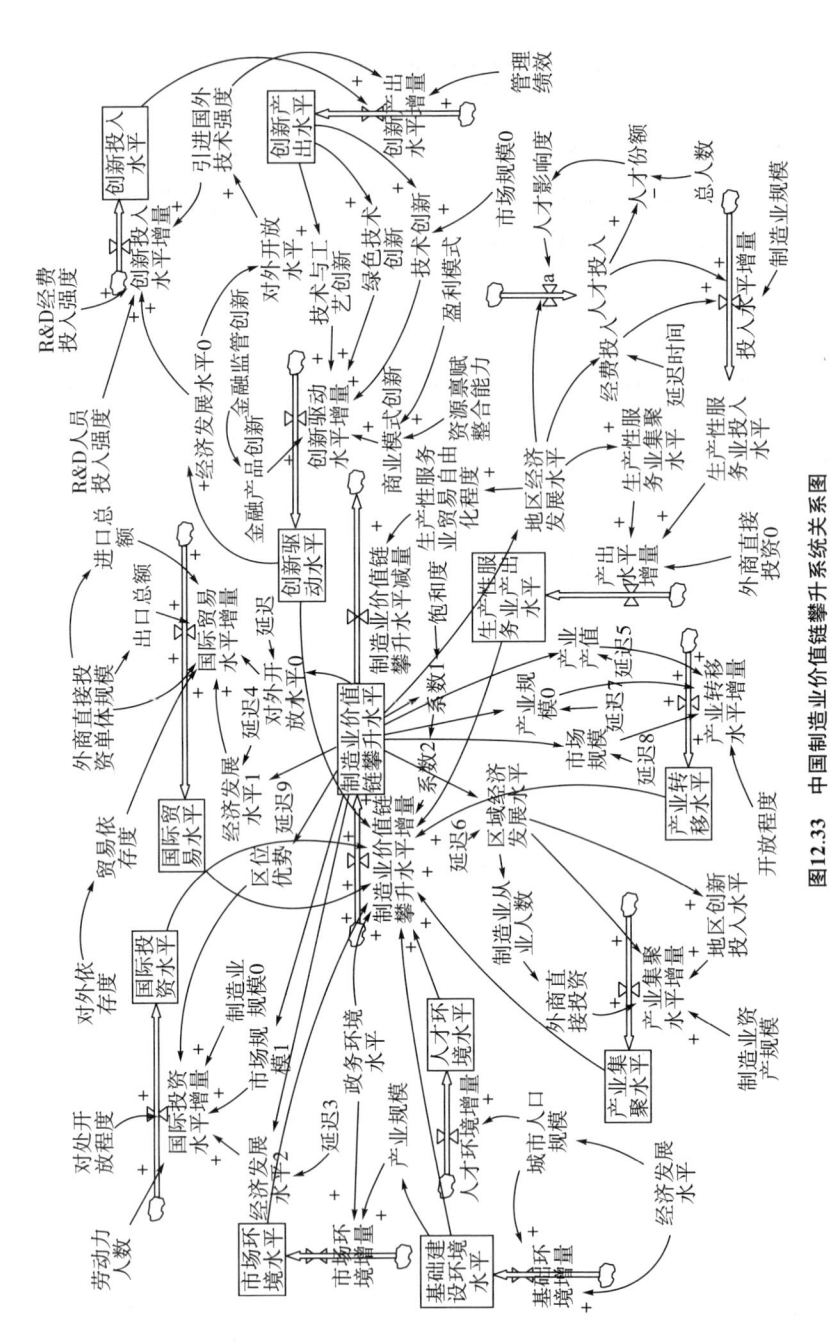

SD 方程：

(1) $a=$ 地区经济发展水平×人才影响度 Units：** undefined **.

(2) FINAL TIME=10 Units：年模拟的最后时间.

(3) INITIAL TIME=0 Units：年模拟的初始时间.

第十二章 中国制造业价值链攀升机理的系统动力学解析

(4) "R&D 人员投入强度"=1.83779 Units：** undefined**.

(5) "R&D 经费投入数量"=1.14294 Units：** undefined**.

(6) SAVEPER=TIME STEP Units：年 [0,?] 输出存储频率.

(7) TIME STEP=1 Units：年 [0,?] 模拟的时间步长.

(8) 产业产值=DELAY1（制造业价值链攀升水平×0.409769+0.105039，延迟 5）Units：** undefined**.

(9) 产业规模=基础建设环境水平×0.584697+0.119081 Units：** undefined**.

(10) 产业规模 0=DELAY1（制造业价值链攀升水平×0.409769+0.105039，延迟 7）Units：** undefined**.

(11) 产业转移水平=INTEG（产业转移水平增量，0.0384928）Units：** undefined**.

(12) 产业转移水平增量=产业产值×0.316594+产业规模 0×0+市场规模×0.388959－开放程度×1.73e－1.38e－009 Units：** undefined**.

(13) 产业集聚水平=INTEG（产业集聚水平增量，0）Units：** undefined**.

(14) 产业集聚水平增量=制造业资产规模×0.1235＋区域经济发展水平×0.1574＋地区创新投入水平×0.354125＋外商直接投资×0.157542 Units：** undefined**.

(15) 产出水平增量=－外商直接投资 0×0.285903＋生产性服务业投入水平×1.26094－生产性服务业集聚水平×0.0915981＋0.213363 Units：** undefined**.

(16) 人才份额=人才投入/总人数 Units：** undefined**.

(17) 人才影响度=WITH LOOKUP（人才份额），[(0,0)－(10,10)]，(0.0917431，9.86842)，(0.214067，9.86842)，(0.428135，9.86842)，(0.611321，9.7807)，(0.795107，9.7807)，(0.978593，9.69298)，(1.2844，9.69298)，(1.59021，9.69298)，(2.01835，9.64912)，(2.20183，9.51754)，(2.35474，9.3421)，(2.53823，9.03509)，(2.72171，8.64035)，(2.87462，8.24561)，(2.9052，7.98246)，(3.11927，7.89474)，(3.27217，7.58772)，(3.48624，7.23684)，(3.60856，6.88596)，(3.73089，6.57895)，(3.79205，6.27193)，(3.88379，5.92105)，(4.09786，5.48246)，(4.15902，5.2193)，(4.37309，4.7807)，(4.52599，4.25439)，(4.98471，

3.55263），（5.1682，3.07018），（5.41284，2.63158），（5.62691，2.23684），（5.8104，1.97368），（6.14679，1.66667），（6.36086，1.40351），（6.66667，1.14035），（7.00306，0.789474），（7.15596，0.701754），（7.70642，0.482456），（8.13456，0.482456），（8.68502，0.394737），（9.23547，0.307018），（9.48012，0.307018），（9.69419，0.219298）））Units：** undefined **。

（18）人才投入=INTEG（a，0.05）Units：** undefined **。

（19）人才环境增量=城市人口规模×0.205353+0.0538356 Units：** undefined **。

（20）人才环境水平 = INTEG（人才环境增量 + 0.142197，0.0543625）Units：** undefined **。

（21）出口总额=外商直接投资单体规模×0.107722+0.0607384 Units：** undefined **。

（22）创新产出水平 = INTEG（创新产出水平增量，1.18563）Units：** undefincd **。

（23）创新产出水平增量=创新投入水平×0.0658924－引进国外技术强度 × 0.0157692 + 管 理 绩 效 × 0.0072425 + 0.323373 Units：** undefined **。

（24）创新投入水平 = INTEG（创新投入水平增量，1.24656）Units：** undefined **。

（25）创新投入水平增量 = "R&D 人员投入强度" ×0.02058+ "R&D 经费投入数量"×0.0429857+引进国外技术强度×0.0112322+经济发展水平0×0.01062 Units：** undefined **。

（26）创新驱动水平 = INTEG（创新驱动水平增量，0.239618）Units：得分。

（27）创新驱动水平增量=商业模式创新×0.09+技术与工艺创新×0.01+技术创新×0.01+绿色技术创新×0.012+金融产品创新×0.013 Units：** undefined **。

（28）制造业从业人数=区域经济发展水平×0.143856+0.0452265 Units：** undefined **。

（29）制造业价值链攀升水平=INTEG（制造业价值链攀升水平增量－制造业价值链攀升水平减量，0.215682）Units：** undefined **。

（30）制造业价值链攀升水平减量=生产性服务业贸易自由化程度×

3.5421 Units：* undefined**．

（31）制造业价值链攀升水平增量＝（创新驱动水平×0.210515＋生产性服务业产出水平×0.314025＋人才环境水平×0.123456＋产业转移水平×0.13456＋国际投资水平×0.2034＋国际贸易水平×0.12456＋基础建设环境水平×0.12345＋市场环境水平×0.102548＋政务环境水平×0.146789＋产业集聚水平×0.123456）×系数2 Units：** undefined**．

（32）制造业规模＝1.27876 Units：** undefined**．

（33）制造业规模0＝0.051636 Units：** undefined**．

（34）制造业资产规模＝0.0366874 Units：** undefined**．

（35）劳动力人数＝0.0643759 Units：** undefined**．

（36）区位优势＝DELAY1（－制造业价值链攀升水平×0.186435，延迟9）Units：** undefined**．

（37）区域经济发展水平＝DELAY1（制造业价值链攀升水平×0.277229＋0.0547449，延迟6）Units：** undefined**．

（38）商业模式创新＝盈利模式×0.0347209＋资源禀赋整合能力×0.0652791 Units：** undefIned**．

（39）国际投资水平＝INTEG（国际投资水平增量，0.0462514）Units：** undefined**．

（40）国际投资水平增量＝制造业规模0×0.232381＋劳动力人数。0.0846406＋区位优势×0＋对外开放程度×0.0977806＋市场规模1×0.0720422＋经济发展水平2×0.157206＋0.0206648 UnIts：** undefined**．

（41）国际贸易水平＝INTEG（国际贸易水平增量，0.0512372）Units：** undefined**．

（42）国际贸易水平增量＝出口总额×0.0090404＋0×外商直接投资单体规模＋对外开放水平0×0＋经济发展水平1×0.0191302＋贸易依存度×0.0188409＋进口总额×0.01274＋0.0061423 Units：** undefined**．

（43）地区创新投入水平＝区域经济发展水平×0.119696＋0.0716183 Units：** undefined**．

（44）地区经济发展水平＝制造业价值链攀升水平×0.2352 Units：** undefined**．

（45）城市人口规模＝经济发展水平×0.143856＋0.0452265 Units：** undefined**．

471

（46）基础建设环境水平＝INTEG（基础环境增量，0.026238）Units：** undefined **。

（47）基础环境增量＝城市人口规模×0.139992＋经济发展水平×0.130125＋0.061956 Units：** undefined **。

（48）外商直接投资＝0.0469049×制造业从业人数 Units：** undefined **。

（49）外商直接投资 0＝1.13579 Units：** undefined **。

（50）外商直接投资单体规模＝0.0545947 Units：** undefined **。

（51）对外依存度＝0.0545947 Units：** undefined **。

（52）对外开放水平＝经济发展水平 0×0.0742＋0.0208399 Units：** undefined **。

（53）对外开放水平 0＝DELAY1（－制造业价值链攀升水平×2.34159－1.67394，延迟）Units：** undefined **。

（54）对外开放程度＝0.0544606 Units：** undefined **。

（55）市场环境增量＝产业规模×0.285868＋政务环境水平×0.372196＋0.0580637 Units：** undefined **。

（56）市场环境水平＝INTEG（市场环境增量，0.0407566）Units：** undefined **。

三、仿真分析

在 Vensim PLE 中，设置模型的仿真步长为 1 年，仿真时间为 2014—2024 年，通过模型仿真，得到价值链攀升水平仿真曲线（如图 12.34 所示）。从图中分析得出：

（1）制造业价值链在创新驱动水平、国际投资水平、国际贸易水平、生产性服务业水平、产业集聚水平、产业转移水平、营商环境水平等作用下呈现出阶梯形增长。制造业价值链攀升水平整体呈现出先慢增、再快增、再慢增，最后上下波动的阶梯形增长趋势。

（2）制造业价值链水平受到多重因素的共同影响，最后趋于上下波动，因此在创新驱动水平、国际投资水平、国际贸易水平、生产性服务业水平、产业集聚水平、产业转移水平、营商环境水平等水平变量中含有抑制性水平变量。

制造业价值链攀升水平

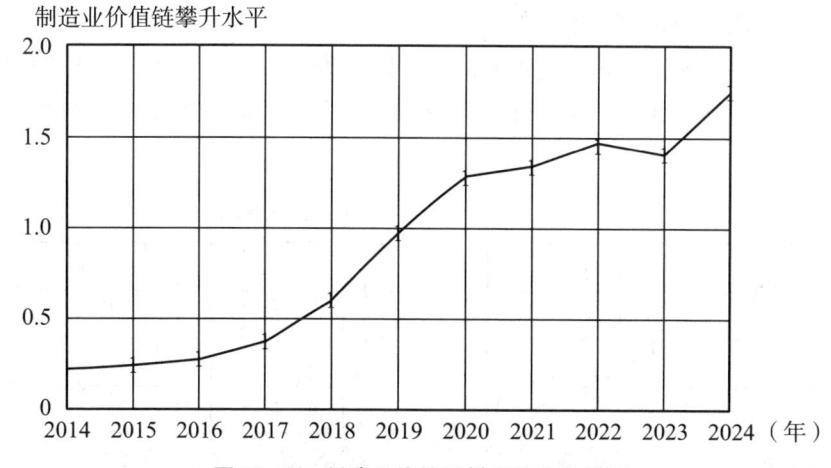

图 12.34　制造业价值链攀升仿真结果图

（3）制造业价值链攀升水平仿真结果图在刚开始的 0～3 年内呈现出缓慢增长，而在 4～6 年内呈现出快速增长，说明在起始阶段对制造业价值链攀升起到作用的是人才、经费、资源等指标的投入量。

（4）制造业价值链攀升水平在 6～10 年内呈现出缓慢增长，进而上下波动的原因是制造业价值链攀升受到众多指标的影响，然而这些指标投入比例并不协调，因此增长缓慢。

在 Vensim PLE 中，设置模型的仿真步长为 1 年，仿真时间为 10 年，通过模型仿真，得到国际投资水平、国际贸易水平、市场环境水平、产业集聚水平、产业转移水平、生产性服务业产出水平、创新驱动水平和基础环境建设水平等 8 个水平变量仿真结果，如图 12.35～图 12.42 所示。

从图 12.35～12.42 中可以看出：

（1）制造业价值链攀升系统作用下，国际投资水平、国际贸易水平处于逐渐递减趋势；而市场环境水平、产业集聚水平、产业转移水平、生产服务业产出水平、创新驱动水平、基础环境建设水平处于逐年递增趋势。

（2）市场环境水平与生产性服务业产出水平增长趋势较为强烈，由此可以得出中国市场环境水平与生产性服务产出水平存在较大不足，改善空间较大。因此，改善改良中国市场环境，增强中国生产性服务业产出水平是中国制造业价值链攀升的主要路径。

（3）国际投资水平与国际贸易水平呈现出逐年递减的趋势，由此可以看出制造业价值链攀升系统中国际投资水平与国际贸易水平，在改革开放的影响下已经达到了较好的水平。因此，国际投资水平与国际贸易水平，不是影响制造业价值链攀升的主要因素。

（4）促进制造业价值链攀升的主要因素为：市场环境水平、产业集聚水平、产业转移水平、生产性服务业产出水平、创新驱动水平、基础环境建设水平。

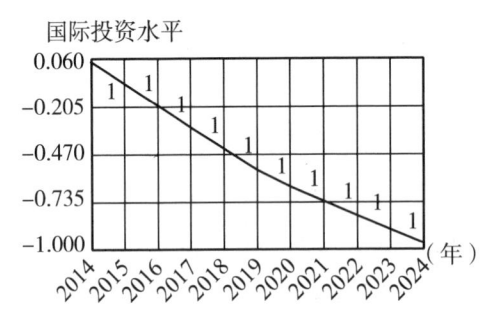

图 12.35　国际投资水平

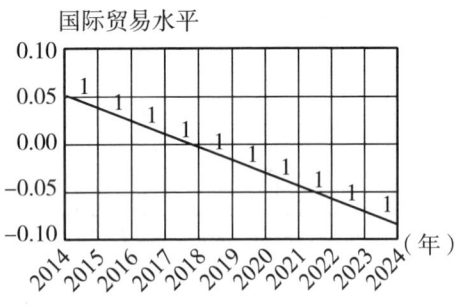

图 12.36　国际贸易水平

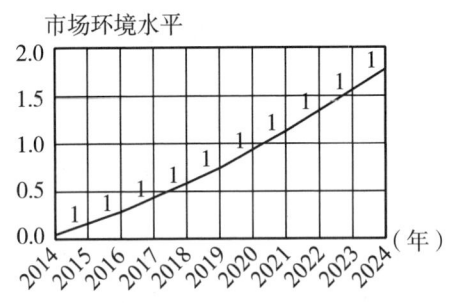

图 12.37　市场环境水平

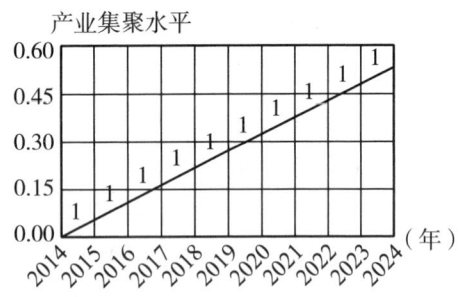

图 12.38　产业集聚水平

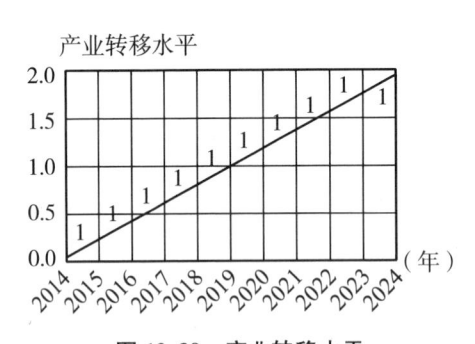

图 12.39　产业转移水平

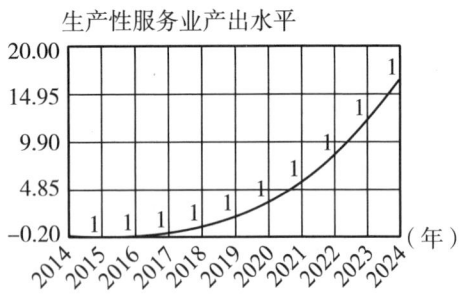

图 12.40　生产性服务业产出水平

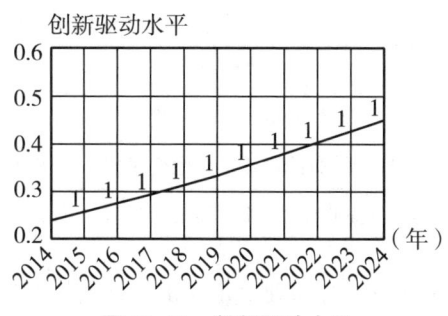

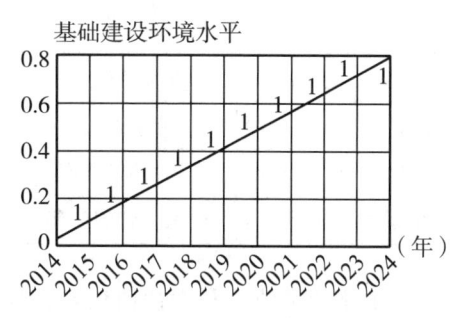

图 12.41　创新驱动水平　　　　　图 12.42　基础环境建设水平

四、情景仿真

研究针对创新驱动制造业价值链攀升水平中的8大变量，通过调整变量的初始值进行仿真得到制造业价值链得分增加百分比（详见表12.11），分析各个变量对价值链攀升水平的影响，以此分析创新驱动制造业价值链攀升的内在机理。

表12.11制订了13个仿真方案和原有仿真作对比，每一个方案选取一个调控变量作为调整对象，将调控变量数值增加50%，研究与原有方案比较情况，依次调整其他13个调控变量，比较调控变量间投入增加相同单位下制造业价值链攀升总水平的变化差异，得出不同调控变量对制造业价值链攀升总水平的影响差异。Vensim软件提供了仿真对比的强大功能，可以在一个仿真界面上表现仿真水平差异。

表 12.11　制造业价值链攀升调控变量

方案	仿真曲线	方案调控变量	调控方法
方案1	Current1	R&D人员投入强度	调控变量增加50%，其他变量投入不变
方案2	Current2	R&D经费投入数量	调控变量增加50%，其他变量投入不变
方案3	Current3	市场规模	调控变量增加50%，其他变量投入不变
方案4	Current4	资源禀赋整合能力	调控变量增加50%，其他变量投入不变
方案5	Current5	总人数	调控变量增加50%，其他变量投入不变
方案6	Current6	制造业规模	调控变量增加50%，其他变量投入不变
方案7	Current7	外商直接投资	调控变量增加50%，其他变量投入不变
方案8	Current8	开放程度	调控变量增加50%，其他变量投入不变
方案9	Current9	制造业资产规模	调控变量增加50%，其他变量投入不变

续表12.11

方案	仿真曲线	方案调控变量	调控方法
方案10	Current10	劳动力人数	调控变量增加50%，其他变量投入不变
方案12	Current12	对外依存度	调控变量增加50%，其他变量投入不变
方案13	Current13	金融监管创新程度	调控变量增加50%，其他变量投入不变

由于变量值是利用初值化方法进行归一化的基础上定义的，所有的变量意义均为：变量值越大代表的积极意义水平越高，由图12.43可以得出各个调控变量对制造业价值链水平的影响关系为：

总人数>资源禀赋整合能力>制造业资产规模>制造业规模>外商直接投资>市场规模>劳动力人数>开放程度>金融监管创新程度>对外依存度>R&D人员投入强度>R&D经费投入数量。

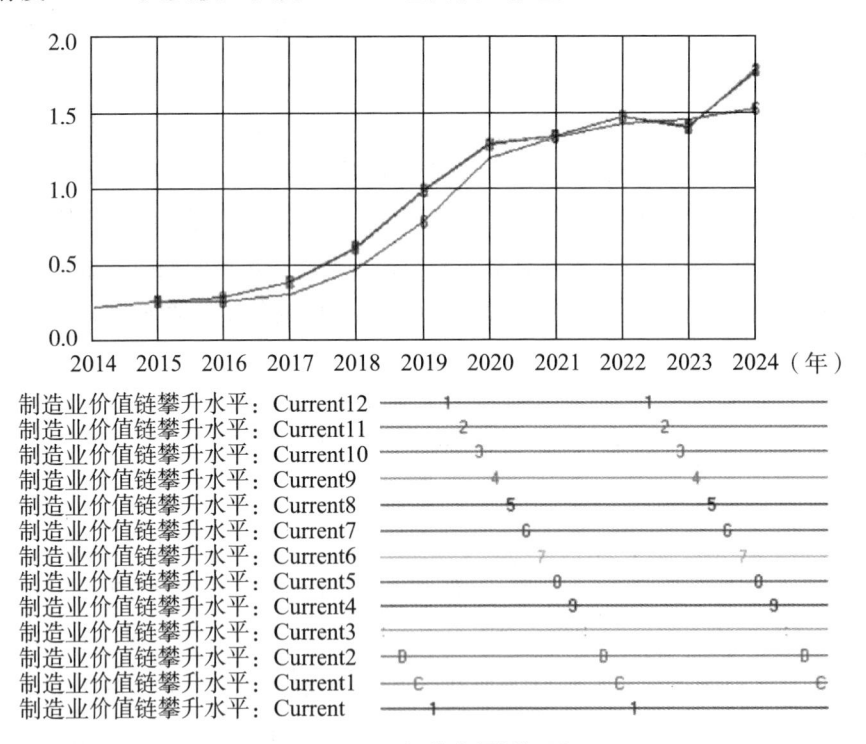

图12.43 调控变量侧视图

第五篇

定位与选择：中国制造业价值链攀升战略重点与突破口

第十三章 区域视角：中国制造业价值链攀升战略重点及突破口选择

第一节 价值链攀升战略重点及突破口选择方法

《财富》杂志发布的2019年世界500强企业排行榜中，中国入选的能源和金属类企业占比分别为16%、10%，高于美日德等制造强国。事实上，中国这两类企业的盈利水平并不明显，能源类企业的利润率仅有1.5%左右，不足美国同类企业的1/3，金属行业的利润率更是仅仅为美国的1/9。在工程机械领域，中国同类企业的数量占比仅为1.6%，而日本达到了1.9%，美国和德国高于3%。在汽车制造相关领域，中国同类企业的数量占比为5.4%，这个数字与全球发达国家相比并不算差，但是中国汽车制造领域利润率远不及发达国家，只有不到3%的企业上榜，美国和德国的上榜企业分别为3.8%和4.5%。在电子制造行业，中国虽然已经初具规模，但是掌握在自身手里的核心技术较少。例如，中国的集成电路生产能力较弱，核心技术都掌控在发达国家手里，自给程度严重不足，十分依赖进口。2018年的集成电路产品的出口量更是不到进口量的30%，而像光刻机等高技术产品则完全依赖进口。

学者们就如何实现中国制造业的价值链攀升提出了有针对性的建议。制造业应该与互联网相结合，以工业互联网为突破口，实现制造业、全产业链、全价值链连接互通，从而为实体经济提供关键驱动力。王丽娟（2019）指出，辽宁省制造业在要素效率和融合发展两个维度保持现有态势，在创新驱动、结构优化、对外开放、速度效益和绿色发展等五个维度快速发展。陈丽丽（2018）认为，浙江省制造企业缺少能够和国际先进制造业对标的优秀人才，因此，制造业应该大力发展创新型人才并培养工匠精神来实现浙江省制造业价值链攀升。滕堂伟和瞿丛艺（2018）认为，制造环节应该与研发环节相互合作，政府应该为制造企业提供融资便利与税收优惠，使得企业能够充分利用现有资源，实现制造业价值链攀升。

综上所述，部分文献研究围绕如何建立制造业价值链攀升评价体系展开，后续没有对指标数据进行收集和分析。此外，也有学者研究一个地区的制造业发展情况，以此来推进地区制造业价值链攀升，凭借一个地区实例来推测整个中国的制造业价值链攀升情况，导致测算结果偏离实际情况。本书搜集中国 30 个省份自 2012—2017 年评价体系中所有指标数据，对数据进行适当处理后，将 30 个省份按照地理位置分为六大区域，通过数学模型来测算不同区域的制造业价值链攀升情况，通过综合分析区域之间制造业价值链攀升情况，为制定适宜的发展战略提供政策支持。

一、中国制造业价值链攀升评价指标体系构建与统计描述

研究思路是通过构建多维度的评价体系对中国制造业价值链攀升进行实证分析，探究制造业价值链发展与各类影响因素之间的关系，从而为准确地提升制造业价值链攀升水平提供理论支撑。鉴于此，本书从中国制造业价值链攀升的转型和方法入手，探索中国制造业价值链攀升评价指标体系。

对于制造业发展而言，由于中国经济布局、社会发展情况和新发展观的要求，各区域制造业发展态势不均衡，若整体分析会导致分析结果偏离实际情况。因此，本节根据制造业发展态势及地理因素，将中国分为六大区域（东北地区、环渤海地区、东南沿海地区、中部六省、西北地区和西南地区）分别进行研究。本章节将依据之前所构建的中国制造业价值链攀升评价体系当中的指标数据对六大区域的发展情况进行统计描述，分别分析评价体系中的系统行为指标和系统影响因素，以此更加生动具体地展示中国不同地域制造业发展态势。

（一）东北地区制造业价值链攀升现状

东北地区主要包括辽宁、吉林和黑龙江，是中国的老工业生产基地，地处东北亚开放地带，是以石油化工、钢铁、矿冶机电设备、汽车制造、森林工业为主导产业的全国最大的重工业基地。2012—2017 年东北地区制造业发展系统行为指标数据见表 13.1。

第十三章 区域视角：中国制造业价值链攀升战略重点及突破口选择

表 13.1　2012—2017 年东北地区制造业价值链攀升系统行为指标原始数据

年份	高技术制造业增加值占比	利润总额比率	省份人均GDP（万元）	高技术产品出口比重	地理标志商标数	累计有效注册数	专利授权量	技术市场成交额比	新产品外销率
2012	7.54381	0.71706	20438.70	0.00310	124	255770	47421	0.80868	0.00431
2013	9.07347	0.76566	21364.50	0.00293	157	280814	47694	0.62225	0.00519
2014	6.48339	0.78829	21742.68	0.00232	186	316317	41633	0.73446	0.00612
2015	2.58546	0.96586	19580.92	0.00260	203	379655	53003	1.01238	0.00626
2016	6.84964	1.06359	15156.30	0.00290	220	451534	53145	1.34178	0.01166
2017	8.01133	0.92181	15403.82	0.00300	143	385167	55806	1.73968	0.00814

注：数据来自《中国统计年鉴》（2012—2017 年）。

将表格数据经过归一化处理后制成条形图（如图 13.1 所示），东北地区的高技术制造业增加值占比从 2012 年至 2017 年呈现正 U 形发展趋势，这与国家在 2015 年推出《中国制造 2025》等一系列推进制造业升级的政策密不可分。东北地区的利润总额比率指标呈现稳步上升的趋势，且在 2016 年达到顶峰。对省份人均 GDP 这一指标，东北地区整体上在逐年减少，证明了东北地区较差的经济发展环境。对于高技术产品出口比重这一指标，2014 年降到了最低点，之后又重新上升。地理标志可以用来鉴别产品的来源，也就是该产品的产地标志，属于知识产权的一类，对于地理标志商标数和累计有效注册数这两个指标，东北地区在逐年增加，说明东北地区对知识产权的保护及质量声誉的重视在不断增加。专利授权量、技术市场成交额和新产品外销率这三类指标在 2012—2017 年整体都在增加，证明东北地区制造业技术发展态势迅速，在新型产品方面的国际市场逐渐扩大。

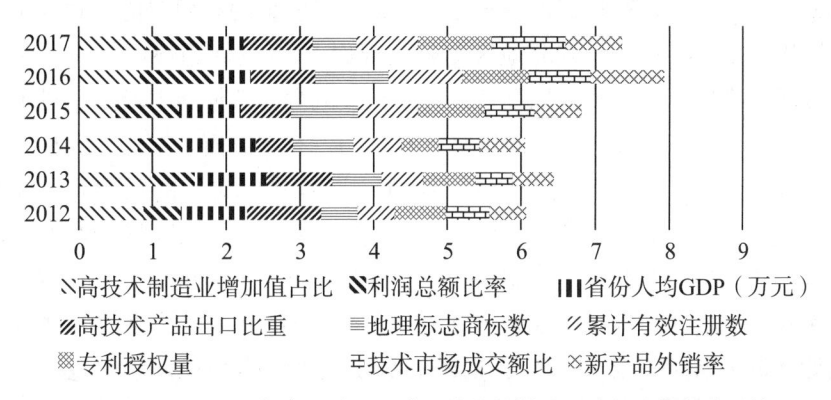

图 13.1　2012—2017 年东北地区制造业价值链攀升系统行为指标发展情况

另外，影响东北地区制造业价值链攀升的 X 类指标原始数据见表 13.2。

表 13.2　2012—2017 年东北地区制造业价值链攀升 X 类原始数据

年份	存货周转率	应收账款周转率	总资产周转率	市场占有率	单位 GDP 出口货物交货值	新产品销售收入比	R&D 投入（万元）	省份居民消费水平比重
2012	3.67801	38.46632	0.75277	0.08246	0.16151	0.00431	4405064.6	3.39197
2013	3.88291	39.46536	0.76046	0.08071	0.16578	0.00519	4979773.9	2.99915
2014	3.90798	37.77693	0.68691	0.07334	0.15532	0.00612	4987554.8	3.02429
2015	3.69217	33.41498	0.54363	0.05716	0.13492	0.00626	4160735.5	2.65458
2016	4.12979	43.06074	0.55483	0.04494	0.15911	0.01166	4214164.0	2.62120
2017	4.33083	40.87940	0.59372	0.04179	0.19864	0.00814	4325289.5	2.48393

年份	R&D 人员数（人）	中间投入（万元）	环境空气监测点位数	单位 GDP 环保能力建设资金使用额	单位 GDP 能耗同比（%）	城镇化率	公共交通运营数比
2012	112683	493558387	452	0.00038	0.04960	0.58750	0.10704
2013	120094	721368217	347	0.00043	0.05707	0.59350	0.10463
2014	125277	949178047	281	0.00037	0.03497	0.59957	0.10352
2015	104061	1030457625	232	0.00057	0.05543	0.60487	0.10097
2016	104942	1185002329	341	0.00156	0.06073	0.60847	0.09568
2017	94565	1339547033	325	0.00110	0.03543	0.61180	0.09125

注：数据来自《中国统计年鉴》（2012—2017 年）。

将表 13.2 中的数据归一化处理后制成条形图（如图 13.2 所示），东北地区制造业的存货周转率整体提升，表明存货及占用在存货上的资金周转速度越快，企业存货资产变现能力越强，对资金的利用越优。对于应收账款周转率这一指标，东北地区则是呈现倒 U 形发展趋势，表明企业整体收账速度快，平均收账期缩短，坏账损失减少，偿债能力增强。对于总资产周转率，东北地区在逐年下降。在市场占有率方面，东北地区整体出现下降趋势，且在 2015 年下滑最为明显，证明东北地区的制造业市场竞争力正在减弱。对于单位 GDP 出口货物交易值，东北地区整体处于稳定上升趋势，证明东北地区的制造业产品在积极融入国际市场。对于新产品销售收入比这一指标，东北地区在 2016 年之前都处于上升态势，之后有略微降低。而对于 R&D 投入与 R&D 人员数这两个指标，东北地区整体呈现下滑趋势，这与东北地区经济发展态势与人才流失有密切关系。中间投入这一指标，东北地区在逐年提高，说明生产过程中在不断地提高其附加值，产生中间活动，这也应对了国家对制造业转型升级的期望。东北地区的环境空气检测点位数整体呈减少态势。单位GDP环保能力建设资金使用额在六年内不断增加，说明东北地区的企业对用于环保建设的资金利用程度更高。东北地区的单位GDP能耗同比虽然在六年中都有不同幅度的上升，但在2017年下降了许多，符合国家绿色发展的要求。东北地区的城镇化率在六年内持续升高，说明该地区城镇化水平在逐步提高。公共交通运营数比重和居民消费水平比这两个指标都在下降，证明了东北地区作为老工业基地的经济模式很难促进当地经济发展，很难避免人才流失的局面。

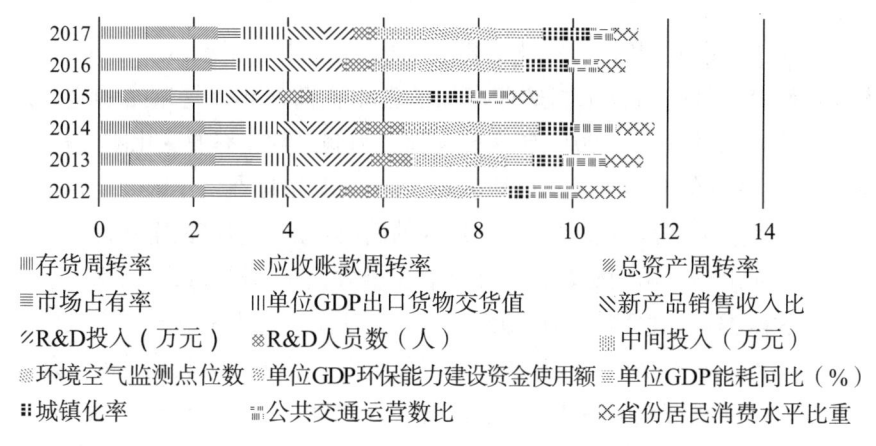

图13.2　2012—2017年东北地区制造业价值链攀升系统影响因素发展情况

（二）环渤海地区制造业价值链攀升现状

环渤海地区是中国最著名的经济带之一，包括北京、天津、河北和山东等。环渤海地区具有以下优势：一是明显的区位优势，地处全国政治、文化中心和沿海对外开放的中北段，又处东北亚中心，为该区带来极强的经济辐射潜力；二是拥有交通优势，拥有全国密度最高的交通网络和独特的港群；三是明显的人才优势，科技、教育水平高是发展高新技术产业最理想的地区之一。环渤海地区2012—2017年系统行为指标详细数据见表13.3。

表 13.3　2012—2017 年环渤海地区制造业价值链攀升 Y 类原始数据

年份	高技术制造业增加值占比	利润总额比率	省份人均GDP（万元）	高技术产品出口比重	地理标志商标数	累计有效注册数	专利授权量	技术市场成交额比	新产品外销率
2012	10.90669	0.76284	21866.27	0.02093	296	931066	161104	1.84255	0.01881
2013	10.93904	0.79975	23102.25	0.02100	390	1054161	182689	1.85630	0.01733
2014	8.81871	0.81586	23749.33	0.01734	457	1222655	193962	1.90927	0.01679
2015	8.32240	0.86102	23454.77	0.02053	497	1539135	259604	1.97965	0.01492
2016	8.10120	0.90192	24493.30	0.01790	572	1911028	270231	2.12524	0.01595
2017	9.80361	0.79797	25144.61	0.01660	691	1506179	284493	2.32544	0.01597

注：数据来自《中国统计年鉴》（2012—2017 年）。

将表 13.3 中的数据归一化处理后制成条形图（如图 13.3 所示），一方面环渤海地区的高技术制造业增加值占比在前两年保持基本稳定，从 2014 年开始逐渐下滑，2017 年实现反弹。利润总额比率的变化刚好相反，在 2014—2016 年不断上升。该地区的人均 GDP 指标在六年内处于稳定上升，与国家整体经济发展吻合。该地区的高技术产品出口比重在逐年小幅度下滑，而地理标志商标数、累计有效注册数、专利授权量、技术市场成交额比这四类指标整体上都在稳定上升，证明了环渤海地区具有强大的工业生产能力，同时知识产权保护、创新能力及品牌影响力较高；对于新产品外销率，环渤海地区整体处于下降态势，并且在 2015 年降到最低点。

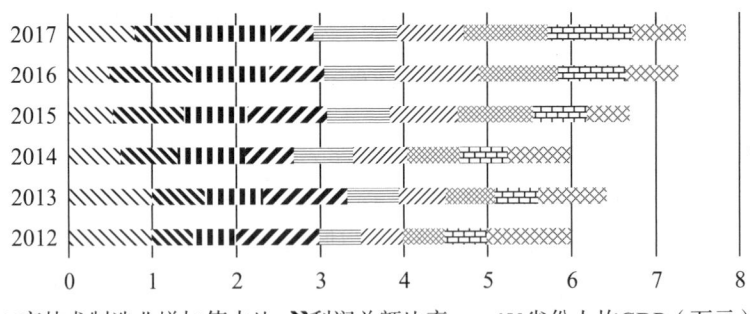

图 13.3　2012—2017 年环渤海地区制造业价值链攀升系统行为指标发展情况

另外，影响环渤海地区制造业价值链攀升的 X 类指标原始数据见表 13.4。

表 13.4　2012—2017 年环渤海地区制造业价值链攀升 X 类原始数据

年份	存货周转率	应收账款周转率	总资产周转率	市场占有率	单位GDP出口货物交货值	新产品销售收入比	R&D投入（万元）	省份居民消费水平比重
2012	4.07096	159.10508	0.75951	0.20467	0.29296	0.01881	15568984.0	1.93294
2013	4.10753	220.97695	0.75058	0.20390	0.29461	0.01733	17986509.7	1.80864
2014	4.07930	47.06075	0.71520	0.20414	0.29610	0.01679	19925259.7	1.80250
2015	3.91756	31.88251	0.64132	0.20515	0.27793	0.01492	21743307.8	1.86931
2016	4.98358	57.54898	0.60770	0.20319	0.26213	0.01595	23284626.8	1.71524
2017	5.95852	63.61216	0.62737	0.20421	0.57314	0.01597	24248737.8	1.69466

年份	R&D人员数（人）	中间投入（万元）	环境空气监测点位数	单位GDP环保能力建设资金使用额	单位GDP能耗同比（%）	城镇化率	公共交通运营数比
2012	374568	1276329991	280	0.00037	0.06743	0.66745	0.19495
2013	418662	1876799757	428	0.00031	0.05568	0.67545	0.19614
2014	442716	2562581368	246	0.00035	0.04670	0.68243	0.18943
2015	455911	2982729827	614	0.00102	0.05880	0.69370	0.19738
2016	454211	3504362697	580	0.00196	0.05810	0.70443	0.20497
2017	428905	4027832889	1855	0.00528	0.05398	0.71255	0.20586

注：数据来自《中国统计年鉴》（2012—2017 年）。

将表 13.4 中的数据归一化处理后制成条形图（如图 13.4 所示），环渤海地区的存货周转率和应收账款周转率在不断提高，说明此地区企业流动资产运营水平在不断上升。相反，环渤海地区的总资产周转率在这 6 年内整体在不断下降，说明总资产运营能力在减弱。在市场占有率方面，环渤海地区整体处于较为稳定的状态。在单位 GDP 出口货物交货值方面前五年保持稳定，在 2017 年有了较大的提升。新产品销售收入比整体在不断减少，证明了此地区保持在较为成熟的市场当中。R&D 投入、R&D 人员数和中间投入这三类指标在 6 年内递增，说明企业创新是环渨海地区创新能力的一大特色及传统优势指标，而这一优势的建立，与此地区近年来通过各种途径激发企业创新活力密不可分。环境空气监测点位数的增加，单位 GDP 环保能力建设资金使用额和单位 GDP 能耗同比的减少，说明环渤海地区制造业在能源消耗和环保投入方面做出的巨大努力，符合国家绿色发展的要求。城镇化率在 6 年里保持稳定增长，表现了环渤海地区城乡协调的不断发展。此地区的居民消费水平比重在不断下降，说明环渤海地区的协调共享能力较不稳定。

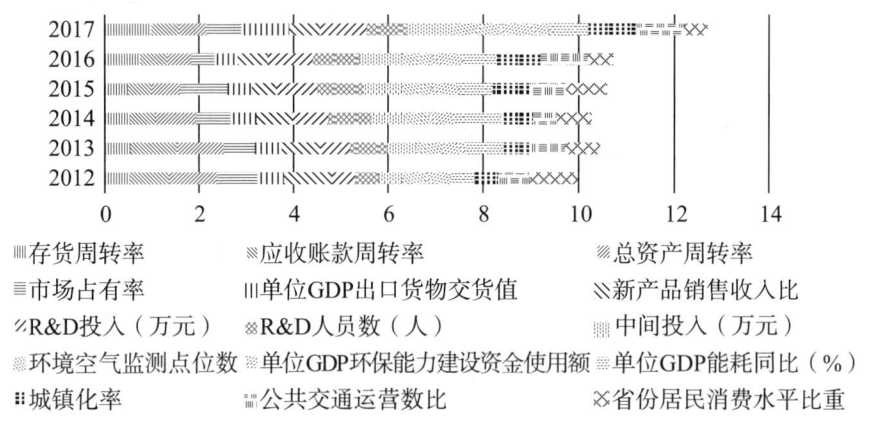

图 13.4 2012—2017 年环渤海地区制造业价值链攀升系统影响因素发展情况

（三）东南沿海地区制造业价值链攀升现状

东南沿海地区包括广东、福建、上海、江苏、浙江和海南，该区域属于东南沿海，与港、澳、台地区毗邻，海外侨胞众多，在开展对外经济技术合作方面有着特殊的有利条件，是中国改革开放的前沿和经济特区集中的地带。东南沿海地区 2012—2017 年制造业价值链攀升 Y 类原始数据见表 13.5。

表 13.5 2012—2017 年东南沿海地区制造业价值链攀升 Y 类原始数据

年份	高技术制造业增加值占比	利润总额比率	省份人均GDP（万元）	高技术产品出口比重	地理标志商标数	累计有效注册数	专利授权量	技术市场成交额比	新产品外销率
2012	13.21449	0.91834	27144.55	0.13267	447	2573924	695103	0.42106	0.04844
2013	13.34046	0.91164	28461.25	0.12888	435	2895337	699947	0.44585	0.04110
2014	13.30194	0.91376	30111.23	0.12522	667	3332501	658471	0.39015	0.04612
2015	13.14230	0.91668	30793.57	0.12223	743	4139091	850754	0.43533	0.04737
2016	11.08349	0.92868	33099.74	0.12110	838	4863397	844832	0.46933	0.05259
2017	9.52897	0.83679	35607.15	0.11772	912	6630723	916887	0.51183	0.05055

注：数据来自《中国统计年鉴》（2012—2017 年）。

将表 13.5 中的数据归一化处理后制成条形图（如图 13.5 所示），此地区的高技术制造业增加值占比在 6 年内呈下降态势，说明该地区协调增值能力在减弱。利润总额比率在 2017 年有较大幅度下降，说明东南沿海地区的协调增值能力减弱。而人均GDP这一指标在不断上升，体现了东南沿海地区盈利增值能力的提高。对于高技术产品出口比重这一指标，东南沿海地区在不断下降，地理标志商标数和累计有效注册数这两类指标在此地区呈现整体上升趋势，说明东南沿海地区的品牌影响力在不断扩大。专利授权量和技术市场成交额这两类指标在6年内不断提高，体现了此地区技术创新发展能力的增强。而在新产品外销方面，除2013年有小幅度下降外，整体处于上升趋势，因此，说明此地区开放创新能力在不断增强。

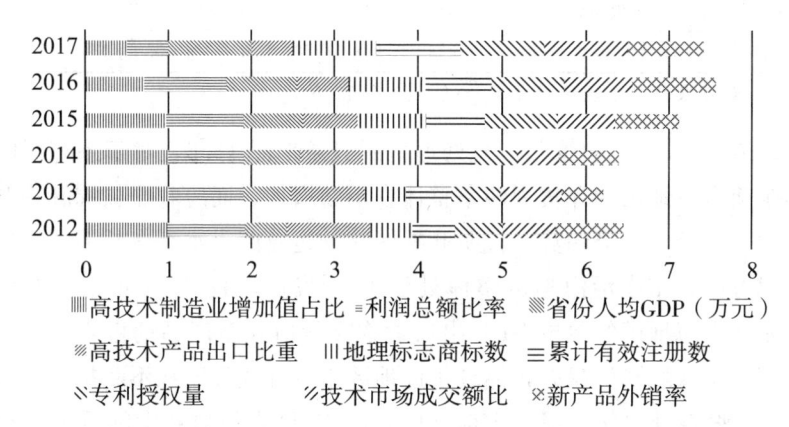

图 13.5 2012—2017年东南沿海地区制造业价值链攀升系统行为指标发展情况

另外，影响东南沿海地区制造业价值链攀升X类原始数据见表13.6。

表 13.6 2012—2017年东南沿海地区制造业价值链攀升X类原始数据

年份	存货周转率	应收账款周转率	总资产周转率	市场占有率	单位GDP出口货物交货值	新产品销售收入比	R&D投入（万元）	省份居民消费水平比重
2012	5.78960	86.60486	1.20415	0.37514	0.94495	0.04844	33642635.9	3.04093
2013	5.41700	15.02638	0.83476	0.37021	0.92278	0.04110	38547431.2	2.82764
2014	5.49988	12.79588	0.79602	0.36879	0.90535	0.04612	42956752.8	2.81265
2015	4.81856	35.96479	0.73657	0.37196	0.88182	0.04737	47130346.2	2.65016
2016	4.82722	13.48473	0.70083	0.37433	0.80319	0.05259	51559273.4	2.43974
2017	5.17936	13.98979	0.71577	0.37613	0.80096	0.05055	57253293.0	2.33594

续表 13.6

年份	R&D人员数（个）	中间投入（万元）	环境空气监测点位数	单位GDP环保能力建设资金使用额	单位GDP能耗同比（%）	城镇化率	公共交通运营数比
2012	1170845	2699202643	969	0.00045	0.04282	0.65683	0.32722
2013	1278996	3575429505	732	0.00045	0.04607	0.66497	0.32290
2014	1346319	4451656367	515	0.00087	0.02292	0.67207	0.32769
2015	1366521	5042096743	806	0.00062	0.04722	0.67725	0.32883
2016	1401069	5775430362	1122	0.00440	0.04810	0.68700	0.32920
2017	1442927	6508763981	760	0.00537	0.03972	0.69532	0.32831

注：数据来自《中国统计年鉴》（2012—2017年）。

将表 13.6 中的数据归一化处理后制成条形图 13.6，对于系统影响因素，东南沿海地区的存货周转率整体在不断增加，而应收账款周转率和总资产周转率处于下降趋势，说明此地区基础运营能力水平在减弱。在市场占有率方面，东南沿海地区整体处于 U 形发展，且 2014 年指标数值最低。东南沿海地区的单位 GDP 出口货物交货值和新产品销售收入比整体上处于稳定或增加的状态，体现了此地区市场开放程度在不断扩大，以及市场在不断深化升级。对于 R&D 投入、R&D 人员数和中间投入指标在六年内均有明显提升，体现了东南沿海地区创新投入和外购投入能力的加强，从而可知此地区基础能力较好。对于环境空气监测点位数这一指标，此地区在 2014—2016 年之间年均有不同幅度的减少，此后在 2017 年开始回涨。对于单位 GDP 环保能力建设资金使用额这一指标，东南沿海地区整体呈现不断增加，而单位 GDP 能耗同比指标在逐渐减少，体现了此地区对能源消耗的控制以及环保投入的增加，进而促进了东南沿海一带的绿色发展能力。对于城镇化率和公共交通运营数比这两类指标，此地区逐年有小幅度增加或保持稳定，而居民消费水平比重这一指标在东南沿海地区从 2012 年开始一直在降低，这三类指标的变化说明此地区协调共享能力有所下降。

```
2017 |||||||||||||||∨∨∨∨∨∨∨∨≡≡≡≡≡≡≡||||||||||||██████▓▓▓▓▓▓░░░░░░░░░XXXXX
2016 |||||||||||∨∨∨∨∨∨∨∨∨≡≡≡≡≡≡||||||||||||||██████▓▓▓▓▓▓░░░░░░░XXXXX
2015 ||||||||||∨∨∨∨∨∨∨≡≡≡≡≡≡|||||||||||||██████▓▓▓▓▓▓░░░░░░XXXXX
2014 ||||||||∨∨∨∨∨∨∨≡≡≡≡|||||||||||██████▓▓▓▓▓▓░░░░░XXXXX
2013 ||||||∨∨∨∨∨∨≡≡≡||||||||||██████▓▓▓▓▓▓░░░░XXXXX
2012 ||||||∨∨∨∨∨≡≡||||||||██████▓▓▓▓▓░░░XXXXX
     0      2      4      6      8      10     12     14
```

图例		
⦀存货周转率	⋈应收账款周转率	⋇总资产周转率
≡市场占有率	⦀单位GDP出口货物交货值	⋇新产品销售收入比
⫽R&D投入（万元）	⋈R&D人员数（人）	▓中间投入（万元）
⋇环境空气监测点位数	⦀单位GDP环保能力建设资金使用额	单位GDP能耗同比（%）
⫼城镇化率	⦀公共交通运营数比	⋇省份居民消费水平比重

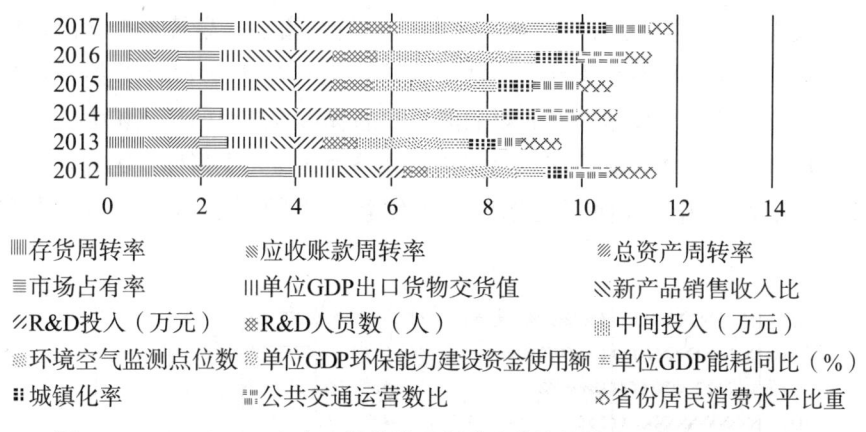

图 13.6　2012—2017 年东南沿海地区制造业价值链攀升系统影响因素情况

（四）中部六省制造业价值链攀升现状

中部六省包括山西、安徽、江西、河南、湖北和湖南，该地区地处中国中部地带中段，是中国经济发达地带向西部的过渡带和上海、连云港、广州三个对外开放"窗口"的连接地带。经济和科技力量比较雄厚，交通运输条件便利，担负起中国经济开发中"承东启西"的桥梁和基地作用。中部六省 2012—2017 年制造业价值链攀升 Y 类原始数据见表 13.7。

表 13.7　2012—2017 年中部六省制造业价值链攀升 Y 类原始数据

年份	高技术制造业增加值占比	利润总额比率	省份人均GDP（万元）	高技术产品出口比重	地理标志商标数	累计有效注册数	专利授权量	技术市场成交额比	新产品外销率
2012	11.53707	0.81963	14966.25	0.00815	290	627833	132980	0.37840	0.00727
2013	11.10161	0.85615	15589.14	0.00932	373	721168	150018	0.54551	0.01496
2014	9.75652	0.88884	16360.50	0.01189	494	850844	158875	0.63849	0.01576
2015	5.18072	0.91669	16126.98	0.01398	563	1093610	213842	0.73327	0.01891
2016	6.63057	0.92784	16988.03	0.01575	654	1337408	227534	0.74179	0.01788
2017	8.66909	0.75487	18288.49	0.01580	760	1677550	242245	0.80674	0.01921

注：数据来自《中国统计年鉴》（2012—2017 年）。

将表 13.7 中的数据归一化处理后制成条形图 13.7，中部六省高技术制造业增加值占比自 2014 年起在逐年减少，而利润总额比率符合 U 形曲线发展，最高占比与最低占比之间差距较大，说明高技术制造业的协调增值能力和盈利增值能力在这个地区不够稳定，极其依靠外界因素的帮助。

对于人均GDP这一指标,中部六省整体在持续增加。高技术产品出口比重、地理标志商标数和累计有效注册数这三类指标从2012年开始一直在不断增加,体现了此地区开放影响能力和品牌影响能力的持续扩大。对于专利授权量、技术市场成交额比和新产品外销率这三类指标,中部六省整体上在不断提升,证明了此地区技术创新水平的提高和品牌影响力在扩大。

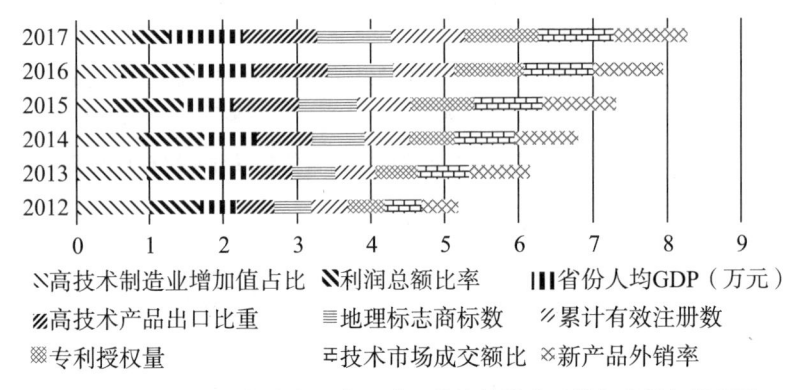

图 13.7 2012—2017 年中部六省制造业价值链攀升系统行为指标发展情况

另外,影响中部六省制造业价值链攀升的系统影响因素数据见表13.8。

表 13.8 2012—2017 年中部六省制造业价值链攀升 X 类原始数据

年份	存货周转率	应收账款周转率	总资产周转率	市场占有率	单位GDP出口货物交货值	新产品销售收入比	R&D投入(万元)	省份居民消费水平比重
2012	5.07215	37.88671	0.87116	0.17967	0.14614	0.00727	9409201.2	3.49933
2013	5.00174	47.94757	0.82128	0.18732	0.16422	0.01496	11119524.0	3.12600
2014	4.81860	71.41959	0.78091	0.19603	0.18478	0.01576	12633930.9	2.95268
2015	4.70327	63.65418	0.69335	0.20540	0.20470	0.01891	13770346.4	2.93023
2016	4.52531	47.26002	0.65785	0.21405	0.19992	0.01788	15260074.4	2.39650
2017	4.74256	39.11044	0.70913	0.21353	0.19903	0.01921	17368823.1	2.33911

年份	R&D人员数(人)	中间投入(万元)	环境空气监测点位数	单位GDP环保能力建设资金使用额	单位GDP能耗同比(%)	城镇化率	公共交通运营数比	
2012	378492	1112166884	589	0.00037	−0.05925	0.47975	0.17583	
2013	434017	1726994992	607	0.00056	−0.05482	0.49260	0.17394	

续表 13.8

年份	R&D人员数（人）	中间投入（万元）	环境空气监测点位数	单位GDP环保能力建设资金使用额	单位GDP能耗同比（%）	城镇化率	公共交通运营数比
2014	463005	2088811842	628	0.00041	−0.03622	0.50552	0.17624
2015	458724	2476561257	655	0.00045	−0.04808	0.51957	0.17670
2016	479336	2909752903	757	0.00474	−0.06003	0.53442	0.17606
2017	492525	3342944549	627	0.00197	−0.05478	0.54920	0.17948

注：数据来自《中国统计年鉴》（2012—2017 年）。

将表 13.8 中的数据归一化处理后制成条形图 13.8，中部六省的存货周转率从 2014 年开始逐年下降，直到 2017 年开始上升。应收账款周转率指标在 2014 年到达顶点，从这两项指标可以看出中部六省企业的流动资产运营能力相对较差。对于总资产周转率而言，中部六省整体呈现下降态势。对于市场占有率、单位 GDP 出口货物交货值和新产品销售收入比三个指标来说，中部六省整体发展较好，6 年内呈现上升态势，说明此地区基础市场能力的增强；对于 R&D 投入和 R&D 人员数这两类指标，中部六省整体处于稳定或增长的态势，中间投入指标在全地区都有较大提升，说明中部六省整体的创新投入和外购投入是在增加的；中部六省的环境空气监测点位数指标和单位 GDP 能耗占比指标在 6 年内呈现波动性发展趋势，而单位 GDP 环保能力建设资金使用额指标除 2016 年有了大幅度提升外，其余 5 年基本保持稳定发展的态势。中部六省的城镇化率都在明显提升，说明此地区的城乡协调得到了充分的发展；而公共交通运营数比和居民消费水平比重指标在 6 年内不断下降，体现了中部六省区域协调能力出现下滑。

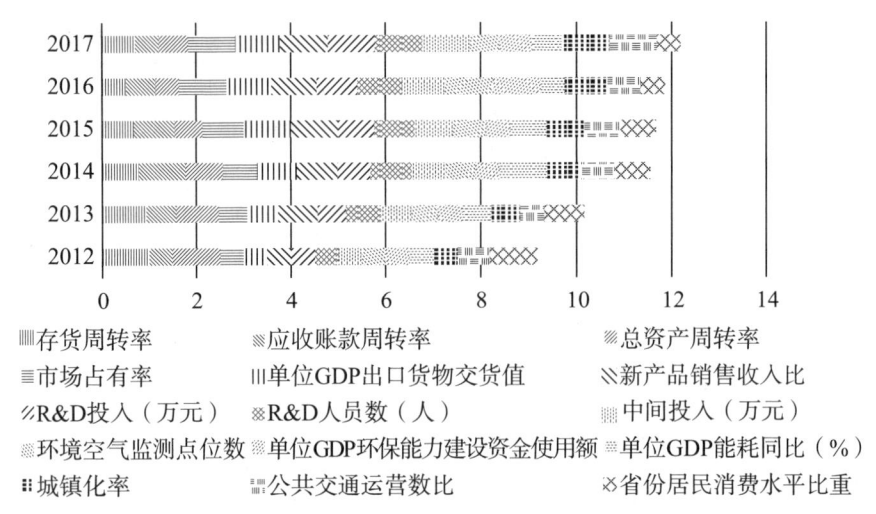

图 13.8 2012—2017 年中部六省制造业价值链攀升系统影响因素发展情况

（五）西北地区制造业价值链攀升现状

西北地区包括内蒙古、陕西、甘肃、青海、宁夏和新疆，自然资源特别是能源、矿产、可开发利用的土地等资源丰富，经济总体水平偏低，区内经济主要集中在一些经济密集区。西北地区 2012—2017 年制造业价值链攀升 Y 类原始数据见表 13.9。

表 13.9 2012—2017 年西北地区制造业价值链攀升 Y 类原始数据

年份	高技术制造业增加值占比	利润总额比率	省份人均GDP（万元）	高技术产品出口比重	地理标志商标数	累计有效注册数	专利授权量	技术市场成交额比	新产品外销率
2012	4.97214	0.31060	17336.36	0.00092	193	229345	26464	1.87372	0.00316
2013	4.58603	0.33751	18135.27	0.00140	211	251161	36120	2.08212	0.00273
2014	5.61460	0.35675	18743.46	0.00153	261	313267	39229	2.12110	0.00311
2015	4.65817	0.44217	17154.02	0.00287	298	396551	57627	2.28382	0.00404
2016	4.61710	0.60235	16830.97	0.00347	327	484524	73426	2.37400	0.00268
2017	5.28307	0.48173	16148.48	0.00510	390	592487	64415	2.76032	0.00286

注：数据来自《中国统计年鉴》（2012—2017 年）。

将表 13.9 中的数据归一化处理后制成条形图 13.9，西北地区的高技术制造业增加值占比在 2014 年达到最高点，高技术制造业在此地区发展较不稳定。利润总额比率在前 3 年处于相对稳定，之后逐渐增加。而人均

GDP指标在逐年减少，反映了西北地区经济发展水平较弱，增值能力不够稳定。对于高技术产品出口比重，西北地区制造业处于高速增长模式，这也说明少数民族地区对高技术产品市场重视及不断增加的市场接纳度。对于地理标志商标数和累计有效注册数这两类指标，西北地区整体都在提高，说明此地区品牌影响力也在逐渐扩张。在专利授权量和技术市场成交额比方面，西北地区制造业也在逐年增加，说明少数民族地区虽技术条件相对落后，但仍在坚持技术创新。而在新产品外销率方面，西北发展较不稳定，说明此地区开放能力不足。

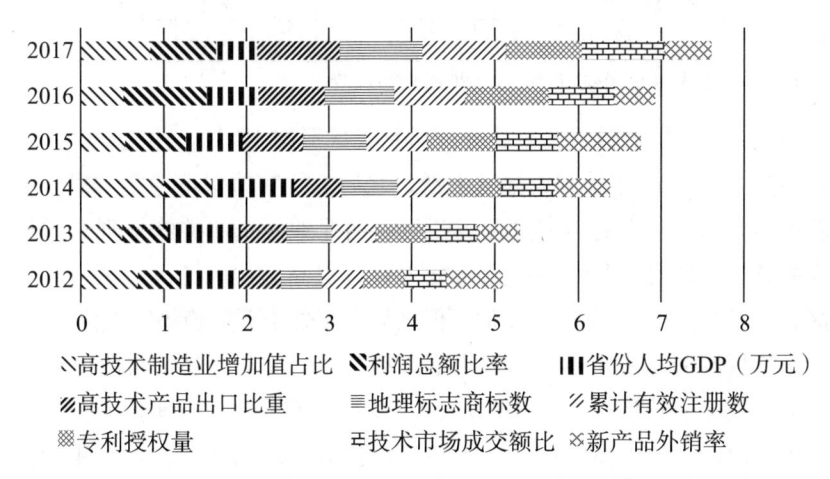

图13.9 2012—2017年西北地区制造业价值链攀升系统行为指标情况

另外，影响西北地区制造业价值链攀升X类原始数据见表13.10。

表13.10 2012—2017年西北地区制造业价值链攀升X类原始数据

年份	存货周转率	应收账款周转率	总资产周转率	市场占有率	单位GDP出口货物交货值	新产品销售收入比	R&D投入（万元）	省份居民消费水平比重
2012	9.26155	33.10906	0.56994	0.04076	0.03613	0.00316	2890349.5	2.10979
2013	4.54164	70.46785	0.58571	0.04222	0.03356	0.00273	3377919.7	2.01455
2014	4.11971	44.41381	0.52368	0.04123	0.03820	0.00311	3788499.8	2.00623
2015	4.02626	18.08585	0.46867	0.03959	0.04718	0.00404	4029829.0	1.98394
2016	4.62579	17.96179	0.47262	0.04006	0.05598	0.00268	4341806.1	1.80511
2017	5.19448	21.18776	0.50368	0.03982	0.05563	0.00286	4288092.7	1.79311

续表 13.10

年份	R&D人员数（人）	中间投入（万元）	环境空气监测点位数	单位GDP环保能力建设资金使用额	单位GDP能耗同比（%）	城镇化率	公共交通运营数比
2012	82101	306049490.2	287	0.00077	−0.05152	0.48100	0.08104
2013	98795	454501723.2	329	0.00072	−0.05448	0.49190	0.08186
2014	106756	594732076.9	319	0.00071	0.02070	0.50537	0.08143
2015	100763	763717122.9	344	0.00088	−0.03387	0.51695	0.07800
2016	102844	876448958.3	412	0.00713	−0.03560	0.52915	0.07569
2017	92393	987747793.9	425	0.01049	−0.00743	0.54268	0.07242

注：数据来自《中国统计年鉴》（2012—2017年）。

将表 13.10 中的数据归一化处理后制成条形图 13.10，西北地区企业的存货周转率在 2013 年遭到大幅度下滑，之后 5 年整体保持稳定。对于应收账款周转率和总资产周转率这两类指标，西北地区企业整体呈现先增加后减少的态势，说明企业的基础运营能力有待提高。在市场占有率方面，此地区企业虽在 2013 年有短暂增加，但之后一直处于下降趋势。单位 GDP 出口货物交货值指标在 6 年内呈现上下波动态势，而新产品销售收入比指标整体上表现出上升趋势。在 R&D 投入、R&D 人员数和中间投入这三类指标当中，此地区整体稳定提升，体现了对创新投入和外购投入的重视。而对于环境空气检测点位数指标，西北地区都呈现出波动情况。西北地区的城镇化率指标在 6 年内不断提高，但公共交通运营数比重和居民消费水平比重在逐年下降，说明此地区城乡协调发展较快，但区域共享能力较差。

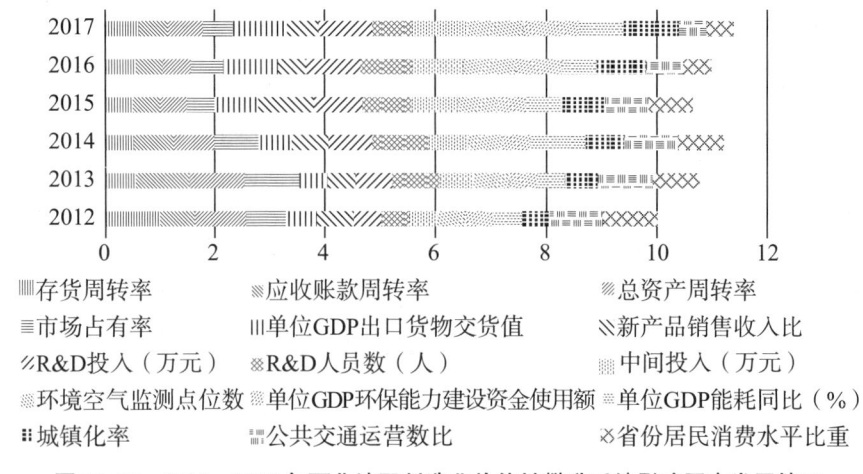

图 13.10　2012—2017 年西北地区制造业价值链攀升系统影响因素发展情况

(六) 西南地区制造业价值链攀升现状

西南地区包括广西、重庆、四川、贵州和云南。此地区资源组合条件良好,矿产、水、能源、可开发的土地、生物、林木、旅游、劳动力等资源均很丰富,但是资源利用程度较低。由于该地区山脉较多,因此交通和通信设施等条件较差,经济相对落后。西南地区 2012—2017 年制造业价值链攀升 Y 类原始数据见表 13.11。

表 13.11　2012—2017 年西南地区制造业价值链攀升 Y 类原始数据

年份	高技术制造业增加值占比	利润总额比率	省份人均GDP（万元）	高技术产品出口比重	地理标志商标数	累计有效注册数	专利授权量	技术市场成交额比	新产品外销率
2012	16.32602	0.80370	11103.87	0.01130	357	85940	80394	0.55803	0.00590
2013	12.11692	0.82854	11767.28	0.01390	447	89881	93602	0.65358	0.00525
2014	11.37275	0.82123	12499.40	0.01815	533	133713	99327	0.80513	0.00712
2015	6.54110	0.81243	12401.37	0.01508	580	491187	143213	0.69838	0.01323
2016	3.60053	0.87285	12938.66	0.01552	666	195274	142498	0.79054	0.00946
2017	7.78819	0.78077	13039.62	0.01860	773	1220558	140845	0.79956	0.02136

注：数据来自《中国统计年鉴》(2012—2017 年)。

将表 13.11 中的数据归一化处理后制成条形图 13.11,西南地区高技术制造业增加值占比和利润总额比率这两类指标整体呈现下降态势,说明此地区协调增值和盈利增值能力受到影响,而此地区人均 GDP 在不断增加,说明共享增值能力在加强。对于高技术产品出口比重这一指标,西南地区制造业自 2014 年起有较大幅度增长,且在 2017 年达到最高点。地理标志商标数和累计有效注册数这两类指标在西南地区整体不断上升,体现了此地区品牌影响力在不断扩大。西南地区的专利授权量和新产品外销率这两类指标整体也处于上升态势,体现了此地区创新发展水平的提升。

```
2017 ▨▨▨▨▨▨
2016 ▨▨▨▨▨▨
2015 ▨▨▨▨▨▨
2014 ▨▨▨▨▨▨
2013 ▨▨▨▨▨▨
2012 ▨▨▨▨▨▨
     0  1  2  3  4  5  6  7  8  9
```

▨ 高技术制造业增加值占比　▨ 利润总额比率　▨ 省份人均GDP（万元）
▨ 高技术产品出口比重　　　▨ 地理标志商标数　▨ 累计有效注册数
▨ 专利授权量　　　　　　　▨ 技术市场成交额比　▨ 新产品外销率

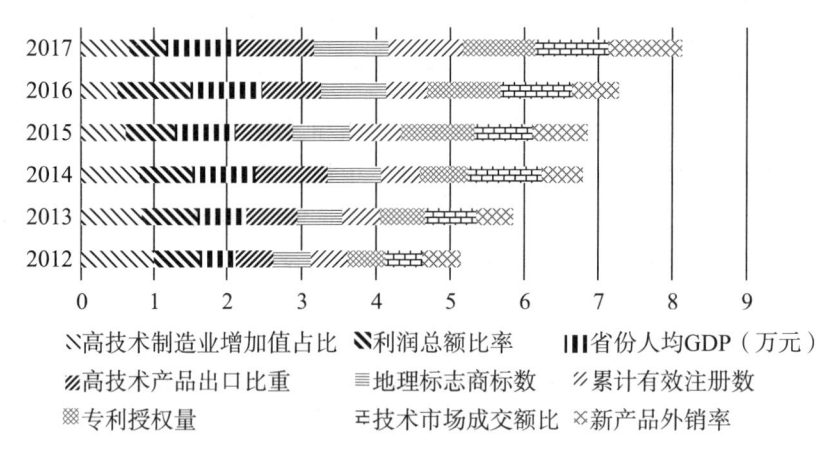

图 13.11　2012—2017 年西南地区制造业价值链攀升系统行为指标情况

另外，影响西南地区制造业价值链攀升 X 类原始数据见表 13.12.

表 13.12　2012—2017 年西南地区制造业价值链攀升 X 类原始数据

年份	存货周转率	应收账款周转率	总资产周转率	市场占有率	单位GDP出口货物交货值	新产品销售收入比	R&D投入（万元）	省份居民消费水平比重
2012	4.45867	33.33795	0.78848	0.07312	0.16991	0.00590	3995089.6	72336.29000
2013	4.55740	30.06242	0.78519	0.07681	0.21878	0.00525	4690983.1	78433.95855
2014	4.49346	25.59982	0.72637	0.08052	0.18741	0.00712	5400342.7	82557.32000
2015	4.34864	22.09475	0.63252	0.08466	0.17250	0.01323	6080740.9	89653.23248
2016	4.72079	27.45355	0.64269	0.08907	0.20382	0.00946	7073413.7	96403.14222
2017	5.84947	38.41190	0.71515	0.09220	0.21811	0.02136	8280991.6	103005.82010

年份	R&D人员数（人）	中间投入（万元）	环境空气监测点位数	单位GDP环保能力建设资金使用额	单位GDP能耗同比（%）	城镇化率	公共交通运营数比
2012	127411	532189678	547	0.00060	−0.04678	0.43952	0.11299
2013	143312	859691047	518	0.00065	−0.04896	0.45272	0.11970
2014	157374	1187192415	426	0.00069	−0.03626	0.46730	0.12075
2015	152267	1349876945	581	0.00109	−0.04370	0.48206	0.11704
2016	159880	1594969894	538	0.00177	−0.06992	0.49814	0.11732
2017	184726	1840062843	702	0.00303	−0.05124	0.51358	0.12158

注：数据来自《中国统计年鉴》（2012—2017 年）。

将表 13.12 中的数据归一化处理后制成条形图 13.12，西南地区企业的存货周转率、应收账款周转率和总资产周转率都处于先下降后上升的情况，说明这段时间企业运营决策在不断调整。在市场占有率和新产品销售收入比方面，西南地区整体在不断上升，说明此地区的市场竞争能力在增强且市场在不断升级。R&D投入、R&D人员数和中间投入指标在此地区也在不断提高，体现了西南地区创新投入和外购投入能力的提升，以及辅助能力的增强。对于环境空气检测点位数这一指标，除四川整体保持上升外，其他省份都呈现上下波动变化。而西南地区的单位GDP环保能力建设投资使用额指标整体上保持上升态势，体现了此地区对环保投入的加大，响应了国家绿色发展的口号。对于协调共享指标，西南地区的城镇化率在6年内不断上升，公共交通运营数比指标也相对稳定，但居民消费水平比重指标在逐年降低，说明此地区城乡协调发展较快，但区域共享发展较为缓慢。

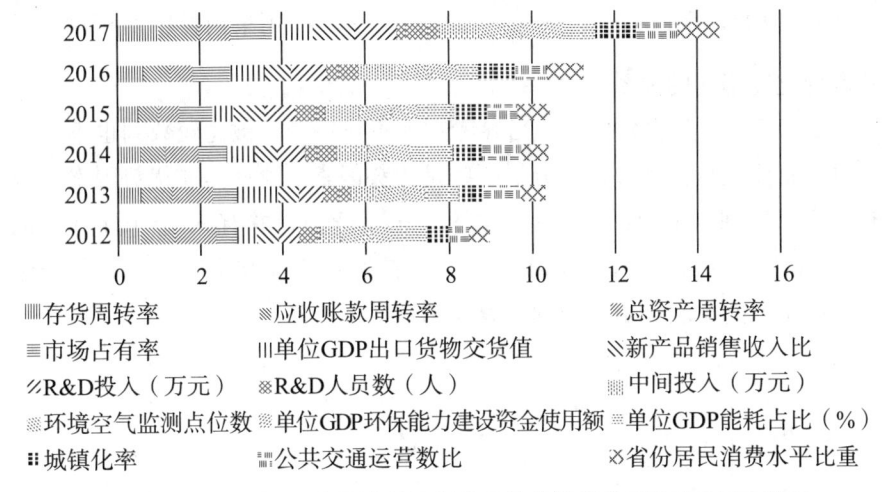

图 13.12　2012—2017年西南地区制造业价值链攀升系统影响因素情况

二、模型构建

定义1　设 $X_i = (x_i(1), x_i(2), \cdots, x_i(n))$ 为行为序列，D 为序列算子，$XD = (x(1)d, x(2)d, \cdots, x(n)d)$，其中 $x_i(k)d = \dfrac{x_i(k)}{x_i(1)}$，$x_i(1) \neq 0$，$k = 1, 2, \cdots, n$，则称 XD 为初值化算子 D 下的像，简称初值像。

定义2　设 $X_i = (x_i(1), x_i(2), \cdots, x_i(n))$ 为行为序列，令 $x_i^0(k) = x_i(k) - x_i(1)$，$k = 1, 2, \cdots, n$，称 $X_i^0 = (x_i^0(1), x_i^0(2), \cdots, x_i^0(n))$ 为 X_i 的始点零化像。

定义 3 设

$$s_i = \int_1^n (X_i - x_i(1))\,\mathrm{d}t$$

$$s_j = \int_1^n (X_j - x_j(1))\,\mathrm{d}t$$

$$s_i - s_j = \int_1^n (X_i^0 - X_j^0)\,\mathrm{d}t$$

则：

$$\pi_{ij} = \frac{1+|s_i|+|s_j|}{1+|s_i|+|s_j|+|s_i-s_j|}$$，π_{ij} 用来衡量序列绝对量间的关系。

定义 4 设序列 X_i，X_j 长度相同且初值不为零，s_i'，s_j' 分别为 X_i，X_j 的初值像，则：$\lambda_{ij} = \dfrac{1+s_i'+s_j'}{1+s_i'+s_j'+|s_i'-s_j'|}$，$\lambda_{ij}$ 用来衡量序列相对于起始点变化速率间的关系。

定义 5 在关联分析中，当参考数列不止一个，被比较数列也不止一个时，就要进行优势分析，分析哪些是优势因素，哪些是非优势因素。若有 n 个母序列，记为：$\{Y_1\}$，$\{Y_2\}$，…，$\{Y_n\}$，并有 m 个子序列，记为：$\{X_1\}$，$\{X_2\}$，…，$\{X_m\}$，$m \neq 1$。按照定义 3 和定义 4 计算各子序列对母序列的关联度矩阵分别为 $\boldsymbol{R}_j$，$\boldsymbol{R}_x$：

$$\boldsymbol{R}_j = \begin{bmatrix} \pi_{11} & \pi_{12} & \cdots & \pi_{1m} \\ \pi_{21} & \pi_{22} & \cdots & \pi_{2m} \\ \vdots & \vdots & & \vdots \\ \pi_{n1} & \pi_{n2} & \cdots & \pi_{nm} \end{bmatrix}, \quad \boldsymbol{R}_x = \begin{bmatrix} \lambda_{11} & \lambda_{12} & \cdots & \lambda_{1m} \\ \lambda_{21} & \lambda_{22} & \cdots & \lambda_{2m} \\ \vdots & \vdots & & \vdots \\ \lambda_{n1} & \lambda_{n2} & \cdots & \lambda_{nm} \end{bmatrix}$$

定义 6 根据 $\boldsymbol{R}_j$，$\boldsymbol{R}_x$ 中各行与各列关联度的大小来判断子序列对母序列的作用，影响大的因素为优势序列，相对应的母序列和子序列为优势母序列和优势子序列。

第二节 中国区域制造业价值链攀升战略重点及突破口

一、东北地区制造业价值链攀升战略重点及突破口

依据优势模型，计算制造业价值链攀升优势分析矩阵 $\boldsymbol{\varGamma}_1$，行为因素贡献度用行求和表示，见式 (13.1)，系统动力因素贡献度用列求和表示，

见式（13.2）。

$$r_1 = \begin{bmatrix} 0.760 & 0.686 & 0.784 & 0.704 & 0.648 & 0.601 & 0.642 & 0.619 & 0.555 & 0.643 & 0.648 & 0.579 & 0.659 & 0.696 & 0.870 \\ 0.818 & 0.792 & 0.885 & 0.863 & 0.685 & 0.708 & 0.600 & 0.584 & 0.578 & 0.680 & 0.707 & 0.675 & 0.702 & 0.722 & 0.801 \\ 0.744 & 0.662 & 0.667 & 0.624 & 0.677 & 0.557 & 0.703 & 0.879 & 0.539 & 0.670 & 0.629 & 0.540 & 0.689 & 0.743 & 0.657 \\ 0.768 & 0.704 & 0.838 & 0.873 & 0.880 & 0.816 & 0.654 & 0.629 & 0.551 & 0.880 & 0.634 & 0.802 & 0.865 & 0.922 & 0.743 \\ 0.577 & 0.549 & 0.612 & 0.649 & 0.553 & 0.685 & 0.560 & 0.632 & 0.551 & 0.784 & 0.634 & 0.557 & 0.572 & 0.621 \\ 0.589 & 0.556 & 0.631 & 0.675 & 0.562 & 0.657 & 0.742 & 0.562 & 0.612 & 0.559 & 0.713 & 0.613 & 0.566 & 0.585 & 0.639 \\ 0.713 & 0.686 & 0.645 & 0.608 & 0.703 & 0.548 & 0.734 & 0.829 & 0.534 & 0.695 & 0.606 & 0.535 & 0.717 & 0.724 & 0.636 \\ 0.834 & 0.810 & 0.865 & 0.849 & 0.675 & 0.701 & 0.598 & 0.582 & 0.580 & 0.671 & 0.710 & 0.668 & 0.691 & 0.711 & 0.808 \\ 0.630 & 0.618 & 0.705 & 0.826 & 0.788 & 1.000 & 0.544 & 0.537 & 0.678 & 0.782 & 0.633 & 0.925 & 0.767 & 0.795 & 0.627 \end{bmatrix}$$

$$\sum_{j=1}^{15} n_4 = 11.559 > \sum_{j=1}^{15} n_9 = 10.856 > \sum_{j=1}^{15} n_2 = 10.798 > \sum_{j=1}^{15} n_8 = 10.754 > \sum_{j=1}^{15} n_1 = 10.092 > \sum_{j=1}^{15} n_3 = 9.980 > \sum_{j=1}^{15} n_7 = 9.913 > \sum_{j=1}^{15} n_6 = 9.261 > \sum_{j=1}^{15} n_5 = 9.099 \quad (13.1)$$

$$\sum_{i=1}^{9} m_4 = 6.671 > \sum_{i=1}^{9} m_3 = 6.631 > \sum_{i=1}^{9} m_{14} = 6.740 > \sum_{i=1}^{9} m_1 = 6.434 > \sum_{i=1}^{9} m_{15} = 6.402 > \sum_{i=1}^{9} m_6 = 6.272 > \sum_{i=1}^{9} m_{13} = 6.214 > \sum_{i=1}^{9} m_5 = 6.171 > \sum_{i=1}^{9} m_{10} = 6.131 > \sum_{i=1}^{9} m_{11} = 6.065 > \sum_{i=1}^{9} m_2 = 6.063 > \sum_{i=1}^{9} m_{12} = 5.970 > \sum_{i=1}^{9} m_8 = 5.782 > \sum_{i=1}^{9} m_7 = 5.777 > \sum_{i=1}^{9} m_9 = 5.259 \quad (13.2)$$

依据计算结果，行为因素按贡献度可分为高、中、低三类行为因素群，分别为：$\{Y_4>Y_9>Y_2\}$，$\{Y_8>Y_1>Y_3\}$，$\{Y_7>Y_6>Y_5\}$；系统动力因素按贡献度分为强、中、弱三类动力因素群，分别为：$\{X_4>X_3>X_{14}>X_1>X_{15}\}$，$\{X_6>X_{13}>X_5>X_{10}>X_{11}\}$，$\{X_2>X_{12}>X_8>X_7>X_9\}$。

（一）东北地区制造业价值链攀升战略重点

1. 系统行为因素战略重点

依据上述分析，东北地区制造业价值链攀升贡献度较大的系统行为因素有：高技术产品出口比重>新产品外销率>利润总额比率。东北地区制造业发展过程中，高技术产品出口比重排在首位，说明提高高技术产品的出口比重是实现东北地区制造业价值链攀升的重要组成部分。此类产品技术含量高，尤其是核心技术，它关系到企业发展和企业利润，一旦研发成功，具有高于一般企业的经济效益和社会效益，在短期内不会被替代或超越。因此，要加大对高技术产品的推广，提高此类产品占出口产品总数的比重。新产品外销率和利润总额比率的贡献度较大，东北地区制造企业的新产品销售市场较好，且由于销售带来的利润总额较多，有良好的市场需求。研究发现高技术产品出口带来的开放影响、新产品外销促进的开放创新能力和市场销售带来的较大利润是东北制造业实现价值链攀升的重要因素。因此，应该重点发展影响能力、创新发展能力和增值能力。

2. 系统动力因素战略重点

东北制造业发展贡献度较大的优势动力因素有：市场占有率＞总资产周转率＞公共交通运营数比重＞存货周转率＞居民消费水平比重。对于东北地区而言，产品市场占有率排在首位，说明发展产品在市场销售的数量和质量是驱动东北地区制造业价值链攀升的首要因素，要尽可能地充分扩大市场规模，提高市场占有率；总资产周转率排在第二位，说明对于制造企业来说，资金的运营效率是实现价值链攀升的重要因素，它是衡量资产投资规模与销售水平之间配比情况的指标，仅仅依靠过高的销售指标，而忽略实际投资成本，会导致企业财政失衡；公共交通运营数比重排在第三位，公共交通包括公交车、地铁、船舶、火车和飞机等交通工具，其主要特点是需要高技术生产能力来实现，制造企业承担了其生产任务，公共交通对城市政治经济、文化教育、科学技术等方面的发展影响极大，是提高交通资源利用率、缓解交通拥堵、降低交通污染、节约土地资源和能源的重要手段；存货周转率和居民消费水平比重依次排在第四位和第五位，说明东北地区居民消费水平对制造业价值链攀升贡献较大，但良好的库存周转能够更加有效地实现价值链攀升。

（二）东北地区制造业价值链攀升突破口选择

1. 系统行为因素价值链攀升突破口选择

由模型计算可知，对制造业发展贡献度较小的一般行为因素为：专利授权量＞累计有效注册数＞地理标志商标数，说明上述指标对东北地区制造业价值链攀升的贡献度较低。即东北地区制造企业的产品品牌影响力较低，在市场中无法占据主导地位，企业没有话语权就不会对产品进行积极的技术创新，导致创新能力不足。因此，产品在市场中没有竞争优势，以此形成恶性循环。

从分析结论看,一般行为因素多为品牌影响力指标,这些因素显示产品在行业当中品牌影响能力不足,企业整体对外影响能力较弱,应加强企业品牌的推广以及对产品的宣传,提高其影响力。因此,品牌和影响力建设应作为东北地区制造业价值链攀升的突破口。

2. 系统动力因素价值链攀升突破口选择

由模型计算可知,对东北地区制造业发展贡献度较小的一般动力因素为:应收账款周转率>单位 GDP 环保能力建设资金使用额>R&D 人员数量>R%D 投入>中间投入,说明上述指标对东北地区制造业价值链攀升贡献度较低。应收账款周转率贡献度较低,说明行业存在资金风险高,企业收账速度慢,平均收账期长,坏账损失就有可能增多,导致资金流动速度变慢,偿债能力减弱,影响了企业的营运能力。单位 GDP 环保能力建设资金使用额排在第二位,说明东北地区对环保投入不足,能耗较大,对行业发展贡献小,R&D 人员数量、R&D 投入和中间投入的贡献水平在最后三位,说明行业的创新投入与外购投入较少,企业得不到优秀人才和先进技术,继而阻碍了制造业价值链攀升。

从分析结论看,一般动力因素多为辅助能力指标,这些因素显示行业产品带来的技术水平较低,价值链的辅助能力不足,应增加对 R&D 人员的聘用,同时也要增加 R&D 投入和外购投入,积极引进国外先进技术和经验,取长补短。此外,企业应加快流动资产周转,增加资金回收量,提高企业生产运营能力。

二、环渤海地区制造业价值链攀升战略重点及突破口

依据优势模型,计算制造业价值链攀升优势分析矩阵 $\varGamma_2$,行为因素贡献度用行求和表示,见式(13.3);系统动力因素贡献率用列求和表示,见式(13.4)。

$$\varGamma_2 = \begin{bmatrix} 0.755 & 0.627 & 0.732 & 0.619 & 0.688 & 0.742 & 0.646 & 0.737 & 0.550 & 0.745 & 0.553 & 0.539 & 0.652 & 0.630 & 0.704 \\ 0.838 & 0.594 & 0.972 & 0.784 & 0.898 & 0.864 & 0.613 & 0.683 & 0.539 & 0.842 & 0.540 & 0.668 & 0.854 & 0.801 & 0.903 \\ 0.745 & 0.598 & 0.725 & 0.641 & 0.730 & 0.703 & 0.608 & 0.682 & 0.537 & 0.669 & 0.581 & 0.518 & 0.682 & 0.656 & 0.730 \\ 0.805 & 0.592 & 0.874 & 0.884 & 0.936 & 0.958 & 0.611 & 0.680 & 0.538 & 0.902 & 0.539 & 0.766 & 0.886 & 0.900 & 0.834 \\ 0.564 & 0.763 & 0.570 & 0.535 & 0.558 & 0.577 & 0.645 & 0.590 & 0.648 & 0.593 & 0.803 & 0.570 & 0.546 & 0.539 & 0.558 \\ 0.578 & 0.716 & 0.586 & 0.543 & 0.571 & 0.595 & 0.701 & 0.643 & 0.621 & 0.614 & 0.624 & 0.557 & 0.556 & 0.548 & 0.571 \\ 0.593 & 0.746 & 0.601 & 0.551 & 0.584 & 0.612 & 0.713 & 0.862 & 0.602 & 0.634 & 0.606 & 0.548 & 0.566 & 0.557 & 0.584 \\ 0.881 & 0.589 & 0.901 & 0.744 & 0.853 & 0.804 & 0.607 & 0.673 & 0.537 & 0.779 & 0.538 & 0.619 & 0.806 & 0.761 & 0.965 \\ 0.764 & 0.610 & 0.870 & 0.860 & 0.901 & 1.000 & 0.633 & 0.715 & 0.546 & 0.937 & 0.547 & 0.769 & 0.858 & 0.876 & 0.798 \end{bmatrix}$$

$$\sum_{j=1}^{15} n_4 = 11.705 > \sum_{j=1}^{15} n_9 = 11.684 > \sum_{j=1}^{15} n_2 = 11.393 > \sum_{j=1}^{15} n_8 =$$
$$11.057 > \sum_{j=1}^{15} n_1 = 9.919 > \sum_{j=1}^{15} n_3 = 9.805 > \sum_{j=1}^{15} n_7 = 9.359 > \sum_{j=1}^{15} n_6 =$$
$$9.059 > \sum_{j=1}^{15} n_5 = 9.024 \tag{13.3}$$

$$\sum_{i=1}^{9} m_6 = 6.855 > \sum_{i=1}^{9} m_3 = 6.831 > \sum_{i=1}^{9} m_5 = 6.719 > \sum_{i=1}^{9} m_{10} =$$
$$6.715 > \sum_{i=1}^{9} m_{15} = 6.647 > \sum_{i=1}^{9} m_1 = 6.523 > \sum_{i=1}^{9} m_{13} = 6.406 > \sum_{i=1}^{9} m_{14} =$$
$$6.268 > \sum_{i=1}^{9} m_8 = 6.265 > \sum_{i=1}^{9} m_4 = 6.161 > \sum_{i=1}^{9} m_2 = 5.835 > \sum_{i=1}^{9} m_7 =$$
$$5.777 > \sum_{i=1}^{9} m_{12} = 5.554 > \sum_{i=1}^{9} m_{11} = 5.331 > \sum_{i=1}^{9} m_9 = 5.118 \tag{13.4}$$

依据计算结果，行为因素按贡献度分为高、中、低三类行为因素群，分别为：$\{Y_4 > Y_9 > Y_2\}$，$\{Y_8 > Y_1 > Y_3\}$，$\{Y_7 > Y_6 > Y_5\}$；系统动力因素按贡献度分为强、中、弱三类动力因素群，分别为：$\{X_6 > X_3 > X_5 > X_{10} > X_{15}\}$，$\{X_1 > X_{13} > X_{14} > X_8 > X_4\}$，$\{X_2 > X_7 > X_{12} > X_{11} > X_9\}$。

（一）环渤海地区制造业价值链攀升战略重点

1. 系统行为因素战略重点

依据上述分析，对环渤海地区制造业价值链攀升贡献度较大的系统行为因素有：高技术产品出口比重＞新产品外销率＞利润总额比率。在环渤海地区制造业发展过程中，高技术产品出口比重同样排在首位，说明提高技术产品的出口比重也是实现此地区制造企业价值链攀升的重要组成部分。因此，要加大对高技术产品的推广，提高此类产品占出口产品总数的比重。新产品外销率和利润总额比率的贡献度较大，说明环渤海地区制造企业的新产品销售市场较好，且由于销售带来的利润总额较多，有良好的市场需求。研究发现，由高技术产品出口带来的开放影响、新产品外销促进的开放创新能力和市场销售带来的较大利润是环渤海制造业实现价值链攀升的重要因素。因此，应该重点发展影响能力、创新发展能力和增值能力。

2. 系统动力因素战略重点

对环渤海地区制造业发展贡献度较大的优势动力因素有：新产品销售

收入比>总资产周转率>单位 GDP 出口货物交货值>单位 GDP 能耗占比>居民消费水平比重。在环渤海地区制造业发展过程中，新产品销售收入比重排在首位，说明此地区新产品销售总额是影响制造业价值链攀升的重要因素，新产品销售额占总销售额比重越大，对制造业发展越有促进作用，因此应增大对新产品销售的力度。总资产周转率排在第二位，说明对于此地区制造企业来说，资金的运营效率是实现价值链攀升的重要因素，企业要衡量资产投资规模与销售水平之间配比情况，实现良好的资金运转；单位 GDP 出口货物交货值优于单位 GDP 能耗同比和居民消费水平，说明制造业的单位 GDP 能耗同比和居民消费水平贡献程度较大，但单位 GDP 出口货物交货值对价值链攀升的贡献程度相对更大，出口交货值是衡量出口货物价值的指标，对于环渤海地区企业价值链攀升有着重要意义，因此要尽可能地保持或提升出口货物价值。研究表明，环渤海地区制造业充分依靠较大的新产品销售收入比重和良好的资产运营能力来实现价值链攀升。因此，应关注运营能力和市场能力。

(二) 环渤海地区制造业价值链攀升突破口选择

1. 系统行为因素价值链攀升突破口选择

由模型计算可知，对制造业发展贡献度较小的一般行为因素为：专利授权量>累计有效注册数>地理标志商标数，说明上述指标对环渤海地区制造业价值链攀升的贡献度较低。这三类指标的贡献度较低，说明环渤海地区制造企业的产品品牌影响力较低，在市场中无法占据主导地位，企业没有话语权就不会对产品进行积极的技术创新，导致创新能力不足。因此，产品在市场中没有竞争优势，因此形成恶性循环。

从分析结论看，一般行为因素多为品牌影响力指标，这些因素显示产品在行业当中品牌影响能力不足，因此企业整体对外影响能力较弱，应加强企业品牌的推广以及对产品的宣传，提高其影响力，品牌和影响力建设应作为环渤海地区制造业价值链攀升的突破口。

2. 系统动力因素价值链攀升突破口选择

由模型计算可知，对环渤海地区制造业发展贡献度较小的一般动力因素为：应收账款周转率>R&D 投入>单位 GDP 环保能力建设资金使用额>环境空气监测点位数>中间投入，说明上述指标对环渤海地区制造业价值链攀升贡献度较低。应收账款周转率贡献度较低，说明行业存在资金风险高，企业收账速度慢，平均收账期长，坏账损失就有可能增多，导致资金流动速度变慢，偿债能力减弱，影响了企业的营运能力。R&D 投入排在第二位，说明此地区企业对产品研发的投入力度不足，产品偏传统，且多为同质产品，易导致创新能力下降。单位 GDP 环保能力建设资金使用额和环境空气监测点位数分别排在三、四位，说明此地区对环保重视程度不足，企业难以遵循绿色发展的目标，生产过程对环境的检测及保护较差。中间投入的贡献度最小，说明环渤海地区企业对国外先进技术和设备的外购投入不足，仅依靠自身整体的研发，国际交流较少，并且在自身发展过程中易走弯路，从而浪费更多资源，阻碍价值链攀升。

从分析结论看，一般动力因素多为辅助能力和绿色发展指标，这些因素显示企业创新和外购能力不足，且在生产过程中容易忽视对环境的影响，应加大对产品创新的投入，并积极引进国外先进技术和设备，学习先进理念来弥补自己的劣势。此外，企业也应该加强自身的社会责任感，加大对环境保护的重视，发展绿色生产，保护当地环境，从而使社会整体向前发展。

三、东南沿海地区制造业价值链攀升战略重点及突破口

依据优势模型，计算制造业价值链攀升优势分析矩阵 $\boldsymbol{\Gamma}_3$，行为因素贡献度用行求和表示，见式（13.5）；系统动力因素贡献度用列求和，见式（13.6）。

$$\boldsymbol{\Gamma}_3 = \begin{bmatrix} 0.894 & 0.553 & 0.736 & 0.700 & 0.779 & 0.723 & 0.590 & 0.662 & 0.547 & 0.751 & 0.650 & 0.542 & 0.737 & 0.687 & 0.814 \\ 0.677 & 0.534 & 0.618 & 0.983 & 0.821 & 0.955 & 0.562 & 0.612 & 0.533 & 0.930 & 0.603 & 0.742 & 0.942 & 0.959 & 0.685 \\ 0.714 & 0.577 & 0.636 & 0.616 & 0.684 & 0.632 & 0.632 & 0.744 & 0.570 & 0.650 & 0.730 & 0.518 & 0.638 & 0.607 & 0.733 \\ 0.741 & 0.551 & 0.648 & 0.905 & 0.896 & 0.924 & 0.591 & 0.665 & 0.548 & 0.952 & 0.652 & 0.747 & 0.927 & 0.886 & 0.745 \\ 0.584 & 0.755 & 0.679 & 0.545 & 0.571 & 0.551 & 0.683 & 0.601 & 0.681 & 0.558 & 0.789 & 0.547 & 0.553 & 0.542 & 0.590 \\ 0.578 & 0.699 & 0.668 & 0.542 & 0.567 & 0.548 & 0.703 & 0.626 & 0.692 & 0.555 & 0.604 & 0.550 & 0.550 & 0.539 & 0.585 \\ 0.738 & 0.566 & 0.622 & 0.628 & 0.704 & 0.646 & 0.621 & 0.829 & 0.563 & 0.666 & 0.698 & 0.516 & 0.652 & 0.619 & 0.742 \\ 0.730 & 0.547 & 0.646 & 0.896 & 0.896 & 0.917 & 0.581 & 0.652 & 0.544 & 0.947 & 0.640 & 0.722 & 0.963 & 0.877 & 0.736 \\ 0.691 & 0.539 & 0.622 & 0.965 & 0.830 & 1.000 & 0.570 & 0.626 & 0.537 & 0.968 & 0.616 & 0.759 & 0.952 & 0.951 & 0.696 \end{bmatrix}$$

$$\sum_{j=1}^{15} n_4 = 11.378 > \sum_{j=1}^{15} n_9 = 11.320 > \sum_{j=1}^{15} n_8 = 11.295 > \sum_{j=1}^{15} n_2 = 11.156 > \sum_{j=1}^{15} n_1 = 10.362 > \sum_{j=1}^{15} n_7 = 9.810 > \sum_{j=1}^{15} n_3 = 9.680 > \sum_{j=1}^{15} n_5 = 9.228 > \sum_{j=1}^{15} n_6 = 9.004 \tag{13.5}$$

$$\sum_{i=1}^{9} m_{10} = 6.975 > \sum_{i=1}^{9} m_{13} = 6.914 > \sum_{i=1}^{9} m_{6} = 6.896 > \sum_{i=1}^{9} m_{4} =$$

$$6.780 > \sum_{i=1}^{9} m_{5} = 6.747 > \sum_{i=1}^{9} m_{14} = 6.668 > \sum_{i=1}^{9} m_{1} = 6.345 > \sum_{i=1}^{9} m_{15} =$$

$$6.327 > \sum_{i=1}^{9} m_{8} = 6.016 > \sum_{i=1}^{9} m_{11} = 5.981 > \sum_{i=1}^{9} m_{3} = 5.874 > \sum_{i=1}^{9} m_{12} =$$

$$5.643 > \sum_{i=1}^{9} m_{7} = 5.535 > \sum_{i=1}^{9} m_{2} = 5.319 > \sum_{i=1}^{9} m_{9} = 5.214 \quad (13.6)$$

依据计算结果，以行为因素按贡献度分为高、中、低三类行为因素群，分别为：$\{Y_4>Y_9>Y_8\}$，$\{Y_2>Y_1>Y_7\}$，$\{Y_3>Y_5>Y_6\}$ 系统动力因素按贡献度分为强中弱三类动力因素群，分别为：$\{X_{10}>X_{13}>X_6>X_4>X_5\}$，$\{X_{14}>X_1>X_{15}>X_8>X_{11}\}$，$\{X_3>X_{12}>X_7>X_2>X_9\}$。

（一）东南沿海地区制造业价值链攀升战略重点

1. 系统行为因素战略重点

依据上述分析，对东南沿海地区制造业价值链攀升贡献度较大的系统行为因素有：高技术产品出口比重＞新产品外销率＞技术市场成交额比。在东南沿海地区制造业发展过程中，高技术产品出口比重同样排在首位，说明提高技术产品的出口比重也是实现此地区制造企业价值链攀升的重要组成部分。因此，要加大对高技术产品的推广，提高此类产品占出口产品总数的比重。新产品外销率和技术市场成交额比重的贡献度较大，说明此地区新产品市场销售较好。技术市场成交额是指只针对技术开发、技术转让、技术咨询和技术服务类合同的成交额。说明东南沿海地区的企业正在从销售实体产品向更高层次的服务咨询市场开拓，能够摆脱传统制造业重复化生产经营模式。研究结论表明，由高技术产品出口带来的开放影响、新产品外销促进的开放创新能力和技术市场成交额比重实现的技术创新是东南沿海地区制造业实现价值链攀升的重要因素，因此应该重点发展其影响能力和创新发展能力。

2. 系统动力因素战略重点

对东南沿海地区制造业发展贡献度较大的优势动力因素有：单位GDP能耗同比＞城镇化率＞新产品销售收入比＞市场占有率＞单位GDP出口货物交货值。在东南沿海地区制造业发展过程中，单位GDP能耗排在首位，说明此地区制造业的能耗是影响制造业价值链攀升的首要因素，应减少对能源的消耗,实现可持续发展。城镇化率排在第二位说明城镇化发展进程对当地制造业发展产生重大影响,要加快对地区城镇化水平的提升。新产品销售收入比和市场占有率要优于单位 GDP 出口货物交货值,说明市场开放虽然对价值链攀升有较大贡献,但新产品带来的销售收入和产品在市场占有规模对制造业发展有更大贡献,因此应该扩大新型产品的销售量,且尽可能抢占市场,增加市场占有率。研究结论表明,东南沿海地区制造业充分依靠较少的能源消耗、良好的市场调节能力和城乡协调来实现价值链攀升,因此应关注绿色发展、协调共享和基础市场能力。

(二)东南沿海地区制造业价值链攀升突破口选择

1. 系统行为因素价值链攀升突破口选择

由模型计算可知,对制造业发展贡献度较小的一般行为因素有:省份人均 GDP>地理标志商标数>商标累计有效注册数,说明上述指标对东南沿海地区制造业价值链攀升的贡献度较低。东南沿海地区的省份人均 GDP 在六大区域里排名前列,但此指标对于制造业发展贡献度较低,主要由于东部沿海的土地成本飙升,工资大幅上涨,劳动力成本过高,导致利润过低,对于当地制造企业来说是一大困境。地理标志商标数与商标累计有效注册数排名最低,说明东南沿海地区制造企业的产品品牌影响力较低,在市场中无法掌握话语权,不能成为左右顾客选择商品的重要因素。

从分析结论看,一般行为因素多为品牌影响力指标,这些因素显示产品在行业当中品牌影响能力不足,因此企业整体对外影响能力较弱,应加强企业品牌的推广以及对产品的宣传,提高其影响力。此外,当地企业应从粗放型向精细化生产转型,提高对生产当中增值服务领域的探索,降低硬性成本,提高软实力。因此,品牌建设、影响力开发和增值能力应作为东南沿海地区制造业价值链攀升的突破口。

2. 系统动力因素价值链攀升突破口选择

由模型计算可知,对东南沿海地区制造业发展贡献度较小的一般动力因素有:总资产周转率>单位 GDP 环保能力建设资金使用额>R&D 投入>应收账款周转率>中间投入,说明上述指标对此地区制造业价值链攀升贡献度较低。总资产周转率和应收账款周转率排名较低,说明对于此地区制造企业来说,资金的运营效率较低,行业资金风险高,企业收账速度慢,平均收账周期长,坏账损失就有可能增多,导致资金流动速度变慢,偿债能力减弱，影响了企业的营运能力。单位GDP环保能力建设资金使用额排在第二位，说明此地区对环保投入不足，企业难以遵循绿色发展的目标，生产过程对环境的检测及保护较差。中间投入和R&D投入的贡献度最小，说明此地区企业的外购投入和产品研发投入不足，产品偏传统，且多为同质产品，易导致创新能力下降。

从分析结论看，一般动力因素多为创新能力指标和营运指标，这些因素显示行业产品的创新力和企业的基础资金运营能力不足，价值链辅助能力和基础营运能力较弱。应加强对资金的合理周转和创新能力的培养，加大研发投入，创新产品作为该行业价值链攀升的突破口。

四、中部地区制造业价值链攀升战略重点及突破口

依据优势模型，计算制造业价值链攀升优势分析矩阵见$\boldsymbol{\Gamma}_4$，行为因素贡献度用行求和表示，见式（13.7）；系统动力因素用列求和表示见公式（13.8）。

$$\boldsymbol{\Gamma}_4 = \begin{bmatrix} 0.639 & 0.721 & 0.686 & 0.658 & 0.755 & 0.577 & 0.677 & 0.709 & 0.578 & 0.673 & 0.656 & 0.538 & 0.629 & 0.579 & 0.756 \\ 0.834 & 0.583 & 0.850 & 0.891 & 0.838 & 0.707 & 0.583 & 0.640 & 0.536 & 0.852 & 0.705 & 0.676 & 0.962 & 0.812 & 0.702 \\ 0.703 & 0.595 & 0.699 & 0.726 & 0.630 & 0.536 & 0.595 & 0.664 & 0.542 & 0.704 & 0.745 & 0.516 & 0.722 & 0.633 & 0.671 \\ 0.629 & 0.703 & 0.711 & 0.800 & 0.830 & 0.862 & 0.697 & 0.616 & 0.639 & 0.833 & 0.580 & 0.795 & 0.761 & 0.780 & 0.645 \\ 0.544 & 0.662 & 0.567 & 0.559 & 0.602 & 0.670 & 0.641 & 0.584 & 0.695 & 0.566 & 0.624 & 0.574 & 0.547 & 0.528 & 0.579 \\ 0.552 & 0.675 & 0.581 & 0.572 & 0.624 & 0.641 & 0.697 & 0.648 & 0.661 & 0.579 & 0.569 & 0.561 & 0.557 & 0.534 & 0.595 \\ 0.576 & 0.746 & 0.618 & 0.604 & 0.680 & 0.597 & 0.752 & 0.827 & 0.611 & 0.615 & 0.601 & 0.542 & 0.583 & 0.550 & 0.638 \\ 0.792 & 0.664 & 0.723 & 0.646 & 0.706 & 0.728 & 0.655 & 0.592 & 0.677 & 0.645 & 0.564 & 0.635 & 0.642 & 0.599 & 0.713 \\ 0.601 & 0.600 & 0.668 & 0.767 & 0.765 & 1.000 & 0.596 & 0.557 & 0.719 & 0.793 & 0.539 & 0.840 & 0.736 & 0.750 & 0.590 \end{bmatrix}$$

$\sum_{j=1}^{15} n_2 = 11.170 > \sum_{j=1}^{15} n_4 = 10.880 > \sum_{j=1}^{15} n_9 = 10.519 > \sum_{j=1}^{15} n_8 = 9.978 > \sum_{j=1}^{15} n_1 = 9.829 > \sum_{j=1}^{15} n_3 = 9.679 > \sum_{j=1}^{15} n_7 = 9.539 > \sum_{j=1}^{15} n_6 = 9.044 > \sum_{j=1}^{15} n_5 = 8.941$ （13.7）

$\sum_{i=1}^{9} m_5 = 6.431 > \sum_{i=1}^{9} m_6 = 6.317 > \sum_{i=1}^{9} m_{10} = 6.258 > \sum_{i=1}^{9} m_4 = 6.221 > \sum_{i=1}^{9} m_{13} = 6.139 > \sum_{i=1}^{9} m_3 = 6.102 > \sum_{i=1}^{9} m_2 = 5.949 > \sum_{i=1}^{9} m_7 = 5.891 > \sum_{i=1}^{9} m_{15} = 5.888 > \sum_{i=1}^{9} m_1 = 5.869 > \sum_{i=1}^{9} m_8 = 5.838 > \sum_{i=1}^{9} m_{14} = 5.764 > \sum_{i=1}^{9} m_{12} = 5.674 > \sum_{i=1}^{9} m_9 = 5.656 > \sum_{i=1}^{9} m_{11} = 5.583$ （13.8）

依据计算结果，以行为因素按贡献度分为高、中、低三类行为因素群，分别为：$\{Y_2>Y_4>Y_9\}$，$\{Y_8>Y_1>Y_3\}$，$\{Y_7>Y_6>Y_5\}$。系统动力因素按贡献度分为强、中、弱三类动力因素群，分别为：$\{X_5>X_6>X_{10}>X_4>X_{13}\}$，$\{X_3>X_2>X_7>X_{15}>X_1\}$，$\{X_8>X_{14}>X_{12}>X_9>X_{11}\}$。

（一）中部地区制造业价值链攀升战略重点

1. 系统行为因素战略重点

依据上述分析，对中部地区制造业价值链攀升贡献度较大的系统行为因素有：利润总额比率>高技术产品出口比重>新产品外销率。利润总额排在首位，说明制造企业的产品利润是价值链攀升的重要组成部分，应重点提高产品的利润率。高技术产品出口比重排在第二位，说明提高技术产品的出口比重是实现中部地区制造企业价值链攀升的重要组成部分，此类产品技术含量高，在短期内不会被替代或超越，因此要加大对高技术产品的推广，提高此类产品占出口产品总数的比重。新产品外销率的贡献度较大，说明企业的新产品销售市场较好，侧面体现了企业的创新水平较高，能够让市场接受全新产品。研究结论表明，由高技术产品出口带来的开放影响、新产品外销促进的开放创新能力和企业良好经营带来的较大利润是中部地区制造业实现价值链攀升的重要因素，因此应该重点发展影响能力、创新发展能力和增值能力。

2. 系统动力因素战略重点

对中部地区制造业发展贡献度较大的优势动力因素有：单位GDP出口货物交货值>新产品销售收入比>单位GDP能耗同比>市场占有率>城镇化率。对于中部地区而言，单位GDP出口货物交货值排在首位，说明增加出口货物数量及价值是驱动制造业价值链攀升的首要因素，因此应该加强对外贸易，扩大市场开放规模。新产品销售收入比排在第二位，说明新产品的研发是实现价值链攀升的重要因素，新产品市场能够体现市场升级状况，从而抢占市场先机，占据主导权，因此要扩大对新产品的销售。单位GDP能耗同比和市场占有率优于城镇化率，说明城镇化水平虽对价值链攀升有较大贡献，但较低能耗比和较大的市场占有率更能提高当地企业价值链攀升水平。研究结论表明，中部地区制造业充分依靠良好的市场策略和环保建设实现制造业价值链攀升，因此，应关注绿色发展和基础市场能力。

(二) 中部地区制造业价值链攀升突破口选择

1. 系统行为因素价值链攀升突破口选择

由模型计算可知,对制造业发展贡献度较小的一般行为因素为：专利授权量＞累计有效注册数＞地理标志商标数,说明上述指标对制造业价值链攀升的贡献度较低。企业的产品品牌影响力较低,在市场中无法占据主导地位,企业没有话语权就不会对产品进行积极的技术创新,导致创新能力不足,就无法获取足够的专利数量,因此产品在市场中没有竞争优势,以此形成恶性循环。

从分析结论看,一般动力因素多为品牌影响力指标,这些因素显示产品在行业当中品牌影响能力不足,因此企业整体对外影响能力较弱,应加强企业品牌的推广以及对产品的宣传,提高其影响力,将品牌和影响力建设作为中部地区制造业价值链攀升的突破口。

2. 系统动力因素价值链攀升突破口选择

由模型计算可知,对中部地区制造业发展贡献度较小的一般动力因素为：R&D人员数量＞公共交通运营数＞单位GDP环保能力建设资金使用额＞中间投入＞环境空气监测点数量,说明上述指标对中部地区制造业价值链攀升贡献度较低。R&D人员数和中间投入的贡献度较低,说明此地区企业的外购投入和人才聘用不足,产品偏传统,且多为同质产品,易导致创新能力下降。单位GDP环保能力建设资金使用额和环境空气检测点数量排在最后,说明此地区对环保投入不足,企业难以遵循绿色发展的目标,生产过程对环境的检测及保护较差。

从分析结论看,一般动力因素多为环保投入指标和创新投入指标,这些因素显示行业产品的创新力和企业的可持续发展能力不足,应增加对R&D人员的聘用,同时也要增加R&D投入和外购投入,积极引进国外先进技术和经验,取长补短,企业应该加强自身的社会责任感,加大对环境保护的重视,发展绿色生产,加大环保投入。

五、西北地区制造业价值链攀升战略重点及突破口

依据优势模型,计算制造业价值链攀升优势分析矩阵见$\boldsymbol{\varGamma}_5$,行为因素贡献度用行求和表示,见式(13.9),系统动力因素用列求和表示,见式(13.10)。

$$r_5 = \begin{bmatrix} 0.557 & 0.672 & 0.892 & 0.896 & 0.764 & 0.902 & 0.565 & 0.589 & 0.522 & 0.754 & 0.585 & 0.678 & 0.885 & 0.884 & 0.805 \\ 0.720 & 0.613 & 0.777 & 0.669 & 0.795 & 0.677 & 0.723 & 0.663 & 0.593 & 0.847 & 0.673 & 0.658 & 0.736 & 0.686 & 0.802 \\ 0.555 & 0.661 & 0.644 & 0.730 & 0.586 & 0.738 & 0.565 & 0.592 & 0.522 & 0.548 & 0.673 & 0.509 & 0.671 & 0.716 & 0.659 \\ 0.586 & 0.535 & 0.694 & 0.761 & 0.780 & 0.763 & 0.560 & 0.544 & 0.680 & 0.786 & 0.546 & 0.897 & 0.718 & 0.766 & 0.623 \\ 0.750 & 0.589 & 0.590 & 0.548 & 0.650 & 0.554 & 0.697 & 0.645 & 0.605 & 0.731 & 0.843 & 0.545 & 0.576 & 0.560 & 0.582 \\ 0.698 & 0.561 & 0.567 & 0.536 & 0.612 & 0.541 & 0.685 & 0.638 & 0.641 & 0.703 & 0.614 & 0.560 & 0.557 & 0.545 & 0.561 \\ 0.642 & 0.544 & 0.548 & 0.525 & 0.580 & 0.529 & 0.612 & 0.757 & 0.696 & 0.646 & 0.582 & 0.584 & 0.541 & 0.532 & 0.544 \\ 0.655 & 0.694 & 0.746 & 0.641 & 0.786 & 0.654 & 0.673 & 0.737 & 0.557 & 0.693 & 0.726 & 0.580 & 0.709 & 0.665 & 0.788 \\ 0.557 & 0.676 & 0.816 & 0.969 & 0.822 & 1.000 & 0.569 & 0.594 & 0.523 & 0.750 & 0.590 & 0.754 & 0.872 & 0.972 & 0.764 \end{bmatrix}$$

$$\sum_{j=1}^{15} n_9 = 11.226 > \sum_{j=1}^{15} n_1 = 10.948 > \sum_{j=1}^{15} n_2 = 10.632 > \sum_{j=1}^{15} n_8 = 10.304 > \sum_{j=1}^{15} n_4 = 10.237 > \sum_{j=1}^{15} n_5 = 9.464 > \sum_{j=1}^{15} n_3 = 9.368 > \sum_{j=1}^{15} n_6 = 9.017 > \sum_{j=1}^{15} n_7 = 8.861 \qquad (13.9)$$

$$\sum_{i=1}^{9} m_{10} = 6.457 > \sum_{i=1}^{9} m_5 = 6.375 > \sum_{i=1}^{9} m_6 = 6.357 > \sum_{i=1}^{9} m_{14} = 6.324 > \sum_{i=1}^{9} m_4 = 6.275 > \sum_{i=1}^{9} m_3 = 6.274 > \sum_{i=1}^{9} m_{13} = 6.262 > \sum_{i=1}^{9} m_{15} = 6.127 > \sum_{i=1}^{9} m_{11} = 5.832 > \sum_{i=1}^{9} m_{12} = 5.765 > \sum_{i=1}^{9} m_8 = 5.758 > \sum_{i=1}^{9} m_1 = 5.719 > \sum_{i=1}^{9} m_7 = 5.649 > \sum_{i=1}^{9} m_2 = 5.544 > \sum_{i=1}^{9} m_9 = 5.338 \qquad (13.10)$$

依据计算结果，行为因素按贡献度分为高、中、低三类行为因素群，分别为：$\{Y_9 > Y_1 > Y_2\}$，$\{Y_8 > Y_4 > Y_5\}$，$\{Y_3 > Y_6 > Y_7\}$。系统动力因素按贡献度分为强、中、弱三类动力因素群，分别为：$\{X_{10} > X_5 > X_6 > X_{14} > X_4\}$，$\{X_3 > X_{13} > X_{15} > X_{11} > X_{12}\}$，$\{X_8 > X_1 > X_7 > X_2 > X_9\}$。

（一）西北地区制造业价值链攀升战略重点

1. 系统行为因素战略重点

依据上述分析，对西北地区制造业价值链攀升贡献度较大的系统行为因素有：新产品外销率＞高技术制造业增加值占比＞利润总额比率。在西北地区制造业发展过程中，新产品外销率排在首位，说明提高新型产品的销售比重是实现西北地区制造业价值链攀升的首要因素。高技术产品出口比重排在第二位，说明提高技术产品的出口比重是实现西北地区制造业价值链攀升的重要组成部分，具有高于平均的经济效益和社会效益，此种产品具有寡头垄断性质，在短期内不会被替代或超越，因此要加大对高技术产品的推广，提高此类产品占出口产品总数的比重。利润总额比率的贡献度较大，说明企业的销售市场较好，且由于销售带来的利润总额较多，有良好的市场需求。研究结论，由高技术产品出口带来的开放影响、新产品外销促进的开放创新能力和市场销售带来的较大利润是西北地区制造业实现价值链攀升的重要因素，因此应该重点发展影响能力、创新发展能力和增值能力。

2. 系统动力因素战略重点

对西北地区制造业发展贡献度较大的优势动力因素有：单位GDP能耗同比＞单位GDP出口货物交货值＞新产品销售收入比＞公共交通运营数比＞市场占有率。在西北地区制造业发展过程中，单位GDP能耗排在首位，说明此地区制造业的能耗是影响制造业价值链攀升发展的首要因素，应减少对能源的消耗，实现可持续发展。单位GDP出口货物交货值和新产品销售收入比的贡献度排在第二、三位，说明增加出口货物数量及价值和新产品的研发是驱动制造业价值链攀升的重要因素，因此应该加强对外贸易，扩大开放规模；同时，新产品市场能够体现市场升级状况，从而抢占市场先机，占据主导权，因此要促进新型产品的销售。公共交通运营数比重要优于市场占有率，说明西北地区企业虽然要扩大产品的市场规模，但由于西北地区大多为不发达地区且位置偏远，因此市场空间较小。相反，"一带一路"倡议使得西北地区成为面向中亚、南亚、西亚国家的通道、商贸物流枢纽、重要产业和人文交流基地，发展公共交通将大大促进西北地区经济发展，同时也会带动地区制造企业价值链攀升。研究结论表明，西北地区制造业充分依靠较少的能源消耗、良好的市场调节能力和区域共享来实现价值链攀升，因此应关注绿色发展、协调共享和基础市场能力。

(二) 西北地区制造业价值链攀升突破口选择

1. 系统行为因素价值链攀升突破口选择

由模型计算可知，对制造业发展贡献度较小的一般行为因素有：省份人均GDP＞商标累计有效注册数＞专利授权量，说明上述指标对西北地区制造业价值链攀升的贡献度较低。西北地区的省份人均GDP在六大区域里排名靠后，主要由于此地区地理位置、教育、科技等资源相对其他区域较差，地区发展不平衡，因此对企业价值链攀升的贡献度较小。商标累计有效注册数的贡献度较低,说明西北地区企业的产品品牌影响力较低,在市场中无法占据主导地位,品牌无法成为左右顾客选择的因素。专利授权量排在最后,说明企业技术创新能力较弱,就无法获取足够的专利数量,因此产品在市场中没有竞争优势,以此形成恶性循环。

从分析结论看,一般动力因素多为品牌影响力指标,这些因素显示产品在行业当中影响能力不足,因此企业整体对外影响能力较弱,应提高产品质量,加强企业品牌的推广以及对产品的宣传,提高其影响力,品牌建设和影响力建设应作为西北地区制造业价值链攀升的突破口。

2. 系统动力因素价值链攀升突破口选择

由模型计算可知,对西北地区制造业发展贡献度较小的一般动力因素有:R&D人员数>存货周转率>R&D投入>应收账款周转率>中间投入,说明上述指标对西北地区制造业发展的贡献度较低。R&D人员数和R&D投入的贡献度较低,说明企业对产品研发和技术人才的投入不足,导致企业创新水平较低,影响价值链攀升。存货周转率,说明当地企业的库存管理水平较差,生产计划不合理,产生的库存成本阻碍了企业盈利。应收账款周转率的贡献度排在第四位,说明行业资金风险高,企业收账速度慢,平均收账周期长,坏账损失就有可能增多,导致资金流动速度变慢,偿债能力减弱,影响了企业的营运能力。中间投入的贡献度最低,说明此地区的外购投入不足,对国外先进技术及设备的采购较少,产品偏传统,且多为同质产品,易导致被市场淘汰。

从分析结论看,一般动力因素多为营运能力指标和投入指标,这些因素显示产品的盈利且企业创新水平较低。一方面,应加快流动资产周转,增加资金回收量,提高企业基础营运能力;另一方面,在加大对技术人才及产品研发的同时,要不断与国际接轨,引进先进技术及设备,提高企业生产效率。

六、西南地区制造业价值链攀升战略重点及突破口

依据优势模型,计算制造业价值链攀升优势分析矩阵见$\boldsymbol{\varGamma}_6$,行为因素贡献度用行求和表示,见式(13.11);系统动力因素用列求和表示,见式(13.12)。

第十三章 区域视角：中国制造业价值链攀升战略重点及突破口选择

$$r_6 = \begin{bmatrix} 0.577 & 0.797 & 0.600 & 0.611 & 0.620 & 0.684 & 0.737 & 0.642 & 0.595 & 0.577 & 0.744 & 0.625 & 0.589 & 0.572 & 0.640 \\ 0.823 & 0.631 & 0.825 & 0.862 & 0.870 & 0.756 & 0.556 & 0.604 & 0.522 & 0.910 & 0.734 & 0.735 & 0.899 & 0.931 & 0.605 \\ 0.671 & 0.709 & 0.740 & 0.728 & 0.711 & 0.570 & 0.593 & 0.684 & 0.537 & 0.689 & 0.641 & 0.547 & 0.715 & 0.676 & 0.696 \\ 0.664 & 0.639 & 0.751 & 0.860 & 0.840 & 0.907 & 0.707 & 0.662 & 0.583 & 0.831 & 0.565 & 0.848 & 0.788 & 0.825 & 0.659 \\ 0.555 & 0.602 & 0.577 & 0.587 & 0.594 & 0.722 & 0.715 & 0.618 & 0.617 & 0.560 & 0.556 & 0.649 & 0.569 & 0.556 & 0.617 \\ 0.513 & 0.523 & 0.519 & 0.521 & 0.523 & 0.568 & 0.582 & 0.557 & 0.630 & 0.515 & 0.511 & 0.602 & 0.517 & 0.514 & 0.544 \\ 0.564 & 0.612 & 0589 & 0.602 & 0.610 & 0.689 & 0.753 & 0.812 & 0.600 & 0.571 & 0.552 & 0.627 & 0.580 & 0.565 & 0.731 \\ 0.816 & 0.671 & 0.796 & 0.747 & 0.773 & 0.731 & 0.675 & 0.692 & 0.570 & 0.696 & 0.580 & 0.684 & 0.741 & 0.691 & 0.689 \\ 0.636 & 0.590 & 0.711 & 0.814 & 0.790 & 1.000 & 0.691 & 0.602 & 0.632 & 0.801 & 0.542 & 0.910 & 0.752 & 0.796 & 0.601 \end{bmatrix}$$

$$\sum_{j=1}^{15} n_2 = 11.264 > \sum_{j=1}^{15} n_4 = 11.129 > \sum_{j=1}^{15} n_9 = 10.866 > \sum_{j=1}^{15} n_8 = 10.552 > \sum_{j=1}^{15} n_3 = 9.906 > \sum_{j=1}^{15} n_1 = 9.608 > \sum_{j=1}^{15} n_7 = 9.456 > \sum_{j=1}^{15} n_5 = 9.093 > \sum_{j=1}^{15} n_6 = 8.137 \tag{13.11}$$

$$\sum_{i=1}^{9} m_6 = 6.626 > \sum_{i=1}^{9} m_4 = 6.333 > \sum_{i=1}^{9} m_5 = 6.331 > \sum_{i=1}^{9} m_{12} = 6.226 > \sum_{i=1}^{9} m_{10} = 6.150 > \sum_{i=1}^{9} m_{13} = 6.148 > \sum_{i=1}^{9} m_{14} = 6.126 > \sum_{i=1}^{9} m_3 = 6.107 > \sum_{i=1}^{9} m_7 = 6.008 > \sum_{i=1}^{9} m_8 = 5.872 > \sum_{i=1}^{9} m_1 = 5.818 > \sum_{i=1}^{9} m_{15} = 5.781 > \sum_{i=1}^{9} m_2 = 5.774 > \sum_{i=1}^{9} m_{11} = 5.425 > \sum_{i=1}^{9} m_9 = 5.286 \tag{13.12}$$

依据计算结果，行为因素按贡献度分为高、中、低三类行为因素群，分别为：$\{Y_2 > Y_4 > Y_9\}$，$\{Y_8 > Y_3 > Y_1\}$，$\{Y_7 > Y_5 > Y_6\}$。系统动力因素按贡献度分为强中弱三类动力因素群，分别为：$\{X_6 > X_4 > X_5 > X_{12} > X_{10}\}$，$\{X_{13} > X_{14} > X_3 > X_7 > X_8\}$，$\{X_1 > X_{15} > X_2 > X_{11} > X_9\}$。

（一）西南地区制造业价值链攀升战略重点

1. 系统行为因素战略重点

依据上述分析，对西南地区制造业价值链攀升贡献度较大的系统行为因素有：利润总额比率>高技术产品出口比重>新产品外销率。在西南地区制造业发展过程中，利润总额比率比重排在首位，产品利润对制造业价值链攀升起到了首要作用，应重点提高利润比率。高技术产品出口比重和新产品外销率分别排在第二、三位，说明提高技术产品的出口和新产品对外销售是实现西南地区制造业价值链攀升的重要组成部分，因此要加大对高技术产品和新型产品的推广，提高这两类产品的对外销售量。研究结论表明，由高技术产品出口带来的开放影响、新产品外销促进的开放创新能力和市场销售带来的较大利润是西南地区制造业实现价值链攀升的重要因素，因此应该重点发展影响能力、创新发展能力和增值能力。

2. 系统动力因素战略重点

对西南地区制造业发展贡献度较大的优势动力因素有：新产品销售收入比＞市场占有率＞单位 GDP 出口货物交货值＞单位 GDP 环保能力建设资金使用额＞单位 GDP 能耗同比。对于西南地区而言，新产品销售收入比排在首位，说明新产品的研发是实现价值链攀升的重要因素，新产品市场能够体现市场升级状况，从而抢占市场先机，占据主导权，因此要扩大对新产品的销售量。市场占有率排在第二位，说明产品在市场销售的数量和质量是驱动西南地区制造业价值链攀升的重要因素，要尽可能充分扩大市场规模，提高市场占有率。单位 GDP 出口货物交货值优于单位 GDP 环保能力建设资金使用额和单位 GDP 能耗同比，说明虽然此地区制造业的能耗和环保投入对制造业价值链攀升的影响较大，但增加出口货物数量及价值对价值链攀升的影响更大，因此应该加强对外贸易，扩大开放规模。

(二) 西南地区制造业价值链攀升突破口选择

1. 系统行为因素价值链攀升突破口选择

由模型计算可知，对制造业发展贡献度较小的一般行为因素有：专利授权量＞地理标志商标＞商标累计有效注册数，说明上述指标对西南地区制造业价值链攀升的贡献度较低。这三类指标的贡献度较低，说明西南地区制造企业的产品品牌影响力较低，在市场中无法占据主导地位，企业没有话语权就不会对产品进行积极的技术创新，导致创新能力不足，因此产品在市场中没有竞争优势，从而形成恶性循环。

从分析结论看，一般动力因素为品牌影响力指标和创新指标，这些因素显示产品在行业当中品牌影响能力和创新能力不足，品牌无法成为左右顾客选择的重要因素，且企业技术创新能力较弱，多数产品偏传统，即使能够生产先进的高技术产品，也需要交付高额的专利费用。因此加大创新投入，加强企业品牌的推广以及对产品的宣传，提高其影响力，品牌和影响力建设应作为西南地区制造业价值链攀升的突破口。

2. 系统动力因素价值链攀升突破口选择

由模型计算可知，对东北制造业发展贡献度较小的一般动力因素有：

存货周转率>居民消费水平比>应收账款周转率>环境空气监测点位数>中间投入,说明上述指标对西南地区制造业价值链攀升贡献度较低。存货周转率贡献度较低,说明当地企业的库存管理水平较差,生产计划不合理,产生的库存成本阻碍了企业盈利。居民消费水平贡献度较低,企业投资的目的是生产出更多的产品,供人们消费,如果居民消费萎靡不振,企业发展也会受到阻碍。应收账款周转率的贡献度排在第三位,说明行业资金风险高,企业收账速度慢,平均收账周期长,坏账损失就有可能增多,导致资金流动速度变慢,偿债能力减弱,影响了企业的营运能力。环境空气监测点位数和中间投入的贡献度最低,说明此地区的环保投入和外购投入不足,阻碍企业创新及可持续发展能力。

从分析结论看,一般动力因素多为营运能力指标,这些因素显示企业营运能力较弱。因此要加快流动资产周转,增加资金回收量,提高企业基础营运能力。

第三节 研究结论与分析

本部分对中国六大区域的制造业发展特征及指标贡献度进行测算后,下面针对中国制造业价值链攀升战略重点及突破口选择进行整体分析。将六个区域各自排名前三的行为因素指标(Y)、动力因素指标(X)和排名最后三位的行为因素指标(Y)、动力因素指标(X)进行归纳整理,找出其共同点,然后根据整体指标贡献情况对中国制造业价值链攀升战略重点及突破口选择进行综合分析。

一、因素频次分析

根据指标出现频次,表13.13展现了指标对制造业整体发展的贡献大小。指标具体位次及出现次数如图13.13所示。

表13.13 制造业行为因素指标整体排名情况

关联度	排名前三位	排名后三位
综合关联度	高技术产品出口比重、新产品外销率、利润总额比率、技术市场成交额比、高技术制造业增加值占比	专利授权量、商标累计有效注册数、地理标志商标数、省份人均GDP

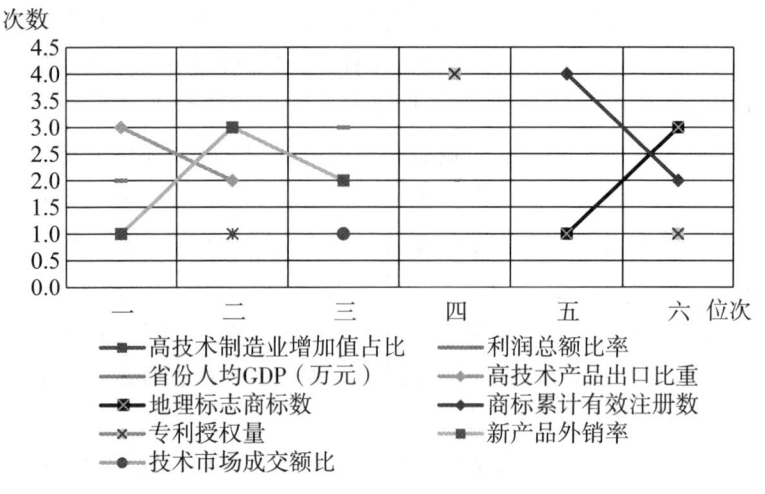

```
次数
 4.5
 4.0
 3.5
 3.0
 2.5
 2.0
 1.5
 1.0
 0.5
 0.0
      一      二      三      四      五      六  位次
   ■ 高技术制造业增加值占比      利润总额比率
   ── 省份人均GDP（万元）   ◆ 高技术产品出口比重
   ⊠ 地理标志商标数        ◆ 商标累计有效注册数
   ✕ 专利授权量            ■ 新产品外销率
   ● 技术市场成交额比
```

图 13.13　制造业行为因素指标整体排名

注：横轴代表制造业整体行为因素指标的位次，一、二、三、四、五、六分别代表第一位、第二位、第三位、倒三位、倒二位、倒一位。纵轴代表各个指标在不同排名的出现次数。

依据图 13.13，高技术产品出口比重、利润总额比率、技术市场成交额比、新产品外销率、高技术制造业增加值占比排名前三，说明这五个指标对中国制造业整体贡献较大。高技术产品出口比重和新产品外销率排在第一位和第二位，说明高技术产品和新型产品的国际市场广阔，这两类产品的出口贸易能够有效促进制造业价值链攀升。利润总额比率排在第一位和第三位，说明产品利润带来的收益可以较快地促进制造业发展。技术市场成交额比和高技术制造业增加值占比排名靠前，说明技术开发、技术转让、技术咨询、技术服务类业务促进了高技术产业工业产值的增长。综合表明，提高中国制造业的增值能力、影响能力和创新发展能力可以较快地促进行业发展。

专利授权量、商标累计有效注册数、地理标志商标数、省份人均 GDP 排名最后三位，说明这四个指标对制造业发展的贡献较小。商标累计有效注册数和地理标志商标数排名倒一位和倒二位，说明品牌影响力不足，品牌建设较为薄弱。专利授权量和省份人均 GDP 排在倒三位，说明制造业的共享增值能力和技术创新水平较弱。综合表明，制造业影响能力、增值能力和创新发展能力不足，对行业发展的贡献较小。

根据指标出现频次，表 13.14 展现了动力因素指标对制造业整体发展的贡献大小。指标具体位次及出现次数如图 13.14 所示。

第十三章 区域视角：中国制造业价值链攀升战略重点及突破口选择

表 13.14 动力因素指标整体排名

关联度	排名前三位	排名后三位
综合关联度	总资产周转率、市场占有率、单位GDP出口货物交货值、新产品销售收入比、单位GDP能耗同比、城镇化率、公共交通运营数比	应收账款周转率、R&D投入、R&D人员数、中间投入、环境空气监测点位数、单位GDP环保能力建设资金使用额

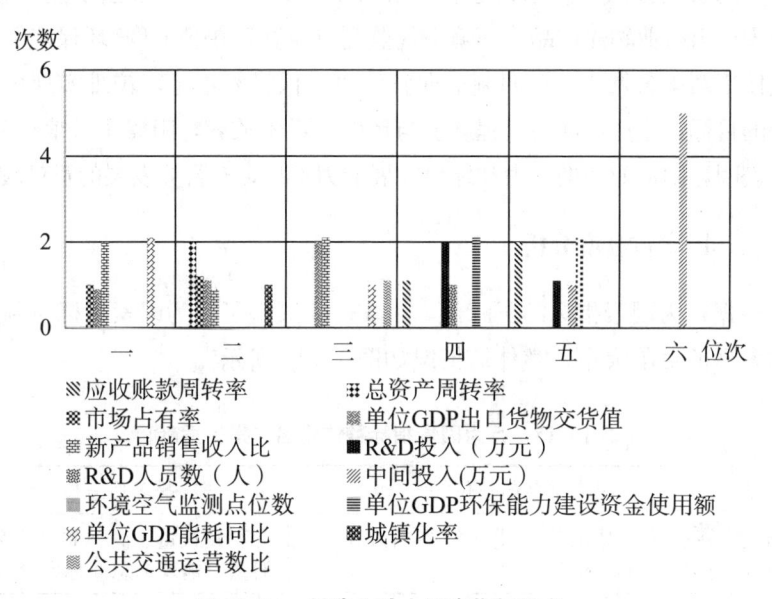

图 13.14 制造业动力因素指标排名

注：横轴代表制造业整体动力因素指标的位次，一、二、三、四、五、六分别代表第一位、第二位、第三位、倒三位、倒二位、倒一位。纵轴代表各个指标在不同排名的出现次数。

依据图13.14，总资产周转率、市场占有率、单位GDP出口货物交货值、新产品销售收入比、单位GDP能耗同比、城镇化率、公共交通运营数比排在前三名，说明这七类指标能够加快制造业价值链攀升步伐。市场占有率排在第一、第二位，说明良好的竞争力和市场规模有利于制造业发展。单位GDP出口货物交货值和新产品销售收入比排在第一、二、三位，说明市场开放和升级有利于价值链攀升。总资产周转率和城镇化率排在第二位，说明总资产带来的收益较高，城镇化发展有利于制造业价值链攀升。单位GDP能耗同比和公共交通运营数比排名靠前，说明减少生产能耗和增加公共交通有利于制造业发展。综合表明基础市场能力和协调共享能力对制造业发展贡献较大。

应收账款周转率、R&D 投入、R&D 人员数、中间投入、环境空气监测点位数、单位 GDP 环保能力建设资金使用额排名后三位,说明这六类指标对制造业发展贡献较小。其中,应收账款周转率排名倒一位和倒二位,说明行业长期偿债能力较弱,行业现金回收速度慢,因此,行业营运能力弱,限制了发展。R&D 投入、R&D 人员数和中间投入排名靠后,说明行业整体的研发投入、技术人才投入和外购投入不足,导致创新能力较低,难以生产出行业领先产品。环境空气监测点位数和单位 GDP 环保能力建设资金使用额排名靠后,说明制造业整体对环保投入不足,较难实现可持续发展的目标,生产活动一定程度上与环保建设不兼容,阻碍了价值链攀升。综上表明,制造业辅助能力和绿色发展能力不足,对行业发展的贡献较小。

二、因素贡献度分析

根据行为因素指标的贡献值,表 13.15 展现了行为因素指标对制造业整体发展的贡献大小。整体值情况如图 13.15 所示。

表 13.15 行为因素指标整体排名(指标贡献)

关联度	排名前三位	排名后三位
综合关联度	高技术产品出口比重、新产品外销率、利润总额比率	专利授权量、商标累计有效注册数、地理标志商标数

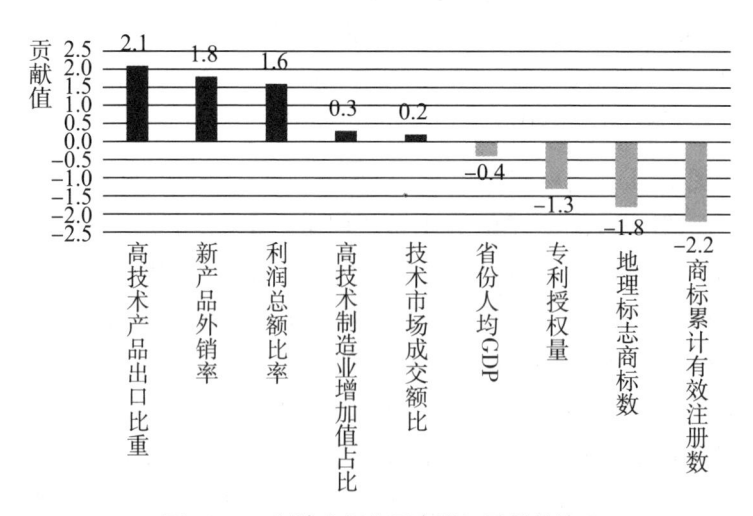

图 13.15 制造业行为因素指标贡献值情况

将各指标所做贡献的排名赋予权重,排在第一位的赋权 0.5,第二位赋权0.3，第三位赋权0.2，与各指标在各排位出现的次数对应相乘，将得出的结果排名，可得出每个指标的排位在前三位和后三位的重要程度。

图13.15中，高技术产品出口比重、新产品外销率、利润总额比率三项指标的贡献值排名前三。综合说明高技术产品和新型产品对外销售以及企业获取的利润能力对中国制造业发展贡献度较大。排名后三位的指标为专利授权量、地理标志商标数和商标累计有效注册数，说明行业整体在技术创新以及品牌影响力方面较弱，创新能力较差，这会导致产品的竞争力降低，只能生产同质化产品或从事加工出口贸易，在制造业价值链地位较低。品牌影响力不足会导致顾客在购买商品时优先选择其他品牌的同类产品，且品牌不能为产品带来足够的溢价空间来获取更大的利润，因此对制造业价值链攀升贡献较小。

表13.16是根据动力因素指标的贡献值，展现了动力因素指标对制造业整体发展的贡献大小。整体值情况如图13.16所示。

表13.16 动力因素指标整体排名（指标贡献）

关联度	排名前三位	排名后三位
综合关联度	新产品销售收入比、单位GDP能耗占比、单位GDP出口货物交货值	R&D投入、应收账款周转率、中间投入

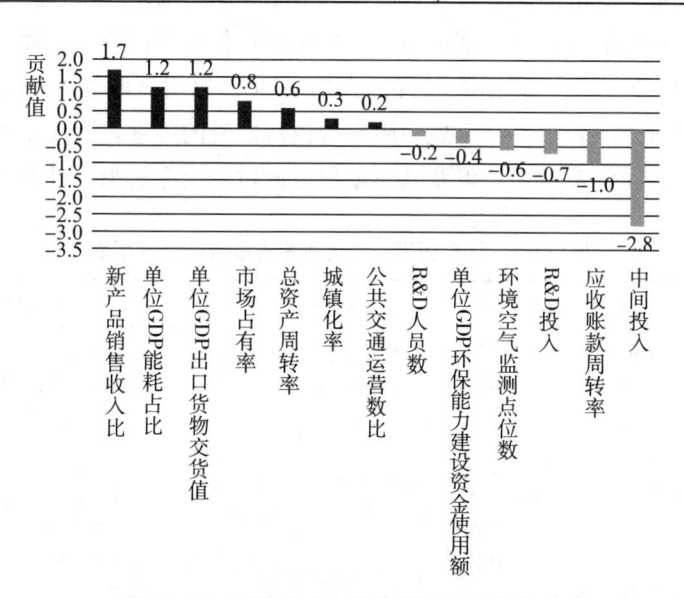

图13.16 制造业动力因素指标贡献值情况

将各指标所做贡献的排名赋予权重，排在第一位的赋权0.5，第二位赋权0.3，第三位赋权0.2，与各指标在各排位出现的次数对应相乘，将得出的结果排名，可得出每个指标的排位在前三位和后三位的重要程度。图13.16中，新产品销售收入比、单位GDP能耗占比和单位GDP出口货物交货值三类指标的贡献值排名前三。说明较大的新产品销售占比、较低的能源消耗和较高的出口货物价值及数量有利于价值链攀升。排名后三位的指标为R&D投入、应收账款周转率和中间投入。综合说明行业的创新投入和外购投入不足，导致产品的创新能力不足，进而同质化严重，竞争力不强；行业的应收账款周转率贡献度较低，说明资金风险高，容易产生坏账，因此应提高应收账款周转率。

三、综合优势分析

表13.17中，在行为因素当中，整体上中国制造业拥有的优势指标有高技术产品出口比重、新产品外销率和利润总额比率，因此制造业应该利用好自身在高技术产品出口、新产品销售以及企业获取利润的优势，使其成为在全球价值链当中有利的竞争关键点，帮助实现行业价值链攀升。次优指标因素有技术市场成交额比和高技术制造业增加值占比，说明这两类指标对制造业价值链攀升有所帮助，但贡献度小于前三类指标，应保证在不影响优势指标的前提下，发展技术市场和高技术制造业的规模及产值，使这两类指标能为行业贡献更多。一般指标包括专利授权量、商标累计有效注册数、地理标志商标数和省份人均GDP，说明这四类指标对制造业价值链攀升贡献较少，甚至成为阻碍价值链攀升的因素，因此要在专利保护及创新、企业影响力建设及共享增值方面付出更多努力，补齐短板。

表13.17 行为因素和动力因素关联度优势分析表

	优势指标	次优指标	一般指标
行为因素	高技术产品出口比重、新产品外销率、利润总额比率	技术市场成交额比、高技术制造业增加值占比	专利授权量、商标累计有效注册数、地理标志商标数、省份人均GDP
动力因素	总资产周转率、市场占有率、单位GDP出口货物交货值、新产品销售收入比、单位GDP能耗同比	城镇化率、公共交通运营数比、居民消费水平比重、存货周转率、应收账款周转率	R&D投入、R&D人员数、中间投入、环境空气监测点位数、单位GDP环保能力建设资金使用额

在动力因素当中，整体上中国制造业拥有的优势指标有总资产周转

率、市场占有率、单位 GDP 出口货物交货值、新产品销售收入比和单位 GDP 能耗同比等，因此制造业应该利用好在资产运营、市场调整能力、能源消耗方面的优势，使其成为全球价值链当中有利的竞争关键点，帮助实现行业价值链攀升。次优指标因素有城镇化率、公共交通运营数比、居民消费水平比重、存货周转率和应收账款周转率，说明这五类指标对制造业价值链攀升有所帮助，但贡献度小于前五类指标，应保证在不影响优势指标的前提下，增强行业协调共享及流动资产运营能力。一般指标包括 R&D 投入、R&D 人员数、中间投入、环境空气监测点位数和单位 GDP 环保能力建设资金使用额，说明这五类指标对制造业价值链攀升贡献较少，甚至成为阻碍价值链攀升的因素。因此，要将行业的辅助能力和绿色发展视作价值链攀升的突破口，加大在产品创新研发、人才培养和环保建设方面的投入。

第十四章 产业视角：中国制造业价值链攀升战略重点及突破口

第一节 中国制造业细分行业价值链攀升战略重点及突破口建模与分析

一、模型与数据来源

依据评价指标体系，构建灰色优势模型，对制造业细分的28个行业进行测度，数据选取 2012—2018 年统计年鉴数据，分析 28 个行业的战略路径及突破口，研究制约各制造业细分行业高质量发展的战略重点及突破口，并分析制约其高质量发展的关键因素，探索高质量发展背景下各行业的战略路径。

二、中国制造业细分行业价值链攀升战略重点及突破口测度

（一）农副食品加工业战略重点及突破口测度

依据优势模型，计算农副食品加工业优势分析矩阵见 R_1，行为因素贡献度用行求和表示，见式（14.1），系统动力因素用列求和表示，见式（14.2）。

第十四章 产业视角：中国制造业价值链攀升战略重点及突破口

$$R_1 = \begin{bmatrix} 0.725 & 0.553 & 0.798 & 0.719 & 0.754 & 0.622 & 0.603 & 0.624 & 0.551 & 0.596 & 0.553 & 0.788 & 0.726 & 0.873 \\ 0.609 & 0.576 & 0.788 & 0.740 & 0.737 & 0.624 & 0.609 & 0.618 & 0.630 & 0.633 & 0.673 & 0.757 & 0.663 & 0.770 \\ 0.657 & 0.631 & 0.739 & 0.711 & 0.683 & 0.626 & 0.624 & 0.627 & 0.762 & 0.638 & 0.716 & 0.679 & 0.649 & 0.696 \\ 0.585 & 0.545 & 0.576 & 0.542 & 0.527 & 0.604 & 0.586 & 0.671 & 0.556 & 0.592 & 0.568 & 0.637 & 0.548 & 0.555 \\ 0.634 & 0.564 & 0.596 & 0.553 & 0.545 & 0.698 & 0.696 & 0.681 & 0.589 & 0.622 & 0.607 & 0.674 & 0.625 & 0.589 \\ 0.556 & 0.531 & 0.645 & 0.615 & 0.564 & 0.558 & 0.523 & 0.753 & 0.524 & 0.557 & 0.527 & 0.593 & 0.522 & 0.539 \\ 0.751 & 0.569 & 0.702 & 0.637 & 0.609 & 0.579 & 0.529 & 0.555 & 0.635 & 0.693 & 0.789 & 0.636 & 0.531 & 0.652 \\ 0.704 & 0.557 & 0.567 & 0.744 & 0.727 & 0.656 & 0.703 & 0.651 & 0.563 & 0.590 & 0.575 & 0.731 & 0.813 & 0.775 \\ 0.671 & 0.544 & 0.688 & 0.678 & 0.591 & 0.764 & 0.756 & 0.599 & 0.569 & 0.619 & 0.597 & 0.699 & 0.615 & 0.696 \\ 0.716 & 0.561 & 0.695 & 0.675 & 0.686 & 0.601 & 0.685 & 0.628 & 0.553 & 0.608 & 0.568 & 0.740 & 0.784 & 0.738 \end{bmatrix}$$

$$\sum_{i=1}^{14} r_1 = 9.484 > \sum_{i=1}^{14} r_3 = 9.438 > \sum_{i=1}^{14} r_2 = 9.427 > \sum_{i=1}^{14} r_8 = 9.354 >$$
$$\sum_{i=1}^{14} r_{10} = 9.237 > \sum_{i=1}^{14} r_9 = 9.086 > \sum_{i=1}^{14} r_7 = 8.867 > \sum_{i=1}^{14} r_5 = 8.672 >$$
$$\sum_{i=1}^{14} r_4 = 8.092 > \sum_{i=1}^{14} r_6 = 8.007 \tag{14.1}$$

销售毛利率>ROE>销售净利率>工业废水处理率>固体废物处理率>工业废气处理率>市场占有率>专利授权量>R&D 投入强度>新产品销售收入比。

$$\sum_{i=1}^{10} r_{12} = 6.934 > \sum_{i=1}^{10} r_{14} = 6.882 > \sum_{i=1}^{10} r_3 = 6.794 > \sum_{i=1}^{10} r_4 = 6.614 >$$
$$\sum_{i=1}^{10} r_1 = 6.607 > \sum_{i=1}^{10} r_{13} = 6.476 > \sum_{i=1}^{10} r_5 = 6.422 > \sum_{i=1}^{10} r_8 = 6.406 >$$
$$\sum_{i=1}^{10} r_6 = 6.331 > \sum_{i=1}^{10} r_7 = 6.313 > \sum_{i=1}^{10} r_{11} = 6.174 > \sum_{i=1}^{10} r_{10} = 6.149 >$$
$$\sum_{i=1}^{10} r_9 = 5.931 > \sum_{i=1}^{10} r_2 = 5.631 \tag{14.2}$$

煤炭消耗比重>单位产品能耗>从业人员受教育程度>人员比率>新产品外销率>用电量比重>中间投入>项目数>产品创新比>实现创新的企业数比率>总资产周转率>应收账款周转率>存货周转率>单位出口货物交货值。所以，行为因素按贡献度分为高、中、低三类行为因素群，分别为：$\{Y_1>Y_3>Y_2\}$，$\{Y_8>Y_{10}>Y_9>Y_7\}$，$\{Y_5>Y_4>Y_6\}$；系统动力因素按贡献度分为强、中、弱三类动力因素群，分别为：$\{Y_{12}>Y_{14}>Y_3>Y_4\}$，$\{Y_1>Y_{13}>Y_5>Y_8>Y_6>Y_7\}$，$\{Y_{11}>Y_{10}>Y_9>Y_2\}$。

1. 系统行为因素战略重点

依据上述分析，对农副食品加工业发展贡献度较大的优势动力因素有：销售毛利率>净资产收益率>销售净利率。在农副食品加工业的发展过程中，销售毛利率排在首位，说明农副食品加工业的销售毛利率是制造业价值链高质量发展的重要组成部分，应重点提高销售毛利率；净资产收益率和销售净利率的贡献度较大，表明农副食品加工业的净资产带来的收益较多，且销售带来的净利润较多，市场销售状况良好。研究结论表明，市场销售带来的利润是农副食品加工业实现高质量发展的重要因素，因此，应重点发展盈利能力，提高价值链的增值能力。

2. 系统动力因素战略重点

对农副食品加工业发展贡献度较大的优势动力因素有：煤炭消耗比重>单位产品能耗>从业人员受教育程度>R&D人员比率。在农副食品加工业的发展过程中，煤炭消耗比重排在首位，说明农副食品加工业的煤炭消耗是影响制造业价值链高质量发展的重要因素，应减少对煤炭的消耗；单位产品能耗、从业人员受教育程度优于R&D人员比率，表明农副食品加工业的R&D人员比率对价值链发展的贡献程度较大，但单位产品能耗、从业人员受教育程度对农副食品加工业的贡献相对更大。研究结论表明，农副食品加工业充分依靠较少的资源能源消耗和良好的人才结构可实现价值链高质量发展，因此应关注绿色发展和辅助能力。

3. 系统行为因素高质量发展突破口选择

由模型计算可知，对农副食品加工业发展贡献度较小的一般动力因素为：专利授权量>R&D投入强度>新产品销售收入比，说明上述指标对农副食品加工业发展的贡献度较低。专利授权量、R&D投入强度、新产品销售收入比的贡献度较低，说明行业R&D投入少，专利较少，新产品带来的销售收入较少，创新不足，产品偏传统，且多为同质产品，易导致创新能力下降。从分析结论看，一般动力因素多为创新能力指标，这些因素显示行业产品的创新力不足，价值链辅助能力较弱。应将加强创新能力的培养，加大研发投入，创新产品作为该行业高质量发展的突破口。

4. 系统动力因素高质量发展突破口选择

由模型计算可知，对农副食品加工业发展贡献度较小的一般动力因素为：总资产周转率>应收账款周转率>存货周转率>单位出口货物交货值，说明上述指标对农副食品加工业发展的贡献度较低。总资产周转率、应收账款周转率、存货周转率的贡献度较低，说明行业存在资金风险高、存货流通水平低的问题，易导致企业资产盈利能力下降，对资金的控制能力下降，营运能力整体较弱。单位出口货物交货值的贡献度最小，说明农副食品加工业的产品出口交货值较低,对行业贡献小。市场开放的优势不足,说明农副食品加工业的销售活动运行不畅,归根到底在于生产未采用拉动系统。从分析结论看,一般动力因素多为营运能力指标,这些因素显示行业产品带来的盈利较低,价值链的基本能力不足。对于农副食品加工业生产未采用拉动系统的问题,应实施并行工程,对产品及相关过程进行集成化处理,同时辅以看板管理,加快流动资产周转,增加资金回收量,提高企业生产运营能力,提高价值链的基本能力。

(二) 食品制造业战略重点及突破口测度

依据优势模型,计算食品制造业优势分析矩阵见 R_2,行为因素贡献度用行求和表示,见式(14.3),系统动力因素用列求和表示,见式(14.4)。

$$R_2 = \begin{bmatrix} 0.735 & 0.531 & 0.687 & 0.659 & 0.621 & 0.704 & 0.747 & 0.645 & 0.554 & 0.575 & 0.523 & 0.631 & 0.659 & 0.634 \\ 0.711 & 0.529 & 0.764 & 0.710 & 0.684 & 0.658 & 0.567 & 0.600 & 0.551 & 0.601 & 0.552 & 0.764 & 0.602 & 0.777 \\ 0.569 & 0.717 & 0.723 & 0.685 & 0.704 & 0.618 & 0.619 & 0.618 & 0.720 & 0.709 & 0.720 & 0.658 & 0.623 & 0.662 \\ 0.652 & 0.525 & 0.605 & 0.547 & 0.572 & 0.590 & 0.564 & 0.678 & 0.531 & 0.555 & 0.539 & 0.598 & 0.555 & 0.554 \\ 0.704 & 0.562 & 0.586 & 0.519 & 0.545 & 0.670 & 0.660 & 0.667 & 0.548 & 0.589 & 0.578 & 0.636 & 0.641 & 0.587 \\ 0.604 & 0.511 & 0.612 & 0.564 & 0.577 & 0.536 & 0.517 & 0.747 & 0.506 & 0.528 & 0.518 & 0.532 & 0.530 & 0.528 \\ 0.686 & 0.572 & 0.751 & 0.605 & 0.736 & 0.754 & 0.662 & 0.540 & 0.571 & 0.632 & 0.618 & 0.601 & 0.606 & 0.645 \\ 0.750 & 0.531 & 0.722 & 0.638 & 0.600 & 0.702 & 0.595 & 0.590 & 0.546 & 0.576 & 0.536 & 0.701 & 0.706 & 0.694 \\ 0.774 & 0.556 & 0.702 & 0.644 & 0.603 & 0.714 & 0.672 & 0.593 & 0.550 & 0.587 & 0.547 & 0.733 & 0.714 & 0.617 \\ 0.739 & 0.549 & 0.702 & 0.744 & 0.697 & 0.629 & 0.672 & 0.595 & 0.550 & 0.597 & 0.578 & 0.738 & 0.699 & 0.638 \end{bmatrix}$$

$$\sum_{i=1}^{14} r_3 = 9.345 > \sum_{i=1}^{14} r_{10} = 9.129 > \sum_{i=1}^{14} r_2 = 9.071 > \sum_{i=1}^{14} r_9 = 9.005 >$$

$$\sum_{i=1}^{14} r_7 = 8.978 > \sum_{i=1}^{14} r_1 = 8.904 > \sum_{i=1}^{14} r_8 = 8.889 > \sum_{i=1}^{14} r_5 = 8.493 >$$

$$\sum_{i=1}^{14} r_4 = 8.065 > \sum_{i=1}^{14} r_6 = 7.810 \tag{14.3}$$

ROE>固体废物处理率>销售净利率>工业废气处理率>市场占有率>销售毛利率>工业废水处理率>专利授权量>R&D投入强度>新产品销售收入比。

$$\sum_{i=1}^{10} r_1 = 6.924 > \sum_{i=1}^{10} r_3 = 6.853 > \sum_{i=1}^{10} r_{12} = 6.592 > \sum_{i=1}^{10} r_6 = 6.575 >$$

$$\sum_{i=1}^{10} r_5 = 6.338 > \sum_{i=1}^{10} r_{13} = 6.337 > \sum_{i=1}^{10} r_{14} = 6.336 > \sum_{i=1}^{10} r_4 = 6.315 >$$

$$\sum_{i=1}^{10} r_7 = 6.276 > \sum_{i=1}^{10} r_8 = 6.3272 > \sum_{i=1}^{10} r_{10} = 5.950 > \sum_{i=1}^{10} r_{11} = 5.710 >$$

$$\sum_{i=1}^{10} r_9 = 5.628 > \sum_{i=1}^{10} r_2 = 5.584 \tag{14.4}$$

新产品外销率>从业人员受教育程度>煤炭消耗比重>产品创新比>中间投入>用电量比重>单位产品能耗>R&D人员比率>实现创新的企业数比率>R&D项目数>应收账款周转率>总资产周转率>存货周转率>单位出口货物交货值。

所以，行为因素按贡献度分为高、中、低三类行为因素群，分别为：$\{Y_3>Y_{10}>Y_2\}$，$\{Y_9>Y_7>Y_1>Y_8\}$，$\{Y_5>Y_4>Y_6\}$；系统动力因素按贡献度分为强、中、弱三类动力因素群，分别为：$\{Y_1>Y_3>Y_{12}>Y_6\}$，$\{Y_5>Y_{13}>Y_{14}>Y_4>Y_7>Y_8\}$，$\{Y_{10}>Y_{11}>Y_9>Y_2\}$。

1. 食品制造业高质量发展战略重点

（1）系统行为因素战略重点。依据上述分析，对食品制造业发展贡献度较大的优势动力因素有：ROE>固体废物处理率>销售净利率。在食品制造业的发展过程中，净资产收益率排在首位，说明食品制造业的净资产收益率是制造业价值链高质量发展的重要组成部分，食品经过加工以后增值较多，应重点提高净资产收益率。固体废物处理率和销售净利率的贡献较大，表明食品制造业销售带来的利润较多，市场销售状况良好。研究表明，固体废物处理率和市场销售带来的利润是食品制造业实现高质量发展的重要因素，因此应重点发展盈利能力，提高价值链的增值能力。

（2）系统动力因素战略重点。对食品制造业发展贡献度较大的优势动力因素有：新产品外销率>从业人员受教育程度>煤炭消耗比重>产品创新比。在食品制造业的发展过程中，新产品销售率比重排在首位，说明食品制造业的新产品销售率是影响制造业价值链高质量发展的重要因素，应增加新产品的销售率；从业人员受教育程度、煤炭消耗比重优于产品创新比，表明食品制造业的产品创新比对价值链发展的贡献程度较大，但从业人员受教育程度、煤炭消耗比重对食品制造业的贡献程度相对更大。研究表明，食品制造业充分依靠新产品外销和产品创新以及较少的能源消耗实现价值链高质量发展，因此应关注绿色能力和辅助能力。

2. 食品制造业高质量发展突破口选择

（1）系统行为因素高质量发展突破口选择。由模型计算可知，对食品制造业发展贡献度较小的一般动力因素为：专利授权量>R&D投入强度>新产品销售收入比，说明上述指标对食品制造业发展的贡献度较低。

专利授权量、R&D投入强度、新产品销售收入比的贡献度较低,说明行业R&D投入少,专利较少,新产品带来的销售收入较少,创新不足,产品偏传统,且多为同质产品,易导致创新能力下降。从分析结论看,一般动力因素多为创新能力指标,这些因素显示行业产品的创新力不足,价值链辅助能力较弱。应加强创新能力的培养,加大研发投入,创新产品作为该行业高质量发展的突破口。

(2) 系统动力因素高质量发展突破口选择。由模型计算可知,对食品制造业发展贡献度较小的一般动力因素为:应收账款周转率＞总资产周转率＞存货周转率＞单位出口货物交货值,说明上述指标对食品制造业发展的贡献度较低。应收账款周转率、总资产周转率、存货周转率的贡献度较低,说明行业存在资金风险高、存货流通水平低的问题,易导致企业资产盈利能力下降,对资金的控制能力下降,营运能力整体较弱。单位出口货物交货值的贡献度最小,说明食品制造业产品出口交货值较低,对行业贡献小,市场开放的优势不足,说明食品制造业的销售活动运行不畅,归根到底在于生产未采用拉动系统。从分析结论看,一般动力因素多为营运能力指标,这些因素显示行业产品带来的盈利较低,价值链的基本能力不足。对于食品制造业生产未采用拉动系统的问题,应实施并行工程,对产品及相关过程进行集成化处理,同时辅以看板管理,加快流动资产周转,增加资金回收量,提高企业生产运营能力,提高价值链的基本能力。

(三) 酒、饮料和精制茶制造业战略重点与突破口测度

依据优势模型,计算酒、饮料和精制茶制造业优势分析矩阵见 R_3,行为因素贡献度用行求和表示,见式 (14.5),系统动力因素用列求和表示,见式 (14.6)。

$$R_3 = \begin{bmatrix} 0.541 & 0.557 & 0.591 & 0.649 & 0.648 & 0.691 & 0.587 & 0.673 & 0.533 & 0.562 & 0.523 & 0.673 & 0.609 & 0.582 \\ 0.541 & 0.554 & 0.574 & 0.608 & 0.627 & 0.668 & 0.581 & 0.667 & 0.524 & 0.550 & 0.528 & 0.660 & 0.583 & 0.599 \\ 0.571 & 0.608 & 0.771 & 0.748 & 0.727 & 0.720 & 0.768 & 0.702 & 0.622 & 0.592 & 0.635 & 0.849 & 0.708 & 0.838 \\ 0.549 & 0.574 & 0.586 & 0.620 & 0.655 & 0.647 & 0.605 & 0.668 & 0.548 & 0.573 & 0.540 & 0.699 & 0.662 & 0.643 \\ 0.538 & 0.572 & 0.569 & 0.628 & 0.654 & 0.700 & 0.630 & 0.619 & 0.563 & 0.589 & 0.555 & 0.681 & 0.595 & 0.637 \\ 0.548 & 0.520 & 0.625 & 0.608 & 0.652 & 0.583 & 0.556 & 0.721 & 0.514 & 0.505 & 0.511 & 0.603 & 0.520 & 0.565 \\ 0.555 & 0.606 & 0.745 & 0.602 & 0.668 & 0.735 & 0.759 & 0.592 & 0.615 & 0.656 & 0.596 & 0.676 & 0.625 & 0.681 \\ 0.550 & 0.591 & 0.727 & 0.619 & 0.658 & 0.785 & 0.633 & 0.569 & 0.613 & 0.546 & 0.704 & 0.738 & 0.765 \\ 0.558 & 0.605 & 0.739 & 0.601 & 0.706 & 0.772 & 0.641 & 0.622 & 0.583 & 0.622 & 0.569 & 0.715 & 0.643 & 0.683 \\ 0.548 & 0.660 & 0.630 & 0.685 & 0.588 & 0.808 & 0.756 & 0.727 & 0.705 & 0.722 & 0.691 & 0.686 & 0.723 & 0.612 \end{bmatrix}$$

$$\sum_{i=1}^{14} r_3 = 9.860 > \sum_{i=1}^{14} r_{10} = 9.541 > \sum_{i=1}^{14} r_8 = 9.156 > \sum_{i=1}^{14} r_7 = 9.112 >$$

$$\sum_{i=1}^{14} r_9 = 9.057 > \sum_{i=1}^{14} r_4 = 8.567 > \sum_{i=1}^{14} r_5 = 8.530 > \sum_{i=1}^{14} r_1 = 8.417 >$$

$$\sum_{i=1}^{14} r_2 = 8.264 > \sum_{i=1}^{14} r_6 = 8.030 \tag{14.5}$$

ROE>固体废物处理率>工业废水处理率>市场占有率>工业废气处理率>R&D投入强度>专利授权量>销售毛利率>销售净利率>新产品销售收入比。

$$\sum_{i=1}^{10} r_6 = 7.108 > \sum_{i=1}^{10} r_{12} = 6.945 > \sum_{i=1}^{10} r_8 = 6.624 > \sum_{i=1}^{10} r_{14} = 6.604 >$$

$$\sum_{i=1}^{10} r_5 = 6.582 > \sum_{i=1}^{10} r_3 = 6.558 > \sum_{i=1}^{10} r_7 = 6.538 > \sum_{i=1}^{10} r_{13} = 6.406 >$$

$$\sum_{i=1}^{10} r_4 = 6.368 > \sum_{i=1}^{10} r_{10} = 5.983 > \sum_{i=1}^{10} r_2 = 5.848 > \sum_{i=1}^{10} r_9 = 5.776 >$$

$$\sum_{i=1}^{10} r_{11} = 5.695 > \sum_{i=1}^{10} r_1 = 5.498 \tag{14.6}$$

产品创新比>煤炭消耗比重>R&D项目数>单位产品能耗>中间投入>从业人员受教育程度>实现创新的企业数比率>用电量比重>R&D人员比率>应收账款周转率>单位出口货物交货值>存货周转率>总资产周转率>新产品外销率。

所以，行为因素按贡献度分为高、中、低三类行为因素群，分别为：$\{Y_3>Y_{10}>Y_8\}$，$\{Y_7>Y_9>Y_4>Y_5\}$，$\{Y_1>Y_2>Y_6\}$；系统动力因素按贡献度分为强、中、弱三类动力因素群，分别为：$\{Y_6>Y_{12}>_8>Y_{14}\}$，$\{Y_5>Y_3>Y_7>Y_{13}>Y_4>Y_{10}\}$，$\{Y_2>Y_9>Y_{11}>Y_1\}$。

1. 酒、饮料和精制茶制造业高质量发展战略重点

（1）系统行为因素战略重点。依据上述分析，对酒、饮料和精制茶制造业发展贡献度较大的优势动力因素有：ROE>固体废物处理率>工业废水处理率。在酒、饮料和精制茶制造业的发展过程中，净资产收益率排在首位，说明酒、饮料和精制茶制造业的净资产收益率是制造业价值链高质量发展的重要组成部分，说明投资带来的收益较高，即股东资金的使用效率较高，固体废物处理率和工业废水处理率的贡献度较大，表明酒、饮料和精制茶制造业的固体废物处理和工业废水处理带来的收益较多，绿色发展较好，废物排放的处理对于增强酒、饮料和精制茶制造业的绿色竞争力有显著作用，因此应重点发展盈利能力，提高价值链的增值能力。

（2）系统动力因素战略重点。对酒、饮料和精制茶制造业发展贡献度

较大的优势动力因素有：产品创新比>煤炭消耗比重>R&D项目数>单位产品能耗。在酒、饮料和精制茶制造业的发展过程中，产品创新排在首位，说明酒、饮料和精制茶制造业的产品创新是影响制造业价值链高质量发展的重要因素，应增加产品创新投入，减少煤炭消耗比重，减少单位产品能耗。同时，酒、饮料和精制茶制造业的R&D项目数对价值链发展的贡献程度较大。研究结论表明，R&D充分依靠产品创新和较少的资源消耗和良好的人才结构实现价值链高质量发展，因此应关注创新能力和共享能力。

2. 酒、饮料和精制茶制造业高质量发展突破口选择

（1）系统行为因素高质量发展突破口选择。由模型计算可知，对酒、饮料和精制茶制造业发展贡献度较小的一般动力因素为：销售毛利率>销售净利率>新产品销售收入比。说明上述指标对酒、饮料和精制茶制造业发展的贡献度较低。销售毛利率、销售净利率、新产品销售收入比的贡献度较低，说明行业销售率较低，新产品销售收入比较低。从分析结论看，一般动力因素多为盈利能力指标，这些因素显示行业的盈利能力不足，价值链的基本能力较差，因此应把加强盈利能力的培养，加大创新投入，促进产品销售放在重要位置。

（2）系统动力因素高质量发展突破口选择。由模型计算可知，对酒、饮料和精制茶制造业发展贡献度较小的一般动力因素为：单位出口货物交货值>存货周转率>总资产周转率>新产品外销率，说明上述指标对酒、饮料和精制茶制造业发展的贡献度较低。单位出口货物交货值、存货周转率、总资产周转率、新产品外销率的贡献度较低，说明行业存在出口风险高、存货流通水平低、产品外销困难的问题，易导致企业资产外销盈利能力下降，对于外销资金控制不足。市场开放的优势不突出，说明酒、饮料和精制茶制造业的外销活动运行不畅，归根到底在于生产未采用拉动系统。从分析结论看，一般动力因素多为市场开放和营运能力指标，这些因素显示行业产品带来的盈利较低，市场开放不足，价值链的辅助能力和协调能力不足。对酒、饮料和精制茶制造业生产应采取并行化措施，加快产品外销，资金流转，创新协调可持续发展，提高企业的生产运营能力，提高价值链的辅助和协调能力。

（四）烟草制品业战略重点与突破口测度

依据优势模型，计算烟草制品业优势分析矩阵见 R_4，行为因素贡献

度用行求和表示，见式（14.7），系统动力因素用列求和表示，见式（14.8）。

$$R_4 = \begin{bmatrix} 0.728 & 0.761 & 0.720 & 0.695 & 0.721 & 0.522 & 0.528 & 0.635 & 0.644 & 0.643 & 0.684 & 0.690 & 0.611 & 0.659 \\ 0.742 & 0.574 & 0.674 & 0.578 & 0.618 & 0.542 & 0.549 & 0.568 & 0.572 & 0.540 & 0.535 & 0.661 & 0.532 & 0.522 \\ 0.757 & 0.651 & 0.665 & 0.646 & 0.672 & 0.600 & 0.615 & 0.655 & 0.573 & 0.546 & 0.596 & 0.539 & 0.598 & 0.579 \\ 0.722 & 0.667 & 0.671 & 0.721 & 0.621 & 0.639 & 0.586 & 0.656 & 0.695 & 0.716 & 0.683 & 0.646 & 0.671 & 0.622 \\ 0.686 & 0.598 & 0.592 & 0.608 & 0.525 & 0.637 & 0.619 & 0.569 & 0.689 & 0.674 & 0.644 & 0.709 & 0.644 & 0.651 \\ 0.746 & 0.559 & 0.697 & 0.668 & 0.694 & 0.646 & 0.627 & 0.671 & 0.698 & 0.638 & 0.685 & 0.673 & 0.645 & 0.631 \\ 0.720 & 0.554 & 0.703 & 0.637 & 0.696 & 0.652 & 0.702 & 0.719 & 0.736 & 0.590 & 0.613 & 0.693 & 0.622 & 0.673 \\ 0.715 & 0.577 & 0.693 & 0.645 & 0.668 & 0.559 & 0.676 & 0.630 & 0.705 & 0.713 & 0.609 & 0.640 & 0.606 & 0.578 \\ 0.718 & 0.643 & 0.680 & 0.666 & 0.682 & 0.578 & 0.651 & 0.756 & 0.674 & 0.706 & 0.586 & 0.644 & 0.670 & 0.672 \\ 0.702 & 0.808 & 0.658 & 0.791 & 0.742 & 0.753 & 0.806 & 0.781 & 0.853 & 0.701 & 0.834 & 0.784 & 0.829 & 0.836 \end{bmatrix}$$

$$\sum_{i=1}^{14} r_{10} = 10.878 > \sum_{i=1}^{14} r_9 = 9.327 > \sum_{i=1}^{14} r_4 = 9.317 > \sum_{i=1}^{14} r_7 = 9.311 >$$

$$\sum_{i=1}^{14} r_6 = 9.278 > \sum_{i=1}^{14} r_1 = 9.240 > \sum_{i=1}^{14} r_8 = 9.013 > \sum_{i=1}^{14} r_5 = 8.845 >$$

$$\sum_{i=1}^{14} r_3 = 8.691 > \sum_{i=1}^{14} r_2 = 8.205 \qquad (14.7)$$

固体废物处理率＞工业废气处理率＞R&D 投入强度＞市场占有率＞新产品销售收入比＞销售毛利率＞工业废水处理率＞专利授权量＞ROE＞销售净利率。

$$\sum_{i=1}^{10} r_1 = 7.236 > \sum_{i=1}^{10} r_9 = 6.839 > \sum_{i=1}^{10} r_3 = 6.753 > \sum_{i=1}^{10} r_{12} = 6.679 >$$

$$\sum_{i=1}^{10} r_4 = 6.655 > \sum_{i=1}^{10} r8 = 6.640 > \sum_{i=1}^{10} r_5 = 6.639 > \sum_{i=1}^{10} r_{11} = 6.470 >$$

$$\sum_{i=1}^{10} r_{10} = 6.465 > \sum_{i=1}^{10} r_{13} = 6.429 > \sum_{i=1}^{10} r_{14} = 6.424 > \sum_{i=1}^{10} r2 = 6.392 >$$

$$\sum_{i=1}^{10} r_7 = 6.357 > \sum_{i=1}^{10} r_6 = 6.128 \qquad (14.8)$$

新产品外销率＞存货周转率＞从业人员受教育程度＞煤炭消耗比重＞R&D 人员比率＞R&D 项目数＞中间投入＞总资产周转率＞应收账款周转率＞用电量比重＞单位产品能耗＞单位出口货物交货值＞实现创新的企业数比率＞产品创新比。

所以，行为因素按贡献度分为高、中、低三类行为因素群，分别为：$\{Y_{10}＞Y_9＞Y_4\}$，$\{Y_7＞Y_6＞Y_1＞Y_8\}$，$\{Y_5＞Y_3＞Y_2\}$；系统动力因素按贡献度分为强、中、弱三类动力因素群，分别为：$\{Y_1＞Y_9＞Y_3＞Y_{12}\}$，$\{Y_4＞Y_8＞Y_5＞Y_{11}＞Y_{10}＞Y_{13}\}$，$\{Y_{14}＞Y_2＞Y_7＞Y_6\}$。

1. 烟草制造业高质量发展战略重点

（1）系统行为因素战略重点。依据上述分析，对烟草制造业发展贡献度较大的优势动力因素有：固体废物处理率＞工业废气处理率＞R&D投入强度。在烟草制造业的发展过程中，固体废物处理率排在首位，说明烟草制造业的固体废物处理是制造业价值链高质量发展的重要组成部分。因此，环保投资对制造业的产出能力有较大影响，经济驱动下可以带来较好的市场收益，废物排放的处理对于增强制造业的绿色竞争力有显著作用，应重点加强环保投入。R&D投入强度较大，表明烟草制造业的创新能力带来的收益较多，企业可以通过技术创新抢占新市场，形成新的利润增长点进而提升企业的获利能力，因此应重点提高绿色发展和创新能力，提高价值链的增值能力。

（2）系统动力因素战略重点。对烟草制造业发展贡献度较大的优势动力因素有：新产品外销率＞存货周转率＞从业人员受教育程度＞煤炭消耗比重。在烟草制造业的发展过程中，新产品外销比重排在首位，说明烟草制造业的新产品外销是影响制造业价值链高质量发展的重要因素，应增大新产品外销的投入；存货周转率、从业人员受教育程度优于煤炭消耗比率，说明烟草制造业的煤炭消耗对价值链发展的贡献程度较大，但存货周转率和从业人员受教育程度对烟草制造业的贡献相对更大。研究结论表明，烟草制造业充分依靠较大的新产品外销、良好的人才结构和较低的能源消耗实现价值链高质量发展，因此应关注辅助能力。

2. 烟草制造业高质量发展突破口选择

（1）系统行为因素高质量发展突破口选择。由模型计算可知，对烟草制造业发展贡献度较小的一般动力因素为：工业废水处理率＞专利授权量＞ROE＞销售净利率，说明上述指标对烟草制造业的贡献度较低。工业废水处理率、专利授权量、ROE、销售净利率的贡献率较低，说明工业废水处理率较低，专利较少，企业盈利能力较差，生产成本增加，投资带来的效益较低。从分析结论看，一般动力因素多为盈利能力指标，这些因素显示行业产品的盈利能力较差，生产成本有可能增加，因此应加强技术创新，降低成本，提高行业的盈利能力。发展新的技术，降低成本，提升价值，大力发展高新技术。

（2）系统动力因素高质量发展突破口选择。由模型计算可知，对烟草制造业发展贡献度较小的一般动力因素为：单位产品能耗＞单位出口货物交货值>实现创新的企业数比率>产品创新比，说明上述指标对烟草制造业发展的贡献度较低。单位产品能耗、单位出口货物交货值、实现创新的企业数比率、产品创新比的贡献度较低，说明行业的能耗较合理，货物出口量较少，创新企业较少，产品创新能力较差。易导致企业故步自封，对资金的运用能力较差。从分析结论看出，一般因素多为协调能力指标，这些因素显示出来企业的新产品升级速度较慢，应加快制造业转型升级。降低产品能耗，实施并行工程，对产品进行外销产业链转型，同时辅助产品和企业创新，加快创新驱动产业链发展，提高价值链的基本能力。

（五）纺织业战略重点与突破口测度

依据优势模型，计算纺织业优势分析矩阵见 R_5，行为因素贡献度用行求和表示，见式（14.9），系统动力因素用列求和表示，见式（14.10）。

$$R_5 = \begin{bmatrix} 0.676 & 0.576 & 0.794 & 0.703 & 0.692 & 0.604 & 0.612 & 0.588 & 0.586 & 0.540 & 0.584 & 0.617 & 0.657 & 0.824 \\ 0.655 & 0.632 & 0.732 & 0.644 & 0.601 & 0.528 & 0.557 & 0.547 & 0.671 & 0.605 & 0.631 & 0.648 & 0.517 & 0.601 \\ 0.554 & 0.630 & 0.646 & 0.592 & 0.570 & 0.536 & 0.537 & 0.542 & 0.671 & 0.655 & 0.609 & 0.672 & 0.542 & 0.566 \\ 0.601 & 0.559 & 0.561 & 0.519 & 0.544 & 0.553 & 0.553 & 0.597 & 0.516 & 0.535 & 0.518 & 0.662 & 0.557 & 0.545 \\ 0.646 & 0.569 & 0.617 & 0.629 & 0.538 & 0.631 & 0.636 & 0.767 & 0.529 & 0.550 & 0.536 & 0.707 & 0.602 & 0.604 \\ 0.623 & 0.550 & 0.593 & 0.713 & 0.587 & 0.699 & 0.702 & 0.581 & 0.531 & 0.511 & 0.523 & 0.700 & 0.569 & 0.624 \\ 0.669 & 0.661 & 0.677 & 0.595 & 0.550 & 0.515 & 0.543 & 0.537 & 0.698 & 0.640 & 0.634 & 0.688 & 0.542 & 0.556 \\ 0.717 & 0.574 & 0.783 & 0.715 & 0.766 & 0.660 & 0.662 & 0.610 & 0.591 & 0.554 & 0.604 & 0.642 & 0.743 & 0.826 \\ 0.733 & 0.579 & 0.790 & 0.734 & 0.789 & 0.666 & 0.668 & 0.614 & 0.580 & 0.551 & 0.591 & 0.648 & 0.799 & 0.841 \\ 0.691 & 0.579 & 0.774 & 0.645 & 0.695 & 0.585 & 0.581 & 0.579 & 0.559 & 0.566 & 0.565 & 0.621 & 0.698 & 0.687 \end{bmatrix}$$

$$\sum_{i=1}^{14} r_9 = 9.582 > \sum_{i=1}^{14} r_8 = 9.446 > \sum_{i=1}^{14} r_1 = 9.052 > \sum_{i=1}^{14} r_{10} = 8.824 >$$

$$\sum_{i=1}^{14} r_2 = 8.569 > \sum_{i=1}^{14} r_5 = 8.558 > \sum_{i=1}^{14} r_6 = 8.507 > \sum_{i=1}^{14} r_7 = 8.505 >$$

$$\sum_{i=1}^{14} r_3 = 8.321 > \sum_{i=1}^{14} r_4 = 7.820 \tag{14.9}$$

工业废气处理率>工业废水处理率>销售毛利率>固体废物处理率>销售净利率>专利授权量>新产品销售收入比>市场占有率>ROE>R&D投入强度。

$$\sum_{i=1}^{10} r_3 = 6.965 > \sum_{i=1}^{10} r_{14} = 6.675 > \sum_{i=1}^{10} r_{12} = 6.604 > \sum_{i=1}^{10} r_1 = 6.679 >$$

$$\sum_{i=1}^{10} r_4 = 6.565 > \sum_{i=1}^{10} r5 = 6.331 > \sum_{i=1}^{10} r_{13} = 6.225 > \sum_{i=1}^{10} r_7 = 6.050 >$$

$$\sum_{i=1}^{10} r_6 = 5.977 > \sum_{i=1}^{10} r_8 = 5.962 > \sum_{i=1}^{10} r_9 = 5.930 > \sum_{i=1}^{10} r2 = 5.909 >$$

$$\sum_{i=1}^{10} r_{11} = 5.794 > \sum_{i=1}^{10} r_{10} = 5.708 \tag{14.10}$$

从业人员受教育程度>单位产品能耗>煤炭消耗比重>新产品外销率>R&D人员比率>中间投入>用电量比重>实现创新的企业数比率>产品创新比>R&D项目数>存货周转率>单位出口货物交货值>总资产周转率>应收账款周转率。

所以，行为因素按贡献度分为高、中、低三类行为因素群，分别为：$\{Y_9>Y_8>Y_1\}$，$\{Y_{10}>Y_2>Y_5>Y_6\}$，$\{Y_7>Y_3>Y_4\}$；系统动力因素按贡献度分为强、中、弱三类动力因素群，分别为：$\{Y_3>Y_{14}>Y_{12}>Y_1\}$，$\{Y_4>Y_5>Y_{13}>Y_7>Y_6>Y_8\}$，$Y_9>Y_2>Y_{11}>Y_{10}$。

1. 纺织业高质量发展战略重点

（1）系统行为因素战略重点。依据上述分析，对纺织业发展贡献度较大的优势动力因素有：工业废气处理率>工业废水处理率>销售毛利率。在纺织业的发展过程中，工业废气处理率和工业废水处理率排在首位，说明在纺织业的加工工程中，工业废气处理率和工业废水处理率是制造业价值链高质量发展的重要组成部分。因此，环保投资对制造业的产出能力有较大影响，经济驱动下可以带来较好的市场收益，废物排放的处理对于增强制造业的绿色竞争力有显著作用，应重点加强环保投入。销售毛利率在商品转换为内部系统以后的增值较多，说明应重点提高销售毛利率。研究结论表明，废物处理和盈利能力是纺织业高质量发展的重要因素，因此应重点发展盈利能力和绿色发展，提高价值链的增值。

（2）系统动力因素战略重点。对纺织业发展贡献度较大的优势动力因素有：从业人员受教育程度>单位产品能耗>煤炭消耗比重>新产品外销率。在纺织业的发展过程中，从业人员受教育程度排在首位，说明在纺织业发展过程中，从业人员受教育程度是影响制造业价值链高质量发展的重要因素，应提高从业人员的受教育程度。单位产品能耗、煤炭消耗比重优于新产品外销率，表明纺织业的新产品外销率对价值链发展的贡献程度较大，但单位产品能耗、煤炭消耗比重对纺织业的贡献度相对更大。研究结论表明，纺织业充分依靠较少的资源能耗和良好的人才结构可实现价值链高质量发展，因此应关注协调能力和辅助能力。

2. 纺织业高质量发展突破口选择

（1）系统行为因素高质量发展突破口选择。由模型计算可知，对纺织业发展贡献度较小的一般动力因素为：市场占有率＞ROE＞R&D 投入强度。说明上述指标对纺织业发展的贡献度较低。市场占有率、ROE、R&D 投入强度的贡献度较低，说明行业的市场占有率低，R&D 投入少，净资产收益低。产品偏传统，易导致创新能力下降。从分析结论看，一般动力因素多为基本能力指标，这些因素显示行业产品的基本能力不足，价值链辅助能力较弱，应加强基本能力的培养，扩大市场占有率成为该行业高质量发展的突破口。

（2）系统动力因素高质量发展突破口选择。由模型计算可知，对纺织业发展贡献度较小的一般动力因素为：存货周转率＞单位出口货物交货值＞总资产周转率＞应收账款周转率，说明上述指标对纺织业的贡献度较低，说明行业存在资金风险高、存货流通水平低的问题，易导致企业资产盈利能力下降，对资金的控制能力下降，营运能力整体较弱。应收账款周转率较低，说明纺织业的应收账款的周转率较低，归根到底在于营运能力较低，这些因素显示行业产品带来的盈利较低，价值链的基本能力不足，因此应着重提高企业的生产运营能力，提高价值链的基本能力。

（六）纺织服装、服饰业战略重点与突破口测度

依据优势模型，计算纺织服装、服饰业优势分析矩阵见 R_6，行为因素贡献度用行求和表示，见式（14.11），系统动力因素用列求和表示，见式（14.12）。

$$R_6 = \begin{bmatrix} 0.792 & 0.538 & 0.753 & 0.619 & 0.663 & 0.713 & 0.731 & 0.663 & 0.619 & 0.554 & 0.556 & 0.736 & 0.624 & 0.655 \\ 0.824 & 0.561 & 0.831 & 0.669 & 0.735 & 0.626 & 0.667 & 0.609 & 0.646 & 0.586 & 0.583 & 0.768 & 0.664 & 0.705 \\ 0.741 & 0.575 & 0.791 & 0.662 & 0.689 & 0.591 & 0.593 & 0.596 & 0.750 & 0.694 & 0.741 & 0.624 & 0.576 & 0.616 \\ 0.723 & 0.550 & 0.592 & 0.516 & 0.549 & 0.611 & 0.601 & 0.710 & 0.541 & 0.559 & 0.557 & 0.591 & 0.626 & 0.599 \\ 0.795 & 0.609 & 0.748 & 0.775 & 0.768 & 0.816 & 0.792 & 0.752 & 0.721 & 0.587 & 0.742 & 0.782 & 0.818 & 0.803 \\ 0.683 & 0.524 & 0.582 & 0.624 & 0.599 & 0.524 & 0.576 & 0.750 & 0.512 & 0.519 & 0.508 & 0.624 & 0.524 & 0.529 \\ 0.875 & 0.568 & 0.841 & 0.575 & 0.658 & 0.565 & 0.577 & 0.594 & 0.582 & 0.614 & 0.669 & 0.756 & 0.600 & 0.569 \\ 0.807 & 0.552 & 0.739 & 0.731 & 0.590 & 0.701 & 0.836 & 0.655 & 0.573 & 0.564 & 0.551 & 0.711 & 0.669 & 0.776 \\ 0.798 & 0.576 & 0.678 & 0.639 & 0.683 & 0.694 & 0.631 & 0.751 & 0.587 & 0.601 & 0.616 & 0.714 & 0.711 & 0.755 \\ 0.832 & 0.594 & 0.643 & 0.651 & 0.621 & 0.791 & 0.753 & 0.711 & 0.636 & 0.631 & 0.666 & 0.709 & 0.787 & 0.764 \end{bmatrix}$$

$$\sum_{i=1}^{14} r_5 = 10.507 > \sum_{i=1}^{14} r_{10} = 9.788 > \sum_{i=1}^{14} r_2 = 9.474 > \sum_{i=1}^{14} r_8 = 9.456 >$$

$$\sum_{i=1}^{14} r_9 = 9.435 > \sum_{i=1}^{14} r_3 = 9.240 > \sum_{i=1}^{14} r_1 = 9.246 > \sum_{i=1}^{14} r_7 = 9.043 >$$

$$\sum_{i=1}^{14} r_4 = 8.325 > \sum_{i=1}^{14} r_6 = 8.077 \tag{14.11}$$

专利授权量>固体废物处理率>销售净利率>工业废水处理率>工业废气处理率>ROE>销售毛利率>市场占有率>R&D投入强度>新产品销售收入比。

$$\sum_{i=1}^{10} r_1 = 7.870 > \sum_{i=1}^{10} r_3 = 7.198 > \sum_{i=1}^{10} r_{12} = 7.014 > \sum_{i=1}^{10} r_8 = 6.791 >$$

$$\sum_{i=1}^{10} r_{14} = 6.771 > \sum_{i=1}^{10} r_7 = 6.756 > \sum_{i=1}^{10} r_6 = 6.632 > \sum_{i=1}^{10} r_{13} = 6.599 >$$

$$\sum_{i=1}^{10} r_5 = 6.554 > \sum_{i=1}^{10} r_4 = 6.426 > \sum_{i=1}^{10} r_{11} = 6.189 > \sum_{i=1}^{10} r_9 = 6.168 >$$

$$\sum_{i=1}^{10} r_{10} = 5.910 > \sum_{i=1}^{10} r_2 = 5.646 \tag{14.12}$$

新产品外销率>从业人员受教育程度>煤炭消耗比重>R&D项目数>单位产品能耗>实现创新的企业数比率>产品创新比>用电量比重>中间投入>R&D人员比率>总资产周转率>存货周转率>应收账款周转率>单位出口货物交货值。

所以，行为因素按贡献度分为高、中、低三类行为因素群，分别为：$\{Y_5 > Y_{10} > Y_2\}$，$\{Y_8 > Y_9 > Y_3 > Y_1\}$，$\{Y_7 > Y_4 > Y_6\}$；系统动力因素按贡献度分为强、中、弱三类动力因素群，分别为：$\{X_1 > X_3 > X_{12} > X_8\}$，$\{X_{14} > X_7 > X_6 > X_{13} > X_5 > X_4\}$，$\{X_{11} > X_9 > X_{10} > X_2\}$。

1. 纺织服装、服饰业高质量发展战略重点

（1）系统行为因素战略重点。依据上述分析，对纺织服装、服饰业发展贡献度较大的优势动力因素有：专利授权量>固体废物处理率>销售净利率。在纺织服装、服饰业的发展过程中，专利授权率排在首位，说明纺织服装、服饰业发展过程中，专利授权率是制造业高质量发展的重要组成部分。因此专利管理与中国企业创新结合也是在大数据时代背景下必然考虑的因素，应该重点提高专利授权。固体废物处理率和销售净利润的贡献度较大，表明纺织服装、服饰业市场状况良好。研究结论表明，市场销售带来的利润是纺织服装、服饰业实现高质量发展的重要因素。因此应重点发展创新能力和盈利能力，提高价值链的增值能力。

（2）系统动力因素战略重点。对纺织服装、服饰业发展贡献度较大的优势动力因素有：新产品外销率>从业人员受教育程度>煤炭消耗比重>R&D项目数。在纺织服装、服饰业的发展过程中，新产品外销率排在首位，说明新产品外销是影响纺织服装、服饰业价值链高质量发展的重要因

素，应增加新产品外销率。从业人员受教育程度、煤炭消耗比重优于R&D项目数，说明纺织服装、服饰业的R&D项目数对价值链发展的贡献程度较大，但从业人员受教育程度、煤炭消耗比重的贡献度相对更大。研究结果表明，纺织服装、服饰业的发展充分依靠提高从业人员受教育程度，较少的资源消耗和扩大产品外销实现高质量发展，因此应重点关注辅助能力。

2. 纺织服装、服饰业高质量发展突破口选择

（1）系统行为因素高质量发展突破口选择。由模型计算可知，对纺织服装、服饰业发展贡献度较小的一般动力因素为：市场占有率＞R&D投入强度＞新产品销售收入比，说明上述指标对纺织服装、服饰业发展的贡献度较低。市场占有率、R&D投入强度、新产品销售收入比的贡献度较低，说明行业市场占有率较低，R&D投入少，新产品带来的销售收入较少，产品可能较传统。从分析结论可以看出，一般动力因素多为创新能力指标，应将加大研发投入，创新产品作为该行业高质量发展的突破口。

（2）系统动力因素高质量发展突破口选择。由模型计算可知，对纺织服装、服饰业发展贡献度较小的一般动力因素有：总资产周转率＞存货周转率＞应收账款周转率＞单位出口货物交货值，说明上述指标对纺织服装、服饰业发展的贡献度较低。总资产周转率、存货周转率、应收账款周转率、单位出口货物交货值的贡献度较低，说明行业存在资金风险高、存货流通水平低的问题，易导致企业资产盈利能力下降，对资金的控制能力下降，营运能力整体较弱。单位出口货物交货值的贡献度最小，说明纺织服装、服饰业的产品出口交货值较低，对行业贡献度小，市场开放的优势不足，说明纺织服装、服饰业的销售活动运行不畅，归根到底在于生产未采用拉动系统。从分析结论可以看出，一般动力因素多为营运能力指标，这些因素显示行业产品带来的盈利较低，价值链的基本能力不足。应加快资金流动，增加资金回流，提高价值链的基本能力。

（七）皮革、毛皮、羽毛及其制品和制鞋业战略重点与突破口测度

依据优势模型，计算皮革、毛皮、羽毛及其制品和制鞋业优势分析矩阵见 R_7，行为因素贡献度用行求和表示，见式（14.13），系统动力因素用列求和表示，见式（14.14）。

第十四章　产业视角：中国制造业价值链攀升战略重点及突破口

$$R_7 = \begin{bmatrix} 0.741 & 0.559 & 0.830 & 0.632 & 0.753 & 0.573 & 0.569 & 0.617 & 0.634 & 0.609 & 0.647 & 0.712 & 0.734 & 0.750 \\ 0.758 & 0.571 & 0.820 & 0.648 & 0.745 & 0.559 & 0.557 & 0.605 & 0.634 & 0.623 & 0.689 & 0.763 & 0.630 & 0.662 \\ 0.766 & 0.621 & 0.826 & 0.695 & 0.719 & 0.585 & 0.584 & 0.613 & 0.803 & 0.806 & 0.677 & 0.768 & 0.569 & 0.663 \\ 0.684 & 0.556 & 0.611 & 0.548 & 0.547 & 0.645 & 0.668 & 0.569 & 0.556 & 0.576 & 0.601 & 0.647 & 0.654 & 0.631 \\ 0.756 & 0.592 & 0.666 & 0.686 & 0.685 & 0.633 & 0.636 & 0.586 & 0.626 & 0.662 & 0.751 & 0.726 & 0.691 & 0.678 \\ 0.621 & 0.509 & 0.606 & 0.639 & 0.563 & 0.525 & 0.556 & 0.779 & 0.510 & 0.511 & 0.529 & 0.626 & 0.553 & 0.528 \\ 0.777 & 0.538 & 0.807 & 0.571 & 0.680 & 0.568 & 0.561 & 0.576 & 0.542 & 0.584 & 0.662 & 0.669 & 0.668 & 0.647 \\ 0.718 & 0.554 & 0.759 & 0.658 & 0.725 & 0.588 & 0.574 & 0.625 & 0.600 & 0.598 & 0.726 & 0.653 & 0.614 & 0.636 \\ 0.724 & 0.539 & 0.754 & 0.666 & 0.693 & 0.571 & 0.585 & 0.608 & 0.551 & 0.566 & 0.586 & 0.633 & 0.701 & 0.800 \\ 0.730 & 0.567 & 0.671 & 0.703 & 0.693 & 0.685 & 0.677 & 0.605 & 0.603 & 0.626 & 0.611 & 0.701 & 0.713 & 0.742 \end{bmatrix}$$

$$\sum_{i=1}^{14} r_3 = 9.694 > \sum_{i=1}^{14} r_5 = 9.373 > \sum_{i=1}^{14} r_1 = 9.361 > \sum_{i=1}^{14} r_{10} = 9.327 >$$

$$\sum_{i=1}^{14} r_2 = 9.266 > \sum_{i=1}^{14} r_8 = 9.028 > \sum_{i=1}^{14} r_9 = 8.977 > \sum_{i=1}^{14} r_7 = 8.850 >$$

$$\sum_{i=1}^{14} r_4 = 8.494 > \sum_{i=1}^{14} r_6 = 8.054 \tag{14.13}$$

ROE>专利授权量>销售毛利率>固体废物处理率>销售净利率>工业废水处理率>工业废气处理率>市场占有率>R&D投入强度>新产品销售收入比。

$$\sum_{i=1}^{10} r_3 = 7.352 > \sum_{i=1}^{10} r_1 = 7.276 > \sum_{i=1}^{10} r_{12} = 6.897 > \sum_{i=1}^{10} r_5 = 6.802 >$$

$$\sum_{i=1}^{10} r_{14} = 6.736 > \sum_{i=1}^{10} r_{13} = 6.526 > \sum_{i=1}^{10} r_{11} = 6.480 > \sum_{i=1}^{10} r_4 = 6.446 >$$

$$\sum_{i=1}^{10} r_8 = 6.183 > \sum_{i=1}^{10} r_{10} = 6.162 > \sum_{i=1}^{10} r_9 = 6.061 > \sum_{i=1}^{10} r_7 = 5.967 >$$

$$\sum_{i=1}^{10} r_6 = 5.931 > \sum_{i=1}^{10} r_2 = 5.606 \tag{14.14}$$

从业人员受教育程度>新产品外销率>煤炭消耗比重>中间投入>单位产品能耗>用电量比重>总资产周转率>R&D人员比率>R&D项目数>应收账款周转率>存货周转率>实现创新的企业数比率>产品创新比>单位出口货物交货值。

所以，行为因素按贡献度分为高、中、低三类行为因素群，分别为：$\{Y_3>Y_5>Y_1\}$，$\{Y_{10}>Y_2>Y_8>Y_9\}$，$\{Y_7>Y_4>Y_6\}$；系统动力因素按贡献度分为强、中、弱三类动力因素群，分别为：$\{X_3>X_1>X_{12}>X_5\}$，$\{X_{14}>X_{13}>X_{11}>X_4>X_8>X_{10}\}$，$\{X_9>X_7>X_6>X_2\}$。

1. 皮革、毛皮、羽毛及其制品和制鞋业高质量发展战略重点

(1) 系统行为因素战略重点。依据上述分析，对皮革、毛皮、羽毛及

其制品和制鞋业发展贡献度较大的优势动力因素有：ROE＞专利授权量＞销售毛利率。ROE指标值越高，说明投资带来的收益越高，应重点提高净资产收益率。专利授权量和销售毛利率的贡献度较大，表明皮革、毛皮、羽毛及其制品和制鞋业销售带来的利润较多，专利授权带来的收益较高。研究结论表明，净资产收益率是皮革、毛皮、羽毛及其制品和制鞋业实现高质量发展的重要因素，因此应重点发展盈利能力，提高价值链增值能力。

（2）系统动力因素战略重点。对皮革、毛皮、羽毛及其制品和制鞋业发展贡献度较大的优势动力因素有：从业人员受教育程度＞新产品外销率＞煤炭消耗比重＞中间投入。在皮革、毛皮、羽毛及其制品和制鞋业发展过程中，从业人员受教育程度比重排在第一位，说明人才结构是影响皮革、毛皮、羽毛及其制品和制鞋业价值链高质量发展的重要因素，应加大人员教育投资力度。新产品外销率、煤炭消耗比重、中间投入对于皮革、毛皮、羽毛及其制品和制鞋业价值链发展的贡献度较大。研究结论表明，皮革、毛皮、羽毛及其制品和制鞋业高质量发展需要依靠良好的人才结构、高新产品外销率和低能源消耗水平，因此应注重辅助能力的发展。

2. 皮革、毛皮、羽毛及其制品和制鞋业高质量发展突破口选择

（1）系统行为因素高质量发展突破口选择。由模型计算可知，对皮革、毛皮、羽毛及其制品和制鞋业发展贡献度较小的一般动力因素为：市场占有率＞R&D投入强度＞新产品销售收入比，说明上述指标对于皮革、毛皮、羽毛及其制品和制鞋业高质量发展的贡献率较低。市场占有率低、行业R&D投入少、新产品销售收入不足，产品结构比较传统。从分析结论可以看出，一般动力因素多为创新能力指标，这些因素显示行业创新能力缺乏，价值链基本能力较弱。应将加强创新能力的培养，加大新产品投入研发，创新能力作为该行业价值链高质量发展的突破口。

（2）系统动力因素高质量发展突破口选择。由模型计算可知，对皮革、毛皮、羽毛及其制品和制鞋业发展贡献度较小的一般动力因素为：存货周转率＞实现创新的企业数比率＞产品创新比＞单位出口货物交货值，说明上述因素对于皮革、毛皮、羽毛及其制品和制鞋业发展贡献度较小。可以看出，行业存在较高的资金风险，企业周转整体控制较低，营运能力较弱。产品创新不足，出口交货值较低，市场优势不明显，说明市场销售活动受阻，生产未起到相应的拉动作用。从分析结论可以看出，一般动力因素多为营运能力，对于皮革、毛皮、羽毛及其制品和制鞋业的发展应该

采取系统拉动措施，加强产品创新，提高新产品外销率，开发新市场，扩大产品外销量。

（八）木材加工及木、竹、藤、棕、草制品业战略重点与突破口测度

依据优势模型，计算木材加工及木、竹、藤、棕、草制品业优势分析矩阵见 R_8，行为因素贡献度用行求和表示，见式（14.15），系统动力因素用列求和表示，见式（14.16）。

$$R_8 = \begin{bmatrix} 0.644 & 0.537 & 0.760 & 0.677 & 0.752 & 0.685 & 0.605 & 0.597 & 0.605 & 0.535 & 0.612 & 0.736 & 0.631 & 0.730 \\ 0.642 & 0.549 & 0.769 & 0.697 & 0.668 & 0.598 & 0.574 & 0.584 & 0.684 & 0.543 & 0.749 & 0.734 & 0.566 & 0.643 \\ 0.628 & 0.672 & 0.719 & 0.688 & 0.636 & 0.598 & 0.587 & 0.590 & 0.760 & 0.626 & 0.672 & 0.605 & 0.559 & 0.610 \\ 0.579 & 0.548 & 0.561 & 0.555 & 0.526 & 0.579 & 0.585 & 0.660 & 0.535 & 0.555 & 0.558 & 0.626 & 0.638 & 0.633 \\ 0.569 & 0.537 & 0.592 & 0.671 & 0.535 & 0.602 & 0.568 & 0.583 & 0.530 & 0.546 & 0.543 & 0.656 & 0.655 & 0.665 \\ 0.517 & 0.525 & 0.621 & 0.652 & 0.530 & 0.531 & 0.542 & 0.809 & 0.518 & 0.534 & 0.528 & 0.653 & 0.576 & 0.602 \\ 0.574 & 0.596 & 0.684 & 0.630 & 0.520 & 0.564 & 0.533 & 0.531 & 0.676 & 0.617 & 0.634 & 0.735 & 0.600 & 0.605 \\ 0.650 & 0.545 & 0.711 & 0.700 & 0.683 & 0.673 & 0.663 & 0.590 & 0.535 & 0.555 & 0.567 & 0.653 & 0.709 & 0.734 \\ 0.614 & 0.573 & 0.551 & 0.684 & 0.596 & 0.612 & 0.701 & 0.726 & 0.600 & 0.585 & 0.596 & 0.605 & 0.649 & 0.671 \\ 0.632 & 0.622 & 0.643 & 0.644 & 0.630 & 0.641 & 0.693 & 0.831 & 0.590 & 0.634 & 0.596 & 0.619 & 0.661 & 0.643 \end{bmatrix}$$

$$\sum_{i=1}^{14} r_1 = 9.109 > \sum_{i=1}^{14} r_{10} = 9.077 > \sum_{i=1}^{14} r_2 = 8.999 > \sum_{i=1}^{14} r_8 = 8.970 >$$
$$\sum_{i=1}^{14} r_3 = 8.951 > \sum_{i=1}^{14} r_9 = 8.765 > \sum_{i=1}^{14} r_7 = 8.501 > \sum_{i=1}^{14} r_5 = 8.251 >$$
$$\sum_{i=1}^{14} r_4 = 8.140 > \sum_{i=1}^{14} r_6 = 8.135 \quad (14.15)$$

销售毛利率>固体废物处理率>销售净利率>工业废水处理率>ROE>工业废气处理率>市场占有率>专利授权量>R&D投入强度>新产品销售收入比。

$$\sum_{i=1}^{10} r_{12} = 6.622 > \sum_{i=1}^{10} r_3 = 6.611 > \sum_{i=1}^{10} r_4 = 6.599 > \sum_{i=1}^{10} r_{14} = 6.537 >$$
$$\sum_{i=1}^{10} r_8 = 6.500 > \sum_{i=1}^{10} r_{13} = 6.242 > \sum_{i=1}^{10} r_6 = 6.082 > \sum_{i=1}^{10} r_5 = 6.077 >$$
$$\sum_{i=1}^{10} r_{11} = 6.056 > \sum_{i=1}^{10} r_7 = 6.053 > \sum_{i=1}^{10} r_1 = 6.051 > \sum_{i=1}^{10} r_9 = 6.034 >$$
$$\sum_{i=1}^{10} r_{10} = 5.729 > \sum_{i=1}^{10} r_2 = 5.704 \quad (14.16)$$

煤炭消耗比重>从业人员受教育程度>R&D人员比率>单位产品能耗>R&D项目数>用电量比重>产品创新比>中间投入>总资产周转率>

实现创新的企业数比率>新产品外销率>存货周转率>应收账款周转率>单位出口货物交货值。

所以，行为因素按贡献度分为高、中、低三类行为因素群，分别为：$\{Y_1>Y_{10}>Y_2\}$，$\{Y_8>Y_3>Y_9>Y_7\}$，$\{Y_5>Y_4>Y_6\}$；系统动力因素按贡献度分为强、中、弱三类动力因素群，分别为：$\{X_{12}>X_3>X_4>X_{14}\}$，$\{X_8>X_{13}>X_6>X_5>X_{11}>X_7\}$，$\{X_1>X_9>X_{10}>X_2\}$。

1. 木材加工及木、竹、藤、棕、草制品业高质量发展战略重点

（1）系统行为因素战略重点。依据上述分析，对木材加工及木、竹、藤、棕、草制品业发展贡献度较大的优势动力因素有：销售毛利率>固体废物处理率>销售净利率。在木材加工及木、竹、藤、棕、草制品业的发展过程中，销售毛利润排在首位，说明木材加工及木、竹、藤、棕、草制品业的销售毛利率是制造业价值链高质量发展的重要组成部分，应重点提高销售毛利润。同时固体废物处理率和销售净利率的贡献度较大，表明木材加工及木、竹、藤、棕、草制品业的废物处理利用率较高，净资产带来的收益较多，市场销售状况良好。研究结论表明，销售毛利率是木材加工及木、竹、藤、棕、草制品业实现高质量发展的重要因素，因此应重点发展盈利能力。

（2）系统动力因素战略重点。对木材加工及木、竹、藤、棕、草制品业发展贡献度较大的优势动力因素有：煤炭消耗比重>从业人员受教育程度>R&D人员比率>单位产品能耗。在木材加工及木、竹、藤、棕、草制品业的发展过程中，煤炭消耗比重排在首位，说明木材加工及木、竹、藤、棕、草制品业中的煤炭消耗是影响高质量发展的重要因素，应减少对煤炭的消耗。从业人员受教育程度、R&D人员比率、单位产品能耗占比对价值链发展的贡献度较大。研究结论表明，木材加工及木、竹、藤、棕、草制品业充分依靠较少的资源能源消耗和良好的人才结构可实现价值链高质量发展，因此应关注绿色发展和辅助能力。

2. 木材加工及木、竹、藤、棕、草制品业高质量发展突破口选择

（1）系统行为因素高质量发展突破口选择。由模型计算可知，对木材加工及木、竹、藤、棕、草制品业发展贡献度较小的一般动力因素有：专利授权量>R&D投入强度>新产品销售收入比，说明上述指标对木材加工及木、竹、藤、棕、草制品业发展的贡献度较低，专利授权量、R&D投入强度、新产品销售收入比的贡献度较低，说明行业R&D投入少，专

利较少，新产品带来的销售收入较少，创新不足，产品偏传统，且多为同质产品，易导致创新能力下降。从分析结论看，一般动力因素多为创新能力指标，这些因素显示行业产品的创新力不足，价值链辅助能力较弱。应把加强创新能力的培养，加大研发投入，创新产品作为该行业高质量发展的突破口。

(2) 系统动力因素高质量发展突破口选择。由模型计算可知，对木材加工及木、竹、藤、棕、草制品业发展贡献度较小的一般动力因素为：新产品外销率>存货周转率>应收账款周转率>单位出口货物交货值，说明上述指标对木材加工及木、竹、藤、棕、草制品业发展贡献度较小。新产品外销率低说明该行业创新能力不足，产品较传统。应收账款周转率、存货周转率的贡献度较低，说明行业存在资金风险高、存货流通水平低的问题，营运能力较弱。从分析结论可以看出，一般动力因素多为营运能力指标，这些指标显示行业产品外销能力不足，产品带来的盈利能力较低，应采取扩大产品外销市场，对产品进行集成处理，加快产品资金流动，提高企业的营运能力。

以下制造业细分行业战略重点与突破口选择部分内容未根据计算结果提炼。

(九) 家具制造业战略重点与突破口测度

依据优势模型，计算家具制造业优势分析矩阵见 R_9，行为因素贡献度用行求和表示，见式 (14.17)，系统动力因素用列求和表示，见式 (14.18)。

$$R_9 = \begin{bmatrix} 0.654 & 0.567 & 0.698 & 0.744 & 0.629 & 0.816 & 0.688 & 0.601 & 0.571 & 0.549 & 0.517 & 0.680 & 0.557 & 0.605 \\ 0.612 & 0.598 & 0.697 & 0.683 & 0.707 & 0.638 & 0.581 & 0.583 & 0.597 & 0.581 & 0.558 & 0.693 & 0.717 & 0.764 \\ 0.593 & 0.747 & 0.690 & 0.628 & 0.717 & 0.579 & 0.570 & 0.578 & 0.719 & 0.622 & 0.711 & 0.745 & 0.733 & 0.727 \\ 0.578 & 0.519 & 0.687 & 0.647 & 0.558 & 0.560 & 0.561 & 0.817 & 0.539 & 0.561 & 0.543 & 0.612 & 0.570 & 0.564 \\ 0.644 & 0.584 & 0.746 & 0.712 & 0.577 & 0.692 & 0.709 & 0.726 & 0.604 & 0.611 & 0.609 & 0.659 & 0.663 & 0.654 \\ 0.615 & 0.512 & 0.685 & 0.653 & 0.551 & 0.537 & 0.535 & 0.795 & 0.522 & 0.547 & 0.527 & 0.637 & 0.557 & 0.555 \\ 0.565 & 0.576 & 0.717 & 0.738 & 0.649 & 0.592 & 0.651 & 0.545 & 0.609 & 0.617 & 0.619 & 0.717 & 0.634 & 0.638 \\ 0.642 & 0.585 & 0.726 & 0.745 & 0.662 & 0.784 & 0.741 & 0.587 & 0.633 & 0.620 & 0.628 & 0.727 & 0.607 & 0.619 \\ 0.707 & 0.616 & 0.695 & 0.753 & 0.785 & 0.732 & 0.758 & 0.665 & 0.609 & 0.682 & 0.628 & 0.735 & 0.788 & 0.785 \\ 0.775 & 0.619 & 0.716 & 0.660 & 0.683 & 0.629 & 0.649 & 0.717 & 0.610 & 0.694 & 0.644 & 0.632 & 0.699 & 0.698 \end{bmatrix}$$

$$\sum_{i=1}^{14} r_9 = 9.399 > \sum_{i=1}^{14} r_{10} = 9.426 > \sum_{i=1}^{14} r_3 = 9.358 > \sum_{i=1}^{14} r_8 = 9.306 >$$

$$\sum_{i=1}^{14} r_5 = 9.191 > \sum_{i=1}^{14} r_2 = 9.010 > \sum_{i=1}^{14} r_1 = 8.877 > \sum_{i=1}^{14} r_7 = 8.867 >$$

$$\sum_{i=1}^{14} r_4 = 8.316 > \sum_{i=1}^{14} r_6 = 8.228 \tag{14.17}$$

工业废气处理率>固体废物处理率>ROE>工业废水处理率>专利授权量>销售净利率>销售毛利率>市场占有率>R&D 投入强度>新产品销售收入比。

$$\sum_{i=1}^{10} r_3 = 7.058 > \sum_{i=1}^{10} r_4 = 6.963 > \sum_{i=1}^{10} r_{12} = 6.838 > \sum_{i=1}^{10} r_8 = 6.614 >$$

$$\sum_{i=1}^{10} r_{14} = 6.608 > \sum_{i=1}^{10} r_6 = 6.559 > \sum_{i=1}^{10} r_{13} = 6.526 > \sum_{i=1}^{10} r_5 = 6.517 >$$

$$\sum_{i=1}^{10} r_7 = 6.444 > \sum_{i=1}^{10} r_1 = 6.385 > \sum_{i=1}^{10} r_{10} = 6.085 > \sum_{i=1}^{10} r_9 = 6.014 >$$

$$\sum_{i=1}^{10} r_{11} = 5.982 > \sum_{i=1}^{10} r_2 = 5.924 \tag{14.18}$$

从业人员受教育程度>R&D 人员比率>煤炭消耗比重>R&D 项目数>单位产品能耗>产品创新比>用电量比重>中间投入>实现创新的企业数比率>新产品外销率>应收账款周转率>存货周转率>总资产周转率>单位出口货物交货值。

所以，行为因素按贡献度分为高、中、低三类行为因素群，分别为：$\{Y_9>Y_{10}>Y_3\}$，$\{Y_8>Y_5>Y_2>Y_1\}$，$\{Y_7>Y_4>Y_6\}$；系统动力因素按贡献度分为强、中、弱三类动力因素群，分别为：$\{X_3>X_4>X_{12}>X_8\}$，$\{X_{14}>X_6>X_{13}>X_5>X_7>X_1\}$，$\{X_{10}>X_9>X_{11}>X_2\}$。

1. 家具制造业高质量发展战略重点

（1）系统行为因素战略重点。依据上述分析，对家具制造业发展贡献度较大的优势动力因素有：工业废气处理率>固体废物处理率>ROE。在家具制造业的发展过程中，工业废气处理率、固体废物处理率排在前列，说明绿色发展在家具制造业的发展过程是价值链高质量发展的重要组成部分。

（2）系统动力因素战略重点。对家具制造业发展贡献度较大的优势动力因素有：从业人员受教育程度>R&D 人员比率>煤炭消耗比重>R&D 项目数。

2. 家具制造业高质量发展突破口选择

（1）系统行为因素高质量发展突破口选择。由模型计算可知，对家具制造业发展贡献度较小的一般动力因素有：市场占有率>R&D 投入强度>

新产品销售收入比。

（2）系统动力因素高质量发展突破口选择。由模型计算可知，对家具制造业发展贡献度较小的一般动力因素有：应收账款周转率＞存货周转率＞总资产周转率＞单位出口货物交货值。

（十）造纸及纸制品业战略重点与突破口测度

依据优势模型，计算造纸及纸制品业优势分析矩阵见 $\boldsymbol{R}_{10}$，行为因素贡献度用行求和表示，见式（14.19），系统动力因素用列求和表示，见式（14.20）。

$$\boldsymbol{R}_{10} = \begin{bmatrix} 0.731 & 0.599 & 0.777 & 0.716 & 0.657 & 0.545 & 0.610 & 0.601 & 0.611 & 0.596 & 0.561 & 0.576 & 0.662 & 0.753 \\ 0.688 & 0.596 & 0.841 & 0.757 & 0.747 & 0.578 & 0.593 & 0.605 & 0.605 & 0.584 & 0.752 & 0.647 & 0.699 & 0.804 \\ 0.579 & 0.570 & 0.822 & 0.745 & 0.737 & 0.570 & 0.577 & 0.591 & 0.622 & 0.717 & 0.732 & 0.658 & 0.636 & 0.662 \\ 0.662 & 0.591 & 0.575 & 0.528 & 0.572 & 0.622 & 0.599 & 0.606 & 0.537 & 0.588 & 0.573 & 0.597 & 0.581 & 0.552 \\ 0.634 & 0.584 & 0.598 & 0.534 & 0.584 & 0.632 & 0.609 & 0.600 & 0.529 & 0.579 & 0.562 & 0.584 & 0.569 & 0.574 \\ 0.611 & 0.546 & 0.545 & 0.531 & 0.547 & 0.514 & 0.511 & 0.739 & 0.509 & 0.535 & 0.517 & 0.525 & 0.516 & 0.507 \\ 0.763 & 0.581 & 0.702 & 0.638 & 0.611 & 0.586 & 0.637 & 0.618 & 0.595 & 0.565 & 0.556 & 0.592 & 0.636 & 0.559 \\ 0.681 & 0.578 & 0.812 & 0.789 & 0.721 & 0.682 & 0.715 & 0.644 & 0.614 & 0.687 & 0.704 & 0.757 & 0.759 & 0.788 \\ 0.735 & 0.617 & 0.782 & 0.681 & 0.616 & 0.547 & 0.620 & 0.587 & 0.608 & 0.634 & 0.632 & 0.725 & 0.717 & 0.667 \\ 0.718 & 0.679 & 0.593 & 0.585 & 0.665 & 0.701 & 0.726 & 0.617 & 0.658 & 0.729 & 0.692 & 0.696 & 0.678 & 0.673 \end{bmatrix}$$

$$\sum_{i=1}^{14} r_8 = 9.931 > \sum_{i=1}^{14} r_2 = 9.496 > \sum_{i=1}^{14} r_{10} = 9.412 > \sum_{i=1}^{14} r_3 = 9.219 >$$

$$\sum_{i=1}^{14} r_9 = 9.168 > \sum_{i=1}^{14} r_1 = 8.996 > \sum_{i=1}^{14} r_7 = 8.638 > \sum_{i=1}^{14} r_4 = 8.182 >$$

$$\sum_{i=1}^{14} r_5 = 8.171 > \sum_{i=1}^{14} r_6 = 7.653 \tag{14.19}$$

工业废水处理率＞销售净利率＞固体废物处理率＞ROE＞工业废气处理率＞销售毛利率＞市场占有率＞R&D投入强度＞专利授权量＞新产品销售收入比。

$$\sum_{i=1}^{10} r_3 = 7.048 > \sum_{i=1}^{10} r_1 = 6.803 > \sum_{i=1}^{10} r_{14} = 6.538 > \sum_{i=1}^{10} r_4 = 6.503 >$$

$$\sum_{i=1}^{10} r_5 = 6.452 > \sum_{i=1}^{10} r_{13} = 6.452 > \sum_{i=1}^{10} r_{12} = 6.356 > \sum_{i=1}^{10} r_{11} = 6.280 >$$

$$\sum_{i=1}^{10} r_{10} = 6.214 > \sum_{i=1}^{10} r_8 = 6.210 > \sum_{i=1}^{10} r_7 = 6.199 > \sum_{i=1}^{10} r_6 = 5.977 >$$

$$\sum_{i=1}^{10} r_2 = 5.940 > \sum_{i=1}^{10} r_9 = 5.888 \tag{14.20}$$

从业人员受教育程度＞新产品外销率＞单位产品能耗＞R&D人员比

率>中间投入>用电量比重>煤炭消耗比重>总资产周转率>应收账款周转率>R&D项目数>实现创新的企业数比率>产品创新比>单位出口货物交货值>存货周转率。

所以，行为因素按贡献度分为高、中、低三类行为因素群，分别为：$\{Y_8>Y_2>Y_{10}\}$，$\{Y_3>Y_9>Y_1>Y_7\}$，$\{Y_4>Y_5>Y_6\}$；系统动力因素按贡献度分为强、中、弱三类动力因素群，分别为：$\{X_3>X_1>X_{14}>X_4\}$，$\{X_5>X_{13}>X_{12}>X_{11}>X_{10}>X_8\}$，$\{X_7>X_6>X_2>X_9\}$。

1. 造纸及纸制品业高质量发展战略重点

（1）系统行为因素战略重点。依据上述分析，对造纸及纸制品业发展贡献度较大的优势动力因素有：工业废水处理率>销售净利率>固体废物处理率。

（2）系统动力因素战略重点。对造纸及纸制品业发展贡献度较大的优势动力因素有：从业人员受教育程度>新产品外销率单位产品能耗>R&D人员比率。

2. 造纸及纸制品业高质量发展突破口选择

（1）系统行为因素高质量发展突破口选择。由模型计算可知，对造纸及纸制品业发展贡献度较小的一般动力因素有：R&D投入强度>专利授权量>新产品销售收入比。

（2）系统动力因素高质量发展突破口选择。由模型计算可知，对造纸及纸制品业发展贡献度较小的一般动力因素有：实现创新的企业数比率>产品创新比>单位出口货物交货值>存货周转率。

（十一）印刷业和记录媒介的复制战略重点与突破口测度

依据优势模型，计算印刷业和记录媒介复制优势分析矩阵见 $\boldsymbol{R}_{11}$，行为因素贡献度用行求和表示，见式（14.21），系统动力因素用列求和表示，见式（14.22）。

$$\boldsymbol{R}_{11}=\begin{bmatrix} 0.616 & 0.638 & 0.776 & 0.621 & 0.690 & 0.587 & 0.595 & 0.618 & 0.622 & 0.549 & 0.617 & 0.661 & 0.616 & 0.791 \\ 0.598 & 0.742 & 0.794 & 0.643 & 0.728 & 0.565 & 0.572 & 0.597 & 0.656 & 0.647 & 0.785 & 0.740 & 0.557 & 0.687 \\ 0.579 & 0.678 & 0.724 & 0.625 & 0.640 & 0.550 & 0.566 & 0.578 & 0.708 & 0.667 & 0.673 & 0.710 & 0.555 & 0.606 \\ 0.666 & 0.563 & 0.597 & 0.615 & 0.567 & 0.550 & 0.549 & 0.710 & 0.521 & 0.522 & 0.522 & 0.670 & 0.534 & 0.528 \\ 0.656 & 0.547 & 0.570 & 0.560 & 0.549 & 0.630 & 0.626 & 0.698 & 0.526 & 0.541 & 0.536 & 0.601 & 0.611 & 0.548 \\ 0.735 & 0.535 & 0.573 & 0.605 & 0.532 & 0.521 & 0.521 & 0.733 & 0.514 & 0.514 & 0.506 & 0.619 & 0.530 & 0.513 \\ 0.557 & 0.609 & 0.673 & 0.760 & 0.710 & 0.637 & 0.610 & 0.559 & 0.593 & 0.594 & 0.633 & 0.638 & 0.709 & 0.682 \\ 0.584 & 0.687 & 0.626 & 0.740 & 0.766 & 0.733 & 0.739 & 0.615 & 0.558 & 0.561 & 0.580 & 0.608 & 0.728 & 0.564 \\ 0.593 & 0.687 & 0.656 & 0.711 & 0.608 & 0.717 & 0.717 & 0.625 & 0.592 & 0.572 & 0.641 & 0.610 & 0.718 & 0.633 \\ 0.599 & 0.680 & 0.648 & 0.725 & 0.681 & 0.683 & 0.724 & 0.603 & 0.579 & 0.569 & 0.608 & 0.598 & 0.715 & 0.687 \end{bmatrix}$$

第十四章 产业视角：中国制造业价值链攀升战略重点及突破口

$$\sum_{i=1}^{14} r_2 = 9.311 > \sum_{i=1}^{14} r_{10} = 9.107 > \sum_{i=1}^{14} r_8 = 9.090 > \sum_{i=1}^{14} r_9 = 9.079 >$$

$$\sum_{i=1}^{14} r_1 = 8.999 > \sum_{i=1}^{14} r_7 = 8.963 > \sum_{i=1}^{14} r_3 = 8.860 > \sum_{i=1}^{14} r_5 = 8.201 >$$

$$\sum_{i=1}^{14} r_4 = 8.115 > \sum_{i=1}^{14} r_6 = 7.952 \tag{14.21}$$

销售净利率＞固体废物处理率＞工业废水处理率＞工业废气处理率＞销售毛利率＞市场占有率＞ROE＞专利授权量＞R&D 投入强度＞新产品销售收入比。

$$\sum_{i=1}^{10} r_3 = 6.637 > \sum_{i=1}^{10} r_4 = 6.605 > \sum_{i=1}^{10} r_5 = 6.470 > \sum_{i=1}^{10} r_{12} = 6.456 >$$

$$\sum_{i=1}^{10} r_2 = 6.368 > \sum_{i=1}^{10} r_8 = 6.336 > \sum_{i=1}^{10} r_{13} = 6.273 > \sum_{i=1}^{10} r_{14} = 6.239 >$$

$$\sum_{i=1}^{10} r_7 = 6.220 > \sum_{i=1}^{10} r_1 = 6.184 > \sum_{i=1}^{10} r_6 = 6.172 > \sum_{i=1}^{10} r_{11} = 6.103 >$$

$$\sum_{i=1}^{10} r_9 = 5.869 > \sum_{i=1}^{10} r_{10} = 5.746 \tag{14.22}$$

从业人员受教育程度＞R&D 人员比率＞中间投入＞煤炭消耗比重＞单位出口货物交货值＞R&D 项目数＞用电量比重＞单位产品能耗＞实现创新的企业数比率＞新产品外销率＞产品创新比＞总资产周转率＞存货周转率＞应收账款周转率。

所以，行为因素按贡献度分为高、中、低三类贡献度行为因素群，分别为：$\{Y_2 > Y_{10} > Y_8\}$，$\{Y_9 > Y_{11} > Y_7 > Y_3\}$，$\{Y_5 > Y_4 > Y_6\}$；系统动力因素按贡献度分为强、中、弱三类动力因素群，分别为：$\{X_3 > X_4 > X_5 > X_{12}\}$，$\{X_2 > X_8 > X_{13} > X_{14} > X_7 > X_1\}$，$\{X_6 > X_{11} > X_9 > X_{10}\}$。

1. 印刷业和记录媒介的复制高质量发展战略重点

（1）系统行为因素战略重点。依据上述分析，对印刷业和记录媒介的复制发展贡献度较大的优势动力因素有：销售净利率＞固体废物处理率＞工业废水处理率。

（2）系统动力因素战略重点。对印刷业和记录媒介的复制发展贡献度较大的优势动力因素有：从业人员受教育程度＞R&D 人员比率＞中间投入＞煤炭消耗比重。

2. 印刷业和记录媒介的复制高质量发展突破口选择

（1）系统行为因素高质量发展突破口选择。由模型计算可知，对印刷业和记录媒介的复制发展贡献度较小的一般动力因素为：专利授权量＞R&D 投入强度＞新产品销售收入比。

（2）系统动力因素高质量发展突破口选择。由模型计算可知，对印刷业和记录媒介的复制发展贡献度较小的一般动力因素为：产品创新比＞总资产周转率＞存货周转率＞应收账款周转率。

（十二）文教、工美、体育和娱乐用品制造业战略重点与突破口测度

依据优势模型，计算文教、工美、体育和娱乐用品制造业优势分析矩阵见 R_{12}，行为因素贡献度用行求和表示，见式（14.23），系统动力因素用列求和表示，见式（14.24）。

$$R_{12}=\begin{bmatrix} 0.645 & 0.585 & 0.734 & 0.705 & 0.639 & 0.714 & 0.651 & 0.603 & 0.534 & 0.598 & 0.559 & 0.671 & 0.631 & 0.666 \\ 0.649 & 0.601 & 0.743 & 0.677 & 0.775 & 0.613 & 0.574 & 0.569 & 0.560 & 0.680 & 0.635 & 0.743 & 0.660 & 0.798 \\ 0.632 & 0.684 & 0.708 & 0.652 & 0.634 & 0.541 & 0.542 & 0.566 & 0.643 & 0.757 & 0.579 & 0.789 & 0.560 & 0.665 \\ 0.558 & 0.554 & 0.658 & 0.576 & 0.545 & 0.590 & 0.592 & 0.790 & 0.529 & 0.589 & 0.560 & 0.660 & 0.565 & 0.528 \\ 0.640 & 0.550 & 0.757 & 0.739 & 0.632 & 0.757 & 0.714 & 0.614 & 0.570 & 0.674 & 0.640 & 0.546 & 0.755 & 0.627 \\ 0.607 & 0.538 & 0.683 & 0.611 & 0.527 & 0.547 & 0.550 & 0.787 & 0.510 & 0.569 & 0.540 & 0.625 & 0.536 & 0.528 \\ 0.651 & 0.581 & 0.739 & 0.701 & 0.678 & 0.644 & 0.618 & 0.557 & 0.566 & 0.718 & 0.674 & 0.646 & 0.657 & 0.630 \\ 0.668 & 0.591 & 0.757 & 0.701 & 0.726 & 0.667 & 0.629 & 0.607 & 0.543 & 0.624 & 0.585 & 0.702 & 0.708 & 0.775 \\ 0.646 & 0.619 & 0.692 & 0.665 & 0.600 & 0.770 & 0.802 & 0.631 & 0.581 & 0.630 & 0.618 & 0.677 & 0.696 & 0.585 \\ 0.863 & 0.605 & 0.752 & 0.814 & 0.794 & 0.774 & 0.798 & 0.762 & 0.630 & 0.729 & 0.687 & 0.673 & 0.778 & 0.810 \end{bmatrix}$$

$$\sum_{i=1}^{14} r_{10} = 10.469 > \sum_{i=1}^{14} r_8 = 9.283 > \sum_{i=1}^{14} r_2 = 9.277 > \sum_{i=1}^{14} r_5 = 9.215 >$$

$$\sum_{i=1}^{14} r_9 = 9.213 > \sum_{i=1}^{14} r_7 = 9.060 > \sum_{i=1}^{14} r_3 = 8.952 > \sum_{i=1}^{14} r_1 = 8.936 >$$

$$\sum_{i=1}^{14} r_4 = 8.293 > \sum_{i=1}^{14} r_6 = 8.160 \tag{14.23}$$

固体废物处理率＞工业废水处理率＞销售净利率＞专利授权量＞工业废气处理率＞市场占有率＞ROE＞销售毛利率＞R&D 投入强度＞新产品销售收入比。

$$\sum_{i=1}^{10} r_3 = 7.224 > \sum_{i=1}^{10} r_4 = 6.841 > \sum_{i=1}^{10} r_{12} = 6.732 > \sum_{i=1}^{10} r_6 = 6.617 >$$

$$\sum_{i=1}^{10} r_{14} = 6.611 > \sum_{i=1}^{10} r_{10} = 6.570 > \sum_{i=1}^{10} r_1 = 6.558 > \sum_{i=1}^{10} r_5 = 6.550 >$$

$$\sum_{i=1}^{10} r_{13} = 6.548 > \sum_{i=1}^{10} r_8 = 6.485 > \sum_{i=1}^{10} r_7 = 6.469 > \sum_{i=1}^{10} r_{11} = 6.078 >$$

$$\sum_{i=1}^{10} r_2 = 5.908 > \sum_{i=1}^{10} r_9 = 5.667 \tag{14.24}$$

从业人员受教育程度>R&D人员比率>煤炭消耗比重>产品创新比>单位产品能耗>应收账款周转率>新产品外销率>中间投入>用电量比重>R&D项目数>实现创新的企业数比率>总资产周转率>单位出口货物交货值>存货周转率。

(十三) 石油加工、炼焦及核燃料加工业战略重点与突破口测度

依据优势模型，计算石油加工、炼焦及核燃料加工业的复制优势分析矩阵见 R_{13}，行为因素贡献度用行求和表示，见式（14.25），系统动力因素用列求和表示，见式（14.26）。

$$R_{13} = \begin{bmatrix} 0.608 & 0.657 & 0.701 & 0.666 & 0.629 & 0.670 & 0.728 & 0.763 & 0.710 & 0.601 & 0.617 & 0.668 & 0.638 & 0.661 \\ 0.794 & 0.811 & 0.772 & 0.768 & 0.754 & 0.767 & 0.778 & 0.803 & 0.780 & 0.728 & 0.738 & 0.774 & 0.763 & 0.775 \\ 0.734 & 0.691 & 0.682 & 0.709 & 0.671 & 0.692 & 0.672 & 0.660 & 0.695 & 0.651 & 0.661 & 0.696 & 0.679 & 0.674 \\ 0.565 & 0.610 & 0.607 & 0.650 & 0.641 & 0.651 & 0.654 & 0.715 & 0.679 & 0.624 & 0.653 & 0.608 & 0.647 & 0.610 \\ 0.566 & 0.631 & 0.620 & 0.610 & 0.645 & 0.603 & 0.627 & 0.636 & 0.617 & 0.677 & 0.685 & 0.568 & 0.555 & 0.565 \\ 0.578 & 0.645 & 0.575 & 0.540 & 0.540 & 0.555 & 0.579 & 0.672 & 0.566 & 0.585 & 0.582 & 0.543 & 0.589 & 0.588 \\ 0.586 & 0.643 & 0.649 & 0.644 & 0.596 & 0.638 & 0.701 & 0.708 & 0.717 & 0.595 & 0.539 & 0.643 & 0.652 & 0.663 \\ 0.544 & 0.554 & 0.718 & 0.662 & 0.750 & 0.670 & 0.692 & 0.598 & 0.692 & 0.655 & 0.661 & 0.713 & 0.688 & 0.647 \\ 0.535 & 0.540 & 0.691 & 0.770 & 0.617 & 0.534 & 0.679 & 0.573 & 0.725 & 0.552 & 0.612 & 0.726 & 0.706 & 0.614 \\ 0.583 & 0.619 & 0.738 & 0.689 & 0.659 & 0.727 & 0.742 & 0.693 & 0.724 & 0.593 & 0.615 & 0.750 & 0.752 & 0.745 \end{bmatrix}$$

$$\sum_{i=1}^{14} r_2 = 10.806 > \sum_{i=1}^{14} r_{10} = 9.629 > \sum_{i=1}^{14} r_3 = 9.565 > \sum_{i=1}^{14} r_1 = 9.318 >$$

$$\sum_{i=1}^{14} r_8 = 9.245 > \sum_{i=1}^{14} r_7 = 8.972 > \sum_{i=1}^{14} r_4 = 8.914 > \sum_{i=1}^{14} r_9 = 8.873 >$$

$$\sum_{i=1}^{14} r_5 = 8.606 > \sum_{i=1}^{14} r_6 = 8.138 \tag{14.25}$$

销售净利率>固体废物处理率>ROE>销售毛利率>工业废水处理率>市场占有率>R&D投入强度>工业废气处理率>专利授权量>新产品销售收入比。

$$\sum_{i=1}^{10} r_9 = 6.905 > \sum_{i=1}^{10} r_7 = 6.851 > \sum_{i=1}^{10} r_8 = 6.822 > \sum_{i=1}^{10} r_3 = 6.753 >$$

$$\sum_{i=1}^{10} r_4 = 6.707 > \sum_{i=1}^{10} r_{12} = 6.687 > \sum_{i=1}^{10} r_{12} = 6.687 > \sum_{i=1}^{10} r_{13} = 6.668 >$$

$$\sum_{i=1}^{10} r_{14} = 6.543 > \sum_{i=1}^{10} r_6 = 6.508 > \sum_{i=1}^{10} r_5 = 6.502 > \sum_{i=1}^{10} r_{11} = 6.363 >$$

$$\sum_{i=1}^{10} r_{10} = 6.261 > \sum_{i=1}^{10} r_1 = 6.094 \tag{14.26}$$

存货周转率＞实现创新的企业数比率＞R&D 项目数＞从业人员受教育程度＞R&D 人员比率＞煤炭消耗比重＞用电量比重＞单位产品能耗＞产品创新比＞中间投入＞单位出口货物交货值＞总资产周转率＞应收账款周转率＞新产品外销率。

（十四）化学染料及化学制品战略重点与突破口测度

依据优势模型，计算化学染料及化学制品优势分析矩阵见 $\boldsymbol{R}_{14}$，行为因素贡献度用行求和表示，见式（14.27），系统动力因素用列求和表示，见式（14.28）。

$$\boldsymbol{R}_{14}=\begin{bmatrix} 0.512 & 0.524 & 0.564 & 0.518 & 0.537 & 0.514 & 0.515 & 0.564 & 0.512 & 0.531 & 0.520 & 0.557 & 0.510 & 0.523 \\ 0.544 & 0.559 & 0.591 & 0.592 & 0.625 & 0.626 & 0.651 & 0.737 & 0.527 & 0.549 & 0.550 & 0.640 & 0.558 & 0.589 \\ 0.614 & 0.686 & 0.761 & 0.751 & 0.672 & 0.603 & 0.601 & 0.639 & 0.643 & 0.589 & 0.625 & 0.724 & 0.746 & 0.760 \\ 0.584 & 0.550 & 0.578 & 0.543 & 0.581 & 0.624 & 0.633 & 0.671 & 0.539 & 0.580 & 0.575 & 0.624 & 0.550 & 0.543 \\ 0.622 & 0.577 & 0.599 & 0.553 & 0.613 & 0.691 & 0.697 & 0.636 & 0.567 & 0.599 & 0.601 & 0.642 & 0.603 & 0.575 \\ 0.521 & 0.515 & 0.648 & 0.545 & 0.541 & 0.549 & 0.566 & 0.713 & 0.517 & 0.530 & 0.517 & 0.571 & 0.527 & 0.549 \\ 0.696 & 0.617 & 0.765 & 0.663 & 0.635 & 0.552 & 0.599 & 0.577 & 0.558 & 0.628 & 0.662 & 0.703 & 0.521 & 0.727 \\ 0.663 & 0.568 & 0.748 & 0.728 & 0.702 & 0.594 & 0.662 & 0.642 & 0.546 & 0.571 & 0.577 & 0.766 & 0.784 & 0.753 \\ 0.629 & 0.582 & 0.660 & 0.636 & 0.639 & 0.757 & 0.809 & 0.659 & 0.567 & 0.606 & 0.616 & 0.673 & 0.628 & 0.558 \\ 0.648 & 0.617 & 0.665 & 0.607 & 0.669 & 0.752 & 0.745 & 0.680 & 0.591 & 0.630 & 0.655 & 0.693 & 0.617 & 0.633 \end{bmatrix}$$

$$\sum_{i=1}^{14} r_3 = 9.414 > \sum_{i=1}^{14} r_8 = 9.304 > \sum_{i=1}^{14} r_{10} = 9.203 > \sum_{i=1}^{14} r_9 = 9.018 >$$
$$\sum_{i=1}^{14} r_7 = 8.905 > \sum_{i=1}^{14} r_5 = 8.575 > \sum_{i=1}^{14} r_2 = 8.339 > \sum_{i=1}^{14} r_4 = 8.175 >$$
$$\sum_{i=1}^{14} r_6 = 7.808 > \sum_{i=1}^{14} r_1 = 7.399 \tag{14.27}$$

ROE＞工业废水处理率＞固体废物处理率＞工业废气处理率＞市场占有率＞专利授权量＞销售净利率＞R&D 投入强度＞新产品销售收入比＞销售毛利率。

$$\sum_{i=1}^{10} r_{12} = 6.593 > \sum_{i=1}^{10} r_3 = 6.581 > \sum_{i=1}^{10} r_8 = 6.517 > \sum_{i=1}^{10} r_7 = 6.478 >$$
$$\sum_{i=1}^{10} r_6 = 6.262 > \sum_{i=1}^{10} r_5 = 6.212 > \sum_{i=1}^{10} r_{14} = 6.211 > \sum_{i=1}^{10} r_4 = 6.136 >$$
$$\sum_{i=1}^{10} r_{13} = 6.043 > \sum_{i=1}^{10} r_1 = 6.032 > \sum_{i=1}^{10} r_{11} = 5.899 > \sum_{i=1}^{10} r_{10} = 5.812 >$$
$$\sum_{i=1}^{10} r_2 = 5.794 > \sum_{i=1}^{10} r_9 = 5.567 \tag{14.28}$$

煤炭消耗比重＞从业人员受教育程度＞R&D 项目数＞实现创新的企

业数比率>产品创新比>中间投入>单位产品能耗>R&D人员比率>用电量比重>新产品外销率>总资产周转率>应收账款周转率>单位出口货物交货值>存货周转率。

(十五) 医药制造业战略重点与突破口测度

依据优势模型，计算医药制造业优势分析矩阵见 R_{15}，行为因素贡献度用行求和表示，见式（14.29），系统动力因素用列求和表示，见式（14.30）。

$$R_{15} = \begin{bmatrix} 0.511 & 0.512 & 0.552 & 0.520 & 0.539 & 0.512 & 0.507 & 0.524 & 0.507 & 0.516 & 0.518 & 0.535 & 0.513 & 0.529 \\ 0.612 & 0.519 & 0.707 & 0.604 & 0.672 & 0.597 & 0.608 & 0.701 & 0.530 & 0.538 & 0.553 & 0.619 & 0.558 & 0.555 \\ 0.631 & 0.675 & 0.713 & 0.698 & 0.739 & 0.580 & 0.576 & 0.638 & 0.572 & 0.544 & 0.564 & 0.756 & 0.657 & 0.740 \\ 0.585 & 0.531 & 0.677 & 0.557 & 0.689 & 0.548 & 0.542 & 0.622 & 0.526 & 0.546 & 0.542 & 0.648 & 0.525 & 0.576 \\ 0.605 & 0.548 & 0.713 & 0.567 & 0.766 & 0.650 & 0.653 & 0.652 & 0.551 & 0.570 & 0.572 & 0.725 & 0.578 & 0.623 \\ 0.532 & 0.510 & 0.648 & 0.517 & 0.583 & 0.515 & 0.516 & 0.570 & 0.517 & 0.532 & 0.527 & 0.553 & 0.522 & 0.524 \\ 0.669 & 0.588 & 0.789 & 0.702 & 0.709 & 0.628 & 0.598 & 0.659 & 0.573 & 0.594 & 0.604 & 0.583 & 0.717 & 0.729 \\ 0.665 & 0.577 & 0.763 & 0.767 & 0.638 & 0.684 & 0.701 & 0.722 & 0.542 & 0.550 & 0.575 & 0.723 & 0.687 & 0.752 \\ 0.663 & 0.705 & 0.732 & 0.689 & 0.739 & 0.714 & 0.684 & 0.716 & 0.660 & 0.650 & 0.697 & 0.767 & 0.705 & 0.730 \\ 0.721 & 0.598 & 0.687 & 0.658 & 0.702 & 0.728 & 0.813 & 0.784 & 0.585 & 0.588 & 0.576 & 0.609 & 0.632 & 0.607 \end{bmatrix}$$

$$\sum_{i=1}^{14} r_9 = 9.852 > \sum_{i=1}^{14} r_8 = 9.345 > \sum_{i=1}^{14} r_{10} = 9.334 > \sum_{i=1}^{14} r_7 = 9.141 >$$
$$\sum_{i=1}^{14} r_3 = 9.083 > \sum_{i=1}^{14} r_5 = 8.775 > \sum_{i=1}^{14} r_2 = 8.371 > \sum_{i=1}^{14} r_4 = 8.115 >$$
$$\sum_{i=1}^{14} r_6 = 7.565 > \sum_{i=1}^{14} r_1 = 7.296 \tag{14.29}$$

工业废气处理率>工业废水处理率>固体废物处理率>市场占有率>ROE>专利授权量>销售净利率>R&D投入强度>新产品销售收入比>销售毛利率。

$$\sum_{i=1}^{10} r_3 = 6.980 > \sum_{i=1}^{10} r_5 = 6.776 > \sum_{i=1}^{10} r_8 = 6.587 > \sum_{i=1}^{10} r_{12} = 6.518 >$$
$$\sum_{i=1}^{10} r_{14} = 6.366 > \sum_{i=1}^{10} r_4 = 6.279 > \sum_{i=1}^{10} r_7 = 6.198 > \sum_{i=1}^{10} r_1 = 6.194 >$$
$$\sum_{i=1}^{10} r_6 = 6.156 > \sum_{i=1}^{10} r_{13} = 6.094 > \sum_{i=1}^{10} r_{11} = 5.776 > \sum_{i=1}^{10} r_2 = 5.763 >$$
$$\sum_{i=1}^{10} r_{10} = 5.628 > \sum_{i=1}^{10} r_9 = 5.563 \tag{14.30}$$

从业人员受教育程度>中间投入>R&D项目数>煤炭消耗比重>单位产品能耗>R&D人员比率>实现创新的企业数比率>新产品外销率>

产品创新比>用电量比重>总资产周转率>单位出口货物交货值>应收账款周转率>存货周转率。

(十六) 化学纤维制造业战略重点与突破口测度

依据优势模型, 计算化学纤维制造业优势分析矩阵见 R_{16}, 行为因素贡献度用行求和表示, 见式 (14.31), 系统动力因素用列求和表示, 见式 (14.32)。

$$R_{16} = \begin{bmatrix} 0.612 & 0.555 & 0.668 & 0.544 & 0.541 & 0.582 & 0.607 & 0.759 & 0.528 & 0.620 & 0.569 & 0.616 & 0.553 & 0.560 \\ 0.647 & 0.671 & 0.692 & 0.676 & 0.649 & 0.677 & 0.677 & 0.615 & 0.634 & 0.732 & 0.667 & 0.646 & 0.652 & 0.708 \\ 0.763 & 0.597 & 0.710 & 0.764 & 0.735 & 0.635 & 0.668 & 0.615 & 0.666 & 0.731 & 0.651 & 0.739 & 0.749 & 0.755 \\ 0.592 & 0.624 & 0.640 & 0.542 & 0.582 & 0.666 & 0.640 & 0.647 & 0.622 & 0.719 & 0.638 & 0.713 & 0.615 & 0.593 \\ 0.801 & 0.695 & 0.771 & 0.651 & 0.698 & 0.632 & 0.622 & 0.662 & 0.653 & 0.756 & 0.718 & 0.702 & 0.695 & 0.687 \\ 0.524 & 0.518 & 0.645 & 0.560 & 0.534 & 0.543 & 0.549 & 0.726 & 0.551 & 0.543 & 0.503 & 0.620 & 0.531 & 0.564 \\ 0.646 & 0.545 & 0.710 & 0.656 & 0.677 & 0.717 & 0.635 & 0.669 & 0.675 & 0.649 & 0.542 & 0.688 & 0.592 & 0.616 \\ 0.698 & 0.703 & 0.800 & 0.700 & 0.660 & 0.794 & 0.783 & 0.618 & 0.781 & 0.772 & 0.799 & 0.701 & 0.646 & 0.655 \\ 0.692 & 0.740 & 0.719 & 0.671 & 0.693 & 0.666 & 0.666 & 0.645 & 0.681 & 0.747 & 0.724 & 0.699 & 0.629 & 0.720 \\ 0.683 & 0.666 & 0.776 & 0.646 & 0.717 & 0.719 & 0.760 & 0.639 & 0.720 & 0.704 & 0.774 & 0.649 & 0.640 & 0.591 \end{bmatrix}$$

$$\sum_{i=1}^{14} r_8 = 10.110 > \sum_{i=1}^{14} r_3 = 9.777 > \sum_{i=1}^{14} r_5 = 9.744 > \sum_{i=1}^{14} r_9 = 9.693 >$$

$$\sum_{i=1}^{14} r_{10} = 9.685 > \sum_{i=1}^{14} r_2 = 9.342 > \sum_{i=1}^{14} r_7 = 9.016 > \sum_{i=1}^{14} r_4 = 8.832 >$$

$$\sum_{i=1}^{14} r_1 = 8.315 > \sum_{i=1}^{14} r_6 = 7.911 \tag{14.31}$$

工业废水处理率>ROE>专利授权量>工业废气处理率>固体废物处理率>销售净利率>市场占有率>R&D投入强度>销售毛利率>新产品销售收入比。

$$\sum_{i=1}^{10} r_3 = 7.132 > \sum_{i=1}^{10} r_{10} = 6.974 > \sum_{i=1}^{10} r_{12} = 6.773 > \sum_{i=1}^{10} r_1 = 6.658 >$$

$$\sum_{i=1}^{10} r_6 = 6.632 > \sum_{i=1}^{10} r_7 = 6.606 > \sum_{i=1}^{10} r_8 = 6.595 > \sum_{i=1}^{10} r_{11} = 6.585 >$$

$$\sum_{i=1}^{10} r_9 = 6.510 > \sum_{i=1}^{10} r_5 = 6.485 > \sum_{i=1}^{10} r_{14} = 6.450 > \sum_{i=1}^{10} r_4 = 6.410 >$$

$$\sum_{i=1}^{10} r_2 = 6.314 > \sum_{i=1}^{10} r_{13} = 6.300 \tag{14.32}$$

从业人员受教育程度>应收账款周转率>煤炭消耗比重>新产品外销率>产品创新比>实现创新的企业数比率>R&D项目数>总资产周转率>存货周转率>中间投入>单位产品能耗>R&D人员比率>单位出口货物

交货值>用电量比重。

(十七) 橡胶和塑料制品业战略重点与突破口测度

依据优势模型，计算橡胶和塑料制品业优势分析矩阵见 R_{17}，行为因素贡献度用行求和表示，见式（14.33），系统动力因素用列求和表示，见式（14.34）。

$$R_{17}=\begin{bmatrix} 0.728 & 0.533 & 0.646 & 0.698 & 0.634 & 0.669 & 0.604 & 0.637 & 0.520 & 0.531 & 0.521 & 0.611 & 0.519 & 0.547 \\ 0.582 & 0.631 & 0.752 & 0.615 & 0.607 & 0.532 & 0.559 & 0.567 & 0.560 & 0.596 & 0.662 & 0.650 & 0.534 & 0.587 \\ 0.542 & 0.595 & 0.700 & 0.631 & 0.601 & 0.553 & 0.556 & 0.579 & 0.733 & 0.728 & 0.602 & 0.561 & 0.581 & 0.594 \\ 0.682 & 0.548 & 0.604 & 0.558 & 0.575 & 0.588 & 0.578 & 0.709 & 0.525 & 0.541 & 0.538 & 0.618 & 0.529 & 0.529 \\ 0.676 & 0.632 & 0.783 & 0.721 & 0.755 & 0.738 & 0.733 & 0.549 & 0.596 & 0.619 & 0.620 & 0.722 & 0.720 & 0.725 \\ 0.566 & 0.518 & 0.632 & 0.587 & 0.555 & 0.526 & 0.536 & 0.756 & 0.509 & 0.516 & 0.509 & 0.548 & 0.510 & 0.519 \\ 0.638 & 0.664 & 0.786 & 0.570 & 0.609 & 0.551 & 0.583 & 0.558 & 0.539 & 0.577 & 0.639 & 0.735 & 0.567 & 0.570 \\ 0.683 & 0.562 & 0.787 & 0.703 & 0.687 & 0.580 & 0.652 & 0.609 & 0.527 & 0.550 & 0.550 & 0.745 & 0.719 & 0.704 \\ 0.716 & 0.631 & 0.761 & 0.705 & 0.717 & 0.615 & 0.674 & 0.616 & 0.558 & 0.587 & 0.620 & 0.688 & 0.743 & 0.635 \\ 0.679 & 0.667 & 0.768 & 0.647 & 0.770 & 0.618 & 0.687 & 0.644 & 0.599 & 0.617 & 0.662 & 0.714 & 0.783 & 0.734 \end{bmatrix}$$

$$\sum_{i=1}^{14} r_{10} = 9.590 > \sum_{i=1}^{14} r_5 = 9.588 > \sum_{i=1}^{14} r_9 = 9.267 > \sum_{i=1}^{14} r_8 = 9.057 >$$
$$\sum_{i=1}^{14} r_7 = 8.587 > \sum_{i=1}^{14} r_3 = 8.555 > \sum_{i=1}^{14} r_2 = 8.434 > \sum_{i=1}^{14} r_1 = 8.397 >$$
$$\sum_{i=1}^{14} r_4 = 8.122 > \sum_{i=1}^{14} r_6 = 7.787 \tag{14.33}$$

固体废物处理率>专利授权量>工业废气处理率>工业废水处理率>市场占有率>ROE>销售净利率>销售毛利率>R&D 投入强度>新产品销售收入比。

$$\sum_{i=1}^{10} r_3 = 7.220 > \sum_{i=1}^{10} r_{12} = 6.592 > \sum_{i=1}^{10} r_5 = 6.510 > \sum_{i=1}^{10} r_1 = 6.493 >$$
$$\sum_{i=1}^{10} r_4 = 6.435 > \sum_{i=1}^{10} r_8 = 6.223 > \sum_{i=1}^{10} r_{13} = 6.206 > \sum_{i=1}^{10} r_7 = 6.162 >$$
$$\sum_{i=1}^{10} r_{14} = 6.144 > \sum_{i=1}^{10} r_2 = 5.981 > \sum_{i=1}^{10} r_6 = 5.969 > \sum_{i=1}^{10} r_{11} = 5.923 >$$
$$\sum_{i=1}^{10} r_{10} = 5.862 > \sum_{i=1}^{10} r_9 = 5.667 \tag{14.34}$$

从业人员受教育程度>煤炭消耗比重>中间投入>新产品外销率>R&D 人员比率>R&D 项目数>用电量比重>实现创新的企业数比率>单位产品能耗>单位出口货物交货值>产品创新比>总资产周转率>应收账款周转率>存货周转率。

(十八) 非金属矿物制品业战略重点与突破口测度

依据优势模型，计算非金属矿物制品业优势分析矩阵见 R_{18}，行为因素贡献度用行求和表示，见式 (14.35)，系统动力因素用列求和表示，见式 (14.36)。

$$R_{18} = \begin{bmatrix} 0.539 & 0.725 & 0.760 & 0.654 & 0.662 & 0.545 & 0.544 & 0.566 & 0.710 & 0.654 & 0.593 & 0.587 & 0.534 & 0.602 \\ 0.730 & 0.535 & 0.621 & 0.660 & 0.710 & 0.728 & 0.734 & 0.681 & 0.540 & 0.553 & 0.533 & 0.640 & 0.552 & 0.632 \\ 0.616 & 0.577 & 0.711 & 0.647 & 0.626 & 0.688 & 0.709 & 0.645 & 0.613 & 0.545 & 0.613 & 0.627 & 0.604 & 0.697 \\ 0.586 & 0.555 & 0.586 & 0.537 & 0.594 & 0.574 & 0.569 & 0.790 & 0.525 & 0.574 & 0.542 & 0.553 & 0.574 & 0.566 \\ 0.624 & 0.572 & 0.580 & 0.510 & 0.609 & 0.614 & 0.608 & 0.666 & 0.543 & 0.585 & 0.563 & 0.559 & 0.602 & 0.570 \\ 0.542 & 0.529 & 0.623 & 0.558 & 0.568 & 0.522 & 0.518 & 0.667 & 0.508 & 0.552 & 0.516 & 0.523 & 0.530 & 0.524 \\ 0.606 & 0.660 & 0.821 & 0.601 & 0.657 & 0.611 & 0.564 & 0.531 & 0.571 & 0.634 & 0.679 & 0.662 & 0.658 & 0.635 \\ 0.644 & 0.569 & 0.758 & 0.720 & 0.661 & 0.620 & 0.580 & 0.585 & 0.540 & 0.587 & 0.551 & 0.665 & 0.535 & 0.689 \\ 0.639 & 0.574 & 0.765 & 0.720 & 0.677 & 0.619 & 0.591 & 0.596 & 0.541 & 0.578 & 0.560 & 0.723 & 0.606 & 0.707 \\ 0.727 & 0.713 & 0.783 & 0.720 & 0.803 & 0.698 & 0.753 & 0.690 & 0.633 & 0.632 & 0.682 & 0.739 & 0.662 & 0.721 \end{bmatrix}$$

$$\sum_{i=1}^{14} r_{10} = 9.954 > \sum_{i=1}^{14} r_3 = 8.916 > \sum_{i=1}^{14} r_9 = 8.898 > \sum_{i=1}^{14} r_7 = 8.889 >$$

$$\sum_{i=1}^{14} r_2 = 8.849 > \sum_{i=1}^{14} r_8 = 8.705 > \sum_{i=1}^{14} r_1 = 8.676 > \sum_{i=1}^{14} r_5 = 8.208 >$$

$$\sum_{i=1}^{14} r_4 = 8.124 > \sum_{i=1}^{14} r_6 = 7.682 \tag{14.35}$$

固体废物处理率>ROE>工业废气处理率>市场占有率>销售净利率>工业废水处理率>销售毛利率>专利授权量>R&D投入强度>新产品销售收入比。

$$\sum_{i=1}^{10} r_3 = 7.009 > \sum_{i=1}^{10} r_5 = 6.568 > \sum_{i=1}^{10} r_8 = 6.417 > \sum_{i=1}^{10} r_{14} = 6.344 >$$

$$\sum_{i=1}^{10} r_4 = 6.327 > \sum_{i=1}^{10} r_{12} = 6.277 > \sum_{i=1}^{10} r_1 = 6.253 > \sum_{i=1}^{10} r_6 = 6.219 >$$

$$\sum_{i=1}^{10} r_7 = 6.170 > \sum_{i=1}^{10} r_2 = 6.009 > \sum_{i=1}^{10} r_{10} = 5.895 > \sum_{i=1}^{10} r_{13} = 5.857 >$$

$$\sum_{i=1}^{10} r_{11} = 5.833 > \sum_{i=1}^{10} r_9 = 5.724 \tag{14.36}$$

从业人员受教育程度>中间投入>R&D项目数>单位产品能耗>R&D人员比率>煤炭消耗比重>新产品外销率>产品创新比>实现创新的企业数比率>单位出口货物交货值>应收账款周转率>用电量比重>总资产周转率>存货周转率。

（十九）黑色金属冶炼及压延加工业战略重点与突破口测度

依据优势模型，计算黑色金属冶炼及压延加工业优势分析矩阵见 R_{19}，行为因素贡献度用行求和表示，见式（14.37），系统动力因素用列求和表示，见式（14.38）。

$$R_{19} = \begin{bmatrix} 0.676 & 0.663 & 0.799 & 0.735 & 0.726 & 0.624 & 0.629 & 0.713 & 0.636 & 0.695 & 0.732 & 0.703 & 0.739 & 0.706 \\ 0.545 & 0.550 & 0.608 & 0.550 & 0.569 & 0.591 & 0.580 & 0.535 & 0.559 & 0.580 & 0.541 & 0.574 & 0.558 & 0.564 \\ 0.562 & 0.581 & 0.675 & 0.621 & 0.648 & 0.677 & 0.655 & 0.594 & 0.636 & 0.610 & 0.618 & 0.647 & 0.637 & 0.636 \\ 0.615 & 0.606 & 0.728 & 0.762 & 0.751 & 0.863 & 0.840 & 0.770 & 0.822 & 0.737 & 0.766 & 0.774 & 0.745 & 0.780 \\ 0.638 & 0.606 & 0.717 & 0.756 & 0.737 & 0.739 & 0.786 & 0.712 & 0.663 & 0.574 & 0.710 & 0.726 & 0.754 & 0.662 \\ 0.533 & 0.554 & 0.573 & 0.523 & 0.539 & 0.588 & 0.576 & 0.568 & 0.563 & 0.529 & 0.509 & 0.552 & 0.522 & 0.543 \\ 0.561 & 0.602 & 0.769 & 0.780 & 0.613 & 0.710 & 0.701 & 0.637 & 0.707 & 0.539 & 0.686 & 0.655 & 0.707 & 0.757 \\ 0.617 & 0.644 & 0.791 & 0.624 & 0.646 & 0.630 & 0.677 & 0.622 & 0.726 & 0.710 & 0.612 & 0.662 & 0.561 & 0.693 \\ 0.613 & 0.613 & 0.755 & 0.582 & 0.692 & 0.644 & 0.719 & 0.674 & 0.588 & 0.659 & 0.614 & 0.661 & 0.618 & 0.642 \\ 0.601 & 0.626 & 0.791 & 0.644 & 0.640 & 0.660 & 0.717 & 0.678 & 0.741 & 0.677 & 0.651 & 0.704 & 0.613 & 0.722 \end{bmatrix}$$

$$\sum_{i=1}^{14} r_4 = 10.559 > \sum_{i=1}^{14} r_5 = 9.780 > \sum_{i=1}^{14} r_1 = 9.775 > \sum_{i=1}^{14} r_{10} 9.466 >$$
$$\sum_{i=1}^{14} r_7 = 9.424 > \sum_{i=1}^{14} r_8 = 9.216 > \sum_{i=1}^{14} r_9 = 9.075 > \sum_{i=1}^{14} r_3 = 8.795 >$$
$$\sum_{i=1}^{14} r_2 = 7.905 > \sum_{i=1}^{14} r_6 = 7.672 \tag{14.37}$$

R&D 投入强度>专利授权量>销售毛利率>固体废物处理率>市场占有率>工业废水处理率>工业废气处理率>ROE>销售净利率>新产品销售收入比。

$$\sum_{i=1}^{10} r_3 = 7.207 > \sum_{i=1}^{10} r_7 = 6.882 > \sum_{i=1}^{10} r_6 = 6.726 > \sum_{i=1}^{10} r_{14} = 6.705 >$$
$$\sum_{i=1}^{10} r_{12} = 6.657 > \sum_{i=1}^{10} r_9 = 6.640 > \sum_{i=1}^{10} r_4 = 6.561 > \sum_{i=1}^{10} r_5 = 6.561 >$$
$$\sum_{i=1}^{10} r_8 = 6.503 > \sum_{i=1}^{10} r_{13} = 6.454 > \sum_{i=1}^{10} r_{11} = 6.439 > \sum_{i=1}^{10} r_{10} = 6.311 >$$
$$\sum_{i=1}^{10} r_2 = 6.045 > \sum_{i=1}^{10} r_1 = 5.960 \tag{14.38}$$

从业人员受教育程度>实现创新的企业数比率>产品创新比>单位产品能耗>煤炭消耗比重>存货周转率>R&D 人员比率>中间投入>R&D 项目数>用电量比重>总资产周转率>应收账款周转率>单位出口货物交货值>新产品外销率。

（二十）有色金属冶炼及压延加工业战略重点与突破口测度

依据优势模型，计算有色金属冶炼及压延加工业优势分析矩阵见 R_{20}，行为因素贡献度用行求和表示，见式（14.39），系统动力因素用列求和表示，见式（14.40）。

$$R_{20} = \begin{bmatrix} 0.622 & 0.565 & 0.639 & 0.550 & 0.594 & 0.579 & 0.574 & 0.703 & 0.531 & 0.560 & 0.562 & 0.646 & 0.585 & 0.590 \\ 0.622 & 0.606 & 0.687 & 0.723 & 0.702 & 0.648 & 0.653 & 0.630 & 0.740 & 0.664 & 0.725 & 0.757 & 0.719 & 0.748 \\ 0.546 & 0.691 & 0.666 & 0.660 & 0.672 & 0.610 & 0.613 & 0.609 & 0.680 & 0.626 & 0.631 & 0.763 & 0.676 & 0.693 \\ 0.710 & 0.606 & 0.681 & 0.546 & 0.643 & 0.667 & 0.672 & 0.589 & 0.593 & 0.641 & 0.638 & 0.633 & 0.608 & 0.612 \\ 0.737 & 0.600 & 0.585 & 0.537 & 0.604 & 0.663 & 0.648 & 0.656 & 0.564 & 0.631 & 0.620 & 0.680 & 0.576 & 0.567 \\ 0.599 & 0.536 & 0.611 & 0.547 & 0.549 & 0.520 & 0.522 & 0.659 & 0.513 & 0.550 & 0.528 & 0.645 & 0.544 & 0.560 \\ 0.650 & 0.594 & 0.835 & 0.776 & 0.775 & 0.760 & 0.856 & 0.586 & 0.556 & 0.648 & 0.632 & 0.613 & 0.639 & 0.640 \\ 0.575 & 0.638 & 0.830 & 0.669 & 0.661 & 0.694 & 0.790 & 0.598 & 0.597 & 0.681 & 0.714 & 0.627 & 0.669 & 0.664 \\ 0.600 & 0.629 & 0.827 & 0.704 & 0.712 & 0.706 & 0.765 & 0.600 & 0.601 & 0.687 & 0.675 & 0.632 & 0.670 & 0.686 \\ 0.657 & 0.648 & 0.763 & 0.639 & 0.676 & 0.659 & 0.733 & 0.586 & 0.651 & 0.724 & 0.765 & 0.572 & 0.594 & 0.562 \end{bmatrix}$$

$$\sum_{i=1}^{14} r_2 = 9.624 > \sum_{i=1}^{14} r_7 = 9.561 > \sum_{i=1}^{14} r_9 = 9.496 > \sum_{i=1}^{14} r_8 = 9.407 >$$

$$\sum_{i=1}^{14} r_{10} = 9.229 > \sum_{i=1}^{14} r_3 = 9.137 > \sum_{i=1}^{14} r_4 = 8.838 > \sum_{i=1}^{14} r_5 = 8.670 >$$

$$\sum_{i=1}^{14} r_1 = 8.300 > \sum_{i=1}^{14} r_6 = 7.883 \tag{14.39}$$

销售净利率>市场占有率>工业废气处理率>工业废水处理率>固体废物处理率>ROE>R&D投入强度>专利授权量>销售毛利率>新产品销售收入比。

$$\sum_{i=1}^{10} r_3 = 7.124 > \sum_{i=1}^{10} r_7 = 6.824 > \sum_{i=1}^{10} r_5 = 6.590 > \sum_{i=1}^{10} r_{12} = 6.568 >$$

$$\sum_{i=1}^{10} r_6 = 6.507 > \sum_{i=1}^{10} r_{11} = 6.490 > \sum_{i=1}^{10} r_{10} = 6.412 > \sum_{i=1}^{10} r_4 = 6.351 >$$

$$\sum_{i=1}^{10} r_{14} = 6.323 > \sum_{i=1}^{10} r_1 = 6.318 > \sum_{i=1}^{10} r_{13} = 6.280 > \sum_{i=1}^{10} r_8 = 6.218 >$$

$$\sum_{i=1}^{10} r_2 = 6.112 > \sum_{i=1}^{10} r_9 = 6.026 \tag{14.40}$$

从业人员受教育程度>实现创新的企业数比率>中间投入>煤炭消耗比重>产品创新比>总资产周转率>应收账款周转率>R&D人员比率>单位产品能耗>新产品外销率>用电量比重>R&D项目数>单位出口货物交货值>存货周转率。

(二十一) 金属制品业战略重点与突破口测度

依据优势模型，计算金属制品业优势分析矩阵见 R_{21}，行为因素贡献度用行求和表示，见式（14.41），系统动力因素用列求和表示，见式（14.42）。

$$R_{21} = \begin{bmatrix} 0.730 & 0.546 & 0.637 & 0.659 & 0.627 & 0.585 & 0.614 & 0.652 & 0.547 & 0.530 & 0.530 & 0.670 & 0.551 & 0.594 \\ 0.532 & 0.620 & 0.712 & 0.657 & 0.639 & 0.535 & 0.547 & 0.563 & 0.674 & 0.631 & 0.581 & 0.668 & 0.595 & 0.638 \\ 0.562 & 0.683 & 0.692 & 0.666 & 0.649 & 0.571 & 0.573 & 0.584 & 0.776 & 0.743 & 0.611 & 0.624 & 0.620 & 0.647 \\ 0.624 & 0.555 & 0.627 & 0.527 & 0.572 & 0.611 & 0.603 & 0.632 & 0.534 & 0.549 & 0.560 & 0.640 & 0.554 & 0.542 \\ 0.639 & 0.546 & 0.592 & 0.513 & 0.551 & 0.587 & 0.583 & 0.755 & 0.528 & 0.549 & 0.557 & 0.643 & 0.539 & 0.540 \\ 0.528 & 0.520 & 0.621 & 0.564 & 0.534 & 0.518 & 0.522 & 0.748 & 0.520 & 0.517 & 0.514 & 0.628 & 0.507 & 0.522 \\ 0.559 & 0.568 & 0.792 & 0.751 & 0.601 & 0.589 & 0.656 & 0.571 & 0.547 & 0.548 & 0.578 & 0.722 & 0.649 & 0.658 \\ 0.544 & 0.572 & 0.778 & 0.699 & 0.613 & 0.565 & 0.636 & 0.572 & 0.567 & 0.545 & 0.573 & 0.724 & 0.641 & 0.720 \\ 0.608 & 0.586 & 0.763 & 0.699 & 0.654 & 0.630 & 0.640 & 0.587 & 0.567 & 0.560 & 0.610 & 0.741 & 0.667 & 0.544 \\ 0.593 & 0.602 & 0.766 & 0.726 & 0.643 & 0.642 & 0.704 & 0.572 & 0.566 & 0.590 & 0.665 & 0.735 & 0.690 & 0.675 \end{bmatrix}$$

$$\sum_{i=1}^{14} r_{10} = 9.169 > \sum_{i=1}^{14} r_3 = 9.001 > \sum_{i=1}^{14} r_9 = 8.854 > \sum_{i=1}^{14} r_7 = 8.788 >$$
$$\sum_{i=1}^{14} r_8 = 8.749 > \sum_{i=1}^{14} r_2 = 8.593 > \sum_{i=1}^{14} r_1 = 8.473 > \sum_{i=1}^{14} r_4 = 8.130 >$$
$$\sum_{i=1}^{14} r_5 = 8.123 > \sum_{i=1}^{14} r_6 = 7.764 \tag{14.41}$$

固体废物处理率>ROE>工业废气处理率>市场占有率>工业废水处理率>销售净利率>销售毛利率>R&D投入强度>专利授权量>新产品销售收入比。

$$\sum_{i=1}^{10} r_3 = 6.980 > \sum_{i=1}^{10} r_{12} = 6.797 > \sum_{i=1}^{10} r_4 = 6.460 > \sum_{i=1}^{10} r_8 = 6.236 >$$
$$\sum_{i=1}^{10} r_5 = 6.084 > \sum_{i=1}^{10} r_7 = 6.078 > \sum_{i=1}^{10} r_{14} = 6.078 > \sum_{i=1}^{10} r_{13} = 6.012 >$$
$$\sum_{i=1}^{10} r_1 = 5.918 > \sum_{i=1}^{10} r_6 = 5.833 > \sum_{i=1}^{10} r_9 = 5.827 > \sum_{i=1}^{10} r_2 = 5.799 >$$
$$\sum_{i=1}^{10} r_{11} = 5.779 > \sum_{i=1}^{10} r_{10} = 5.763 \tag{14.42}$$

从业人员受教育程度>煤炭消耗比重>R&D人员比率>R&D项目数>中间投入>实现创新的企业数比率>单位产品能耗>用电量比重>新产品外销率>产品创新比>存货周转率>单位出口货物交货值>总资产周转率>应收账款周转率。

(二十二) 通用设备制造业战略重点与突破口测度

依据优势模型，计算通用设备制造业优势分析矩阵见 R_{22}，行为因素贡献度用行求和表示，见式 (14.43)，系统动力因素用列求和表示，见式 (14.44)。

$$R_{22} = \begin{bmatrix} 0.744 & 0.552 & 0.650 & 0.605 & 0.696 & 0.644 & 0.587 & 0.642 & 0.531 & 0.540 & 0.527 & 0.675 & 0.541 & 0.563 \\ 0.590 & 0.599 & 0.791 & 0.759 & 0.667 & 0.587 & 0.633 & 0.593 & 0.547 & 0.565 & 0.556 & 0.716 & 0.730 & 0.746 \\ 0.558 & 0.654 & 0.800 & 0.653 & 0.661 & 0.585 & 0.587 & 0.588 & 0.624 & 0.649 & 0.769 & 0.636 & 0.614 & 0.616 \\ 0.653 & 0.567 & 0.543 & 0.527 & 0.592 & 0.566 & 0.572 & 0.525 & 0.554 & 0.538 & 0.648 & 0.531 & 0.528 \\ 0.697 & 0.595 & 0.544 & 0.535 & 0.594 & 0.626 & 0.628 & 0.748 & 0.533 & 0.576 & 0.567 & 0.647 & 0.581 & 0.578 \\ 0.542 & 0.522 & 0.583 & 0.539 & 0.557 & 0.542 & 0.552 & 0.681 & 0.513 & 0.521 & 0.505 & 0.612 & 0.535 & 0.516 \\ 0.594 & 0.709 & 0.818 & 0.595 & 0.617 & 0.570 & 0.601 & 0.546 & 0.539 & 0.615 & 0.619 & 0.736 & 0.605 & 0.574 \\ 0.696 & 0.617 & 0.755 & 0.613 & 0.684 & 0.688 & 0.733 & 0.575 & 0.554 & 0.582 & 0.583 & 0.721 & 0.661 & 0.713 \\ 0.727 & 0.687 & 0.687 & 0.578 & 0.667 & 0.712 & 0.726 & 0.717 & 0.579 & 0.625 & 0.636 & 0.668 & 0.624 & 0.630 \\ 0.738 & 0.676 & 0.677 & 0.586 & 0.678 & 0.813 & 0.841 & 0.673 & 0.557 & 0.616 & 0.624 & 0.683 & 0.643 & 0.636 \end{bmatrix}$$

$$\sum_{i=1}^{14} r_{10} = 9.439 > \sum_{i=1}^{14} r_9 = 9.264 > \sum_{i=1}^{14} r_8 = 9.174 > \sum_{i=1}^{14} r_2 = 9.079 >$$

$$\sum_{i=1}^{14} r_3 = 8.994 > \sum_{i=1}^{14} r_7 = 8.739 > \sum_{i=1}^{14} r_1 = 8.498 > \sum_{i=1}^{14} r_5 = 8.448 >$$

$$\sum_{i=1}^{14} r_4 = 8.094 > \sum_{i=1}^{14} r_6 = 7.721 \tag{14.43}$$

固体废物处理率>工业废气处理率>工业废水处理率>销售净利率>ROE>市场占有率>销售毛利率>专利授权量>R&D 投入强度>新产品销售收入比。

$$\sum_{i=1}^{10} r_3 = 6.847 > \sum_{i=1}^{10} r_{12} = 6.742 > \sum_{i=1}^{10} r_1 = 6.539 > \sum_{i=1}^{10} r_8 = 6.513 >$$

$$\sum_{i=1}^{10} r_7 = 6.461 > \sum_{i=1}^{10} r_5 = 6.413 > \sum_{i=1}^{10} r_6 = 6.334 > \sum_{i=1}^{10} r_2 = 6.178 >$$

$$\sum_{i=1}^{10} r_{14} = 6.101 > \sum_{i=1}^{10} r_{13} = 6.064 > \sum_{i=1}^{10} r_4 = 5.989 > \sum_{i=1}^{10} r_{11} = 5.924 >$$

$$\sum_{i=1}^{10} r_{10} = 5.841 > \sum_{i=1}^{10} r_9 = 5.502 \tag{14.44}$$

从业人员受教育程度>煤炭消耗比重>新产品外销率>R&D 项目数>实现创新的企业数比率>中间投入>产品创新比>单位出口货物交货值>单位产品能耗>用电量比重>R&D 人员比率>总资产周转率>应收账款周转率>存货周转率。

(二十三) 专用设备制造业战略重点与突破口测度

依据优势模型，计算印刷业和记录媒介的复制优势分析矩阵见 R_{23}，行为因素贡献度有行求和表示，见式（14.45），系统动力因素列求和见式（14.46）。

$$R_{23}=\begin{bmatrix} 0.613 & 0.669 & 0.759 & 0.775 & 0.783 & 0.591 & 0.606 & 0.638 & 0.528 & 0.576 & 0.537 & 0.686 & 0.684 & 0.660 \\ 0.676 & 0.638 & 0.706 & 0.669 & 0.647 & 0.741 & 0.760 & 0.702 & 0.549 & 0.534 & 0.535 & 0.672 & 0.628 & 0.576 \\ 0.629 & 0.773 & 0.763 & 0.705 & 0.698 & 0.633 & 0.634 & 0.642 & 0.627 & 0.673 & 0.640 & 0.716 & 0.650 & 0.668 \\ 0.642 & 0.538 & 0.645 & 0.517 & 0.523 & 0.531 & 0.535 & 0.699 & 0.514 & 0.563 & 0.536 & 0.701 & 0.551 & 0.550 \\ 0.683 & 0.542 & 0.647 & 0.541 & 0.556 & 0.617 & 0.620 & 0.669 & 0.539 & 0.591 & 0.567 & 0.715 & 0.616 & 0.596 \\ 0.565 & 0.519 & 0.660 & 0.542 & 0.531 & 0.535 & 0.546 & 0.668 & 0.516 & 0.528 & 0.509 & 0.684 & 0.515 & 0.520 \\ 0.642 & 0.627 & 0.740 & 0.615 & 0.538 & 0.563 & 0.592 & 0.568 & 0.546 & 0.664 & 0.613 & 0.685 & 0.672 & 0.657 \\ 0.647 & 0.618 & 0.729 & 0.700 & 0.615 & 0.609 & 0.667 & 0.613 & 0.537 & 0.601 & 0.554 & 0.715 & 0.629 & 0.712 \\ 0.666 & 0.700 & 0.748 & 0.745 & 0.744 & 0.667 & 0.657 & 0.664 & 0.586 & 0.553 & 0.590 & 0.725 & 0.571 & 0.622 \\ 0.739 & 0.632 & 0.640 & 0.677 & 0.683 & 0.765 & 0.767 & 0.825 & 0.605 & 0.585 & 0.601 & 0.621 & 0.698 & 0.694 \end{bmatrix}$$

$$\sum_{i=1}^{14} r_{10} = 9.532 > \sum_{i=1}^{14} r_3 = 9.452 > \sum_{i=1}^{14} r_9 = 9.238 > \sum_{i=1}^{14} r_1 = 9.105 >$$
$$\sum_{i=1}^{14} r_2 = 9.034 > \sum_{i=1}^{14} r_8 = 8.946 > \sum_{i=1}^{14} r_7 = 8.721 > \sum_{i=1}^{14} r_5 = 8.499 >$$
$$\sum_{i=1}^{14} r_4 = 8.045 > \sum_{i=1}^{14} r_6 = 7.838 \tag{14.45}$$

固体废物处理率>ROE>工业废气处理率>销售毛利率>销售净利率>工业废水处理率>市场占有率>专利授权量>R&D 投入强度>新产品销售收入比。

$$\sum_{i=1}^{10} r_3 = 7.037 > \sum_{i=1}^{10} r_{12} = 6.921 > \sum_{i=1}^{10} r_8 = 6.688 > \sum_{i=1}^{10} r_1 = 6.502 >$$
$$\sum_{i=1}^{10} r_4 = 6.486 > \sum_{i=1}^{10} r_7 = 6.384 > \sum_{i=1}^{10} r_5 = 6.318 > \sum_{i=1}^{10} r_{14} = 6.256 >$$
$$\sum_{i=1}^{10} r_2 = 6.255 > \sum_{i=1}^{10} r_6 = 6.252 > \sum_{i=1}^{10} r_{13} = 6.212 > \sum_{i=1}^{10} r_{10} = 5.867 >$$
$$\sum_{i=1}^{10} r_{11} = 5.682 > \sum_{i=1}^{10} r_9 = 5.549 \tag{14.46}$$

从业人员受教育程度>煤炭消耗比重>R&D 项目数>新产品外销率>R&D 人员比率>实现创新的企业数比率>中间投入>单位产品能耗>单位出口货物交货值>产品创新比>用电量比重>应收账款周转率>总资产周转率>存货周转率。

（二十四）汽车制造业战略重点与突破口测度

依据优势模型，计算汽车制造业优势分析矩阵见 R_{24}，行为因素贡献度用行求和表示，见式（14.47），系统动力因素用列求和表示，见式（14.48）。

$$R_{24} = \begin{bmatrix} 0.585 & 0.644 & 0.696 & 0.648 & 0.722 & 0.558 & 0.596 & 0.557 & 0.742 & 0.658 & 0.633 & 0.673 & 0.702 & 0.673 \\ 0.577 & 0.594 & 0.651 & 0.636 & 0.690 & 0.554 & 0.583 & 0.547 & 0.601 & 0.695 & 0.639 & 0.675 & 0.603 & 0.588 \\ 0.579 & 0.588 & 0.615 & 0.620 & 0.636 & 0.564 & 0.583 & 0.563 & 0.626 & 0.786 & 0.574 & 0.610 & 0.596 & 0.584 \\ 0.730 & 0.561 & 0.744 & 0.603 & 0.569 & 0.622 & 0.621 & 0.643 & 0.536 & 0.602 & 0.565 & 0.715 & 0.523 & 0.534 \\ 0.804 & 0.616 & 0.706 & 0.519 & 0.542 & 0.680 & 0.679 & 0.718 & 0.563 & 0.607 & 0.715 & 0.562 & 0.569 \\ 0.565 & 0.528 & 0.689 & 0.559 & 0.547 & 0.535 & 0.536 & 0.630 & 0.520 & 0.558 & 0.532 & 0.665 & 0.516 & 0.512 \\ 0.701 & 0.598 & 0.756 & 0.591 & 0.591 & 0.685 & 0.731 & 0.629 & 0.544 & 0.618 & 0.592 & 0.710 & 0.519 & 0.538 \\ 0.684 & 0.683 & 0.765 & 0.736 & 0.670 & 0.693 & 0.734 & 0.627 & 0.589 & 0.638 & 0.628 & 0.720 & 0.714 & 0.668 \\ 0.664 & 0.699 & 0.757 & 0.735 & 0.732 & 0.667 & 0.664 & 0.650 & 0.604 & 0.657 & 0.681 & 0.719 & 0.617 & 0.591 \\ 0.680 & 0.740 & 0.793 & 0.642 & 0.668 & 0.651 & 0.659 & 0.711 & 0.644 & 0.669 & 0.700 & 0.747 & 0.628 & 0.639 \end{bmatrix}$$

$$\sum_{i=1}^{14} r_{10} = 9.570 > \sum_{i=1}^{14} r_8 = 9.549 > \sum_{i=1}^{14} r_9 = 9.438 > \sum_{i=1}^{14} r_1 = 9.086 >$$

$$\sum_{i=1}^{14} r_5 = 8.903 > \sum_{i=1}^{14} r_7 = 8.803 > \sum_{i=1}^{14} r_2 = 8.633 > \sum_{i=1}^{14} r_4 = 8.568 >$$

$$\sum_{i=1}^{14} r_3 = 8.522 > \sum_{i=1}^{14} r_6 = 7.892 \tag{14.47}$$

固体废物处理率>工业废水处理率>工业废气处理率>销售毛利率>专利授权量>市场占有率>销售净利率>R&D投入强度>ROE>新产品销售收入比。

$$\sum_{i=1}^{10} r_3 = 7.172 > \sum_{i=1}^{10} r_{12} = 6.947 > \sum_{i=1}^{10} r_1 = 6.569 > \sum_{i=1}^{10} r_{10} = 6.503 >$$

$$\sum_{i=1}^{10} r_7 = 6.386 > \sum_{i=1}^{10} r_5 = 6.368 > \sum_{i=1}^{10} r_4 = 6.289 > \sum_{i=1}^{10} r_8 = 6.275 >$$

$$\sum_{i=1}^{10} r_2 = 6.251 > \sum_{i=1}^{10} r_6 = 6.209 > \sum_{i=1}^{10} r_{11} = 6.15 > \sum_{i=1}^{10} r_{13} = 5.978 >$$

$$\sum_{i=1}^{10} r_9 = 5.968 > \sum_{i=1}^{10} r_{14} = 5.898 \tag{14.48}$$

从业人员受教育程度>煤炭消耗比重>新产品外销率>应收账款周转率>实现创新的企业数比率>中间投入>R&D人员比率>R&D项目数>单位出口货物交货值>产品创新比>总资产周转率>用电量比重>存货周转率>单位产品能耗。

（二十五）铁路、船舶、航空航天和其他运输设备制造业战略重点与突破口测度

依据优势模型，计算铁路、船舶、航空航天和其他运输设备制造业优势分析矩阵见 R_{25}，行为因素贡献度用行求和表示，见式（14.49），系统动力因素用列求和表示，见式（14.50）。

$$R_{25}=\begin{bmatrix} 0.567 & 0.628 & 0.735 & 0.609 & 0.576 & 0.630 & 0.684 & 0.675 & 0.611 & 0.563 & 0.559 & 0.706 & 0.748 & 0.601 \\ 0.591 & 0.645 & 0.646 & 0.788 & 0.684 & 0.602 & 0.647 & 0.715 & 0.641 & 0.569 & 0.606 & 0.697 & 0.624 & 0.772 \\ 0.604 & 0.659 & 0.609 & 0.642 & 0.591 & 0.577 & 0.585 & 0.609 & 0.559 & 0.597 & 0.620 & 0.749 & 0.614 & 0.643 \\ 0.562 & 0.616 & 0.786 & 0.523 & 0.541 & 0.542 & 0.548 & 0.604 & 0.578 & 0.550 & 0.536 & 0.661 & 0.703 & 0.518 \\ 0.629 & 0.655 & 0.808 & 0.663 & 0.740 & 0.725 & 0.720 & 0.626 & 0.604 & 0.568 & 0.663 & 0.707 & 0.749 & 0.657 \\ 0.541 & 0.603 & 0.771 & 0.563 & 0.560 & 0.606 & 0.622 & 0.635 & 0.571 & 0.543 & 0.507 & 0.663 & 0.657 & 0.591 \\ 0.660 & 0.644 & 0.674 & 0.673 & 0.623 & 0.604 & 0.605 & 0.627 & 0.570 & 0.638 & 0.688 & 0.727 & 0.557 & 0.684 \\ 0.583 & 0.639 & 0.654 & 0.739 & 0.724 & 0.592 & 0.611 & 0.603 & 0.671 & 0.581 & 0.690 & 0.731 & 0.703 & 0.728 \\ 0.580 & 0.627 & 0.616 & 0.823 & 0.784 & 0.661 & 0.660 & 0.665 & 0.671 & 0.588 & 0.726 & 0.748 & 0.618 & 0.804 \\ 0.567 & 0.635 & 0.654 & 0.827 & 0.811 & 0.600 & 0.639 & 0.660 & 0.655 & 0.574 & 0.653 & 0.719 & 0.655 & 0.769 \end{bmatrix}$$

$$\sum_{i=1}^{14} r_9 = 9.572 > \sum_{i=1}^{14} r_5 = 9.513 > \sum_{i=1}^{14} r_{10} = 9.421 > \sum_{i=1}^{14} r_8 = 9.250 >$$

$$\sum_{i=1}^{14} r_2 = 9.226 > \sum_{i=1}^{14} r_7 = 8.973 > \sum_{i=1}^{14} r_1 = 8.892 > \sum_{i=1}^{14} r_3 = 8.660 >$$

$$\sum_{i=1}^{14} r_6 = 8.432 > \sum_{i=1}^{14} r_4 = 8.268 \tag{14.49}$$

工业废气处理率＞专利授权量＞固体废物处理率＞工业废水处理率＞销售净利率＞市场占有率＞销售毛利率＞ROE＞新产品销售收入比＞R&D 投入强度。

$$\sum_{i=1}^{10} r_{12} = 7.108 > \sum_{i=1}^{10} r_3 = 6.953 > \sum_{i=1}^{10} r_4 = 6.850 > \sum_{i=1}^{10} r_{14} = 6.767 >$$

$$\sum_{i=1}^{10} r_5 = 6.634 > \sum_{i=1}^{10} r_{13} = 6.628 > \sum_{i=1}^{10} r_8 = 6.419 > \sum_{i=1}^{10} r_2 = 6.352 >$$

$$\sum_{i=1}^{10} r_7 = 6.321 > \sum_{i=1}^{10} r_{11} = 6.248 > \sum_{i=1}^{10} r_6 = 6.139 > \sum_{i=1}^{10} r_9 = 5.132 >$$

$$\sum_{i=1}^{10} r_1 = 5.884 > \sum_{i=1}^{10} r_{10} = 5.771 \tag{14.50}$$

煤炭消耗比重＞从业人员受教育程度＞R&D 人员比率＞单位产品能耗＞中间投入＞用电量比重＞R&D 项目数＞单位出口货物交货值＞实现创新的企业数比率＞总资产周转率＞产品创新比＞存货周转率＞新产品外销率＞应收账款周转率。

(二十六) 电气机械及器材制造业战略重点与突破口测度

依据优势模型,计算电气机械及器材制造业优势分析矩阵见 $\boldsymbol{R}_{26}$,行为因素贡献度用行求和表示,见式(14.51),系统动力因素用列求和表示,见式(14.52)。

$$\boldsymbol{R}_{26} = \begin{bmatrix} 0.527 & 0.758 & 0.650 & 0.634 & 0.616 & 0.537 & 0.559 & 0.568 & 0.660 & 0.670 & 0.685 & 0.812 & 0.523 & 0.579 \\ 0.559 & 0.702 & 0.676 & 0.628 & 0.704 & 0.633 & 0.613 & 0.582 & 0.605 & 0.643 & 0.673 & 0.779 & 0.678 & 0.619 \\ 0.536 & 0.534 & 0.623 & 0.602 & 0.588 & 0.543 & 0.557 & 0.564 & 0.660 & 0.773 & 0.589 & 0.713 & 0.534 & 0.564 \\ 0.602 & 0.558 & 0.702 & 0.522 & 0.565 & 0.583 & 0.586 & 0.674 & 0.525 & 0.561 & 0.553 & 0.556 & 0.558 & 0.556 \\ 0.659 & 0.583 & 0.640 & 0.522 & 0.581 & 0.629 & 0.627 & 0.623 & 0.547 & 0.578 & 0.574 & 0.550 & 0.596 & 0.590 \\ 0.553 & 0.517 & 0.667 & 0.554 & 0.538 & 0.524 & 0.530 & 0.623 & 0.511 & 0.527 & 0.519 & 0.578 & 0.504 & 0.508 \\ 0.553 & 0.617 & 0.786 & 0.727 & 0.691 & 0.618 & 0.661 & 0.600 & 0.532 & 0.592 & 0.588 & 0.769 & 0.689 & 0.730 \\ 0.638 & 0.631 & 0.776 & 0.711 & 0.737 & 0.680 & 0.696 & 0.666 & 0.543 & 0.602 & 0.601 & 0.738 & 0.721 & 0.597 \\ 0.725 & 0.668 & 0.735 & 0.641 & 0.631 & 0.765 & 0.761 & 0.729 & 0.589 & 0.619 & 0.626 & 0.732 & 0.684 & 0.669 \\ 0.824 & 0.629 & 0.699 & 0.606 & 0.604 & 0.773 & 0.758 & 0.818 & 0.640 & 0.657 & 0.650 & 0.693 & 0.623 & 0.640 \end{bmatrix}$$

$$\sum_{i=1}^{14} r_{10} = 9.616 > \sum_{i=1}^{14} r_9 = 9.575 > \sum_{i=1}^{14} r_8 = 9.336 > \sum_{i=1}^{14} r_7 = 9.153 >$$
$$\sum_{i=1}^{14} r_2 = 9.094 > \sum_{i=1}^{14} r_1 = 8.780 > \sum_{i=1}^{14} r_3 = 8.379 > \sum_{i=1}^{14} r_5 = 8.298 >$$
$$\sum_{i=1}^{14} r_4 = 8.102 > \sum_{i=1}^{14} r_6 = 7.654 \tag{14.51}$$

固体废物处理率>工业废气处理率>工业废水处理率>市场占有率>销售净利率>销售毛利率>ROE>专利授权量>R&D 投入强度>新产品销售收入比。

$$\sum_{i=1}^{10} r_3 = 6.955 > \sum_{i=1}^{10} r_{12} = 6.921 > \sum_{i=1}^{10} r_8 = 6.448 > \sum_{i=1}^{10} r_7 = 6.348 >$$
$$\sum_{i=1}^{10} r_6 = 6.284 > \sum_{i=1}^{10} r_5 = 6.256 > \sum_{i=1}^{10} r_{10} = 6.221 > \sum_{i=1}^{10} r_2 = 6.175 >$$
$$\sum_{i=1}^{10} r_1 = 6.175 > \sum_{i=1}^{10} r_4 = 6.147 > \sum_{i=1}^{10} r_{13} = 6.110 > \sum_{i=1}^{10} r_{11} = 5.058 >$$
$$\sum_{i=1}^{10} r_{14} = 6.053 > \sum_{i=1}^{10} r_9 = 5.812 \tag{14.52}$$

从业人员受教育程度>煤炭消耗比重>R&D 项目数>实现创新的企业数比率>产品创新比>中间投入>应收账款周转率>单位出口货物交货值>新产品外销率>R&D 人员比率>用电量比重>总资产周转率>单位产品能耗>存货周转率。

(二十七)计算机、通信和其他电子设备制造业战略重点与突破口测度

依据优势模型,计算计算机、通信和其他电子设备制造业优势分析矩阵见 R_{27},行为因素贡献度用行求和表示,见式(14.53),系统动力因素用列求和表示,见式(14.54)。

$$R_{27} = \begin{bmatrix} 0.518 & 0.524 & 0.662 & 0.559 & 0.557 & 0.529 & 0.531 & 0.604 & 0.526 & 0.544 & 0.543 & 0.731 & 0.514 & 0.541 \\ 0.646 & 0.717 & 0.696 & 0.588 & 0.636 & 0.628 & 0.659 & 0.631 & 0.723 & 0.664 & 0.689 & 0.703 & 0.657 & 0.623 \\ 0.565 & 0.551 & 0.620 & 0.602 & 0.612 & 0.548 & 0.564 & 0.540 & 0.557 & 0.699 & 0.599 & 0.554 & 0.586 & 0.601 \\ 0.548 & 0.578 & 0.766 & 0.612 & 0.609 & 0.651 & 0.658 & 0.759 & 0.558 & 0.576 & 0.587 & 0.812 & 0.534 & 0.573 \\ 0.546 & 0.566 & 0.632 & 0.519 & 0.522 & 0.585 & 0.586 & 0.646 & 0.555 & 0.569 & 0.576 & 0.745 & 0.538 & 0.518 \\ 0.508 & 0.515 & 0.644 & 0.559 & 0.557 & 0.513 & 0.514 & 0.586 & 0.514 & 0.532 & 0.537 & 0.699 & 0.522 & 0.544 \\ 0.546 & 0.559 & 0.779 & 0.598 & 0.601 & 0.605 & 0.612 & 0.700 & 0.551 & 0.571 & 0.573 & 0.797 & 0.508 & 0.564 \\ 0.591 & 0.678 & 0.706 & 0.743 & 0.752 & 0.714 & 0.732 & 0.736 & 0.610 & 0.608 & 0.624 & 0.787 & 0.662 & 0.749 \\ 0.571 & 0.681 & 0.717 & 0.740 & 0.730 & 0.731 & 0.743 & 0.745 & 0.624 & 0.614 & 0.634 & 0.794 & 0.635 & 0.746 \\ 0.709 & 0.709 & 0.609 & 0.605 & 0.620 & 0.684 & 0.660 & 0.739 & 0.691 & 0.675 & 0.690 & 0.769 & 0.638 & 0.616 \end{bmatrix}$$

$$\sum_{i=1}^{14} r_9 = 9.706 > \sum_{i=1}^{14} r_8 = 9.693 > \sum_{i=1}^{14} r_{10} = 9.414 > \sum_{i=1}^{14} r_2 = 9.260 >$$
$$\sum_{i=1}^{14} r_4 = 8.821 > \sum_{i=1}^{14} r_7 = 8.562 > \sum_{i=1}^{14} r_3 = 8.198 > \sum_{i=1}^{14} r_5 = 8.103 >$$
$$\sum_{i=1}^{14} r_1 = 7.881 > \sum_{i=1}^{14} r_6 = 7.744 \tag{14.53}$$

工业废气处理率>工业废水处理率>固体废物处理率>销售净利率>R&D 投入强度>市场占有率>ROE>专利授权量>销售毛利率>新产品销售收入比。

$$\sum_{i=1}^{10} r_{12} = 7.392 > \sum_{i=1}^{10} r_3 = 6.832 > \sum_{i=1}^{10} r_8 = 6.687 > \sum_{i=1}^{10} r_7 = 6.261 >$$
$$\sum_{i=1}^{10} r_5 = 6.196 > \sum_{i=1}^{10} r_6 = 6.187 > \sum_{i=1}^{10} r_4 = 6.124 > \sum_{i=1}^{10} r_2 = 6.078 >$$
$$\sum_{i=1}^{10} r_{14} = 6.073 > \sum_{i=1}^{10} r_{11} = 6.052 > \sum_{i=1}^{10} r_{10} = 6.051 > \sum_{i=1}^{10} r_9 = 5.909 >$$
$$\sum_{i=1}^{10} r_{13} = 5.793 > \sum_{i=1}^{10} r_1 = 5.748 \tag{14.54}$$

煤炭消耗比重>从业人员受教育程度>R&D 项目数>实现创新的企业数比率>中间投入>产品创新比>R&D 人员比率>单位出口货物交货值>单位产品能耗>总资产周转率>应收账款周转率>存货周转率>用电量比重>新产品外销率。

(二十八) 仪器仪表制造业战略重点与突破口测度

依据优势模型，计算仪器仪表制造业优势分析矩阵见 R_{28}，行为因素贡献度用行求和表示，见式 (14.55)，系统动力因素用列求和表示，见式 (14.56)。

$$R_{28} = \begin{bmatrix} 0.689 & 0.517 & 0.705 & 0.608 & 0.663 & 0.661 & 0.658 & 0.663 & 0.547 & 0.533 & 0.544 & 0.680 & 0.602 & 0.615 \\ 0.704 & 0.513 & 0.720 & 0.618 & 0.666 & 0.719 & 0.649 & 0.637 & 0.536 & 0.535 & 0.540 & 0.669 & 0.632 & 0.616 \\ 0.629 & 0.562 & 0.672 & 0.615 & 0.722 & 0.566 & 0.568 & 0.589 & 0.642 & 0.590 & 0.684 & 0.723 & 0.576 & 0.560 \\ 0.581 & 0.507 & 0.679 & 0.524 & 0.612 & 0.547 & 0.553 & 0.756 & 0.530 & 0.541 & 0.528 & 0.698 & 0.583 & 0.543 \\ 0.587 & 0.548 & 0.656 & 0.593 & 0.641 & 0.725 & 0.705 & 0.677 & 0.534 & 0.585 & 0.576 & 0.704 & 0.701 & 0.666 \\ 0.564 & 0.503 & 0.628 & 0.528 & 0.578 & 0.518 & 0.521 & 0.627 & 0.517 & 0.518 & 0.523 & 0.686 & 0.523 & 0.529 \\ 0.647 & 0.531 & 0.792 & 0.657 & 0.624 & 0.693 & 0.642 & 0.605 & 0.525 & 0.581 & 0.566 & 0.614 & 0.695 & 0.653 \\ 0.725 & 0.593 & 0.699 & 0.709 & 0.654 & 0.621 & 0.645 & 0.677 & 0.570 & 0.598 & 0.615 & 0.677 & 0.802 & 0.847 \\ 0.649 & 0.659 & 0.724 & 0.691 & 0.729 & 0.721 & 0.737 & 0.758 & 0.635 & 0.712 & 0.704 & 0.676 & 0.676 & 0.690 \\ 0.643 & 0.673 & 0.588 & 0.645 & 0.568 & 0.693 & 0.703 & 0.708 & 0.656 & 0.660 & 0.675 & 0.680 & 0.698 & 0.680 \end{bmatrix}$$

$$\sum_{i=1}^{14} r_9 = 9.762 > \sum_{i=1}^{14} r_8 = 9.431 > \sum_{i=1}^{14} r_{10} = 9.270 > \sum_{i=1}^{14} r_5 = 8.898 >$$

$$\sum_{i=1}^{14} r_7 = 8.825 > \sum_{i=1}^{14} r_2 = 8.754 > \sum_{i=1}^{14} r_3 = 8.698 > \sum_{i=1}^{14} r_1 = 8.685 >$$

$$\sum_{i=1}^{14} r_4 = 8.182 > \sum_{i=1}^{14} r_6 = 7.763 \tag{14.55}$$

工业废气处理率>工业废水处理率>固体废物处理率>专利授权量>市场占有率>销售净利率>ROE>销售毛利率>R&D 投入强度>新产品销售收入比。

$$\sum_{i=1}^{10} r_3 = 6.862 > \sum_{i=1}^{10} r_{12} = 6.805 > \sum_{i=1}^{10} r_8 = 6.697 > \sum_{i=1}^{10} r_{13} = 6.487 >$$

$$\sum_{i=1}^{10} r_6 = 6.465 > \sum_{i=1}^{10} r_5 = 6.457 > \sum_{i=1}^{10} r_1 = 6.419 > \sum_{i=1}^{10} r_{14} = 6.400 >$$

$$\sum_{i=1}^{10} r_7 = 6.381 > \sum_{i=1}^{10} r_4 = 6.187 > \sum_{i=1}^{10} r_{11} = 5.957 > \sum_{i=1}^{10} r_{10} = 5.853 >$$

$$\sum_{i=1}^{10} r_9 = 5.692 > \sum_{i=1}^{10} r_2 = 5.608 \tag{14.56}$$

从业人员受教育程度>煤炭消耗比重>R&D 项目数>用电量比重>产品创新比>中间投入>新产品外销率>单位产品能耗>实现创新的企业数比率>R&D 人员比率>总资产周转率>应收账款周转率>存货周转率>单位出口货物交货值。

第二节　中国制造业细分行业价值链攀升战略重点分类研究

一、中国制造业价值链攀升战略重点

（一）指标频次描述统计与分析

根据指标出现频次，表 14.1 展现了中国制造业整体指标频次排名情况。

表 14.1　中国制造业整体指标频次排名

关联度	排名前两位	排名后两位
指标	固体废物处理率、工业废气处理率	R&D 投入强度、专利授权量

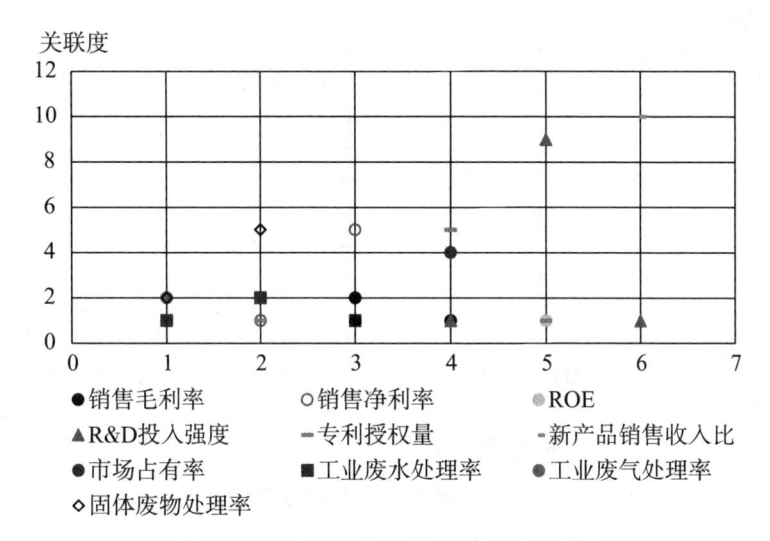

图 14.1　中国制造业整体指标关联度排名

注：横轴代表制造业整体指标关联度的位次，1，2，3，4，5，6 分别代表第一位、第二位、第三位、倒数第三位、倒数第二位、倒数第一位。

从关联度看（如图 14.1 所示），固体废物处理率、工业废气处理率排在前两位，说明这两个指标对于制造业贡献度较大，是制造业价值链发展的重要组成部分。制造业价值链高质量发展应重点提高固体废物的处理效

率，提高 ROE 的投入效率，进而发展制造业的绿色能力和增值能力。

从关联度看，排在后两位的是 R&D 投入强度、专利授权量，说明这两个指标对制造业价值链高质量发展的贡献度较高。R&D 投入强度高、专利授权量大，说明制造业整体的创新能力较强，对于制造业整体来说应进一步提高创新能力，进一步补充企业的基本能力。

（二）指标所做贡献的描述统计与分析

根据指标所做贡献的值，表 14.2 展现了指标对中国制造业整体发展的贡献度排名。

表 14.2 中国制造业整体指标贡献度排名

关联度	排名前两位	排名后两位
指标	固体废物处理率、工业废气处理率	专利授权量、市场占有率

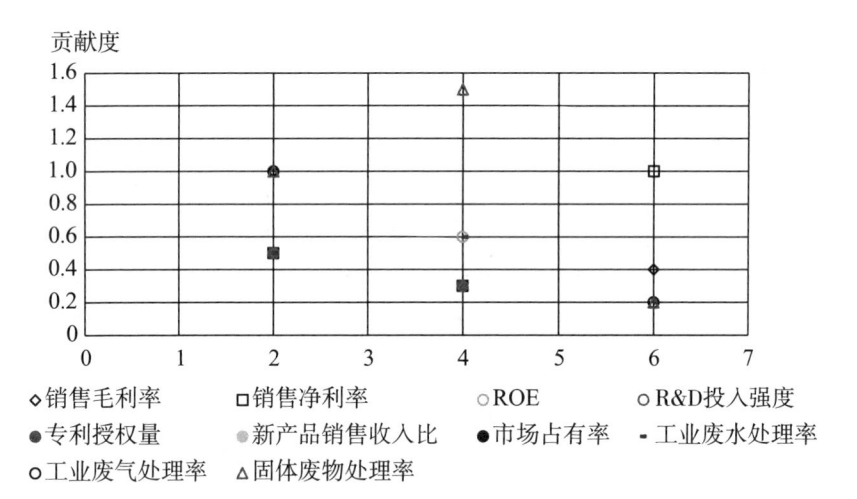

图 14.2 中国制造业整体指标贡献度排名

注：横轴代表制造业整体贡献度指标的位次，1、2、3、4、5、6 分别代表第一位，第二位，第三位，倒数第三位，倒数第二位，倒数第一位。

将各指标所做贡献按照排名赋予权重，排在第一位的赋权 0.5，第二位的赋权 0.3，第三位的赋权 0.2，与各指标在各排位出现的次数对应相乘，将得出的结果排名，得出每个指标的排位在前两位和后两位的重要程度。

从贡献度看（如图 14.2 所示），排在前两位的指标有固体废物处理率、工业废气处理率。综合说明固体废物处理率、工业废气处理率对制造业价值链高质量发展的贡献较大。

二、三种密集型（技术、资本、劳动）制造业价值链攀升战略重点

（一）技术密集型制造业分析

1. 指标频次描述统计与分析

根据指标出现频次，表14.3展现了指标对技术密集型制造业发展的频次排名。

表14.3 技术密集型制造业指标频次排名

关联度	排名前两位	排名后两位
指标	固体废物处理率、销售净利润	专利授权量、市场占有率

从关联度看（如图14.3所示），固体废物处理率、销售净利润、排在前两位，说明这两个指标对技术密集型制造业所做贡献比较大。技术密集型制造业应进一步提高废物处理能力，增长产品盈利能力。专利授权量、市场占有率排在后两位，说明对于技术密集型制造业应提高新产品创新能力，增大专利产品研发，扩大市场，提高技术密集型制造业的创新能力和扩大市场开放度。

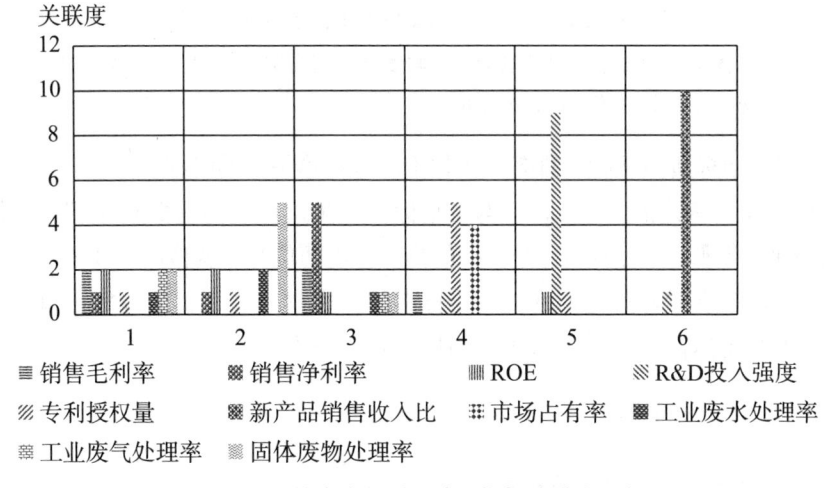

图14.3 技术密集型制造业指标关联度排名

注：横轴代表技术密集型制造业指标的位次，1、2、3、4、5、6分别代表第一位、第二位、第三位、倒数第三位、倒数第二位、倒数第一位。

2. 指标所做贡献的描述统计与分析

根据指标所做贡献的值，表 14.4 展现了指标对于技术密集型制造业发展的贡献度排名，技术密集型制造业指标贡献度排名如图 14.4 所示。

表 14.4　技术密集型制造业指标贡献度排名

关联度	排名前两位	排名后两位
指标	固体废物处理率、销售净利润	专利授权量、销售毛利润

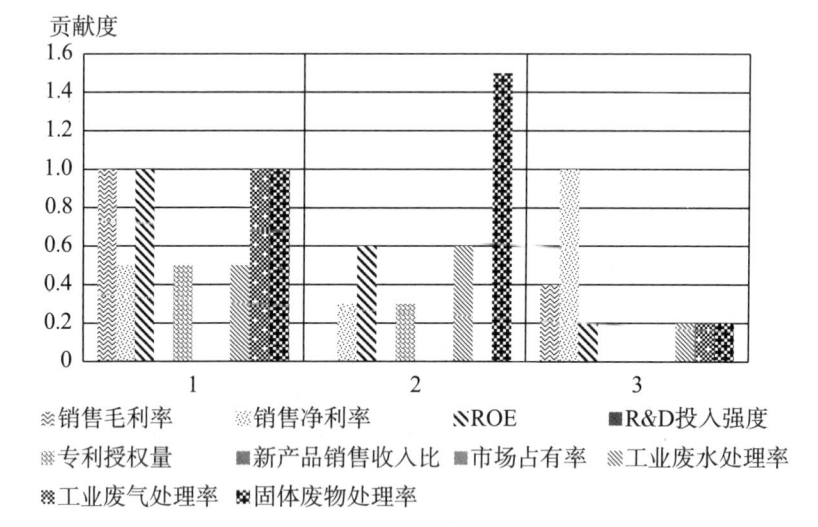

图 14.4　技术密集型制造业指标贡献度排名

注：横轴代表技术密集型制造业关联度指标的位次，1、2、3 代表贡献度值为第一位，第二位，第三位。

将各指标所做贡献的排名赋予权重，排在第一位的赋权 0.5，第二位的赋权 0.3，第三位的赋权 0.2，与各指标在各排位出现的次数对应相乘，将得出的结果排名，可得出每个指标的排位在前两位和后两位的重要程度。

从贡献度看，排在前两位的指标有固体废物处理率、销售净利润，综合说明上述指标对于技术密集型制造业贡献较大。

（二）资本密集型制造业分析

1. 指标频次描述统计与分析

根据指标出现频次，表 14.5 展现了指标对于资本密集型制造业发展的频次排名，技术密集型制造业指标关联度排名如图 14.5 所示。

表 14.5 资本密集型制造业指标频次排名

关联度	排名前两位	排名后两位
指标	固体废物处理率、销售净利润	专利授权量、市场占有率

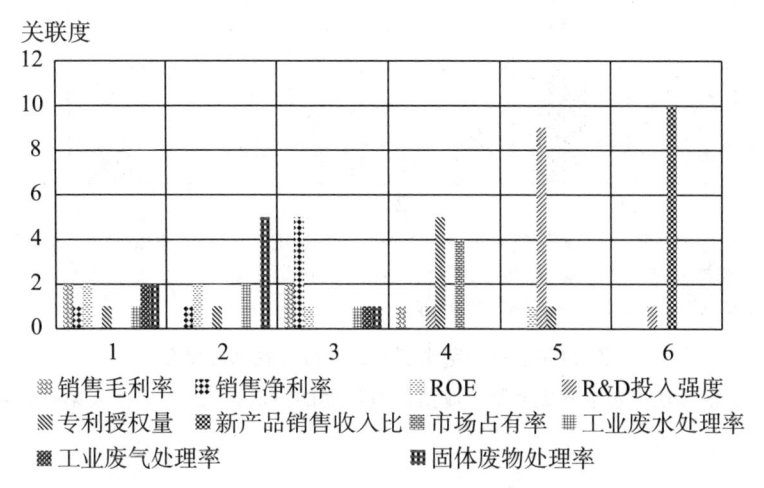

图 14.5 资本密集型制造业指标关联度排名

注：横轴代表资本密集型制造业指标的位次，1、2、3、4、5、6分别代表第一位、第二位、第三位、倒数第三位、倒数第二位、倒数第一位。

从关联度可以看出，排在前两位的指标有固体废物处理率、销售净利润，说明上述两个指标对于资本密集型制造业所做的贡献较大。废物处理对于资本密集型制造业的影响较大，资本密集型制造业应重点关注这两个影响因素。排在后两位的指标有专利授权量和市场占有率。说明上述指标对于资本密集型制造业的影响小，资本密集型制造业的创新能力较弱，市场影响小，对于资本密集型制造业来说应进一步提高制造业的创新能力投入，扩大市场影响。

2. 指标所做贡献的描述统计与分析

根据指标所做贡献的值，表14.6展现了指标对于资本密集型制造业发展的贡献度排名，资本密集型制造业指标贡献度排名如图14.6所示。

表 14.6 资本密集型制造业指标贡献度排名

关联度	排名前两位	排名后两位
指标	固体废物处理率、销售净利润	专利授权量、销售毛利润

贡献度

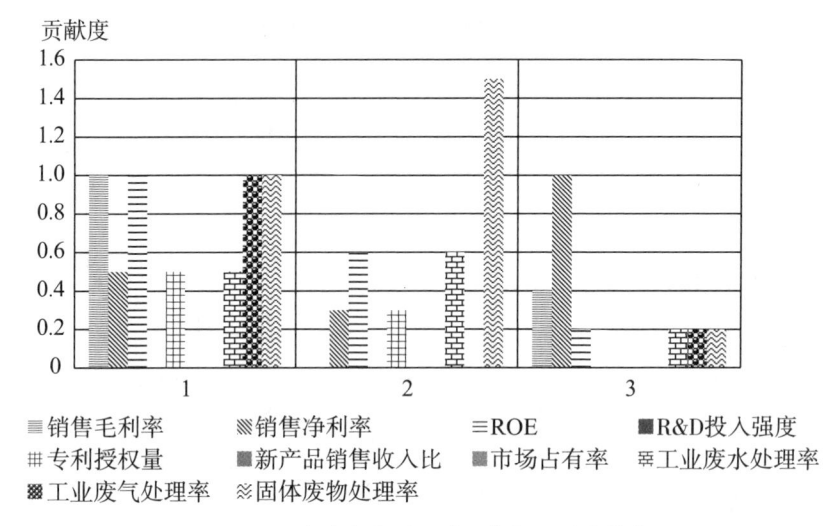

[图表：资本密集型制造业指标贡献度柱状图，纵轴 0 到 1.6，横轴 1、2、3]

■ 销售毛利率　※ 销售净利率　≡ ROE　■ R&D投入强度
专利授权量　■ 新产品销售收入比　■ 市场占有率　※ 工业废水处理率
※ 工业废气处理率　※ 固体废物处理率

图 14.6　资本密集型制造业指标贡献度排名

注：横轴代表资本密集型制造业指标贡献度的位次，1、2、3 代表第一位，第二位，第三位。

将各指标所做贡献的排名赋予权重，排在第一位的赋权 0.5，第二位的赋权 0.3，第三位的赋权 0.2，与各指标在各排位出现的次数对应相乘，将得出的结果排名，可得出每个指标的排位在前两位和后两位的重要程度。

从贡献度看，排在前两位的指标有固体废物处理率、销售净利润，综合说明上述指标对于资本密集型制造业发展的影响较大。

（三）劳动密集型制造业分析

1. 指标频次描述统计与分析

根据指标出现频次，表 14.7 展现了指标对于劳动密集型制造业发展的频次排名，劳动密集型制造业指标关联度排名如图 14.7 所示。

表 14.7　劳动密集型制造业指标频次排名

关联度	排名前两位	排名后两位
指标	固体废物处理率、销售净利润	专利授权量、市场占有率

第十四章 产业视角：中国制造业价值链攀升战略重点及突破口

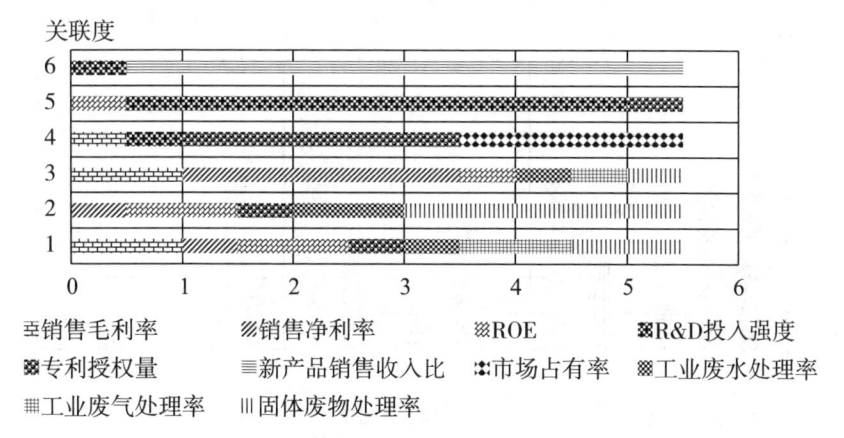

图 14.7 劳动密集型制造业指标关联度排名

注：横轴代表劳动密集型制造业指标的位次，1、2、3、4、5、6 分别代表第一位、第二位、第三位、倒数第三位、倒数第二位、倒数第一位。

从关联度看，固体废物处理率、销售净利润排在前两位，说明上述两个指标对于劳动密集型制造业发展的影响较大。劳动密集型制造业要注重废物处理效率，增加销售利润，说明劳动密集型制造业废物处理能力和盈利能力较强。专利授权量、市场占有率排在后两位，说明这两个指标对于劳动密集型制造业发展的影响较小，综合表明劳动密集型制造业创新能力不足，市场影响较小，对于劳动密集型制造业来说应注重提高企业创新能力，扩大市场占有率。

2. 指标所做贡献的描述统计与分析

根据指标所做贡献的值，表 14.8 展现了指标对于劳动资本密集型制造业发展的贡献度排名，劳动密集型制造业指标贡献度如图 14.8 所示。

表 14.8 劳动密集型制造业指标贡献度排名

关联度	排名前两位	排名后两位
指标	固体废物处理率、销售净利润	专利授权量、销售毛利润

图中纵轴为贡献度，数值从0到1.6，横轴为1、2、3位次。

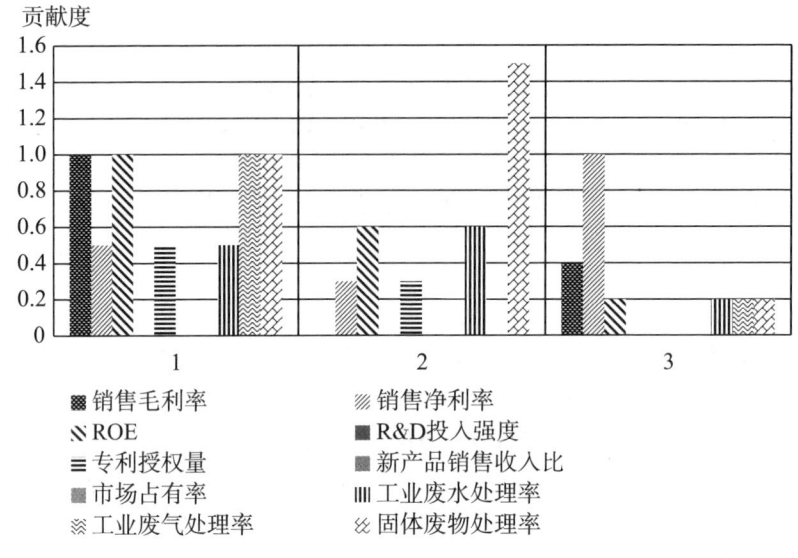

图例：
- 销售毛利率
- 销售净利率
- ROE
- R&D投入强度
- 专利授权量
- 新产品销售收入比
- 市场占有率
- 工业废水处理率
- 工业废气处理率
- 固体废物处理率

图 14.8　劳动密集型制造业指标贡献度排名

注：横轴代表劳动密集型制造业指标贡献度的位次，1、2、3代表第一位，第二位，第三位。

将各指标所做贡献的排名赋予权重，排在第一位的赋权0.5，第二位的赋权0.3，第三位的赋权0.2，与各指标在各排位出现的次数对应相乘，将得出的结果排名，可得出每个指标的排位在前两位和后两位的重要程度。

从贡献度看，排在前两位的是固体废物处理率、销售净利润，综合说明固体废物处理率、销售净利润对影响劳动密集型制造业的贡献较大。企业应进一步提高废物处理能力，注重绿色产业的发展，扩大盈利能力的投入，进而提高企业增值能力。

三、中国制造业值链攀升战略重点

（一）指标频次描述统计与分析

由表14.9可知，制造业整体、技术密集型制造业、资本密集型制造业和劳动密集制造业四大行业都与固体废物处理率的关联度较大，与市场占有率、R&D投入强度、专利授权量的关联度小，说明制造业的固体废物处理率较低，应该提高制造业废物处理率。市场占有率、R&D投入强度、专利授权量对制造业的贡献较大，应该增加企业的新产品销售量，提高 R&D 投入强度，同时提高专业研发的投入，进而提高制造业整体的盈利能力和创新能力。

表 14.9 四大制造行业指标频次排名

关联度	排名前两位	排名后两位
制造业整体	固体废物处理率、工业废气处理率	R&D 投入强度、专利授权量
技术密集型制造业	固体废物处理率、销售净利润	专利授权量、市场占有率
资本密集型制造业	固体废物处理率、销售净利润	专利授权量、市场占有率
劳动密集型制造业	固体废物处理率、销售净利润	专利授权量、市场占有率

（二）指标所做贡献的描述统计与分析

由表 14.10 可知，四大行业都与固体废物处理率、销售净利润的关联度较大，与专利授权量的关联度较小，说明固体废物处理率对于四大行业都具有较高的影响力，四大行业都应该提高制造业的固体废物处理能力，进而推进绿色发展。同时，四大行业应该提高新产品的销售能力，提高新产品的销售收入比，进而提高产品的销售利润，发展行业的创新能力，从而发挥制造业整体的优势。

表 14.10 四大制造行业指标贡献排名

关联度	排名前两位	排名后两位
制造业整体	固体废物处理率、工业废气处理率	专利授权量、市场占有率
技术密集型制造业	固体废物处理率、销售净利润	专利授权量、销售毛利润
资本密集型制造业	固体废物处理率、销售净利润	专利授权量、销售毛利润
劳动密集型制造业	固体废物处理率、销售净利润	专利授权量、销售毛利润

第三节　中国制造业细分行业价值链攀升突破口分类研究

一、中国制造业价值链攀升突破口

（一）指标频次描述统计与分析

根据指标出现频次，表 14.11 展现了指标对于中国制造业整体发展的频次排名，中国制造业整体指标关联度排名如图 14.9 所示。

表 14.11　中国制造业整体指标频次排名

关联度	排名前两位	排名后两位
指标	煤炭消耗比重、从业人员受教育程度	存货周转率、应收账款周转率

从关联度看，煤炭消耗比重、从业人员受教育程度排在前两位，说明这两个指标对于制造业贡献度较大，说明这两个指标是制造业价值链发展的重要组成部分。制造业价值链高质量发展应重点提高从业人员受教育程度，降低煤炭消耗比重，应重点发展辅助能力，扩大市场开放，调整人才结构，重视共享能力，减少能源消耗。

从关联度看，排在后两位的是存货周转率、应收账款周转率，说明这两个指标对于制造业价值链高质量发展的贡献度较小。存货周转率较低，说明企业资金周转速度慢，商品经过转换内部生产系统以后的增值较少。应收账款率较低，说明企业可能存在经营不善，主流业务销售不畅，生产拉动系统不完善的情况。因此，企业应该加快发展营运能力，加快制造业转型升级，协调企业产品，加大开放力度，扩大外销市场。

第十四章　产业视角：中国制造业价值链攀升战略重点及突破口

关联度

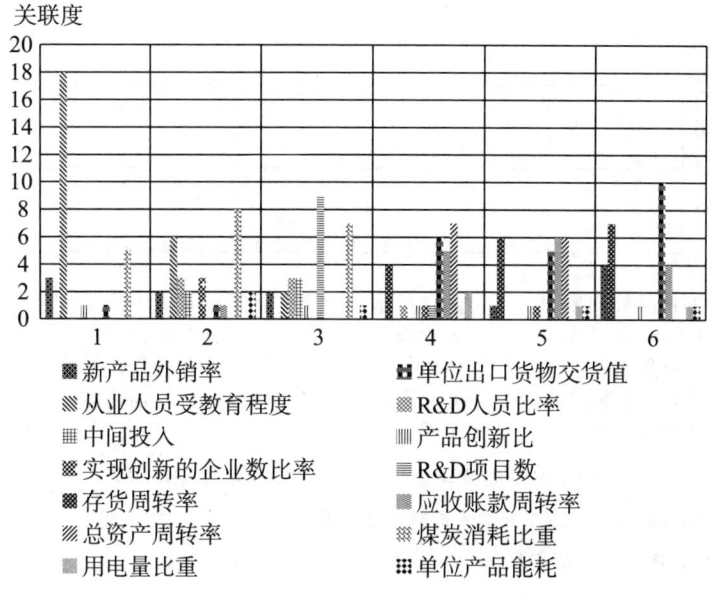

```
20
18
16
14
12
10
 8
 6
 4
 2
 0
    1    2    3    4    5    6
```

- 新产品外销率
- 单位出口货物交货值
- 从业人员受教育程度
- R&D人员比率
- 中间投入
- 产品创新比
- 实现创新的企业数比率
- R&D项目数
- 存货周转率
- 应收账款周转率
- 总资产周转率
- 煤炭消耗比重
- 用电量比重
- 单位产品能耗

图 14.9　中国制造业整体指标关联度排名

注：横轴代表制造业整体关联度指标的位次：1、2、3、4、5、6分别代表第一位、第二位、第三位、倒数第三位、倒数第二位、倒数第一位。

（二）指标所做贡献的描述性统计与分析

根据指标所做贡献的值，表 14.12 展现了指标对于资本密集型制造业整体发展的贡献度，资本密集型制造业指标贡献度排名如图 14.10 所示。

表 14.12　资本密集型制造业整体指标贡献度排名

关联度	排名前两位	排名后两位
指标	从业人员受教育程度、煤炭消耗比重	中间投入、R&D项目数

573

```
        贡献度
    10
     8
     6
     4
     2
     0
           1              2              3
```

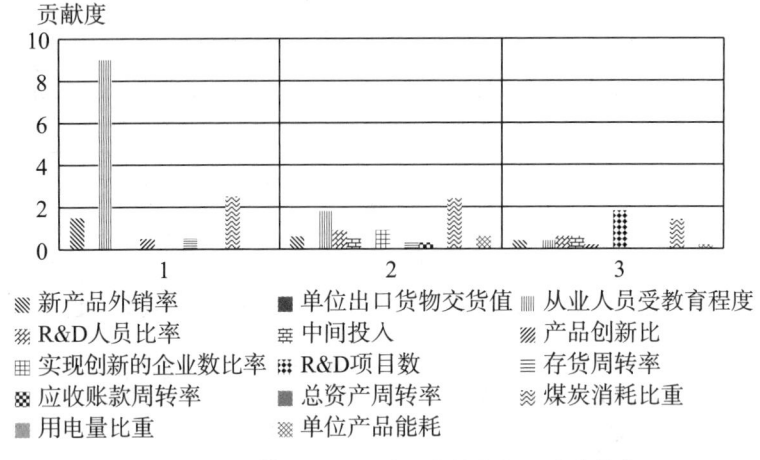

▨ 新产品外销率   ■ 单位出口货物交货值   ▦ 从业人员受教育程度
▩ R&D人员比率   ▤ 中间投入   ▨ 产品创新比
⊞ 实现创新的企业数比率 ⊟ R&D项目数   ≡ 存货周转率
▩ 应收账款周转率   ■ 总资产周转率   ▨ 煤炭消耗比重
▥ 用电量比重   ▨ 单位产品能耗

图 14.10　资本密集型制造业整体指标贡献度排名

注：横轴代表制造业整体贡献度指标的位次，1、2、3分别表示第一位，第二位，第三位。

将各指标所作贡献度的排名赋予权重，排在第一位的赋权0.5，第二位的赋权0.3，第三位的赋权0.2，与各指标在各排位出现的次数对应相乘，将得出的结果排名，可得出每个指标的排位在前两位和后两位的重要程度。

从贡献度看，排在前两位的指标有从业人员受教育程度、煤炭消耗比重。综合说明从业人员受教育程度、煤炭消耗比重对制造业价值链高质量发展的共享概念较大。

二、三种密集型（技术、资本、劳动）制造业价值链攀升突破口

（一）技术密集型制造业分析

1. 指标频度统计与分析

根据指标出现频次，表14.13展现了指标对技术密集型制造业发展的频次排名。

表 14.13　技术密集型制造业指标频次排名

关联度	排名前两位	排名后两位
指标	从业人员受教育程度、煤炭消耗比重	单位产品能耗、单位出口货物交货值

从关联度看（如图 14.11 所示），从业人员受教育程度、煤炭消耗比重排在前两位，说明这两个指标对技术密集型制造业所做贡献比较大，从业人员受教育程度排在第一，说明从业人员受教育程度对于技术型制造业带来的贡献较大，技术型制造业要密切关注从业人员的受教育程度。单位产品能耗、单位出口货物交货值排在后两位，说明对于技术型制造业要加强存货周转率，降低能源消耗，减少单位产品能耗，加强产品出口，综合提高企业协调能力和共享能力。

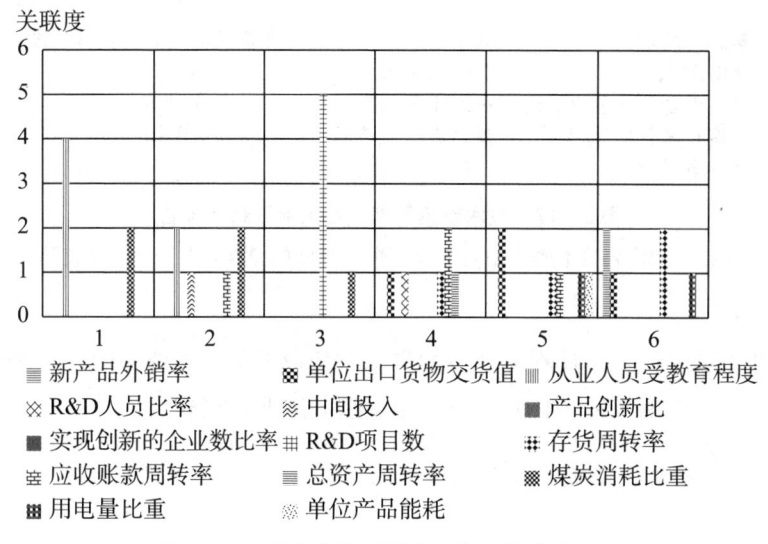

图 14.11 技术密集型制造业指标关联度排名

注：横轴代表技术密集型制造业指标的位次：1、2、3、4、5、6 分别代表第一位、第二位、第三位、倒数第三位、倒数第二位、倒数第一位。

2. 指标所做贡献的描述统计与分析

根据指标所做贡献的值，表 14.14 展现了指标对于技术密集型制造业发展的贡献度，技术密集型制造业指标贡献度排名如图 14.12 所示。

表 14.14 技术密集型制造业指标贡献度排名

关联度	排名前两位	排名后两位
指标	从业人员受教育程度、煤炭消耗比重	R&D 项目数、应收账款周转率

贡献度

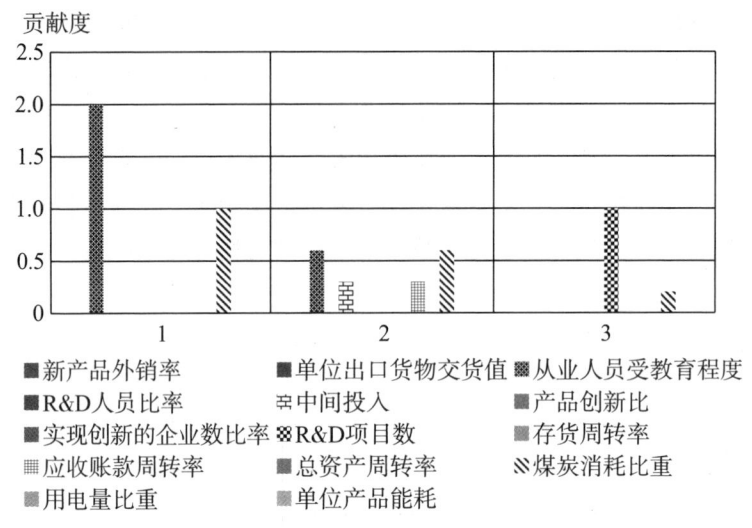

[图表：技术密集型制造业指标贡献度排名柱状图，纵轴贡献度0-2.5，横轴1、2、3]

图例：
■ 新产品外销率　　■ 单位出口货物交货值　▨ 从业人员受教育程度
■ R&D人员比率　　▥ 中间投入　　　　　　　▨ 产品创新比
■ 实现创新的企业数比率　▥ R&D项目数　　　▨ 存货周转率
▦ 应收账款周转率　▥ 总资产周转率　　　　　▨ 煤炭消耗比重
▦ 用电量比重　　　▥ 单位产品能耗

图 14.12　技术密集型制造业指标贡献度排名

注：横轴代表技术密集型制造业指标贡献度的位次，1、2、3 代表第一位，第二位，第三位。

从贡献度值看，排在前两位的指标有从业人员受教育程度、煤炭消耗比重。综合说明上述指标对于技术密集型制造业贡献较大。

（二）资本密集型制造业分析

1. 指标频次描述统计与分析

根据指标出现频次，表 14.15 展现了指标对资本密集型制造业发展的频次排名。

表 14.15　资本密集型制造业指标频次排名

关联度	排名前两位	排名后两位
指标	从业人员受教育程度、煤炭消耗比重	新产品外销率、存货周转率

从关联度看（如图 14.13 所示），排在前两位的指标有从业人员受教育程度、煤炭消耗比重。说明上述两个指标对于资本密集型制造业所作的贡献较大。说明人力资本结构高级化和研发强度对于中国企业的价值链地位提升有重要影响，企业应该注重从业人员的教育力度的培养。降低煤炭能源消耗，增强创新能力的培养。排在后两位的指标有新产品外销率、存货周转率。说明上述指标对于资本密集型制造业的贡献小，应从降低单位

产品能耗、加强资金周转力度、扩大新产品外销市场、降低存货周转率出发，提高资本密集型制造业的创新能力，调整人才结构。

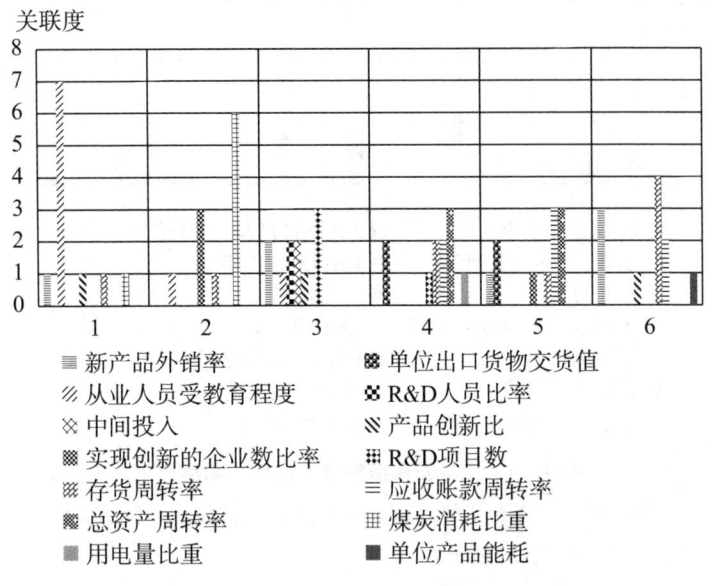

图 14.13　资本密集型制造业指标关联度排名

注：横轴代表资本密集型制造业指标的位次：1、2、3、4、5、6 分别代表第一位、第二位、第三位、倒数第三位、倒数第二位、倒数第一位。

2. 指标所做贡献的描述统计与分析

根据指标所做贡献的值，表 14.16 展现了指标对于资本密集型制造业发展的贡献度，资本密集型制造业指标贡献度排名如图 14.14 所示。

表 14.16　资本密集型制造业指标贡献排名

关联度	排名前两位	排名后两位
指标	从业人员受教育程度、煤炭消耗比重	实现创新的企业数比率、存货周转率

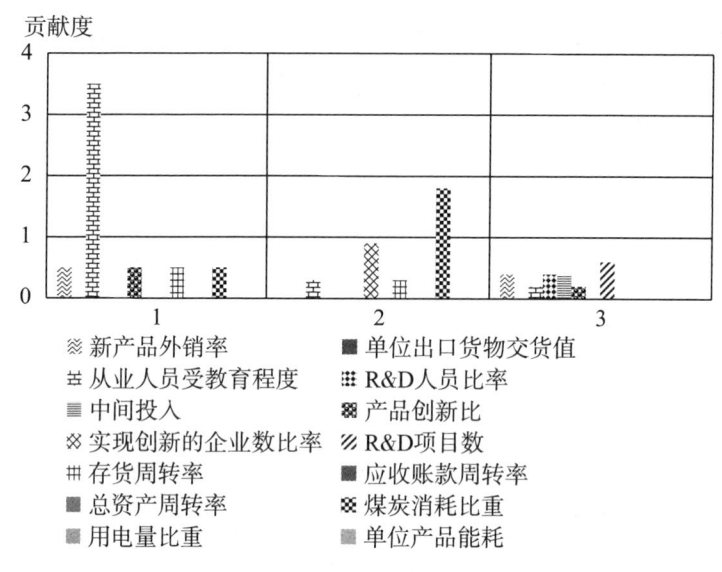

图 14.14 资本密集型制造业指标贡献度排名

注：纵轴代表资本密集型制造业关联度指标的位次，1、2、3 代表第一位，第二位，第三位。

从贡献度看，排在前两位的指标有从业人员受教育程度、煤炭消耗比重，综合说明上述指标对于资本型制造业发展的贡献较大。

（三）劳动密集型制造业分析

1. 指标频次描述统计与分析

根据指标出现频次，表 14.17 展现了指标对于劳动密集型制造业发展的频次排名。劳动密集型制造业指标关联排名如图 14.15 所示。

表 14.17 劳动密集型制造业指标频次排名

关联度	排名前两位	排名后两位
指标	实现创新的企业数比率、煤炭消耗比重	存货周转率、应收账款周转率

第十四章 产业视角：中国制造业价值链攀升战略重点及突破口

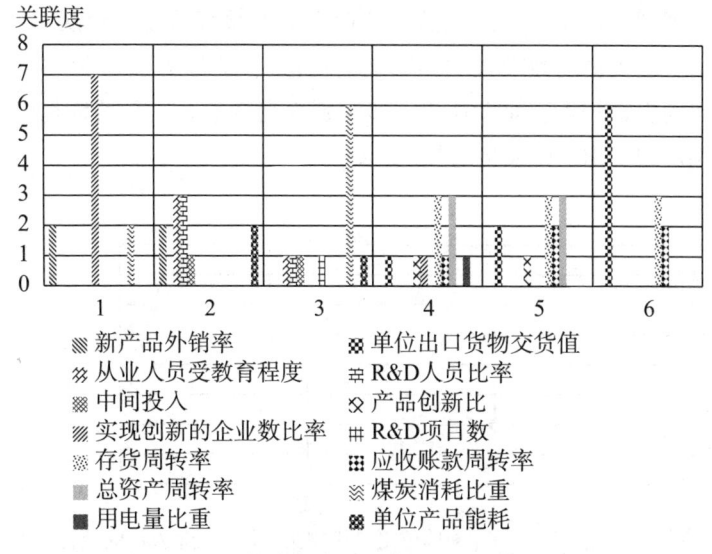

```
关联度
8
7
6
5
4
3
2
1
0
      1      2      3      4      5      6
```

- ▨ 新产品外销率
- ▧ 从业人员受教育程度
- ▦ 中间投入
- ▨ 实现创新的企业数比率
- ▩ 存货周转率
- ▤ 总资产周转率
- ■ 用电量比重
- ▨ 单位出口货物交货值
- ▦ R&D人员比率
- ✕ 产品创新比
- ♯ R&D项目数
- ▦ 应收账款周转率
- ▨ 煤炭消耗比重
- ▨ 单位产品能耗

图 14.15　劳动密集型制造业指标关联度排名

注：横轴代表劳动密集型制造业指标的位次，1、2、3、4、5、6分别代表第一位、第二位、第三位、倒数第三位、倒数第二位、倒数第一位。

从关联度看，实现创新的企业数比率、煤炭消耗比重在前两位，说明上述两个指标对于劳动密集型制造业发展的影响较大。劳动密集型制造业要注重减少煤炭消耗，单位产品能耗，以及增加企业创新，说明劳动密集型制造业也需要调整人才结构，进行制造业转型升级，降低煤炭消耗和单位产品能耗，注重协调能力的发展。存货周转率、应收账款周转率排在后两位，说明这两个指标对于劳动密集型制造业发展的影响较小，综合表明，劳动密集型制造业单位出口货物值较低，存货周转速率较慢，可立即折现的资金较少，行业整体周转速度较慢，劳动密集型企业应加强营运能力和创新能力。

2. 指标所做贡献的描述统计与分析

根据指标所做贡献的值，表14.18展现了指标对于劳动密集型制造业发展的贡献度排名，资本密集型制造业指标贡献度排名如图14.16所示。

表 14.18　劳动密集型制造业指标贡献排名

关联度	排名前两位	排名后两位
指标	从业人员受教育程度、煤炭消耗比重	中间投入、单位产品能耗

从贡献度看，排在前两位的是从业人员受教育程度、煤炭消耗比重，综合说明从业人员受教育程度、煤炭消耗量、R&D人员对影响劳动密集型制造业的贡献较大。企业应进一步加强提高从业人员受教育程度，降低能源消耗，增强R&D人员的投入。

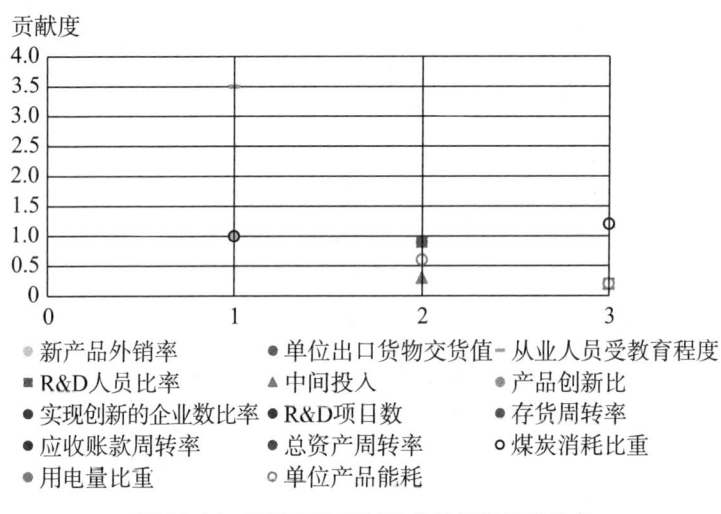

图 14.16 劳动密集型制造业指标贡献度排名

注：纵轴代表劳动密集型制造业贡献度指标的位次，1、2、3代表第一位，第二位，第三位。

三、中国制造业细分行业价值链攀升突破口

（一）指标频度描述统计与分析

制造业整体、技术密集型制造业、资本密集型制造业、劳动密集型制造业称为四大制造行业，根据前面分析，四大制造行业指标关联度排名见表14.19。

表 14.19 四大制造行业指标关联度排名情况

关联度	排名前两位	排名后两位
制造业整体	煤炭消耗比重、从业人员受教育程度	存货周转率、应收账款周转率
技术密集型制造业	从业人员受教育程度、煤炭消耗比重	单位产品能耗、单位出口货物交货值

续表14.19

关联度	排名前两位	排名后两位
资本密集型制造业	从业人员受教育程度、煤炭消耗比重	新产品外销率、存货周转率
劳动密集型制造业	实现创新的企业数比率、煤炭消耗比重	存货周转率、应收账款周转率

由表14.19可知，四大行业都与煤炭消耗比重的关联度较大，与存货周转率的关联度较小，说明制造业的煤炭消耗比重较高，应该降低煤炭消耗量，存货周转率对制造业的贡献较小，应该提高企业的存货周转率，加快企业存货的周转速度，提高企业的营运能力，进而提高制造业的协调能力。

制造业独有的关联度较大的指标是新产品外销率，说明制造业整体和新产品外销具有重要关系，制造业整体应该进一步开放市场，扩大新产品外销市场，进一步提高制造业整体的协调能力。技术密集型企业独有的关联度较大的指标是应收账款周转率，说明技术密集型企业发展的独特性在于应收账款周转率较高，说明技术密集型制造业营运能力较强，技术密集型企业应继续加快应收账款周转率的速度，增强技术密集型制造业的营运能力。资本密集型制造业应继续提高营运能力，进而发挥资本密集型制造业的优势，加快资金回流速度和存货周转率。劳动密集型制造业独有的关联度指标为R&D人员比率、单位产品能耗，说明上述指标对于劳动密集型制造业的贡献度较高，劳动密集型制造业应该进一步加快R&D人员流动速率，降低单位产品能耗，进而继续发挥劳动密集型制造业的优势。

（二）指标所做贡献的描述统计与分析

由表14.20可知，四大行业都与从业人员受教育程度、煤炭消耗比重的关联度较大，与中间投入的关联度较小，说明从业人员受教育程度对于制造业整体的贡献较大，制造业整体应该进一步提高从业人员受教育程度，降低煤炭消耗比重，进而发挥制造业整体的优势。

表14.20 四大制造行业指标贡献排名

关联度	排名前两位	排名后两位
制造业整体	从业人员受教育程度、煤炭消耗比重	中间投入、R&D项目数

续表14.20

关联度	排名前两位	排名后两位
技术密集型制造业	从业人员受教育程度、煤炭消耗比重	R&D项目数、应收账款周转率
资本密集型制造业	从业人员受教育程度、煤炭消耗比重	中间投入、产品创新比
劳动密集型制造业	从业人员受教育程度、煤炭消耗比重	中间投入、单位产品能耗

第四节 研究结论与启示

研究发现：①中国制造业各细分行业的战略指标的贡献率各有不同，每个行业都存在优势指标和劣势指标并存的状态；②在战略重点中，固体废物处理率、销售净利润的关联度较大，与新产品销售收入比、R&D投入强度、专利授权量关联度小；③在突破口选择中，从业人员受教育程度的关联度较大，与存货周转率、中间投入的关联度小；④中国制造业细分行业价值链攀升战略设计及突破口选择有助于高效促进中国制造业高质量发展。新产品销售收入比、R&D投入强度、专利授权量作为战略重点，存货周转率、中间投入作为制造业细分行业价值链攀升的突破口。

制造业细分行业战略重点及突破口详见表14.21。

表14.21 四大制造业细分行业战略重点与突破口

行业细分	战略重点	突破口
制造业整体	固体废物处理率、工业废气处理率、ROE	单位产品能耗、中间投入、R&D项目数
技术密集型制造业	固体废物处理率、销售净利润、工业废水处理率	R&D项目数、应收账款周转率
资本密集型制造业	固体废物处理率、销售净利润、工业废水处理率	R&D项目数、中间投入、产品创新比
劳动密集型制造业	固体废物处理率、销售净利润、工业废水处理率	中间投入、单位产品能耗

第六篇
探究与设计：中国制造业价值链攀升路径

第十五章 "智能+"① 赋能"弯道超车"路径

第一节 "智能+"赋能中国制造业价值链攀升

基于新一代科技革命的兴起潮流，对中国制造业价值链攀升而言是前所未有的机遇，如何抓住世界制造业飞速发展的时机，借力新一代科技革命助推中国制造业价值链攀升是当今亟须解决的问题。本章节从"智能制造""数字化""信息化""互联网+"和"区块链"五个角度分析中国制造业价值链攀升态势以及实现路径与方法。

一、"智能制造"赋能中国制造业价值链攀升

（一）中国制造业"智能制造"发展现状

当前制造业智能化发展是大势所趋，智能制造已经成为制造业发展的潮流。中国制造业要立足于前三次工业革命发展的基础上，推进制造业智能化发展。智能制造概念主要经历以下4个阶段，如图15.1所示。

---

① "智能+"主要是指数字化、信息化、互联网+、区块链、智能制造等技术。

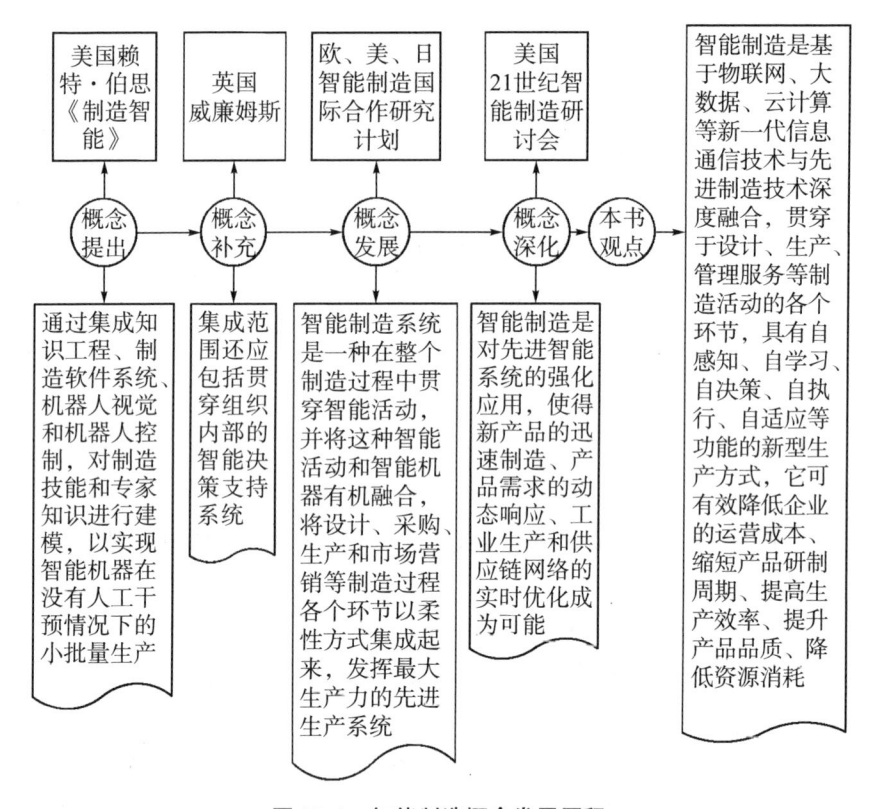

美国赖特·伯思《制造智能》	英国威廉姆斯	欧、美、日智能制造国际合作研究计划	美国21世纪智能制造研讨会		智能制造是基于物联网、大数据、云计算等新一代信息通信技术与先进制造技术深度融合，贯穿于设计、生产、管理服务等制造活动的各个环节，具有自感知、自学习、自决策、自执行、自适应等功能的新型生产方式，它可有效降低企业的运营成本、缩短产品研制周期、提高生产效率、提升产品品质、降低资源消耗
概念提出	概念补充	概念发展	概念深化	本书观点	
通过集成知识工程、制造软件系统、机器人视觉和机器人控制，对制造技能和专家知识进行建模，以实现智能机器在没有人工干预情况下的小批量生产	集成范围还应包括贯穿组织内部的智能决策支持系统	智能制造系统是一种在整个制造过程中贯穿智能活动，并将这种智能活动和智能机器有机融合，将设计、采购、生产和市场营销等制造过程各个环节以柔性方式集成起来，发挥最大生产力的先进生产系统	智能制造是对先进智能系统的强化应用，使得新产品的迅速制造、产品需求的动态响应、工业生产和供应链网络的实时优化成为可能		

图 15.1 智能制造概念发展历程

（二）中国制造业"智能制造"发展实现路径与方法

面对发达国家"再工业化"与发展中国家低成本对中国实体经济形成的"双重挤压"，抓住新技术革命和产业革命带来的战略机遇，以智能制造引领中国制造向全球价值链高端攀升。

1. 着力突破关键技术

推进智能制造产业关键技术的自主研发与产业化，提高价值链关键环节的掌控力。聚焦感知、控制、决策、执行等智能制造核心关键环节；突破制约智能制造发展的各类工业传感器等关键技术，比如 LED 电子看板增强数字化和软件化控制能力；研发具有自主知识产权的工业机器人、制造装备等关键装备，补齐工业数字化转型短板，全面提升智能制造的产业化水平。

2. 推进软件与平台建设

促进制造业相关智能软件以及智能制造操作系统平台的开发、推广，建立工业软件产业投资基金，从财税、金融、知识产权等方面加大对工业软件基础研发、产业化、应用推广的扶持力度。组建以行业龙头企业为核心的工业软件联盟，打造工业软件产业生态圈，加快制定工业软件行业标准，推进制造业工业软件综合集成应用。

3. 建立相关标准体系

加快智能制造相关标准体系建设，为实施智能制造提供强有力的标准支撑。聚焦重点领域，从基础共性、关键技术、重点行业等方面，建立健全智能制造相关标准体系。鼓励通信设备、智能装备、软件开发、工业自动化、系统集成等领域的企业和科研机构联合参与智能制造体系架构、通信协议、操作系统平台、应用接口、技术实现等方面标准的制定，提高智能制造相关标准的开放性和兼容性，夯实智能制造产业生态基础。

4. 注重模式创新

创新生产模式和商业模式。智能制造所带来的以消费者为中心、"需求定制＋大数据营销＋参与制造"的"产品＋服务"的新生产模式和商业模式，要求企业从封闭的价值链转向开放的价值网络。政府应鼓励智能装备、通信设备业、电子信息制造企业，以及软件开发、系统集成企业与大学等科研机构组建涵盖技术研发、产品制造、应用推广和系统集成等方面跨行业、跨领域的智能制造产业联盟，建立平台生态圈，通过服务生态化、系统化和产品智能化，推进技术研发、产品生产、应用推广全链条协同发展。

二、"数字化"赋能中国制造业价值链攀升

（一）中国制造业数字化发展现状

目前数字化技术在中国制造业中的发展主要具有以下几个特点。

1. 数字化制造技术已获得广泛应用

中国制造业在推进制造业设计数字化、管理数字化、制造装备数字化、生产过程数字化和企业数字化等方面发展迅速，且各项数字化技术也在不断深入，如MRP/ERP的推广应用，CAD/CAE/CAM改变了传统生产设计方式。

2. 行业标准不统一

由于制造业数字化年限较短，行业法律法规不健全，标准不统一，极

易出现违规操作、信息泄露、信息诈骗等问题，使得制造企业数字化环境氛围差，创新发展受到极大阻碍，因此统一的工业数据行业标准是制造企业数字化进程的保障。

3. 数字化核心技术能力弱

尽管中国制造业发展迅速，但多集中于制造业高新技术的边缘地带，核心技术发展力度不足。比如3D模型打印技术、生产过程的集成仿真优化技术、数字化车间与工厂、数字化设备维修等仍处于起步阶段，大数据、云计算等高新技术难以融入工业生产流程。

(二) 中国制造业数字化发展实现路径与方法

中国制造业数字化转型发展已经取得一定成果，但实施设备数字化连接困难的"硬性"问题仍未解决，行业标准不统一、组织管理能力弱等软性问题仍然存在。在此背景下，中国必须以重塑竞争发展优势为目标，以提升管理水平能力和产品质量为重要手段，以数字化转型为重要途径，提升中国制造业的国际竞争力。在中国当前的发展阶段和现实情况下，应该通过加快行业数据标准制定、推动数据安全和共享进程、加快网络基础设施建设、提高组织合作能力等方面尽可能突破制造业数字化转型过程中存在的困难，更好地融入数字经济发展和转型这一国际趋势，切实推动制造业高质量发展。

1. 加快行业数据标准制定，促进数据安全和共享

首先，加快数字化制造业相关标准体系的建设，为后续顺利实施智能制造提供支撑。集合多方力量，通过整理现有国家标准，引导行业利益共同体和制造业企业研究制定统一的工业数据行业标准，将制定的行业标准与国家标准进行融合，形成符合当前行业发展的全新的、科学的国家标准。其次，加强数据安全体制机制建设，为顺利实现智能制造提供保障。制度层面要制定数据安全检查的程序和执行力度，切实履行监督执法的责任，从法律上加强惩罚措施力度，不留情面地打击恶性竞争和违法犯罪行为，如从事信息诈骗、倒卖个人信息等活动。思想层面要使数据信息提供者和数据信息使用者双方都充分认识到其在使用、流通过程中具有对数据安全进行维护的责任与义务。最后，推动公共数据开放的进程，充分高效利用数据资源，为实现智能制造提供良好的环境。在各经济主体间建立可靠的数据共享机制和技术平台，推动金融、制造等行业的跨界融合，完善

资源共享的社会环境，保障数据应用有序化、规范化（熊鸿儒，2019）。一方面依托大数据、云计算、区块链等技术对制造业相关数据信息资源进行整合；另一方面加快促进和推动制造资源优化配置数据等信息"共享、共建、共担"新机制的构建，为制造业实现数字化转型创造安全开放且自由的良好环境。

2. 加强核心技术攻关，加快网络基础设施建设

一方面，聚焦制造业自主创新能力和核心关键领域的突破。通过加强资助力度等直接手段和政府采购等间接方式促进关键领域基础研究和技术研发，如核心器件、5G网络、人工智能等方面，鼓励推动人机交互、底层操作系统和工业大数据等核心技术探索研发和突破，针对性地提升制造业数字化水平与能力。另一方面，紧密围绕制造业数字化转型的发展目标和要求，促进网络基础设施的建设。当前，智能工厂、数字工厂对网络基础设施的要求远高于消费互联网对网络基础设施的要求，因此要充分认识到当前国际国内形势对制造业网络基础设施建设的高标准要求，运用财政税收等经济手段加大对工业软件基础研发的扶持力度，并在知识产权等方面给相关成果以充分的保障和维护，推进可靠度高、安全性强、覆盖范围广、延时低的工业互联网建设（曹正勇，2018），扩大中国制造业数字化的领先优势。

3. 加强同一行业间的交流合作，完善发展环境

突破地域限制，加强行业间和行业内部企业的合作，完善制造业数字化的发展环境，在中国独特优越的政治体制下，需要政府和企业两方面力量共同推动这一目标的实现。政府方面，市场发展到一定程度自然需要制造业进行数字化转型，但市场竞争环境的改善、各方面经济主体的协调需要政府进行组织推动。政府应完善鼓励支持政策，通过信贷、税收等金融政策和加速折旧、产业引导等宏观政策保障制造业数字化转型的顺利开展，推动金融机构与工业企业加强合作互信，使制造业尽早构建起大规模个性化定制、服务型制造、网络化协同制造等新的模式和业态（赵西三，2017）。企业方面，要充分激发团队人员的创造管理能力，推动业务流程再造和组织架构的变革，推选出具备长远战略思想和优秀管理能力的管理人才，建立起真正具有数字化转型发展能力的员工队伍，提高队伍组织管理能力和执行能力，加快培育和释放新动能，最终实现企业内部环境和行业环境的有机统一，从根本上提升中国制造业数字化转型升级的整体水

平,实现制造业数字化的发展目标。

三、"信息化"赋能制造业价值链攀升路径

(一) 中国制造业信息化发展现状

中国制造业信息化在近几年虽得到了一定的发展,然而总体水平不高,制造企业的信息化发展一般停留在财务系统或财务进销存的系统,可见真正为企业创造核心价值的供应链管理收效甚微。中国制造业信息化普遍存在以下三个方面的问题。

1. 生产过程信息化程度低下

制造企业在生产信息化进程中,主要存在以下问题:①生产设备技术含量低。制造企业对生产设备信息化认识不足,更换老旧设备意愿低下。②生产设备监管不力。生产设备监管力度低,产品质量不能保证。③生产计划不合理。缺乏科学有效的计划、储备、批量政策和提前期等生产计划参数。

2. 企业内部管理程序繁杂

传统制造企业存在内部管理层之间任务分配不明晰、权力交叉、层层报告等造成信息延迟、效率低下;在制造企业信息化过程中,大多企业生搬硬套管理信息系统,忽视了自身的实际情况;CRM/SCM/电子商务的水平低下;生产类型以订单设计(ETO)为主的企业缺乏项目管理与ERP的有效集成等问题,阻碍了制造企业内部管理信息化进程。

3. 信息化服务能力弱

企业与顾客的联系能力较弱,不能提供良好的售前售后服务,已有的信息服务平台建设不完善,智能化水平低,用户体验感差,用户反馈意见不能及时到达企业,沟通不畅,造成用户的流失。

(二) 中国制造业信息化发展实现路径与方法

中国制造业所面临的自主创新水平较低、产品低端、管理落后、服务不及时等问题,表明中国制造业亟须进一步升级,而实现升级主要依靠信息化手段,在关键技术的选择上采用新兴的信息化以促进制造企业技术水平、自主研发水平和创新水平的提升。增强制造业相关产业实力与竞争力,提高制造业企业服务水平,改善生产环节并提高产品的技术含量,提

供个性化服务以加快中国制造业信息化路径优化。从制造业生产过程信息化、产品信息化、制造业企业管理信息化、企业服务信息化四个信息化路径进行分析。

1. 制造业生产过程信息化

（1）提升生产设备技术含量。通过生产设备数字化、网络化、智能化，实现生产流程信息化，这是制造业整体升级的基本标志。注重实现信息系统集成技术与工艺装备研究二者的有效衔接和开发并重，提升生产设备的技术含量可以在生产设备中植入智能传感芯片等嵌入式软件，通过信息技术的操作，让生产数据通过网络实现快速传输，从而对生产实现智能操控（王亚男，2011）。通过计算机、操作系统及数据库管理系统软件，生产设备可通过智能传感器芯片等软件的植入获取设备运行的状态数据，联网后对生产进行控制，提升生产设备的信息化水平。

（2）强化生产设备监管与维护。对相关生产设备进行监管与维护，做到事前预防处理和控制，通过政策和规章制度进行干预，严把质量关。在企业的生产监管过程中，通过信息技术应用实现设备信息的共享，及时且有针对性地对设备进行特有的分析预测和维护规划，培训操作人员，提高操作人员的应急处理能力，减少信息共享不全面、问题处理不及时的现象。引入智能仿真系统、生产监控、效仿人为判定、自行问题解除等更加先进的信息技术，使生产设备更加智能化，实现信息化的基础改造升级。

（3）信息化推动生产过程升级。生产设备升级就是对生产全过程这条"线"的升级，将原来的传统制造生产线打造成生产线自动化、生产车间智能化，最终创建先进的智能工厂，其核心是生产系统整体信息化。实现生产线的信息共享和自动化，极大提高劳动生产率，减少重复性的操作；建立数字化车间实时接收多条生产线反馈的信息，从而实现全面掌控，对数据进行分析，然后依照结果做出正确决策；创建智能工厂并实现设备互联，充分利用精益生产的理念，实现自动化，注重环境友好，实现绿色操作。

2. 制造业产品信息化

产品信息化包括研发产品、智能设计和打造定制化产品、监督产品信息。产品信息化装备制造业升级发展的关键部分是将信息化手段应用到传统产品方面（田利娟，2013）。制造业的目的是给社会提供有价值的好产品，而高质量产品将从根本上提高产品性能和市场竞争力，因此必须对传统产品进行创新和改造换代。

（1）智能设计和打造定制化产品。随着经济生活质量以及科学技术水平的提升，人们对于产品本身的功能、质量、外观等方面有着更高的要求。充分了解客户需求是提升企业市场竞争力的关键，凭借大数据等信息化手段收集客户意见，结合市场需求打造产品个性化、多元化；运用CAD计算机辅助设计和CAM计算机辅助制造等信息技术实现产品信息化设计，减少产品设计研发周期，利用二维码、条形码以及在产品中嵌入RFID无线射频识别芯片，识别获取并汇总产品信息以达到产品实时控制、检测并实现追溯。

（2）监督产品信息。产品质量的检测与监管至关重要，生产环节应实施全程监测，以达到产品质量标准化。在生产机器上设置实时问题检测装置、相连问题检测装置和信息网络系统，随时监测和发现产品问题，查询问题产生的根源，以进一步提升产品质量。通过智能检测系统提前预知判断可能出现的问题，达到精准事前控制，降低损失以保障产品质量。

3. 制造业管理信息化

管理信息化有助于管理人员做出适当的生产调整。在企业信息化高级应用管理中建立一整套管理信息系统，对联合办公、智能商务、人力资源服务等方面整体进行有效管理，提供适合有用的数据发展制造企业。

4. 制造业服务信息化

服务信息化包括改善企业服务系统和构建信息化服务平台。制造业服务不断升级，信息化水平随之提高，构建制造业新模式，形成新形态，即制造业将由大规模流水线生产转向规模定制化生产，从生产型制造转变为服务型制造。

（1）改善企业服务系统。制造企业应重视"产品＋服务"的PSS产品服务系统的应用，利用网络软件和硬件围绕产品对用户数据进行搜集，提高产品附加值以及智能化水平，实现产品制造服务化，通过市场数据推动技术创新，积极改进服务水平。当前，产品生产日益复杂，一些高技术设备层出不穷，对这些生产设备提供在线服务与维护则极其关键，以保证其稳定运行，信息技术则为在线监测和诊断提供保障，可促使装备制造业向服务化转变。现阶段定制化、个性化已成为产品需求的特点，针对这样的需求，应发展订单式、柔性化、动态配置的生产模式，通过信息化手段完善产品质量，满足日益增长的多样化需求，同时应通过DCS集散控制系统的应用和相关客户程序实现连通,实现信息实时更新可查询。现阶段,推动装备制造业向服务型制造业升级成为企业运行的关键,企业在重视产品生产的同时也要对售后服务等引起重视,通过互联网得到产品运作数据,进行在线售后管理,增强服务满意度。

(2) 构建信息化服务平台。建设服务信息化平台或网站,以服务对象为本,通过大数据、互联网、云计算等技术收集、汇总、处理、分析相关数据,以了解客户反馈信息后进行针对性的产品、服务改进,以促进制造业服务升级,实现智能平台建设。服务信息化平台是企业与客户之间沟通联系的桥梁,能在满足标准化需要的同时满足当前不断增长的个性化需要,提供全面又多元化的服务。服务信息化平台能够突破时间、空间的限制,满足一系列主动需求和被动需要,是将科学技术研发成果的供应者和需求者相连,主动提供服务的媒介。信息化服务以达到客户所有要求的程度为目标,提高自我创新水平和实现研发能力进步。

由于在线服务的普及,也使得众多以在线维护为基础的第三方出现,他们为企业提供专业性很强的信息服务,给予企业关键技术研发与应用的相关服务,促进企业信息化技术的应用。可以建设集中式综合服务网,使制造业与相关第三方机构之间形成有效的沟通体系,给予一些综合实力不强、不具备独自建立服务平台资格的中小企业相关技术研发领域的服务。当前,企业传统的制造商正向集成服务商转变,因为当今服务是企业竞争的关键部分,也是进行差异化发展的关键。

显而易见,中国制造业的发展正向更高水平逐步过渡。新一代信息技术的应用将有效集成制造业中的人、机器、技术、服务等要素,越来越多的生产要素加入制造业发展体系,使得资源得到充分的优化,改革传统生产方式,提高生产效率与水平,降低劳动成本,增强制造业竞争力。中国制造业升级离不开信息化,大数据、物联网、人工智能等信息技术高效衔接和改造生产、管理、服务等环节,推进信息化、服务化的整个进程,促进制造业实现"弯道超车"。

四、"互联网+"赋能制造业价值链攀升

目前,中国科技发展水平已经进入更深的领域,通过加快信息化技术与实体经济的融合发展,使得信息化技术在实体经济的发展中逐渐呈现出统筹规划的引导地位,形成一种全新的经济模式。要想实现制造业智能化水平的提升,首先需要利用"互联智能"技术,根据国家政策引领,央

企、国企为带头企业，新兴技术与制造业相结合，让智能制造成为中国制造业的坚强后盾。智能制造被不断地挖掘，以智能制造为契机，让智能化加速发展，让企业全面进入智能化，打造一个数字化的新型制造业企业，加速推进制造业价值链攀升，使传统生产模式向"互联智能"生产模式转变，如图15.2所示，让用户得到更柔性化、定制化和智能化的生产及服务模式。

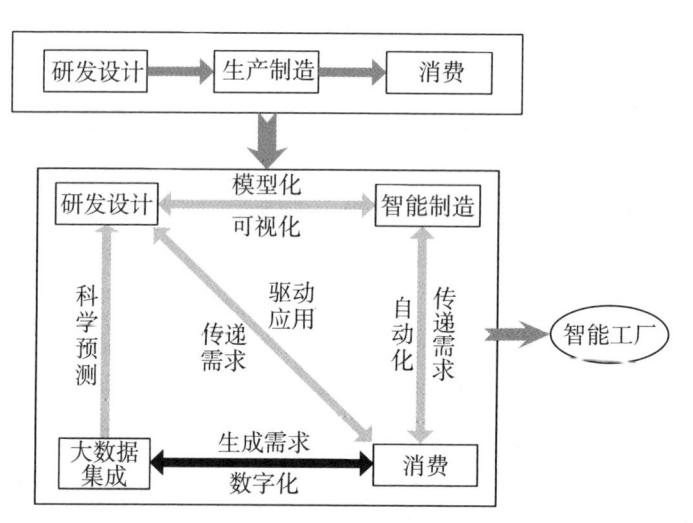

图 15.2 传统生产模式向"互联智能"模式转变

（一）"互联网+"赋能制造业高质量发展

制造业企业要想提高智能发展水平，需要在互联网、人工智能和云计算为基础推进下，依靠大数据智能分析来实现制造业企业的全面升级，最重要的是依靠实体制造。智能生产的三大主体是智能工厂、智能生产和智能制造设备。

1. 智能工厂的建立

智能工厂离不开工厂信息化，数字工厂是实现智能工厂、打造智能生产运营平台的基础。智能工厂有其自身的优势：第一，其智能系统具有较强的自主能力，可以进行自动化生产；第二，可视化技术能够应用于设备生产，可以实现远程控制；第三，模型化的构建与生产管理活动相匹配，具有调整、重组和扩展的能力；第四，拥有人与机器共存的系统机制，可以提高生产效率。根据智能工厂的特点，通过对质量缺陷的快速预测和识别，提高质量，创造出高质量的产品。

数字化、信息化建设是实现智能工厂的基础，是一个长期、可持续的过程。目前，德国正在提倡构建"智能工厂"紧跟"新一代科技革命"的步伐，中国与其相比还有差距，需要政府来支持和引导有实力的制造企业率先行动，为企业提供资金支持。同时，需要出台政策和优惠条件，为实现智能制造提供良好的发展空间。

2. 生产设备智能升级

制造业机器设备的智能改造升级从本质上就是实现"机器换芯"，首先应该考虑技术问题，为了解决技术上的问题，制造企业应该引进研发人员，加大技术资金投入，购买智能设备，特别是在智能创新技术方面的突破，对生产机器设备的改造一定是从整体生产设备上实现跨越式升级；利用智能信息技术，努力建设一批智能化的整机生产设备、生产设备主要部件和一系列集成应用系统。通过物联网和 MES、CIM 系统，来实现工厂内各种设备的信息化，实现互联互通，并根据企业实际生产情况，引进研发人员，描绘流程图，精益改造生产线和生产设备，同时加强企业自主研发能力，实现不同产品之间的互联互通，然后传输到智能控制平台，实现智能制造，如图 15.3 所示。中国制造业将从传统的机械设备向智能自动化设备转变，从传统的手工控制向数字化控制转变，从传统的制造管理模式向互联智能模式转变，使工作更加便捷高效。

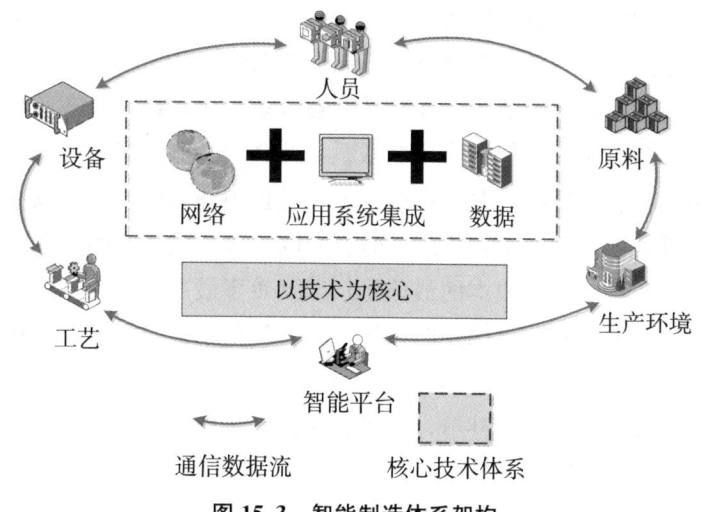

图 15.3 智能制造体系架构

3. 生产过程智能升级

制造企业实现生产设备智能化改造，使生产设备具备智能化生产能力，实现制造企业在产品生产的各个制造环节的智能化，对整个生产过程进行改造，即"生产线改造"，将原有的自动化生产线进行全面改造升级，努力打造智能的生产线，最终形成智能化生产车间，即智能化工厂。在原有的生产过程中，对于产品的质量检测，一般是在整个产品生产流程完成后，进行抽样检测，这样并不能完全保障产品的质量合格。但是现在可以通过智能化设备进行数据集成，进行质量检测，在生产过程中剔除不合格产品，从而替代人工操作审核。生产过程具有柔性，支持相似的产品进行混线生产，如果生产过程中出现故障，可以调整到其他设备生产。为了使生产线智能化，使生产过程更加顺畅，必须把机器人产业作为提升装备制造业智能化水平的突破口，把机器人应用规划作为最重要的战略规划来实施。现在制造企业不仅需要简单的自动化，更需要引入更多的智能手段，如机器视觉、RFID（射频识别）等智能化生产，制造业可以在生产模式中采用机器人辅助生产、自动化生产线、自动化生产线＋工业机器人等多种智能化应用形式。

4. 产品智能化升级

生产线的全面智能化改造是为了生产出更有价值、更有核心竞争力的产品。产品智能化升级需要采取以下流程：首先，要设计产品本身自动存储数据的功能，在参与生产的时候，在产品内或者产品表面加入存储器被生产设备进行信息识别；其次，产品本身可以响应生产线的生产指令，根据生产指令要求对存储的数据进行快速准确的响应，该功能的实现需要在产品中加入智能传感器设备，使产品能够自动响应；最后，在产品的生产过程中需要与控制中心保持密切的联系，控制中心能够时刻追踪定位产品的生产路线和生产情况，对于产品在生产过程中遇到的问题可以通过远程控制及时反映给车间员工，得到及时有效的解决，实现产品开发的最短周期，并保证质量和产品成本的最低化，以及效率最高化。在智能制造系统中，设计、开发和制造可以同时进行，制造就是创造。企业提供相对应产品的解决方案服务包，这样传统的流水线操作生产将会被智能生产所替代，从而更好地改善生产环节，通过高新技术来实现"微笑曲线"的中间部分。

5. "互联智能"促进企业转型升级

"互联智能"实现制造业价值链的数字化重构。制造业利用互联网和大数据的优势，进行数字化集成，整合利用企业资源，通过品牌运营嵌入或重构全球价值链,引领或推动制造企业实现产品、功能或跨行业升级。智能制造使企业生产流程和供应链管理更加高效,能耗显著降低,通过系统的自我修正减少产品的缺陷率,缩短产品市场周期,为企业创造更多的市场价值,优化制造企业的成本投资结构。制造企业利用智能驱动器和数据系统构建互联平台,可以及时了解客户需求,让客户参与设计,进行柔性化产品生产,减少浪费并及时响应客户需求。企业实现智能化的目标不仅仅是一条生产线的智能化,而是整个过程智能化,无线网络实现互联互通,生产设备加入智能自动,建立云计算的互联平台进行应用分析,这样从采购到生产到销售形成科学闭环。互联网支持智能制造,帮助企业实现经营目标,加快制造业转型升级。未来在向智能化转型的过程中,企业将能够获得更多的优势。

(二)"互联智能"赋能制造业价值链攀升

"互联智能"对制造业的融合层次有以下三种方式:第一,运用制造企业内部的互联网,对企业的生产人员、生产部门、生产车间、原材料、生产设备等各个制造环节进行互联互通,去掉多余环节来降低成本,实现效益最大化,以达到智能工厂的目标。第二,运用制造企业外部的互联网,连接与该企业相关的供应商、需求者、服务者、保障者以及其他参与者,实现信息的快速沟通和交流的及时反馈。企业内部网络和外部网络的结合,可以促进数据的集成以实现产品生产和服务创新,推动业务的转型,提升企业创新以及创造能力。第三,开放企业平台运营,实现资源优化配置,推动企业智能化改造,打造智能工厂,实现柔性生产,提高产品附加值,同时衍生新兴业态,加速制造业转型升级。以上"互联智能"与制造业融合的过程,也是"互联智能"赋能中国制造业价值链路径攀升的过程,如图 15.4 所示。

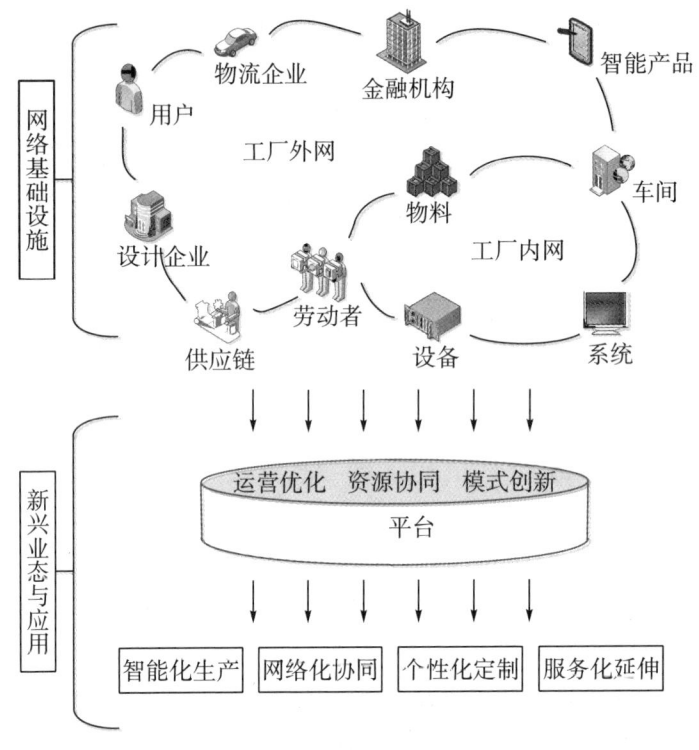

图 15.4 "互联智能"赋能制造业各环节

1. "互联智能"赋能工艺流程升级

在工艺流程方面，基于产业互联网进行技术创新和商业模式创新，以智能制造为方向，不断优化传统的工艺制造。高新技术前提下产生各种互联网新产品、新场景和新应用，优化制造资源配置，使工艺流程智能化，显著降低生产运营过程中带来的浪费。以"互联智能"为抓手，深入推动企业工艺流程智能制造，增强企业实力和能力。

在操作人员方面，企业通过大数据分析熟练操作员工，使其员工的经验、工作流程可视化，实现实践操作能力的高效重复利用，使工艺流程标准化，编制"互联智能"的可视化技术路线流程，建立标准化规范体系，达到工艺流程的升级。然后通过推广培训使用各种智能设备和系统，实现制造过程的智能自动化，即减少人员使用，提高工艺流程的高效和质量。

运用5G网络的高速率、低延时，形成刚性和柔性相结合的自动化生产线，通过技术与云平台的远程控制，达到生产线的灵活改造。使用"互联智能"对传感器、物联网、传输的生产设备进行分析，对工艺设备的参数进行不断优化，使生产过程更加标准规范化；利用实时监控、故障预警来达到设备的保养和维护，减少设备更换率。以上分析得出"互联智能"可以促进企业创新能力的提升，对传统低端工艺流程进行改造，从而推动制造业进行高质量变革。

2."互联智能"赋能产品升级

产品升级就是以用户需求引领企业进行柔性制造，互联网信息的反馈机制可以在产品方面吸取消费者的真正需求，满足消费者的用户体验感，向个性化、智能化方向迈进，开发智能装备和智能产品。"互联网智能"平台可以对售前售后、用户的使用评价以及一些潜在的用户进行发掘，通过大数据对用户的操作模式进行数字化集成，然后进入后台分析。借助"互联智能"技术，加快速度设计产品，进行资源分配，大幅度缩短产品从研发设计到上市的时间，并且可以降低研发设计成本。产品的柔性化生产、库存量最大化的减少、用户最优体验感，都是人工智能技术所要实现的，这些都离不开智能生产线上的产品的感知能力，能够被识别和跟踪定位，使智能机器生产线设备可以定制不同方案，并且产品本身也需要具有与控制中心通信的能力和能够接收各种传感器、处理器下达的指令，进而直接参与产品设计或设计的个性化推荐，使生产线通过智能化管理实现低成本运作，如图15.5所示。

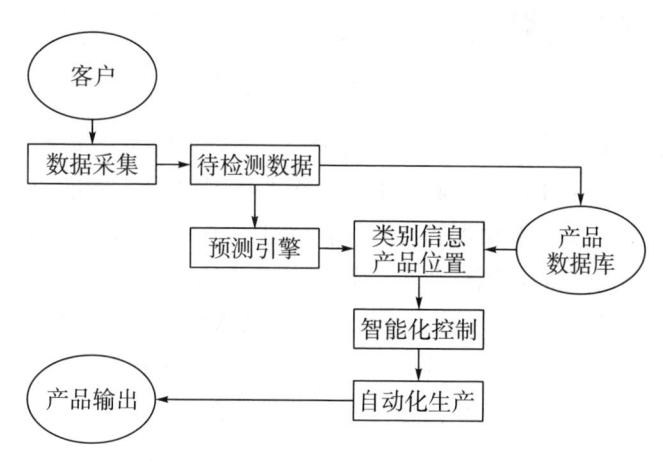

图15.5 产品智能化生产流程

在运用"互联智能"实现产品升级的过程中，企业需要通过整合各类平台软件，对企业的管理和运营进行整合优化，运用业务流程管理、企业资源计划和产品生命周期管理等方案，从产品设计计划出发，到物料采购、库存、人力和物流，都进行跟踪优化智能管理，强化对产品生命周期的控制,"互联智能"赋能产品升级,可以使产品生产在企业运营过程中形成系统集成,提高产品生产线的运作管理水平。

3. "互联智能"赋能功能升级

功能升级需由价值链低端环节向高端环节转变。在功能方面,不断延伸及细化制造业价值链,加强推广制造企业使用"互联智能"进行智能制造、营销模式创新、供应链网络化管理,整合价值链上的各类主体和资源,形成基于产业互联网的全球价值链下的制造业协同网络,从而强化高端环节的价值。"互联智能"将互联网、大数据、人工智能、5G等新技术赋能制造业,形成产供销一体化、产融结合、规模化定制等融通发展的新模式,如图 15.6 所示。

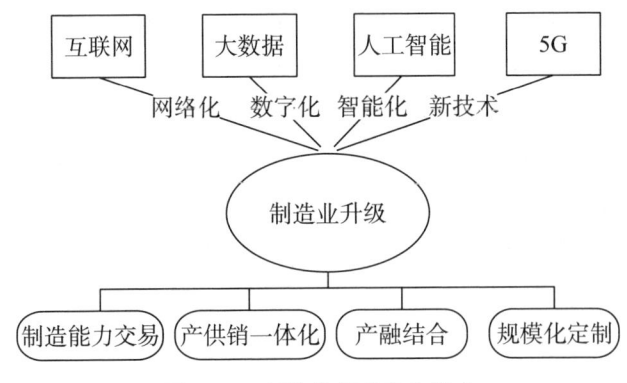

图 15.6 制造业新兴商业模式

信息技术将成为企业新的核心竞争力。大数据为企业带来更多更广泛的商业价值,开启了一个全新的时代。企业根据大数据分析,以实现决策作用,从而精准化预测市场,改善经营管理,进行数据模拟运营等等。数据的价值是无限大的,制造业企业要认真对待和理解大数据的价值所在,合理利用大数据为企业降低各种风险,达到商业价值最大化。开放、共享、共赢就是"互联智能"的思想,实现商业模式的创新支柱就是平台,通过平台使内外部进行网络协作实现业务模式创新,通过平台去重视用户的体验和产品的闭环设计,平台进行对外开放,让所有的用户都参与进来,达到数据的广泛性和准确性,实现企业和用户的零距离,利用平台建立一个商业生态网络来满足用户各种各样的需求,可以以最高效的方式汇聚不同消费者的需求,然后进行需求个性化分析,来达到满足用户需求。通过"互联智能"使商业模式生态网络建立,将价值链的优势和核心内容相结合,如果加速让制造业价值链得到升级,就要从中选择较为重要的内容做投入，让制造业由低端向高端发展。

4."互联智能"赋能链条升级

在链条升级方面，顺应企业边界模糊化和制造业服务化趋势，把握产业互联和跨界融合带来的契机，在连接和融合中寻找创新机遇。

首先在本产业链条内原有的基础上进行附加值的延伸，也可以创造产业外新的产业链条。比如实现企业内部流程再造，提升产业附加值，采用CAD、CAE、CAPP、CAM（狭义）以及PDM工具等，通过设备数字化、过程自动化，对产品制造进行智能化、柔性化改造，还可以使用ERP、SCM、CRM等综合性管理信息系统，将企业内部网络与外部网络通过平台建设接入，供销信息进行相互衔接，提高决策管理的质量，对企业整体活动进行管理和控制，促进企业经营活动高效、优化、协调运行，提升制造业产能升级，如图15.7所示。企业也可以在内部产业链条提升的基础上，创造新的产业链，响应政府号召，支持龙头企业加大自主研发资金的投入，并且给予一定的优惠政策和补贴，鼓励企业实施"互联智能"改造行动，企业自身可以建立联盟，集中采购智能制造设备，通过各种渠道引进先进技术，开发创新能力，优化整体管理水平，实施品牌并购，延伸和开拓新领域。

通过"互联智能"和制造业相融合，制造业的形态在发生变革，可以发掘制造业更多领域，催生如信息技术服务、智慧零售、现代物流等新兴制造业形态。制造业企业和用户互换角色，利用大数据分析可以提高价值链中的物资贸易、融资租赁和物流速率等问题，让数字化的作用效果最大化，而这种融入用户角度去看待价值链攀升的服务往往是一种新的契机、新的链条升级的路径。制造业深入研究"互联智能"，不断优化提升智能设备的设计研发、采购物流、生产制造、销售及产品市场、新兴领域等环节，强化价值链拓展能力，加速实现价值链链条升级。

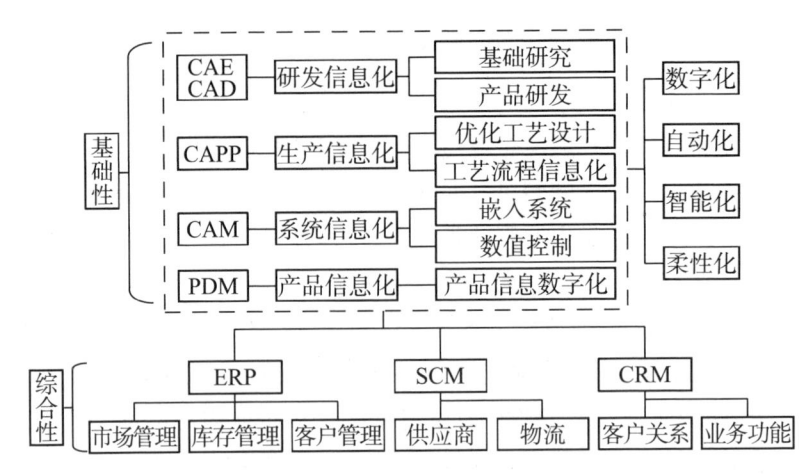

图 15.7　制造业价值链条内部升级模型

（三）"互联网＋"与制造业融合实现路径和方法

随着新一代科技革命的到来，全球科技取得了重大的发展，产业变革也在蓬勃发展，以及中国在进行供给侧改革。"互联网＋"的发展及其与中国制造业的深度融合成为中国经济转型的重点内容。使得以"互联网＋"为代表的信息技术不断向前发展，使"互联网＋"与中国制造业更好地融合，进一步促进中国经济高质量发展。

（1）全面提升互联网基础设施建设。互联网基础设施是制造业创新和信息交流的基础，基础设施不完善其他的一切便无从谈起。建立开放性的网络系统，让客户参与到企业的创新研发中来，精确快速地抓住客户需求。加快加大新型人才培养，智能制造离不开人才的支撑，培养全面型人才，加快中国制造业转型升级。

（2）以互联网技术促进制造业产品创新。中国制造业需要加快自主技术和产品的研发，制造企业要拥有自己的自主核心技术，才能在激烈的市场竞争中站稳脚跟。制造企业要提高自主创新能力，强化核心技术的研发，对于中国制造业发展以及供给侧结构性改革都至关重要（卞亚斌等，2019）。

（3）区域协调发展，促进产业升级。中国制造业存在严重的区域不协调，中国东部地区制造业起步较早，相对较为发达，西部地区制造业起步较晚发展相对缓慢，中部地区制造业介于两者之间。东部地区经济发展水平较高，互联网的基础设施较为完善，西部地区的互联网基础设施有待加强。中部地区互联网企业数量较少，亟须培育创新文化，以促进制造业的创新发展。西部地区虽然基础设施与东部地区存在一定的差异，但其拥有丰富的人力资源和自然资源。区域应充分发挥其优势，提升其劣势，利用地区特点与互联网相结合，发展具有地区特色的互联网经济。

（4）打通制造业供应链条之间的信息流动。制造企业与上下游的企业关系非常密切，制造企业需要向上游的供应商购买生产产品所需的原材料，生产出来的产品要通过零售商和批发商对消费者进行出售。制造企业需要根据供应链上下游企业反馈的信息进行生产计划的制订和调整，互联网技术的出现扩大了制造企业与供应链上下游企业信息沟通的渠道，提高了企业之间的沟通能力，增加了企业之间沟通的意愿。这将使得制造企业更加准确及时地了解市场的行情，从而对企业的生产和采购计划做出相应的调整。

五、"区块链"赋能制造业价值链攀升

（一）制造业区块链技术应用现状

1. 区块链技术综合应用能力差

总体上看，一方面由于涉及场景较为复杂，且区块链在制造业领域的应用还处于起步阶段；另一方面，区块链技术与人工智能、云计算、大数据、物联网等新一代信息技术融合性差，且与新一代信息技术的融合，将催生出更多的新业态、新模式，因此应加快促进区块链应用落地。

2. 区块链技术应用监督体系不完善

目前行业用户对区块链的认识尚缺乏共识，技术路径的分歧也使得有限的研发力量得不到有效集中，无法满足区块链应用开发市场的需求。

3. 区块链应用监管力度弱

区块链的去中心化及充满变数的不确定性给监管带来了重重困难。一方面，区块链最初应用于比特币领域，导致一些人误认为区块链等同于比特币，在之后的发展过程中存在以"区块链"为名进行非法融资、诈骗的现象；另一方面，区块链上的数据具有难以篡改的特性，对现有的信息安全管理制度带来了挑战。

(二) 制造业发展实现路径与方法

1. 提升区块链技术综合应用能力

要提升区块链技术在制造业方面的综合应用能力，首先需要建设完善区块链技术的应用体系，形成一套完整的应用程序；其次要培养引进综合型人才，将区块链技术与制造业很好地融合在一起；最后要形成"区块链＋制造业"的文化氛围，政府要大力支持区块链技术在制造业领域的应用，通过必要的补贴机制、奖励机制激励企业更好地应用。

（1）运用区块链中的分布式记账、共识机制、密码学等技术重塑制造企业供应链。通过去除中心化机构，形成供应链分布式记账结构，使每个节点企业都能了解整条供应链产品、需求、生产等相关信息，从根源上消除牛鞭效应；共识机制就像区块链节点上的每个企业达成的合约，每一个区块信息在被记录入账本前，都要经过所有节点共同确认，有效防止虚假信息，同时使供应链信息在整个供应链上得以共享，催生出防伪溯源等应用；要深入推进密码学技术的不断完善，保障供应链每个区块信息不被篡改。通过加强运用区块链技术内部每个部分，加强提升区块链技术的综合应用能力。

（2）培养、引进区块链技术人才。要想提高区块链技术的综合应用能力，关键在于人才，培养企业内部员工相关技能，开展区块链技术学习；引进国内外优秀"区块链＋"供应链人才，为制造业企业注入新鲜活力。

（3）形成"区块链＋"制造业环境氛围。从企业内部文化到政府政策支持，要全面形成区块链技术应用的环境氛围，激发员工对区块链技术的学习探索热情；政府通过物质补贴、精神奖励等方式，激励制造业企业探索出区块链技术在制造业领域的更多应用。

2. 完善区块链应用监督

（1）完善国内区块链技术管理监督体系。中国对区块链技术的应用处于初级阶段，各项政策不健全。加强对区块链技术的认识，培养相关专业人才，加强对区块链技术运用的监管，落实区块链信息服务提供者的运营责任，对区块链信息服务传播的信息内容进行合规监管，对区块链信息服务及服务提供者进行备案管理，发给备案编号。

（2）洞悉国际区块链应用政策。国际上区块链技术应用较为成熟，中国企业应积极了解学习国际上合理的区块链相关政策，取其精华弃其糟粕，探索出一条适合中国企业区块链技术应用的道路来。

3. 探索建设区块链监管体系

针对区块链技术应用监督力度弱的问题，相关主管部门必须不断探索建设区块链监管体系，及时出台规范措施，优化区块链产业环境，坚决遏制假借区块链技术进行的各类违法违规活动。①加强对区块链技术的引导和规范以及对区块链安全风险的研究和分析，密切跟踪发展动态，积极探索发展规律。②建立适应区块链技术机制的安全保障体系，引导和推动区块链开发者、平台运营者加强行业自律、落实安全责任。

第十六章　服务型制造路径

第一节　中国服务型制造业概述

一、中国服务型制造业的优势

（一）服务型制造业核心竞争力较传统制造业更强

制造业服务化使企业开始更加注重研发人才的培养和吸纳，加大对研发资金的投入和人力投入。这会使企业拥有更加强劲的研发能力，能够针对不同客户开发出不同的方案。同时有了强大的研发能力使得企业能够向价值链的上游延伸，能够拥有软件开发、设计、系统集成等高端服务能力，生产制造这些业务是很容易被复制的，容易陷入同质化竞争，而高端服务能力是难以被复制的，这就使得企业的竞争力进一步提高，从而脱离同质化竞争。

（二）服务型制造业利润空间较传统制造业更大

制造业服务化使得企业的业务不再只关注生产，服务型制造业的经营理念变成了"产品+服务"的模式。服务型制造业使得企业在价值链上得到攀升，"微笑曲线"的两端利润空间远大于价值链底端加工装配的利润。因此，服务型制造业在价值链两端的业务的开展将使其获得更大的利润。

（二）服务型制造业能够可持续发展

传统制造业主要以生产为主，同时中国制造业的资源利用率低，能源消耗十分巨大，中国的石油84％依赖进口，大量的资源消耗不利于中国制造业的可持续发展。制造业服务化使得企业不再只关注产品制造,将更多的资源倾向了生产性服务,而生产性服务对资源的消耗相对于生产制造非常小,使得制造业对资源的依赖不再那么严重。同时研发、金融等高端业务使企业的盈利不再只靠生产,从而使企业能够持续健康发展。

二、中国制造业服务化水平

中国制造业的种类繁多,提供给客户的服务门类也非常多(如图16.1所示),其中提供产品安装、操作、服务说明的企业所占比重最高达23%,其次是维修服务业占到22%,培训和设计、咨询、项目计划服务均为17%,提供系统集成、整体解决方案、交钥匙工程服务仅占到7%,提供租借、租赁式购买、融资服务占6%,而软件开发和建设—运营—转让(BOT)模式分别仅占到5%和3%。所以中国的制造业大多只是在提供价值链中游的基础性服务,对于高端服务占比很小,但是也说明了中国制造业正逐步向服务型制造业转变的态势。

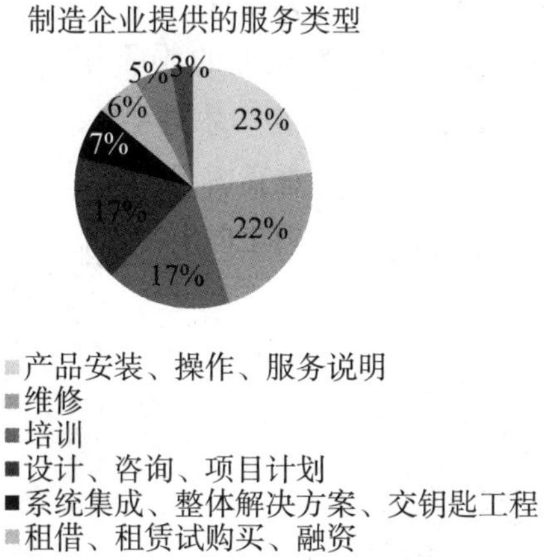

制造企业提供的服务类型

■产品安装、操作、服务说明
■维修
■培训
■设计、咨询、项目计划
■系统集成、整体解决方案、交钥匙工程
■租借、租赁试购买、融资

图 16.1 制造企业提供的服务类型占比

依据图 16.2,中国多数企业仍然只是在提供少数的服务,并不能为客户提供完整周到的配套性服务,只有少数企业可以勉强做到门类齐全的服务。制造企业可以提供包括产品安装、操作、服务说明、维修、培训、设计、咨询、项目计划、系统集成、整体解决方案、交钥匙工程、租借、租赁式购买、融资、软件开发和建设—运营—转让(BOT)模式等,一系列从价值链中游到上游的生产性服务。

制造企业所提供的各项服务普及度

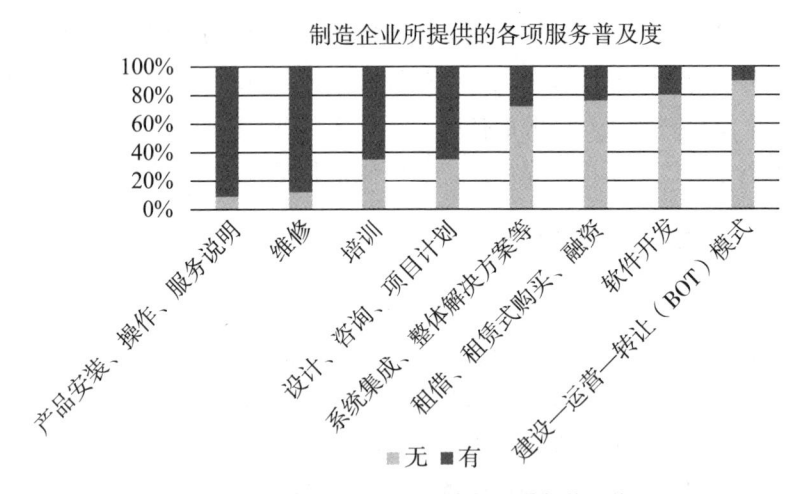

图 16.2　制造企业所提供的各项服务普及度

依据图 16.3，中国制造业在生产性服务上的收入占比并不高，78%的企业服务活动营收收入不到 10%，依旧是靠产品本身来获取利润，仅有 6%的企业服务活动营收收入超过了 20%；从服务活动净利润占比来看，多数企业不足 10%，而且这些企业的数量占到了 81%，而剩下的企业的数量在 10%至 20%之间。

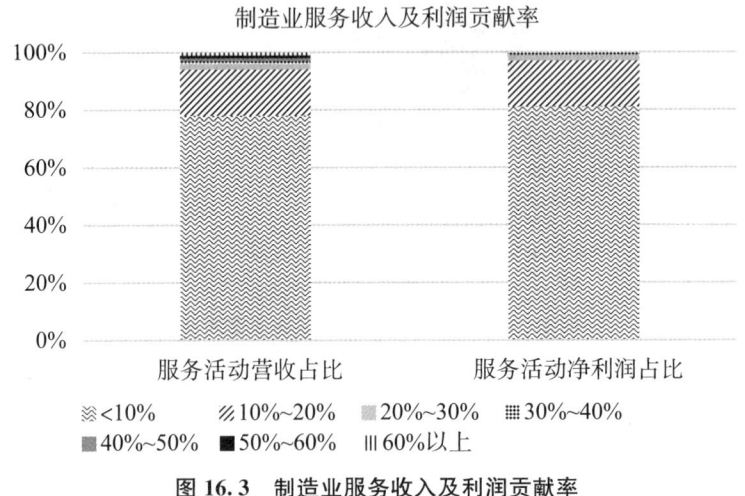

制造业服务收入及利润贡献率

图 16.3　制造业服务收入及利润贡献率

三、中国服务型制造业的特点及发展进程

改革开放让中国的经济得到了快速的发展，虽然制造业对中国的国民经济带来了巨大贡献，但是在它的发展过程中所带来的问题随着时间的流

逝越发严峻起来，环境造成严重危害、大量的能源浪费以及附加值低等这些问题越来越限制制造业的发展。随着环境问题的日益严重，中国开始渐渐取缔一些对环境造成严重危害的企业，扶持绿色制造、轻工业为主的制造企业，节约资源，保护环境的要求逐渐加强，使得粗放型的传统制造业发展模式不再适用于现在社会的发展。而服务型制造相较于传统的制造业有着巨大的优势，制造业的服务化升级浪潮已经在中国悄然兴起，有越来越多的企业开始重视制造业服务化转型。

（一）服务型制造业的主要特点

1. 价值实现

传统的制造业核心业务是生产产品，而服务型制造业则是将服务与产品相结合，由产品来提供与之有关的服务，围绕产品来为客户提供完整的服务。

2. 作业方式

传统制造业都是以产品为核心，而服务型制造业的核心由产品转向了人，以人为本，通过挖掘客户需求，生产个性化的产品以匹配不同客户的不同需求。

3. 运作模式

传统制造业总是被动地去生产制造，而服务型制造则会主动让客户加入产品制造的过程中，以此来发现客户的个性化需求，并实施与之匹配的个性化服务。不同的企业之间业务流程合作更加紧密，为不同的客户提供生产性服务。

4. 环境效益

传统制造业在生产制造的过程中往往会带来环境的污染以及资源的浪费，产品的制造都是以环境资源为代价的，而服务型制造不再单纯依靠消耗资源制造产品进行盈利，服务型制造投入更多的人力资源以及加大对研发的投入来使企业能够在价值链上游和中游这些利润空间大的业务上增加收入，从而提高企业的竞争力与自主研发能力。

5. 持续发展

随着中国经济的发展，人民生活越来越好，人民不再只是注重产品本身，越来越多的人开始追求产品所带来的相应的服务，而传统制造业的业务仅仅是价值链底端的加工装配环节，并不能提供给客户以产品为中心的个性化服务。随着时间的推移，传统制造业必将无法满足现代人的需求，企业将无法适应社会经济的发展，不能持续健康地发展。但是服务型制造业的核心不再单纯是产品本身，更多的是以产品为中心的生产性服务，企业将通过深层次地了解客户需求来开展不同的个性化服务，以满足客户对产品本身以外的需求。通过将制造与服务相结合的方式，达到一种共赢的状态，从而使企业能够顺应时代的发展，同时研发的投入也使得企业提高自主研发的能力，在不断地创新中提升自己的竞争力，使服务型制造企业更加健康地可持续发展。

（二）服务型制造业的发展阶段

当Vandermerwe和Rada提出制造业服务化这个新的概念之后，越来越多的人和企业都开始关注制造业服务化，并且学者们进行相应的研究与实践。制造业服务化阶段可以划分为三个阶段。

第一阶段：重视服务。由于市场化的竞争越来越激烈，制造企业之间的产品同质化竞争愈演愈烈，大家都在依靠产品来获取利益，通过产品竞争在市场中博弈，但是随着社会的发展，单纯依靠产品已经无法为企业带来太多的利润，而生产性服务则是在这个时期发挥了它的重要作用，依托产品为客户提供个性化服务使企业走出了同质化竞争的困境，同时服务所带来的附加值远远大于产品本身所带来的利润。

第二阶段：服务商转型。当企业开始重视生产性服务时，企业开始为了获得更大利益空间以及更强的竞争力而开始转型，企业不再单纯制造产品，开始走向服务化，将制造业与服务融合，在生产产品的同时为客户提供个性化的生产性服务，由单纯的制造商转变为服务型制造商。

第三阶段：产业互动融合。产业融合则是政府在宏观上的策略，制造业服务化不在企业本身，而是由国家开始在宏观层面上实施产业结构优化，因为环境的污染和能源的消耗严重制约了中国制造企业的发展，国家开始对国内制造业的产业结构进行优化升级，提高制造业的可持续发展能力和竞争力，使中国制造业能够在日益严峻的环境制约下持续发展。

四、服务型制造业未来发展趋势

杨蕙馨等（2020）通过对服务型制造业进行理论分析和影响路径分析得出服务型制造业相对于传统制造业的优势，同时对服务型制造业的发展趋势进行了论述，提出服务型制造业将会帮助中国制造产业提高国际竞争力，加速融合到全球价值链当中，为中国的制造业在国际上树立品牌效应做出贡献。胡效洋（2017）指出服务型制造业是未来制造业发展的必经之路，中国的制造业想要持续高速发展就必须通过服务化转型，这为中国制造业提升竞争力带来了新思路。

第二节　服务型制造业转型路径影响因素计量研究

一、传统制造业转型路径影响因素的理论分析

在传统制造业向服务型制造业转型的过程中，有一些因素起着至关重要的作用。传统制造业只关注产品本身，而服务型制造业不仅关注产品，还关注诸多的生产性服务。因此在转型过程中可能会有诸多因素制约传统制造业服务化的进程，通过前人的研究以及查阅大量文献，本书筛选出五个影响服务型制造转型升级的因素，通过对中国各个省、直辖市、自治区的数据统计分析，论证各个影响因素对服务化转型的影响程度，以此来提出相应的建议，促进中国制造业向服务化转型的脚步，让中国的制造业更加充满活力。

（一）国民经济水平

经济的快速发展能够为人民带来幸福的生活，人民生活水平的提高最直观的表现就是收入提高了。当人民的钱包鼓起来的时候，人民的需求也会随之发生变化，人民不再一味地追求温饱，而是从最基础的需求当中解脱出来。人们的需求开始日益增长，传统制造业渐渐无法满足人民的需求，在这样的背景下，就会促使传统制造业向服务型制造业转型，从而来满足人民日益增长的需求。另外，人民的生活越来越富足，人民开始追求在产品中获得服务，不同的人对服务就有不同的需求，这些差异化的服务也使得制造业服务化进程日渐加快。

（二）品牌化水平

一个知名的品牌会对企业的发展带来巨大的帮助，更重要的是围绕着商品所提供的服务，许多人会因为服务的周到而去购买产品，而不好的服

务则会使客户直接对产品产生厌恶。服务决定了一个企业品牌化水平的高低,客户对品牌所提供的服务有着更加个性化的需求,从而促使制造企业服务化转型,将制造与服务一体化。因此,品牌化水平也会促使企业进行服务化转型,它是影响制造业服务化转型的一个重要因素,制造企业为满足客户对品牌的期望则会加快服务化的进程。

(三) 技术服务化水平

传统制造业主要进行的是加工组装业务,处于价值链的底端,在这个阶段的利润较低,同时在中国同质化竞争非常严重,制造业通过服务化将业务向价值链的两端延伸,提供制造与服务的一体化业务。研发业务正是处于价值链的上游,那么研发能力就会在很大程度上影响制造业的服务化转型进程。因此,一个企业对于研发经费的投入就会很直观地反映出制造业服务化的转型力度。通过研发新的产品从而匹配不同的客户,或是为不同的客户研发出不同的信息支持技术,制订个性化的整体解决方案,这些生产性服务的提供都离不开对研发的大力投入。

(四) 劳动力素质水平

制造业服务化不仅仅是业务范围的拓展,它是从上到下、从内到外的转变,这种由制造业转向服务型制造业的过程中需要每一个人都转变思维,摆脱以前那种只管生产不顾服务的想法。制造业服务化不是说只有企业发生转变,制造业的从业者同样需要转变,而文化水平的高低则决定着一个人对于转变的态度以及适应能力,文化水平高的人更容易接受新鲜事物,他能够很快地适应制造业的服务化转型,同时文化水平高的人群更容易理解上级传达的内容,能够在较短的时间里执行新规定,具有较强的执行能力。当一个企业里的从业者多数是高文化水平时,那么企业的创新能力、工作效率都会大大提升,企业的管理难度就会大大降低。因此,劳动力素质将会对制造业进行服务化转型产生巨大的影响,它直接影响着企业能否顺利转型。

(五) 信息化程度

随着全球化的发展,时代的变化越来越快,来自外部的信息也越来越多,中国的制造业需要接收来自世界上的先进经验,信息的通畅决定着一个企业能否顺应时代的潮流,在日益变化的社会中站稳脚跟。服务型制造的实施更是离不开信息化，服务型制造企业需要了解客户，深入挖掘客户的需求，需要时刻关注着客户的动态需求，从而掌握客户的需求信息，时刻调整对客户的个性化服务内容。当一个企业的信息不通畅时，将会导致服务型制造企业掌握的客户需求不及时，从而无法给不同客户提供个性化生产性服务。因此，信息化程度是影响制造业服务化转型的一大影响因素。

二、传统制造业转型路径影响因素的实证分析

传统意义上的制造业在向服务型制造业转型升级的进程中会受到各方面条件和要素的影响。在以上的理论分析当中重点讨论分析了经济发展水平、技术服务化水平、劳动力素质、品牌高度以及信息化程度这五个因素对传统制造业转型路径的影响。根据以上5个影响因素对于服务化的影响，基于2013—2018年相关因素的面板数据，通过构建计量模型具体分析各因素对制造业服务化转型的影响，并据此提出相应的对策建议。

（一）选取解释变量及选取被解释变量

1. 解释变量的选取

（1）经济发展水平。人民的生活水平是与经济的发展息息相关的，经济的高速发展将会提高人民的收入，越高的经济发展水平，人民的钱包也就越鼓，当人民的可支配收入高了，人民就开始追求更高的服务，人民也就不再满足于产品本身所带来的满足，而是追求围绕产品所带来的服务，从而促进制造业的服务化转型。所以根据这个特点，用人均可支配收入来代表地区的经济发展水平，见表16.1。

表16.1　人均可支配收入（元）

年份	北京	天津	河北	山东	广东	上海	江苏	浙江
2013	40830.0	26359.2	15189.6	19008.3	23420.7	42173.6	24775.5	29775.0
2014	44488.6	28832.3	16647.4	20864.2	25685.0	45965.8	27172.8	32657.6
2015	48458.0	31291.4	18118.1	22703.2	27858.9	49867.2	29538.9	35537.1
2016	52530.4	34074.5	19725.4	24685.3	30295.8	54305.3	32070.1	38529.0
2017	57229.8	37022.3	21484.1	26929.9	33003.3	58988.0	35024.1	42045.7
2018	62361.2	39506.1	23445.7	29204.6	35809.9	64182.6	38095.8	45839.8

续表 16.1

年份	福建	辽宁	吉林	黑龙江	山西	安徽	江西	河南
2013	21217.9	20817.8	15998.1	15903.4	15119.7	15154.3	15099.7	14203.7
2014	23330.9	22820.2	17520.4	17404.4	16538.3	16795.5	16734.2	15695.2
2015	25404.4	24575.6	18683.7	18592.7	17853.7	18362.6	18437.0	17124.8
2016	27607.9	26039.7	19967.0	19838.5	19048.9	19998.1	20109.6	18443.1
2017	30047.7	27835.0	21368.3	21205.8	20420.0	21863.3	22031.4	20170.0
2018	32643.9	29701.4	22798.4	22725.8	21990.1	23983.6	24079.7	21963.5

年份	湖北	湖南	重庆	广西	四川	贵州	云南	陕西
2013	16472.5	16004.9	16568.7	14082.3	14231.0	11083.1	12577.9	14371.5
2014	18283.2	17621.7	18351.9	15557.1	15749.0	12371.1	13772.2	15836.7
2015	20025.6	19317.5	20110.1	16873.0	17221.0	13696.6	15222.6	17395.0
2016	21786.6	21114.8	22034.1	18305.1	18808.3	15121.1	16719.9	18873.7
2017	23757.2	23102.5	24153.0	19904.6	20579.1	16703.6	18348.1	20635.2
2018	25814.5	25240.7	26385.8	21485.0	22460.6	18430.2	20084.2	22528.3

年份	甘肃	青海	宁夏	新疆	内蒙古			
2013	10954.4	12947.8	14535.8	13669.6	18692.9			
2014	12184.7	14374.0	15986.8	15096.6	20559.3			
2015	13466.6	15812.7	17329.1	16859.1	22310.1			
2016	14670.3	17301.8	18832.3	18354.7	24126.6			
2017	16011.0	19001.0	20561.7	19975.1	26212.2			
2018	17488.4	20757.3	22400.4	21500.2	28375.7			

（2）技术服务化。通过服务化不断向产业价值链上游和下游延伸已成为制造企业的必然战略选择。于是企业向研发环节的投入能够较好地反映企业通过服务化不断向产业价值链上游延伸的水平。

东部地区的企业研发经费的投入相比于其他地区较高，尤其是广东、江苏、山东和浙江研发经费投入明显高于全国其他地区，见表16.2。由此看来，东部地区正向价值链两端发展，这样可以使企业从利润较少的价值链底端摆脱出来，从而追求更高的利润。但东北地区的企业研发经费投入有减少的趋势，会导致东北地区的企业一直处于价值链的底端，仅仅通过制造和装配来获取利润，从而在市场竞争中失去竞争力，对企业的服务化转型十分不利。

表 16.2 主要省、直辖市、自治区研发经费投入（万元）

年份	北京	天津	河北	山东	广东	上海	江苏	浙江
2013	2130618	3000377	2327418	10528097	12374791	4047800	12395745	6843562
2014	2335010	3228057	2606711	11755482	13752869	4492192	13765378	7681473
2015	2440875	3526665	2858051	12917718	15205497	4742443	15065065	8535689
2016	2548433	3499551	3086608	14150035	16762749	4900778	16575418	9357877
2017	2690851	2411418	3509684	15636785	18650313	5399953	18338832	10301447
2018	2740103	2528761	3819916	14184975	21072031	5548768	20245195	11473921

年份	福建	辽宁	吉林	黑龙江	山西	安徽	江西	河南
2013	2791966	3331303	698136	950335	1237698	2477246	1106443	2953410
2014	3153831	3242303	789431	955820	1247027	2847303	1284642	3372310
2015	3469810	2418803	861541	880392	1008950	3221422	1474968	3688252
2016	3882632	2420637	908602	884925	976283	3709224	1797561	4096962
2017	4487934	2749477	749958	825854	1122323	4361175	2216865	4722542
2018	5249417	3006014	575015	605680	1312531	4973027	2677714	5289250

年份	湖北	湖南	重庆	广西	四川	贵州	云南	陕西
2013	3117987	2703987	1388199	817063	1688902	342541	454278	1401480
2014	3629506	3100446	1664720	848808	1960112	410132	516572	1606946
2015	4072726	3525450	1996609	769190	2238051	457303	619588	1725829
2016	4459622	3929647	2374859	827248	2572607	556853	741847	1844216
2017	4689377	4617716	2799986	935996	3010846	648576	885588	1963697
2018	5255194	5167217	2992091	891031	3423923	762280	1010172	2165554

年份	甘肃	青海	宁夏	新疆	内蒙古			
2013	400743	89540	167494	314257	1004406			
2014	464410	92528	186518	357812	1080287			
2015	486077	65029	200456	366180	1186261			
2016	509228	77940	239624	390946	1279853			
2017	466912	83276	291101	400468	1082640			
2018	476151	67716	369910	448779	1033594			

(3) 劳动力素质。制造企业想要进行服务化转型就必须吸纳更多的高素质人才。处于价值链两端的业务，不论是研发还是营销都需要从业人员有较高的素质，而劳动力素质最直观的表现是一个人的学识。当企业招收更多的接受过高等教育的员工时，企业在创新和活力上都有不小的提升。本书用每十万人中高等学校在校学生数来表示劳动力素质（见表16.3）。

表 16.3　主要省、直辖市、自治区每十万人中高等学校在校学生数（人）

年份	北京	天津	河北	山东	广东	上海	江苏	浙江
2013	5468	4346	2107	2304	2199	3421	2814	2363
2014	5429	4283	2098	2421	2356	3348	2858	2408
2015	5218	4185	2141	2516	2434	3330	2896	2414
2016	5028	4058	2191	2620	2431	3327	2937	2355
2017	5300	4072	2328	2519	2454	3498	3045	2345
2018	5268	4150	2457	2588	2542	3517	3143	2370
年份	福建	辽宁	吉林	黑龙江	山西	安徽	江西	河南
2013	2435	2903	3033	2529	2474	2203	2381	2114
2014	2513	2933	3168	2555	2519	2245	2527	2203
2015	2508	2876	3169	2518	2504	2309	2654	2293
2016	2438	2845	3048	2427	2439	2259	2698	2352
2017	2352	2859	3038	2403	2401	2250	2676	2455
2018	2355	2866	3131	2405	2383	2245	2771	2653
年份	湖北	湖南	重庆	广西	四川	贵州	云南	陕西
2013	3144	2106	2894	1939	2140	1535	1662	3612
2014	3121	2160	3017	2052	2244	1690	1731	3652
2015	3038	2215	3071	2178	2312	1819	1819	3628
2016	2950	2251	3059	2279	2314	2005	1889	3540
2017	3000	2419	3084	2383	2339	2129	1999	3582
2018	3088	2610	3081	2602	2409	2254	2166	3562
年份	甘肃	青海	宁夏	新疆	内蒙古			
2013	2193	1162	2195	1681	2137			
2014	2219	1220	2255	1749	2156			

续表 16.3

年份	甘肃	青海	宁夏	新疆	内蒙古			
2015	2194	1275	2244	1759	2035			
2016	2189	1319	2225	1780	1937			
2017	2217	1391	2278	1863	1969			
2018	2258	1426	2379	1954	1984			

（4）品牌高度。品牌高度是人们对品牌有着更高的期望与要求，同时也会对品牌企业的服务业务有着更为严格的要求，这促使企业进行服务化转型，从而满足客户日渐增长的服务要求。一个地区的品牌高度可以从该地区的有效注册商标数来侧面反映，因此本书采用累计有效注册商标数来表示一个地区的品牌高度，见表 16.4。

表 16.4 主要省、直辖市、自治区有效注册商标数（件）

年份	北京	天津	河北	山东	广东	上海	江苏	浙江
2013	452092	73943	161669	33878	1092274	352327	446063	842594
2014	545713	91133	191929	393880	1314188	431987	516356	965127
2015	692204	113580	240212	493139	1659477	548362	632187	1149703
2016	893743	134145	291122	592018	2043798	697251	743670	1315742
2017	1141776	159048	360067	722833	2525055	878460	888601	1544827
2018	1500496	196319	500863	960070	3410021	1149325	1180720	1984367
年份	福建	辽宁	吉林	黑龙江	山西	安徽	江西	河南
2013	358692	131081	61192	82297	51265	119149	85070	178313
2014	431206	151170	70672	94475	61269	149904	104915	218631
2015	523514	179505	86541	113609	77018	194580	133264	285721
2016	616693	211146	104732	135656	90605	239666	162765	356106
2017	734624	250184	125297	164575	108969	301957	204053	448013
2018	972726	316614	166102	213550	139977	436752	292132	623730
年份	湖北	湖南	重庆	广西	四川	贵州	云南	陕西
2013	128166	134201	109088	55733	212897	38959	84144	100565
2014	154420	161705	148152	68258	259281	54270	106240	130237

617

续表 16.4

年份	湖北	湖南	重庆	广西	四川	贵州	云南	陕西
2015	194035	208992	197361	84887	324045	72482	137285	169201
2016	238734	257429	240519	103135	392055	89633	173703	202095
2017	294792	319766	290072	127544	478192	112343	212407	242900
2018	413950	434437	377407	172376	631570	153828	277256	310975

年份	甘肃	青海	宁夏	新疆	内蒙古			
2013	23111	9987	12923	55022	55273			
2014	27576	10829	15693	64230	64702			
2015	34442	15374	19908	82610	80139			
2016	41430	18537	25546	101062	95854			
2017	53499	22981	32319	124871	115917			
2018	73321	31209	43186	153933	153468			

（5）信息化程度。信息化对于企业的服务化转型至关重要，互联网的便捷和大数据的准确性能够帮助企业时刻掌握客户的动态需求，从而使服务化能够更加顺利地进行，让企业在价值链两端的业务能力更加强劲。互联网的普及率可以较好地反映一个地区的信息化程度，因此用互联网普及率来代表信息化程度（见表 16.5）。

表 16.5 主要省、直辖市、自治区互联网普及率（%）

年份	北京	天津	河北	山东	广东	上海	江苏	浙江
2013	73.58	58.82	46.22	44.48	65.69	69.69	51.58	60.57
2014	74.04	59.60	48.80	57.55	67.94	70.74	53.69	62.78
2015	75.88	61.80	50.25	48.63	71.60	73.41	55.36	64.92
2016	77.78	63.95	52.96	52.35	72.95	74.02	56.64	64.97
2017	78.00	65.01	54.00	55.00	75.00	72.99	57.00	65.00
2018	75.00	67.00	56.00	57.00	74.00	75.00	58.00	65.00

年份	福建	辽宁	吉林	黑龙江	山西	安徽	江西	河南
2013	63.65	55.88	42.27	39.48	48.35	35.66	32.46	34.88
2014	64.92	58.76	45.16	41.72	50.38	36.58	33.97	36.82

续表 16.5

年份	福建	辽宁	吉林	黑龙江	山西	安徽	江西	河南
2015	68.98	62.32	47.69	44.78	53.90	38.98	38.53	39.06
2016	69.13	62.61	51.30	48.30	55.27	43.92	44.32	43.12
2017	69.00	62.00	51.99	49.00	55.99	47.00	47.00	45.00
2018	69.00	63.00	55.00	52.00	57.00	50.00	51.00	48.00

年份	湖北	湖南	重庆	广西	四川	贵州	云南	陕西
2013	42.96	36.02	43.54	37.59	34.97	32.72	32.60	44.88
2014	45.13	38.28	45.36	38.87	37.12	34.83	34.85	46.22
2015	46.54	39.58	47.90	42.39	39.74	38.14	37.14	49.72
2016	51.13	44.17	51.05	45.74	43.27	42.87	39.66	52.16
2017	53.00	46.00	53.00	48.00	45.00	45.00	41.00	52.99
2018	57.00	50.00	55.00	50.00	48.00	49.00	43.00	55.00

年份	甘肃	青海	宁夏	新疆	内蒙古			
2013	34.62	47.42	43.26	48.32	43.76			
2014	36.71	49.54	44.59	49.55	45.59			
2015	38.66	54.04	48.81	53.48	50.14			
2016	42.18	53.96	50.22	54.05	52.02			
2017	44.00	52.97	51.02	55.01	52.01			
2018	46.00	54.00	52.00	55.00	54.00			

综上，影响制造业服务化的因素见表 16.6。

表 16.6 制造业服务化转型影响因素

目标	序号	指标	影响因素
制造业服务化转型路径影响因素	X_1	经济发展水平	人均可支配收入
	X_2	品牌高度	有效注册商标数
	X_3	技术服务水平	研发经费投入
	X_4	劳动力素质	每十万人中高等院校在校学生数
	X_5	信息化程度	互联网普及率

2. 被解释变量的选取

借鉴现有的研究成果,如吕铁(2007)通过投入产出表,由直接消耗系数等方法度量出制造业与服务业两者之间的关系,由此通过数据来量化制造业与服务业之间的联系程度。刘维刚和倪红福(2018)通过直接消耗系数等来测度制造业服务化程度。本书借鉴直接消耗系数,来间接统计5个影响因素对传统制造业转型的影响程度:

$$A_{ij} = \frac{X_{ij}}{X_j}(i,j=1,2,\cdots,n) \tag{16.1}$$

其中, X_{ij} 表示 j 产业生产中直接消耗的 i 产业产品价值量, X_j 为 j 产业生产中的总投入。

本书选取的生产性服务业包括计算机信息技术和软件作业、交通工具交通业、物流运输业、仓储服务、邮政快递业、科学技术研究行业、技术服务、信息的处理和传输、金融业等以服务为主的服务性生产业。中国制造业服务化水平见表16.7。

表 16.7 中国制造业服务化水平

省份	年份	生产性服务总产值 X_{ij}(亿元)	制造业总产值 X_j(亿元)	A_{ij}
北京	2013	3814.89	3566.43	1.0700
	2014	4305.81	3746.77	1.1492
	2015	4910.15	3710.88	1.3231
	2016	5331.79	4026.68	1.3241
	2017	5863.77	4274.00	1.3720
	2018	6257.21	4471.99	1.3992
天津	2013	1910.93	6686.60	0.2858
	2014	2143.00	7079.10	0.3027
	2015	2332.32	6982.66	0.3340
	2016	2518.88	6805.13	0.3701
	2017	2732.15	6863.98	0.3980
	2018	2911.02	7063.87	0.4121

续表16.7

省份	年份	生产性服务总产值X_{ij}(亿元)	制造业总产值X_j(亿元)	A_{ij}
河北	2013	3482.82	13194.76	0.2640
	2014	3743.98	13330.66	0.2809
	2015	3840.01	12626.17	0.3041
	2016	4100.50	13387.46	0.3063
	2017	4551.32	13757.84	0.3308
	2018	4847.26	18243.36	0.3419
山东	2013	4448.59	24265.31	0.1833
	2014	5035.90	25340.86	0.1987
	2015	5498.31	25910.75	0.2122
	2016	6089.97	27588.70	0.2207
	2017	6919.57	28705.69	0.2411
	2018	7564.66	28470.68	0.2657
广东	2013	6573.32	26894.54	0.2444
	2014	7188.19	29144.15	0.2466
	2015	8685.98	30259.49	0.2870
	2016	9336.77	32650.89	0.2859
	2017	10433.95	35291.83	0.2956
	2018	11926.14	38796.81	0.3074
上海	2013	3759.72	7139.18	0.5266
	2014	4444.87	7362.84	0.6037
	2015	5295.87	7162.33	0.7394
	2016	6003.15	7555.34	0.7946
	2017	6675.08	8392.84	0.7953
	2018	7052.31	8820.90	0.7995
江苏	2013	6383.90	25503.86	0.2503
	2014	7314.84	26962.97	0.2713
	2015	8008.37	27996.43	0.2860
	2016	8848.29	30455.15	0.2905
	2017	9881.54	34013.60	0.2905
	2018	11607.53	37120.34	0.3127

续表16.7

省份	年份	生产性服务总产值X_{ij}(亿元)	制造业总产值X_j(亿元)	A_{ij}
浙江	2013	4222.65	15837.20	0.2666
	2014	4293.37	16771.90	0.2559
	2015	4554.81	17217.47	0.2645
	2016	4824.98	18655.12	0.2586
	2017	5471.22	19474.48	0.2809
	2018	5829.06	20107.14	0.2899
福建	2013	2440.91	9455.32	0.2582
	2014	2770.17	10426.71	0.2657
	2015	3228.63	10820.22	0.2984
	2016	3555.99	11698.36	0.3040
	2017	3945.22	12674.89	0.3113
	2018	4541.99	13594.71	0.3341
辽宁	2013	2646.39	12300.70	0.2151
	2014	2971.10	12656.83	0.2347
	2015	3572.26	11270.82	0.3169
	2016	3074.49	6818.32	0.4509
	2017	3274.60	7302.41	0.4484
	2018	3974.74	8627.62	0.4607
吉林	2013	898.06	6059.28	0.1482
	2014	983.01	6424.88	0.1530
	2015	1095.06	6112.05	0.1792
	2016	1217.93	6070.07	0.2006
	2017	1312.76	6057.29	0.2167
	2018	1352.08	6129.10	0.2206
黑龙江	2013	1207.70	5090.34	0.2372
	2014	1390.59	4783.88	0.2907
	2015	1554.69	4053.77	0.3835
	2016	1658.85	3647.14	0.4548
	2017	1733.68	3332.59	0.5202
	2018	1842.65	3088.59	0.5966

续表16.7

省份	年份	生产性服务总产值X_{ij}（亿元）	制造业总产值X_j（亿元）	A_{ij}
山西	2013	1592.39	5842.14	0.2726
	2014	1694.39	5471.01	0.3097
	2015	2033.35	4359.60	0.4664
	2016	2138.10	4148.91	0.5153
	2017	2372.19	5771.22	0.4110
	2018	2564.71	5144.85	0.4985
安徽	2013	1643.13	8880.45	0.1850
	2014	1831.11	9455.48	0.1937
	2015	2033.59	9264.82	0.2195
	2016	2273.92	10076.94	0.2257
	2017	2538.97	10916.31	0.2326
	2018	2788.26	11436.68	0.2438
江西	2013	1221.45	6452.41	0.1893
	2014	1449.78	6848.63	0.2117
	2015	1633.80	6918.00	0.2362
	2016	1852.77	7219.11	0.2566
	2017	1973.42	7789.59	0.2533
	2018	4831.54	8039.16	0.6010
河南	2013	2755.11	14937.72	0.1844
	2014	3185.66	15809.09	0.2015
	2015	3800.50	15823.33	0.2402
	2016	4194.67	17042.72	0.2461
	2017	4672.04	18452.06	0.2532
	2018	4605.05	19357.09	0.2379
湖北	2013	2257.66	10139.24	0.2227
	2014	2554.19	10992.79	0.2324
	2015	3095.46	11532.37	0.2684
	2016	3616.35	12536.39	0.2885
	2017	4060.87	13060.08	0.3109
	2018	4738.89	13946.13	0.3398

续表16.7

省份	年份	生产性服务总产值X_{ij}(亿元)	制造业总产值X_j(亿元)	A_{ij}
湖南	2013	1931.21	10001.00	0.1931
	2014	2207.68	10749.88	0.2054
	2015	2395.21	10945.81	0.2188
	2016	2629.27	11337.28	0.2319
	2017	3106.32	11879.44	0.2615
	2018	3666.99	12146.37	0.3019
重庆	2013	1739.79	4632.15	0.3756
	2014	1931.10	5175.80	0.3731
	2015	2171.49	5557.52	0.3907
	2016	2490.81	6183.80	0.4028
	2017	2753.19	6587.08	0.4180
	2018	2985.38	7019.46	0.4253
广西	2013	1455.37	5600.50	0.2599
	2014	1610.10	6065.34	0.2655
	2015	1821.11	6359.82	0.2863
	2016	1992.52	6816.64	0.2923
	2017	2229.10	5822.93	0.3828
	2018	2549.63	5274.37	0.4834
四川	2013	2464.32	11540.86	0.2135
	2014	2896.07	11851.99	0.2444
	2015	3422.00	11039.08	0.3100
	2016	4202.02	11058.79	0.3800
	2017	4799.07	11579.16	0.4146
	2018	5863.45	11963.78	0.4901
贵州	2013	1216.97	2686.52	0.4530
	2014	1320.34	3140.88	0.4204
	2015	1527.47	3315.58	0.4607
	2016	1676.87	3715.64	0.4513
	2017	1858.10	4260.48	0.4361
	2018	2082.88	4658.65	0.4471

续表16.7

省份	年份	生产性服务总产值X_{ij}(亿元)	制造业总产值X_j(亿元)	A_{ij}
云南	2013	999.06	3763.57	0.2655
	2014	1149.45	3898.97	0.2948
	2015	1286.34	3848.26	0.3343
	2016	1421.01	3891.20	0.3652
	2017	1561.26	4089.37	0.3818
	2018	1766.91	4312.69	0.4097
陕西	2013	1349.63	7507.34	0.1798
	2014	1624.59	7993.34	0.2032
	2015	1795.39	7344.62	0.2444
	2016	1953.31	7598.00	0.2571
	2017	2132.72	8691.79	0.2454
	2018	2490.23	9257.35	0.2690
甘肃	2013	561.36	2155.22	0.2605
	2014	645.57	2263.20	0.2852
	2015	717.77	1778.10	0.4037
	2016	778.27	1757.53	0.4428
	2017	847.09	1763.44	0.4804
	2018	910.27	1822.00	0.4996
青海	2013	219.46	912.68	0.2405
	2014	256.91	954.27	0.2692
	2015	311.42	893.87	0.3484
	2016	340.80	901.68	0.3780
	2017	378.29	777.56	0.4865
	2018	402.19	963.33	0.4175
宁夏	2013	404.73	933.12	0.4337
	2014	429.08	973.53	0.4407
	2015	457.04	979.72	0.4665
	2016	489.86	1054.34	0.4646
	2017	514.00	1096.30	0.4688
	2018	547.21	1164.27	0.4700

续表16.7

省份	年份	生产性服务总产值X_{ij}（亿元）	制造业总产值X_j（亿元）	A_{ij}
新疆	2013	860.54	2925.74	0.2942
	2014	1017.38	3179.60	0.3200
	2015	1099.86	2740.71	0.4013
	2016	1141.24	2677.63	0.4262
	2017	1291.68	3254.18	0.3969
	2018	1369.53	3341.95	0.4098
内蒙古	2013	1927.14	7944.40	0.2426
	2014	2037.84	7904.40	0.2578
	2015	1916.52	7739.18	0.2476
	2016	2134.11	7233.00	0.2951
	2017	2149.87	5109.00	0.4208
	2018	2473.86	7098.58	0.3485

（二）数据选取与模型构建

1. 变量选取及描述性统计

本章节主要分析制造业服务化程度及影响因素，选取全国各个省、直辖市、自治区作为研究对象，利用2013—2018年的数据进行回归建模。本书所用数据来源于区域的统计年鉴。

本书采用的是面板模型，被解释变量为服务化程度（Y）；解释变量为人均可支配收入（X_1）、有效注册商标数（X_2）、研发经费投入（X_3）、劳动力素质水平（X_4）、互联网普及度（X_5）。各变量的描述统计，见表16.8。

表16.8 描述性统计分析

变量	观测值	均值	标准差	最小值	最大值
Y	174	0.3646	0.2105	0.1482	1.3992
X_1	174	23473	10129	10954	64182
X_2	174	357174	475126	9987	3410000
X_3	174	3702986	4504900	65029	21100000

续表16.8

变量	观测值	均值	标准差	最小值	最大值
X_4	174	2612	774	1161	5468
X_5	174	51	11	32	78

根据表 16.8，中国制造业服务化程度均值为 0.3646，最小值为 0.1482，最大值为 1.3992，标准差为 0.2105，表明样本之间的服务化程度存在较大差异。人均可支配收入均值为 23473，标准差为 10129，标准差较大，说明样本之间的可支配收入存在较大差异。有效注册商标数、研发经费投入、劳动力素质水平、互联网普及度的标准差较大，说明这些样本之间的差异较大。

各变量之间的相关性分析结果见表 16.9。由结果可知，人均可支配收入、有效注册商标数、研发经费投入、劳动力素质水平、互联网普及度与服务化程度之间均存在显著的相关关系，可以进行模型构建。

表 16.9 变量相关性结果

变量	Y	X_1	X_2	X_3	X_4	X_5
Y	1.0000					
X_1	0.6465***	1.0000				
X_2	0.1763***	0.1023**	1.0000			
X_3	0.1371***	0.1977***	0.3577***	1.0000		
X_4	0.5605***	0.2458***	0.2052***	0.1087**	1.0000	
X_5	0.5145***	0.3346***	0.1201**	0.0833**	0.3384	1.0000

注：*、**、*** 分别表示在 10%、5%、1% 的显著性水平上显著。

2. 模型构建

本章节主要分析服务化程度的影响因素，利用面板模型进行回归，建模前要对数据进行对数化处理，从而消除量纲的影响，见式（16.2）。

$$\ln Y_{it} = \beta_0 + \beta_1 \ln X_{1it} + \beta_2 \ln X_{2it} + \beta_3 \ln X_{3it} + \beta_4 \ln X_{4it} + \beta_5 \ln X_{5it} + \varepsilon_i + \zeta_{it}$$
(16.2)

其中，β_0 表示模型中的截距项，β_i（$i=1,2,3,4,5$）为模型中相关解释变量的系数，当各变量均进行对数化处理后，解释变量与被解释变量之间不再表现为单位变动的同步变化，而是百分比的同步变化，即当解释变量变动百分之一时，被解释变量变动多少百分比。从误差项来看，面板模型需要考虑个体异质性及由时间变动而出现的扰动情况，分别由 ε_i、ζ_{it} 来体现。Y 为解释变量，即服务化程度，X_1 表示人均可支配收入，X_2 表示有效注册商标数，X_3 表示研发经费投入，X_4 表示劳动力素质水平，X_5 表示互联网普及度。

（三）实证分析

1. 单位根检验

为了减少数据的无效变动，首先对数据进行对数化处理，然后再进行单位根检验。本书选取了 2013—2018 年共 6 年的数据，为短面板数据，本部分利用 LLC 进行单位根检验，单位根检验结果见表 16.10。

表 16.10　单位根检验

变量	T 值	LLC 检验 P 值	平稳性
$\ln Y$	40.3585	0.0000	平稳
$\ln X_1$	−22.0487	0.0000	平稳
$\ln X_2$	−3.4687	0.0000	平稳
$\ln X_3$	−2.6575	0.0039	平稳
$\ln X_4$	−10.0184	0.0000	平稳
$\ln X_5$	−9.8738	0.0000	平稳

根据表 16.10，所有变量的 LLC 检验结果都表明 P 值小于 5%，即拒绝具有单位根的原假设，可以进行后续分析。

2. 协整检验

在验证各变量之间均为平稳序列之后，要对各变量之间的协整关系进行检验，本部分利用 Pedroni 检验进行分析，检验结果见表 16.11。依据表 16.11，三种检验形式的 P 值均显著小于 5%，拒绝原假设，表明各变量之间存在显著的协整关系。

表 16.11　协整检验结果

检验形式	统计量	P 值
Modified Phillips—Perron t	11.8137	0.0000

续表16.11

检验形式	统计量	P 值
Phillips—Perron t	−15.7411	0.0000
Augmented Dickey—Fuller t	11.4728	0.0000

3. Hausman 检验

本书主要利用面板模型来分析，因此需要利用 Hausman 检验来判断选择何种模型。从该检验的假设情况来看，原假设模型表现为随机效应，反之则为固定效应。Hausman 检验结果为 $\chi^2(5)$ 为 17.9880，对应的 P 值为 0.0030，小于 5% 的显著性水平，拒绝原假设，表明应当选择固定效应模型。

4. 固定效应分析

根据单位根检验以及 Hausman 检验的结果，本书选择固定效应模型进行回归，回归结果见表 16.12。

表 16.12　固定效应回归结果

变量	系数	标准误	T 值	P 值
$\ln X_1$	0.8241	0.1835	4.4910	0.0000
$\ln X_2$	−0.0197	0.0551	−0.3602	0.7211
$\ln X_3$	0.1409	0.0445	3.1713	0.0020
$\ln X_4$	0.6528	0.2125	3.0721	0.0030
$\ln X_5$	0.8909	0.2201	4.0500	0.0000
Constant	−5.4548	1.7167	−3.1812	0.0021
R−squared	within=0.6840，between=0.2884，overall=0.3507			
F 值	60.598（prob>F=0.000）			

根据表 16.12，除有效注册商标数 X_2 外，模型中其余各变量系数均显著。人均可支配收入对于服务化程度形成了显著的正向作用，其系数为 0.8241，P 值为 0.0000，在 5% 的显著性水平下显著，即人均可支配收入增加 1% 时，可能带来 0.8241 的服务化程度提升。研发经费投入的系数为 0.1409，且在 5% 的显著性水平上显著，表明研发经费的投入会带来服务化程度的提升。劳动力素质 X_4 的系数为 0.6528，同样在 5% 的显著性

水平上显著,劳动力素质的提高将促进服务化程度的提升。互联网普及度 X_5 的系数为 0.8909,同样在 5% 的显著性水平上显著,互联网越普及,相应的服务化程度将越高。

5. 稳健型检验

为保证上述结果的稳健性,需要对数据进行稳健性检验。本书采用 GMM 估计方法对模型进行估计,从而避免内生性的影响。稳健性检验的回归结果见表 16.13。各变量的显著性和正负情况与前文一致,表明模型稳健。

表 16.13 稳健性结果

变量	系数	标准误	T 值	P 值
$\ln X_1$	0.8063	0.1598	5.0523	0.0000
$\ln X_2$	−0.1453	0.1102	−1.3201	0.1873
$\ln X_3$	0.3081	0.0328	9.3902	0.0000
$\ln X_4$	0.5314	0.1892	2.8087	0.0130
$\ln X_5$	0.7113	0.1834	3.8784	0.0000
Constant	−8.2677	1.3005	−3.1812	0.0000
R−squared	\multicolumn{4}{c}{0.5814}
F 值	\multicolumn{4}{c}{46.51(prob>F=0.000)}

(四)结果分析

四个因素对制造业服务化影响程度比较显著,其能够良好地促进制造业服务化转型,尤其是信息化程度对制造业服务化转型的影响程度最为显著,具体说明如下:

一是信息化程度对制造业服务化的影响最大。信息化程度高的区域,能够让企业及时地获取信息,从而使信息的流动性更快,制造企业能更加高效地获取客户的动态信息,让服务型制造企业快速设计出符合客户要求的个性化服务,同时让企业随时获取国际上的信息,以适应时代的快速变化。

二是技术服务化水平对传统制造业由生产型制造向服务型制造转变的影响十分显著。一个企业对研发的投入直接决定着企业的自主研发能力,生产性服务不只是提供运输等简单的、利润空间小的服务,为客户提供整体解决方案、研发制造出能够满足客户个性化需求的产品等业务也非常重要，这些高端服务所带来的利润空间非常巨大。研发经费的投入可以帮助企业拥有高端服务的能力，是制造业服务化中十分重要的一环。

三是劳动力素质对服务化转型的影响有目共睹。员工的文化水平直接影响企业的管理效率，一个方案能否高效快速地传达并且实施，很大一方面由员工文化素养决定，当员工的文化素质不高时，员工就无法真正理解方案的意思，更无法按照方案来实施，这样就会拖慢企业的效率。因此，当员工的劳动力素质比较高时，就能够提高企业的运行效率，并且当企业拥有较多的高素质人才时，能够提高整个企业的创新能力，当制造企业向服务化转型时将会成为企业转型的一大助力。

四是国民经济水平对于传统制造业向服务化转型具有良好的促进作用。当人们的生活水平越来越高时，人们就不再只关注产品本身，更多的是在意产品能否给自己带来更多的服务。企业围绕产品所带来的服务则被看作是一个企业好坏的标准，产品质量过关，提供的服务周到，就会促使企业加快服务化转型，提高自己的生产性服务能力以满足客户的个性化需求。

第三节　服务型制造助推中国制造业价值链攀升

当前中国制造业的产品出口量已经超越美国，中国成为世界上出口量最大的国家，但是数量并不能完全决定一个国家制造业水平的高低，中国制造业门类齐全，但是并不专精，产品同质化竞争严重，高端产品稀缺，无法满足国内对高端产品的需求。国内的个性化服务以及国际上对高端产品的需求，都迫使进行制造业服务化转型升级。

本章节先通过理论分析筛选出影响中国制造业服务化转型的影响因素，依据中国区域2013—2018年因素数据建立相应的面板数据。通过对面板数据的平稳性检验、协整检验，确定固定效应模型，最后进行回归实证分析。确定影响制造业服务化转型的影响因素的显著程度，发现四个因素对服务化转型的影响最为显著。

一、制造业服务化能够实现价值链的攀升

制造业的服务化往往能够提升制造企业在研发设计、产品营销等方面的能力，使传统制造业从价值链底端的盈利空间小的环节向价值链上游的

研发环节和价值链下游的营销环节延伸，实现制造业价值链攀升，得到更多的附加值空间，从而增加产品的价值。

二、制造业服务化使制造企业的业务向价值链两端延伸

企业服务化转型的过程中，制造企业对研发投入以及服务投入都会增加，更多资金和众多专业人才的加入，使企业的核心竞争力进一步提升，这些能力的提升是企业为客户提供价值链上游和下游业务服务的基础，有了强大的研发能力就可以根据客户的不同需求开发出满足不同类型客户的产品和服务，可以为客户提供包括软件开发、系统集成、整体解决方案、设计和金融等各种处于价值链上游的高端服务，这些服务本身所创造的价值远远大于加工装配所带来的价值。基于产品制造提供配套高端服务的模式，是制造业服务化转型实现价值链攀升的结果。

三、制造业服务化能促进制造企业的研发能力

中国制造业仍旧处于中低端制造领域，在科技创新和关键制造领域与发达国家还有较大的差距，中国的高精尖制造设备依然依赖进口，许多中国自主研发的高精尖设备中的零件也主要依靠进口。而制造业的服务化使得企业必须提高研发能力，这样才能有实力去往价值链上游延伸，大量的研发经费和科研人员的投入必将会提高中国制造业的科技创新能力，"科技是第一生产力"，中国从制造大国走向制造强国的根本就是研发能力的提升，服务型制造企业的强有力的研发能力必将带来制造业科技创新的高峰。

四、制造业服务化使中国制造企业摆脱同质化竞争的局面

中国传统制造业主要进行生产制造活动，同时大部分制造业是中低端的制造业务，科技含量并不高，容易被复制，只要购买相同的制造设备就可以进行同样的生产制造活动，因此中国出现了严重的同质化竞争和产能过剩的问题。制造业服务化使得企业能够为客户提供差异化的服务，这种差异化的服务是难以被复制的，尤其是软件开发、系统集成、整体解决方案、设计、金融等高端生产性服务更是难以复制，使得中国的制造业能够提供差异化的业务，从而摆脱同质化竞争的局面。

第十七章　（微观、中观、宏观视角）制造业与物流业协同发展路径

第一节　微观视角：制造业与物流业协同发展路径（Ⅰ）

一、物流业与制造业序参量指标体系构建

针对物流业序参量指标体系，不同文献对指标的选取有一定的差异，一部分学者的指标大多包括经营性、规模性、信息化水平、基础性、发展性这五个方面。例如，刘有升和陈笃彬（2016）认为物流业序参量指标体系包括投入、产出、结构、规模、成长五个方面。本书结合相关的文献，融入高质量的新发展观念，建立高质量发展视角下的物流业序参量指标体系。

（一）物流业序参量指标

1. 一级指标构建

根据对高质量内涵的研究，衡量物流业高质量发展应该看五个方面：一是服务质量高，物流业提供的服务要能满足顾客的要求，追求高的客户满意度；二是经济效益高，成本要尽可能低，降本增效的效果要好，要有效地降成本，提高投入产出比；三是绿色效率高，能源可以达到高效利用，在追求高效益的同时，要环保，保持生态平衡；四是开放程度高，在高度开放的经济体系下，物流业要进行国际化业务流程和系统建设，满足全球性的物流需求；五是创新质量高，技术创新必然带来生产效率的提高，产业绩效和发展质量的提高。因此，本书将从高质量发展的视角建立衡量物流业的指标体系，一级指标分别是服务质量、经济效益、绿色效

率、开放程度以及创新质量。

2. 二级指标构建

（1）服务质量。目前对物流服务水平测评的指标大多是从微观上即物流业内部角度来建立，如陈思佳（2012）从内部质量控制、外部客户满意度两个方面来评价物流企业的服务水平。崔洪运（2009）从可靠性、反应性来评价区域物流绩效。本书用物流业的法人单位数和邮政服务水平（每一营业网点服务人数）来表示物流业的服务质量，物流业法人单位数和邮政服务水平都表示物流业的服务供给能力。

（2）经济效益。刘艳等（2018）在建立经济效益的二级指标时，选取了社会物流总额、物流业增加值等多个指标。孙鹏和罗新星（2012）关于物流业经营性的指标包括物流费用占GDP比重、货运周转量、物流业专业人员数。本书用物流产业增加值、货物周转量以及从业人员平均劳动报酬来表示物流业的经济效益。货物周转量受实际运送货物的吨数和运输的距离两个因素的影响，因为物流业的大部分价值是在运输和流通过程中产生的，所以此指标能够全面地反映运输生产成果和效率。从业人员平均劳动报酬是指在一段时期内该行业支付给从事本行业全部职工的平均劳动酬劳，是一个负向指标，反映了该行业经营所投入的货币情况。

（3）绿色效率。对于绿色物流绩效，学者多用能源效率、碳排放效率、节能潜力、减排潜力来衡量。田洪燕（2018）将环保投资额、物流业废物综合利用率、物流业废气排放量、物流业用水量、物流业能源消耗量作为衡量物流业绿色指标。刘战豫和孙夏令（2018）用物流业能源消耗量表示物流业投入指标。本书将物流业能源消耗量作为绿色效率的二级指标。物流业的能源消耗比较大，比如对于成品油的消耗已稳居行业第一，衡量物流业能源消耗量是为了判断物流业是否符合绿色新发展观，是否向着高质量发展的目标前行。

（4）开放程度。衡量开放程度的研究，基本是从经济角度展开的，对于经济开放程度，学者多用外贸依存度即进出口总额占GDP比重来衡量，如李平（2017）用外贸依存度来评价区域对外开放程度。陈子曦（2010）从开放基础、开放程度、开放潜力三个方面来衡量区域经济的开放性程度，在开放程度中运用了外贸依存度、外贸投资比重、国际旅游收入等作为二级指标。对于评价物流业的开放程度研究较少，基于数据可得性和目的性的原则，本书将物流业对外直接投资和物流业对外服务贸易额定为开放程度的二级指标。用物流业对外直接投资数据和物流业对外服务贸易额可以有效地分析物流业开放的现状。按国家统计局制定的国民经济行业分类（GB/T 4754—2011），物流业主要是指其中的 G 类：交通运输、仓储和邮政业，具体包括铁路运输业、道路运输业、水上运输业、航空运输业、管道运输业、装卸搬运和运输代理业、仓储业及邮政业（杨长春等，2016）。

（5）创新质量。李春成等（2008）在研究服务业的创新影响因素时，将服务业的劳动生产率作为展示服务业创新水平的综合指数。本书用物流业全员劳动生产率和每百人使用计算机人数作为创新质量的二级指标。信息通信技术是物流行业技术型创新的重要来源，而物流业从业人员中每百人使用计算机人数具体衡量了物流业的信息化水平和信息通信技术应用水平，展现出行业的创新环境。

（二）制造业序参量指标

1. 一级指标构建

孔善右和唐德才（2008）是从经济和环境两方面研究制造业的可持续发展能力。赵丽等（2009）从经济、人口、资源、环境、成长五个方面设置制造业序参量指标体系。杨勇（2012）从人力资本、经济效益、国际竞争力、价值创造能力四个方面建立制造业序参量指标体系。本书结合前人的研究和高质量发展的要求，将一级指标定为：经济效益、创新能力、绿色效率、国际竞争力、高端发展。

2. 二级指标建立

（1）经济效益。对经济效益的研究，多数学者选择制造业增加值、制造业产值占区域 GDP 比重和制造业市场占有率这三个指标。范德成和杜明月（2018）用规模以上制造业增加值、规模以上制造业利润总额、制造业从业人员平均工资作为经营性的二级指标。本书经济效益的二级指标为：市场占有率、总资产周转率、规模以上制造业利润总额比率以及存货周转率。

（2）创新能力。很多学者从创新资源投入、研发能力、营销能力和管理能力等方面评价制造业的技术创新能力，如杜明月和范德成（2019）。除此之外，国外一些学者认为创新协同能力对产业创新能力和组织效率有着重要的影响，并在设计指标体系时并入创新协同能力，如

Song 和 Dyer（1995），Souder 和 Chakrabarti（1978），Yoon 和 Hinchey（1996）。本书将规模以上制造业经费投入、科技活动人员投入、专利授权数作为二级指标。技术创新大多体现在投入上，规模以上制造业经费是制造业对技术创新活动的资本投入。科技活动人员投入代表人才供给。对于创新产出指标，用专利授权数来测量，反映了制造业技术应用能力和转化能力。

（3）绿色效率。有学者选择传统的三废指标作为衡量制造业绿色发展的指标，也有学者添加了单位产值能耗，如选取了碳强度、GDP 单位能源消耗、自然资源损耗作为制造业环境因素的二级指标，罗文和徐光瑞（2013）选取单位工业增加值能耗、单位工业增加值用水量作为资源环境的二级指标。本书选择环境空气监测点位数和单位 GDP 环保能力建设资金使用额作为绿色效率的二级指标，这两个指标表示政府有关部门以及企业对环境保护、发展绿色制造业的重视程度。

（4）国际竞争力。计算产业的国际竞争力时，普遍使用的指标是市场份额（张其仔，2003），唐红祥等（2019）、贺正楚等（2018）用贸易竞争指数、规模经济、比较优势、国际市场份额作为制造业国际竞争力的二级指标。本书采用新产品外销率和地理标志商标数作为国际竞争力的二级指标。制造业新产品外销率比例越高，说明制造业国际竞争力越强。中国品牌国际市场占有率，具体指标为地理标志商标数，表明中国的制造业品牌竞争能力。

（5）高端发展。度量制造业结构是否高端化，一般用高端技术产业占制造业的比例或者高端与中高端技术制造业之比（傅元海等，2016）。江小国（2019）将中高端产品占比、高技术制造业主营业务收入水平作为高端发展的二级指标。本书将高技术产品出口比重、高技术制造业增加值占比作为高端发展的二级指标。

二、区域制造业与物流业协同模型构建

（一）物流业与制造业有序度模型

设物流业子系统的序参量为 $d_1 = (d_{11}, d_{12}, \cdots, d_{1i})$，$n \geqslant 1$；$\beta_{1i} \leqslant d_{1i} \leqslant \alpha_{1i}$，$i \in [1, n]$，其中 β_{1i} 和 α_{1i} 分别是第 i 个序参量的下限和上限。若序参量 $d_{11}, d_{12}, \cdots, d_{1j}$ 为效益型指标，其取值与系统有序度呈正向变化；若序参量 $d_{1(j+1)}, d_{1(j+2)}, \cdots, d_{1n}$ 为成本型指标，其取值与系统有

序度呈反向变化。序参量对子系统的贡献用功效函数 EC 表示，$0 \leqslant EC \leqslant 1$。则物流业子系统序参量指标的有序度由以下函数表示：

$$EC(d_{1i}) = \begin{cases} \dfrac{d_{1i} - \beta_{1i}}{\alpha_{1i} - \beta_{1i}}, i = [1, j] \\ \dfrac{\alpha_{1i} - d_{1i}}{\alpha_{1i} - \beta_{1i}}, i = [j+1, n] \end{cases} \quad (17.1)$$

系统的总体效能不只由各序参量的指标大小决定，还由序参量之间的组合方式决定，所以用线性加权法求序参量对系统的贡献度，见公式（17.2）。

$$C_1(d_1) = \sum_{i=1}^{n} \omega EC(d_{1i}) (\omega_i \geqslant 0, \sum_{i=1}^{n} \omega_i = 1) \quad (17.2)$$

同理可得，制造业子系统的序参量为$d_2 = (d_{21}, d_{22}, \cdots, d_{2i})$，制造业序参量的贡献率为$C_2(d_2)$。

（二）复合系统协同度模型

假设在初始时段t_0，物流业子系统的有序度为$EC_1^0(d_1)$，制造业子系统的有序度为$EC_2^0(d_2)$，经过某个时间段的演变达到t_1时刻，两个子系统的有序度分别为$EC_1^1(d_1)$和$EC_2^1(d_2)$，则复合系统的协同度模型为：

$$EC(U) = \theta \sqrt{|EC_1^1(d_1) - EC_1^0(d_1)| |EC_2^1(d_2) - EC_2^0(d_2)|}$$
(17.3)

其中，$\theta = \begin{cases} 1, & EC_k^1(d_k) - EC_k^0(d_k) \geqslant 0 \\ -1, & EC_k^1(d_k) - EC_k^0(d_k) \leqslant 0 \end{cases}$，$k = 1, 2$。

三、中国区域制造业与物流业协同发展水平测度与分析

（一）复合系统协同度计算

1. 原始数据

通过查阅区域地方统计年鉴、邮政管理局等的资料，整理出中国31个省、直辖市、自治区（不包括西藏自治区、香港和澳门特别行政区）从2012年至2017年物流业和制造业子系统的数据，并将31个省份分为6个区域，分别是东北地区（黑龙江、辽宁、吉林）、中部六省（安徽、山西、江西、湖北、河南、湖南）、环渤海地区（天津、北京、山东、河北）、东南沿海地区（上海、浙江、江苏、广东、福建、海南）、西北地区

（新疆、内蒙古、陕西、青海、宁夏、甘肃、新疆）、西南地区（重庆、广西、贵州、四川、云南）。其中，除了物流业平均薪酬和平均每一营业点服务人口为负向指标，其他均为正向指标。

堆积面积图可以清楚地看出每一个指标在各区域随着时间的变化趋势，也能清楚地对比区域之间的数据，揭示6个区域之间的差距。从图17.1和图17.2可以看出，6个区域制造业的市场占有率在这六年期间波动很大，东北地区和环渤海地区制造业的市场占有率一直在下降，东南地区是先下降后上升，中部六省一直在上升；西北地区和西南地区的变化趋势是相反的，西南地区不断上升，西北地区在不断下降。2017年，东南地区在6个区域中制造业的市场占有率是最高的，最低的是东北地区。6个区域的利润总额占比都在2016年达到峰值，然后下降，其中下降幅度较大的是西南地区、西北地区以及中部六省，都下降至最低水平。其他三个区域的比值虽然在2017年有所下降，但是相比最初数值是上升的。

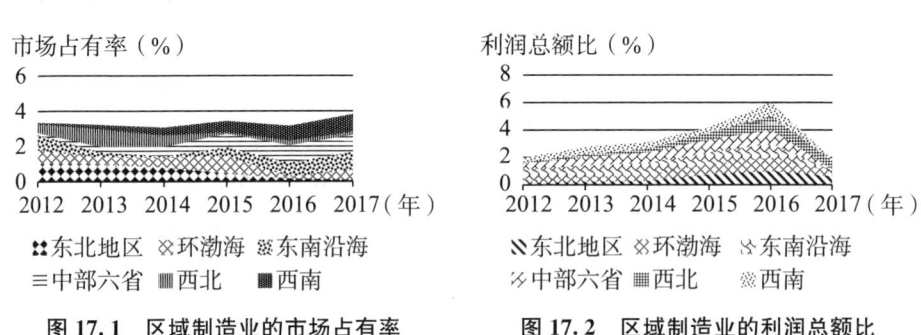

图 17.1　区域制造业的市场占有率

图 17.2　区域制造业的利润总额比

从图17.3和图17.4可以看出，6个区域的总资产周转率在2012年的比值是6年间的最高值，然后逐渐下降，6个区域在2016年或者2017年开始回升。在2012年和2017年，东南地区制造业的总资产周转率都是最高的，在2017年，西北地区是最低的。6个区域中，西南地区、西北地区、中部六省以及东南沿海地区的存货周转率变化趋势相似，从2012年到2015年不断下降，到2015年降到最低值，接着不断升高，除了西北地区，西南地区、中部六省和东南沿海地区都在2017年达到最高值。对于环渤海地区和东北地区，都是先上升然后下降，经过2015年，又继续上升，在2017年达到峰值。

第十七章 （微观、中观、宏观视角）制造业与物流业协同发展路径

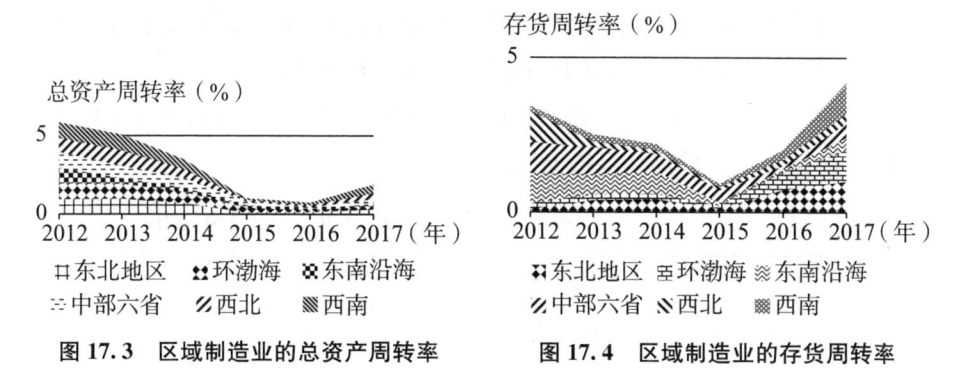

图 17.3　区域制造业的总资产周转率

图 17.4　区域制造业的存货周转率

从图 17.5 和图 17.6 可以看出，从 2012 年到 2014 年，东北地区的 R&D 投入在 6 个区域中是最多的，2015 年下降成为 6 个区域中最低，一直到 2017 年，数值几乎保持不变。其他 5 个区域从 2012 年开始增加，到 2015 年稍微有些下降，但是接着又开始增加，到 2017 年都达到了最高值，整体增长幅度较大。东北地区制造业的 R&D 人数变化趋势和 R&D 资金投入相似，在 2015 年开始下降，之后的几年也在缓慢下降，R&D 人员数在 2014 年排名第一，在 2017 年排在最后。其他 5 个区域从 2012 年至 2014 年一直在快速上升，2015 年达到峰值，之后都保持平稳或者略微下降的趋势。

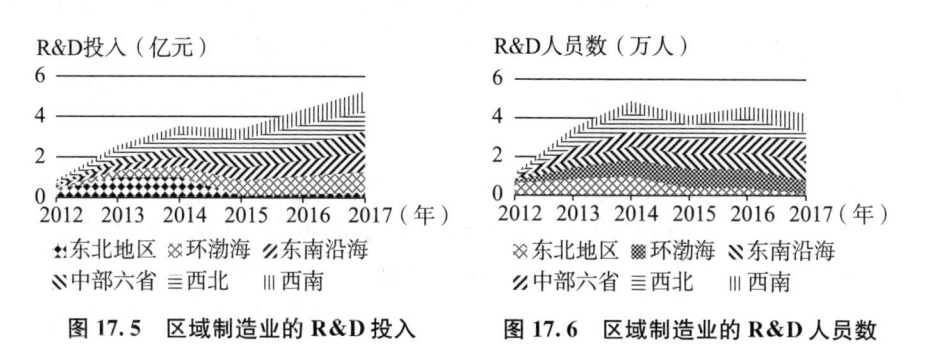

图 17.5　区域制造业的 R&D 投入

图 17.6　区域制造业的 R&D 人员数

东北地区在 2013 年的 R&D 人员数和投入资金都是最多的，所以专利授权量在 2013 年也是排第一（如图 17.7 所示），2013 年之后开始下降，2014 年达到谷底，之后缓慢上升，然后保持平稳。其他 5 个区域的趋势一致，在 2012 年至 2013 年期间缓慢上升，2013 年之后，略微下降，但是在 2014 年至 2015 年之间，快速上升，之后以较缓的速率继续上升，在 2017 年达到峰值。

图 17.8 中，6 个区域在 2012 年至 2015 年单位 GDP 环保能力建设资

金使用额都是较低的，说明这4年内制造业对环保的重视度不够，在2015年和2016年间单位GDP环保能力建设资金使用额快速上升，在2016年和2017年之间，除了东北地区和中部六省对环保的投资金额略微下降，其他4个区域仍是保持上升趋势。

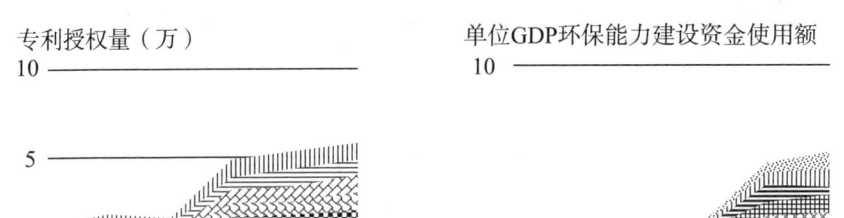

图17.7 区域制造业的专利授权数

图17.8 区域制造业的单位GDP环保建设资金

从图17.9和图17.10可以看出，2012年至2014年，6个区域中只有环渤海地区的环境空气监测点位数呈上升趋势，在2017年更是达到了1855个，位列第一。西北地区和西南地区在2014年之后，监测点位数开始快速增长。东南沿海地区和中部六省的检测点位数一直在上升，但是在2017年与之前年份相比稍微有点下降。东北地区一直处于下降的趋势，在2015年之后开始上升，在2017年增长到325个，但是仍在6个区域中排末位。

6个区域制造业地理标志商标数是在不断增长的，无论是在2012年还是2017年，东南沿海地区的地理标志商标数都是最多的，由最初的447个增长到912个。东北地区一直是排在末位的，2012年是124个，2016年之后增长到143个，较其他区域来说，增长幅度小，增长幅度最高的是中部六省，增长率为62%。

环境空气监测点位数（个）

图 17.9　区域制造业的环境空气监测点位数

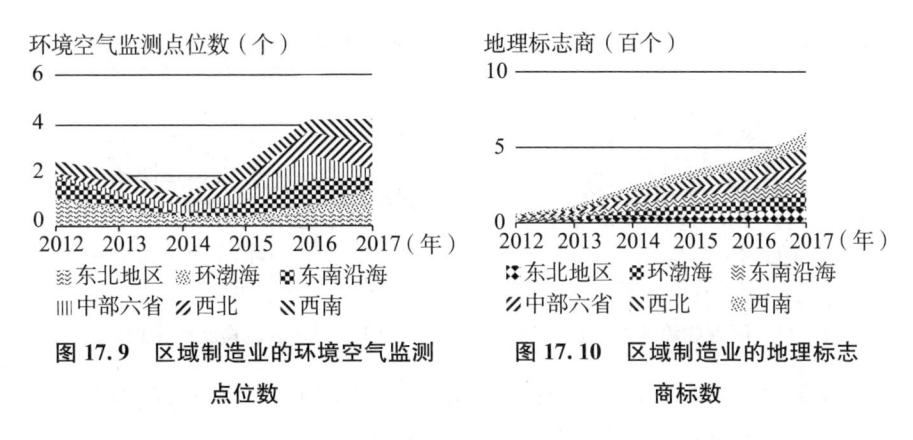

地理标志商（百个）

图 17.10　区域制造业的地理标志商标数

从图 17.11 和图 17.12 可以看出，6 个区域的新产品外销率趋势与高技术产品出口比重基本相同，除 2013 年有稍微的回落，在 2012—2014 年期间基本保持平稳，在 2015—2016 年间下降，然后再上升至最高水平。在 2014—2017 年间，制造业的新产品外销率波动较大，发展不稳定。6 个区域中无论是新产品的外销率还是高技术产品出口比重都是东南沿海地区位列首位，东北地区都排在末位。

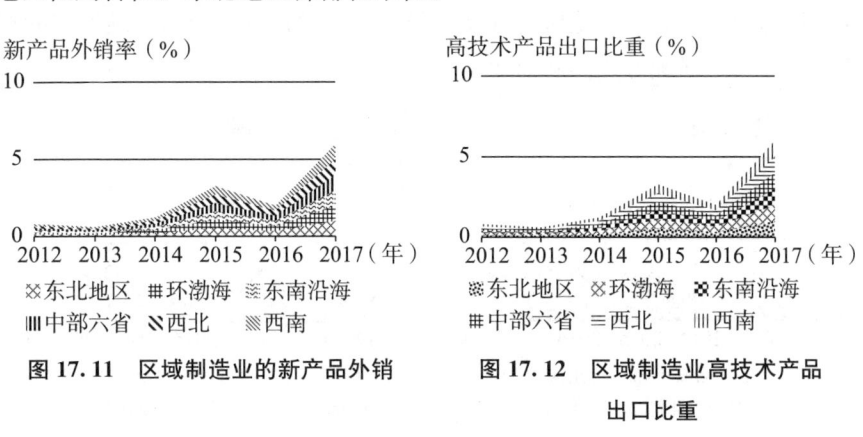

新产品外销率（%）

图 17.11　区域制造业的新产品外销

高技术产品出口比重（%）

图 17.12　区域制造业高技术产品出口比重

下面用堆积面积图分析物流业对应指标的发展情况。从图 17.13 和图 17.14 中可以看出，6 个区域中东北地区、东南沿海地区和西北地区的物流业的能源消耗在 2014 年达到最高值，然后在 2015 年骤然下降，接下来就以一个较为缓慢的速率在逐步上升；其他三个地区则不断上升。2017 年，东南沿海地区的能源消耗量是最高的，东北地区则是最低的。物流业的平均薪酬都是在逐渐上升的，说明物流业发展态势不错，在不断壮大。2017 年，东南沿海地区的物流业平均薪酬在 6 个区域中是最多的，最低的平均薪酬在东北地区，中部六省的平均薪酬是排在倒数第二位。

图 17.13　区域物流业的能源消耗

图 17.14　区域物流业平均薪酬

从图 17.15 和图 17.16 中可以看出，物流业的法人单位数的趋势和平均薪酬的趋势都在不断上升，将 2012 年的数据与 2017 年的相比，6 个区域的增长率都在 40% 以上，其中中部六省的增长率最高，达到 59%。6 个区域中物流业法人单位数最多的是东南沿海地区。

对于货运周转量，2012 年至 2015 年，只有西南地区和东南沿海地区在不断上升，其他 4 个区域都有些波动，但是在 2015 年之后，都保持上升趋势。2017 年，环渤海地区的货运周转量是最高的，西南地区是最低的，货运周转量在 6 个地区之间差异较大，环渤海地区与西南地区之间相差 7 倍，与东南地区之间相差了 6 倍。

图 17.15　区域物流业的法人单位数

图 17.16　区域物流业的货运周转量

从图 17.17 和图 17.18 中可以看出，外商和港澳台商每年对内地物流业的投资数值波动很大，整体趋势呈现"M"形的波动，2012—2013 年 6 个区域都呈现增长趋势，2013—2014 年，东南沿海地区的对内投资额下降，环渤海地区的投资额上升；其他 4 个区域保持稳定。2014—2015 年 6 个区域都呈现下降趋势，有些区域降低到了最低值。2015—2016 年，各地的外商对内投资又经历了上升和下降。在 2017 年，可以明显看出外商在中部六省的投资额是最高的，且所占全国外商对内地投资比重达到了 40%。

6个区域除了东北地区在6年间国际与港澳台地区快递件数整体呈现增长趋势。2015年,西南地区的国际与港澳台地区快递件数增长率第一,东北地区最低,2017年,西南地区和西北地区保持上涨趋势,其他区域保持稳定或者稍微下降。

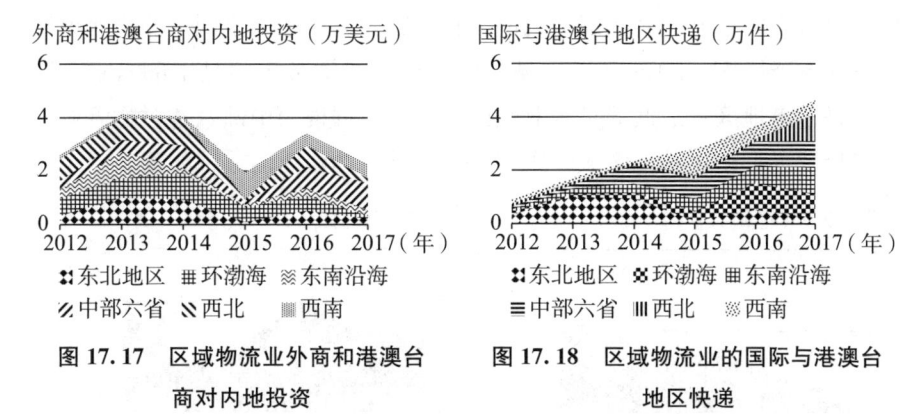

图 17.17　区域物流业外商和港澳台商对内地投资

图 17.18　区域物流业的国际与港澳台地区快递

从图17.19和图17.20可以看出,东北地区的物流业增加值逐步上升,在2015年达到峰值,之后两年呈现先下降再上升的趋势,但上升幅度较小。其他5个区域在2015年之前都是逐步上升,在2015年后,西北地区和西南地区保持上升的趋势,环渤海地区、中部六省和东南沿海地区略微下降,但是5个区域在2016—2017年又快速上升达到最高值。

6个区域物流业的全员劳动率的波动情况相同,2013年达到最低值,然后逐年上升。2017年,东南沿海地区的全员劳动率是最高的,最低的是东北地区,两者相差将近一倍,进一步说明中国物流业在区域上发展不平衡。

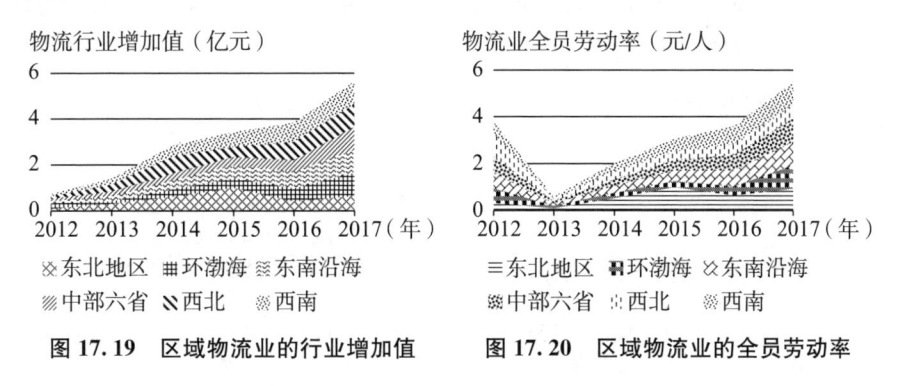

图 17.19　区域物流业的行业增加值

图 17.20　区域物流业的全员劳动率

从图17.21和图17.22可以看出,东北地区和环渤海地区的进出口总额在前三年数值较高,在第三年达到峰值之后,开始大幅度下降。东南沿

643

海地区的进出口总额在 2012 年是最高的，之后 5 年呈现下降趋势。中部六省、西北和西南地区的变化趋势相同，2014 年达到顶峰，然后连续下降两年，在 2016—2017 年间开始上涨。

6 个区域除了东北地区在物流业的固定投资都是不断上升的；物流业固定投资不断上升说明物流业的网络在不断完善，中国全国性的物流枢纽数量在不断增多。2017 年，区域物流业固定投资最多的是中部六省，第二位是西南地区；最低的是东北地区。这些数据说明中部六省对物流业的固定投资远远超过其他区域，表明了该区域对物流业的重视程度。

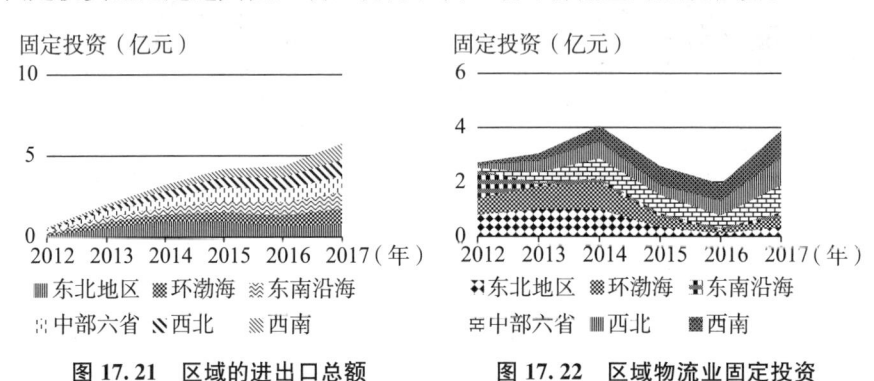

图 17.21　区域的进出口总额

图 17.22　区域物流业固定投资

从图 17.23 和图 17.24 中可以看出，6 个区域除了环渤海地区邮政的平均每一营业网点服务人口都是不断下降。平均每一营业网点服务人口不断下降，说明服务质量在不断提升，能够提高顾客的满意度。其中，东南沿海地区邮政的平均每一营业网点服务人口最少，环渤海地区最高。6 个区域物流业的从业人数在 2012—2013 年间快速增长，在接下来的 5 年内几乎保持不变。东南沿海地区物流业从业人员在 6 个区域中最多，高达 245 万人，最低的是东北地区，只有 78.8 万人。

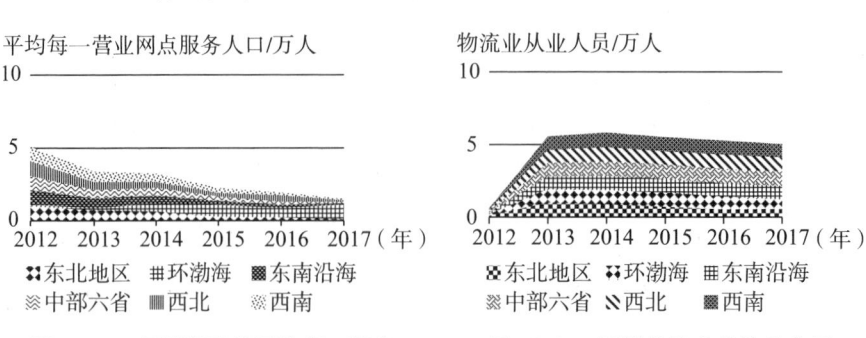

图 17.23　区域邮政的平均每一营业网点服务

图 17.24　区域物流业的从业人员

从图 17.25 可以看出，6 个区域物流业的每百人使用计算机数都是不断上升，2017 年达到最高值，说明物流业的信息化水平在不断提升，行业的创新环境在不断变好。2012 年，东南沿海地区和环渤海地区物流业的每百人使用计算机数是最高的。2017 年，东北地区的每百人使用计算机数的增长速度是最快的，由最初的 16 增长到 30，2017 年居于 6 个区域的首位。

图 17.25　区域物流业的每百人使用计算机数

2. 子系统功效系数计算

综合考虑中国物流业与制造业发展水平，设序参量的上限 α_j：

$$\alpha_j = (Q_{ij})_{\max} + 10\% \cdot (Q_{ij})_{\max} \tag{17.4}$$

下限 β_j 为：

$$\beta_j = (Q_{ij})_{\min} - 10\% \cdot (Q_{ij})_{\min} \tag{17.5}$$

本书以中部六省为例，中部六省的物流业原始数据与制造业原始数据见表 17.1 和表 17.2。

表 17.1　中部六省物流业原始数据

中部六省	2012 年	2013 年	2014 年	2015 年	2016 年	2017 年	上限	下限
A1 万吨标准煤	6404.2	7152.4	7205.4	7613.0	8170.3	8720.6	9592.6	5763.8
A2 元	45851.1	49606.3	54094.5	58906.2	63028.7	70826.3	77908.9	41266.1
A3 个	46646	49578	61760	77170	92459	114084	125492	41981
A4 亿吨公里	34368.2	36043.1	38329.5	34568.9	36085.6	38888.1	42776.9	30931.4
A5 万美元	110165	115357	134330	100399	131740	141102	155212	90359
A6 万件	17220.1	28218.1	157614.0	175181.0	210076.0	233510.0	256861.0	15498.1
A7 亿元	4248.9	4696.4	5066.9	5450.3	5981.6	8272.2	9099.4	3824.0
A8 元/人	351681	296131	311987	327673	348043	378900	378900	296131

续表17.1

中部六省	2012年	2013年	2014年	2015年	2016年	2017年	上限	下限
A9 万美元	9882858	11092995	12680532	12457772	11552148	13880915	15269007	8894573
A10 亿元	5185606	6008373	6509674	7385652	7131003	7769533	8546486	4667046
A11 万人	1.9	1.2	1.2	0.8	0.7	0.5	2.0	0.5
A12 台	19	21	23	24	25	26	29	17
A13 万人	130.3	168.2	171.2	171.6	171.4	172.2	189.4	117.3

表17.2 中部六省制造业原始数据

中部六省	2012年	2013年	2014年	2015年	2016年	2017年	上限	下限
B1%	0.17966	0.18731	0.19603	0.20540	0.21405	0.21353	0.23545	0.16169
B2%	0.81962	0.85614	0.88884	0.91669	0.92783	0.75487	1.02062	0.67938
B3%	5.07214	5.00173	4.81859	4.70327	4.52530	4.74256	5.57936	4.07277
B4%	0.87116	0.82127	0.78091	0.69334	0.65784	0.70913	0.95827	0.59206
B5 亿元	941	1112	1263	1377	1526	1737	1911	846
B6 个	378492	43416	463004	458724	479336	492525	541777	340643
B7 个	132980	150018	158875	213842	227534	242245	266469	119682
B8	0.00037	0.00056	0.00040	0.00044	0.00474	0.00196	0.00521	0.00033
B9 个	589	607	628	655	757	627	833	530
B10 个	290	373	494	563	654	760	836	261
B11%	0.00727	0.01496	0.01576	0.01891	0.01787	0.01920	0.02112	0.00654
B12%	0.00815	0.00931	0.01189	0.01398	0.01575	0.01580	0.01738	0.00733
B13%	11.5370	11.1016	9.7565	5.1807	6.6306	8.6691	12.6907	4.6626

中部六省物流业与制造业的序参量分量功效系数见表17.3和表17.4。

表17.3 中部六省物流业序参量分量功效系数

中部六省	2012年	2013年	2014年	2015年	2016年	2017年
A1 万吨标准煤	0.16726	0.36266	0.37651	0.48296	0.62853	0.77223
A2 元	0.87487	0.77200	0.64900	0.51800	0.40600	0.19300

续表17.3

中部六省	2012年	2013年	2014年	2015年	2016年	2017年
A3 个	0.05585	0.09000	0.23600	0.42100	0.60400	0.86300
A4 亿吨公里	0.29013	0.43153	0.62454	0.30708	0.43511	0.67170
A5 万美元	0.30539	0.38545	0.67800	0.15481	0.63807	0.78242
A6 万件	0.00713	0.05270	0.58880	0.66159	0.80616	0.90325
A7 亿元	0.08054	0.16535	0.23559	0.30827	0.40898	0.84319
A8 元/人	0.56672	0.19706	0.30257	0.40696	0.54251	0.74785
A9 万美元	0.15503	0.34488	0.59392	0.55898	0.41691	0.78224
A10 亿元	0.13366	0.34575	0.47497	0.70077	0.63513	0.79972
A11 万人	0.12126	0.52406	0.55162	0.77210	0.86220	0.96290
A12 台	0.15247	0.35851	0.52335	0.60576	0.67445	0.78434
A13 万人	0.18088	0.70601	0.74721	0.75332	0.75110	0.76109

表17.4　中部六省制造业序参量分量功效系数

中部六省	2012年	2013年	2014年	2015年	2016年	2017年
B1%	0.24358	0.34729	0.46548	0.59253	0.70979	0.70275
B2%	0.41098	0.51800	0.61381	0.69544	0.72809	0.22121
B3%	0.66333	0.61660	0.49504	0.41849	0.30036	0.44457
B4%	0.76211	0.62589	0.51567	0.27656	0.17963	0.31967
B5 万元	0.08845	0.24923	0.39160	0.49843	0.63848	0.83672
B6 个	0.18817	0.46423	0.60835	0.58707	0.68955	0.75512
B7 个	0.09059	0.20666	0.26700	0.64147	0.73474	0.83496
B8	0.00765	0.04628	0.01457	0.02301	0.90282	0.33421
B9 个	0.19464	0.25413	0.32352	0.41275	0.74983	0.32022
B10 个	0.05043	0.19478	0.40521	0.52521	0.68347	0.86782
B11%	0.04986	0.57741	0.63209	0.84824	0.77706	0.86829
B12%	0.08113	0.19727	0.45362	0.66185	0.83773	0.84270
B13%	0.85629	0.80205	0.63450	0.06453	0.24512	0.49905

3. 子系统序参量指标权重赋值

指标权重赋值常见的方法有熵权法、标准离差法、CRITIC 法，本书采用 CRITIC 法，第 i 个指标的客观权重为 ω_i，则 ω_i 的计算公式如下：

$$\omega_i = \frac{\sigma_j \sum_{j=1}^{n}(1-r_{ij})}{\sum_{i=1}^{n}\sigma_j \sum_{j=1}^{n}(1-r_{ij})}, i=1,2,\cdots,k \qquad (17.6)$$

式中，r_{ij} 是第 i 个指标的状态变量与第 j 个指标的状态变量之间的相关系数。

本书采用归一化法对数据进行无量纲处理。最终结果见表 17.5 和表 17.6。

表 17.5 中部六省物流业无量纲处理结果

中部六省	2012 年	2013 年	2014 年	2015 年	2016 年	2017 年
A1 万吨标准煤	0.1	0.4	0.4	0.6	0.8	1.0
A2 元	0.1	0.2	0.4	0.6	0.7	1.0
A3 个	0.1	0.1	0.3	0.5	0.7	1.0
A4 亿吨公里	0.1	0.4	0.9	0.1	0.4	1.0
A5 万美元	0.3	0.4	0.9	0.1	0.8	1.0
A6 万件	0.1	0.1	0.7	0.8	0.9	1.0
A7 亿元	0.1	0.2	0.3	0.4	0.5	1.0
A8 元/人	0.7	0.1	0.3	0.4	0.7	1.0
A9 万美元	0.1	0.4	0.7	0.7	0.5	1.0
A10 亿元	0.1	0.4	0.6	0.9	0.8	1.0
A11 万人	0.1	0.9	0.9	0.9	0.9	1.0
A12 台	0.1	0.5	0.6	0.8	0.9	1.0
A13 万人	0.1	0.4	0.6	0.7	0.8	1.0

表 17.6 中部六省制造业无量纲处理结果

中部六省	2012年	2013年	2014年	2015年	2016年	2017年
B1%	0.1	0.3	0.5	0.8	1.0	0.9
B2%	0.4	0.6	0.8	0.9	1.0	0.1
B3%	1.0	0.9	0.6	0.4	0.1	0.5
B4%	1.0	0.8	0.6	0.2	0.1	0.3
B5 万元	0.1	0.3	0.5	0.6	0.8	1.0
B6 个	0.1	0.5	0.8	0.7	0.9	1.0
B7 个	0.1	0.2	0.3	0.8	0.9	1.0
B8	0.1	0.1	0.1	0.1	1.0	0.4
B9 个	0.1	0.2	0.3	0.5	1.0	0.3
B10 个	0.1	0.3	0.5	0.6	0.8	1.0
B11%	0.1	0.7	0.7	0.9	0.9	1.0
B12%	0.1	0.2	0.3	0.6	0.9	1.0
B13%	1.0	0.9	0.7	0.1	0.3	0.6

利用标准化数据,得到两个子系统的相关系数矩阵,将其代入公式(17.6)可得到指标权重(见表 17.7)。

表 17.7 序参量权重

物流业状态变量	权重	制造业状态变量	权重
物流业能源消耗 万吨标准煤（A1）	0.045	市场占有率（B1）	0.0583
行业平均薪酬（A2）	0.045	利润总额比率（B2）	0.0875
物流业法人单位数（A3）	0.053	存货周转率（B3）	0.1283
货运周转量（A4）	0.127	总资产周转率（B4）	0.1350
外商和港澳台商对内地投资万美元（A5）	0.123	R&D 投入（万元）（B5）	0.0524
国际与港澳台快递 万件（A6）	0.065	R&D 人员数（人）（B6）	0.0519
物流行业增加值 亿元（A7）	0.053	专利授权量（B7）	0.0621
物流业全员劳动率 元/人（A8）	0.154	单位 GDP 环保能力建设资金使用额（B8）	0.0655

续表17.7

物流业状态变量	权重	制造业状态变量	权重
进出口总额 万美元（A9）	0.063	环境空气监测点位数（B9）	0.0584
固定投资亿元（A10）	0.057	地理标志商标数（B10）	0.0539
平均每一营业网点服务人口（万人）（A11）	0.114	新产品外销率（B11）	0.0571
每百人使用计算机数（A12）	0.055	高技术产品出口比重（B12）	0.0611
从业人员万人（A13）	0.046	高技术制造业增加值占比（B13）	0.1279

4. 复合系统协同度

根据公式（17.2）和公式（17.3），可以得到中部六省物流业、制造业子系统的有序度以及复合系统的有序度（见表17.8）。

表17.8 中部六省地区物流业、制造业有序度以及复合系统协同度

年份	物流业有序度	增长率	制造业有序度	增长率	中部六省复合系统协同度
2012	0.263900	—	0.390201	—	—
2013	0.353743	0.340446	0.455350	0.166965	0.076507
2014	0.509056	0.439056	0.469549	0.031182	0.046960
2015	0.478514	−0.059990	0.434183	−0.075320	−0.032866
2016	0.602559	0.259229	0.549838	0.266374	0.119776
2017	0.772385	0.281841	0.548055	−0.003250	−0.017403

（二）结果分析

1. 中部六省地区

图17.26描述了2012—2017年中部六省地区物流业子系统、制造业子系统以及复合系统协同度变化趋势。

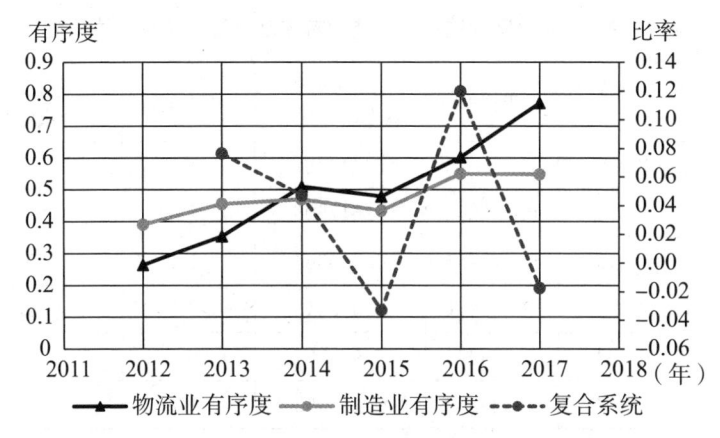

图 17.26 中部六省地区制造业、物流业发展有序度和复合系统协同度变化趋势图

(1) 从图 17.26 可以看出，中部六省地区的物流业内部协调发展得到了很大的进步，2012 年，物流业的协同度低于 0.3，处于极度不协调的状态，2014 年，受到货运周转量和外商与港澳台商对内投资的影响，物流业有序度有轻微的下降，之后物流业的有序度不断上升，2017 年达到 0.8。

(2) 2017 年中部六省地区制造业的有序度虽然在整体上升，但是上升的幅度很小，2014 年之后，制造业的协同度水平一直滞后于物流业，因此物流业子系统和制造业子系统的发展步调不一致。中部六省地区高端制造业发展不稳定，并且在 2017 年制造业对环保投入减少，也是造成制造业子系统有序度下降的主要原因。

(3) 中部六省地区复合系统协同度在 5 年内处于上下波动状态，很不稳定，容易受到制造业子系统的影响。2015 年达到最小值，2016 年却达到峰值，协同度为 0.12；2016 年之后，复合系统的协同度又一次下降，主要原因是制造业的有序度轻微下降，虽然物流业的有序度在不断地上升，但是单个子系统的有序度的提升并不能拉动整个复合系统的协同度。总而言之，制造业和物流业的协同度是处于"协调—不协调—协调"的波动状态。

2. 东北地区

东北地区物流业和制造业子系统有序度和复合系统协同度见表 17.9。

表 17.9 东北地区物流业、制造业有序度以及复合系统协同度

年份	东北地区物流业有序度	增长率	东北地区制造业有序度	增长率	东北地区复合系统协同度
2012	0.190938	—	0.447787	—	—
2013	0.285614	0.495848	0.517506	0.155695	0.081244
2014	0.335240	0.173751	0.435364	−0.158726	−0.063846
2015	0.303522	−0.094614	0.340843	−0.217107	−0.054754
2016	0.310803	0.023991	0.534701	0.568760	0.037572
2017	0.383917	0.235242	0.435995	−0.184601	−0.084952

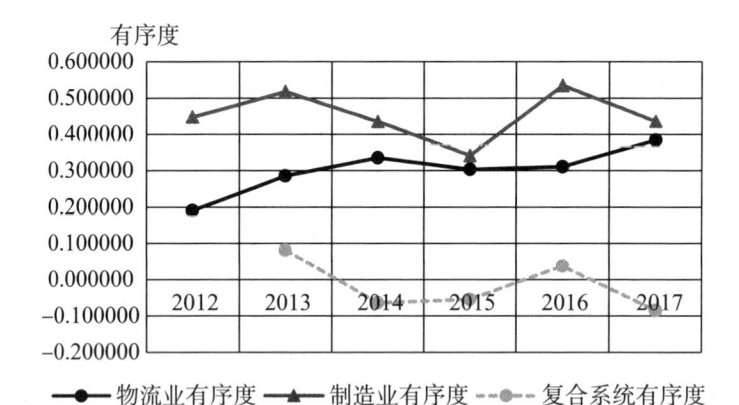

图 17.27 东北地区物流业、制造业发展有序度和复合系统协同度变化趋势图

从图 17.27 可以看出：

东北地区物流业的有序度经过 5 年的发展，从 0.2 发展到 0.4，其中，在 2014 年之后，物流业的有序度有所下降，原因有两点：一是在 2015 年，外商与港澳台商对东北地区物流业的投资减少了一半；二是 2015 年的货运周转量达到了 6 年间的最低值。在 2015 年到 2016 年间，物流业发展状况有回升趋势，到 2017 年势头良好，上升到历史最高值 0.4，接近制造业的有序度。

相对物流业来说，制造业的有序度的波动起伏比较大，2013 年到 2015 年，从 0.5 下降到 0.35，又在一年之内上升到 0.52，接着又下降，这是因为在 2013—2015 年间，东北地区制造业的高技术产品出口比重、高技术制造业增加值占比以及 R&D、环保方面的投入骤降，导致制造业

子系统的有序度下降至谷底。并且东北地区制造业的市场占有率逐年下降也是导致制造业有序度整体没有上涨的原因之一。

对于复合系统协同度，分别在2013—2014年和2016—2017年经历两次幅度较大的下降，整体上呈现下降趋势，由2013年的0.55下降到2017年的0.05，说明物流业与制造业在东北地区协同发展明显不足。由于制造业的滞后发展，导致系统处于一种不协调的状态。

3. 环渤海地区

表17.10 环渤海地区物流业、制造业有序度以及复合系统协同度

年份	环渤海地区物流业有序度	增长率	环渤海地区制造业有序度	增长率	环渤海地区复合系统有序度
2012	0.361612	—	0.410355	—	—
2013	0.440223	0.217392	0.453807	0.105890	−0.058445
2014	0.514608	0.168971	0.369610	−0.185535	0.079139
2015	0.434380	−0.155901	0.424951	0.149729	−0.066633
2016	0.503451	0.159009	0.441448	0.038820	0.033755
2017	0.557604	0.107565	0.554962	0.257140	0.078404

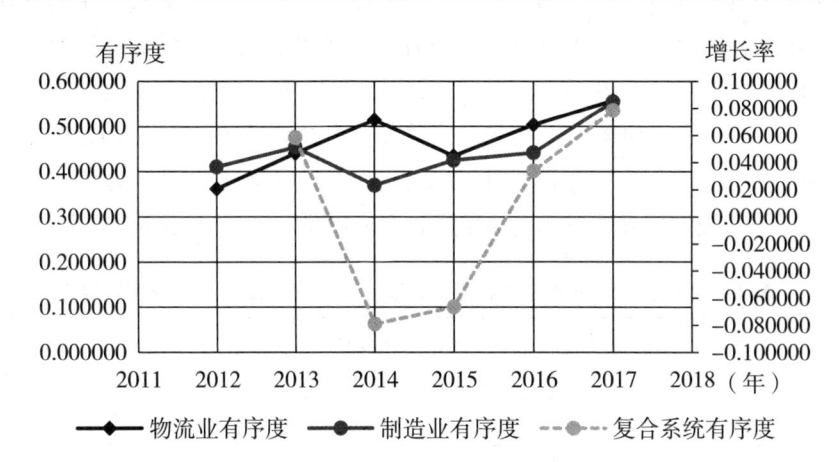

图17.28 环渤海地区制造业、物流业发展有序度和复合系统协同度变化趋势图

依据表17.10和图17.28：①2012年，环渤海地区的物流业与制造业子系统有序度为0.4左右，呈现上升趋势，协同水平相对较好，整体的发展趋势较平稳。2014年至2015年，两个子系统先后出现有序水平降低的情况，制造业有序度下降主要原因在于高端技术制造业的衰退，无论是新产品出口率还是行业增加值，都经历了大幅度的下降。由于进出口总额的

下降，导致2015年物流业子系统有序度出现下降的趋势。2015年之后，两者同时呈现上升的趋势。虽然物流业子系统最初有序度低于制造业，但是经过5年的发展，两个子系统在2017年都达到了峰值0.55。②对于复合系统，由于2014年和2015年，两个子系统前后出现滞后发展，所以2014年复合系统的协同度达到最低值-0.08，此后三年间，子系统有序度都在稳步上升，复合系统协同度也分别以不同的速率上升达到0.08，虽然期间协同度波动较大，但是物流业与制造业的发展逐渐匹配，两业逐渐过渡到成长阶段。

4. 东南沿海地区

依据表17.11和图17.29：①经过5年发展，东南沿海地区物流业子系统有序度整体呈增长趋势，在2017年达到最高值0.482776。2015年受能源消耗的影响，有序度暂时下降，之后又以更快的速度连续增长达到最高值。②东南沿海地区制造业的有序度整体增长幅度很小，几乎是停滞不前，一直在0.4~0.55之间上下浮动。具体原因是高技术产品出口比重和企业经营性指标不断降低，其中，相对于2012年，2017年高技术制造业增加值占比下降将近30%，而且在2017年制造业利润总额比率相对于2016年直接下降10%，造成制造业发展滞后。因此，高技术产品的外销和企业良好的财务状况是促进制造业发展的关键。③东南沿海地区复合系统有序度的发展明显呈现"M"形波动，2016年达到最高值0.074662，但还是属于低水平协同状态。单个子系统有序度的上升无法拉动整个系统的协同，任一子系统有序度的下降都会使复合系统协同度变为负的。因此，2017年复合系统有序度直接降到-0.043757，处于不协同状态。

表17.11 东南沿海地区物流业、制造业有序度以及复合系统协同度

年份	东南沿海地区物流业有序度	增长率	东南沿海地区制造业有序度	增长率	东南沿海地区复合系统有序度
2012	0.335832	—	0.477101	—	—
2013	0.340061	0.012591	0.391389	-0.179652	-0.019038
2014	0.384993	0.132131	0.424403	0.084352	0.038515
2015	0.327064	-0.150467	0.455511	0.073299	-0.042451
2016	0.397414	0.215095	0.534750	0.173955	0.074662
2017	0.482776	0.214793	0.512320	-0.041944	-0.043757

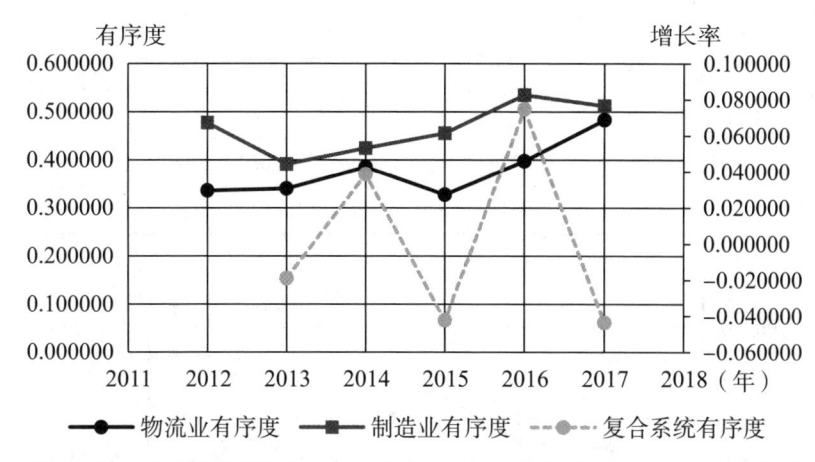

图 17.29　东南沿海制造业、物流业发展有序度和复合系统协同度变化趋势

5. 西北地区

依据表 17.12 和图 17.30：①西北地区物流业有序度一直高于制造业的有序度。2015 年外商与港澳台对内地物流业投资下降至 6 年间的最低值，相对于 2014 年降低了 60%，导致 2015 年物流业有序度降落至最低值 0.404119，之后一年内，物流业发展迅猛，2016 年有序度达到 0.637838，然后保持稳定。制造业子系统有序度除了在 2012 年略微有些下降，一直以缓慢的速度上升，由 0.323297 提高到 0.534788，说明制造业的发展处于良好的状态。②西北地区复合系统协同有序度在 2013 年和 2015 年均是负值，两个子系统的协同发展明显不足，复合系统协同度在 2015 年处于最低值，为 −0.047849，这表明物流业与制造业处于一种低水平的协同状态。2017 年，复合系统协同度又从 2016 年的 0.133831 降落至 0.006526，从趋势上看，复合系统有序度整体上呈现出"M"形波动，物流业和制造业围绕着"不协同—协同—不协同"过程循环。

表 17.12　西北地区物流业、制造业有序度以及复合系统协同度

年份	西北地区物流业有序度	增长率	西北地区制造业有序度	增长率	西北地区复合系统有序度
2012	0.433226	—	0.335532	—	—
2013	0.453422	0.046618	0.323297	−0.036464	−0.015719
2014	0.567220	0.250976	0.373727	0.155984	0.075755
2015	0.404119	−0.287546	0.387764	0.037560	−0.047849

续表17.12

年份	西北地区物流业有序度	增长率	西北地区制造业有序度	增长率	西北地区复合系统有序度
2016	0.637838	0.578344	0.464398	0.197630	0.133831
2017	0.638443	0.000949	0.534788	0.151573	0.006526

图 17.30　西北地区制造业、物流业发展有序度和复合系统协同度变化趋势

6. 西南地区

依据表17.13和图17.31：①西南地区物流业有序度的发展一直呈现上升趋势，虽然在2015年至2016年发展速度略微减缓，但一直在上升，2017年物流业有序度达到历史最高水平0.744881，仅次于中部六省地区。西南地区制造业有序度最初大于物流业，保持在0.4左右，在2014年被物流业反超，在2015年比2014年下降了0.03左右，主要原因是制造业企业的总资产周转率下降到6年来最低值，相对于2014年，下降了14％。2015年后，制造业有序度增长速度较之前有所提升，同样在2017年达到最高值0.627732，具体原因是高端技术制造业的快速发展以及对环保的重视程度的提升。②复合系统协同度在2015年达到最低值，2017年以较高的速度上升到峰值0.177630，表明此时物流业与制造业处于基本协同状态，两业共同进步，复合系统才会达到较高的协同度。

表 17.13　西南地区物流业、制造业有序度以及复合系统协同度

年份	西南地区物流业有序度	增长率	西南地区制造业有序度	增长率	西南地区复合系统有序度
2012	0.201498	—	0.383342	—	—
2013	0.269346	0.336720	0.403683	0.053060	0.037149
2014	0.366194	0.359568	0.410817	0.017673	0.026286
2015	0.572382	0.563056	0.385766	−0.060979	−0.071870
2016	0.591710	0.033767	0.421736	0.093244	0.026367
2017	0.744881	0.258861	0.627732	0.488448	0.177630

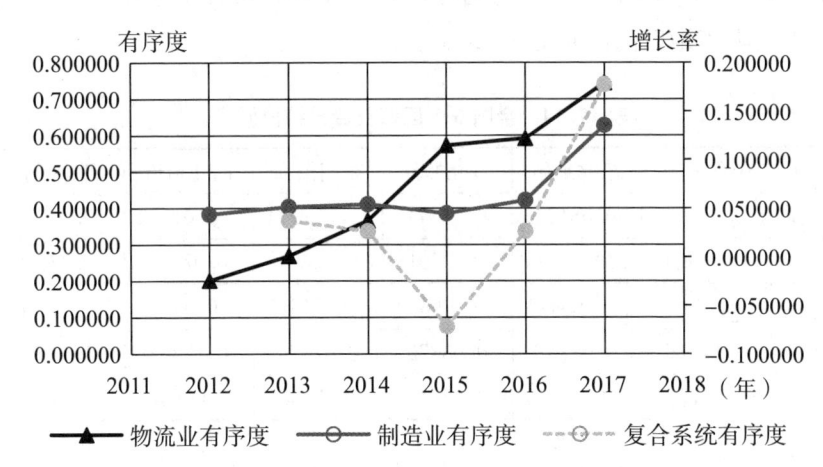

图 17.31　西南地区制造业、物流业发展有序度和复合系统协同度变化趋势图

（三）研究结论

由表 17.8~表 17.13 与图 17.26~图 17.31 所知，中国 6 个区域物流业的复合系统协同度都基本呈现增长趋势，表明中国物流业处于稳步增长状态，其中西南地区物流有序度增长最快，从 0.201498 增长到 0.744881，增长率为 10.8%，这是因为西南地区物流业的发展规模不断扩大，并且物流业的对外开放程度也在不断提高。中部六省地区增长速度次之（增长率为 10.1%），在 6 个区域中，中部六省地区物流业子系统的有序度最高，在 2017 年达到了 0.772385。这个结果主要归功于中部六省地区在物流业的固定投资以及对外开放程度远远超过其他区域。

相对于物流业，6 个区域制造业的有序度在 6 年间都有些波动，其中，中部六省地区、环渤海地区、西南地区以及西北地区虽然有些波动，

但是有序度整体上呈现上涨的趋势，增长最快的是西南地区，增长率为4.8%；东南沿海和东北地区，制造业的有序度发展却停滞不前，东北地区制造业有序度的增长率为−0.2%，东南地区的增长率为0.7%（由2012年的0.477101增长到0.512320）；2017年，西南地区的制造业有序度为6个区域的最高水平（0.627732），其次是环渤海地区（0.554962）。

由图17.32和表17.14可知，西北地区、西南地区、东南沿海地区的复合系统协同度呈现"M"形，在协同与不协同的状态之间波动，且波动幅度较大，说明物流业与制造业的协同发展不理想，呈现一定的无序状态。虽然西南地区与环渤海地区的复合系统协同度呈现先下降再上升的态势，但在2017年这两区域的协同度在6个区域中分别位列第一位和第二位，其中西南地区的协同度在0.18左右。

表17.14 全国6个区域复合系统协同度

年份	中部六省	东北地区	环渤海	东南沿海	西北地区	西南地区
2013	0.07650	0.08124	0.05844	−0.01904	−0.01572	0.03714
2014	0.04696	−0.06384	−0.07914	0.03851	0.07575	0.02628
2015	−0.03287	−0.05475	−0.06660	−0.04245	−0.04785	−0.07187
2016	0.11977	0.03757	0.03370	0.07466	0.13383	0.02636
2017	−0.01741	−0.08495	0.07840	−0.04376	0.00652	0.17763

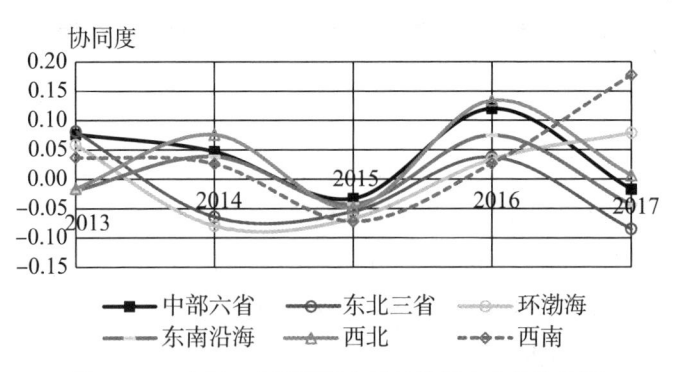

图17.32 全国6个区域复合系统协同度变化趋势图

2013年6个区域复合系统协同度从大到小的排序是：东北地区、中部六省地区、环渤海地区、西南地区、西北地区、东南沿海地区。而2017年6个区域复合系统协同度从大到小的排序是：西南地区、环渤海地区、西北地区、中部六省地区、东南沿海地区、东北地区。可以看出，

2013年东北地区的复合系统协同度是6个区域中最高的,但2017年东北地区的复合系统协同度却成为6个区域中最低的。东北地区复合系统的协同度主要受到制造业的制约,2012—2017年,东北地区制造业的发展不进反退,整体波动较大,特别是在R&D方面的投入在2014年达到顶峰之后逐渐减少,发展不稳定。

2017年只有西南地区、环渤海地区、西北地区的复合系统协同度大于零,处于基本协同状态,其他三个地区(东北地区、中部六省、东南沿海)都是负值。这个结果说明区域物流业与制造业的联动相对滞后,整个中国区域物流业与制造业协同发展不均衡,整体来看西南地区两业协同创新高质量发展势头最足;东北地区的物流业的状况在不断改善,而制造业却有倒退的迹象,两者发展不匹配;东南沿海地区复合系统协同度低也是相同的原因;至于中部六省,物流业与制造业的有序度都呈下降趋势,原因是物流业与制造业在发展过程中形成的产业结构相互耦合困难,产业关联度差,需求和供给不相匹配,物流业与制造业不仅要追求各自的创新高质量发展,还要积极参与到协同发展的过程中,进而通过协同发展促进创新高质量发展。

第二节 中观视角:制造业与物流业协同发展路径(Ⅱ)

制造业作为中国国民经济的支柱型产业,对经济发展起着十分重要的推动作用。但同时制造业也是中国国民经济的基础产业,有着广阔的消费市场,在满足人们的日用品需求的同时也为其他产业提供基础性产品。中国不仅是制造业大国,更是劳动密集型制造业的产业大国,但伴随中国人口红利逐渐消失,部分劳动密集型产业开始逐步向技术密集型产业转变。

物流业与制造业具有紧密的联系。随着制造业的不断发展,物流需求也随之增加。物流业为制造业提供物流服务,制造业则为物流业提供市场。二者相互促进,密不可分。

当前针对物流业与制造业协同方面已有诸多研究。苏秦和张艳(2011)、程永伟(2013)运用投入产出法分析了中国物流业与制造业的融合、互动现状及其动态变化规律。本书要解决的问题是将制造业按照行业进行细分,对制造业细分行业与物流业的协同创新高质量发展进行研究。

一、物流业与制造业序参量指标体系构建

(一)物流业序参量指标

在当前高质量发展的时代背景下,中国经济产业需要迫切的转型升级。由高速度向高质量的转型升级也为现代物流业提出了新的发展要求。何黎明(2018)认为,物流业高质量发展的主要方向在于降本增效,补齐物流基础设施短板,增强创新驱动能力,实现物流绿色化和调整运输结构等方面。杨守德(2019)认为,技术创新是中国物流业跨越式高质量发展的驱动因素。本书综合已有研究成果,结合序参量指标选取原则,构建物流业序参量指标体系,分为一级指标与二级指标。一级指标包括质量性指标、经营性指标与创新性指标。二级指标包括物流业能源消耗量,物流业进出口总额;社会物流总额,全国货物周转量,全国快递业务量;专利授权数,SCI论文发表数以及智慧物流规模。

衡量中国物流业发展的质量指标主要从能源和进出口角度出发,本书所选取的指标包括物流业能源消耗量和物流业进出口总额。其中,物流业能源消耗量是一定时期内物流业实际能源消耗量,包括煤炭、石油等,该指标能直观反映物流业发展质量。物流业进出口总额则能表明物流行业的跨境运输能力的强弱,数值越大表明跨境运输能力越强,物流业进出口总额可以直接展示出物流业的发展质量。

所选取的物流业经营性指标主要包括社会物流总额、中国货物周转量和中国快递业务量,选取的原则是能够明确反映物流行业的经营状况,衡量物流行业经营的能力。社会物流总额反映了社会物流的体量,可以从侧面反映出物流业的经营状况。物流业在货物流通中创造了大部分价值,货物的平均运输速度和实际运输货物的吨数决定了全国货物周转量。通过量化运输生产成果,可以直观清晰地反映物流的运输效率,从而体现出物流业的运输能力和经营能力。中国快递业务量也是一个较为直观的指标,物流业务可以用快递业务指标进行衡量。该指标主要是从消费量的角度衡量物流业的经营和收入水平,可以反映出物流业的经营能力。

物流业创新性指标主要从科技水平、创新能力、学术发展及创新成果等方面反映中国物流业的创新水平。选取的指标主要包括专利授权数、SCI论文发表数和智慧物流规模。其中,专利授权数能够很好地反映出物流业在创新方面取得的成果,物流业的SCI论文发表数也体现了物流业

在创新方面取得的成果,这两个指标都可以很直观地反映出物流业的创新能力以及成果转化能力。智慧物流是物流业的一个最终目标,对促进物流业的发展无疑起到了非常重要的作用,通过智慧物流规模可以判断出中国物流业的创新发展情况。

(二)制造业序参量指标

建设产业创新体系、注重创新成果产业化、推动三次产业融合发展和推动区域产业协作是中国制造业高质量发展的基本思路。本书综合现有研究成果以及对制造业高质量发展的现实要求,构建以高质量发展为导向的制造业序参量指标体系,包括一级指标与二级指标。其中,一级指标包括质量性指标、经营性指标与创新性指标。二级指标包括出口总额、新产品销售收入;存货周转率,规模以上制造业企业利润总额,净资产收益率(ROE);规模以上制造业企业R&D经费,专利授权量,以及R&D人员全时当量。

制造业发展的质量性指标主要包括出口总额和新产品销售收入。出口总额反映了中国制造业产品在海外市场的销售份额,而出口总额的数值越大,体现中国制造业的产品质量越好,并且受到海外市场的认可,也从侧面展现了中国制造业产业的发展质量。新产品销售收入则可以反映制造业产业的活力,新产品销售收入的数额越大,表明制造业行业源源不断地生产新的产品并且取得良好的市场反馈,新产品销售收入也就能很好地反映出中国制造业的产业质量。

制造业发展的经营性指标主要包括存货周转率、规模以上制造业企业利润总额和ROE。存货周转率能够很好地反映企业的经营状况,计算方式为制造业营业成本(销货成本)与平均存货余额在一定时期的比率。存货周转速度表示存货的流动性及存货资金占用量。规模以上企业利润总额反映了制造业的价值创造能力。

制造业发展的创新性指标主要包括规模以上制造业企业R&D经费、专利授权量和R&D人员全时当量。规模以上制造业企业R&D经费可以衡量出中国制造业科技创新投入。规模以上制造业企业R&D经费越高,表明制造业企业对创新的投入程度越大,进而体现出制造业行业的创新性较强。专利授权量是衡量制造业整体创新能力的一个直接有力的指标,制造业行业的专利授权量越多,表明制造业行业的创新能力越强。制造业行业的创新产出能力越强,制造业的专利授权量也就能很好地反映出制造业的创新性。R&D人员全时当量反映出制造业行业从事创新工作人员的数量,可以反映出制造业行业对创新的重视程度。R&D人员全时当量的数值越大则说明制造业的创新能力越强。规模以上制造业企业R&D经费、专利授权量和R&D人员全时当量这三个指标可以很直观地反映中国制造业的科技创新能力。

二、中国制造业细分行业与物流业高质量协同发展态势

(一) 中国制造业细分行业发展态势

1. 劳动密集型行业发展态势

(1) 总体运行特征。一是产业总体基数较大,产业规模相对稳定。劳动作为重要的生产投入要素,对经济发展起着十分重要的作用。中国人口众多,劳动资源丰富,为劳动密集型产业的发展提供了不可多得的优势,从而促进中国劳动密集型制造业的繁荣发展。廉价的劳动力成本也极大地促进了中国劳动密集型产品的出口。如表17.15和图17.33所示,农副食品加工业和非金属矿物业所占比重较大,在2016年占比达到19.1%与17.2%,这与中国农产品和非金属矿品的基数较大密不可分。二是结构分布稳步提升,主要产业发展强劲。劳动密集型产业整体呈上升趋势,其中所占比重较大的农副食品加工业与非金属矿物制品业发展势头强劲。东部沿海地区资源以及土地资本的成本因素上涨,促使部分劳动密集型产业向中西部地区转移,从而拉动了中西部地区经济的繁荣与发展。

表17.15 劳动密集型产业主营业务收入变化表

行业	主营业务收入:累计值/亿元						
	2018年	2017年	2016年	2015年	2014年	2013年	2012年
农副食品加工业	47263	64449	68952	65126	63533	59497	51342
食品制造业	18348	23118	23619	21700	20262	18165	15682
纺织业	27242	37977	40870	40173	38091	36161	32174
纺织服装、服饰业	17107	21904	23605	22068	20770	19251	16834
皮革、毛皮、羽毛及其制品和制鞋业	12093	14693	15119	14581	13573	12493	11092
木材加工及木、竹、藤草制品业	9165	13962	14704	14079	13143	12022	10239

续表17.15

行业	主营业务收入：累计值/亿元						
	2018年	2017年	2016年	2015年	2014年	2013年	2012年
家具制造业	7012	9056	8560	7873	7187	6463	5439
印刷业和记录媒介的复制	6387	8090	7879	7192	6643	5291	4196
文教、工美、体育和娱乐用品制造业	13316	16568	16696	15474	14635	12038	9714
化学纤维制造业	7990	7906	7663	7293	7212	7282	6739
非金属矿物制品业	48446	61526	61863	58874	56646	51284	43194
金属制品业	33682	37098	38443	37017	35271	32843	28760
橡胶和塑料制品业	24427	31657	32360	30867	29570	27311	23879
总计	272477	348004	360333	342316	326538	300100	259284

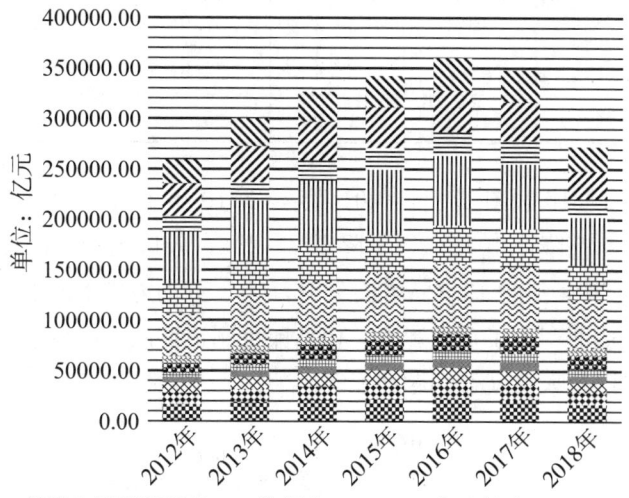

图17.33 劳动密集型产业主营收入业务变化表

（2）面临的问题与挑战。一是劳动力成本上涨导致产业结构转移。劳动力成本上涨体现为劳动力供给负增长，以及劳动密集型产业名义劳动报酬的增加。中国制造业劳动密集型产业收入从2012年至2018年缓步上涨，2012—2018年七年间，整体主营业务收入变化不大，但劳动密集型制造业所占制造业的整体比重呈下降趋势，由32.8%下降为30.2%。

根据2019年国家统计局发布的公告，股份制企业所实现利润总额达到了45283.9亿元，同比去年下降了2.9%。在41类产业中，28个行业利润总额较上年增加，13个行业较上年减少。

表 17.16 国家统计局人口年龄结构和抚养比

指标（万人）	2018年	2017年	2016年	2015年	2014年
年末总人口	139538	139008	138271	137462	136782
0~14岁人口	23523	23348	23008	22715	22558
15~64岁人口	99357	99829	100260	100361	100469
65岁以上人口	16658	15831	15003	14386	13755
总抚养比（%）	40.4	39.2	37.9	37.0	36.2
少儿抚养比（%）	23.7	23.4	22.9	22.6	22.5
老年抚养比（%）	16.8	15.9	15.0	14.3	13.7

依据表17.16和图17.34，2014年至2018年15岁到64岁劳动人口年龄比重不断下降，由73.5%下降至71.2%。人口老龄化问题加重，老年抚养比由2014年的13.7%增长至16.8%。劳动力成本的上升对中国劳动密集型制造业产生了重大影响，包括廉价制造产品的出口减少、外商来华投资降低以及人员就业问题凸显等。

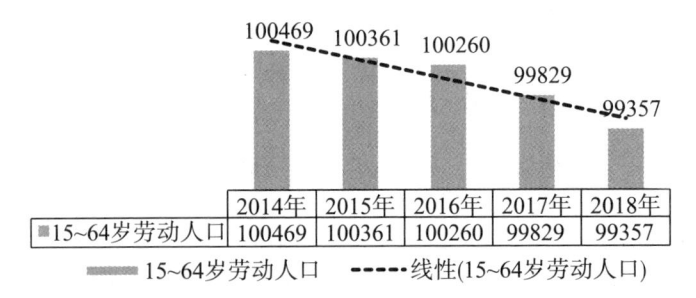

	2014年	2015年	2016年	2017年	2018年
15~64岁劳动人口	100469	100361	100260	99829	99357

图 17.34 2014—2018年劳动人口变化表

二是能源消耗量大，污染问题严重。以2017年制造业煤炭消耗量为例

(见表17.17)，总共消耗了245139.54万吨煤，其中排名前几名的行业有非金属矿物制品业能源消耗32835.27万吨；纺织业消耗7484.00万吨；农副食品加工业能源消耗4089.20万吨；食品制造业能源消耗1995.26万吨，木材加工及木、竹、藤、棕、草制品业，能源消耗1075.24万吨；纺织服装、服饰业能源消耗878.54万吨。这都给环境造成了巨大的污染。

表17.17 2017年部分劳动密集型产业能源消耗量

行业	能源总消耗（万吨标准煤）
农副食品加工业	4089.20
食品制造业	1995.26
纺织业	7484.00
纺织服装、服饰业	878.54
木材加工及木、竹、藤、棕、草制品业	1075.24
非金属矿物制品业	32835.27

2. 技术密集型行业发展态势

（1）总体运行特征。一是增长速度较快，发展前景广阔。依据表17.18和图17.35，中国技术密集型产业主营业务收入从2012年至2018年持续上升，由占比14.1%上升至16.8%。中国对高科技人才的支持与高新技术的发展，促进了计算机通信电子设备制造业的发展繁荣，使其由2012年占技术密集型产业的62.3%增长至2018年的70%。除此之外，医药制造业的发展也较为可观。

表17.18 2012—2018年技术密集型产业主营业务收入情况

行业	主营业务收入：累计值/亿元							
	2018年	2017年	2016年	2015年	2014年	2013年	2012年
医药制造业	23986	28186	28063	25537	23326	20593	17083
铁路、航空航天和其他运输设备制造业	11661	14607	16408	16281	15568	16545	16014
计算机、通信和其他电子设备制造业	105966	105525	98366	90482	84518	77226	69168

续表17.18

行业	主营业务收入：累计值/亿元						
	2018年	2017年	2016年	2015年	2014年	2013年	2012年
仪器仪表制造业	8092	9558	9355	8703	8186	7682	6533
其他制造业	1665	2348	2540	2387	2196	2308	2180

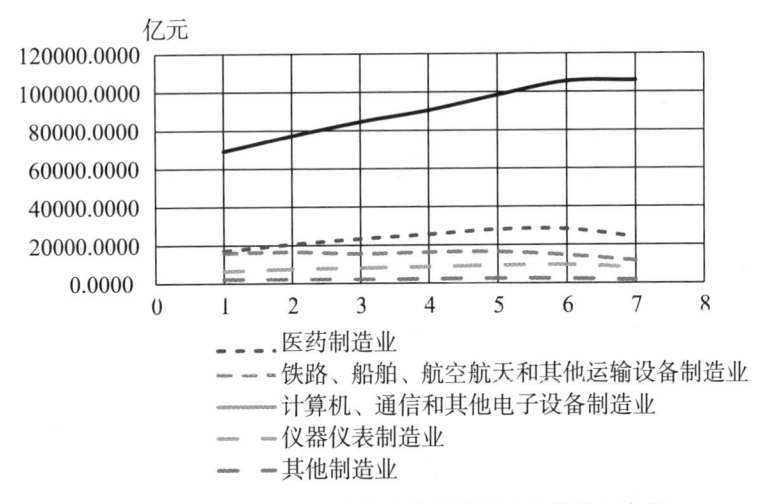

图 17.35　2012—2018年技术密集型产业主营收入变化

二是国家大力扶持促进产业结构升级。依据表17.19，2012年至2018年，中国高新技术产业的经费支出逐年递增，人员全时当量与专利申请数整体呈现逐年增长的趋势，表明中国对技术密集型产业的重视度提高，提供了人员资金与技术方面的支持。

表17.19　2012—2018年R&D人员资金相关数据

	2018年	2017年	2016年	2015年	2014年	2013年	2012年
R&D人员全时当量（万人年）	85.2	74.7	73.1	72.7	70.1	67.0	62.3
R&D经费支出（亿元）	3559.1	3182.6	2915.7	2626.7	2274.3	2034.3	1733.8
专利申请数（件）	264736	223932	185913	158463	166709	143005	127821

（2）面临的问题与挑战。一是创新型资金投入力度不够。如图17.36所示，1997—2016年中国基础研究资金投入虽然呈现出较大程度的上升，

2015年中国基础研究投入资金达到206亿美元，首次超过日本，在2016年也有大幅提升，但仍有较大的提升空间。美国1997年至2016年持续第一。2016年美国基础投资达到863亿美元，远远超过其他国家投资收入。中国虽然在近几年的投入力度不断加大，但和美国相比仍然存在较大的差距。

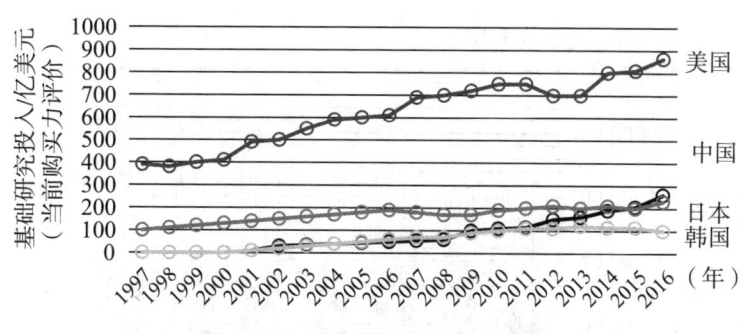

图17.36 各国基础研究投入规模

二是创新型高技术人才缺乏。当前中国技术密集型制造业发展前景广阔，但人才结构仍然是以低技术水平和低创新水平的人员为主，创新型人才方面与发达国家相比依然存在较大缺口。以技术密集型制造业占比最大的计算机、通信和其他电子设备制造业为例，2012年受教育人员的占比为0.076%，2017年增至0.141%。尽管有所增长，但依然比率较低。针对这种现象国家的举措显得尤为重要，一是加大对高新技术型人才教育的投入力度，二是提高对在职人员的工作专业知识培训。

3. 资本密集型行业发展态势

（1）总体运行特征。一是国家政策优势、资金技术支持。党的十八届三中全会提出统一规划布局，加大资本技术密集型产业的扶持力度。实施阶段性政策扶持，帮助企业融资建设。加大科技投入，支持企业在关键技术方面、产业化品牌化方面、研究与培训等方面的突破性发展，迅速提升技术水平和产业竞争力，同时为企业融资创造有利条件。国家资金政策技术的支持有利于更快地推进产业结构转移，提高经济增长的质量和效益。二是整体发展态势强劲，仍有较大提升空间。中国制造业资本密集型产业主营业务收入从2012年至2018年7年整体呈现出一种波动上涨的趋势，其中2013年至2014年，2017年至2018年都有小幅回落。化学原料及化学制品制造业所占比重最大，在2016年占比达16.9%，2017年至2018年主营业务收入有所下降。黑色金属冶炼及压延加工行业，汽车制造行业，石油加工、炼焦及核燃料加工业在这7年间波动较大，呈现下降波动的趋势，汽车制造业呈现较大的向上波动态势，尤其从2015年至2017年增长十分迅速，由占比14.1%增长至16%。整体来看，资本密集型产业发展势头相对比较强劲，但依然没有达到饱和状态，存在较大提升空间，如图17.37所示。

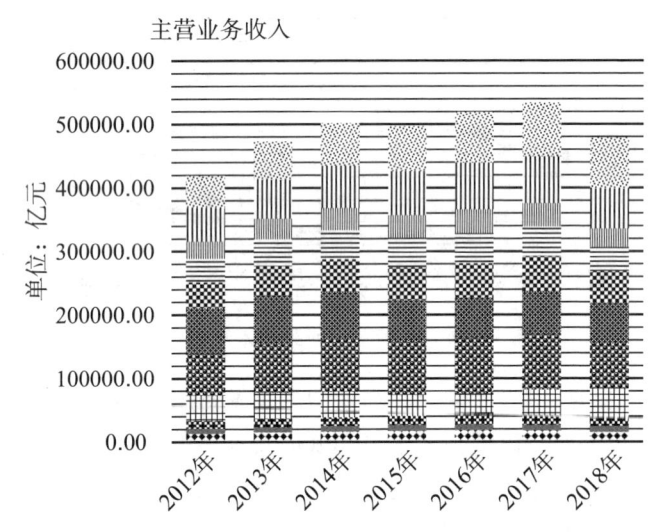

图17.37 2012—2018年资本密集型产业主营业务收入变化

（2）面临的问题与挑战。一是地区产业发展不均，资金技术整体落后。依据表17.20，以汽车制造业为例，2018年中国东部地区（以上海和广东为代表）汽车制造业总产量为601.34万辆，远远超出中部地区和西部地区。东部地区人员资金技术较为充沛，资源的分布不均造成中国资本密集型产业地区发展不平衡。不同地区之间的资本密集型产业发展相差较大，且资金技术方面整体处于落后水平，目前仍存在较为明显的问题。

表17.20 2018年中国汽车制造业部分省市产量

地区	省市	汽车制造业产量（万辆）
东部地区	上海	297.76
	广东	321.58

续表17.20

地区	省市	汽车制造业产量（万辆）
中部地区	河南	58.91
	安徽	82.43
西部地区	四川	74.71
	云南	15.88

二是贸易壁垒日益增加，经济增长整体放缓。目前中国相关产品进口关税偏低，贸易壁垒日益增加。从全球来看，当前中国的关税还处于非常低的水平。以液晶面板为例，韩国能达到8%，俄罗斯、巴西、印度等国家的关税在15%~20%，而中国只有5%左右。因此，在关税政策上，中国应加大对国内资本技术密集型企业的保护力度。推出一些阶段性的积极政策，通过适当提高相关产品进口关税来促进制造业相关产业的发展，给予国内企业合理的保护。

（二）中国物流业发展态势

1. 总体运行特征

随着电子商务的兴起，物流业的规模快速扩展，物流企业也如雨后春笋般涌现，物流能力也有了较大提升，物流业已经成为现代社会重要的服务业。社会物流总额近几年来一直持续增长，从2009年到2013年，社会物流总额增速迅猛，实现了跨越式的增长（如图17.38所示）。在2013年之后，增长速率放缓，社会物流总额保持平稳增长。

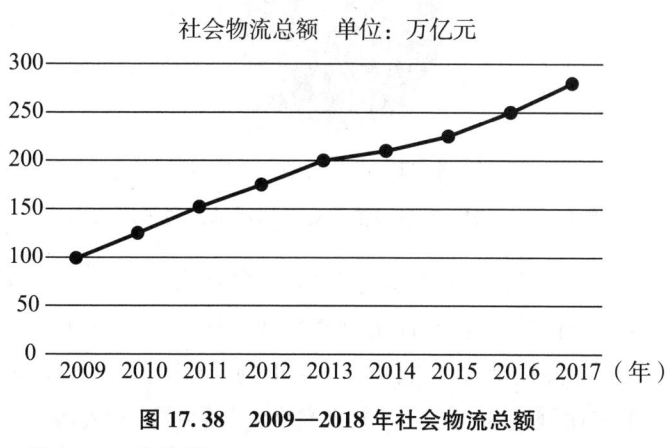

图 17.38　2009—2018 年社会物流总额

（注缺2015年数据。）

(1) 物流技术和装备不断优化。2017年铁路营业里程达到12.697万公里，其中高速铁路运营里程达到2.9万公里；2017年公路里程达到477.346万公里，其中高速公路长度达到13.65万公里；定期航班航线里程达到837.98万公里（如图17.39所示）。

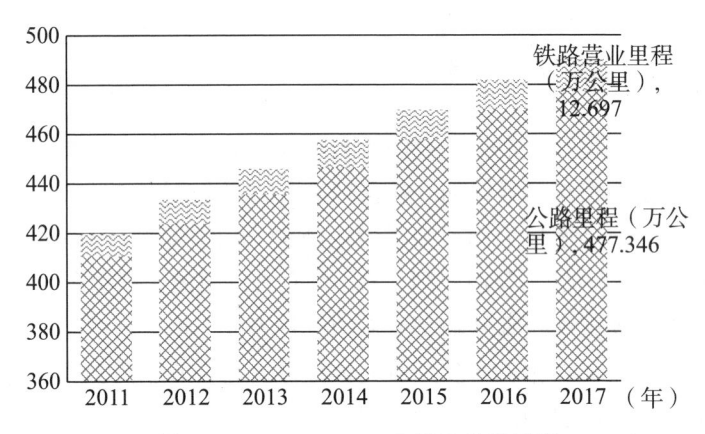

图17.39　2011—2017年铁路公路里程

(2) 科技人才队伍质量不断提高。根据2017年交通部发布的公路水路交通运输科技统计报告得知，2017年参与科技活动的人员的学历结构不断优化，研究生占39%，硕士及以上学位共17983人（如图17.40所示）。

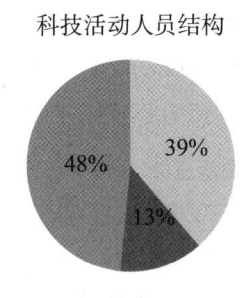

图17.40　2017年中国物流业科研活动人员学历结构

除此之外，参与科技活动的研究生以上学历人员人数2013年至2017年间尽管有微小的波动，但整体上仍然呈现上涨趋势（如图17.41所示）。硕士研究生参与科技活动人数由2013年的12372人上涨至2017年的13428人，上涨比例为8.5%；博士研究生参与科技活动人数由2013年的3443人上涨至2017年的4555人，上涨比例为24.4%。

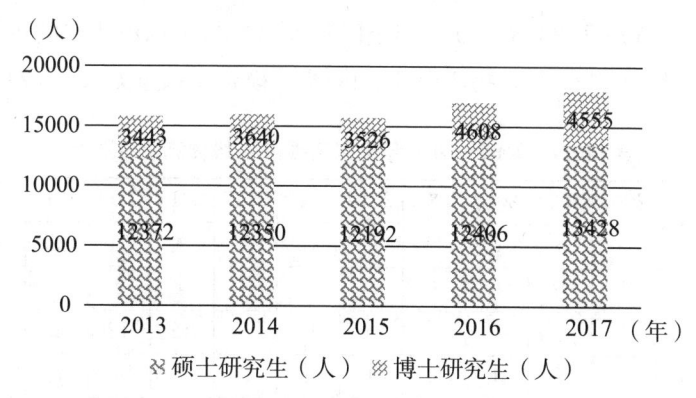

图 17.41 参与科研活动的研究生以上学历人员情况

2. 面临的问题与挑战

（1）数字化程度低，效率不高。物流业的数字化程度较低，实时信息更新延后，缺乏透明与公开。麦肯锡全球研究院估计美国物流业的平均空载率为15%，德国物流业的平均空载率仅为10%，而中国物流业的平均空载率却达到了40%，造成了严重的资源浪费。总而言之，中国物流行业货运成本高，大约是美国的两倍，且占到了国内 GDP 的 15%。如图 17.42 所示，广泛地使用数字技术，会使物流业以及子行业的效率得到增长，创造更多的收入，从而降低物流总成本。行业数字化水平指标中，数字资本深化与创造和支持数字化的工作人员这两项因素指数较高。然而整体的行业数字化水平与使用之间的互动程度指数较低，这表明中国物流业的数字化方面还有很大进步和提升的空间。

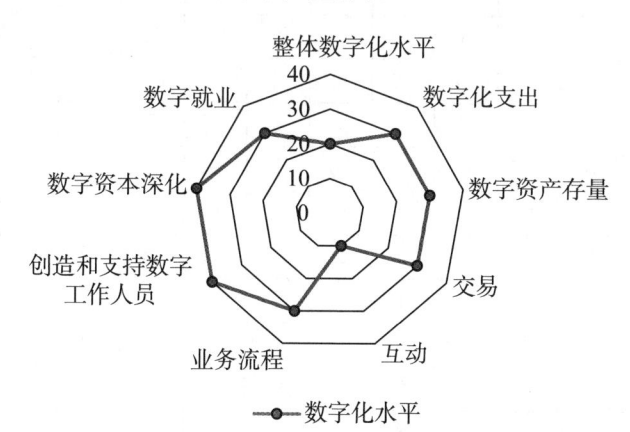

图 17.42 物流业数字化指数

（2）发展地区不平衡。根据中国物流与采购联合会发布的 A 级物流企业名录，选取了 2005—2016 年全国范围内参与评选和认定的 A 级物流企业，总计 4694 家 A 级物流企业。区域 A 级企业数量见表 17.21：

表 17.21 2005—2016 年全国范围内 A 级物流企业数量

年份	2005	2006	2007	2008	2009	2010	2011	2012	2013	2014	2015	2016	累计
北京	6	5	1	0	11	11	10	7	9	11	15	10	96
天津	1	1	5	6	6	7	3	4	4	2	4	4	47
河北	0	0	6	5	8	5	10	5	12	12	9	10	82
山西	0	3	1	1	2	1	3	7	4	15	6		44
内蒙古	0	0	2	3	4	8	11	2	7	8	1	5	51
辽宁	0	1	0	0	3	4	6	1	31	43	13	12	114
吉林	0	1	1	1	2	4	8	16	5	12	6	9	5	68
黑龙江	1	6	0	2	2	1	9	3	2	8	1	3	1	31
上海	8	20	7	16	34	19	21	11	23	22	20	18	219
江苏	0	5	15	15	43	60	72	34	103	69	68	72	556
浙江	5	9	12	36	61	57	101	70	88	97	76	80	692
安徽	2	0	1	2	6	14	22	13	21	15	12	22	130
福建	0	1	3	5	16	22	37	25	62	56	64	48	339
江西	0	0	2	4	2	4	6	5	10	16	33	54	136
山东	0	3	5	7	64	23	26	25	62	56	64	48	383
河南	1	6	4	5	14	9	17	6	15	16	19	10	122
湖北	0	1	10	4	11	25	54	30	53	45	85	96	414
湖南	0	2	3	3	39	19	27	20	31	29	26	31	230
广东	2	24	19	14	28	11	33	21	34	39	44	35	304
广西	0	3	0	2	3	1	2	1	7	2	6	4	31
海南	0	0	0	0	0	10	7	0	2	6	6	5	36
重庆	0	4	0	2	2	1	0	6	6	9	8	7	45
四川	0	6	2	7	6	15	23	22	26	26	24	37	194
贵州	0	0	0	0	1	2	7	2	3	6	9	4	34
云南	0	0	4	3	6	3	4	13	11	4	2	56
西藏	0	0	0	0	0	0	0	0	0	1	0	0	1
陕西	0	2	3	3	8	7	19	3	19	6	6	6	82
甘肃	0	0	0	3	3	4	5	1	8	5	7	2	38

续表17.21

年份	2005	2006	2007	2008	2009	2010	2011	2012	2013	2014	2015	2016	累计
青海	0	0	0	0	4	2	4	1	1	0	3	0	15
宁夏	0	0	0	0	4	7	4	3	14	5	3	11	51
新疆	0	1	0	3	0	3	4	6	16	6	7	7	53
累计	26	104	106	152	395	366	560	339	701	630	663	652	4694

三、中国制造业细分行业与物流业高质量协同发展水平测度与分析

（一）复合系统协同度计算

1. 制造业细分行业、物流业子系统指标原始数据

通过查阅中国统计年鉴、国家统计局以及中国政府网等官方网站的公开可查阅资料，整理出了制造业细分行业和物流业各子系统序参量指标的原始数据。其中除规模以上制造业企业R&D经费为负向指标之外，其余均为正向指标。综合考虑中国制造业和物流业的发展水平，设第j个状态变量的上限α_j为：

$$\alpha_j = (Q_{ij})_{\max} + 10\% (Q_{ij})_{\max} \tag{17.7}$$

同样，设第j个状态变量的下限β_j为：

$$\beta_j = (Q_{ij})_{\min} - 10\% (Q_{ij})_{\min} \tag{17.8}$$

根据本章第二节所构建的指标体系，中国制造业细分行业与物流业各指标的原始数据分别见表17.22、表17.23、表17.24、表17.25。

表17.22 2012—2018年中国制造业劳动密集型产业原始数据

年份	A1（亿元）	A2（万元）	A3（次/年）	A4（亿元）	A5（％）	A6（万元）	A7（件）	A8（人/年）
2012	29512057	185830462	13	17725	18	11229173	93508	388853
2013	32122299	210938836	13	18515	17	13740770	107579	450149
2014	35824115	232926120	13	20673	16	15607178	119385	485129
2015	36371050	256528520	13	21059	15	17680425	137762	509444
2016	44789484	299126025	14	22507	15	20348685	143080	550462
2017	48323648	316750268	12	20357	14	22207428	156733	584132

续表17.22

年份	A1（亿元）	A2（万元）	A3（次/年）	A4（亿元）	A5（%）	A6（万元）	A7（件）	A8（人/年）
2018	52602049	320854138	10	16228	12	23768705	189009	668297
下限	26560851	167247416	9	14605	11	10106256	84157	349968
上限	57862254	352939552	15	24757	20	26145576	207910	735127

数据来源：《中国统计年鉴》、国家统计局以及中国政府网等官方网站的公开可查阅资料。

表17.23　2012—2018年中国制造业技术密集型产业原始数据

年份	B1（亿元）	B2（万元）	B3（次/年）	B4（亿元）	B5（%）	B6（万元）	B7（件）	B8（人/年）
2012	121594798	281479880	9	6560	13	18144753	128922	641643
2013	128509345	340157172	9	6953	13	21215382	144731	689220
2014	157529923	385169816	9	8465	13	23780104	165605	726317
2015	175543391	437460798	9	9132	12	26699585	156948	733312
2016	188373424	488483744	9	10182	12	29447838	181143	732959
2017	197409250	539946336	8	10903	11	31760030	213897	743889
2018	196165304	569094520	7	9329	10	34848193	250682	838213
下限	109435318	253331892	6	5904	9	16330278	116030	577479
上限	217150175	626003972	10	11993	15	38333012	275750	922034

数据来源：《中国统计年鉴》、国家统计局以及中国政府网等官方网站的公开可查阅资料。

表17.24　2012—2018年中国制造业资本密集型产业原始数据

年份	C1（亿元）	C2（万元）	C3（次/年）	C4（亿元）	C5（%）	C6（万元）	C7（件）	C8（人/年）
2012	88950566	744446354	9	23949	15	38841995	319552	1313597
2013	66798547	711640561	9	24935	13	44323006	280169	1216640
2014	74296142	783220815	9	27442	12	49133496	312718	1297479
2015	78117578	796389366	9	27342	11	51631356	310494	1272706
2016	91606696	937972222	10	32107	12	55437088	357443	1288035

续表17.24

年份	C1 (亿元)	C2 (万元)	C3 (次/年)	C4 (亿元)	C5 (%)	C6 (万元)	C7 (件)	C8 (人/年)
2017	102319377	1031919927	9	34647	12	61643172	411480	1286526
2018	111393688	1049921642	8	31039	11	65845943	470024	1365795
下限	60118692	640476505	7	21554	10	34957796	252152	1094976
上限	122533057	1154913806	11	38112	16	72430537	517026	1502375

数据来源：《中国统计年鉴》、国家统计局以及中国政府网等官方网站的公开可查阅资料。

表17.25 2012—2018年中国物流业原始数据

年份	D1 (万吨标准煤)	D2 (亿美元)	D3 (万亿元)	D4 (亿吨公里)	D5 (亿元)	D6 (个)	D7 (篇)	D8 (亿吨)
2012	31525	38671	177	173804	1055	28954	65	1200
2013	34819	41590	198	168014	1442	37006	376	1452
2014	36336	43015	214	181668	2045	41031	512	1836
2015	38318	39530	219	178356	2770	56644	537	2205
2016	39651	36856	230	186629	3974	60330	690	2790
2017	42191	41071	253	197373	4957	64222	736	3380
2018	48960	46224	283	204686	6038	101875	826	4070
下限	28372	34804	160	151213	950	26059	59	1080
上限	53856	50847	311	225155	6642	112063	909	4477

数据来源：《中国统计年鉴》国家统计局以及中国政府网等官方网站的公开可查阅资料。

2. 子系统功效系数计算

根据公式（17.1）分别计算中国制造业细分行业与物流业子系统中各个序参分量对子系统有序度的贡献程度。劳动密集型制造业序参量分量功效系数、技术密集型制造业序参量分量功效系数、资本密集型制造业序参量分量功效系数、物流业序参量分量功效系数分别见表17.26、表17.27、表17.28、表17.29。

表 17.26　2012—2018 年中国制造业劳动密集型产业序参量分量功效系数

年份	A1	A2	A3	A4	A5	A6	A7	A8
2012	0.094284	0.100074	0.585000	0.307367	0.808889	0.929990	0.075562	0.100958
2013	0.177674	0.235290	0.660000	0.385138	0.720000	0.773400	0.189264	0.260103
2014	0.295938	0.353697	0.675000	0.597710	0.555556	0.657035	0.284664	0.350923
2015	0.313411	0.480802	0.678333	0.635734	0.466667	0.527775	0.433161	0.414052
2016	0.582358	0.710200	0.781667	0.778337	0.441111	0.361418	0.476134	0.520549
2017	0.695266	0.805111	0.518333	0.566542	0.334444	0.245531	0.586459	0.607967
2018	0.831950	0.827212	0.153333	0.159860	0.077778	0.148190	0.847268	0.826487

表 17.27　2012—2018 年中国制造业技术密集型产业序参量分量功效系数

年份	B1	B2	B3	B4	B5	B6	B7	B8
2012	0.112886	0.075530	0.635000	0.107671	0.736667	0.917534	0.080716	0.186223
2013	0.177079	0.232980	0.665000	0.172235	0.746667	0.777977	0.179696	0.324305
2014	0.446499	0.353764	0.862500	0.420606	0.671667	0.661414	0.310387	0.431972
2015	0.613732	0.494078	0.777500	0.530057	0.535000	0.528726	0.256186	0.452273
2016	0.732843	0.630989	0.800000	0.702506	0.486667	0.403821	0.407670	0.451249
2017	0.816730	0.769079	0.605000	0.820928	0.398333	0.298735	0.612741	0.482971
2018	0.805181	0.847293	0.172500	0.562440	0.120000	0.158381	0.843050	0.756727

表 17.28　2012—2018 年中国制造业资本密集型产业序参量分量功效系数

年份	C1	C2	C3	C4	C5	C6	C7	C8
2012	0.461943	0.202104	0.585000	0.144642	0.758333	0.896346	0.254461	0.536626
2013	0.107024	0.138334	0.592500	0.204185	0.526667	0.750079	0.105775	0.298636
2014	0.227150	0.277477	0.615000	0.355581	0.250000	0.621706	0.228660	0.497063
2015	0.288377	0.303075	0.605000	0.349545	0.216667	0.555048	0.220263	0.436255
2016	0.504499	0.578293	0.690000	0.637329	0.341667	0.453488	0.397514	0.473882
2017	0.676137	0.760916	0.500000	0.790725	0.410000	0.287872	0.601524	0.470178
2018	0.821526	0.795909	0.287500	0.572829	0.183333	0.175717	0.822550	0.664751

表 17.29　2012—2018 年中国物流业序参量分量功效系数

年份	D1	D2	D3	D4	D5	D6	D7	D8
2012	0.876295	0.241054	0.116768	0.305529	0.018539	0.033666	0.007646	0.035325

续表17.29

年份	D1	D2	D3	D4	D5	D6	D7	D8
2013	0.747024	0.422989	0.251778	0.227224	0.086418	0.127290	0.373485	0.109508
2014	0.687480	0.511840	0.355177	0.411882	0.192470	0.174090	0.533467	0.222549
2015	0.609735	0.294605	0.392716	0.367090	0.319691	0.355628	0.562875	0.331175
2016	0.557406	0.127880	0.461868	0.478975	0.531339	0.398487	0.742854	0.503385
2017	0.457751	0.390669	0.614002	0.624278	0.703970	0.443740	0.796965	0.677068
2018	0.192122	0.711865	0.813554	0.723180	0.893923	0.881546	0.902835	0.880188

3. 子系统有序度计算

根据公式（17.2），把子系统各指标的权重以及功效系数代入可得中国制造业细分行业和物流业的有序度见表17.30。

表 17.30　2012—2018 年中国制造业细分行业、物流业有序度

年份	劳动密集型制造业有序度	增长率	技术密集型制造业有序度	增长率	资本密集型制造业有序度	增长率	物流业有序度	增长率
2012	0.437288	—	0.440090	—	0.513302	—	0.170010	—
2013	0.470355	7.56%	0.483213	9.80%	0.376611	−26.63%	0.305601	79.75%
2014	0.490349	4.25%	0.575063	19.01%	0.377540	0.25%	0.405337	32.64%
2015	0.498205	1.60%	0.548859	−4.56%	0.364839	−3.36%	0.385050	−5.00%
2016	0.573105	15.03%	0.586784	6.91%	0.501547	37.47%	0.423007	9.86%
2017	0.518140	−9.59%	0.574590	−2.08%	0.546078	8.88%	0.568371	34.36%
2018	0.419085	−19.12%	0.437105	−23.93%	0.483474	−11.46%	0.774843	36.34%

4. 复合系统协同度计算

根据公式（17.3），可得复合系统协同度见表17.31。

表 17.31　2013—2018 年中国制造业复合系统协同度

年份	复合系统协同度	同比增长率
2013	−0.071700	—
2014	0.020310	−128.33%
2015	−0.015176	−174.72%

续表17.31

年份	复合系统协同度	同比增长率
2016	0.061962	−508.29%
2017	−0.045639	−173.66%
2018	−0.115200	152.41%

（二）结果分析

由表17.30和表17.31可得到2012—2018年中国制造业细分行业与物流业发展有序度和复合系统协同度变化趋势，如图17.43所示。

从图17.43可以看出，在2017年之前中国制造业劳动密集型和技术密集型细分行业有序度呈现上涨趋势，整体有序度高于物流业，在2017年和2018年这两年，中国制造业劳动密集型和技术密集型细分行业有序度呈现下降趋势。中国制造业资本密集型行业呈现出先降低后升高再降低的趋势。2012—2018年中国物流业有序度整体呈现增长趋势，但每年的增长速度略有不同。2017年物流业的有序度超过了制造业的三大细分行业的有序度，并在2018年达到历史最高水平0.775。

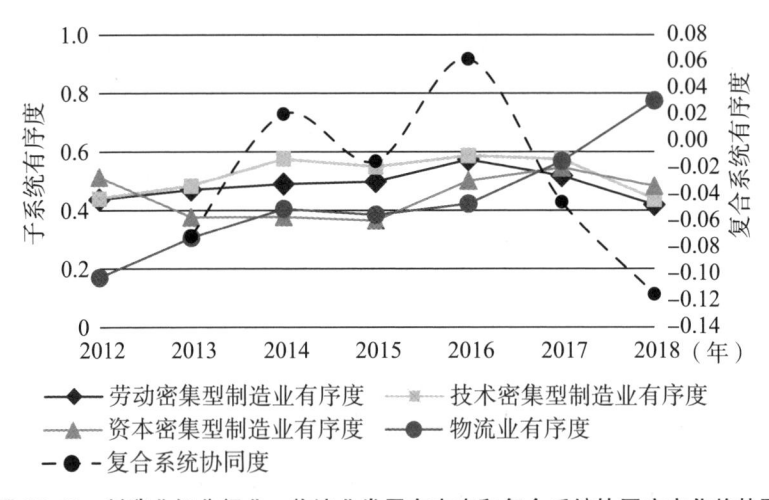

图17.43 制造业细分行业、物流业发展有序度和复合系统协同度变化趋势图

通过计算得出物流业在7年内的平均有序度水平（0.433188），低于劳动密集型制造业（0.486647）、技术密集型制造业（0.520815）和资本密集型制造业（0.451913）。物流业的发展水平整体上处在上升趋势，而制造业三大细分行业在2017年和2018年有所下降，其中资本密集型制造

业在2017年之前整体低于劳动密集型和技术密集型，但在2017年和2018年实现反超。物流业的起始水平最低但发展最为迅速，物流业有序度年均增长率（31.33%）远高于制造业劳动密集型（-0.05%）、技术密集型（0.86%）和资本密集型（0.86%）。可见，物流业的发展步调与制造业三大细分行业并不一致。尤其是劳动密集型制造业整体还略呈现下降趋势。

与各个子系统整体呈现上涨的趋势不同，复合系统协同度呈现M形上下波动状态。这说明虽然制造业细分行业与物流业都在各自发展，但是它们之间的协同发展明显不足。参照协同度等级划分，中国制造业细分行业与物流业协同度整体处于-0.2至0.1之间，在2016年协同度达到最高水平（0.061962），在2018年协同度达到最低水平（-0.115200）。这也表明中国制造业细分行业与物流业的协同创新高质量发展仍存在较大的提升空间。

第三节　宏观视角：制造业与物流业协同发展路径（Ⅲ）

一、制造业与物流业生态位协同指标体系构建

基于生态位的态势核心理论，将中国制造业和物流业高质量发展作为"态"和"势"指标的参考依据，并在此基础上制定相应的评价体系。生存能力"态"包括：生产要素"规模"（企业数量、资产规模）、"技术"（科研成果或者专利数量、R&D）、"市场"（消费群体数量或者交易频次）、"财务"（主营业务收入、净利润）、"人员"（人员数量、核心技术人才数量；发展能力"势"包括：创新能力（研发投入/产出）、政策与制度环境（财政支持）（如图17.44所示）。

二级指标　　　　　　　　　三级指标

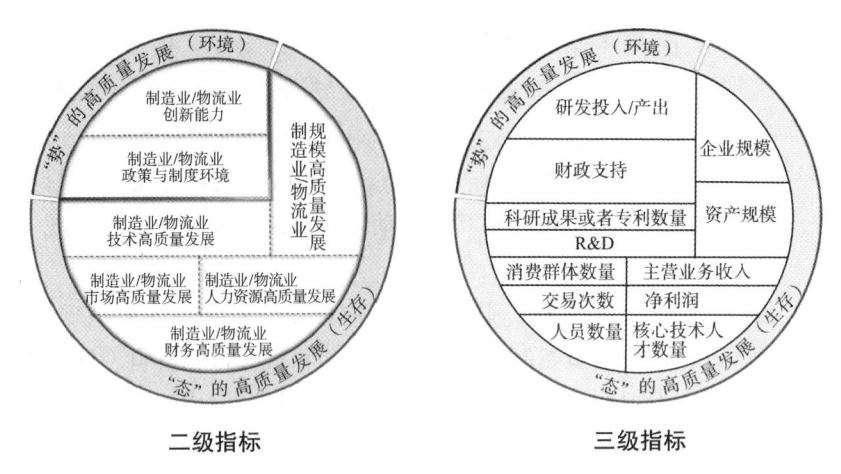

图 17.44 制造业与物流业的"态"和"势"指标体系

二、中国制造业与物流业生态位协同模型

基于生态位体系下制造业群种与物流业群种发展的互利共生关系，本书构建制造业与物流业生态位协同模型，继而研究两个样本共同发展的协同关系，以此分析制造业生态位发展与物流业生态位发展的相互促进关系，分别通过构建协整检验与 VAR 方程对两个产业发展关系进行分析，探讨制造业与物流业关系的共生与促进。本书将采用 VAR 方程对制造业与物流业生态位协同进行检验。VAR 模型的数学表达式为：

$$y_t = \Phi_1 y_{t-1} + \cdots + \Phi_p y_{t-p} + H x_t + \varepsilon_t, \quad t=1, 2, \cdots, T \quad (17.12)$$

ε_t 是 k 维扰动列向量，它们之间可以同期相关，但不与自己的滞后值相关，也不与等式右边的向量相关，假设 $\sum$ 是 ε_t 的协方差矩阵，是一个 $k \times k$ 的正定矩阵，展开式为：

$$\begin{pmatrix} y_{1t} \\ y_{2t} \\ \vdots \\ y_{kt} \end{pmatrix} = \Phi_1 \begin{pmatrix} y_{1t-1} \\ y_{2t-1} \\ \vdots \\ y_{kt-1} \end{pmatrix} + \cdots + \Phi_p \begin{pmatrix} y_{1t-p} \\ y_{2t-p} \\ \vdots \\ y_{kt-p} \end{pmatrix} + H \begin{pmatrix} x_{1t} \\ x_{2t} \\ \vdots \\ x_{dt} \end{pmatrix} + \begin{pmatrix} \varepsilon_{1t} \\ \varepsilon_{2t} \\ \vdots \\ \varepsilon_{kt} \end{pmatrix}, \quad t=1, 2, \cdots, T$$

(17.13)

即含有 k 个时间序列变量的 VAR（p）模型由 k 个方程组成，算式为：

$$\widetilde{y_t} = \widetilde{\Phi_1 y_{t-1}} + \cdots + \widetilde{\Phi_p y_{t-p}} + \widetilde{\varepsilon_t} \quad (17.14)$$

其中，y_t 是 y_i 的外生变量 x_t 的回归残差，可以简写为：

$$\widetilde{\Phi}(L) \widetilde{y_t} = \widetilde{\varepsilon_t} \quad (17.15)$$

将制造业生态位评价指标与物流业生态位指标作为变量代入回归方程，将 GDP 作为控制变量代入 VAR 回归方程。

三、中国制造业与物流业生态位协同水平测算与分析

(一) 数据来源与预处理

制造业和物流业现有相关数据不全，比如研发投入、净利润等指标没有产业数值，在国泰君安数据库中产业数据的计算也只是针对所有上市公司板块数据进行，由于数据库中的数据是季度数据，且数据分为不同的统计口径，还有部分数据缺省，研究中筛选 132 家相关企业的各指标数据计算均值作为产业数据。

1. 制造业指标数据来源

研究数据通过抽取 132 家制造业企业样本年报数据进行汇总，计算均值作为产业数据，主要调取数据库为国泰君安数据库、锐思数据库，数据截取时间为 2009—2018 年（见表 17.32）。

表 17.32 中国制造业产业数据

年份	企业规模	资产规模	科研成果或者专利数量	R&D	消费群体数量	财政支持/研发投入
2009	1252395000	34293588834	7385	1011063000	554236277	7.0183
2010	1878592500	52083913412	8147	1159824000	639055440	6.0265
2011	2817888750	61052395939	8744	1272941000	934723831	6.56
2012	3007865439	84770980629	4558	1159911000	1173642861	5.3292
2013	3007865439	113124000000	9970	1473276000	1335195414	4.7595
2014	3007865439	136704000000	10806	1510150000	2254662951	6.1348
2015	3007865439	162609000000	9033	1619050000	2775358657	5.9133
2016	6015730878	172279000000	8566	2430230000	3159816133	6.2333
2017	6015730878	198764000000	8566	2430230000	4014536500	6.9376
2018	6015730878	218365000000	8004	2906130000	5581624797	7.8702
年份	主营业务收入	净利润	高技术人才比例	核心技术人才数量	研发投入/产出	
2009	9032684413	554236277	7.63	1523	0.111933834	
2010	10158950603	639055440	8.52	1876	0.114167698	

续表 17.32

年份	主营业务收入	净利润	高技术人才比例	核心技术人才数量	研发投入/产出
2011	17212587662	934723831	8.95	2115	0.073954075
2012	19984681637	1173642861	9.62	1185	0.058040004
2013	22099163201	1335195414	10.02	2700	0.066666597
2014	24666818945	2254662951	11.08	3236	0.061221919
2015	24503900149	2775358657	13.55	3308	0.066073155
2016	24640675697	3159816133	14.76	3417	0.098626760
2017	29681504457	4014536500	14.76	3417	0.081876914
2018	39561581993	5581624397	16.29	3524	0.073458387

2. 物流业指标数据来源

同制造业指标数据来源，通过国泰安、锐思数据库，抽取 82 个物流业相关指标，计算均值作为物流业产业数据，时间截取 2009—2018 年（见表 17.33）。

表 17.33 中国物流业产业数据

年份	企业规模	资产规模	科研成果或者专利数量	R&D	消费群体数量	财政支持/研发投入
2009	19960.68152	1378026183	964	2665913.74	140000000	12.1454
2010	22018.77934	1653641509	1034	6022586.61	300000000	19.6466
2011	23631.28492	1987128885	959	3003769.86	300000000	17.7067
2012	12318.08732	2745363244	1103	14070491.66	400000000	6.1394
2013	26946.10778	2915783779	1077	19564581.57	400000000	6.3007
2014	29205.77617	3106906080	995	20142308.23	400000000	8.4098
2015	24413.28413	3063167008	995	249265297.60	808349000	9.4509
2016	23150.40650	5123108187	1178	249265297.60	999184753	6.3382
2017	23150.40650	5479665008	1178	260920447.10	1005415153	7.4324
2018	21632.90362	5479948537	1241	31708789.01	1012038353	8.2657

年份	主营业务收入	净利润	高技术人才比例	核心技术人才数量	研发投入/产出
2009	4477788986	53100103	9.56	249.00	0.000595364
2010	7002324404	101503686	10.23	286.00	0.000860084
2011	6946422541	103347272	9.76	253.00	0.000432420

续表 17.33

年份	主营业务收入	净利润	高技术人才比例	核心技术人才数量	研发投入/产出
2012	7486015294	76188220	9.63	287.00	0.001879570
2013	8533354433	81315373	10.00	291.00	0.002292719
2014	7966930995	115955107	10.78	290.00	0.002528239
2015	7978014979	143137259	10.78	290.00	0.031244025
2016	7308257703	223656241	16.40	522.00	0.034107349
2017	8715345272	278556693	16.40	522.00	0.029938051
2018	9445441266	322995051	18.96	636.00	0.003357047

（二）制造业与物流业生态位测算与分析

1. 制造业生态位测算

由于数据指标间存在单位不同或者数值差异过大，因此将原始数据进行标准化处理，标准化处理采用 z-score 标准化（zero-mena normalization）方法。转换结果见表 17.34 和表 17.35。

表 17.34　中国制造业产业数据标准化结果

年份	企业规模	资产规模	科研成果或者专利数量	R&D	消费群体数量	财政支持/研发投入
2009	−1.3326	−1.3846	−0.5977	−1.0484	−1.0228	0.8378
2010	−0.9776	−1.1082	−0.1390	−0.8211	−0.9715	−0.2850
2011	−0.4450	−0.9689	0.2204	−0.6483	−0.7923	0.3189
2012	−0.3373	−0.6004	−2.2995	−0.8210	−0.6475	−1.0744
2013	−0.3373	−0.1619	0.9584	−0.3422	−0.5496	−1.7194
2014	−0.3373	0.2110	1.4617	−0.2859	0.0075	−0.1624
2015	−0.3373	0.6149	0.3944	−0.1195	0.3230	−0.4132
2016	1.3681	0.7547	0.1132	1.1198	0.5560	−0.0509
2017	1.3681	1.1741	0.1132	1.1198	1.0739	0.7464
2018	1.3681	1.4693	−0.2251	1.8469	2.0234	1.8022
2009	−1.4641	−1.0228	−1.2677	−1.2538	1.5208	

续表17.34

年份	企业规模	资产规模	科研成果或者专利数量	R&D	消费群体数量	财政支持/研发投入
2010	−1.3384	−0.9715	−0.9775	−0.8540	1.6292	
2011	−0.5514	−0.7923	−0.8373	−0.5834	−0.3227	
2012	−0.2421	−0.6475	−0.6188	−1.6366	−1.0951	
2013	−0.0061	−0.5496	−0.4884	0.0792	−0.6764	
2014	0.2804	0.0075	−0.1428	0.6862	−0.9407	
2015	0.2622	0.3230	0.6625	0.7677	−0.7052	
2016	0.2774	0.5560	1.0571	0.8912	0.8749	
2017	0.8399	1.0739	1.0571	0.8912	0.0619	
2018	1.9423	2.0234	1.5559	1.0124	−0.3467	

通过SPSSAU软件计算熵权值，计算结果见表17.35，制造业生态位指标体系中企业规模权重系数为10.76%、资产规模权重系数为13.26%，科研成果或者专利数量权重系数为1.95%，R&D权重系数为6.38%，消费群体数量权重系数为23.72%，财政支持/研发投入权重系数为0.90%，主营业务收入权重系数为7.69%，净利润权重系数为23.72%，高科技人才比例权重系数为3.19%，核心技术人才数量权重系数为5.56%，研发投入产出比权重系数为2.86%。

表17.35 中国制造业各指标熵权值

项	信息熵值 e	信息效用值 d	权重系数 w
企业规模	0.9537	0.0463	10.76%
资产规模	0.9429	0.0571	13.26%
科研成果或者专利数量	0.9916	0.0084	1.95%
R&D	0.9725	0.0275	6.38%
消费群体数量	0.8979	0.1021	23.72%
财政支持/研发投入	0.9961	0.0039	0.90%
主营业务收入	0.9669	0.0331	7.69%
净利润	0.8979	0.1021	23.72%

续表17.35

项	信息熵值 e	信息效用值 d	权重系数 w
高技术人才比例	0.9863	0.0137	3.19%
核心技术人才数量	0.9761	0.0239	5.56%
研发投入/产出	0.9877	0.0123	2.86%

将指标数值进行加权，计算制造业综合指标权重（见表17.36）。生态位综合指标呈现出逐年递增的趋势，从2009年的−1.0625增长至2018年的1.0424。由此可见，中国制造业无论是"态"还是"势"都有较好的发展趋势。

表17.36 中国制造业生态位综合指标值

年份	生态位综合指标（制造业）
2009	−1.0625
2010	−0.9057
2011	−0.6972
2012	−0.6906
2013	−0.3681
2014	0.0323
2015	0.2586
2016	0.2586
2017	0.7139
2018	1.0424

2. 物流业生态位测算

物流业原始数据同样存在数值差异过大与单位不统一问题，因而需要对数据进行z-score标准化处理，缩小数据差距，且确保指标关系不变。

通过SPSSAU软件计算熵权值（见表17.37）。物流业生态位指标体系中企业规模权重系数为0.87%，资产规模权重系数为4.45%，科研成果或者专利数量权重系数为0.17%，R&D权重系数为35.48%，消费群体数量权重系数为7.23%，主营业务收入权重系数为0.70%，净利润权重系数为7.18%，高科技人才比例权重系数为1.59%，核心技术人才数量权重系数为2.80%，研发投入产出比权重系数为35.38%，财政支持研发投入占比为4.14%。

表17.37 中国物流业各指标熵权值

项	信息熵值 e	信息效用值 d	权重系数 w
企业规模	0.9916	0.0084	0.87%
资产规模	0.9572	0.0428	4.45%
科研成果或者专利数量	0.9983	0.0017	0.17%
R&D	0.6589	0.3411	35.48%
消费群体数量	0.9305	0.0695	7.23%
主营业务收入	0.9933	0.0067	0.70%
净利润	0.9309	0.0691	7.18%
高技术人才比例	0.9847	0.0153	1.59%
核心技术人才数量	0.9731	0.0269	2.80%
研发投入/产出	0.6599	0.3401	35.38%
财政支持/研发投入	0.9602	0.0398	4.14%

将指标数值进行加权,计算物流业综合指标权重(见表17.38)。生态位综合指标呈现出逐年递增的趋势,从2009年的−0.7730增长至2018年的1.0725。由此可见,中国物流业无论是"态"还是"势"都有较好的发展趋势。

表17.38 中国物流业生态位综合指标值

年份	生态位综合指标(物流业)
2009	−0.7730
2010	−0.5147
2011	−0.5397
2012	−0.5366
2013	−0.4771
2014	−0.4173
2015	0.7264
2016	0.7264
2017	1.0926

续表17.38

年份	生态位综合指标（物流业）
2018	1.0725

（三）制造业与物流业生态位协同测算与分析

中国制造业与物流业生态位协同发展采用 VAR 模型测算，将制造业生态位指标 ZL、物流业生态位指标 WL 与 GDP 增长率代入 Eviews 方程进行研究，测算结果见表 17.39。

表 17.39 制造业与物流业 VAR 模型测算结果

年份	生态位综合指标（物流业）	生态位综合指标（制造业）	GDP 增长率（%）
2009	−0.7730	−1.0625	9.4
2010	−0.5147	−0.9057	10.6
2011	−0.5397	−0.6972	9.6
2012	−0.5366	−0.6906	7.9
2013	−0.4771	−0.3681	7.8
2014	−0.4173	0.0323	7.4
2015	0.7264	0.2586	7.0
2016	0.7264	0.2586	6.8
2017	1.0926	0.7139	6.9
2018	1.0725	1.0424	6.7

平稳性是构建方程的前提，当数据存在单位根时，数据为非平稳序列，极易出现伪回归现象，因此在回归分析前进行单位根检验，确保指标数据不存在单位根，且同阶。ZL 与 WL 变量的单位根检验采用 ADF 检验，由于本次研究选取的数列为时序数量，加之两者之间存在显著的趋势项，因而可能存在单位根。

1. 折线图绘制

将物流业生态位数据和制造业生态位数据绘制成折线图（如图 17.45 所示），以此分析两个变量是否存在趋势项。

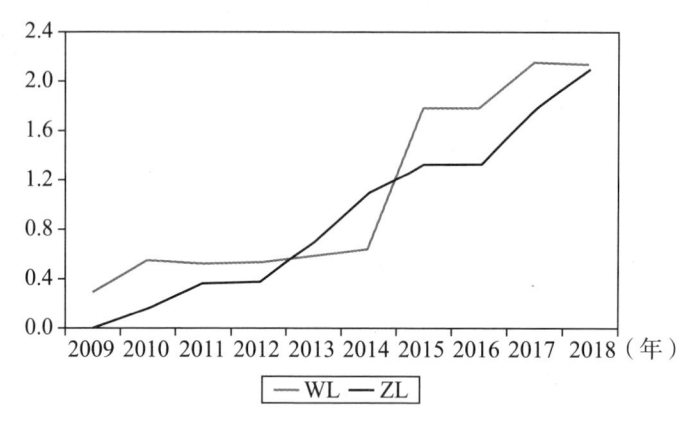

图 17.45 制造业与物流业生态位数据折线图

通过折线图得出指标 WL 与 ZL 均呈现出梯度上升的趋势,有显著的趋势项,因而通过 ADF 检验分析指标是否存在单位根。

2. 单位根检验

依据表 17.40,WL 原序列 ADF 值为 -0.419812($P>0.05$),则表明 WL 原序列为非平稳序列,将 WL 进行一阶差分后 D(WL)序列 ADF 值为 -4.906421($P<0.05$),则表明 WL 变量在一阶差分后为平稳序列。ZL 原序列 ADF 值为 0.717797($P>0.05$),则表明 ZL 原序列为非平稳序列,将 ZL 进行一阶差分后 D(ZL)序列 ADF 值为 -3.520408($P<0.05$),表明变量 ZL 在一阶差分后为平稳序列,由此可见变量 ZL、WL 均为一阶平稳序列,继而将其进行协整检验。

表 17.40 物流业和制造业生态位单位根检验结果

	ADF	1% level	5% level	10% level	P 值
WL	−0.419812	−4.420595	−3.259808	−2.771129	0.8657
ZL	0.717797	−4.420595	−3.259808	−2.771129	0.9838
D(WL)	−4.906421	−4.803492	−3.403313	−2.841819	0.0090
D(ZL)	−3.520408	−5.119808	−3.519595	−2.898418	0.0499

3. 协整检验

由 ADF 检验得出 ZL 与 WL 为同阶平稳序列,将其代入 Johansen 协整检验,得出变量间至少存在一个协整方程($P<0.05$)(见表 17.41)。

表 17.41　制造业与物流业协整检验结果

	Eigenvalue	TraceStatistic	0.05 Critical Value	Prob. **
None	0.733878	13.494650	12.494710	0.0479
At most 1	0.304434	12.904239	11.841466	0.0483

4. 格兰杰因果检验

通过针对变量 ZL 与 WL 进行格兰杰因果检验，得出 ZL 不是 WL 的格兰杰原因，则 $F=3.39906$（$P>0.05$），则假设成立。而 WL 不是 ZL 的格兰杰原因，结果 $F=5.43445$（$P<0.05$），则 WL 表明在 1% 的显著性水平下拒绝原假设，则说明 WL 对 ZL 具有显著的格兰杰影响（见表 17.42）。

表 17.42　制造业与物流业生态位数据格兰杰因果检验结果

Null Hypothesis：	Obs	F-Statistic	Prob.
ZL does not Granger Cause WL	9	3.39906	0.1694
WL does not Granger Cause ZL	—	5.43445	0.0055

5. VAR 脉冲响应

通过协整检验、格兰杰因果检验得出 WL 变量对 ZL 变量具有长期影响，因而将 WL 与 ZL 代入 VAR 脉冲响应，进行传导关系检验，如图 17.46 所示。

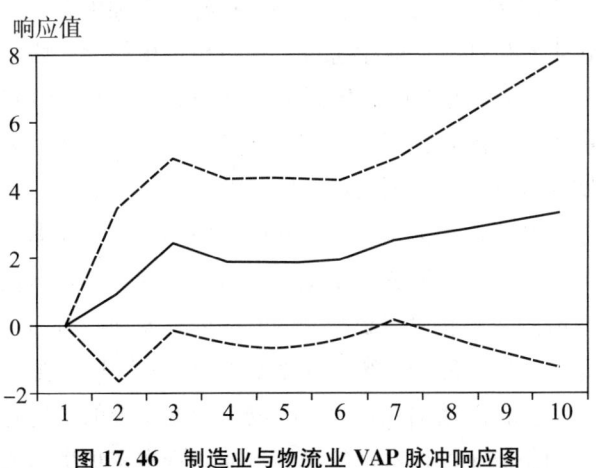

图 17.46　制造业与物流业 VAP 脉冲响应图

通过脉冲响应给 WL 正向冲击一个单位标准差冲击后，ZL 变量冲击波动开始逐渐变强，在第三期影响程度超过 20%，后略有回落，在第五期后继续向上增长。继而说明物流产业生态位指标受到影响后会对制造业造成较大且长期的影响。原因分析：当正向冲击物流产业，会对制造业带来正向影响，传统制造产业正乘着互联网的东风，开始实现"互联网+"模式，将传统的线下市场转为线上市场，物流业成为线上市场发展的关键，因而当物流产业快速发展时，也会带动制造业的繁荣；反之，当物流业发展缓慢时，会导致制造业出现大量的库存积压，对制造业成本回收与发展造成极大影响。

第四节 研究结论与启示

一、研究结论

研究以下内容：①区域制造业与物流业高质量协同创新研究。构建物流业和制造业序参量指标体系和复合系统协同度模型，研究六大区域制造业与物流业高质量系统的创新协同度。②中国制造业细分行业与物流业协同高质量发展策略研究。将制造业细分为劳动密集型、技术密集型和资本密集型，构建细分行业下制造业和物流业序参量指标体系，根据协同度模型，计算得出劳动密集型制造业、技术密集型制造业、资本密集型制造业、物流业和复合系统的协同度。③中国制造业与物流业高质量发展生态位协同研究。构建制造业与物流业生态位指标体系和生态位协同模型，分别测算制造业生态位和物流业生态位，通过单位根检验、协整检验、格兰杰因果检验和 VAR 脉冲响应分析制造业和物流业生态位协同度。通过研究发现：①中国六个区域物流业的有序度基本呈增长趋势，表明中国物流业处于稳步增长状态，其中西南地区物流有序度增长最快。中国六个区域制造业的有序度在六年间都有波动，其中，中部六省、环渤海、西南以及西北等区域虽然有波动，但有序度整体上呈上涨的趋势，增长最快的是西南地区；东南沿海和东北地区制造业的有序度发展却停滞不前；西北、西南和东南沿海等区域的复合系统协同度都处于"M"形，在协同与不协同的状态之间波动，且波动幅度较大。②物流业七年内的平均有序度水平略低于劳动密集型制造业、技术密集型制造业、资本密集型制造业。物流业的发展水平整体呈上升状态，制造业三大细分行业发展波动比较大，物流业的发展步调与制造业三大细分行业并不一致，尤其是劳动密集型制造业整体略呈下降趋势，复合系统协同度呈现"M"形上下波动状态。③中国制造业和物流业的"态"和"势"都有较好的发展趋势，通过脉冲响应给物流业一个单位正向标准差冲击后，制造业变量冲击波动开始逐渐变强，在第三期影响程度超过20%，后略有回落，在第五期后继续向上增长，继而说明物流产业生态位指标受到影响后会对制造业造成较大且长期的影响。

二、研究启示

无论从区域视角还是细分行业视角，中国制造业和物流业复合系统协同度波动幅度较大，不同程度上制约制造业价值链攀升。物流业与制造业之间影响较大，物流业的一个正向冲击会对制造业带来正向影响，反之物流业的一个负向冲击会对制造业造成极大的负面影响，因此提出制造业与物流业协同发展路径以促进中国制造业价值链攀升。

第十八章 中国制造业价值链攀升精益路径研究

第一节 中国制造业价值链攀升精益思路研究

制造业是国民经济的基础产业，体现社会生产力的发展水平。只有制造业达到世界先进水平，中国的现代化实力才能达到世界先进水平，要想使中国综合国力得到提升，就必须重视制造业的发展，去开拓创新，摆脱传统制造业模式。改革开放以来，虽然中国制造业的增加值相对乐观，甚至大部分财政收入来源于制造业，但是中国的制造业仍然有一段长远的路要走。在新工业革命的浪潮中，中国制造业面临着难以预测的风险挑战和难得的历史发展机遇。"中国制造2025"策略，是从多个路径出发走高质量发展道路，不断地提升中国制造业在国际竞争力中的地位。中国十分重视制造业的发展，在2019年3月召开的全国两会上，将"工业互联"的概念写入政府报告，希望为制造企业注入动力，通过"互联智能"赋能制造业转型升级。从当前中国制造业发展的整体情况来看，中国制造业的发展态势良好，整体生产规模和贸易额都排在世界前列。但是与世界拥有先进水平的国家相比，中国制造业在多个方面仍存在明显的差距，在资源利用率、经营管理模式、组织结构优化水平、自主创新能力、信息化水平等方面仍需要加强重视力度，亟须升级发展。与此同时，在当前的国际分工体系下，中国制造业价值链仍然处在低附加值的链条上。就中国制造业发展水平而言，由于劳动生产率低下使整体发展速度变缓慢，仅为美国的4.38%、日本的4.37%和德国的5.56%（胡迟，2011）。在参与全球价值链国际分工中，中国制造业还面临着严峻的形势，在一些方面仍存在依赖性，缺乏自主性，如果找不到合适的路径进行转型升级，将不利于长期发展[①]。随着中国经济的不断发展，中国制造业参与全球价值链的分工范围也在逐步扩大和深化，制造企业需要加强对全球价值链高端环节的控制，实现向高附加价值环节的转移，提升中国制造业价值链势在必行。

在工业革命的浪潮中，每一次革命对中国来说既是机遇又是挑战，新一代科技革命源起于 21 世纪，美国是这次革命性技术的发源地（王盛勇和李晓华，2018）。新一轮的工业革命立足于现代科学技术的突破，形成了经济增长新动能，推进中国嵌入全球价值链分工体系，中国制造业商业组织形式在技术进步过程中进行了革新。新工业革命进程下，将在制造业的发展过程中融入新一代信息技术，使其进行完美配合，"互联智能"在科学技术革命和制造业进行关键转型升级的背景下，将成为新一代科技革命引领发展的重要基石，必将导致价值链的转型升级。随着"工业 4.0"进程的推进，如何使中国制造业应对新工业革命所带来的机遇和挑战，使其步入新形态的工业时代，加快促进中国制造业转型升级，尤其是重视智能化走出去与其他发展中国家抢占价值链中端市场，提升在全球价值链中的竞争力，扭转制造业当前的困境，寻找中国制造业实现中国制造强国的可行升级路径无疑具有重要的现实意义，应加快转型升级的步伐，否则将失去产业革命的历史机遇。

从全球价值链的视角来看，制造业升级主要是指从低附加值加工环节，通过提高自主创新能力、建立品牌优势、扩展市场规模等因素，进入全球价值链的中高端环节，提升制造企业的竞争力。Humphrey 和 Schmitz（2000）提出了全球价值链中制造业进行产业升级的四种路径：第一是工艺流程升级，采用新技术、新方式重新组合生产系统，提高产能形成竞争优势；第二是产品升级，开发新的产品功能，提供更优用户体验，以更好的产品形态与竞争对手竞争；第三是功能升级，价值链中的各个环节以新的方式进行重新组合，应从价值链低端环节向价值链高端环节进行转变；第四是链条升级，即从一个产业链转移到另一个产业链升级的方式。新时期全球价值链下中国制造业价值链攀升的背景及意义、理论动态基础、实施路径等相关问题的研究存在诸多不足，尤其是四条路径的选择对中国制造业在全球价值链攀升中又发挥着怎样的作用？实现四条路径的升级又面临

[①] 刘志彪. 重构国家价值链：转变中国制造业发展方式的思考[J]. 世界经济与政治论坛，2011（4）：1-14.

着哪些影响因素？应该寻找什么样的实现方法和工具去促进中国制造业价值链攀升？本书将在全球价值链相关理论研究的基础上，结合中国制造业的实际情况，立足中国制造业的发展水平和全球价值链理论的研究基础解决上述疑问，应用价值链攀升理论和创新驱动理论，建立制造业价值链攀升的四条路径选择的整体分析框架，构建中国制造业价值链攀升实现方法与工具开发机制，在顺应工业革命的浪潮下，通过"互联智能"赋能制造业价值链攀升，加速促进中国制造业价值链攀升，如图 18.1 所示。总之，中国制造业正面临新一轮转型挑战，推动中国制造业价值链攀升是实现这一目标的主要途径，也是保持中国制造业可持续发展的重要保障。

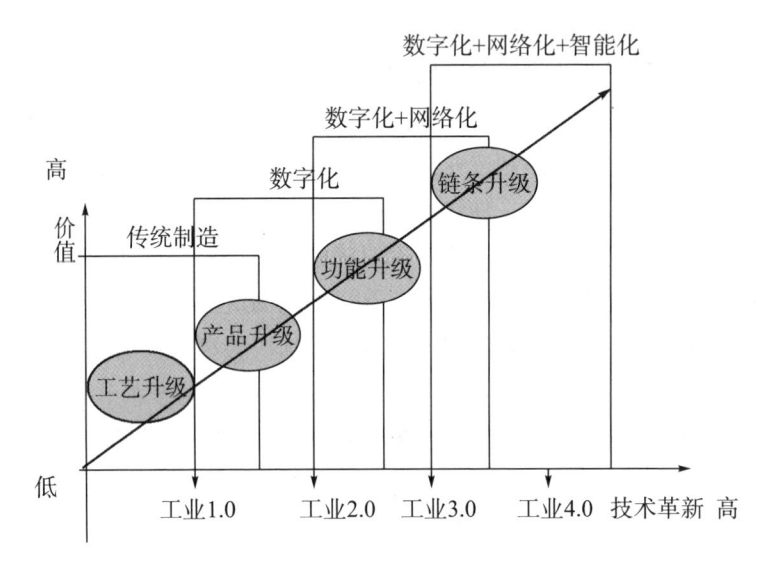

图 18.1 工业革命"互联智能"赋能价值链各环节

一、精益视角制造业价值链攀升的着力点

笔者通过调研发现，精益视角制造业价值链攀升着力点在工艺流程升级、产品升级、产品功能升级及链条升级上面。

（一）工艺流程升级

1. 概念

工艺流程就是指从原材料到成品的一个加工过程，它是由企业的技术条件和生产特点决定的，它利用完整的生产系统和引进高新先进技术的一个加工流程，使企业更有效地把原材料转化为高质量产品。工艺流程升级可以实现企业生产产能的效率最大化，企业采用新的生产方式对生产过程、传输过程进行改善，企业的生产率、产品质量都会提高，产品的成本也随之降低。

2. 制约因素

(1) 长期处于贴牌代加工阶段。广东的东莞、深圳，浙江的杭州、温州，山东的青岛等地，都有不少这样以知名品牌为机遇的企业，依靠知名品牌的声誉，借鉴知名品牌的管理经验，使用他们的技术做贴牌订单，然后销往各地，没有自己的创新技术能力。许多传统制造业没有自己的品牌，而是进行贴牌代加工生产，根据客户的要求生产或加工产品。

(2) 工艺技艺水平低。工艺流程升级是企业不断提高经济效益的客观要求。工艺技艺水平不仅对企业的产品质量有着至关重要的影响，而且影响着企业的物质消耗以及能源的消耗率。企业效率的优劣是由工艺技术水平决定的，例如，光刻胶的关键在于其复杂的组成和难以掌握的工艺，中国光刻胶的研发起步较晚，2000年以后才开始受到重视，虽说有了快速发展，但整体还处于起步阶段。因此中国的先进技术水平和国外高科技企业水平相差还是很远的。光刻胶想要技术达标，就要掌握各种各样的工艺技术，而恰恰缺少那些核心工艺技术，因此国外对中国在生产配方和工艺技术方面长期封锁。虽然说在企业工艺技术不变的情况下，通过加强管理等手段可以在一定程度上提高企业的经济效益，但这种可能性是有限的，为了不断提高企业的经济效益，必须不断进行工艺技术的研发。

(3) 缺乏工艺创新。企业要想降低成本、提高产能效率、提高产品的质量，就要对工艺进行创新，积极实施推动创新成果，实现产业化、商业化，从而达到效益最大化。在改革开放之前，中国的市场经济还是比较落后的，比较死板，缺少灵活性，更不用说工艺创新。由于中国工艺创新起步较晚，导致创新意识缺乏，也因为研究核心技术成本较大，所以过于依赖成本较低的工艺模仿，导致缺乏创新力，过于依赖国外技术来源。各种各样的山寨手机出现就是技术模仿的例子，但是这种手机不仅侵权而且比较劣质，导致客户极度不满。这样的原因就是缺乏工艺创新性，没有自主创新产品的生命周期就会非常短，往往只能流行一时，不能保持长期的竞争。所以企业应该有自主创新能力，这样才不会在发展过程中出现竞争性减弱，创新能力的提升离不开先进工艺创新技术的引用。

（二）产品升级

1. 概念

从全球价值链的视角来看，产品升级是指引进更复杂的生产线，提高单位产品的价值，包括开发新产品和改进旧产品。汪建成和毛蕴诗（2007）认为，产品升级应包括新产品开发和老产品改进，产品升级是对现有产品效率的提高，因此更有利于降低成本。而Khandelwal等（2013）认为，产品升级应该是向高附加值产品的转移。产品升级不是简单的换脸、调价，而是一个不断改进、优化、完善的过程。综上所述，本书认为产品升级是指企业通过一定的手段提高产品的价值，可以通过改造提升旧产品的整体价值或者开发引进新产品来实现企业的长期发展战略。

2. 制约因素

（1）产品技术复杂度低，不管是简单的制造品还是复杂的制造品，都会为其同类产品进行低端、中端、高端技术含量层次的划分，有时同一个国家的产品在不同的国家市场上存在非常大的差距。产品的技术复杂性强调产品间技术含量的层次差异，如服装的技术含量低于计算机。李宏和刘玲琦（2019）从制造服务的角度为产品质量低端提供了一条可行的路径。与其他国家的同类产品相比，中国不同层次的制造品在产品技术复杂度上相对较低。因此，中国要想改变在国际中产品质量低的局面，需要深入融入全球价值链国际分工，完善各级制造业产品质量改进机制，促进产品价值链攀升。

（2）核心技术把控不足/缺失。中国目前大部分企业的生产成本还相对较高，但消费却没有降低，它们在许多核心技术上被人控制，和其他企业先进水平存在较大差异。掌握核心技术，既能提高产品质量，达到自主知识产权，又能实现降低成本。因此，核心技术支撑产品领域的最终价值，制造企业对产品核心技术的把控也是进行升级的重要途径。产品核心技术创新活动首先要发挥企业的作用，其他创新力量对企业产品创新的支持和保障作用也不容忽视，在产品升级改造中，失败的企业不计其数。有数据表明，新产品的失败率在40%到90%，有些品类高达90%。情况较好的新品失败率也在40%以上。技术核心是关键，但大部分企业还是依靠先进国家的核心技术，缺乏对核心技术的把控，企业的利润非常薄弱，主要的利润依赖于较低的加工成本,随着近两年劳动力成本的增加,企业的经营环境更加困难。

(三) 产品功能升级

1. 概念

功能升级主要是通过商业模式和管理创新,实现从产业价值链低端环节向价值链高端环节的攀升,使价值链中的环节组合优化更具竞争优势。

2. 制约因素

(1) 缺乏自主创新。产业的创新过程是从内部对经济结构重组,替换旧结构并创新出全新结构。赵小芸和芮明杰(2012)研究了上海市制造业升级的模式,归纳技术创新推动制造业升级的一般模式,上海既要从传统的制造业进行推动,进行技术革新,也要通过新兴高科技技术进行推动,让先进制造业多方融合再加上相应政策引领,才能稳步实现制造业升级。中国制造业技术创新薄弱的原因,一是制造企业对进行技术创新的意识不够强不够自觉、对进行创新的活动组织不够;二是缺乏对技术创新人才的培养以及对技术创新的引进能力不够,再者引进完没有进行及时的吸收和消化。中国制造业自主知识产权和核心技术较少,在高端领域难以与发达国家抗衡,比如在信息产业领域,中国制造企业的专利数量仅为日本的5%,美国的11%。因此,制造业技术创新能力的缺乏,使中国制造企业难以提高产品附加值,促进制造业升级。

(2) 管理创新能力薄弱。制造业企业发展中最重要的环节是创新管理。为了应对经济全球化,中国制造业不断进行改革,但是传统的制造业经营管理模式并不能满足制造企业面对新形势下的发展需要。随着市场的灵活变动和客户的个性化需求,企业需要不断地调整制造企业的管理模式。随着国内外竞争的加剧和顾客需求的迅速变化,刚性管理组织模式的矛盾开始逐渐突出,客户对产品技术、质量和价格的要求也越来越高,企业应该建立能够及时响应决策和反馈的管理模式,使其实现信息透明化。因此,管理创新能力的提高在企业运营模式的持续发展过程中起到不可忽视的作用。

(3) 品牌产业体系不健全。自主创新品牌是获得一定市场效益的关键条件。一个国家和一个企业竞争力的途径和手段虽然是知识进步和技术创新,但归根结底是通过品牌创新来体现的。品牌直接影响购买者的选择行为，品牌是中国制造业自主创新成功的重要保证和关键条件，产品的信用问题将影响消费者的成本选择。通过制造业的功能升级，企业的品牌信用以及影响消费者的选择效率将提高，随之企业的生产效率、企业的品牌声誉也将提高。品牌信用度越高，企业对终端销售的拉动力也就越大。制造业通过品牌对产业链的各个环节施加销售拉力，提升整个产业链的生产效率，使各个环节的企业实现健康持久的发展，从而使企业的市场收益和社会福利最大化。虽然许多制造业品牌系列很多，但是缺乏对其管理，出现小、分散、混乱的局面，并没有形成属于自己的品牌体系，并且在品牌设计和推广方面的意识也不是很强，经营低端产品，品牌无品位。另外，对本土品牌缺乏培养和重视，未能形成自己的竞争优势。李瑞（2013）根据外贸企业在国际贸易中竞争的实际情况分析出品牌建设的重大意义，中国目前大部分制造业企业还是以贴牌生产为主，甚至90%以上的制造业都没有自己的自主品牌，自有品牌的制造业企业的数量也是特别的少。功能得不到及时升级导致企业的品牌声誉降低，也是中国品牌自主权丧失的一个因素。

（四）链条升级

1. 概念

很多学者认为能够真正改变企业在全球产业链中分配地位的是功能升级和产业链的链条升级。例如，从自行车产业到摩托车产业再到全球汽车产业的转变，就是因为突破性创新的结果，对原有产业链进行新的产业链条替换，让企业的利润增高，成本降低。制造企业应该合理地改善低附加值环节，提升高附加值环节的价值，提升资源利用率，各个价值环节不断进行延伸和融合，逐步走向一体化，应该向"微笑曲线"的两端进行移动，占领高端环节；另外，制造企业可以不断地创造价值，在某个环节中获得更多的力量去开发一个新的领域，大力地运用自主创新能力，构建新的价值链条。

2. 制约因素

（1）受经济因素制约。从低端加工环节走出来的过程是艰难的，制造业价值链链条升级的过程离不开一个国家的经济发展能力。因为只有经济强大才能支撑其升级的步伐，通常用人均GDP来反映一个国家的经济状况。但是更加细分的话，企业的人均利税状况可以更加突出制造企业的能力,该指标对应企业的产品销售收入和利润,是企业升级的基础。千家大中型企业数据显示,2017年开展创新活动的企业达29.8万家,占39.9%。总体来看,由于研发投入高,创新产出增长较快,制造业希望产业链升级,不被原有的"链条"阻挡在全球价值链中,中国制造业需要进行创新。而创新的基础是经济基础、生产要素基础、需求结构基础等多个方面,其中最重要的是经济基础。中国制造业不断地参与全球竞争,希望提升自己的国际竞争力,增强自己的整体竞争实力,但是经济发展的积累是缓慢的,中国制造业要想实现链条升级,需要不断地增强经济实力。

(2)尚未进行传统制造业改造。人类社会第一次工业革命和第二次工业革命最显著的特点就是最大规模化的生产,减弱了偏差性,强化了同质性,从而提高了生产效率,规范了企业管理,生产规模也逐渐扩大。在前两次工业革命的指导下,企业的资源优势和生产能力就显现了出来。但是在传统制造生产模式下,企业和用户的关系是自上而下的,即企业进行量产、以产定销,用户处于被动的地位,只能接受特定的产品,缺乏主动性。随着经济的发展,新兴科技也掀起了新的浪潮,"互联网"和大数据正通过信息获取能力,改变着用户的行为和选择。随着市场环境的灵活变化,企业的生产方式也正在发生根本性的变化,数据由分散到集中、由缺乏到丰富、由相互独立到互联互通,所以中国的制造业企业要迎头跟上这次全新格局。但是中国大部分制造业还是以传统的制造业模式运营,应该从以自我为中心向以客户为中心、服务为中心、新理念为中心转变。一种新的价值链的形成从属性、应用到深入融合并促进制造业升级,往往需要相当长的过程。因此,链条升级存在一定的困难性。

二、精益视角中国制造业价值链攀升的基本思路

与发达国家相比,中国制造业价值链攀升过程中还存在一系列问题,如流程优化受限、产品研发投入不足、由价值链低端向高端价值链转移困难等。为了适应新时代的要求,改变当前的困境,增强在全球价值链中的竞争力,中国制造业的转型升级势在必行。明确中国制造业发展的基本思路,充分发挥制造业转型升级的带动作用,对促进中国产业整体转型升级有深刻的影响力。中国制造业只有积极探索价值链攀升、走可持续发展之路,才能够跟上发达国家的步伐,在世界新一轮经济中实现产业升级。因此,通过全面推动创新实现价值链攀升的基本思路如下:通过精益思想、理念与方法,从生产流程升级、生产产品升级、产业结构升级及产业链升

级四个方面夯实企业基础，助推价值链攀升。

(一) 生产流程升级

改变以往粗放型生产过程的发展思路，向高质量精益生产发展模式看齐。高质量生产模式就是简化组织机构和组织管理层，从而简化生产流程的操作，减少不必要的浪费，节约生产成本，提高资源利用率和生产效率，进而提高质量要求，向精益生产模式看齐。择优适时适量生产所需产品，减少无效劳动力是高质量精益生产的核心。要想实现利润的最大化，就要充分发挥主观能动性，减少生产过程中的浪费行为，从而提高产效，降低成本。具体实现方法有：①流程化生产，就是让工序间在制品无限接近零，实时发现生产过程中的问题，及时纠正产品失误率，使产品质量在最开始就得到较好的保障，在整个流程运作过程中得到一个整体的提升，这样才能让生产成本降低；②全面智能自动化生产，是降低成本、保证质量的重要方法。流程的升级能够进行自动监测，生产设备和生产线一旦停止工作，员工就可以找出问题，采取行动并事后进行分析原因，防止再次发生。如果设备没有完全实现自动化，可以采用安全灯系统，进行人工自动化辅助，及时查明不正常原因。通过精益生产发现产品生产过程中的浪费和不增值环节，方便管理者及时采取行动进行管理，减少运营成本，提高生产效率。

(二) 生产产品升级

单一的产品样式已经很难满足消费者日趋多元的需求，结合市场需求开发创新产品成为制造企业亟须解决的重要问题。本书认为可以从以下几个方面调整产品研发的思路，进行新产品的开发和营销：首先，通过技术变革来提高产品的附加值，尤其是产品的内在价值，如此不仅能够调整产品结构，也有利于形成竞争优势，避免跟风抄袭。其次，优化产品的工艺设计，制造企业不仅要重视产品的核心技术研发，更要重视产品的外观造型。一个完美的产品设计可以在最短的时间内被消费者接受和喜爱，以产品设计本身为代表的企业形象也在营销推广中不断传播。随着时间的推移，产品、品牌和企业可以形成有机的统一，由此形成的竞争"软实力"将难以被替代。最后，发挥产品的情感诉求功能，产品消费所能带来的满足不断外溢，在某种程度上，选择合适的产品也传达了消费者的特定情感。如果这些元素能够在产品中提炼和内化，那么产品的内在价值就会提升到情感层面，势必增加产品的消费需求。

（三）功能结构升级

要完成制造业转型升级，产业结构升级需要从以下几个方面着手。首先，巩固传统制造业的优势。目前，中国已成为世界鞋帽、服装、纺织等领域的加工厂，产量位居世界前列，所以中国制造业已经为原始积累积攒了一定的优势，在某些方面与其他国家相比有一定的竞争力。传统制造业为产业结构升级提供了基础保障，应该在原有优势上采取行动。一方面，中国应保持适度扩张，以保持产品出口的增长；另一方面，中国制造业企业应该投资技术发展，进行传统制造业与新兴技术的融合。此外，还可以开拓新兴市场，目前的市场还存在许多问题，中国金融服务业发展进程缓慢。随着金融改革的不断推进，充分发挥金融对促进中小制造业企业特别是民营经济圈协调发展的重要作用。制造业与金融服务业的对接可以在很大程度上缓解企业面临的融资困难问题。当前，产业结构调整步子大，节奏快，制造企业有必要审时度势进入新兴产业市场，不失时机地将企业做大做强。

（四）产业链升级

价值重构是产业链重构的基础。对于新兴产业体和计划经济转型期的发展中国家来说，由于自身的制造基础，主要嵌入在制造业全球价值链的中等附加值贡献率水平。这些国家的制造业具有一定的加工制造和创新能力，通过承接高技术含量的国际产业转移，需要发展制造业全球价值链中的资本密集型和技术密集型环节。在大力招商引资、引进技术装备的同时，还可以通过对外直接投资、收购跨国公司业务等方式，通过有竞争力的产品、品牌和销售渠道，参与全球分工，实现"走出去"战略，购买技术资产，将制造业全球价值链嵌入中间增值环节。可以采取多种方式对传统企业价值链进行重构，如①重新整合企业内部重要环节，进行新的设计，改变经营方式，创造新的价值以获取更多竞争优势；②重新塑造生产内部价值链，获取全新的营销渠道；③对价值链逐个分解，对那些不主要的业务省略，空出资源集中于关键业务上；④将最关键的价值链环节整体整合，创造出更高效的价值链等。

第二节 精益管理创新方法分类研究与实践调研

精益是通过系列精益管理创新方法及工具的应用得以实现，主要的精益管理创新方法按照两种方案分类。方案1按照方法实践中关键点和效果的实现特征分为企业文化类、技术类、跨部门类，详见表18.1。企业文化类方法群是指此类方法需要在企业形成企业文化后才能生效，如果在实践过程中没有形成创新文化和企业文化，该类方法可能会使企业效果不佳或达不到预期目标。技术类方法群指的是此类方法专于技术，多采用科学的管理工具解决企业面临的现实的、具体的问题。跨部门类方法群指的是此类方法需要两个以上的部门协作才能在企业顺利推行并生效，生效关键点是部门间的良好协作。

表18.1 精益管理创新方法分类（方案1）

分类	企业文化类	代码	技术类	代码	跨部门类	代码
方法	5S	X11	QC小组	X21	自动化	X31
	TPM	X12	目视化	X22	JIT	X32
	全员参与改善	X13	价值流	X23	并行工程	X33
	流程管理	X14	SMED	X24	协调联运	X34
	标准作业	X15	人因方法群	X25	均衡生产	X35
	TQM	X16	看板管理	X26	六西格玛	X36
实践特征	此类方法需要在企业形成企业文化后才能生效		此类方法为技术类方法，多采用科学管理工具解决现实问题		此类方法需要两个以上的部门协作才能在企业顺利推行并生效	

方案2按照参与者的形态而定，分为全员参与类、团队运作类、公司运营类，详见表18.2。全员参与类方法群指的是此类方法的开展需要基层员工高度参与，实施不好的主要原因是基层员工参与力度不够，内层原因是高层不够重视，缺少氛围。团队运作类方法群指的是需要上级支持，还需要专业团队采用科学方法导入。公司运营类方法群指的是此类方法需要企业经营层的参与，否则该类方法在实践中多停留在概念水平，难以形成具有可执行特征的行动计划而导致失败。

表 18.2　精益管理创新方法分类（方案 2）

分类	全员参与类	代码	团队运作类	代码	公司运营类	代码
方法	5S	X11	目视化	X22	JIT	X32
	TPM	X12	看板管理	X26	均衡生产	X35
	全员参与改善	X13	QC 小组	X21	标准作业	X15
	流程管理	X14	SMED	X24	价值流	X23
	人因方法群	X25	协调联运	X34	六西格玛	X36
	TQM	X16	自动化	X31	并行工程	X33
实践特征	此类方法需要基层员工高度参与，实施不好的主要原因是参与力度不够，内层原因是高层重视不足，缺少氛围		一方面由于上级的支持不足，另一方面开展工作的科学性有待加强		多停留在概念水平，没形成具有可执行性的行动计划	

精益方法群是一个系统，只有企业在实践中将系列方法群形成系统合力，才能取得应有的效果。精益管理创新方法系统又可分为三个层次，即细节层面、系统层面和哲学层面，对应方法群如图 18.2、图 18.3、图 18.4 所示。

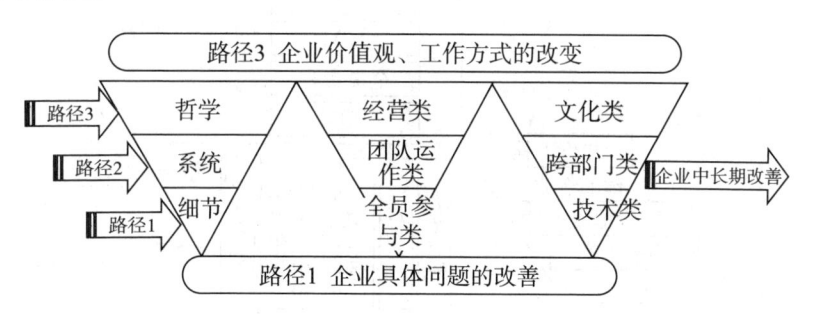

图 18.2　方法群企业实践逻辑关系

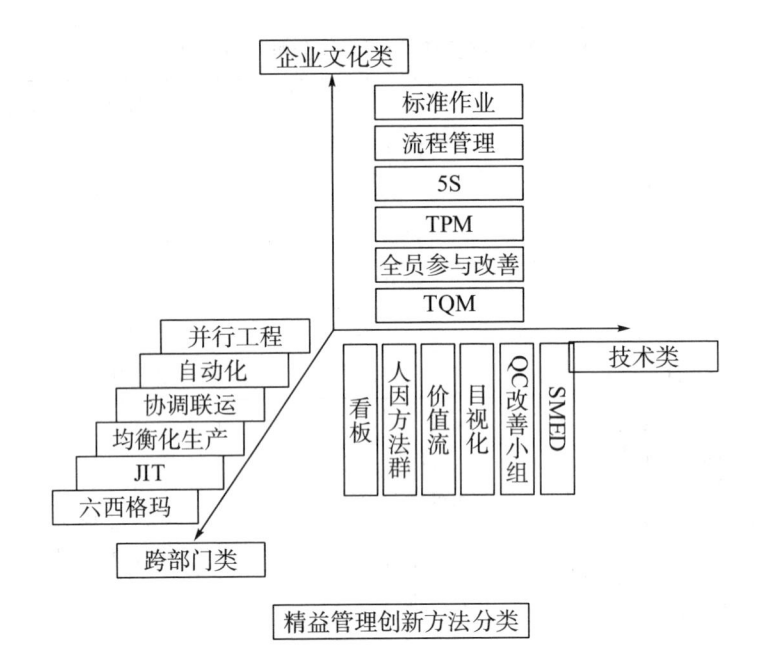

图 18.3　方法群企业实践逻辑关系（关键点）

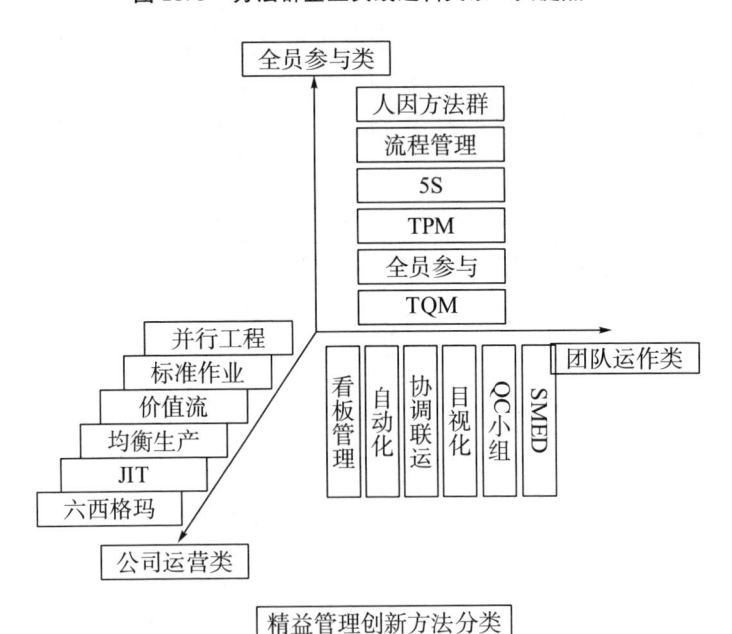

图 18.4　方法群企业实践逻辑关系（参与型）

根据精益管理创新方法在企业的应用状况，设计应用程度 1－2－3－4－5－6－7 评级。对精益管理创新方法在中国制造业的应用进行问卷调查，本次调查历时 14 个月，对中国食品制造业、设备制造业、医药制造业、通信制造业、金属加工制造业等 5 个行业，1100 家企业进行了 3 轮调研，考察中国制造业精益管理创新方法企业实践情况（如图 18.5 所示）。整体上，企业在解决自身问题时，比较青睐的方法有 TQM 和流程管理（流程再造），不太关注的方法有 SMED 和人因工程方法群。

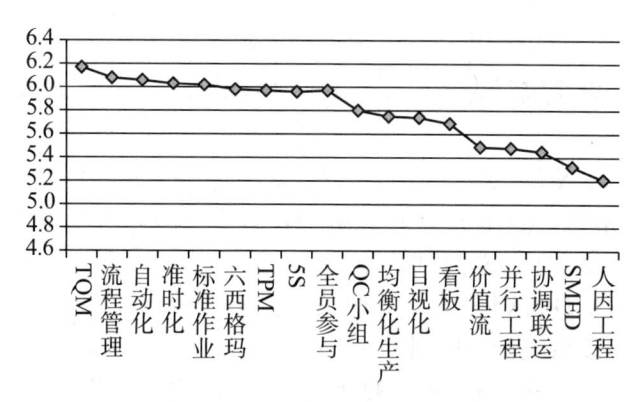

图 18.5　18 种管理创新方法企业青睐实践程度

第三节　中国制造业精益管理创新方法实证分析

中国制造业精益实践的时间普遍较短且信息贫乏，而灰色关联分析法依据发展趋势来分析，对样本量并无太多规定（熊晓琼等，2020），因此采用灰色系统理论建模方法的效果较好。

一、模型构建

基于灰色绝对关联度和三维空间中的距离，张可和刘思峰构造出三维对象的灰色关联分析模型（Zhang 和 Liu，2009）。考虑到精益管理创新方法的系统性，探索精益管理创新方法与企业创新绩效的关系。由于企业创新绩效受到各种精益管理创新方法的影响，这 18 种创新方法是集成一起在企业实践中发挥作用的，往往不是单独存在，而是相互联系，共同影响。因此，将 18 种创新方法分为三组，即三维度方法群，每个方法的类群具有几乎相同的内涵和精益哲理，利于影响因素发挥出"1+1+1＞3"的效果，从而探究精益管理创新方法对企业创新绩效的共同影响。模型 1 针对 18 种创新方法进行建模，将 18 种创新方法分别构建成 6 个系统进行深度分析，由此，构建多维空间灰色系统关联度模型2。

(一) 模型1

定义1 设系统行为序列$X_i=(x_i(1),x_i(2),\cdots,x_i(n))$，记折线$(x_i(1)-x_i(1),x_i(2)-x_i(1),\cdots,x_i(n)-x_i(1))$为$X_i-x_i(1)$，令$s_i=\int_1^n(X_i-x_i(1))\mathrm{d}t$。

定义2 设系统行为序列$X_i=(x_i(1),x_i(2),\cdots,x_i(n))$，$D$为序列算子，且

$$X_iD=(x_i(1)d,x_i(2)d,\cdots,x_i(n)d)$$

其中，$x_i(k)d=x_i(k)-x_i(1)$，$k=1,2,\cdots,n$，则称D为始点零化算子，X_iD为X_i的始点零化像，记为

$$X_iD=X_i^0(1)=(x_i^0(1),x_i^0(2),\cdots,x_i^0(n))$$

定义3 设系统行为序列$X_i=(x_i(1),x_i(2),\cdots,x_i(n))$，$X_j=(x_j(1),x_j(2),\cdots,x_j(n))$的始点零化像分别为$X_i^0(1)=(x_i^0(1),x_i^0(2),\cdots,x_i^0(n))$，$S_i-S_j=\int_1^n(X_i-X_j)\mathrm{d}t$。

定义4 设序列X_0与X_i长度相同，s_0，s_i，则称$\varepsilon_{0i}=\dfrac{1+|s_0|+|s_i|}{1+|s_0|+|s_i|+|s_i-s_0|}$为$X_0$与$X_i$的灰色绝对关联度。

定义5 在关联分析中，当参考数列不止一个，被比较数列也不止一个时，就要进行优势分析，分析哪些是优势因素，哪些是非优势因素。若有n个母序列，记为：$\{Y_1\},\{Y_2\},\cdots,\{Y_n\}$，并有$m$个子序列，记为：$\{X_1\},\{X_2\},\cdots,\{X_m\}$，$m\neq 1$。按照定义3和定义4计算各子序列对母序列的关联度矩阵分别为$\boldsymbol{R}_j$、$\boldsymbol{R}_x$：

$$\boldsymbol{R}_j=\begin{bmatrix}\pi_{11}&\pi_{12}&L&\pi_{1m}\\\pi_{21}&\pi_{22}&L&\pi_{2m}\\M&M&M&M\\\pi_{n1}&\pi_{n2}&L&\pi_{nm}\end{bmatrix},\boldsymbol{R}_x=\begin{bmatrix}\lambda_{11}&\lambda_{12}&L&\lambda_{1m}\\\lambda_{21}&\lambda_{22}&L&\lambda_{2m}\\M&M&M&M\\\lambda_{n1}&\lambda_{n2}&L&\lambda_{nm}\end{bmatrix}$$

定义6 根据$\boldsymbol{R}_j$和$\boldsymbol{R}_x$中各行与各列关联度的大小来判断子序列对母序列的作用，影响大的因素为优势序列，相对应的母序列和子序列为优势母序列和优势子序列。

(二) 模型2

定义7 设x_i为系统因素，其在空间中点(i,j)处的值为a_{ij}，其中

$i \leqslant M$,$j \leqslant N$,M,N 为常数,称$\boldsymbol{A}_i = (a_{ij})_{M \times N}$为系统行为矩阵。

定义 8 设系统行为矩阵为$\boldsymbol{A}_i = (a_{ij})_{M \times N}$,则$(a_{ij})_{M \times N} = \begin{bmatrix} a_{11} & \cdots & a_{1N} \\ \vdots & \ddots & \vdots \\ a_{M1} & \cdots & a_{MN} \end{bmatrix}$对应的行为曲面为$X = \{Ax + By + C \mid x \in [i, i+1]$,$y \in [j, j+1]$,$i = 1, 2, \cdots, M-1$,$j = 1, 2, \cdots, M-1\}$。

定义 9 设系统行为矩阵为$\boldsymbol{A} = (a_{ij})_{M \times N}$,$D$为矩阵算子,$AD = (a_{ij}d)_{M \times N}$。其中$a_{ij}d = a_{ij} - a_{i1}$。称矩阵算子$D$为系统行为矩阵$\boldsymbol{A} = (a_{ij})_{M \times N}$的始边零化算子,$AD$为系统行为矩阵$\boldsymbol{A} = (a_{ij})_{M \times N}$的始边零化像,记作:$\boldsymbol{A}_i^0 = XD = (a_{ij}^0)_{M \times N}$。

定义 10 设系统行为矩阵$\boldsymbol{A}_i = (a_{ij})_{M \times N}$的始边零化像为$\boldsymbol{A}_i^0 = XD = (a_{ij}^0)_{M \times N}$,对应的始边零化曲面为$X^0$,令$s = \int_1^M \int_1^N X^0 \mathrm{d}x \mathrm{d}y$。

定义 11 设系统行为矩阵为$\boldsymbol{A}_i = (a_{ij})_{M \times N}$,$D$为矩阵算子,$AD = (a_{ij}d)_{M \times N}$。其中$a_{ij}d = \dfrac{a_{ij}}{a_{i1}}$。称矩阵算子$D$为系统行为矩阵$\boldsymbol{A} = (a_{ij})_{M \times N}$的初值化算子,$AD$为系统行为矩阵$\boldsymbol{A} = (a_{ij})_{M \times N}$的初值像,记作:$\boldsymbol{A}_i^c = XD = (a_{ij}^c)_{M \times N}$。

定义 12 设两行为矩阵$\boldsymbol{A}_p = (a_{ij})_{M \times N}$,$\boldsymbol{A}_q = (a_{ij})_{M \times N}$,其始边零化像分别为$\boldsymbol{A}_p^0 = (a_{ij}^0)_{M \times N}$,$\boldsymbol{A}_q^0 = (b_{ij}^0)_{M \times N}$,则$s_p - s_q = \int_1^M \int_1^N (\boldsymbol{A}_p^0 - \boldsymbol{A}_q^0) \mathrm{d}x \mathrm{d}y$。

定义 13 设两行为矩阵$\boldsymbol{A}_p = (a_{ij})_{M \times N}$,$\boldsymbol{A}_q = (a_{ij})_{M \times N}$为同型矩阵,其始边零化像分别为$\boldsymbol{A}_p^0 = (a_{ij}^0)_{M \times N}$,$\boldsymbol{A}_q^0 = (b_{ij}^0)_{M \times N}$,则两矩阵$\boldsymbol{A}_p = (a_{ij})_{M \times N}$和$\boldsymbol{A}_q = (a_{ij})_{M \times N}$灰色绝对关联度为:

$$\varepsilon_{pq} = \frac{1 + |s_p| + |s_q|}{1 + |s_p| + |s_q| + |s_p - s_q|}$$

定义 14 设两行为矩阵$\boldsymbol{A}_p = (a_{ij})_{M \times N}$,$\boldsymbol{A}_q = (a_{ij})_{M \times N}$为同型矩阵,对应的初值像分别为$\boldsymbol{A}_p^c$和$\boldsymbol{A}_q^c$,则矩阵$\boldsymbol{A}_p = (a_{ij})_{M \times N}$,$\boldsymbol{A}_q = (a_{ij})_{M \times N}$的相对关联度为:

$$\varepsilon c_{pq} = \frac{1 + |s_p^c| + |s_q^c|}{1 + |s_p^c| + |s_q^c| + |s_p^c - s_q^c|}$$

定义 15 设两行为矩阵$\boldsymbol{A}_p = (a_{ij})_{M \times N}$,$\boldsymbol{A}_q = (a_{ij})_{M \times N}$为同型矩阵,其始边零化像分别为$\boldsymbol{A}_p^0 = (a_{ij}^0)_{M \times N}$,$\boldsymbol{A}_q^0 = (b_{ij}^0)_{M \times N}$,则两矩阵$\boldsymbol{A}_p =$

$(a_{ij})_{M\times N}$ 和 $A_q=(a_{ij})_{M\times N}$ 灰色绝对关联度为：

$$\varepsilon_{pq} = \dfrac{\left[\begin{array}{l} 6 + \left|\sum\limits_{i=1}^{M-1}\sum\limits_{j=1}^{N-1}(a_{i,j}^0 + a_{i+1,j+1}^0 + 2a_{i+1,j}^0 + 2a_{i,j+1}^0)\right| \\ + \left|\sum\limits_{i=1}^{M-1}\sum\limits_{j=1}^{N-1}(b_{i,j}^0 + b_{i+1,j+1}^0 + 2b_{i+1,j}^0 + 2b_{i,j+1}^0)\right| \end{array}\right]}{\left[\begin{array}{l} 6 + \left|\sum\limits_{i=1}^{M-1}\sum\limits_{j=1}^{N-1}(a_{i,j}^0 + a_{i+1,j+1}^0 + 2a_{i+1,j}^0 + 2a_{i,j+1}^0)\right| \\ + \left|\sum\limits_{i=1}^{M-1}\sum\limits_{j=1}^{N-1}(b_{i,j}^0 + b_{i+1,j+1}^0 + 2b_{i+1,j}^0 + 2b_{i,j+1}^0)\right| \\ + \left|\sum\limits_{i=1}^{M-1}\sum\limits_{j=1}^{N-1}\left(\begin{array}{l}a_{i,j}^0 + a_{i+1,j+1}^0 + 2a_{i+1,j}^0 + 2a_{i,j+1}^0 \\ -b_{i,j}^0 - b_{i+1,j+1}^0 - 2b_{i+1,j}^0 - 2b_{i,j+1}^0\end{array}\right)\right| \end{array}\right]} - 1$$

二、中国制造业精益管理创新方法实证分析

（一）行业关联矩阵及分析

$$R = \begin{bmatrix} 5134 & 5124 & 5107 & 5113 & 5104 & 5112 & 5121 & 5118 & 5114 & 5126 & 5126 & 5102 & 5106 & 5122 & 5097 \\ 5058 & 5082 & 5071 & 5075 & 5069 & 5074 & 508 & 5078 & 5075 & 5087 & 5083 & 5067 & 507 & 508 & 5064 \\ 5094 & 5087 & 5075 & 5079 & 5073 & 5078 & 5085 & 5082 & 508 & 5088 & 5088 & 5071 & 5074 & 5085 & 5068 \\ 5067 & 5061 & 5053 & 5056 & 5051 & 5055 & 506 & 5058 & 5057 & 5062 & 5062 & 505 & 5053 & 506 & 5048 \\ 8426 & 8162 & 7729 & 7887 & 7648 & 7855 & 8085 & 8004 & 7911 & 8198 & 8217 & 7587 & 7711 & 8104 & 7476 \\ 6885 & 674 & 6502 & 6589 & 6457 & 6571 & 6698 & 6653 & 6602 & 676 & 677 & 6423 & 6492 & 6708 & 6363 \end{bmatrix}$$

从矩阵 R_j 计算得到：

$\sum\limits_{j=1}^{6}\lambda_{j6} = 3.5664 > \sum\limits_{j=1}^{6}\lambda_{j11} = 3.547 > \sum\limits_{j=1}^{6}\lambda_{j17} = 3.5346 > \sum\limits_{j=1}^{3}\lambda_{j7} = 3.5321 > \sum\limits_{j=1}^{6}\lambda_{j4} = 3.5256 > \sum\limits_{j=1}^{6}\lambda_{j9} = 3.515 > \sum\limits_{j=1}^{6}\lambda_{j2} = 3.5129 > \sum\limits_{j=1}^{6}\lambda_{j1} = 3.4993 > \sum\limits_{j=1}^{6}\lambda_{j3} = 3.4839 > \sum\limits_{j=1}^{6}\lambda_{j14} = 3.4799 > \sum\limits_{j=1}^{6}\lambda_{j18} = 3.4745 > \sum\limits_{j=1}^{6}\lambda_{j13} = 3.4537 = \sum\limits_{j=1}^{6}\lambda_{j12} = 3.4506 > \sum\limits_{j=1}^{6}\lambda_{j5} = 3.4402 > \sum\limits_{j=1}^{6}\lambda_{j8} = 3.430 > \sum\limits_{j=1}^{6}\lambda_{j10} = 3.4235 > \sum\limits_{j=1}^{6}\lambda_{j15} = 3.4116 > \sum\limits_{j=1}^{6}\lambda_{j16} = 3.4101$

从上述矩阵可以看出：

（1）在中国制造业精益管理创新方法的实践过程中，普遍采用 18 种

方法群，按照企业采用高低程度排序分别是：TQM、流程管理、自动化、标准作业、六西格玛、TPM、5S/6S、改善提案、QC 小组、均衡化生产、目视化、看板、价值流、并行工程、协调联运、快速换模、人因工程。然而通过企业实践效果评价矩阵，发现中国制造业发展过程中发挥作用比较大的方法逐次为：TQM、人因方法群、均衡生产、QC 小组、流程管理、价值流、TPM、5S、全员参与改善、JIT、六西格玛、自动化、看板管理、标准作业、目视化、SMED、并行工程、协调联运。

（2）从创新方法选择和实践效果上看，企业偏好 TQM、流程管理、自动化、标准作业、六西格玛、TPM；然而效果最佳的是：TQM、人因方法群、均衡生产、QC 小组、流程管理、价值流。TQM 在中国制造业实践中的偏好程度最大、效果最好，这说明中国制造业更加关注产品质量，也比较符合中国制造业发展阶段对创新方法的需要。

（3）企业对看板、价值流、并行工程、协调联运、快速换模、人因方法群等不太看好，然而价值流、人因方法群对企业基础能力的提升还是比较显著的。

（4）从实践效果上看，看板管理、标准作业、目视化、SMED、并行工程、协调联运等实践中并未带来应有的效果。通过对企业调查，发现此类方法在企业实践中常常流于形式。

（二）精益管理创新方法多维评价与分析

精益管理创新方法分为两个三维度方法群。按照分类方法群，企业实践效果评价的思路更客观，更能发现制造业导入精益方法效果不佳的真正原因。假设 Z 为企业绩效矩阵，A 为全员参与方法群矩阵，B 为团队方法群矩阵，C 为经营方法群矩阵，D 为文化方法群矩阵，E 为技术方法群矩阵，F 为跨部门方法群矩阵，原始数据归一化处理如图 18.6 所示。

$$\begin{array}{c} Z \\ \begin{array}{l} Y1 \\ Y2 \\ Y3 \\ Y4 \\ Y5 \\ Y6 \end{array} \begin{bmatrix} 0 & 1 & 0.35 & 0.68 & 0.37 \\ 0 & 0.52 & 0.11 & 1 & 0.64 \\ 0 & 1 & 0.12 & 0.86 & 0.37 \\ 0 & 0.52 & 0.17 & 1 & 0.21 \\ 0.14 & 0.21 & 0 & 0.03 & 1 \\ 0.17 & 0.35 & 0.24 & 0 & 1 \end{bmatrix} \end{array}$$

$$\begin{array}{lll}
A & B & C \\
\begin{array}{l}X11\\X12\\X13\\X14\\X15\\X16\end{array}\begin{bmatrix}1&0.57&0.89&0&0.19\\1&0.11&0.24&0&0.95\\0&0.36&0.36&1&1\\0&0.72&0.51&1&0.47\\0.09&0&0.72&0.75&1\\1&0&0.96&0.13&0.09\end{bmatrix} &
\begin{array}{l}X21\\X22\\X23\\X24\\X25\\X26\end{array}\begin{bmatrix}0&0.2&1&0.63&0.96\\0&0.35&0.39&0.17&1\\0.07&0&0.52&0.33&1\\0.63&0&0.21&0.38&1\\0.39&0&0.83&1&0.39\\0.93&0.74&0&1&0.96\end{bmatrix} &
\begin{array}{l}X31\\X32\\X33\\X34\\X35\\X36\end{array}\begin{bmatrix}0.67&0.13&0&0.27&1\\1&0.24&0.38&0.86&0\\0.28&0.26&0&0.43&1\\0&0.19&0.52&0.21&1\\0.03&0&0.4&0.4&1\\1&0&0.66&0.88&0.44\end{bmatrix}
\end{array}$$

$$\begin{array}{lll}
D & E & F \\
\begin{array}{l}X11\\X12\\X13\\X14\\X15\\X16\end{array}\begin{bmatrix}1&0.57&0.89&0&0.19\\1&0.11&0.24&0&0.95\\0&0.36&0.36&1&1\\0&0.72&0.51&1&0.47\\0.67&0.13&0&0.27&1\\1&0&0.96&0.13&0.09\end{bmatrix} &
\begin{array}{l}X21\\X22\\X23\\X24\\X25\\X26\end{array}\begin{bmatrix}0&0.2&1&0.63&0.96\\0&0.35&0.39&0.17&1\\0&0.19&0.52&0.21&1\\0.63&0&0.21&0.38&1\\0.09&0&0.72&0.75&1\\0.93&0.74&0&1&0.96\end{bmatrix} &
\begin{array}{l}X31\\X32\\X33\\X34\\X35\\X36\end{array}\begin{bmatrix}0.07&0&0.52&0.33&1\\1&0.24&0.38&0.86&0\\0.28&0.26&0&0.43&1\\0.39&0&0.83&1&0.39\\0.03&0&0.4&0.4&1\\1&0&0&0&1\end{bmatrix}
\end{array}$$

图 18.6　创新方法与企业绩效原始数据归一化处理

依据上述数学模型，通过 MATLAB 实现结果见表 18.3。

表 18.3　矩阵 Z 与矩阵 $A-B-C-D-E-F$ 空间计量关联系数 ρ

系统	$A-B-C-D-E-F$ 系统					
子系统	$A-B-C$ 系统			$D-E-F$ 系统		
空间关联矩阵	ρ_{Z-A}	ρ_{Z-B}	ρ_{Z-C}	ρ_{Z-D}	ρ_{Z-E}	ρ_{Z-F}
空间关联系数	0.6260	0.7062	0.5289	0.5262	0.7872	0.5309
子系统排序	2	1	3	3	1	2
系统排序	3	2	5	6	1	4

结果表明：

（1）企业实践中，6 类方法群按效果强弱排序为：技术类、团队运作类、全员参与类、跨部门类、经营类、文化类。其中，技术类、团队运作类、全员参与类这三类方法实践效果较好，说明企业在运用创新方法群时，更多关注技术工具的使用。跨部门类、经营类、文化类这三类方法实践效果较弱，说明中国制造业在实践中没有完全理解此类创新方法群的内涵，没有形成管理创新基础能力和创新文化。

（2）企业实践中，$A-B-C$ 系统方法群按效果强弱排序为团队协作方法群、全员参与方法群、企业经营类方法群。说明企业更加关注方法工具的使用，并在企业建立不同的团队来解决生产管理过程中的各类问题。然而，全员参与类方法群实践效果较弱，说明企业创新过程中员工参与度较低，没有通过管理创新方法的实践达到培养企业员工的目的，同时也没有形成创新氛围，没有形成创新文化。

（3）企业实践中，$D-E-F$ 系统方法群按效果强弱排序为技术类方法群、跨部门类方法群、文化类方法群。同样说明企业实践中只关注个别方法的使用，忽视了很多方法需要部门间协同创新才能生效。文化类方法群效果最弱，再次表明企业实践中对精益管理创新方法的不理解，导致没有通过创新方法的实践实现企业创新文化的培养。

（4）整体上看，创新方法在企业实践中运用好的是技术类方法群，说明中国制造业所处阶段更加需要采用具体方法或工具来解决上述过程中出现的系列问题，这些方法群的导入给企业高质量发展做出很大的贡献。

（5）整体上看，创新方法在企业实践中运用较差的是文化类方法群，说明学习和应用精益管理创新方法缺乏对精益生产理念方法的哲学认知，没有自上而下的思想统一，精益管理创新方法导入方法不对，对精益生产的方法不理解或曲解，组织制度保障不利，推动不力，基层员工活力未激活等。最终导致过多关注精益技术和工具，推行精益生产易中断，改善成果易反弹，精益管理创新方法流于形式，难以形成精益文化，不能实现硬条件下企业软实力的提升。

第四节　高质量发展视阈下中国制造业价值链攀升精益路径

在中国制造业发展过程中，文化类创新方法群和经营类创新方法群并没有取得很好的实践效果。主要有以下几方面的原因：一是企业导入精益过程中，没有形成精益能力释放通道，这种通道的核心是企业精益平台的构建。这种平台不仅提供了管理者变化的必要条件，同时也创造了一个平等竞争的机会。如果企业的所有成员都必须对进步负责任，就一定可以让更多的人关注工作本身、关注问题，就一定可以让更多的人在日常工作中自觉地寻找更有价值的问题，从而使得管理者和管理者之间、管理者和被管理者之间建立起一种良性的互动关系，即围绕怎样发现问题和如何解决问题而实现良性互动。二是企业导入精益过程中，没有形成"精益思维—精益理念—精益平台—精益方法"的集成，这种集成需要来自企业四个层面的密切协同：领导层负责通过精益思维设计企业精益平台；管理层需要通过精益理念构建适合企业解决问题的精益运营平台；企业层需要管理层和员工协同工作，发现问题及问题背后的真正原因；基层员工需要采取相应的管理创新方法解决企业面临的实际问题。三是中国制造业的高质量发展基础和前提是基础能力的重构。在导入管理创新方法时，忽视或没有能力进行运营类方法群和文化类方法群的深入实践，难以形成企业基础能力重构。四是基础能力重构过程中，很多企业总寄希望于方法的导入能立即产生经济效益，而忽视了创新文化的培养，这样一来就很难实现"方法—实践—协作—创新文化"的集成，难以形成集成创新的能力，导致企业在精益实践中难以达到预期。

调研发现企业的变化最终一定要落实到员工的具体变化上，才能为企业带来切实的经济利益。而要想让员工有所改变，不仅需要管理者提供一系列的要求和帮助，更需要企业构建能够让员工改变的平台，平台运作的结果就是在企业形成创新文化。没有企业创新文化的变化，一切变化都是不可能实现的。鉴于此，设计基于精益管理创新方法的中国制造业高质量发展企业协同创新—管理创新基础能力重构—创新文化培育集成路径（如图18.7所示）。

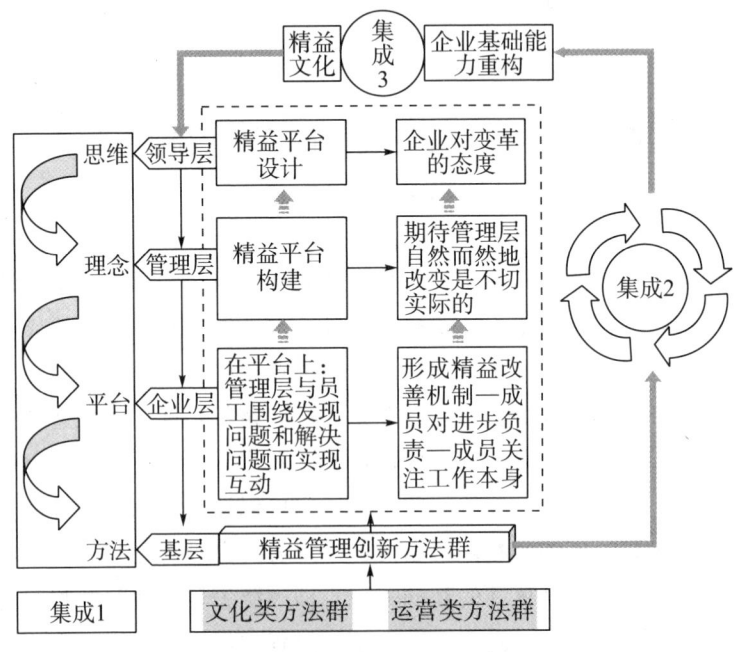

图 18.7 中国制造业高质量发展精益路径

第七篇
对策与建议：中国制造业价值链攀升对策与建议

第十九章　高质量发展视阈下中国制造业价值链攀升对策

第一节　挖掘"全工业门类优势",夯实中国制造大国地位,打造中国制造亮丽名片,助推价值链攀升

中国是全球唯一拥有全部工业门类和全产业链上明显优势的世界第一制造大国。近年来中国制造业发展突飞猛进,建立了门类齐全的制造业体系,为中国制造业的良性发展打下了坚实的基础,为中国制造业的高端建设提供了坚实的支撑。

一、中国的制造业体系

中国高度重视工业体系的建设,从第一个五年计划开始就把有限的资源重点投向工业部门,为此后的工业化发展奠定了坚实的基础。经过70年的发展,中国成为全世界唯一拥有联合国产业分类当中全部工业门类的国家,包括41个工业大类,191个中类,525个小类。中国制造已覆盖从高端大制造到智能制造再到生活必需品制造等方方面面,如熟知的中国高铁、C919飞机、墨子号、华为,再到各种服装鞋袜,联合国产业分类中所列举的全部工业门类都能在中国找到。在世界500多种主要工业产品当中,中国有220多种工业产品的产量占据全球第一。在14个高端制造业中,除中国外,各国制造业各有所缺(如图19.1所示)

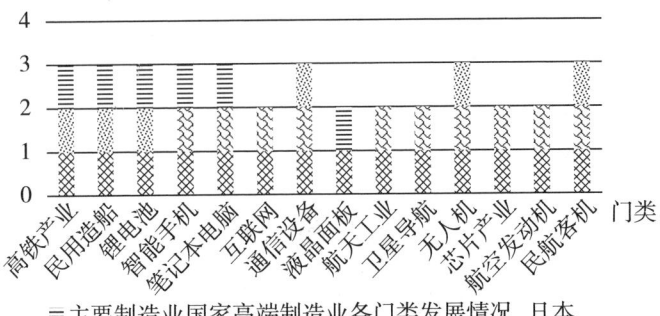

图 19.1 典型国家高端制造业门类发展情况

二、全门类的独特优势

（一）提高生产效率

门类齐全的制造业对提高生产效率有着很大的助益。在贸易竞争中，更完善的工业体系节约配套产品生产的时间，在其他国家花费半个月才能找齐的生产配件在中国只需约半个小时，这极大地提高了生产效率。在工业生产过程中，能够有效减少工业配套生产的成本，有利于生产质优价廉的产品，提升产品竞争力，加强了中国产品在国际贸易中的竞争优势。但受经济全球化的影响，某些原材料、半成品、产成品等，有时从国外进口比国内生产更有优势。

（二）吸引外资的有利条件

由于中国制造业拥有完善、完整的产业链，中国便利的劳动力条件再辅以种种吸引外资的优厚待遇，使得中国成为承接各国制造生产的宝地。不仅仅是传统的劳动密集型企业，其他以原料、技术、市场等为导向的企业也同样看好中国的投资市场。

（三）成为世界工厂的坚实基础

中国制造业全门类的优势也是中国"世界工厂"地位难以撼动的重要原因。经济的全球化使得全球制造业工厂设施变得更加分散，在各国人们往往只会看到一些装配生产线，而并非全部。中国的优势是现今任何一个国家都不可复制的，放眼全球，短期内，世界上很难再出现一个像中国一样的世界工厂，这就使优势具有独特性。

（四）维护国家安全

一个完整的工业体系对国家安全至关重要，它保证了国家在关键领域不受他国控制。产业安全可以保障本国国民有充分的产、销、消、分四个方面的功能。即便是日用品产业被其他国家控制，也会带来中国经济的被动[①]。因为全门类的制造体系，对外的依赖程度并不是致命的，在特殊的情况下，也能维持基本正常的生产，这提高了国内生产的安全性。而恰恰是中国商品近年来在世界市场上占有率不断提升，中国出口的风力发电机、太阳能电池、洗衣机、冰箱等在全球市场占有率居首位，但在一些核心技术产品的出口上仍需努力。

（五）为更高水平发展蓄力

目前，中国制造业大而不强、大而不精的客观条件仍然突出，在各国都积极开展工业4.0的背景下，全门类的优势必将助推"中国制造2025"更高水平的发展，构建高质量的制造业体系，提升中国产品在全球价值链上的地位蓄力。由此可见，未来中国高端制造业的生产必然享受完善的工业产业链所带来的便利。完善的产业链与信息链和互联网的深度融合将来可能会成为生产的新突破点。

第二节 "高质量创新"驱动，实现中国制造业价值链"梯度"攀升，打造"中国创造"亮丽名片

一、提升核心品牌竞争力，助力中国制造业价值链攀升

中国制造业核心品牌意识建设显著落后于产业的发展速度。为此，需要在企业品牌意识、质量体系管理、企业品牌文化等方面不断地提高企业品牌意识建设，提高企业品牌竞争力。

[①] 尤传明. 全球化视域中的中国经济安全研究[D]. 武汉：武汉大学，2013.

(一) 以质量打响品牌

品牌是企业的灵魂，质量是企业的生命力。两者需要相辅相成，相互依存，并行发展。这是为了有效地提高企业的品牌知名度，促进企业的高质量发展。同时还要制订并不断完善最佳的品牌战略计划，优化企业的资源配置。企业应坚持品牌发展的价值取向，以质量为生命，发展各种业务，提高质量，完善管理体系，在创新、制造和营销服务过程中，坚持规范化的品牌建设和完善，提高效率。标准和复杂的生产和运营模型提高了产品的稳定性和可靠性，从而提高了企业的品牌价值，还能为企业的品牌建设打好坚实的基础。在制造业发展过程中，它逐渐符合国际先进标准，不断提高和优化产品质量，并充分利用大数据和云计算等信息技术来提高质量。此外，企业要积极采用先进的品牌管理技术，以增加企业品牌管理投资，进一步优化品牌管理系统和流程，改善企业品牌管理和运营能力。同时，有关的法律部门需要进一步完善相关法律法规，切实加强对本土品牌的保护，加强对知识产权、品牌维护、防伪管理、品牌侵权等工作的推进。建立品牌政策的数据库，为企业提供准确、及时的品牌政策信息服务，发现伪造、抄袭行为，必须严厉打击，并且还要采取强有力的惩罚措施，建立黑名单制度，将恶意抄袭、侵权行为纳入社会信用评价体系，规定部分年限内禁止进入相关市场，以此来保护独立品牌企业。

(二) 以文化提升品牌

加强企业品牌文化建设，促进品牌文化交流，增强国内外品牌文化认同。从中国传统文化土壤中汲取养分，不断提高制造业产品品牌文化的附加值[①]。建立中国品牌的核心价值体系，探索出一条"中国产品＋中国文化＝中国品牌"的道路，由此形成企业内部品牌、行业品牌、不同城市的品牌、代表国家的品牌发展道路。此外，必须将中国优秀的传统文化融入管理和品牌建设中，以创建具有中国特色社会主义文化元素的全球品牌。在传播和建设中国品牌的同时，有效利用主流媒体平台通过诉求积极表达中国品牌的故事，向世界传播中国品牌的价值追求和信念，为世界树立中国品牌，不断提高品牌自豪感和信心；在开展文化输出的同时，还必须注

---

① 上海质量管理科学研究院项目组，李敏珩，郭政，崔继峰. 中国制造业品牌现状、问题及成因"制造业质量与品牌发展战略"系列研究（一）[J]. 上海质量，2016（6）：56-60.

重塑造品牌文化形象，加强新媒体传播，整合营销和国际传播等关键作用，扩大品牌传播的累积效应，打造中国品牌，打开中国品牌走出去的大门。

（三）加快优质品牌"走出去"步伐

当前，世界产业链正在从国际制造业竞争时代过渡到国际品牌竞争时代。打造国际知名度更高的品牌已经成为中国制造商提高全球竞争力和建设生产能力的重要途径。首先，必须建立品牌国际化战略，以高质量的产品和服务"全球化"中国品牌，将中国品牌的价值传达给全球消费者，并引导更多的制造商提高中国品牌的国际知名度。其次，品牌国际化为企业提供了实践内部技术和自我完善的机会，这有利于扩大中国品牌制造企业的国际影响力，也将增强中国在世界经济体系中的话语权。同时，中国制造企业可以通过国际合作、并购等，与国际知名大型企业建立品牌创新合作关系，加强对外国文化和习俗、法律法规、市场结构和消费的研究。吸收西方有益文化，改善东方品牌的内涵和管理模式，妥善解决中西文化冲突问题，提升中国品牌价值。在中外合作的过程中，要始终坚持合作共赢的信念，反对不正当竞争行为。在发展技术的同时，企业应当按照海外国家的法律法规行事，坚决打击违法犯法行为，切实履行自己的责任与义务，在世界上建立一个中国企业的良好形象，逐步改善外国消费者对"中国制造"的固有看法，让中国品牌在世界上"亮"起来。

（四）增强网络安全保障能力

继续完善网络安全法律法规和体系，加快建设互联网行业的关键领域和大数据、云计算安全标准，进一步加强关键信息基础设施的安全性和环境保护，完善关键信息基础设施，同时建立跨境流量的数据安全保护机制，不断加强网络数据安全和网络用户信息保护。开展大数据、人工智能和网络安全技术研发等产业领域，提高网络安全能力，与国际社会加强交流与合作，促进开放、互联、共享系统的互联网治理。

第三节 "智能"赋能中国制造业"弯道超车"，助推价值链攀升

一、推动创新驱动发展，培养新型人才

中国制造业已进入与世界制造业对接的新阶段。中国制造业要继续发展，需要进行不断的创新，主要依靠两种创新方式：技术创新和模式创新。

（一）技术创新方面

中国大部分的制造企业是中小型企业。对于中小型企业来说，技术创新需要通过并购与合作来实现。各企业之间创新资源的整合，尤其是创新初期的研发环节，中小型企业应该充分发挥其敏锐的观察力和活力。大型企业通过并购获取和整合中小型企业的创新资源。此外，在推进技术创新的同时，还要做到创新实践化，避免创新概念泛滥。

（二）模式创新方面

"互联网+"模式用于促进面向服务的制造业。通过信息技术，可以将制造业扩展到更广阔的领域，服务业与制造业之间的信息交流和联系更加便捷。"制造业+服务业"的升级主要是为用户提供更方便的指导，并继续提供更复杂的集成技术。在强调技术创新和模式创新的同时，还必须重视对外技术合作，广泛吸收世界先进技术和杰出科研成果，向世界学习最先进技术，在关键领域取得突破。通过持续学习和创新，将技术引进和自主创新相结合并提高制造竞争力，形成中国企业的可持续创新能力。

培养制造业人才，关键在于培养当代青年学生，要为他们营造良好的社会环境，构建专门的教育体系，主要做到以下几方面：①培训未来的制造业后继者，调整教育水平系统。为不同阶段的学生提供不同的教育目标。以大学为基础，制订大学招生计划。此外，以制造业十个关键领域的相关专业为重点，围绕"四个基础"建设，智能制造、高级设计、关键制造工艺、材料、数字模型等领域培养先进的技术，并且还要努力契合"互联网+制造业"等潮流，在仿真、自动化、工业控制方向，工业云服务以

及大数据应用等方面，不断加强专业技术人才的培养，做到切实有效建立等级、梯度都合理的人才队伍。②提高"校企对接"的效果，充分利用"产学研"结构，加强高校的学科链、人才链和产业链，培养专业人才和技术人员，提高解决问题的能力。政府还应当利用《创新人才培养计划》来收集人才，进一步引进专业技术人才，不断优化和改善经营环境，建立激励和奖惩制度，以吸引挽留人才。③完善社会创新文化环境，提供良好创新环境以激发科技研究人员的创新动力和灵感，将科学精神和科学方法的培养贯穿到所有学科的学习过程中，着力为各类技术创新人才提供"尊重创新，容忍失败，平等保证，成就奖励"的环境（梅克保，2020）。

二、调整产业结构，提升产业价值链

中国制造业处于经济微笑曲线上下游的"两个压力"之下的发展困境。从短期收益来看，企业收益是显而易见的，但不利于中国制造业企业的长期可持续发展。与世界制造强国相比，中国的制造业仍然偏弱。制造业是实体经济的基础，也是打造未来发展战略优势的重要支撑（方新，2020）。因此，要发展先进制造业，产业结构的调整和转型升级对于制造业企业来说是必然要经历的战略抉择。发展先进制造业，首先要不断提高先进制造产品的出口份额，同时对于高附加值产业，也要不断加大投资。其次，还应加快制造业的工业化互联网建设，用现代科学技术来改造传统落后的产业。

（一）产业结构调整和转型升级，要坚持"放管服"改革

1. 加快转变传统发展思维模式

从只盲目追求单一的产业规模化和经济效益向通过依靠自主创新实现产业结构可持续发展转变，加快传统支柱产业的先进技术升级和转型改造，降低低端传统产业所占的比重，淘汰一些缺乏核心竞争力、高能耗传统产业，必须开发、引进和扶持高新技术产业和新兴产业，并逐步与国际制造业接轨，加强高附加值、高效益产业的发展，对于劳动密集型产业，要及时地进行调整升级，使其成为新兴产业，不断进行高端开发，增加产品附加值。

2. 紧跟世界发展脚步

为了更好地适应当前国际经济市场的巨大不确定性，要积极参与国际

产业分工，紧跟高端制造、高科技、高附加值生产环节的世界潮流。对传统的劳动密集型产业改造，提升产品的技术含量，实现产业转型升级。同时，提高产品售后服务和技术保障，产生更高的产品技术附加值，实现产品市场化与技术产业化的有效结合，以及产业结构本身的转型升级。

（二）专注于高端制造

第一，积极营造创新环境，加快建立企业的自主创新体系，提高企业的自主创新能力。同时，要充分利用多年来制造业发展中的资源和技术，进一步大力发展高新技术、精细技术和先进技术的研发，形成高新技术壁垒（肖宇等，2019）。第二，加强与国外先进企业形成区域合作、投资合作、技术合作等多边合作。在海外多方面合作过程中，通过企业并购来提升高端制造业的国际化。一是高端制造业必须具有领先的核心竞争力；二是不断拓宽企业规模，做大做强，形成产业规模经济和集群效应；三是不断开发智能新能源汽车、集成电路、下一代健康诊断与治疗、卫星导航、互联网相关产业和现代服务业等相关产业。

（三）从全球价值链的角度重新制定政策，促进产业链向高端延伸

首先，分析中国制造业政策，提高科技水平。从全球价值链的角度出发，在基础研发和自主创新的基础上，对中国的制造业政策进行全面分析。其次，加快高价值链条的积累研发、技术、设计、品牌和营销，品牌战略，促进制造业升级，培育国际竞争优势。通过设置金融、财政、税收、人才、研发和创新等政策和激励措施，鼓励行业和企业资源聚焦品牌，支持优势品牌和特色品牌的发展，成功组建国际集团。最后，国内的制造业企业要积极开拓海外市场，不断加快"走出去"的步伐。此外，各个高新技术企业应该顺应时代潮流，将自身的发展与国家的政策紧密结合，切实增强高新技术产业。例如，高铁、航空航天、电子通信、智能制造、新能源、新材料等之间的技术整合，发挥出最优化效益。同时，进一步加快中国制造业的发展步伐，迈进国际制造行业的前列。而对于纺织、冶金、化工等传统制造业，要加强与国际的合作，逐步建立差异化的贸易体系，不断巩固、扩大自身优势。

三、实现网络化、数字化、智能化制造

近年来，从工业4.0的繁荣开始，诸如智能制造、工业互联网、企业

云、人工智能、工业大数据、"互联网+"、数字化工厂、数字经济等等概念随之而来。这些技术的快速发展，让许多中小企业眼花缭乱，不知道如何应用。虽然智能制造概念满天飞，但是许多企业并没有切实地将智能制造运用起来。

首先，需要正确认识到智能制造需要覆盖企业的全价值链，是一个极其复杂的系统工程，不是"毕其功于一役"就可以完成的专项计划。其次，要正确理解、推进智能制造需要规划、IT、自动化、精益等部门的不断努力合作，但是不同的行业对于一项工作技术的差异很大，所以切忌搞"一刀切"工作。最后，在推进智能制造的过程中，可以引入第三方专业的服务机构，对于此类的智能制造技术，可以开展多层次、多形式的专业培训，使企业上下都能清晰认识到智能制造。对于小批量、多品种的企业，应结合自身实际，切实开展适合自身的生产经营模式。

第四节 注重制造业与物流业的协同发展，助推价值链攀升

一、宏观层面

（一）政府积极引导物流业与制造业细分行业协同高质量发展

制造业是中国主要的基础性国民经济产业，物流业虽起步较晚，但发展迅速，前景广阔。二者的协同关系密不可分，都具有良好的发展前景，且形成相互促进的互赢局面。制造业为物流业提供了消费者客户，带来大量的市场；物流业则为制造业提供相应的物流运输服务，使制造业可以集中精力在其主导业务上。但当前对制造业细分行业与物流业协同的研究较少，且市场不够成熟，仍存在一些问题。这就需要政府加强引导，提供政策支持。首先，政府应该出台一系列吸引外资的优惠政策，充分利用好外资企业在技术方面的优势，吸引外资投入可以促进物流业的对外发展并提升物流业的发展水平，促进制造业转型升级，进而推动两业实现协同发展。比如各地政府可以提升投资贸易的便利化水平、优化当地的物流园区或者工业园区以吸引外商投资、完善外资的保护制度、支持外资参与当地机构的研发和创新活动等等。其次，建设国家物流枢纽网络，围绕"一带

一路"倡议，建立一批具有多式联运功能的大型综合物流基地，培育一批资源整合能力强、服务质量高的物流企业，完善境外沿线物流节点和渠道的网络布局，推动跨部门协同发展，促进国内以及国际上物流活动规模化、网络化。另外，政府应促进物流业与制造业对外开放的深度战略融合，形成供应链管理服务体系，有利于产业集约式开放，可以抵挡经营风险，推出政策促使物流企业积极参与到国家的海外战略布局，实现双赢的局面。劳动密集型制造业成本的上升致使中国大量出口至国外的廉价工艺品失去价格优势，遭遇贸易壁垒，产生贸易逆差。针对这种现象，国家可以有针对性地进行产业扶持。对于重点行业采取积极的财政政策，例如减少税收，降低土地使用资金，加大基础设施建设，提高资源利用率，以降低制造业的营运成本。

（二）促进区域协同的平衡发展

各区域两业发展不平衡，从西部向东部逐渐递减。东北地区的复合系统协同度是低于其他区域的，所以国家要深入推进东北振兴战略的实施，促进东北地区制造业的转型升级，克服传统市场需求萎缩、地域人才吸引力较弱等困难。政府要引导协调发展，实现资源配置最优；引导绿色发展，塑造节能环保性的企业；促进开放发展，利用东北地区独特的区位优势，将企业发展深度融入"一带一路"倡议中，培养出口的竞争优势，拓展出口市场。东南沿海地区因拥有良好的区位优势，承接外商投资，是两业发展的中坚力量。因此，改变目前中国制造业"大而不强"的重任主要落在了东南沿海地区，东南沿海地区应当凭借自身良好的信息建设和人才资源改变中国制造业在"微笑曲线"中的位置，重点发展如计算机、通信和其他电子设备制造业、化学制品制造业等一系列高技术制造业，建立一批区域性产学研创新联盟，为高技术创新企业提供便利服务，缩短技术投入市场的周期，推进制造业高质量发展。同时，政府应加大财政扶持力度，加强知识产权保护服务，配置好创新资源，避免重复性投入，激发企业创新动力。中部地区首先应当加强信息建设、人才建设，为制造产业的转移提供良好基础。

（三）政府要引导科技创新

根据区域两业协同状况，得出东南地区、西南地区、环渤海地区以及东北地区制造业有序度下降的主要原因是高技术产品出口比重和高技术制造业增加值下降,并且东北地区制造业有序度的下降原因还包括在 R&D 方面的投入缩减。一方面,政府应该加大对科学创新的投入。科学创新阶段包括三个步骤:从理论到技术再到开发,其中因为基础的科学研究阶段不会带来经济效益,企业往往不会在此方面进行投资,这时候就需要政府使用公共资金提高支持。与发达国家相比,中国在物流业与制造业上的创新投入还相对较低,政府应加大资金投入,为相关产业培育高技术创新型人才,以提高资本密集型与技术密集型制造业的专业化水平。积极对在岗的工作人员进行专业技能培训,在原有模式的基础上积极创新,以推进新业态和新模式的发展。让龙头企业积极发挥自己的引导作用,建立较为完善的相关服务标准,促进具有高附加值产业的发展,提高科学创新的产出效率。另一方面,政府要推动建立产学研等创新主体合作的制度化建设。在技术创新和开放阶段,主要是由企业、高校以及其他研究机构完成,一个良好的创新体系,会提升区域内产业的创新能力和竞争力,一个良好的创新体系取决于完善的创新网络,搭建完善的创新网络需要各创新主体间的沟通与交流,提升主体间的协作效率,引导高校和科研机构与企业展开合作交流。此时,政府应该扮演好平衡各创新主体的角色,给予一定的政策支持,激发创新热情,各地政府应该因地制宜搭建产学研协同创新平台。

(四)提高行业间信息互通

利用大数据互联网、云计算等技术手段提高行业间信息互通,促进行业高效发展。当前中国的制造业与物流业的新兴技术参与水平还较为低下,存在效率低、成本高等问题。随着大数据信息化的发展,物流业与制造业通过合作的方式才能提高行业效率,降低行业成本。信息化与数据化的发展渗透到加工制造业,更加有效地提高效率。引用先进的技术设备、管理经验以及服务理念,结合将制造业细分行业与物流业的协同发展物联网、大数据、云计算、人工智能等现代信息技术。建设信息共享平台,可以有效地解决制造业细分行业与物流业在发展中的信息不对称问题。从而更有针对性地满足不同制造业细分行业的不同物流需求,促进高质量协同创新发展。信息共享平台的建设可以降低物流业与制造业细分行业获取信息的成本,大大提高服务的效率和水平。建立完善的监管系统,促进信息公开透明化。在建立信息共享平台的同时,通过建立完善的行情通报制度,通过信息披露提高信息的透明公开程度。通过云数据、物联网来对货物的物流信息进行实时追踪，建立专业的信息反馈机制，对货物进行数据跟踪，提高物流业的专业化水平，满足制造业细分行业对物流业的技术性要求。

（五）充分发挥集群效应

科学规划物流园区，要保证政策的有效实施，就要科学地规划物流园区，结合不同地区的区位优势以及地理特征，建立不同细分行业的产业聚集区。政府可提供资金支持、土地租金优惠等政策措施。科学地划分产业集聚地区，在注重环境污染的同时提高产业的效率，以充分发挥地区的集聚效应。根据不同区位的不同支柱产业选择不同的消费需求，重点培养满足需求市场的物流产业，提升他们的专业化程度以及物流服务水平。提高产业集中度，比如提供政策支持以及出台法律规范，帮助当地物流企业扩大规模，比如引导优势企业在市场上进行并购，或引导当地中小物流企业组建物流联盟。另外，提出相关激励政策促进物流企业聚集，建立物流产业园区，形成物流产业聚集地，鼓励物流企业为制造企业打造量身定制的物流服务，比如供应链管理库存、供应链一体化服务等，为地方制造企业或者组织提供更加便利的物流服务。政府可以培养发展一批规模较大、竞争力较强的企业，发挥他们的引领作用，打造现代供应链龙头领军企业，促进现代供应链在两业协同发展中发挥积极作用，鼓励完善现代物流产业链，鼓励发展高端物流服务产业，尽快使物流服务功能从较低层次向较高层次发展。

二、微观层面

（一）对物流企业的建议

在新要求、新态势下，物流企业为了满足创新高质量的发展要求，更好地促进两业协同发展，需要提高自身的服务质量和服务水平，尽可能地满足制造业的物流需求。第一，物流企业要扩大自己的业务范畴，不能只是提高仓储和运输服务，要能够为客户提供供应链解决方案、供应链咨询设计等高级服务，物流企业才能为制造业的产业升级提供有力的支撑。第二，物流企业要从产业协同的角度提升自身的自主创新能力，重视大数据、云计算、物联网在业务中的应用，提升物流业的智慧化、信息化。企业可以搭建一个智慧物流平台，收集各个环节的信息和数据，汇集到终端平台用于数据的分析和处理,以此提高运行效率与服务质量。第三,物流企业要主动融入制造业供应链体系,要充分把握市场需求,尤其是加强对制造企业物流需求的分析,深入了解制造企业物流和供应链运作模式,加强与制造企业的沟通,提高变通能力,针对不同的制造企业提供个性化、定制化、规范化的服务,加强与制造企业的融合互动,提升供应链合作伙伴关系,加快向制造企业供应链集成商转变,提升自身的专业水平和服务质量,才能满足制造业不断变化的物流需求,比如向制造企业提供供应链咨询与设计、货代等附加值较高的服务,满足制造企业物流服务一体化的需求。第四,物流企业要积极参与产业产学研平台的搭建,与高校合作建立人才实训基地,企业可以实现人才储备计划,企业也可以协助高校培养学生,比如实践经验丰富的技术人员或者企业高管可以在高校担任兼职教师,提高学生的实践能力。第五,大中型物流企业要尝试"走出去",发展跨国业务,制订全面的战略和计划,建立跨国网络系统,可以对物流信息进行实时的监控和管理,并且企业还要了解国外的经济趋势、政治环境、政策法规以及物流通关检验要求等;企业也可以利用进口博览会等平台,借机加强和"一带一路"沿线中亚、欧洲各国大型制造业的合作,提供量身定做的中欧班列物流服务产品。

(二)对制造企业的建议

制造业在面对新特征、新挑战时,要增强生产性服务业的支撑作用,加深先进制造业与物流业的融合发展。第一,制造业应该加大技术研发。人口红利逐渐消失,制造企业必须实现从成本领先到技术创新的跨越,在原材料、核心技术等方面,制造企业应加大研发投入,特别是在核心技术上,争取避免以后进口核心零部件或者其他技术;向智能制造方向发展,提高精准制造、敏捷制造能力,扩大高附加值的中高端技术产品比例,进一步提升自主创新能力、运营能力、生产效率以及管理水平,从而实现创新对制造企业高质量发展的驱动作用。第二,提高企业的国际竞争力,企业首先应该围绕现代供应链、品牌建设等方面,找准自己的定位,着重打造企业的形象,形成自己独特的品牌,培养企业独特的品牌文化,在此基础上,通过自建营销网络、并购国外企业等方式扩大自己的企业规模,推动生产加工环节和品牌营销环节的融合,提升自身在价值链中的位置,以此拓展更多的本土以及海外市场。第三,制造企业应该提高供应链管理水平,摒弃传统思维,积极开展的与第三方物流企业合作,并建立物流服的绩效评价标准体系，借助物流企业实现流程再造和物流外包，实现供应链中物流的优化配置，加强供应商管理和客户关系的管理，提升供应链运作的质量和效率，打造供应链核心竞争力。第四，制造业企业应该完善自身的低碳、环保工业流程，不仅要从源头上比如设备购买、厂房选址上做好绿色把控，实施绿色增长战略，还要在产品生产流程中，做好污染治理，把好排放、回收等污染物的出口关，通过循环利用配套设备的技术改造措施，推动企业废物"零排放"达标。第五，企业应该提升信息化水平，促进信息化与工业化的融合，规范企业内流程，将生产过程中产生的数据以及产品自身数据信息化，引进电脑数控车床、智能机器人等，运用物联网保持设备间的信息内容互联，打造智能制造自动化生产线。

（三）对制造业细分行业的建议

第一，科学地对行业进行细分，提高专业化水平。就制造业方面来说，积极落实行业细分的产业集聚。中国制造业种类繁多，分布复杂，造成难以管理的现象。不同种类的制造业对物流的服务模式以及信息的实时程度有着不同的需求。一般来说，技术含量越高的制造业行业对物流业信息化需求的程度越高。相较之下医药制造业、铁路制造业、船舶制造业、航空航天制造业和其他运输设备制造业，信息化所需求的程度最高；计算机、通信和其他电子设备制造业，仪器仪表制造业等技术密集型产业已与信息网络密不可分，信息化所需求的程度相对较高。石油加工、炼焦及核燃料加工业，造纸及纸制品制造业，化学原料以及化学制品制造业，黑色金属冶炼及压延加工业等资本密集型产业对信息的需求程度次之。皮革、毛皮、羽毛及其制品，木材加工及木、竹、藤、棕、草制品业，制鞋业等劳动密集型产业对信息化需求的程度相对最低。对制造业进行专业化的行业细分，提高细分行业的水平，重点达到高新技术产业信息化的物流标准，增加物流服务过程中的附加值。根据物流业的发展水平，构建完善的制造业体系。

第二，转变传统思想，积极发展创新理念。当前阶段主要的问题是许多制造业的物流服务多是由内部衍生，专业化水平不高的同时，占用了企业内部大量的物资与设施。制造业可考虑把物流业务外包给专业的物流公司，集中精力发展核心业务，提高核心竞争力。同时企业可联系行政协会专门进行外包服务规划，对在外包过程中所遇到的问题进行及时的反馈与解决。劳动密集型制造业应该积极应对人口红利逐步消失、劳动力成本逐步提升等问题，发展自己的核心技术，善于利用科技手段实现高度自动化和智慧生产，逐步摆脱对低级劳动力的依赖。

(四) 对物流业的建议

第一，加强培育龙头企业，提高专业化能力。当前中国物流业的发展还存在着诸多问题，如信息化程度不高、货物追踪效率低下、容易出现丢件和漏件的情况。对于较为偏远地区的配送，物流企业往往存在配送时间长，受地理条件的限制严重等问题。针对这种情况，物流企业应紧跟政策体制大方向，设立明确的发展目标，加强物流业自身管理，提高物流运作能力水平。着重培育专业化的龙头企业，起到以一带多的良好带头作用。完善物流的产业链以及高端供应链，提升物流服务的效率，建立专业化的物流服务水平。中国物流业的发展应与大数据、云计算、物联网技术紧密联系，积极引进先进的技术设备，先进的管理理念，对供应链以及物流服务水平进行优化，建设高质量的物流服务体系，解决信息不对称的现象。通过信息的及时更新来获取市场需求转变，及时提供满足不同需求的物流服务模式。

第二，完善物流机制建设。在信息共享平台上建立完备的物流服务标准，进行等级评选，并实时更新评级信息。根据不同标准划分物流企业服务，从而满足不同制造行业的物流需求，最大限度地利用好资源，提高效率。同时对不达标的物流企业相关人员进行技能培训。根据数据筛选出优质的物流企业，引进先进技术，弥补短板，提高物流企业整体的服务水平，同时也能提升物流企业的品牌效应。此外，还要提高生态物流意识，完善物流机制建设，加强物流信息系统和相关标准的建设。

(五) 对制造业的建议

制造业应促进多层次的物流外包业务的发展。制造企业应改变传统观念，发展多层次的物流外包服务，把重心放在技术水平的研究上。制造企业也应该按照自身的发展水平选择相应的物流外包企业。还有一些制造企业需要专门且高效的物流，可以将公司除生产线以外的所有活动外包给第三方物流企业，要求物流企业在了解生产过程时提出改进物流管理的建议。对于那些需要减少库存并缩短产品生产周期的制造企业，可以选择外包所有物流，包括从供应商选择，购买、运输、生产、库存和销售等一系列活动。这可以降低制造企业的库存风险，并加快制造企业的资金流动速度。

第五节 精益管理创新方法助推中国制造业夯实基础，提升企业基础运营能力，实现价值链攀升

一、生产流程智能化改造

随着《中国制造 2025》的推出，越来越多的智能制造技术被应用到制造业中，传统制造模式的生产能力已不能满足市场的需求。这就要求生产线更加智能化、高效化，企业的经营模式、管理模式、生产模式进行柔性化、个性化、服务化，这些是以后竞争的趋势，也是优势。找到核心竞争力，就要运用网络技术、人工智能、大数据、数据监控等分析现状和未来竞争力。制造企业必须进行数字化、网络化、智能化的网络协同重构，企业毕竟是互联的，企业管理者可以及时知道一切流程。企业实体如车间、仓库、设备等接入网络后，企业管理者可以通过数字化的"虚体"——数字化的车间、数字化的仓库来了解真实的企业运作，不需要实地考察，企业的经营过程被赋予数字化，通过远程操作监督以及管理，就创造了新的商业模式。制造环节网络化是借助信息物理系统实现的物理设备联网及相应的网络化智能制造。信息物理系统（CPS）就是物理化和数字化的集成，制造企业采用该系统远程监控企业生产制作过程，员工可以不用到达现场操作，通过电脑对制造机器设备进行网络连接，对生产流程进行智能化管理，还可以降低失误率，优化生产流程，提高运作效率，可以通过网络软件实现零库存。同时，信息物理系统也具有自主通信的功能，使生产设备和加工部件可以直接"对话"，具有一定的智能发现。所以应加快生产流程过程中人工智能的应用，促进中国制造业升级转换。

二、创建企业自主品牌

加快制造业自主品牌建设，提高自主创新能力，实现由低成本优势向技术创新优势、由贴牌代加工向自主品牌建设，是中国中小制造企业的出路。从区域品牌到世界品牌，从低端品牌到高端品牌，中国有大量的贴牌代加工企业，但是缺少对自主品牌的创造。在国内外复杂的环境下，这些企业需要突破跨国连锁企业主导的控制，增加产品附加值，提升价值链，比如贴牌代加工企业可以直接打造自己的品牌。也就是说，贴牌代加工企

业可以在贴牌代加工开始时就把实施品牌战略作为企业的目标。在贴牌代加工的初始阶段，企业可以建立自己的品牌，实施品牌经营战略，在贴牌代加工业务初步积累后，可以利用已经积累的优势摆脱原始贴牌代加工承包商的控制，完全放弃贴牌代加工的角色，自主发展企业，按照品牌战略的要求开展市场活动，实现品牌升级；也可以是贴牌代加工和自有品牌同时进行，否则会影响企业品牌的发展和代工企业的业务。或者说技术升级后自创品牌，在企业面临自主品牌的选择时，选择以技术升级路径为企业发展的主要战略，能够实现技术的快速发展，并在代工过程中不断提高自己的技术能力，获取较高的代工费用。总之，制造企业创建自主品牌是占领市场强有力的武器。

三、加大和推动技术创新和标准化相结合

制造企业要想在全球价值链分工竞争中获得竞争优势和主动权，就需要采取技术创新和标准化相结合的策略来巩固自身地位。技术创新不单单是指技术研发，更多的是在价值链各环节的融入和应用。比如：在工艺流程升级环节，采用技术创新对生产设备的改造，对工艺流程的优化；在产品升级环节，新产品的研发、产品新功能的创造、用户体验的挖掘；在功能升级环节，自主品牌的开发，等等。那么在技术创新应用的同时，需要通过制定技术标准来规范和维护这一经营成果，因为技术创新对企业来说，也是一种知识价值资本化的过程。通过标准化的要求，可以使企业的技术研发和专利成果进行联合，以标准化的形式获得优势，在激烈的市场竞争中实现企业利益的最大化。技术创新和实施标准化是相辅相成的。比如：刚进行技术研发的时候，需要通过技术预测未来制造业是如何实施技术标准化的，使自己的研发方向符合企业的需求；在标准化实施应用的过程中，制造企业应该加大力度，使自己的技术创新形成专利，转化成自己的知识产权，成为引领行业发展的标杆。再者，制造企业也需要时刻关注政府的政策，积极响应政府的号召，争取获得政策支持，不仅进行自主创新，还形成独特优势以及拥有自己的标准化管理体制。总之，技术创新和标准化的协同发展有利于中国制造业价值链攀升，因为价值链各个环节离不开技术创新，技术创新又离不开标准化的约束，但是制造业各行业发展水平不同，应根据自己的行业技术水平动态发展，制定自己的升级路径。

四、价值链重构

参与跨国公司主导的全球价值链分工，中国大部分制造企业实现了流程升级和产品升级，但是同时中国也出现了一些其他的问题。比如对于制造企业中大量关键零部件的生产制造，中国采取的是产品替代生产，对于国际品牌的生产制造压缩了价值链的关键环节。制造业的转型升级并不是说只是在某些环节进行改变或者调整，而是需要去建设、去打破其低端生产的局面，不是墨守成规而是大胆革新，积极主动地参与全球价值链分工。首先加大国内价值链重构的步伐，如果只停留在工艺流程升级和产品升级的层面，而忽视对功能升级和链条升级的转变，势必走向没落。传统企业价值链的重构是对不同于其他企业的价值链进行重构，或者获得真正创造价值的价值链环节，或者获得高附加值环节。借助"一带一路"倡议，可以先构建区域价值链，在该区域内形成自己独有的优势和竞争力，慢慢进行范围的扩张，等到时机成熟时，突破区域引领全球价值链，最终实现价值链重构。

第六节 强化教育，"智慧"奠基中国制造业价值链攀升

一、大国竞合呈现新趋势

纵观 18 世纪中叶第一次工业革命，制造业经历了前所未有的历史性巨变，深刻影响了世界的格局和人们的生活。尤其新一轮工业革命（大数据、互联网与智能化）的来临与洗礼，世界格局和人们生活将再一次发生重大变化，时代主题及大国竞合也将呈现历史性新变化。随着世界经济一体化进程，国家之间的竞争与合作新趋势为：世界将由少数制造业发达国家主宰演变为多国多边竞争合作角力；各国制造业关注焦点将由追求发展速度演变为更加关注发展质量；由制造生产能力演变为研发设计能力；由制造生产、贸易的产量演变为价值链高端的产品控制与标准设定；国家竞争合作的主导力量由军事实力演变为科技创新；由资源占领演变为科技制高点的控制权；由简单的利益共享演变为深层次的创新力对话。

二、问鼎教育领域将成为大国深层次竞合的硬核

大国之间的竞争是科学技术的竞争,科学技术的突破依赖创新,创新的原点是教育,因此教育将成为大国深层次竞争的硬核力量,如图 19.2 所示。

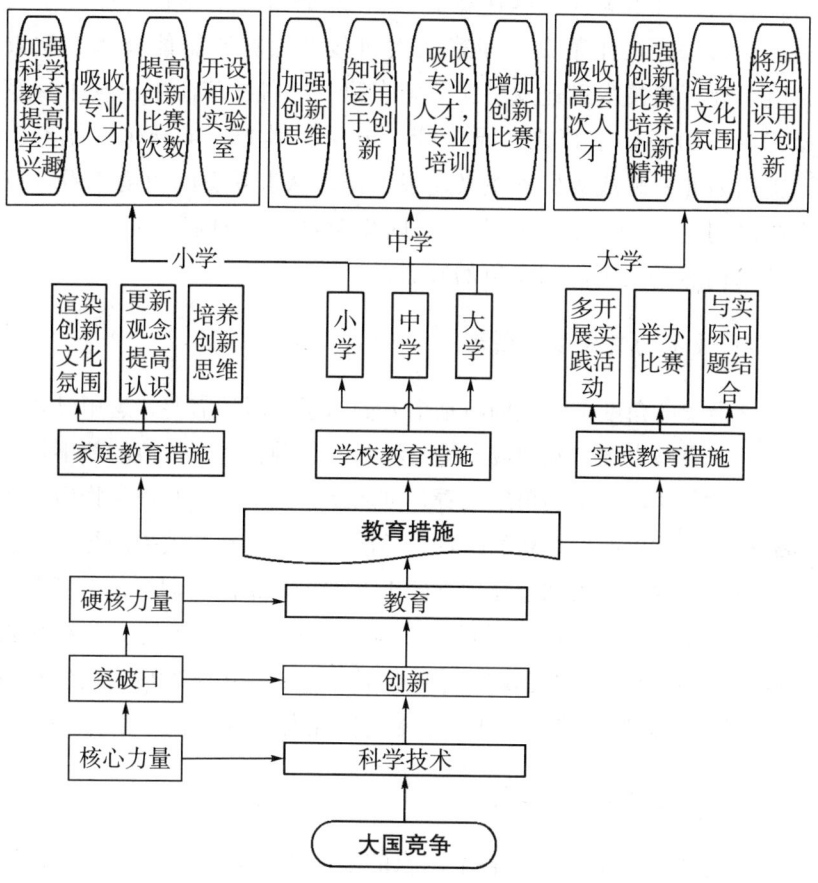

图 19.2 大国竞争的硬核力量：教育

（一）科学技术

科学技术是大国之间竞争的核心。马克思早已指出,科学技术是历史的有力杠杆,是最高意义上的革命力量。从世界史来看,技术和工业革命是大国崛起的根本原因,工业革命的实质就是技术的学习、技术的发展、技术的创新。18 世纪 60 年代,生产技术以及科学研究的迅速发展,英国开始了以瓦特的蒸汽机改良为枢纽的机器制造业机械化的工业

革命。工业革命在短短的几十年内使英国由一个落后的农业国成为先进的资本主义工业强国，号称世界工厂，称霸世界达半个世纪之久。19世纪中期，第二次工业革命爆发。随着资本主义的发展，自然科学研究取得了重大的进展，各种新技术、新发明层出不穷，经济进一步发展，人类进入了电气时代。第二次工业革命的爆发使世界格局再一次改变，德国、美国、日本等国家迅速崛起。20世纪四五十年代，爆发了人类历史上的第三次工业革命，即第三次科技革命。原子能技术、航天技术、电子计算机技术迅速发展。美国在第三次科技革命中出现了一系列新型工业，如高分子合成、原子能、电子、激光、半导体、航空，等等。美国因此一跃成为资本主义超级大国。从世界史的角度来看，技术是大国之间竞争的核心，技术是大国崛起的有力杠杆。在当今的社会中，技术仍然是大国之间竞争的核心。

（二）技术的突破依赖创新

从社会学的角度来看，创新是指人们为了发展的需要，运用已知的信息和条件，突破常规，发现或产生某种新颖、独特的有价值的新事物、新思想的活动。从经济学的角度来看，创新是指以现有的知识和物质，在特定的环境中，改进或创造新的事物，并能获得一定有益效果的行为。创新是科学技术发展的动力和源泉。党的十九大报告指出，创新是引领发展的第一动力，创新也是科技突破的第一动力，技术的发展是从无到有的过程，唯有依赖创新，坚持创新，才能使技术得到突破性发展。侯建和陈恒（2018）认为，制造业持续创新是技术突破性发展的基础。

（三）创新的原点是教育

创新之道，其根在人。各个国家的硬实力、软实力，其归根到底是人才实力，没有人力资源，即使开始领先于世界，最后也会败退下来。人才是创新之道，因此培养人才至关重要。而培养人才的根本在于教育，教育的根本价值是为国家提供具有崇高信仰、博才多学、技艺精湛的人才。

（四）教育强国

教育的本质在于培养学生解决问题的思维能力、解决问题的方法，培养创新思维能力。当下国家正在施行科教兴国战略，科教兴国是指全面落实科学技术是第一生产力的思想，坚持教育为本，把科技和教育摆在经济、社会发展的重要位置，增强国家的科技实力及向现实生产力转化的能力，提高全民族的科技文化素质，把经济建设转移到依靠科技进步和提高劳动者素质的轨道上来，加速实现国家的繁荣强盛。

参考文献

[1] 中国经济网. 我国制造业的发展历程与现状［EB/OL］.（2020-01-20）. http://views.ce.cn/view/ent/202001/20/ t20200120_34159133.shtml.

[2] 中国经济增长前沿项目组. 中国经济长期增长路径、效率与潜在增长水平［J］. 经济研究，2012，47（11）：4-17+75.

[3] Mike Hobday. East Asian latecomer firms：Learning the technology of electronics［J］. World Development，1995，23（7）：1171-1193.

[4] 何佳佳. OEM企业转型模式及其影响因素研究［D］. 杭州：浙江大学，2008.

[5] 余东华. 制造业高质量发展的内涵、路径与动力机制［J］. 产业经济评论，2020（1）：13-32.

[6] 蒋兴明. 产业转型升级内涵路径研究［J］. 经济问题探索，2014（12）：43-49.

[7] 齐亚磊，罗文春. 中国制造业高质量发展的内在逻辑与发展路径探究——以数字化变革为视角［J］. 中国发展，2019，19（3）：33-36.

[8] 周剑. 制造业数字化转型的机遇挑战和对策建议［EB/OL］.（2019-03-03）. http://www.xinhuanet.com//info/2019-03/01/c_137860395.htm.

[9] 黄昌夏. 中国制造业数字化转型大潮下的冷思考［EB/OL］.（2019-01-01）. https://www.iyiou.com/p/88982.html.

[10] 蔡银寅."互联网+"背景下中国制造业的机遇与挑战［J］. 现代经济探讨，2016（11）：64-68.

[11] 李琳，周一成."互联网+"是否促进了中国制造业发展质量的提升?——来自中国省级层面的经验证据［J］. 中南大学学报（社会科学版），2019，25（5）：71-79.

[12] 罗序斌."互联网+"背景下中国传统制造业转型升级研究［J］. 金融教育研究，2019，32（1）：18-29.

[13] 李博方. 人工智能产业发展的风险分析及对策研究［J］. 智能计算机与应用，2017，7（3）：106-108+113.

［14］智能制造与数字孪生：关键技术与发展趋势［J］．互联网经济，2019（Z2）：40－43．

［15］Mattoo A，Wang Z，Wei S J．Trade in Value Added：Developing New Measures of Cross-Border Trade［J］．World Bank Publications，2014．

［16］刘志彪．重构国家价值链：转变中国制造业发展方式的思考［J］．世界经济与政治论坛，2011（4）：1－14．

［17］Giuliani E，Pietrobelli C，Rabellotti R．Upgrading in Global Value Chains：Lessons from Latin American Clusters［J］．World Development，2005（33）：549－573．

［18］刘仕国．利用价值链理念统筹发展统计事业［J］．中国统计，2015（2）：46－47．

［19］高敬峰．中国出口价值链演化及其内在机理剖析［J］．财贸经济，2013（4）：98－110．

［20］卡尔·马克思．资本论：第一卷［M］．北京：人民出版社，2004：48．

［21］吕守军，代政．新时代高质量发展的理论意蕴及实现路径［J］．经济纵横，2019（3）：16－22＋2．

［22］赵剑波，史丹，邓洲．高质量发展的内涵研究［J］．经济与管理研究，2019（11）：15－31．

［23］张宪昌．习近平关于高质量发展重要论述及其当代价值［J］．中共福建省委党校学报，2018（12）：14－21．

［24］李子联，王爱民．江苏高质量发展：测度评价与推进路径［J］．江苏社会科学，2019（1）：247－256＋260．

［25］程俊杰．高质量发展背景下破解"创新困境"的双重机制［J］．现代经济探讨，2019（3）：5－10．

［26］王喜成．试论推动高质量发展的路径和着力点［J］．河南社会科学，2018，26（9）：1－6．

［27］李金昌，史龙梅，徐蔼婷．高质量发展评价指标体系探讨［J］．统计研究，2019，36（1）：4－14．

［28］王群勇，陆凤芝．环境规制能否助推中国经济高质量发展？——基于省际面板数据的实证检验［J］．郑州大学学报（哲学社会科学版），2018，51（6）：64－70．

［29］钞小静，任保平．中国经济增长质量的时序变化与地区差异分析［J］．经济研究，2011，46（4）：26－40．

［30］李元旭，曾铖．政府规模、技术创新与高质量发展——基于企业家精神的中介作用研究［J］．复旦大学学报（社会科学版），2019，61（3）：155－166．

［31］华坚，胡金昕．中国区域科技创新与经济高质量发展耦合关系评价［J］．科技进步与对策，2019，36（8）：19－27．

[32] 聂聆，李三妹. 我国在制造业产品全球价值链中的分工地位研究——基于价值链地位指数的分析［J］. 现代财经－天津财经大学学报，2016（6）：3－16.

[33] 王涛，赵晶，姜伟. 中国制造业在全球价值链分工中的地位研究［J］. 科技管理研究，2017，37（19）：129－138.

[34] 张为付，戴翔. 中国全球价值链分工地位改善了吗？——基于改进后出口上游度的再评估［J］. 中南财经政法大学学报，2017（4）：90－99.

[35] 黄光灿，王珏，马莉莉. 全球价值链视角下中国制造业升级研究——基于全产业链构建［J］. 广东社会科学，2019（1）：54－64.

[36] 林桂军，何武. 中国装备制造业在全球价值链的地位及升级趋势［J］. 国际贸易问题，2015（4）：3－15.

[37] 刘会政，朱光. 中国装备制造业国际分工地位及提升路径研究［J］. 国际商务（对外经济贸易大学学报），2018（5）：13－24.

[38] 刘佳斌，王厚双. 我国装备制造业突破全球价值链"低端锁定"研究——基于智能制造视角［J］. 技术经济与管理研究，2018（1）：113－117.

[39] 马茹，罗晖，王宏伟，王铁成. 中国区域经济高质量发展评价指标体系及测度研究［J］. 中国软科学，2019（7）：60－67.

[40] 辛岭，安晓宁. 我国农业高质量发展评价体系构建与测度分析［J］. 经济纵横，2019（5）：109－118.

[41] 张玉，胡昭玲. 制度质量、研发创新与价值链分工地位——基于中国制造业面板数据的经验研究［J］. 经济问题探索，2016（6）：21－27.

[42] 戴翔，徐柳，张为付. "走出去"如何影响中国制造业攀升全球价值链？［J］. 西安交通大学学报（社会科学版），2018，38（2）：11－20.

[43] 陈秀英. 制造业投入服务化对制造业价值链攀升影响的实证研究［J］. 经济问题探索，2016（7）：112－118.

[44] 罗军. 服务化发展与制造业全球价值链地位——影响机制与门槛效应［J］. 当代财经，2018（11）：100－110.

[45] 马野青，张梦，巫强. 什么决定了中国制造业在全球价值链中的地位？——基于贸易增加值的视角［J］. 南京社会科学，2017（3）：28－35.

[46] 罗军. 生产性服务进口与制造业全球价值链升级模式——影响机制与调节效应［J］. 国际贸易问题，2019（8）：65－79.

[47] 袁志刚，饶璨. 全球化与中国生产服务业发展——基于全球投入产出模型的研究［J］. 管理世界，2014（3）：10－30.

[48] 林玲，宋宪萍. 我国制造业高端嵌入全球价值链的路径选择［J］. 改革与战略，2018，34（11）：87－92.

[49] 齐逸云. 生产性服务业空间集聚、分布演化的理论分析与实证研究［D］. 杭州：浙江财经大学，2018.

[50] 王如忠, 郭澄澄. 全球价值链上先进制造业与生产性服务业协同发展机制: 以上海市为例 [J]. 产经评论, 2018, 9 (5): 30-43.

[51] 杨仁发, 李娜娜. 产业集聚、FDI 与制造业全球价值链地位 [J]. 国际贸易问题, 2018 (6): 68-81.

[52] 孙湘湘, 周小亮. 服务业开放对制造业价值链攀升效率的影响研究——基于门槛回归的实证分析 [J]. 国际贸易问题, 2018 (8): 94-107.

[53] 陶忠元, 王晓晴, 薛晨. 技术创新与标准化协同对我国制造业价值链内升级影响的实证研究——以七个细分产业为例 [J]. 工业技术经济, 2016, 35 (3): 64-72.

[54] 聂名华. 中国制造业在全球价值链中的地位与升级方略 [J]. 东南学术, 2017 (2): 132-139+253.

[55] 邵婧婷. 数字化、智能化技术对企业价值链的重塑研究 [J]. 经济纵横, 2019 (9): 95-102.

[56] 夏友富, 何宁. 推动我国装备制造业迈向全球价值链中高端的机制、路径与对策 [J]. 经济纵横, 2018 (4): 56-62.

[57] 于明远, 范爱军. 全球价值链、生产性服务与中国制造业国际竞争力的提升 [J]. 财经论丛 (浙江财经学院学报), 2016 (6): 11-18.

[58] 杨仁发, 刘勤玮. 生产性服务投入与制造业全球价值链地位: 影响机制与实证检验 [J]. 世界经济研究, 2019 (4): 71-82+135.

[59] 王岚, 李宏艳. 中国制造业融入全球价值链路径研究——嵌入位置和增值能力的视角 [J]. 中国工业经济, 2015 (2): 76-88.

[60] 李晓琳. 提升我国装备制造业在全球价值链中的地位 [J]. 宏观经济管理, 2018 (12): 26-33.

[61] 王海杰, 宋姗姗. 基于产业互联网的我国制造业全球价值链重构和升级 [J]. 企业经济, 2018, 37 (5): 32-38.

[62] 崔鹏歌, 尤宏兵. 江苏制造业服务化与全球价值链互动影响——基于联立方程的实证分析 [J]. 企业经济, 2015 (6): 155-160.

[63] 赵丽炯. 价值链视角下生产性服务业与制造业的产业关联分析——以河南省为例 [J]. 商业经济研究, 2015 (5): 127-129.

[64] 邵安菊. 互联网与制造业融合发展的几个关键问题 [J]. 经济纵横, 2017 (1): 74-77.

[65] 王一晨. 运用工业互联网推动中国制造业转型升级 [J]. 中州学刊, 2019 (4): 26-30.

[66] Vijaya G. Duggal, Cynthia Saltzman, Lawrence R. Klein. Infrastructure and productivity: An extension to private infrastructure and it productivity [J]. Journal of Econometrics, 2006, 140 (2): 485-502

[67] José Ignacio Rodríguez Molano, Lovelle J M C, Montenegro C E, et al. Metamodel for integration of Internet of Things, Social Networks, the Cloud and Industry 4.0 [J]. Journal of ambient intelligence and humanized computing, 2018, 9 (3): 709-723.

[68] Georgakopoulos D, Jayaraman P P, Fazia M, et al. Internet of Things and Edge Cloud Computing Roadmap for Manufacturing [J]. Cloud Computing IEEE, 2016, 3 (4): 66-73.

[69] Belli L, Cirani S, Ferrari G, et al. A Graph-Based Cloud Architecture for Big Stream Real-Time Applications in the Internet of Things [C]. European Conference on Service-oriented & Cloud Computing. Springer, Cham, 2014.

[70] Nagorny K, Lima Monteiro P, Barata J, et al. Big Data Analysis in Smart Manufacturing: A Review [J]. International Journal of Communications Network & System Sciences, 2017, 10 (3): 31-58.

[71] 吕明元, 苗效东. 大数据能促进中国制造业结构优化吗? [J]. 云南财经大学学报, 2020, 36 (3): 31-42.

[72] 汪涛武, 王燕. 基于大数据的制造业与零售业融合发展: 机理与路径 [J]. 中国流通经济, 2018, 32 (1): 20-26.

[73] 郭存德. 加快制造业智能升级步伐 [J]. 人民论坛, 2019 (24): 76-77.

[74] 房建奇, 沈颂东, 亢秀秋. 大数据背景下制造业转型升级的思路与对策研究 [J]. 福建师范大学学报 (哲学社会科学版), 2019 (1): 21-27+168.

[75] Pan Y-H. Special issue on artificial intelligence 2.0: theories and applications [J]. Frontiers of Information Technology & Electronic Engineering, 2018, 19 (1): 1-2.

[76] Alvarado-Iniesta A, García-Alcaraz J, Piña-Monarrez M, et al. Multiobjective optimization of torch brazing process by a hybrid of fuzzy logic and multiobjective artificial bee colony algorithm [J]. Journal of Intelligent Manufacturing, 2016, 27 (3): 631-638.

[77] Jovic S, Golubovic Z, Stojanovic J. Wood bonding strength sensitivity estimation and power consumption prediction in wood machining process by artificial intelligence methods [J]. Sensor Rev, 2017, 37 (4): 444-447.

[78] Colledani M, Gyulai D, Monostori L, et al. Design and management of reconfigurable assembly lines in the automotive industry [J]. Cirp Annals Manufacturing Technology, 2016, 65 (1): 441-446.

[79] 黄群慧, 贺俊. 中国制造业的核心能力、功能定位与发展战略——兼评《中国制造2025》[J]. 中国工业经济, 2015 (6): 5-17.

[80] 姚锡凡, 周佳军, 张存吉, 刘敏. 主动制造——大数据驱动的新兴制造范

式［J］. 计算机集成制造系统，2017，23（1）：172-185.

［81］姚锡凡，雷毅，葛动元，叶晶. 驱动制造业从"互联网+"走向"人工智能+"的大数据之道［J］. 中国机械工程，2019，30（2）：134-142.

［82］钱锋，桂卫华. 人工智能助力制造业优化升级［J］. 中国科学基金，2018，32（3）：257-261.

［83］高煜. 我国经济高质量发展中人工智能与制造业深度融合的智能化模式选择［J］. 西北大学学报（哲学社会科学版），2019，49（5）：28-35.

［84］邓洲. 促进人工智能与制造业深度融合发展的难点及政策建议［J］. 经济纵横，2018（8）：41-49.

［85］刘刚. 中国经济发展的新动力［J］. 华东经济管理，2014，28（7）：1-7.

［86］黄锐，任锦鸾，张殊，黄欣竹，王晶. 创新驱动发展机理分析与实证研究［J］. 中国科技论坛，2016（8）：5-11.

［87］陈强，余伟. 创新驱动发展国际比较研究［M］，上海：同济大学出版社. 2015.

［88］张银银，邓玲. 创新驱动传统产业向战略性新兴产业转型升级：机理与路径［J］. 经济体制改革，2013（5）：97-101.

［89］姚平，姜曰木. 资源型城市产业转型与实现路径分析——基于技术创新和制度创新协同驱动机理［J］. 经济体制改革，2013（2）：56-59.

［90］张逸昕，张杰. 创新驱动、政府规制与资源型城市转型效率研究——基于Super-SBM模型的实证分析［J］. 河南师范大学学报（哲学社会科学版），2020，（2）：29-36.

［91］徐国祥. 上海"创新驱动，转型发展"评价指标体系研究［J］. 科学发展，2014（5）：5-16.

［92］李燕萍，毛雁滨，史瑶. 创新驱动发展评价研究——以长江经济带中游地区为例［J］. 科技进步与对策，2016，33（22）：103-108.

［93］蒋玉涛，招富刚. 创新驱动过程视角下的创新型区域评价指标体系研究［J］. 科技管理研究，2009，29（7）：168-169+181.

［94］吴优，李文江，丁华，左新兵. 创新驱动发展评价指标体系构建［J］. 开放导报，2014（4）：88-92.

［95］胡蓉. 以硬核质量展现"中国制造"担当［N］. 深圳商报，2020-04-07（A01）.

［96］郭朝先，王宏霞. 中国制造业发展与"中国制造2025"规划［J］. 经济研究参考，2015（31）：3-13.

［97］刘源，安毅锦. 中国传统制造业适应经济新常态转型发展对策［J］. 当代经济，2017（32）：14-15.

［98］丁文珺，杜志明. 我国制造业发展四十年：成就、新形势与转型思路［J］.

经济纵横，2018（8）：70-79.

[99] 周亚虹，贺小丹，沈瑶. 中国工业企业自主创新的影响因素和产出绩效研究 [J]. 经济研究，2012，47（5）：107-119.

[100] 寇宗来，刘学悦. 中国企业的专利行为：特征事实以及来自创新政策的影响 [J]. 经济研究，2020，55（3）：83-99.

[101] 彭俞超，何山. 资管新规、影子银行与经济高质量发展 [J]. 世界经济，2020，43（1）：47-69.

[102] 张军扩，侯永志，刘培林，何建武，卓贤. 高质量发展的目标要求和战略路径 [J]. 管理世界，2019，35（7）：1-7.

[103] 李梦欣，任保平. 新时代中国高质量发展指数的构建、测度及综合评价 [J]. 中国经济报告，2019（5）：49-57.

[104] 刘瑞，郭涛. 高质量发展指数的构建及应用——兼评东北经济高质量发展 [J]. 东北大学学报（社会科学版），2020，22（1）：31-39.

[105] 陈晓雪，时大红. 中国区域高新技术产业高质量发展的综合评价分析 [J]. 南京财经大学学报，2019（5）：34-44.

[106] Kumar V, Sezersan I, Garza-Reyes J et al. Circular economy in the manufacturing sector：benefits, opportunities and barriers. Management Decision. 2019, 57（4）：1067-1086.

[107] Tang Y-L, Motohashi K, Hu X-Y, Montoro-Sanchez A. University-industry interaction and product innovation performance of Guangdong manufacturing firms：the roles of regional proximity and research quality of universities. Journal Of Technology Transfer. 2020, 45（2）：578-618.

[108] 辜胜阻，吴华君，吴沁沁，余贤文. 创新驱动与核心技术突破是高质量发展的基石 [J]. 中国软科学，2018（10）：9-18.

[109] 方敏，杨胜刚，周建军，雷雨亮. 高质量发展背景下长江经济带产业集聚创新发展路径研究 [J]. 中国软科学，2019（5）：137-150.

[110] 陈丽姗，傅元海. 融资约束条件下技术创新影响制造企业高质量发展的动态特征 [J]. 中国软科学，2019（12）：108-128.

[111] Aslam H, Blome C, Roscoe S, et al. Dynamic supply chain capabilities：How market sensing, supply chain agility and adaptability affect supply chain ambidexterity. International Journal of Operations & Production Management. 2018, 38（12）：2266-2285.

[112] 叶建亮，朱希伟，黄先海. 企业创新、组织变革与产业高质量发展——首届中国产业经济学者论坛综述 [J]. 经济研究，2019，54（12）：198-202.

[113] 董小君，石涛. 驱动经济高质量发展的科技创新要素及时空差异——2009—2017年省级面板数据的空间计量分析 [J]. 科技进步与对策，2020，37（4）：52-61.

[114] 陈梦根，徐滢，周元任. 新发展理念下经济高质量发展的统计评价与地区比较——基于改进的TOPSIS综合评价模型［J］. 统计学报，2020，1（2）：1－14.

[115] 汪建，卢晨，郭政，邓绩，陈鹏，施蓓雯. 多国制造业质量发展指数及其变化规律实证研究［J］. 科技进步与对策，2015，32（18）：43－50.

[116] Fan L－W, You J－M, Zhang W, et al. How does technological progress promote carbon productivity? Evidence from Chinese manufacturing industries. Journal of Environmental Management. 2021，277.

[117] Tsele . Nthane, Fred Saunders, Gloria L. Gallardo Fernández, et al. Toward Sustainability of South African Small－Scale Fisheries Leveraging ICT Transformation Pathways. Sustainability. 2020，12（2）.

[118] Whitfield L, StaritzC, Morris M. Global Value Chains, Industrial Policy and Economic Upgrading in Ethiopia's Apparel Sector. Development And Change. 2020，51（4）：1018－1043.

[119] Wang L, Yue Y, Xie R, et al. How global value chain participation affects China's energy intensity. Journal of Environmental Management . 2020，260.

[120] Gonzalez, J, Meliciani V, Savona, M. When Linder meets Hirschman: inter－industry linkages and global value chains in business services. Industrial And Corporate Change . 2019，28（6）：1555－1586.

[121] Tessmann J. Global value chains and policy practice: The making of linkages in the Ivorian cashew industry. Competition & Change . 2020，24（1）：26－43.

[122] 康淑娟，安立仁. 网络嵌入、创新能力与知识权力——基于全球价值链的视角［J］. 科学学与科学技术管理，2019，40（9）：88－100.

[123] 熊彬，范亚亚. 价值链嵌入形式、制度质量与国际分工地位——基于中国—中南半岛经济走廊国家的面板数据分析［J］. 哈尔滨商业大学学报（社会科学版），2019（5）：23－34.

[124] 姜博，马胜利，唐晓华. 产业融合对中国装备制造业创新效率的影响：结构嵌入的调节作用［J］. 科技进步与对策，2019，36（9）：77－86.

[125] 李峰，龙海军. 贫困地区新创企业创业拼凑是如何生成的——价值链约束、创业制度环境对贫困地区新创企业创业拼凑的影响［J］. 科学学与科学技术管理，2019，40（3）：70－82.

[126] 赵梦垠，钟昌标. 全球价值链嵌入对科技创新的驱动效应研究——基于高技术产业面板数据分析［J］. 科技与经济，2018，31（2）：35－39.

[127] 朱卫东，周菲，魏泊宁. 新时代中国高质量发展指标体系构建与测度［J］. 武汉金融，2019（12）：18－26.

[128] 郭然，原毅军. 生产性服务业集聚能够提高制造业发展质量吗？——兼论

743

环境规制的调节效应[J]. 当代经济科学, 2020, 42 (2): 120-132.

[129] 丁守海, 丁洋, 吴迪. 新时代高质量发展重在动力系统与调节机制再造[J]. 上海经济研究, 2018 (8): 45-55.

[130] 张娟, 黄志忠. 内部控制、技术创新和公司业绩——基于我国制造业上市公司的实证分析[J]. 经济管理, 2016, 38 (9): 120-134.

[131] He D, Yang, J-L, Wang, Z-M, et al. Has the manufacturing policy helped to promote the logistics industry? PLoS One. 2020, 15 (7): 21.

[132] 盛斌, 景光正. 金融结构、契约环境与全球价值链地位[J]. 世界经济, 2019, 42 (4): 29-52.

[133] 刘叶, 刘伯凡. 生产性服务业与制造业协同集聚对制造业效率的影响——基于中国城市群面板数据的实证研究[J]. 经济管理, 2016, 38 (6): 16-28.

[134] 王文涛, 曹丹丹. 互联网资本与民营经济高质量发展: 基于制造企业创新驱动路径视角[J]. 统计研究, 2020, 37 (3): 72-84.

[135] 连燕玲, 叶文平, 刘依琳. 行业竞争期望与组织战略背离——基于中国制造业上市公司的经验分析[J]. 管理世界, 2019, 35 (8): 155-172+191-192.

[136] Sun C, Li Z, Ma T, et al. Carbon efficiency and international specialization position: Evidence from global value chain position index of manufacture. Energy Policy. 2019, 128: 235-242.

[137] 李婧瑗. 以创新驱动制造业高质量发展路径[J]. 创新科技, 2019, 19 (8): 32-37.

[138] 余江, 陈凤, 王腾. 数字创新引领产业高质量发展的机制研究[J]. 创新科技, 2020, 20 (1): 80-86.

[139] Liu Z-D, Cai Y, Hao X-J. The Agglomeration of Manufacturing Industry, Innovation and Haze Pollution in China: Theory and Evidence. Int. J. Environ. Res. Public Health. 2020, 17 (5): 28.

[140] 余泳泽, 张少辉, 杜运苏. 地方经济增长目标约束与制造业出口技术复杂度[J]. 世界经济, 2019, 42 (10): 120-142.

[141] Zhang J, Liu G, Li X, et al. The transmission mechanism of the housing price fluctuations on the global value chain position of manufacturing-evidence from China. PLoS One. 2020, 15 (2).

[142] Kim C S, Lee S, Eum J. Taking a Bigger Slice of the Global Value Chain Pie: An Industry-Level Analysis [J]. Working Papers, 2019.

[143] Liu H, Li J, Long H, et al. Promoting energy and environmental efficiency within a positive feedback loop: Insights from global value chain. Energy Policy. 2018, 121: 175-184.

[144] 孙丽文, 任相伟, 李翼凡. 战略柔性、绿色创新与企业绩效——动态环境

规制下的交互和调节效应模型［J］. 科技进步与对策，2019，36（22）：82-91.

［145］胡查平，冉宪莉，胡琴芳. 制造业企业服务提供与企业绩效——顾客中心导向的调节影响作用［J］. 技术经济，2019，38（11）：64-73.

［146］Yang N, Hong J, Wang H, et al. Global value chain, industrial agglomeration and innovation performance in developing countries: insights from China's manufacturing industries. Technology Analysis & Strategic Management. 2020.

［147］Ye C, Ye Q, Shi X, et al. Technology gap, global value chain and carbon intensity: Evidence from global manufacturing industries. Energy Policy. 2020, 137.

［148］Luomaranta T, Martinsuo M. Supply chain innovations for additive manufacturing. International Journal Of Physical Distribution & Logistics Management. 2019, 50 (1): 54-79.

［149］Irfan M, Wang M-Z, Zafar A U, et al. Modeling the enablers of supply chain strategies and information technology: improving performance through TISM approach. Vine Journal of Information and Knowledge Management Systems. 2020.

［150］Cheng M. Energy conservation potential analysis of Chinese manufacturing industry: the case of Jiangsu province. Environmental Science and Pollution Research. 2020, 27 (14): 16694-16706.

［151］Müller J, Buliga O, Voigt, K. Fortune favors the prepared: How SMEs approach business model innovations in Industry 4. 0. Technological Forecasting and Social Change. 2018, 132: 2-17.

［152］Peng J, Zhang Y. Impact of Global Value Chains on Export Technology Content of China's Manufacturing Industry. Sustainability. 2020, 12 (1).

［153］Ward M, Halliday S, Uflewska O et al. Three dimensions of maturity required to achieve future state, technology - enabled manufacturing supply chains. Proc. Inst. Mech. Eng. Part B-J. Eng. Manuf. 2018, 232 (4): 605-620.

［154］王晓艳，高良谋. 用户创新期望对员工创新行为的影响———一个有调节的中介模型构建与检验［J］. 经济管理，2020，42（1）：93-108.

［155］Chen L, Luo S-M, Zhao T. Financial Constraints, Trade Mode Transition, and Global Value Chain Upgrading of Chinese Firms. Sustainability. 2019, 11 (17).

［156］Kucukvar M, Onat N C, Abdella G M, et al. Assessing regional and global environmental footprints and value added of the largest food producers in the world. Resources Conservation and Recycling. 2019, 144: 187-197.

［157］Pietrobelli C, Rabellotti R. Global value chains meet innovation systems: are there learning opportunities for developing countries?［J］. World Development, 2011, 39 (7): 1261-1269.

[158] 林学军, 官玉霞. 以全球创新链提升中国制造业全球价值链分工地位研究 [J]. 当代经济管理, 2019, 41 (11): 25-32.

[159] 耿晔强, 白力芳. 人力资本结构高级化、研发强度与制造业全球价值链升级 [J] 世界经济研究, 2019 (8): 88-102 +136.

[160] 李金叶, 郝雄磊. 增加值视角下中国装备制造业价值增值能力研究 [J]. 统计与决策, 2019, 35 (19): 133-136.

[161] 张红霞, 张哲, 杨昊昌. 发展中国家的全球价值链增值能力与跨境成本 [J]. 经济体制改革, 2019 (5): 172-178.

[162] 周焱, 王晓燕. 基于价值链视角的中国动漫产业垂直专业化、价值增值能力研究 [J]. 统计与信息论坛, 2018, 33 (11): 100-103.

[163] 韩超, 朱鹏洲. 改革开放以来外资准入政策演进及对制造业产品质量的影响 [J]. 管理世界, 2018, 34 (10): 43-62.

[164] 张滔. 对外开放对我国制造业空间结构的影响研究 [D]. 北京: 中共中央党校, 2017.

[165] 简晓彬, 周敏. 开放条件下制造业价值链攀升的影响因素研究——基于江苏制造业行业面板数据的分析 [J]. 商业经济与管理, 2013 (1): 58-69.

[166] 耿晔强, 常德鸿. 企业创新与出口产品质量提升——基于中国制造业企业的实证研究 [J]. 云南财经大学学报, 2020, 36 (1): 89-101.

[167] 蔡卫星, 倪骁然, 赵盼, 杨亭亭. 企业集团对创新产出的影响: 来自制造业上市公司的经验证据 [J]. 中国工业经济, 2019 (1): 137-155.

[168] 崔晶. 供应链不同主导权结构对差异化竞争制造商市场整合的影响研究 [J]. 商业研究, 2019 (12): 57-65.

[169] 李叶妍, 姜楠. 市场竞争、"有形的手"与生产效率 [J]. 宏观经济研究, 2019 (12): 25-33.

[170] 贾军, 魏雅青. 产品市场竞争、客户关系治理与企业创新关系研究——基于行业竞争程度与企业市场地位的双重考量 [J]. 软科学, 2019, 33 (12): 66-71.

[171] 化祥雨, 吕海萍, 沈晓栋, 叶娅芬, 杨志民. 浙江省县域创新、绿色、开放、共享动态耦合协调时空格局演化 [J]. 经营与管理, 2019 (3): 97-104.

[172] 李菲菲, 耿修林, 袁少茹. 高质量发展背景下新丝绸之路经济带省域旅游产业竞争力生态位演化研究 [J]. 经济问题探索, 2019 (9): 30-40.

[173] 戴军. 我国服务外包从业人员生态位评价体系构建与优化——基于2009—2012全国21个服务外包基地城市的实证分析 [J]. 企业经济, 2013 (11): 73-77.

[174] 韩淑娟. 资源禀赋对中国人口城市化发展的影响 [J]. 中国人口·资源与环境, 2014, 24 (07): 52-58.

[175] 潘建成. 推动高质量发展 [EB/OL]. 经济参考报, 2017.

[176] 李晓哲. 创新驱动发展战略下东北三省制造业企业竞争优势评价研究

[D]．哈尔滨：哈尔滨工程大学，2017．

[177] 欧阳艳．中国制造业在"一带一路"价值增值能力的驱动因素 [J]．中国流通经济，2017，31（9）：82-88．

[178] 高雪春，付磊．上市企业财务报表分析——以浙江跃岭股份有限公司为例 [J]．现代商业，2019（27）：116-117．

[179] 杨紫晗．企业营运能力分析—以 ZARA 公司为例 [J]．中国管理信息化，2019，22（5）：50-51．

[180] 李雪，辛洁垠，许一婷．营运能力、主业升级与上市公司成长——基于吉林敖东财务报表的个案分析 [J]．当代经济研究，2014（2）：92-96．

[181] 郑辛如．人民币汇率对不同类型 FDI 的影响分析 [D]．北京：首都经济贸易大学，2017．

[182] 瞿小艳．中小企业销售能力评价研究 [D]．武汉：华中农业大学，2015．

[183] 米晋宏，张书宇，黄勃．专利拥有量、市场控制力与企业价值提升——基于上市公司专利数据的研究 [J]．上海经济研究，2019（3）：24-37．

[184] 魏越群．研发投入强度对企业绩效影响的门槛效应 [D]．杭州：浙江财经大学，2019．

[185] 韩晨，高山行．企业能力对产品创新战略构建的异质性作用 [J]．科学学研究，2018，36（9）：1677-1685．

[186] 隋昕，李丽滢，贾凯威，潘洋洋．高管激励方式与企业创新能力关系研究——基于制造业上市公司的经验证据 [J]．辽宁工程技术大学学报（社会科学版），2019，21（4）：276-283．

[187] 姚玉松．大数据时代下中国企业的科技创新与专利管理研究 [J]．数字通信世界，2019（9）：278-279+194．

[188] 董博．中国人才发展治理及其体系构建研究 [D]．长春：吉林大学，2019．

[189] 王碧云，陈晓会．从业人口受教育程度与经济发展的关系研究 [J]．评价与管理，2017，15（3）：5-8．

[190] 苏丹丹．我国省域 R&D 投入经费及人员对经济发展的影响 [D]．上海：上海师范大学，2018．

[191] 田泽，魏翔宇，丁绪辉．中国区域产业绿色发展指数评价及影响因素分析 [J]．生态经济，2018，34（11）：103-108．

[192] 张峰，宋晓娜，董会忠．粤港澳大湾区制造业绿色竞争力指数测度与时空格局演化特征分析 [J]．中国软科学，2019（10）：70-89．

[193] 曹勇．试论 AO 及 AAO 污水处理工艺单元运行能耗分析及节能运行策略 [J]．节能与环保，2019（2）：58-59．

[194] 冯伟，李嘉佳．中国制造业价值链攀升的影响因素研究——理论假说与实证分析 [J]．产业经济评论，2018（3）：5-14．

[195] 简晓彬,周敏. 基于VAR模型的制造业价值链攀升影响因素研究——以江苏为例[J]. 科技进步与对策,2013,30(15):61-68.

[196] 黎峰. 要素禀赋结构升级是否有利于贸易收益的提升?——基于中国的行业面板数据[J]. 世界经济研究,2014(8):3-7.

[197] 肖国东. 我国制造业转型升级评价及影响因素研究[D]. 长春:吉林大学,2019.

[198] 闫姗娜. 绿色技术创新能力对制造业价值链攀升的影响研究[D]. 太原:太原理工大学,2019.

[199] 王军,邹广平,石先进. 制度变迁对中国经济增长的影响——基于VAR模型的实证研究[J]. 中国工业经济,2013(06).

[200] 安树军. 中国经济增长质量的创新驱动机制研究[D]. 西安:西北大学,2019.

[201] Ding Y-B, Zhang H-Y, Tang S-T. The impact of US anti-dumping against China on China's manufacturing global value chains status[J]. Transnational Corporations Review,2019,11(4).

[202] 陈万灵,卢万青. 我国如何实现从制造业大国向制造业强国的转变——基于政府转型的研究视角[J]. 财经科学,2017(11):53-64.

[203] 石喜爱,李廉水,程中华,刘军. "互联网+"对中国制造业价值链攀升的影响分析[J]. 科学学研究,2018,36(08):1384-1394.

[204] 魏下海,董志强,张永璟. 营商制度环境为何如此重要?——来自民营企业家"内治外攘"的经验证据[J]. 经济科学,2015(2):105-116.

[205] 周超,刘夏,辜转. 营商环境与中国对外直接投资——基于投资动机的视角[J]. 国际贸易问题,2017(10):143-152.

[206] 杨高举,黄先海. 内部动力与后发国分工地位升级——来自中国高技术产业的证据[J]. 中国社会科学,2013(2):25-45+204.

[207] 杨浩昌. 产业聚集对中国制造业绩效的影响研究[D]. 南京:东南大学,2018.

[208] 杨仁发,李娜娜. 产业集聚对长江经济带高质量发展的影响[J]. 区域经济评论,2019(2):71-79.

[209] 李强,魏巍. 制度变迁对中国经济增长质量的非线性效应分析[J]. 经济与管理研究,2015,36(12):3-10.

[210] 赵玉林,谷军健. 制造业创新增长的源泉是技术还是制度?[J]. 科学学研究,2018,36(5):800-812+912.

[211] 何鹏. 我国中小企业创新力研究[D]. 长沙:中南大学,2006.

[212] Aspara J, Hietanen J, Tikkanen H. Business model innovation vs replication: financial performance implications of strategic emphases[J]. Journal of

Strategic Marketing，2010，18（1）：39-56.

[213] Magretta J. Why Business Models Matter [J]. Harvard Business Review. 2002，5（80）：86-92.

[214] 李靖华，林莉，李倩岚. 制造业服务化商业模式创新：基于资源基础观 [J]. 科研管理，2019，40（3）：74-83.

[215] 王翔宇. 中国制造业创新战略及实践与产品质量关系实证研究 [D]. 天津：天津大学，2017.

[216] 刘惠. 创新驱动产业结构升级的作用机制分析 [D]. 兰州：兰州财经大学，2017.

[217] 王昕. 移动通信产业链创新系统研究 [D]. 长春：吉林大学，2009.

[218] 李志刚. 基于网络结构的产业集群创新机制和创新绩效研究 [D]. 合肥：中国科学技术大学管理学院，2007.

[219] 张银银，黄彬. 产业承接、创新驱动与促进区域协调发展研究 [J]. 经济体制改革，2015（6）：62-67.

[220] 李健，林文浩. 中国金融创新结构的指数度量与影响因素 [J]. 金融论坛，2017，22（4）：13-29.

[221] 李媛媛，金浩，张玉苗. 金融创新与产业结构调整：理论与实证 [J]. 经济问题探索. 2015（3）.

[222] 聂飞. 中国对外直接投资的产业转移效应研究 [D]. 武汉：华中科技大学，2016.

[223] 范剑勇，李方文. 中国制造业空间集聚的影响：一个综述 [J]. 南方经济，2011（6）：53-65.

[224] 张苗. 现代服务业产业集聚与区域产业转移的耦合关系研究——以皖江城市带为例 [J]. 中国科技论坛，2014（3）：111-117.

[225] 戴平生. 区位基尼系数的计算、性质及其应用 [J]. 数量经济技术经济研究，2015，32（7）：149-161.

[226] 郝大江，张荣. 要素禀赋、集聚效应与经济增长动力转换 [J]. 经济学家，2018（1）：41-49.

[227] 许志端，阮舟一龙. 营商环境、技术创新和企业绩效——基于我国省级层面的经验证据 [J]. 厦门大学学报（哲学社会科学版），2019（5）：123-134.

[228] Prantl S. The impact of firm entry regulation on long-living entrants [J]. Small Business Economics，2012，39（1）：61-76.

[229] 王永进，盛丹，施炳展，李坤望. 基础设施如何提升了出口技术复杂度？[J]. 经济研究，2010，45（7）：103-115.

[230] 林锟. 我国基础设施产业垄断与竞争研究 [D]. 北京：北京大学，2008.

[231] 朱芮. 营商环境对跨国公司在华投资意愿的影响研究 [D]. 上海：东华大

749

学，2016.

[232] 彭向刚，马冉. 政务营商环境优化及其评价指标体系构建[J]. 学术研究，2018（11）：55－61.

[233] 蔡地，万迪昉. 制度环境影响企业的研发投入吗？[J]. 科学学与科学技术管理，2012，33（4）：121－128.

[234] 叶宁华，张伯伟. 政府补贴和企业出口动态：营商环境的重要性[J]. 南开学报（哲学社会科学版），2018（03）：57－67.

[235] 纪明辉. 中国服务业的全要素生产率研究[D]. 长春：吉林大学，2013.

[236] 樊文静. 中国生产性服务业发展悖论及其形成机理[D]. 杭州：浙江大学，2013.

[237] 邱斌，叶龙凤，孙少勤. 参与全球生产网络对我国制造业价值链提升影响的实证研究——基于出口复杂度的分析[J]. 中国工业经济，2012（1）：57－67.

[238] 金丽，李院，刘建东. 基于跨国APS企业布局的国际城市网络格局研究—以天津为例[J]. 天津商业大学学报，2012，32（2）：36－40.

[239] 邱灵. 大都市生产性服务业空间集聚：文献综述[J]. 经济学家，2014（5）：97－104.

[240] 徐春华，刘力. FDI与我国制造业集聚的倒U型关系：基于行业差异和地区差异的视角[J]. 中央财经大学学报，2014（9）：98－106.

[241] 董春，梁银鹤. 工业集聚与外商直接投资——基于空间动态面板计量模型的分析[J]. 财经科学，2014（6）：97－107.

[242] 彭澎，李佳熠. OFDI与双边国家价值链地位的提升——基于"一带一路"沿线国家的实证研究[J]. 产业经济研究，2018（6）：75－88.

[243] 张艳，唐宜红，周默涵. 服务贸易自由化是否提高了制造业企业生产效率[J]. 世界经济，2013，36（11）：51－71.

[244] 张志醒. 中国生产性服务进口与制造业转型升级研究[D]. 北京：对外经济贸易大学，2018.

[245] 孟萍莉. 中国生产性服务贸易对制造业升级的影响研究[D]. 北京：首都经济贸易大学，2017.

[246] 汤萱. 技术引进影响自主创新的机理及实证研究——基于中国制造业面板数据的实证检验[J]. 中国软科学，2016（5）：119－132.

[247] 袁嘉琪，卜伟，杨玉霞. 如何突破京津冀"双重低端锁定"？——基于区域价值链的产业升级和经济增长效应研究[J]. 产业经济研究，2019（5）：13－26.

[248] 李延朋. 河南省装备制造企业价值链攀升的机理与路径研究[D]. 郑州：郑州大学，2012.

[249] 白婧，冯晓阳. 人力资本对产业结构高级化发展的实证检验[J/OL]. 统计与决策，2020（4）：67－71.

[250] 师博, 张冰瑶. 新时代、新动能、新经济——当前中国经济高质量发展解析 [J]. 上海经济研究, 2018 (5): 25-33.

[251] 陈柳璇, 郭将. 劳动力老龄化、产业升级与中国经济增长 [J]. 经济研究导刊, 2020 (10): 3-6.

[252] 杨鹏华. 上市公司债务融资对代理成本影响的实证研究 [D]. 西安: 长安大学, 2018.

[253] 史佳鑫. 独立董事独立性、管理层权力与公司治理效率 [D]. 大连: 东北财经大学, 2017.

[254] 吴松强, 蔡文洁. 知识溢出对先进制造业集群升级的影响研究——基于企业合作的中介和政府支持的调节作用 [J]. 华东经济管理, 2019, 33 (10): 58-65.

[255] 晋晓琴, 郭燕燕, 黄毅敏. 黄河流域制造业高质量发展生态位测度研究 [J]. 生态经济, 2020, 36 (4): 50-55.

[256] 黄毅敏, 齐二石. 工业工程视角下中国制造业发展困境与路径 [J]. 科学学与科学技术管理 2015, 36 (4): 85-94.

[257] 毕克新, 杨朝均, 隋俊. 跨国公司技术转移对绿色创新绩效影响效果评价——基于制造业绿色创新系统的实证研究 [J]. 中国软科学, 2015 (11): 81-93.

[258] 王丽娟. 辽宁省制造业高质量发展水平实证研究 [D]. 沈阳: 辽宁大学, 2019.

[259] 陈丽丽. 以工匠精神深耕制造业高质量发展——推进浙江制造业高质量发展的调研报告 [J]. 浙江经济, 2018 (23): 36-39.

[260] 滕堂伟, 瞿丛艺. 借鉴加州制造业创新生态系统促进上海制造业高质量发展 [J]. 科学发展, 2018 (4): 21-29.

[261] 新华网. 制造业数字化转型的难点与对策 [EB/OL]. https://baijiahao.baidu.com/s?id=1635457602287934956&wfr=spider&for=pc.

[262] 数字化企业网. 中国有一定影响力的工业互联网平台超 50 家 [EB/OL]. (2018-11-12) https://news.e-works.net.cn/category6/news79744.htm.

[263] 熊鸿儒. 中部崛起与数字化转型升级 [J]. 中国工业和信息化, 2019 (9): 5.

[264] 曹正勇. 数字经济背景下促进中国工业高质量发展的新制造模式研究 [J]. 理论探讨, 2018.

[265] 赵西三. 数字经济驱动中国制造转型升级研究 [J]. 中州学刊, 2017, 252 (12): 42-47.

[266] 王亚男. 两化融合中中国制造业的机遇、挑战与发展 [J]. 北京邮电大学学报 (社会科学版). 2011 (2).

[267] 田利娟. 浅谈制造业信息化存在的问题及对策研究 [J]. 电子制作. 2013 (24).

[268] 卞亚斌,房茂涛,杨鹤松."互联网＋"背景下中国制造业转型升级的微观路径——基于微笑曲线的分析[J].东岳论丛,2019,40(08):62-73.

[269] 杨蕙馨,孙孟子,杨振一.中国制造业服务化转型升级路径研究与展望[J].经济与管理评论,2020,36(1):58-68.

[270] 胡效洋.装备制造业服务型制造发展的模式与路径[J].现代经济信息,2017(12):354.

[271] 吕铁.生产者服务业与制造业互动发展——来自投入产出表的分析[J].中国经济问题,2007(2):59-64.

[272] 刘维刚,倪红福.制造业投入服务化与企业技术进步:效应及作用机制[J].财贸经济,2018,39(8):126-140.

[273] 刘有升,陈笃彬.基于复合系统协同度模型的跨境电商与现代物流协同评价分析[J].中国流通经济,2016,30(5):106-114.

[274] 陈思佳.物流服务质量评价研究与应用[D].北京:北京交通大学,2012.

[275] 崔洪运.基于因子分析的区域物流绩效研究[D].厦门:厦门大学,2009.

[276] 刘艳,程恩萍,侯爱军.基于创新驱动的我国物流业创新发展评价[J].科研管理,2018,39(S1):20-30.

[277] 孙鹏,罗新星.现代物流服务业与制造业发展的协同关系研究[J].财经论丛,2012(5):97-102.

[278] 田洪燕.绿色物流绩效评价及其影响因素分析[D].南昌:江西财经大学,2018.

[279] 刘战豫,孙夏令.中国物流业绿色全要素生产率的时空演化及动因分析[J].软科学,2018,32(4):77-81+114.

[280] 李平."一带一路"背景下河南省现代物流业发展研究[D].郑州:郑州大学,2017.

[281] 陈子曦.中国各省市区开放型经济水平比较研究[J].地域研究与开发,2010,29(5):5-10.

[282] 杨长春,王文娟,宋琳.中国物流业"走出去"现状及未来路径分析[J].国际经济合作,2016(6):52-57.

[283] 李春成,马虎兆,和金生.区域服务业创新影响因素的实证分析——以天津市为例[J].中国科技论坛,2008(9):46-50.

[284] 孔善右,唐德才.江苏省制造业可持续发展能力的实证研究[J].中国软科学,2008(9):156-160.

[285] 赵丽,孙林岩,刘杰.区域制造业可持续发展能力的评价体系构建及应用[J].科技进步与对策,2009,26(9):51-54.

[286] 杨勇. 广东省制造业与物流业联动发展研究 [D]. 广州: 华南理工大学, 2012.

[287] 范德成, 杜明月. 高端装备制造业技术创新资源配置效率及影响因素研究——基于两阶段 StoNED 和 Tobit 模型的实证分析 [J]. 中国管理科学, 2018, 26 (1): 13−24.

[288] 杜明月, 范德成. 知识密集型制造业技术创新资源配置效率研究——基于动态 StoNED 模型的半参数分析 [J]. 经济问题探索, 2019 (11): 142−150.

[289] Song Y−M, Dyer B. Innovation strategy and the R&D−marketing interface in Japanese firms: a contingency perspective [J]. IEEE Transactions on Engineering Management, 1995, 42 (4): 360−371.

[290] W. E. Souder, A. K. Chakrabarti. The R&D/marketing interface: results from an empirical study of innovation projects [J]. IEEE Transactions on Engineering Management. 1978, 25 (9): 88−93.

[291] Euansang yoon, Braxton Hinchey. An Exploratory Analysis of Interface Management and Innovation−Market Performance [J]. U. Ed, Bua. 1996.

[292] 罗文, 徐光瑞. 中国工业发展质量研究 [J]. 中国软科学, 2013 (1): 50−60.

[293] 张其仔. 开放条件下我国制造业的国际竞争力 [J]. 管理世界, 2003 (8): 74−80.

[294] 唐红祥, 张祥祯, 吴艳, 贺正楚. 中国制造业发展质量与国际竞争力提升研究 [J]. 中国软科学, 2019 (2): 128−142.

[295] 贺正楚, 曹德, 吴艳. 中国制造业发展质量与国际竞争力的互动路径 [J]. 当代财经, 2018 (11): 88−99.

[296] 傅元海, 叶祥松, 王展祥. 制造业结构变迁与经济增长效率提高 [J]. 经济研究, 2016, 51 (8): 86−100.

[297] 江小国, 何建波, 方蕾. 制造业高质量发展水平测度、区域差异与提升路径 [J]. 上海经济研究, 2019 (7): 70−78.

[298] 苏秦, 张艳. 制造业与物流业联动现状分析及国际比较 [J]. 中国软科学, 2011 (5): 37−45.

[299] 苏秦, 张艳. 制造业与物流业联动现状及原因探析 [J]. 软科学, 2011, 25 (3): 61−64+69.

[300] 程永伟. 我国制造业与物流业联动发展的测度及影响研究——基于供需依赖性视角 [J]. 中国经济问题, 2013 (1): 62−71.

[301] 何黎明. 推进物流业高质量发展面临的若干问题 [J]. 中国流通经济, 2018, 32 (10): 3−7.

[302] 杨守德. 技术创新驱动中国物流业跨越式高质量发展研究 [J]. 中国流通

经济，2019，33（3）：62-70.

[303] 胡迟. 论后金融危机时期我国制造业的转型升级之路[J]. 经济纵横，2011（1）：52-56.

[304] 王盛勇，李晓华. 新工业革命与中国产业全球价值链攀升[J]. 改革与战略，2018，34（2）：131-135.

[305] Schmitz H, Humphrey J. Governance and Upgrading：linking Industrial cluster and Global value chain research[R]. IDS Working Paper 120, Brighton：Institute of Development Studies. 2000.

[306] 汪建成，毛蕴诗. 从OEM到ODM、OBM的企业升级路径——基于海鸥卫浴与成霖股份的比较案例研究[J]. 中国工业经济，2007（12）：110-116.

[307] Khandelwal A K, Schott P K, Wei S-J. Trade liberalization and embedded institutional reform：Evidence from Chinese exporters. Cepr Discussion Papers，2013，103（6）：2169-2195.

[308] 李宏，刘玲琦. 制造业服务化促进出口产品质量升级机制研究[J]. 山西大学学报（哲学社会科学版），2019，42（6）：103-114.

[309] 赵小芸，芮明杰. 上海以高新技术推动制造业升级的模式与路径研究[J]. 上海经济研究，2012，24（2）：63-69+76.

[310] 李瑞. 我国外贸出口品牌战略实施现状与建议[J]. 对外经贸，2013（5）：28-29+41.

[311] 熊晓琼，李智豪，李昇平. 基于改进灰色TOPSIS模型的信号——响应系统稳健参数设计[J]. 计算机集成制造系统，2020：1-19.

[312] Zhang K, Liu S-F. A novel algorithm of image edge detection based on matrix degree of grey incidences[J]. The Journal of Grey System，2009，21（3）：231-240.

[313] 梅克保. 加快发展智能制造，着力推动制造业高质量发展[J]. 政策瞭望，2020（1）：48-50.

[314] 方新.《中国制造业发展研究报告》（系列报告）书评[J]. 科研管理，2020，41（1）：290.

[315] 肖宇，夏杰长，倪红福. 中国制造业全球价值链攀升路径[J]. 数量经济技术经济研究，2019，36（11）：40-59.

[316] 侯建，陈恒. 中国高专利密集度制造业技术创新绿色转型绩效及驱动因素研究[J]. 管理评论，2018，30（4）：59-69.